PORSCH BERWANGER

Bayerisches Kinderbildungs- und -betreuungsrecht

Bayerisches Kinderbildungs- und -betreuungsrecht

Praxishandbuch zu BayKiBiG und AVBayKiBiG

Stefan Porsch
Diplom-Verwaltungswirt – Regierungsrat im Referat V3 – Kindertagesbetreuung im Bayerischen Staatsministerium für Familie, Arbeit und Soziales

Dr. Dagmar Berwanger
Diplom-Psychologin und wissenschaftliche Referentin am Staatsinstitut für Frühpädagogik (IFP), abgeordnet an das Bayerische Staatsministerium für Familie, Arbeit und Soziales als wissenschaftliche Referentin im Referat V4 – Frühkindliche Bildung und Erziehung

6., neu bearbeitete Auflage, 2022

BOORBERG

Bibliografische Information der Deutschen Nationalbibliothek |
Die Deutsche Nationalbibliothek verzeichnet diese Publikation in der Deutschen Nationalbibliografie; detaillierte bibliografische Daten sind im Internet über www.dnb.de abrufbar.

6. Auflage, 2022
ISBN 978-3-415-07155-1

Titelfoto: © Pixel-Shot – stock.adobe.com | Satz: abavo GmbH, Nebelhornstraße 8, 86807 Buchloe | Druck und Bindung: Laupp & Göbel GmbH, Robert-Bosch-Straße 42, 72810 Gomaringen

Richard Boorberg Verlag GmbH & Co KG | Levelingstraße 6a | 81673 München
Stuttgart | München | Hannover | Berlin | Weimar | Dresden
www.boorberg.de

Vorwort zur 6. Auflage

In der neuen, nun 6. Auflage des Praxishandbuchs wurden im Wesentlichen folgende Änderungen eingearbeitet:

Zum 1. Mai 2021 trat die geänderte Kinderbildungsverordnung (AVBayKiBiG) in Kraft. In dieser Novellierung wurden einige redaktionelle sowie rechtliche Anpassungen vorgenommen, die für die Praxis zum Teil von größerer Relevanz sein werden. Es ändert sich ab § 24 die Paragrafenreihenfolge. Neben den redaktionellen Änderungen traten Regelungen in Kraft, die im Sinne einer Flexibilisierung Einfluss auf den Personaleinsatz haben und damit auch dem herrschenden Personalmangel beim pädagogischen Personal entgegenwirken sollen. Mit der Einführung eines neuen Tatbestands der „höheren Gewalt" hat der Verordnungsgeber insbesondere auf die personellen Auswirkungen der Corona-Pandemie reagiert.

Die Möglichkeit, zusätzliche bis zu fünf Schließtage für Teamfortbildungen zu nutzen, blieb erhalten und wurde um den Tatbestand der Konzeptionsentwicklung erweitert. Um Rechtsklarheit zu schaffen, wurde nunmehr in der Verordnung definiert, wann eine Fortbildung gegeben ist.

Die neuen Regelungen für den Bereich der Tagespflege schaffen die Voraussetzung für eine einheitliche Grundqualifizierung der Tagespflegepersonen im Umfang von 160 Stunden. Beim Qualifizierungszuschlag haben die Träger der öffentlichen Jugendhilfe nun die Möglichkeit, ihre Voraussetzungen nach den Verhältnissen vor Ort festzulegen.

Auch die Corona-Pandemie hatte bzw. hat in den Jahren 2020 und 2021 erhebliche Auswirkungen auf die tägliche Praxis in den Kindertageseinrichtungen bei der Bildung, Betreuung und Erziehung der Kinder. Die Staatsregierung reagierte mit zahlreichen Regelungen im Wege von Rechtsverordnungen, um die Folgen und Auswirkungen der Pandemie und insbesondere das Infektionsgeschehen einzugrenzen. Begriffe wie „Rahmenhygieneplan" oder „Infektionsschutzmaßnahme-Verordnung", „PCR- und POC-Antigen-Tests" hielten Einzug in die Kita-Arbeit. Das Staatsministerium erließ zahlreiche Erlasse mit neuen Auslegungen von Rechtsvorschriften für die Dauer der Pandemie. In Umsetzung von Entscheidungen des Bayerischen Ministerrats wurden Förderrichtlinien erlassen. Erwähnt sei hier die Richtlinie zum staatlichen Beitragsersatz, um die Eltern für die Zeiten der Schließung der Kindertageseinrichtungen zu entlasten und die Finanzierung der Träger abzusichern.

Die Erfahrungen mit der Corona-Pandemie sind vielfältig. Es wird spannend werden, zu beobachten, welche Erkenntnisse das Ende der Pandemie überdauern und über einen längeren Zeitraum auf das Geschehen in den

Kindertageseinrichtungen Einfluss nehmen werden. An dieser Stelle ist vor allem das Thema „Digitalisierung“ anzuführen, das während der Corona-Pandemie eine neue Dimension in der öffentlichen Wahrnehmung und seiner Bedeutung erfahren hat. Dank digitaler Lösungen gelang es vielen Kindertageseinrichtungen, auch während der Pandemie Kontakt zu den Kindern und Eltern zu halten und den Kindern auch in ihrer Zeit zu Hause pädagogische Angebote zu machen, sie „virtuell“ in die Kita zu holen und am Gruppengeschehen, falls angeboten, teilhaben zu lassen. Dadurch wurden auch in Kitas neue digitale Wege beschritten, so dass die reichhaltigen Ergebnisse aus dem Modellversuch „Medienkompetenz in der Frühpädagogik“ im Feld mit großer Spannung erwartet wurden. Im Zuge einer bayernweiten Digitalisierungsstrategie gilt es nun, systematisch und fachlich kompetent digitale Impulse für das Thema „Digitalisierung in Kindertageseinrichtungen“ zu setzen und langfristig einen Transfer der Ergebnisse des Modellversuchs in alle Kindertageseinrichtungen in Bayern sicherzustellen.

München, September 2021

Stefan Porsch
Dr. Dagmar Berwanger

Vorwort zur 5. Auflage

Die außerfamiliäre Bildung, Erziehung und Betreuung von Kindern weist in den letzten Jahren eine ungebremste Dynamik auf. Die Nachfrage nach Plätzen in allen Altersgruppen steigt. Der Freistaat Bayern reagiert mit massiven Investitionen in den Ausbau der Plätze. So wurde das 4. Sonderinvestitionsprogramm bis zum 31.8.2019 verlängert und mit staatlichen Mitteln in Höhe von über 350 Mio. Euro verstärkt. Insgesamt wurden damit über 60.000 Plätze für Kinder bis zur Einschulung geschaffen. Für den Hortausbau für bis zu 10.000 Plätze werden zusätzlich 67 Mio. Euro investiert.

Seit 2017 wurden zahlreiche Änderungen im BayKiBiG vorgenommen, die in dieser 5. Auflage berücksichtigt wurden. So wurden die Änderung des § 17 Abs. 4 AVBayKiBiG zum 1.1.2017 und des neu aufgenommenen § 25 Abs. 1 Satz 5 AVBayKiBiG nun im Praxishandbuch eingearbeitet. Ebenfalls berücksichtigt wurden das im Zuge der vermehrten Betreuung von Kindern mit Fluchthintergrund neu geregelte Verbot der Gesichtsverhüllung sowie die Änderungen durch das Bayerische Integrationsgesetz.

Die Änderung des Art. 18 Abs. 2 BayKiBiG, in der die Folgen einer nicht fristgerechten Antragstellung der Gemeinden modifiziert wurden, war Ergebnis eines intensiven Diskussionsprozesses und trägt der technischen Weiterentwicklung in der elektronischen Datenverarbeitung, insbesondere des online-gestützten Antrags- und Auswerteverfahrens KiBiG.web, mit dem umfangreiches statistisches Datenmaterial zur Verfügung steht, Rechnung.

Einen massiven Einschnitt hatten die Beschlüsse der Koalitionspartner nach der Bayerischen Landtagswahl 2018 zur Folge. Die Ausweitung der Beitragsentlastung für Eltern ab dem 1. Kindergartenjahr mit Wirkung zum 1.4.2019 sowie die Einführung des sog. Krippengeldes zum 1.1.2020 wurden gesetzlich im BayKiBiG verankert.

Kindertageseinrichtungen spielen eine zentrale Rolle für die Persönlichkeitsbildung, Entwicklung und das Lernen von Kindern in den ersten Lebensjahren. Die Sicherung und Weiterentwicklung der Qualität der Kindertagesbetreuung zählen deshalb zu Recht zu den wichtigsten bildungspolitischen Aufgaben im Elementar- und Hortbereich.

Eine zunehmend bedeutsame Aufgabe für Kindertageseinrichtungen stellt die frühe digitale Bildung dar. Im geschützten Kontext der Einrichtung lernen Kinder, die Chancen zu nutzen, die der sinnvolle Einsatz von Medien bietet. Gleichzeitig sollen sie auch lernen, die Risiken zu erkennen, um damit eigenverantwortlich umgehen zu können. Zudem bietet die Digitalisierung in Kindertageseinrichtungen eine Reihe von Erleichterungen für die mittelbaren pädagogischen Arbeiten sowie eine große Unterstützung bei der Kommunikation mit Eltern. Die Frage nach dem Einsatz von digitalen Medien in den Kitas ist längst keine Frage mehr des ob, sondern mehr des wie!

Corona

Die rasante Ausbreitung des neuen Coronavirus SARS-CoV-2 hat die Bayerische Staatsregierung zur Einleitung von nie dagewesenen Maßnahmen gezwungen. So hat die Staatsregierung ein Betreuungsverbot verbunden mit einem Betretungsverbot für die Kinder für alle Kindertageseinrichtungen in der Zeit vom 16.3.2020 bis 30.6.2020 beschlossen. Dies stellte vor allem Kinder und ihre Eltern, aber auch Fachkräfte vor neue Herausforderungen – sei es in Notfallbetreuung, zu Hause oder nach Wiedereröffnung der Kitas.

Mit Blick auf das System Kindertageseinrichtungen gilt es hier immer wieder kritisch zu reflektieren: Was benötigen Fachkräfte, die in der Notfallbetreuung eine ungewohnt kleine Gruppe und eventuell verunsicherte Kinder haben oder gar selbst mit starken Unsicherheiten und Ängsten konfrontiert sind?

Wie kann man diese Zeit nützen, in der Fachkräfte zu Hause und in der für sie ungewohnten Situation des Home Office sind? Welche Themen sind sinnvoll, um sie vertieft zu behandeln und auf die Zeit danach vorzubereiten?

Welche Unterstützung benötigen Kindertageseinrichtungen bei der Wiedereröffnung nach einer längeren Zwangsschließung und welche Bedürfnisse der Kinder stehen dabei besonders im Fokus?

Träger haben dabei die herausfordernde Aufgabe, angemessene Entscheidungen nach sorgfältiger Abwägung der Erfordernisse des Infektionsschutzes und der Interessen des pädagogischen Personals und der in der Notfallbetreuung anwesenden Kinder zu treffen. Auch arbeitsrechtlich stellen sich vielfältige Herausforderungen, die eines Interessenausgleichs bedürfen. Es stellen sich Fragen der Anwesenheitspflicht des Personals, des Umgangs mit Risikogruppen, der Möglichkeiten von Home Office oder schlichtweg der durch die Umstände geänderten Urlaubsplanungen. An dieser Stelle dürften auch die Diskussionen um die Rahmenbedingungen in den Kindertageseinrichtungen im Allgemeinen neue Nahrung erfahren, die auch nach der Coronakrise fortwirken dürften.

Die vorliegende 5. Überarbeitung begründet sich demnach sowohl in der gesetzlichen Weiterentwicklung von BayKiBiG und AVBayKiBiG als auch durch Neuerungen im Vollzug.

Frau Hellfritsch hat bei dieser Auflage nicht mehr als Autorin mitgewirkt. Sie hat das Staatsministerium für Familie, Arbeit und Soziales verlassen und ist Geschäftsführerin des Landesverbands kath. Kindertageseinrichtungen in Bayern. Frau Hellfritsch hat bei der dritten und vierten Auflage des Praxishandbuchs durch ihre Expertise mit ihrem pädagogischen Fachwissen maßgeblich zum Erfolg des Werkes beigetragen. Hierfür bedanken wir uns recht herzlich.

Wie bereits in den vorangegangenen Auflagen haben wir das Augenmerk auf ein ausgewogenes Verhältnis zwischen den rechtlichen und den pädagogischen Aspekten des BayKiBiG und der Kinderbildungsverordnung gelegt.

Unseren Leserinnen und Lesern danken wir für die positiven Rückmeldungen und hoffen, wir können einen Beitrag zur Unterstützung für ihre wertvolle Arbeit leisten.

München, im Mai 2020

Stefan Porsch
Dr. Dagmar Berwanger

Inhaltsverzeichnis

Vorwort zur 6. Auflage 5

Vorwort zur 5. Auflage 7

Abkürzungsverzeichnis 15

Literaturverzeichnis 19

Einführung 21

Bayerisches Gesetz zur Bildung, Erziehung und Betreuung von Kindern in Kindergärten, anderen Kindertageseinrichtungen und in Tagespflege (Bayerisches Kinderbildungs- und -betreuungsgesetz –BayKiBiG)
Gesetzestext mit Erläuterungen 41

1. Teil **Allgemeine Bestimmungen** 41
Art. 1 Geltungsbereich 41
Art. 2 Begriffsbestimmungen 42
Art. 3 Träger von Kindertageseinrichtungen 57
Art. 4 Allgemeine Grundsätze 58

2. Teil **Sicherstellung und Planung** **63**
Art. 5 Sicherstellung eines ausreichenden Betreuungsangebots . . . 65
Art. 6 Planungsverantwortung 72
Art. 7 Örtliche Bedarfsplanung 76
Art. 8 Überörtliches Planungsverfahren 96

3. Teil **Sicherung des Kindeswohls** **98**
Art. 9 Betriebs- und Pflegeerlaubnis 98
Art. 9a Verbot der Gesichtsverhüllung 116
Art. 9b Kinderschutz 117

4. Teil **Bildungs- und Erziehungsarbeit** **125**
Art. 10 Auftrag zur Bildung, Erziehung und Betreuung in Kindertageseinrichtungen 125
Art. 11 Bildungs- und Erziehungsarbeit in Kindertageseinrichtungen; Erziehungspartnerschaft 130
Art. 12 Bildungs- und Erziehungsarbeit in Kindertageseinrichtungen für Kinder bei besonderen Bedarfslagen 133

Art. 13 Grundsätze für die Bildungs- und Erziehungsarbeit in förderfähigen Kindertageseinrichtungen; Bildungs- und Erziehungsziele ... 136
Art. 14 Elternbeirat ... 139
Art. 15 Vernetzung von Kindertageseinrichtungen; Zusammenarbeit mit der Grundschule ... 143
Art. 16 Bildungs- und Erziehungsarbeit bei Betreuung in Tagespflege ... 147
Art. 17 Wissenschaftliche Begleitung, Fortbildung ... 148

5. Teil Förderung ... 150

Abschnitt 1 Betriebskostenförderung ... 150
Art. 18 Förderanspruch ... 151
Art. 19 Fördervoraussetzungen für Kindertageseinrichtungen ... 161
Art. 20 Fördervoraussetzungen für die Tagespflege ... 178
Art. 20a Fördervoraussetzungen für die Großtagespflege ... 188
Art. 21 Umfang des Förderanspruchs der Gemeinde ... 194
Art. 22 Umfang des Förderanspruchs des Trägers einer Kindertageseinrichtung ... 229
Art. 23 Zusätzliche staatliche Leistungen ... 231
Art. 23a Bayerisches Krippengeld ... 242
Art. 24 Kindertageseinrichtungen im ländlichen Raum ... 246
Art. 25 Umfang des Förderanspruchs des örtlichen Trägers der öffentlichen Jugendhilfe ... 254
Art. 26 Förderverfahren bei Kindertageseinrichtungen und der Tagespflege ... 255
Art. 27 Mitteilungspflichten ... 259

Abschnitt 2 Investitionskostenförderung ... 261
Art. 28 Investitionskostenförderung ... 261

Abschnitt 3 Zuständigkeiten ... 265
Art. 29 Bewilligungsbehörden, sachliche Zuständigkeit ... 265

Abschnitt 4 Datenschutz ... 267
Art. 30 Erhebung, Verarbeitung und Nutzung von Daten ... 267

6. Teil Schlussbestimmungen ... 268
Art. 31 Experimentierklausel ... 268
Art. 32 Ausführungsverordnung ... 268
Art. 33 Ordnungswidrigkeiten ... 269
Art. 34 Übergangsvorschrift ... 270
§ 3 Inkrafttreten, Außerkrafttreten, Übergangsregelungen ... 270

Verordnung zur Ausführung des Bayerischen Kinderbildungs- und -betreuungsgesetzes (Kinderbildungsverordnung – AVBayKiBiG) Verordnungstext mit Erläuterungen . . . 274

1. Abschnitt Bildungs- und Erziehungsziele . . . 276
§ 1 Allgemeine Grundsätze für die individuelle Bildungsbegleitung . . . 276
§ 2 Basiskompetenzen . . . 282
§ 3 Erziehungspartnerschaft, Teilhabe . . . 286
§ 4 Ethische und religiöse Bildung und Erziehung; Emotionalität und soziale Beziehungen . . . 287
§ 5 Sprachliche Bildung und Förderung . . . 291
§ 6 Mathematische Bildung . . . 299
§ 7 Naturwissenschaftliche und technische Bildung . . . 303
§ 8 Umweltbildung und -erziehung . . . 306
§ 9 Informationstechnische Bildung, Medienbildung und -erziehung . . . 308
§ 10 Ästhetische, bildnerische und kulturelle Bildung und Erziehung . . . 314
§ 11 Musikalische Bildung und Erziehung . . . 316
§ 12 Bewegungserziehung und -förderung, Sport . . . 318
§ 13 Gesundheitsbildung und Kinderschutz . . . 320
§ 14 Aufgaben des pädagogischen Personals und des Trägers . . . 325

2. Abschnitt Personelle Mindestanforderungen . . . 334
§ 15 Fachkräftegebot . . . 334
§ 16 Pädagogisches Personal . . . 335
§ 17 Anstellungsschlüssel . . . 350

3. Abschnitt Kindbezogene Förderung . . . 373
§ 18 Zusätzliche Leistungen für die Tagespflegeperson . . . 373
§ 19 Antragsverfahren . . . 376
§ 20 Basiswert und Qualitätsbonus . . . 379
§ 21 Beitragszuschuss . . . 380
§ 22 Abschlagszahlungen . . . 380
§ 23 Belegprüfungen in Kindertageseinrichtungen und Kindertagespflege; Rücknahme-, Widerrufs- und Vollstreckungsverfahren . . . 383
§ 24 Buchungszeitfaktoren . . . 388
§ 25 Wirksamwerden von Änderungen . . . 394
§ 26 Netze für Kinder; Kindertageseinrichtungen im ländlichen Raum . . . 407

4. Abschnitt Übergangs- und Schlussbestimmung ... 409
§ 27 Übergangsregelung ... 409
§ 28 Inkrafttreten, Außerkrafttreten ... 410

Anhang ... 411

Abkürzungsverzeichnis

a. A.	anderer Ansicht
a. a. O.	am angegebenen Ort
Abs.	Absatz
a. E.	am Ende
a. F.	alte Fassung
AGSG	Ausführungsgesetz zu den Sozialgesetzen
AllMBl.	Allgemeines Ministerialblatt
AMS	Arbeitsministerielles Schreiben des Bayerischen Staatsministeriums für Arbeit und Sozialordnung, Familie und Frauen
ÄndG	Änderungsgesetz
Art.	Artikel
AVBayKiBiG	Verordnung zur Ausführung des Bayerischen Kinderbildungs- und -betreuungsgesetzes
Az.	Aktenzeichen
BayBL	Bayerische Leitlinien für die Bildung und Erziehung von Kindern bis zum Ende der Grundschulzeit
BayEUG	Bayerisches Gesetz über das Erziehungs- und Unterrichtswesen
BayKiBiG	Bayerisches Kinderbildungs- und -betreuungsgesetz
BayKiG	Bayerisches Kindergartengesetz
BayKJHG	Bayerisches Kinder- und Jugendhilfegesetz
BayBEP	Bayerischer Bildungs- und Erziehungsplan
Beschl.	Beschluss
Bek.	Bekanntmachung
BEP	Bildungs- und Erziehungsplan
BGBl.	Bundesgesetzblatt
BiFiG	Bildungsfinanzierungsgesetz
BVerfG	Bundesverfassungsgericht
BVErfGE	Entscheidungssammlung des Bundesverfassungsgerichts
BVerwG	Bundesverwaltungsgericht
bzw.	beziehungsweise

ca.	circa
d. h.	das heißt
DJI	Deutsches Jugendinstitut
DVBayKiG	Durchführungsverordnung zum Bayerischen Kindergartengesetz
Erl.	Erläuterung
FA-ZR	Richtlinien über Zuwendungen des Freistaates Bayern zu Baumaßnahmen im kommunalen Finanzausgleich
FAG	Finanzausgleichsgesetz
f.	folgende
ff.	fortfolgende
Gem. Bek.	Gemeinsame Bekanntmachung
GO	Gemeindeordnung
GG	Grundgesetz
ggf.	gegebenenfalls
GTP	Großtagespflege
GVBl.	Gesetz- und Verordnungsblatt
Halbs.	Halbsatz
Hrsg.	Herausgeber
i. d. F.	in der Fassung
i. d. R.	in der Regel
IFP	Staatsinstitut für Frühpädagogik
i. S. d.	im Sinne des
i. V. m.	in Verbindung mit
JA	Jugendamt
KiFöG	Gesetz zur Förderung von Kindern unter drei Jahren in Tageseinrichtungen und in Kindertagespflege (Kinderförderungsgesetz)
KommZG	Gesetz zur kommunalen Zusammenarbeit
Mio.	Millionen
m. w. N.	mit weiteren Nachweisen
NfK	Netz für Kinder
Nr.	Nummer
NJW	Neue Juristische Wochenschrift

Rn.	Randnummer
Rspr.	Rechtsprechung
s.	siehe
S.	Seite
SGB	Sozialgesetzbuch
StAnz.	Staatsanzeiger
StMAS	Bayerisches Staatsministerium für Arbeit und Soziales, Familie und Integration
str.	strittig
SVE	Schulvorbereitende Einrichtung
TP	Tagespflegeperson
TRöffJH	Träger der öffentlichen Jugendhilfe
u. Ä.	und Ähnliches
Urt.	Urteil
usw.	und so weiter
VA	Verwaltungsakt
v. a.	vor allem
VGH	Verwaltungsgerichtshof
vgl.	vergleiche
z. B.	zum Beispiel

Literaturverzeichnis

Bauer/Hundmeyer/Groner/Mehler/Obermaier-van Deun, Kindertagesbetreuung in Bayern, Bayerisches Kinderbildungsgesetz, Kinder- und Jugendhilferecht und weitere Vorschriften, Kronach (Loseblattsammlung; Stand März 2006)

Bayerisches Staatsministerium für Arbeit und Sozialordnung, Familie und Frauen (Hrsg.), Das Bayerische Kinderbildungs- und -betreuungsgesetz (BayKiBiG) mit Ausführungsverordnung (AVBayKiBiG), München, 2005

Bayerisches Staatsministerium für Arbeit und Sozialordnung, Familie und Frauen/Staatsinstitut für Frühpädagogik (Hrsg.), Der Bayerische Bildungs- und Erziehungsplan für Kinder in Tageseinrichtungen bis zur Einschulung, Weinheim und Basel, 2006

Bayerisches Staatsminsiterium für Familie, Arbeit und Soziales/Staatsinstitut für Frühpädagogik (Hrsg.), Der Bayerische Bildungs- und Erziehungsplan für Kinder in Tageseinrichtungen bis zur Einschulung, 10. Auflage, Berlin, 2019

Bayerisches Staatsministerium für Arbeit und Sozialordnung, Familie und Frauen/Staatsinstitut für Frühpädagogik München (Hrsg.), Bildung, Erziehung und Betreuung von Kindern in den ersten Lebensjahren. Handreichung zum Bayerischen Bildungs- und Erziehungsplan für Kinder in Tageseinrichtungen bis zur Einschulung, 2. Edition, Berlin, 2015

Bayerisches Staatsministerium für Arbeit und Sozialordnung, Familie und Frauen/Bayerisches Staatsministerium für Unterricht und Kultus (Hrsg.), Gemeinsam Verantwortung tragen. Bayerische Leitlinien für die Bildung und Erziehung von Kindern bis zum Ende der Grundschulzeit, München, 2012

Brandenburg, Christoph/Schwemer, Arne, Das neue Bayerische Kinderbildungs- und -betreuungsgesetz, Bedarfsplanung und Förderung – Leitfaden für die Praxis, Heidelberg, 2005

Brezinka, Wolfgang, Glaube, Moral und Erziehung, Gesammelte Schriften Band 8, Basel, 1992

Dunkl, Hans-Jürgen/Eirich, Hans, Bayerisches Kinderbildungs- und -betreuungsgesetz (BayKiBiG) mit Ausführungsverordnung (AVBayKiBiG), München, 4. Aufl., 2015

Elschenbroich, Donata, Weltwissen der Siebenjährigen, München, 2001

Fthenakis, Wassilios E./Textor, Martin R. (Hrsg.), Knaurs Handbuch Familie. Alles was Eltern wissen müssen, München, 2004

Flitner, Andreas, Konrad, sprach die Frau Mama… Über Erziehung und Nicht-Erziehung, 2004

Flitner, Andreas, Spielen – Lernen. Praxis und Deutung des Kinderspiels, 2002

Kluge, Jürgen, Schluss mit der Bildungsmisere. Ein Sanierungskonzept, Frankfurt, New York, 2003

Krüger, Astrid/Hartl-Grötsch, Eleonore/Dunkl, Hans-Jürgen, Ratgeber Kindertageseinrichtungen, 1. Aufl., Kronach, 2005

Mayr, Toni, Beobachtungsbogen für Erzieherinnen zur Erfassung von Entwicklungsauffälligkeiten und -störungen bei Kindergartenkindern (BEK), in: Rieder-Aigner, H. (Hrsg.), Handbuch Kindertageseinrichtungen XI B 1–6, Berlin, Bonn, Regensburg, 16. Aktualisierung, 1999

Mayr, Toni, Probleme bei der Früherkennung von Entwicklungsauffälligkeiten – welchen Beitrag können Kindertagesstätten leisten?, in: IFP-Infodienst, 2000

Maywald, Jörg, Kinderschutz in der Kita; Ein praktischer Leitfaden für Erzieherinnen und Erzieher, Freiburg, 2013

Newsletter des Bayerischen Staatsministeriums für Arbeit und Sozialordnung, Familie und Frauen, www.stmas.bayern.de/kinderbetreuung/newsletter/index.htm

Reidelhuber, Almut, Umweltbildung. Ein Projektbuch für die sozialpädagogische Praxis mit Kindern von 3–10 Jahren, Freiburg, 2000

Reidelhuber, Almut, Umweltbildung in Tageseinrichtungen für Kinder, in: IFP-Infodienst, 2000

Speck, Josef/Wehle, Gerhard, Handbuch pädagogischer Grundbegriffe, München, 1970

Straßberger, Gudrun/Schalke, Erich H., Bayerisches Kindergartengesetz, Köln, 7. Aufl., 2004

Textor, Ingeborg, Kindergarten 2010, Traum – Vision – Realität, Freiburg, 3. Aufl., 1995

Textor, Martin R., Bildung im Kindergarten. Zur Förderung der kognitiven Entwicklung, Münster, 2006

Wiesner, Reinhard/Feger, Jörg M./Mörsberger, Thomas/Oberloskamp, Helga/Struck, Jutta, SGB VIII, Kinder- und Jugendhilfe, München, 3. Aufl., 2006

Einführung

A. Ziele des BayKiBiG

Das Bayerische Kinderbildungs- und -betreuungsgesetz (BayKiBiG) hat nach dreijähriger Erprobungsphase zum 1.9.2005 das Bayerische Kindergartengesetz vom 25.7.1972 abgelöst, das über 30 Jahre lang die Rahmenbedingungen für die Kindergärten gesetzt hatte.

Mit der Einführung des BayKiBiG im Herbst 2005 wurde der Bayerische Bildungs- und Erziehungsplan für Kinder in Tageseinrichtungen bis zur Einschulung (BayBEP) bayernweit implementiert. Als bundesweit erster Bildungsplan für Kindertageseinrichtungen setzte er weitreichende Maßstäbe für die aktuelle frühpädagogische Bildungsarbeit mit Kindern in den ersten sechs Lebensjahren. Flankierend zum Ausbau von Betreuungsplätzen für Kinder unter drei Jahren in Tageseinrichtungen und in der Tagespflege aufgrund der Einführung des Rechtsanspruchs ab dem 1.8.2013 erschien im Dezember 2010 die Handreichung zum BayBEP „Bildung, Erziehung und Betreuung von Kindern in den ersten drei Lebensjahren". Diese konkretisiert die Grundsätze des BayBEP für die pädagogische Arbeit mit den Kleinsten. Um die Kooperation zwischen Elementar- und Primarbereich zu stärken und Kontinuität im Bildungsverlauf zu wahren, wurden im Oktober 2012 in gemeinsamer Verantwortung von StMAS und StMUK zudem die Bayerischen Leitlinien für die Bildung und Erziehung von Kindern bis zum Ende der Grundschulzeit (Bildungsleitlinien) als verbindlicher Orientierungsrahmen für die pädagogische Arbeit in Kindertageseinrichtungen und Grundschulen entwickelt.

Der im BayKiBiG und dem BayBEP verankerte digitale Bildungsauftrag gewinnt in den letzten Jahren zunehmend an Bedeutung und hat gerade im Zuge der jüngsten Erfahrungen mit der Corona Pandemie vehementen Rückenwind bekommen. Mit dem vom StMAS in Auftrag gegebenen Modellversuch „Medienkompetenz in der Frühpädagogik stärken" konnten vom Staatsinstitut für Frühpädagogik in der Zeit von 2018 bis Ende 2020 im Zuge einer fast dreijährigen Modellphase an 100 ausgewählten Kitas in Bayern umfangreiche Erkenntnisse zur Stärkung der Medienkompetenz von Kindern, pädagogischen Fachkräften und Eltern gewonnen werden. Mit dem Ziel eines nachhaltigen Ergebnistransfers auf alle Kitas in Bayern und somit einer Sicherstellung des digitalen Bildungsauftrags in allen Kitas in Bayern startete mit Beginn 2021 eine umfangreiche Digitalisierungsstrategie, in deren Fokus eine gezielte Qualifizierung und einrichtungsspezifische Begleitung von Kindertageseinrichtungen in Richtung „Kita digital" ab Herbst 2021 steht.

Der wachsende Bedarf an qualitativ hochwertigen und verlässlichen Betreuungsplätzen für alle Kinder bis zur Vollendung des 14. Lebensjahres zeigt sich in dem enormen Anstieg der Zahl der in den Kindertageseinrichtungen betreuten Kinder. Der Ausbau der Plätze hat nach wie vor erhebliche Dynamik. Mit dem von der Bundesregierung im Koalitionsvertrag angestrebten Rechtsanspruch auf Ganztagsbetreuung für Schulkinder im Grundschulalter wird nach den Erfahrungen im U3-Bereich mit einer deutlichen Zunahme der Nachfrage an Plätzen für diese Altersgruppe zu rechnen sein.

Der Ausbau der Angebote in Kindertageseinrichtungen und Tagespflege stellt die pädagogischen Fachkräfte vor eine große Herausforderung. Die Einrichtungen orientieren sich an den Wünschen der Eltern und haben mehrheitlich die Öffnungszeiten ausgedehnt. Mitverantwortlich hierfür war aber auch die kindbezogene Förderung mit den sog. Buchungszeitfaktoren, über die die Träger und Gemeinden infolge von längeren Buchungszeiten der Kinder mehr Fördermittel erhalten. Neben den Öffnungszeiten sind aber auch die Buchungszeiten der Kinder in erheblichem Umfang gestiegen. Die seit Jahren steigende Nachfrage an Betreuungsplätzen verbunden mit steigenden Geburtenzahlen und einem vermehrten Zuzug bringt einen sehr hohen Bedarf an pädagogischen Fachkräften mit sich. Auch wenn die Zahl der pädagogischen Fach- und Ergänzungskräfte seit 2006 von 45.687 auf rund 100.000 Personen gesteigert werden konnte, stellt der herrschende Fachkräftemangel die zentrale Herausforderung für die weitere qualitative Entwicklung in der Kindertagesbetreuung dar. Der Freistaat Bayern stellt sich dieser Herausforderung mit einem Maßnahmenbündel entgegen. Im Bereich der Ausbildung wurde die Zahl der Fachakademien auf 68 gesteigert. Mit dem Modellversuch „Erzieherausbildung mit optimierten Praxisphasen (OptiPrax)“ wird erstmals der Weg einer dualen Ausbildung beschritten, um insbesondere (Fach-)Abiturienten für eine Ausbildung zum/zur staatlich anerkannten Erzieher/in zu bewegen. Zudem werden weitere Formen der berufsbegleitenden Ausbildung initiiert. Im Bereich der Fortbildung haben sich Zertifikatskurse zur Weiterqualifizierung von der pädagogischen Ergänzungskraft zur Fachkraft in der Kinderbetreuung etabliert. Gleichzeitig laufen eine Reihe von Maßnahmen an, um einerseits gezielt Personal in Kindertageseinrichtung zu akquirieren und zu qualifizieren (z. B. „Tagespflege 2000“, Qualifizierung zur Ergänzungskraft in der MiniKita) sowie um das Image des Berufs als Erzieherin bzw. Erzieher zu erhöhen und junge Menschen für diesen Beruf zu begeistern (z. B. Imagefilme, Wettbewerb, Herzwerker).

Rechtlich wurde mit dem Wegfall der sog. Fehlzeitenregelung zum 1.1.2017 der Personaleinsatz durch Einführung eines durchschnittlichen Jahres-Anstellungsschlüssels entbürokratisiert. Mit den zum 1.5.2021 eingetretenen Änderungen in den §§ 16 und 17 wird den Änderungen im Aus-, Fort- und

Weiterbildungsbereich Rechnung getragen und der Personaleinsatz weiter flexibilisiert.

Trotz seiner rechtlichen Verankerung im BayKiBiG bleibt die eigenständige Ausgestaltung des Bildungs- und Erziehungsauftrags der Kindertageseinrichtungen unverändert. Auf der Grundlage des BayBEP unterstützen die pädagogischen Kräfte die Kinder individuell, begleiten, reflektieren und dokumentieren deren Bildungsprozesse. Das BayKiBiG und die AVBayKiBiG stärken den eigenständigen Bildungs- und Erziehungsauftrag der Kindertageseinrichtungen. Die Bildungs- und Erziehungsziele werden ausführlich und explizit in 13 Paragrafen der AVBayKiBiG erläutert. Das Konzept basiert auf den Prinzipien der Inklusion und Teilhabe (Partizipation). Ausgrenzung von Menschen anhand bestimmter Merkmale wird ausdrücklich abgelehnt. Stattdessen werden geeignete Beteiligungsverfahren und die Orientierung an den individuellen Bildungs- und Entwicklungsbiografien der Kinder sichergestellt. Als Leitziel von Bildung gilt durchgängig die Stärkung von Kompetenzen (Art. 10 Abs. 1 und 2, Art. 11 Abs. 1, Art. 13 Abs. 1 BayKiBiG, §§ 1 Abs. 3, 2 AVBayKiBiG).

Die Umsetzung der Bildungs- und Erziehungsziele des BayBEP ist durch die Verankerung im BayKiBiG gesetzlich verpflichtend und unterliegt einer mittelbaren Steuerung, indem die Förderung an konkrete Maßnahmen der Qualitätssicherung geknüpft ist, wie

- Fortschreibung und Veröffentlichung der pädagogischen Konzeption
- Jährliche Durchführung einer Maßnahme zur Qualitätssicherung (Elternbefragung)
- Verbindlicher Einsatz von Beobachtungsbögen (SISMIK, SELDAK, PERIK).

Mit dem BayKiBiG haben alle Kindertageseinrichtungen einen Integrationsauftrag gegenüber Kindern mit (drohender) Behinderung wie auch gegenüber Kindern mit Migrationshintergrund. Die Träger erhalten für Kinder mit Migrationshintergrund eine um 30 % höhere kindbezogene Förderung. Der besondere Betreuungs-, Erziehungs- und Bildungsbedarf bei der Aufnahme von Kindern mit (drohender) Behinderung wird durch einen Gewichtungsfaktor 4,5 für diese Kinder förderrechtlich berücksichtigt. In integrativen Einrichtungen (mindestens drei Kinder mit Behinderung) kann der Faktor 4,5 um einen Faktor +X erhöht werden, um zusätzliche Personalstunden zu finanzieren. Mit den Faktoren wurde ein Anreiz für die Träger von Kindertageseinrichtungen zur Aufnahme von Kindern mit Behinderung geschaffen. Die Zahl der integrativen Einrichtungen hat sich in der Zeit von 2007 bis 2019 von 517 auf 1.934 Einrichtungen annähernd vervierfacht.

Der Begriff der Integration wird im Rahmen der Pädagogik in Kindertageseinrichtungen inzwischen umfassender diskutiert und durch den Gedanken der Inklusion erweitert. Es geht darum, eine Pädagogik umzusetzen, die alle Kinder selbstverständlich als Teil einer heterogenen Gruppe betrachtet. Vielfalt statt Homogenität wird ausdrücklich bejaht und gezielt genutzt, um den Kindern vielperspektivische Lernerfahrungen zu ermöglichen. Deshalb sollen auch Kinder mit **(drohender) Behinderung** und Kinder ohne Behinderung in Kindertageseinrichtungen gemeinsam betreut und gefördert werden (vgl. Art. 12 Abs. 1 BayKiBiG). Im BayKiBiG findet der Begriff der Integration nach wie vor Verwendung, zielt jedoch auf Inklusion. Integration erreicht dann das Ziel der Inklusion, wenn es in allen Lebensbereichen selbstverständlich ist, dass insbesondere Kinder mit Behinderung, aber auch Kinder mit Migrationshintergrund wie auch alle anderen Kinder von Beginn an beteiligt sind und auf ihre speziellen Bedürfnisse angemessen eingegangen wird. Da **Integration als Prozess zur Erreichung der Inklusion** betrachtet wird, ist es durchaus sachgerecht, von integrativen Einrichtungen bzw. Plätzen zu sprechen.

Trotz der wachsenden Bedeutung der Kindertageseinrichtungen für die Entwicklung der Kinder bleiben die Krippen, Kindergärten und Horte **familienergänzende und -unterstützende Einrichtungen**. Dem entspricht es, dass im BayKiBiG die Bildungs- und Erziehungspartnerschaft der Eltern und des pädagogischen Personals gestärkt wird.

B. BayKiBiG – Ausführungsgesetz zum SGB VIII oder eigenständiges Bildungsgesetz?

Für das BayKiBiG stellt sich die Frage, ob es ein Ausführungsgesetz zum SGB VIII oder ein eigenständiges Bildungsgesetz darstellt. Das Bayerische Staatsministerium für Familie, Arbeit und Soziales hat, wenn auch nicht ausdrücklich, so doch mittelbar durch die Anwendung des § 64 SGB X zu erkennen gegeben, dass es das BayKiBiG als Ausführungsgesetz zum SGB VIII erachtet.

Auch wenn durch das BayKiBiG ohne Zweifel der Bildungsauftrag aller Kindertageseinrichtungen und der Tagespflege deutlich gestärkt wurde, ist zu berücksichtigen, dass durch das BayKiBiG ein einheitlicher Rechtsrahmen für alle Kindertageseinrichtungen und die Tagespflege geschaffen wurde. Damit lässt sich das BayKiBiG aber nicht mehr als landesrechtliche Regelung zum „Kindergartenwesen“ auffassen und damit auch nicht auf die Bereichsausnahme des § 25 Satz 2 SGB VIII stützen (anders noch 1. Auflage).

Die Auswirkungen der Frage um die Einordnung des BayKiBiG – Bildungsgesetz oder Ausführungsgesetz – beschränken sich im Wesentlichen auf die Frage des Rechtsanspruchs auf einen Kindergartenplatz und die Frage nach der Kostenpflichtigkeit des Verwaltungsverfahrens. Die Verfassungsmäßigkeit des BayKiBiG hängt hingegen nicht von dieser Einordnung ab. Sie kann überhaupt nur für die Punkte thematisiert werden, in denen das BayKiBiG vom SGB VIII abweichende Regelungen trifft. Wenn das BayKiBiG ein eigenständiges Bildungsgesetz ist, so ist der bayerische Landesgesetzgeber auch frei von den Vorgaben des SGB VIII. Wenn das BayKiBiG hingegen ein Ausführungsgesetz zum SGB VIII ist, so kann es nur dann vom SGB VIII abweichen, wenn das Bundesrecht ausdrücklich Öffnungsklauseln zugunsten der Länder vorsieht. Vergleicht man das BayKiBiG nun mit dem SGB VIII, so ist Folgendes zu konstatieren:

- Das BayKiBiG enthält einzelne Regelungen, die die Regelungsmaterien des SGB VIII konkretisieren, also gerade Bereiche betreffen, in denen der Bund keine Regelung getroffen hat. Dies betrifft vor allem die Ausformulierung konkreter Bildungs- und Erziehungsziele. Auch wenn das BayKiBiG eine objektiv-rechtliche Verpflichtung der Gemeinden zur Schaffung von Betreuungsangeboten normiert, trifft es damit eine ergänzende und keine abweichende Regelung, da die durch das SGB VIII geregelte Frage nach einem Anspruch auf einen Betreuungsplatz hiervon gerade nicht berührt wird.
- Das BayKiBiG verweist zum Teil auf das SGB VIII, so vor allem in Bezug auf die Gesamtverantwortung des örtlichen Trägers der öffentlichen Jugendhilfe für die Jugendhilfeplanung und auf die Regelungen zum Betriebs- und Erlaubnisverfahren. Auch insoweit kann kein Widerspruch zwischen SGB VIII und BayKiBiG bestehen.
- Das BayKiBiG weicht vom SGB VIII ab, wenn dieses es gestattet, so
  - in Bezug auf die Bedarfsplanung, die nach dem BayKiBiG ergänzend zur Jugendhilfeplanung auch durch die Gemeinden erfolgt, weil die Jugendhilfeplanung hiervon unberührt bleibt einschließlich der Gesamtverantwortung seitens des örtlichen Trägers der öffentlichen Jugendhilfe und seiner Möglichkeit, auch seine eigene planerische Entscheidung durchsetzen zu können (vgl. Art. 5 Abs. 3, 6 Abs. 1, 18 Abs. 1 Satz 2 BayKiBiG),
  - in Bezug auf die Delegation der sachlichen Zuständigkeit für die Aufsicht über Kindertageseinrichtungen an die Kreisverwaltungsbehörden (vgl. § 85 Abs. 4 SGB VIII und Erl. zu Art. 28).

Auch wenn man das BayKiBiG somit als Ausführungsgesetz zum SGB VIII ansieht, ist es nicht verfassungswidrig, weil das BayKiBiG mit dem SGB VIII kompatibel ist (vgl. hierzu *Dunkl/Eirich* 4. Auflage S. 14 Rechtliche Einordnung des BayKiBiG).

C. Das BayKiBiG im Überblick

Das BayKiBiG in seiner Fassung vom 1. August 2005 hat sich bewährt. Zusammenfassend sei nochmals festzuhalten, dass die kindbezogene Förderung mit den Gewichtungs- und Zeitfaktoren die richtigen finanziellen Anreize setzte für die Betreuung von Kindern in allen erdenklichen Lebenslagen und für die bedarfsgerechte Ausgestaltung der Öffnungszeiten. Es besteht daher nach wie vor keine Veranlassung für grundsätzliche Anpassungen am Fördersystem, wenngleich ein höherer Verwaltungsaufwand kritisiert wird.

Das BayKiBiG gliedert sich in **sechs Teile**:

Im 1. Teil finden sich einführend allgemeine Bestimmungen insbesondere über die Festlegung des Geltungsbereichs des Gesetzes, das Erziehungsprimat der Eltern und das Subsidiaritätsprinzip zugunsten freigemeinnütziger Träger. Es findet sich auch die Legaldefinition einer Bildungseinrichtung, wobei Art. 2 mit Abs. 5 eine Ergänzung erfahren hat mit dem Ziel, schulische Angebote mit Angeboten der Kinder- und Jugendhilfe besser zu vereinbaren.

Im 2. Teil wird die gemeindliche Bedarfsplanung geregelt, die neben der Bedarfsplanung der örtlichen Träger der öffentlichen Jugendhilfe nach § 80 SGB VIII besteht.

Der 3. Teil enthält ergänzende Vorschriften zu den §§ 45 ff. SGB VIII zur Erlaubnispflicht von Kindertageseinrichtungen und zur Pflegeerlaubnis der Tagespflegepersonen.

Mit dem Inkrafttreten des BayKiBiG hat sich die Betreuungsform der Großtagespflege etabliert. Das BayKiBiG enthält seit dem 1. Januar 2013 Regelungen zur Abgrenzung von Angeboten der Großtagespflege und von Einrichtungen.

Im Zuge des vermehrten Zuzugs von Migranten und Flüchtlingen wurde in Art. 9a das Verbot der Gesichtsverhüllung im BayKiBiG ergänzt. Der bisherige Art. 9a zum Kinderschutz wird zum Art. 9b, mit dem die Bedeutung des Kinderschutzes im Zuge des Inkrafttretens des Bundeskinderschutzgesetzes herausgestellt wurde.

Im 4. Teil wird der Bildungs- und Erziehungsauftrag für Kindertageseinrichtungen allgemein sowie – mit erhöhten Anforderungen – für förderfähige Kindertageseinrichtungen bestimmt. Besondere Bedeutung erhält die Inklusion vor allem von Kindern mit Behinderung sowie von Kindern mit Migrationshintergrund. Angestrebt wird eine Erziehungspartnerschaft zwischen Eltern und pädagogischem Personal sowie eine enge Kooperation und Vernetzung mit Grundschulen und sonstigen Diensten und Anbietern im Umfeld des Tätigkeitsfeldes der Kindertageseinrichtungen. Der Bildungs- und Erziehungsauftrag der Tagespflege wird ausdrücklich festgestellt.

Im 5. Teil sind Voraussetzung und Umfang insbesondere der Förderansprüche der Träger von Kindertageseinrichtungen gegenüber den Gemeinden und der Gemeinde gegenüber dem Freistaat Bayern geregelt.

Mit dem Haushaltsgesetz vom 24.7.2018 wurde die Fristenregelung der Gemeinden durch den neuen Art. 18 Abs. 2 Satz 2 entschärft, da ein Verstreichen der Antragsfrist (30. Juni) nicht mehr automatisch zum kompletten Wegfall des staatlichen Förderanspruchs der Gemeinden führt.

Krippengeld

Mit Änderung des BayKiBiG vom 23.12.2019 wurde das sog. Krippengeld zum 1.1.2020 im BayKiBiG (vgl. Art. 23 a) verankert. Im Art. 23a BayKiBiG werden Höhe, Personenkreis, Dauer und die Einkommensanrechnung für die Leistung geregelt. Demnach erhalten Eltern von Kindern ab Vollendung des ersten Lebensjahrs, die für die Kindertagesbetreuung einen Beitrag von mindestens 100 Euro monatlich leisten, das sog. Krippengeld in Höhe von 100 Euro monatlich, längstens bis zum 31.8. des Jahres, in dem das Kind das dritte Lebensjahr vollendet. Diese Leistung erstreckt sich auch auf Kinder in Kindertagespflege. Im Unterschied zum Elternbeitragszuschuss wird das sog. Krippengeld direkt an die Eltern über das Zentrum Bayern Familie und Soziales (ZBFS) ausbezahlt. Darüber hinaus erhalten die Leistung nur Personensorgeberechtigte, deren Familieneinkommen 60.000 Euro pro Jahr nicht übersteigt. Für jedes weitere Kind steigt dieser Betrag um jeweils 5.000 Euro.

Nachdem es sich beim Krippengeld um eine neue familienpolitische Leistung des Freistaates Bayern handelt, die in keinem ursächlichen Zusammenhang mit dem Förderrecht des BayKiBiG steht, wird auf eine weitergehende Kommentierung verzichtet.

Im 6. Teil eröffnet eine Experimentierklausel die Möglichkeit, innovative Konzepte zu erproben.

Asylbewerber- und Flüchtlingskinder

Der stark gestiegene Zuzug von Asylbewerber- und Flüchtlingskindern insbesondere in den Jahren 2015 bis 2017 hat auch Auswirkungen auf die Kindertagesbetreuung.

Der Rechtsanspruch auf Förderung in einer Kindertageseinrichtung gemäß § 24 SGB VIII besteht, wenn die Kinder rechtmäßig oder auf Grund einer ausländerrechtlichen Duldung ihren gewöhnlichen Aufenthalt im Inland haben. Ein gewöhnlicher, rechtmäßiger Aufenthalt i. S. d. § 6 Abs. 2 SGB VIII besteht nach gängiger Verwaltungspraxis in der Regel erst, wenn ein Kind in einer Gemeinschaftsunterkunft untergebracht wurde. Eine Ausnahme gilt lediglich für unbegleitete Minderjährige, die in der Regel bereits mit ihrer Einreise einen gewöhnlichen Aufenthalt begründen und somit bereits während ihres Aufenthalts in einer Erstaufnahmeeinrichtung einen entsprechenden Anspruch haben, § 6 Abs. 4 SGB VIII.

Mit der Begründung eines gewöhnlichen Aufenthalts gemäß § 30 Abs. 3 SGB I haben die Träger von Kindertageseinrichtungen bei Aufnahme von Asylbewerber- und Flüchtlingskindern einen Förderanspruch nach Art. 18 Abs. 1 BayKiBiG gegenüber der Gemeinde, in der das Kind seinen gewöhnlichen Aufenthalt begründet.

Die hohe Flexibilität des BayKiBiG zeigt sich auch in Zusammenhang mit der Herausforderung durch den Flüchtlingszustrom und die damit erforderliche Integration der Kinder. Mit der Aufnahme von Asylbewerberkindern steigt die kindbezogene Förderung automatisch. Die Bayerische Staatsregierung unterstützt die Kindertageseinrichtungen bei der Bildung und Betreuung der Asylbewerberkinder wie folgt:

- Für jedes Asylbewerberkind ab drei Jahren erhält die Kindertageseinrichtung kraft Gesetzes eine um 30 % höhere Förderung [Gewichtungsfaktor 1,3 wie für jedes Kind nichtdeutschsprachiger Herkunft].
- Ausweitung der sehr erfolgreichen Vorkurse „Deutsch 240“ für Vorschulkinder.
- Förderung mit Gewichtungsfaktor 4,5 für Asylbewerberkinder mit seelischer Behinderung.
- Finanzielle Unterstützung von Maßnahmen aus dem Sonderprogramm „Zusammenhalt fördern, Integration stärken“ der Staatsregierung (MR-Beschluss v. 9.10.2015). Die Träger der öffentlichen Jugendhilfe erhalten auf der Grundlage einer Förderrichtlinie entsprechend der Verteilung der Asylanten insgesamt netto 5,4 Mio. Euro. Damit können z. B. Dolmetscherleistungen finanziert werden, zusätzlich Personal eingestellt oder ein Fahrdienst bezahlt werden.

Im Falle einer notwendigen Aufnahme von Asylbewerberkindern kann dies gegebenenfalls dazu führen, dass der förderrelevante Mindestanstellungsschlüssel und/oder die Fachkraftquote mangels verfügbaren zusätzlichen pädagogischen Personals nicht mehr eingehalten werden kann. Dies führt im Regelfall zu einer Förderkürzung. Das StMAS hat deshalb die allgemeine Zustimmung für ein Überschreiten des Anstellungsschlüssels bzw. der Fachkraftquote im Sinne des § 17 Abs. 4 Satz 5 AVBayKiBiG für die Dauer von drei Kalendermonaten erteilt. Hierzu hat das StMAS Vollzugshinweise per AMS vom 7.12.2015 erlassen. Derzeit werden Überlegungen angestellt, das Zustimmungserfordernis gänzlich zu streichen, so dass die Entscheidung über die Anwendung der Regelung den örtlichen staatlichen Bewilligungsstellen obliegt.

Beitragsentlastung

Der Bayerische Ministerrat hat am 3.12.2018 beschlossen, dass der Beitragszuschuss ab dem ersten Kindergartenjahr mit Wirkung ab dem 1.4.2019 eingeführt werden soll. Die hierfür erforderliche Änderung des BayKiBiG und der AVBayKiBiG erfolgte im Rahmen des Haushaltsgesetzes, das am 24.5.2019 vom Bayerischen Landtag beschlossen und am 31.5.2019 im Bayerischen Gesetz- und Verordnungsblatt verkündet wurde. Der Beitragszuschuss basiert auf den folgenden Eckpunkten:

- Der Beitragszuschuss ist an die BayKiBiG-Förderung angekoppelt.
- Für Kinder in nicht nach dem BayKiBiG geförderten Einrichtungen wird kein Beitragszuschuss gewährt.
- Für den Anspruch auf den Beitragszuschuss kommt es nicht auf den Aufenthaltsort des Kindes an, sondern auf den Sitz der Einrichtung. Demnach erhalten Kinder aus anderen Bundesländern den Zuschuss, wenn die bayerische Sitzgemeinde bereit ist, die Förderung für das Kind zu leisten.
- Die Höhe des Beitragszuschusses ist im BayKiBiG geregelt und beträgt pauschal wie bisher 100 Euro monatlich. Ein überschießender Betrag verbleibt beim Träger.
- Der Beitragszuschuss wird ausschließlich für Kinder in Kindertageseinrichtungen bezahlt, nicht für Kinder in Kindertagespflege.
- Der Beitragszuschuss wird unabhängig von der Einrichtungsform, in der ein Kind betreut wird (auch in einer Krippe), bezahlt.
- Für den Beginn des Zuschusses gilt eine Stichtagsregelung; der 1.9. des Kalenderjahres, in dem ein Kind das dritte Lebensjahr vollendet.

Um die Eltern möglichst rasch von den Beiträgen entlasten zu können, hat der Freistaat Bayern Anfang Juni 2019 eine Einmalzahlung (Sonderabschlag) ausbezahlt.

Infolge der Einführung des Zuschusses haben viele Gemeinden die Elterngebühren abgeschafft und damit Beitragsfreiheit geschaffen. Allerdings ist auch die gegenteilige Praxis feststellbar, da einige Gemeinden ihre Gebühren zum Teil kräftig erhöht haben. Damit wird das Ziel des Gesetzgebers, nämlich eine Entlastung der Eltern von den Gebühren, konterkariert.

Gesetz zur Weiterentwicklung der Qualität und zur Verbesserung der Teilhabe in Tageseinrichtungen und in der Kindertagespflege (KiQuTG) – sog. Gute-Kita-Gesetz

Zum 1.1.2019 ist nach einem mehrjährigen Diskussions- und Abstimmungsprozess zwischen den Ländern und dem Bund das KiQuTG in Kraft getreten, auf dessen Grundlage der Bund finanzielle Mittel an die Länder ausreicht. Die Mittel sind für Maßnahmen zur Weiterentwicklung der Qualität in der frühkindlichen Bildung in der Kinderbetreuung oder zur Verbesserung der Teilhabe oder Entlastung der Eltern von den Gebühren für die Kinderbetreuung zu verwenden. Voraussetzung für die Auszahlung der

Mittel des Bundes an die Länder ist der Abschluss von Zielvereinbarungen zwischen jedem Bundesland und dem Bund.

Das Verwaltungsabkommen zwischen dem Freistaat Bayern und dem Bund wurde am 23.9.2019 unterzeichnet. Der Vertrag endet zum 31.12.2022, da der Bund seine Mittel nur bis 2022 verbindlich zugesagt hat. Das Abkommen verlängert sich jeweils um ein Jahr, wenn der Verlängerung nicht spätestens sechs Monate vor Ablauf widersprochen wird.

Für den Verwendungszweck stellt der Bund folgende Mittel zur Verfügung:

Kalenderjahr	**Bund**	**Anteil Bayern**
2019	93 Mio. €	76,8 Mio. €
2020	993 Mio. €	154,6 Mio. €
2021	1.993 Mio. €	310,4 Mio. €
2022	1.993 Mio. €	310,4 Mio. €
Summe	**5.472 Mio. €**	**852,2 Mio. €**

Die Länder können aus den im KiQuTG genannten zehn Handlungsfeldern auswählen, welche Projekte konkret umgesetzt werden sollen. Somit kann jedes Land seine eigene Priorisierung entsprechend dem jeweiligen Bedarf und der gegebenen Situation vornehmen. Bayern hat sich bei der Auswahl seiner Handlungsfelder am Koalitionsvertrag orientiert. Demnach soll die Entlastung der Kita-Leitungen durch einen Leitungs- und Verwaltungsbonus erfolgen. Es soll die Tagespflege gestärkt werden, in dem Tagespflegepersonen in Festanstellung bei Kita-Trägern angestellt und in Einrichtungen als Assistenzkräfte eingesetzt werden können oder als festangestellte Tagespflegeperson bei einem Träger der öffentlichen Jugendhilfe. Weitere Schwerpunkte sind die Digitalisierung der Pädagogischen Qualitätsbegleiter (PQB) und die Übertragung auf den Bereich der Kindertagespflege sowie die Konzeptionierung als erster Umsetzungsschritt der Digitalisierungsstrategie. Zudem werden Mittel zur Refinanzierung der Maßnahmen zur Beitragsentlastung verwendet.

Die Leistungen werden zunächst als freiwillige staatliche Zuwendung auf Basis von Förderrichtlinien (vgl. Anhang 2 und 7) ausgereicht. Ziel ist eine Verstetigung als gesetzliche Leistung, da dies wesentlich zur Entbürokratisierung und Finanzierungssicherheit für Träger und Gemeinden beitragen wird. Die Verstetigung wird aber maßgeblich davon abhängen, ob auch der Bund seine Finanzierung auf Dauer anlegt und sicherstellt.

Für den Freistaat Bayern ergibt sich für die einzelnen Maßnahmen aus dem vom Bund aus dem KiQuTG zur Verfügung gestellten Mittel folgende Aufteilung:

	2019	2020	2021	2022	Gesamt
Qualitätsentwicklung	29,2	65,5	119		213,7
– Davon Leitungsbonus	28,9	57,4	88,3		
– Davon Festanstellung TP	0,3	8,1	27,5		
– Davon Pädagogische Qualitätsbegleitung			1,5		
– Davon Digitalisierungsstrategie			1,7		
Beitragsentlastung	48,4	90,7	194,5		333,6
Gesamt	77,6	156,2	313,5	313,5	860,8

Die Verteilung für das Haushaltsjahr 2022 bleibt dem Ergebnis der diesbezüglichen Haushaltsverhandlungen vorbehalten.

Leitungs- und Verwaltungsbonus

Ziel ist eine Entlastung und Stärkung der Leitungen von Kindertageseinrichtungen, um sie in die Lage zu versetzen, sich stärker auf ihre Leitungsaufgaben zu konzentrieren. Durch den Leitungs- und Verwaltungsbonus erhalten Träger die Möglichkeit, die Leitungsperson insbesondere durch zusätzlichen Personaleinsatz zugunsten der vom Träger zu definierenden Leitungsaufgaben von sonstigen Tätigkeiten (bspw. vom Gruppendienst oder von Verwaltungstätigkeiten im Rahmen der mittelbaren pädagogischen Tätigkeit) freizustellen. Der Träger kann dabei durch Definition des Leitungsprofils individuell entscheiden, welche Aufgaben er an die Leitung delegiert und welche Aufgaben von dem zusätzlich eingesetzten Personal übernommen werden sollen.

Nachdem dieses Handlungsziel in der ersten Umsetzungsphase (2019–2020) auf eine sehr breite Zustimmung und hohe Nachfrage gestoßen ist, erfolgt nun eine Fortführung der Maßnahme in den Jahren 2021–2022 in modifizierter Form. Aufgrund der bisherigen Erfahrungen und Erkenntnisse wird eine Differenzierung der Bonuszahlungen sowie eine Ausweitung des finanziellen Förderrahmens vorgenommen, um eine gezieltere Steuerung zu erreichen und auf unterschiedliche Bedarfe reagieren sowie Anreize für nachhaltige Entwicklungen setzen zu können.

Die Umsetzung erfolgt wie bisher auf Basis der Richtlinie zur Gewährung eines Leitungs- und Verwaltungsbonus zur Stärkung von Kindertageseinrichtungen, die zum 01.05.2021 geändert wurde. Der Bonus wird in Ergänzung zur gesetzlichen kindbezogenen Förderung an die Gemeinden ausbezahlt, die den Betrag bei nichtkommunalen Trägern an den Träger der Kindertageseinrichtung weiterreichen. Für 2020 führte der Bonus zu einer Erhöhung der Förderung für eine durchschnittliche Einrichtung mit 60 betreuten Kindern um ca. 12.500 Euro p. a. Mit der Änderung der Richtlinie wird der Bonus in etwa verdoppelt.

Wesentliches Element zur Sicherstellung eines Beitrags zur qualitativen Weiterentwicklung der Einrichtung ist die Erarbeitung eines schriftlichen Leitungskonzepts, an das folgende Anforderung geknüpft ist:

- Leitungsprofil mit den Aufgaben der Leitungskraft,
- ein Zeitkontingent für die Erledigung der Leitungsaufgaben
- zusätzliche Maßnahmen zur Entlastung
- zeitliche Entlastung der Leitung (ab 2021 mindestens fünf Wochenstunden)
- Mindest-Qualifizierungsniveau der Leitung
- Beschreibung der hierfür erforderlichen Maßnahmen der Fort- und Weiterbildung
- Erstellung des Leitungskonzepts im Einvernehmen mit der Leitung

Bei der Fortschreibung der Maßnahme für die Jahre 2021 und 2022 erfolgt eine Weiterentwicklung in Form einer inhaltlichen Differenzierung der Bonuszahlung. Die Bonuszahlung setzt sich dann aus einzelnen Posten zusammen, um eine stärkere Steuerung der Qualitätsentwicklung vorzunehmen.

Im Einzelnen sind folgende Bonuszahlungen vorgesehen, um eine Entlastung der Leitungen und damit die Schaffung von zusätzlichen Zeiträumen für die originären Kernaufgaben zu unterstützen:

- Einsatz von zusätzlichem Personal im Umfang von mindestens 10 Wochenstunden, wie etwa für eine Übernahme von Verwaltungs-/Organisationsaufgaben oder hauswirtschaftlichen Tätigkeiten, Freistellung vom Gruppendienst, Aufstockung von Teilzeitverträgen; Freistellung von Mitarbeitern für den Aufbau und die Verstetigung von Kooperations- und Netzwerkstrukturen, Einstellung von „Beauftragten“ wie Hygienebeauftragten, Sicherheitsbeauftragten, Ausweisung von Funktionsstellen für die Schwerpunkte Inklusion, Migration und Flucht, Interkulturalität, Elternarbeit;
- Für die Durchführung einer qualifizierten Praxisanleitung im Rahmen insbesondere der Kinderpflege- und Erzieherausbildung wird ein Bonus gewährt, wenn
  - die Leitung von der Aufgabe der Praxisanleitung befreit ist,
  - mindestens eine Praktikumsstelle ausgewiesen und besetzt ist,
  - eine Praktikumsvergütung entsprechend einer verbindlichen tariflichen Vereinbarung, alternativ mindestens in Höhe von 500 € pro Monat bezahlt wird,

  - die Anleitungsperson bereit ist, Qualifizierungsmaßnahmen der Fachakademien für Sozialpädagogik zur Praxisanleitung wahrzunehmen und
  - die Anleitungsperson eng mit der Ausbildungsstelle kooperiert.
- Anschaffung und Einsatz von zusätzlichem, insbesondere technischem Equipment, wie Softwarelösungen oder Apps zur Vereinfachung von Verwaltungs- und Organisationsaufgaben oder der internen Kommunikation mit/unter den Mitarbeiterinnen und zwischen Mitarbeitern und Leitungskraft sowie von technischer Grundausstattung.

Der Zuschlag errechnet sich abhängig von der gesetzlichen Förderung durch Erhöhung des Bonusfaktors für jedes in der Kindertageseinrichtung betreute Kind (Basiswert x Buchungszeitfaktor x Erhöhungsbetrag entsprechend Förderrichtlinie). Dabei sind jährlich folgende Förderbeträge möglich:

- für zusätzliches Personal: Bonusfaktor 0,16
- für Ausbildungsanleitung und entsprechende Praktikumsstellen: Bonusfaktor 0,07
- für Sachausgaben: Bonusfaktor 0,01

Insgesamt kann eine Referenzeinrichtung mit 60 Kindern und einem Buchungszeitfaktor von 1,65 einen Jahresbonus in Höhe von 29.480 Euro erhalten.

Förderung der Festanstellung von bis zu 2.000 Tagespflegepersonen

Die Festanstellung von bis zu 2.000 Tagespflegepersonen erfolgt auf Basis einer Förderrichtlinie, die zum 1.2.2020 in Kraft getreten ist (siehe Anh. 7). Über diese wird eine pauschalierte finanzielle Förderung bei der Festanstellung von Personen mit einer Qualifikation als Tagespflegeperson an den Träger der Kindertageseinrichtung (über die Gemeinden als Adressaten der staatlichen Förderung) oder den Träger der öffentlichen Jugendhilfe gewährt.

Höhe der Zuwendung

Die pauschalierte Förderung errechnet sich als Produkt des

- fünffachen aktuellen Basiswertes für die Tagespflege,
- des Gewichtungsfaktors für die Tagespflege (1,3) und
- des Buchungszeitfaktors entsprechend der Arbeitszeit der Tagespflegeperson.

Dies entspricht der Förderung einer mit fünf Kindern voll ausgelasteten Tagespflegeperson. Die in Kindertageseinrichtungen eingesetzten Tagespflegepersonen (sog. Assistenzkräfte) werden nicht im Anstellungsschlüssel berücksichtigt und stehen damit zusätzlich zur Verfügung. Voraussetzung für die Förderung ist eine mindestens hälftige Mitfinanzierung der durch die Festanstellung entstehenden Kosten durch die Gemeinde.

Für eine Festanstellung müssen grundsätzlich die Voraussetzungen für die Erteilung einer Pflegeerlaubnis nach § 43 Abs. 2 Satz 1, Satz 2 Nr. 1 und

Satz 3 SGB VIII erfüllt sein. Dem liegt u. a. jeweils das vom zuständigen örtlichen Träger der öffentlichen Kinder- und Jugendhilfe vorausgesetzte Qualifizierungspensum zugrunde. Grundlage hierfür stellt der Qualifizierungsplan für Tagespflegepersonen des Bayerischen Landesjugendamtes dar. Dieser weist inhaltlich wesentliche Schnittmengen zum DJI-Curriculum zur Qualifizierung von Tagespflegepersonen auf.

Mit der Änderung der Kinderbildungsverordnung (AVBayKiBiG) und der Anhebung des Mindestumfangs an Qualifizierungsstunden für die staatliche Förderung von 100 auf 160 Stunden) erhöhen sich auch die Mindestanforderungen für die Förderung der Festanstellung. Die Richtlinie setzt weiter eine regelmäßige jährliche Fortbildung im Umfang von 15 Stunden voraus. Das Ausbauziel für den Zeitraum des Handlungs- und Finanzierungskonzeptes 2019 bis 2020 betrug etwa 900 geförderte Arbeitsverhältnisse bis Ende 2020. Der Endausbau mit rd. 2.000 Tagespflegepersonen sollte bis 2022 erreicht werden.

Für Tagespflegepersonen, die als Assistenzkräfte in Kindertageseinrichtungen angestellt werden, wird zudem eine vom StMAS zertifizierte Zusatzqualifizierung im Umfang von 40 Stunden für eine Förderung vorausgesetzt. Diese bereitet auf den Einsatz in einer Kita vor, berücksichtigt Unterschiede zur Tagespflege und leistet einen Beitrag zum neuen Rollenverständnis.

Die Befürchtung einer Unterhöhlung des Qualifizierungsanspruchs durch Assistenzkräfte in den Kindertageseinrichtungen ist weder begründet noch nachvollziehbar. Vielmehr trägt der Einsatz dieser Kräfte zur Entlastung der pädagogischen Fachkräfte bei, indem diese Tätigkeiten ohne notwendige tiefergehende pädagogische Vorbildung delegieren können und sich dadurch Freiräume für die Erledigung der Kernaufgaben verschaffen.

Um eine Beschleunigung des Programms herbeizuführen und die Nachhaltigkeit zu verstärken, ist eine Änderung bzw. Weiterentwicklung der Maßnahme in zwei grundlegenden Punkten erforderlich. Hierzu wurde die Richtlinie zum 1.6.2021 entsprechend geändert:

- Um auch finanzschwachen Kommunen zu ermöglichen, den Einsatz von Assistenzkräften zu unterstützen und der unsicheren Entwicklung der kommunalen Haushalte infolge der Corona-Pandemie Rechnung zu tragen, wurde das Erfordernis zur kommunalen Kofinanzierung für die Laufzeit bis Ende 2022 zunächst ausgesetzt. Im Gegenzug wurde die staatliche Förderung auf das zehnfache des Basiswerts verdoppelt.
- Zur Erreichung der Handlungsziele wurden zudem der Themenbereich „Qualifizierung“ forciert und der Verbreitungsgrad von Qualifizierungsmaßnahmen erhöht. Hierzu zählen die Entwicklung, Umsetzung und Erprobung von Fortbildungsmodulen für Tagespflegepersonen in neuen, digitalen Formaten (Blended- oder E-learning, etc.) sowie dessen Verortung auf

einer entsprechenden Plattform. Dies unterstützt nicht nur eine einheitliche Qualifizierung, sondern ist Bestandteil des beabsichtigten Aufbaus von Fortbildungs- bzw. Qualifizierungsmodulen, um eine Aufstiegsmöglichkeit bis zur Fachkraftebene zu ermöglichen. Gerade für Quereinsteiger und Berufsumsteiger bietet ein solches, insbesondere zeitlich flexibles, berufsbegleitendes Qualifizierungsangebot eine niedrigschwellige Einstiegs- und auch Aufstiegsmöglichkeit. Dadurch sollen neue Interessentenkreise für die Kindertagesbetreuung gewonnen und ein wichtiger Beitrag zur Bekämpfung des Fachkräftemangels geleistet werden. Langfristig wird damit der qualitative und quantitative Ausbau der Kinderbetreuung, aber auch die Professionalisierung in der Kindertagespflege unterstützt.

Digitalisierung der Pädagogischen Qualitätsbegleiter (PQB) und Übertragung auf den Bereich der Kindertagespflege

Ziel ist es, die PQB als eigenständiges trägerunabhängiges und effektives Unterstützungsmodell für die Kindertageseinrichtungen um den Schwerpunkt „Digitalisierung" weiter zu entwickeln und dem bisherigen Beratungsangebot digitale Formate hinzu zu fügen. Zudem soll dieses prozessorientierte Unterstützungssystem der PQB auch für den Bereich der Kindertagespflege erschlossen werden. Der landesweite, trägerübergreifende Einsatz der PQB soll zukünftig durch zwei Landeskoordinierungsstellen organisiert werden, die interessierte Träger, Einrichtungen und Tagespflegepersonen gezielt beraten.

Konzeptionierung und Umsetzung einer Digitalisierungsstrategie

Auf Grundlage der erfolgreichen Umsetzung des Modellversuchs „Medienkompetenz in der Frühpädagogik stärken" wird eine Digitalisierungsstrategie für alle Kindertageseinrichtungen in Bayern gestartet, mit dem Ziel, die Erkenntnisse des Modellversuchs in die Praxis zu tragen und alle Kindertageseinrichtungen in Bayern davon profitieren zu lassen.

Kernelement der Digitalisierungsstrategie ist die bayernweite Qualifizierungskampagne „Startchance Kita digital", die in Form einer Kampagne durchgeführt wird und Kitas ein passgenaues und nachhaltiges Qualifizierungs-, Beratungs- und Unterstützungsangebot durch gezielt dafür qualifizierte Digitalisierungscoaches macht.

Die Kampagne wird ab Herbst 2021 regional auf Landkreis- und Städteebene in enger Kooperation mit den Jugendämtern vor Ort durchgeführt.

Für jeden Kampagnenkurs wird auf der Online-Plattform „ZMF Learning Hub" des Staatsinstituts für Frühpädagogik und Medienkompetenz ein virtueller Kursraum eingerichtet, in dem jede teilnehmende Kita ihren eigenen Onlinezugang erhält.

Ausweitung des Beitragszuschusses für die gesamte Kindergartenzeit

Mit der Beitragsentlastung sollen mögliche Hürden für die Inanspruchnahme von Angeboten der Kinderbetreuung beseitigt werden. Mit der Gesetzesänderung vom 31.5.2019 wurde dies bereits umgesetzt. Die Mittel aus dem KiQuTG können auch zur Refinanzierung von Maßnahmen zur Beitragsentlastung, die über § 90 Abs. 3 und 4 SGB VIII hinausgehen, verwendet werden.

Die wesentlichen Kritikpunkte am KiQuTG bestehen an der aus Sicht der Länder zu geringen Finanzierungsbeteiligung des Bundes und insbesondere der Befristung der Mittel bis Ende 2022. Hier bleibt abzuwarten, was die Verhandlungen zwischen dem Bund und den Ländern in den kommenden Jahren ergeben werden.

Außerdem stehen die Mittel nicht vollumfänglich der Qualitätsverbesserung zur Verfügung, da diese auch zur Refinanzierung der Kosten für die Beitragsentlastung der Eltern eingesetzt werden können. Kritiker monieren, dass dies nicht im Einklang mit dem eigentlichen Ziel des Gesetzes stünde, nämlich der Qualitätsverbesserung.

Rechtsanspruch auf Ganztagsbetreuung für Schulkinder

Im Koalitionsvertrag von CDU, CSU und SPD zur 19. Legislaturperiode wurde Folgendes vereinbart:

„Wir werden einen Rechtsanspruch auf Ganztagsbetreuung im Grundschulalter schaffen. Dabei werden wir auf Flexibilität achten, bedarfsgerecht vorgehen und die Vielfalt der in den Ländern und Kommunen bestehenden Betreuungsmöglichkeiten der Kinder- und Jugendhilfe und die schulischen Angebote berücksichtigen. Für die Ausgestaltung wollen wir das Sozialgesetzbuch VIII nutzen. Um diesen Rechtsanspruch bis 2025 zu verwirklichen, bedarf es konkreter rechtlicher, finanzieller und zeitlicher Umsetzungsschritte, die wir in einer Vereinbarung von Bund und Ländern unter Einbeziehung der kommunalen Spitzenverbände festlegen werden. Dabei wird der Bund sicherstellen, dass insbesondere der laufenden Kostenbelastung der Kommunen Rechnung getragen wird“ (Zit. aus Koalitionsvertrag S. 19).

Im Vermittlungsausschuss haben sich Bund und Länder auf einen Rechtsanspruch auf einen Ganztagsplatz geeinigt. Mit dem Ganztagsförderungsgesetz (GaFöG) wird das SGB VIII geändert. Der Rechtsanspruch kommt zum 1. September 2026 und wird stufenweise zunächst für die 1. Klassenstufe eingeführt. Ab September 2030 besteht der Anspruch für alle Grundschulkinder.

Der Ausschlag für die Zustimmung seitens der Länder dürfte die Verbesserung der Beteiligung des Bundes an den Betriebskosten gewesen sein.

Der Rechtsanspruch richtet sich auf Förderung in einer Kindertageseinrichtung und umfasst den zeitlichen Umfang an Werktagen von bis zu acht Stunden täglich. Der Anspruch schließt die Ferienzeiten mit Ausnahme einer vierwöchigen Schließzeit ein.

Mit dem Ganztagsfinanzierungsgesetz vom 9.12.2020 wurde ein Sondervermögen des Bundes von bis zu 3,5 Mrd. Euro beschlossen, das zur Investitionskostenförderung eingesetzt werden soll. Mit dem Inkrafttreten der Verwaltungsvereinbarung zum beschleunigten Infrastrukturausbau der Ganztagsbetreuung für Grundschulkinder am 28.12.2020 werden weitere 750 Mio. Euro des Bundes (Anteil Bayern 116,7 Mio. Euro) zur Verfügung gestellt. Gefördert werden damit Investitionen in den quantitativen und qualitativen investiven Ausbau ganztägiger Bildungs- und Betreuungsangebote für Grundschulkinder. Die Zuwendungsvoraussetzungen sind in einer gemeinsamen Richtlinie von Familien- und Kultusministerium geregelt.

Bei der Betriebskostenförderung steht folgende Beteiligung des Bundes im Raum:

2026	135 Mio. Euro
2027	460 Mio. Euro
2028	785 Mio. Euro
2029	1.110 Mio. Euro
2030	1.300 Mio. Euro (Anteil für Bayern: ca. 210 Mio. Euro).

Die Mittel werden über eine Verringerung der Einnahmen des Bundes aus der Umsatzsteuer an die Länder ausgereicht.

Neben den Fragen zur Finanzierung sind jedoch eine Reihe von inhaltlichen Fragen zur Umsetzung zu klären, inwieweit z. B. die Mittagsbetreuung an der Schule trotz fehlendem Fachkraftangebot anspruchserfüllend sein kann. Zu klären bleibt auch die Frage, inwiefern die Eltern an den Kosten der Ganztagsbetreuung zu beteiligen sind. Der Freistaat erprobt deshalb bereits die Verzahnung von Angeboten der Schule und Angeboten der Jugendhilfe (Horte, Häuser für Kinder) an bis zu 50 Modellprojekten. Ziel ist eine gemeinsame Verantwortung für den Ganztag an Schulen sowie eine gemeinschaftliche Nutzung vorhandener Räumlichkeiten.

Flankierend dazu werden eine Reihe neuer Maßnahmen zur Fachkräftegewinnung ergriffen und Qualifizierungsmöglichkeiten auf Ergänzungskraftniveau ermöglicht (z. B. „Ergänzungskraft“). Davon sollen in erster Linie die neuen Standorte von Kombieinrichtungen (so genannte „kooperative Ganztagsbildung“), langfristig alle Betreuungsangebote von Grundschulkindern profitieren.

D. Nachhaltige Auswirkungen der Corona-Pandemie für die Kindertagesbetreuung

Corona und Kita: Ein Zwischenfazit?

Die Corona-Pandemie stellt eine Ausnahmesituation dar, hat viele von uns an ihre Grenzen gebracht und hält uns weiterhin in Atem. In besonderem Maße gefordert waren und sind Kindertageseinrichtungen. Welch hervorragende Arbeit dort geleistet wird, wurde vor allem in dieser Krisensituation deutlich. Kitas boten während der Pandemie vielen Kindern einen geschützten Ort, an dem – unter besonderen Hygienevoraussetzungen und sofern nicht von Schließung betroffen – gemeinsam mit anderen Kindern gespielt, gelernt und gelacht werden konnte. Vor allem auch für Eltern war und ist dies eine wertvolle Stütze, woraus sich vielerorts eine Intensivierung der Bildungspartnerschaft mit Eltern entwickelt hat. Auch der Zusammenhalt und Austausch im Team ist, so häufige Rückmeldungen aus der Praxis, enger und noch vertrauensvoller geworden. Gelungen ist das vor allem in jenen Einrichtungen, welche über eine kompetente Leitung verfügen, die über große Reorganisationskompetenz, hohe Frustrationstoleranz und ausgewiesene Fachlichkeit verfügen. Damit wird einmal mehr die enorme Ressource deutlich, die eine kompetente Leitung für die gesamte Einrichtung darstellt.

Gemäß dem mittlerweile viel zitierten „Brennglas", durch welches Corona den Blick auf Vieles schärft, ist vor allem dort der Zusammenhalt gewachsen, wo er vorher schon da war, wurden Abläufe optimiert, die zuvor schon funktioniert haben und Kompetenzen geschärft, die bereits vorhanden waren. Umgekehrt sind aber vielerorts auch Probleme genau an jenen Stellen eskaliert, die auch vor Corona schon erkennbar waren – wie zum Beispiel Differenzen zwischen Einrichtung und Träger, unklare Kommunikation im Team oder Dissonanzen mit den Eltern.

Einen besonderen Aufschwung hat die Bedeutung von Medien erfahren. Niemand würde mehr die Wichtigkeit der Digitalisierung in Frage stellen, im Gegenteil – hier gibt es an vielen Stellen noch großem Handlungsbedarf.

Die Erfahrungen, die Kinder, Familien, Fachkräfte seit Beginn der Corona-Pandemie gemacht haben, sind vielfältig und genauso vielfältig und damit möglichst passgenau muss die Unterstützung sein. Einrichtungen dabei zu begleiten und sie in ihren drängendsten Fragen nicht allein zu lassen, muss Schwerpunkt staatlicher Stellen sein. Das StMAS und in dessen Auftrag das IFP nimmt diese Herausforderung an und versucht möglichst zeitnah und präzise auf die Fragen der Praxis zu reagieren.

In finanzieller Hinsicht war die Herausforderung dahingehend gegeben, die Liquidität der Einrichtungen auch während der Phasen der Schließungen, Betretungsverbote und Notbetreuungen sicherzustellen. Die Bayerische Staatsregierung reagierte mit zusätzlichen freiwilligen staatlichen Zuwendungen, wie z. B. dem Beitragsersatz, mit dem zum einen die Eltern von den Gebühren entlastet werden sollten und zum anderen den Trägern fehlende Einnahmen ersetzt werden. Neben den zusätzlichen Mitteln wurde die Auslegung bestehender gesetzlicher Regelungen angepasst, um Änderungen im Nachfrageverhalten der Eltern bei der Förderung zumindest weitgehend abzufedern. Dies wurde mit zahlreichen Erlassen und Vollzugshinweisen umgesetzt. Es stellte sich heraus, dass der Freistaat mit der kindbezogenen Förderung über eine Finanzierungssystematik verfügt, die auch in extremen Lagen wie der Corona-Pandemie geeignet ist, die Finanzierung der Kindertageseinrichtungen zu gewährleisten. Vermehrte Ausfallszeiten beim pädagogischen Personal konnten förderrechtlich über die seit 2017 eingeführte sog. 42-Tageregelung weitgehend abgefedert werden, so dass diesbezüglich keine nennenswerten finanziellen Probleme für die Träger auftraten. Ähnliches galt für die Träger, die aufgrund der Notwendigkeit der Kostenreduzierung insbesondere in der Zeit der Kita-Schließung für ihr Personal Kurzarbeit anmeldeten. Auch das online-gestützte Antrags- und Bewilligungsverfahren „KiBiG.web" erwies sich als sehr flexibles Instrument, um auf zusätzliche Herausforderungen sachgerecht reagieren zu können. Der Einsatz von KiBiG.web war in der Pandemie ein äußerst wichtiger Baustein dafür, die verwaltungstechnische Umsetzung neuer Richtlinien und zusätzlicher statistischer Anforderungen, die für eine stetige Bewertung der Pandemielage von großer Bedeutung waren, zu garantieren. Die Erkenntnisse aus dem statistischen Zahlenmaterial, das über KiBiG.web aufbereitet wurde, waren eine wichtige Grundlage für die politischen Entscheidungen des Bayerischen Ministerrats. Zusammenfassend kann festgestellt werden, dass der Freistaat bei der Finanzierung der Kinderbetreuung über geeignete und leistungsstarke Instrumente verfügt, auch in außergewöhnlichen Situationen und Umständen eine möglichst unbürokratische, sachgerechte und rechtlich einwandfreie Umsetzung der Prozesse zu garantieren.

Bayerisches Gesetz zur Bildung, Erziehung und Betreuung von Kindern in Kindergärten, anderen Kindertageseinrichtungen und in Tagespflege (Bayerisches Kinderbildungs- und -betreuungsgesetz – BayKiBiG)

Gesetzestext mit Erläuterungen

1. Teil
Allgemeine Bestimmungen

Art. 1
Geltungsbereich

[1]Dieses Gesetz gilt für die Bildung, Erziehung und Betreuung von Kindern in Kindertageseinrichtungen und in Tagespflege. [2]Es findet keine Anwendung auf heilpädagogische Tagesstätten.

Anmerkungen

Art. 1 legt den **sachlichen Anwendungsbereich** des BayKiBiG fest. Regelungsgegenstand sind danach Kindertageseinrichtungen und die Tagespflege. Beide Formen der Fremdbetreuung werden in Art. 2 näher definiert. Die in Satz 1 erstmals und damit an frühestmöglicher Stelle angeführte Aufgabentrias der Bildung, Erziehung und Betreuung stellt keine Einschränkung des Regelungsbereichs des BayKiBiG dar. Im BayKiBiG werden vielmehr neben der pädagogischen Arbeit auch weitere, einer landesrechtlichen Regelung bedürftige, spezifisch die Kindertageseinrichtungen und die Tagespflege betreffende Aspekte geregelt. 1

Anders als sein Rechtsvorgänger – das Bayerische Kindergartengesetz – gilt das BayKiBiG für **alle Formen der Kindertageseinrichtungen**; siehe hierzu im Einzelnen die Erl. zu Art. 2. **Nicht** unter den Anwendungsbereich des BayKiBiG fallen **heilpädagogische Tagesstätten**, Satz 2. Diese werden durch das BayKiBiG nicht näher definiert. Die Zusammenschau mit Art. 2 Abs. 3 ergibt jedoch, dass das BayKiBiG auch Kindertageseinrichtungen mit integrativem pädagogischem Ansatz erfasst, die Zahl der Kinder mit (drohender) Behinderung aber auf maximal ein Drittel nach oben limitiert. Wird 2 diese Grenze überschritten, so mag es sich um eine heilpädagogische Tagesstätte handeln; eine Kindertageseinrichtung jedenfalls liegt nicht vor.

Das BayKiBiG erfasst ferner **nicht** die **Erziehung in einer Tagesgruppe nach § 32 SGB VIII** und wegen spezialgesetzlicher Regelungen beispielsweise auch **nicht Schulvorbereitende Einrichtungen** nach Art. 22 Bayerisches Gesetz über das Erziehungs- und Unterrichtswesen (BayEUG), Heimschulen (Art. 106 BayEUG), Schülerheime oder die **Mittagsbetreuung** (Art. 107 BayEUG).

Art. 2
Begriffsbestimmungen

(1) [1]Kindertageseinrichtungen sind außerschulische Tageseinrichtungen zur regelmäßigen Bildung, Erziehung und Betreuung von Kindern. [2]Dies sind Kinderkrippen, Kindergärten, Horte und Häuser für Kinder:

1. **Kinderkrippen sind Kindertageseinrichtungen, deren Angebot sich überwiegend an Kinder unter drei Jahren richtet,**
2. **Kindergärten sind Kindertageseinrichtungen, deren Angebot sich überwiegend an Kinder im Alter von drei Jahren bis zur Einschulung richtet,**
3. **Horte sind Kindertageseinrichtungen, deren Angebot sich überwiegend an Schulkinder richtet und**
4. **Häuser für Kinder sind Kindertageseinrichtungen, deren Angebot sich an Kinder verschiedener Altersgruppen richtet.**

[3]Kindertageseinrichtungen müssen nicht zwingend gebäudebezogen sein.

(2) Eine regelmäßige Bildung, Erziehung und Betreuung im Sinn des Abs. 1 Satz 1 setzt voraus, dass die überwiegende Zahl der Kinder über einen Zeitraum von mindestens einem Monat die Kindertageseinrichtung durchschnittlich mindestens 20 Stunden pro Woche besucht.

(3) Integrative Kindertageseinrichtungen sind alle unter Abs. 1 genannten Einrichtungen, die von bis zu einem Drittel, mindestens aber von drei behinderten oder von Behinderung bedrohten Kindern besucht werden.

(4) Tagespflege ist die Bildung, Erziehung und Betreuung von Kindern durch eine Tagespflegeperson im Umfang von durchschnittlich mindestens 10 Stunden wöchentlich pro Kind in geeigneten Räumlichkeiten.

(5) [1]Bei der Feststellung von Mindestbesuchszeiten und der Mindestbuchungszeit nach Art. 21 Abs. 4 Satz 4 werden Zeiten in Kindertageseinrichtungen oder in Tagespflege jeweils mit Zeiten in schulischen Einrichtungen zusammengerechnet. [2]Die Berechnung der kindbezogenen Förderung (Art. 21) erfolgt nur bezogen auf die jeweiligen Buchungszeiten in der Kindertageseinrichtung oder bei der Tagespflegeperson. [3]Eine Zusammenrechnung nach Satz 1 erfolgt nur, wenn die Kindertageseinrichtung ununterbrochen für mindestens zwei volle Kalenderjahre die Voraussetzun-

gen für eine kindbezogene Förderung nach diesem Gesetz ohne Anwendung des Satzes 1 erfüllt hat.

Inhaltsübersicht **Rn.**

1. Regelungsinhalt 3
2. Begriff der Kindertageseinrichtung 4
   a) Tageseinrichtung für Kinder 5
   b) Gebäudebezug von Kindertageseinrichtungen 6
   c) Formen der Kindertageseinrichtungen 7
3. Bildung, Erziehung und Betreuung
   a) Bildungseinrichtung. 8, 9
   b) Regelmäßigkeit 10, 11
   c) Mindestbesuchszeit 12
   d) Ferienbetreuung 13
   e) Außerschulische Bildung, Erziehung und Betreuung . 14
4. Integrative Kindertageseinrichtungen
   a) Begriffsbestimmung 15
   b) Drittelregelung 16
5. Tagespflege
   a) Begriffsbestimmung 17
   b) 10-Stunden-Grenze. 18
   c) Räumlichkeiten. 19
   d) 15-Stunden-Grenze des § 43 SGB VIII. 20
   e) Örtliche Zuständigkeit 21
6. Vereinbarung von Angeboten der Kinder- und Jugendhilfe mit Betreuungsangeboten an der Schule. 22–25

Anmerkungen

1. Regelungsinhalt

Art. 2 enthält Legaldefinitionen, also vom Gesetzgeber für das BayKiBiG vorgegebene Worterklärungen für die einzelnen Fremdbetreuungsangebote, die nach Art. 1 den Regelungsgegenstand des BayKiBiG bilden. Trägern bleibt es natürlich unbenommen, ihre Kindertageseinrichtung abweichend von den gesetzlichen Begriffen zu benennen. Sie können etwa einen Hort als Tagesheim bezeichnen oder einen sich zu einem Haus für Kinder wandelnden Kindergarten weiterhin als Kindergarten. **3**

2. Begriff der Kindertageseinrichtung

4 Abs. 1 Satz 1 gibt für Kindertageseinrichtungen fünf Begriffsmerkmale an:
- Tageseinrichtung für Kinder
- Formen der Kindertageseinrichtungen
- Bildung, Erziehung und Betreuung
- Regelmäßigkeit
- außerschulisch.

a) Tageseinrichtung für Kinder

5 Mit „Tageseinrichtung" greift das BayKiBiG einen Begriff des Achten Buches Sozialgesetzbuch (SGB VIII), des Kinder- und Jugendhilfegesetzes des Bundes, auf. Insofern kann auf die zur „Tages**einrichtung**" i. S. d. § 45 SGB VIII ergangene Rechtsprechung zurückgegriffen werden – mit einer Ausnahme: Nach Art. 2 Abs. 1 Satz 3 setzt eine Tageseinrichtung im Sinne des BayKiBiG anders als nach der Rechtsprechung zu § 45 SGB VIII ausdrücklich **keinen Gebäudebezug** voraus. Der Einrichtungsbegriff ist mit dem neu eingefügten § 45a nunmehr legaldefiniert.

§ 45a SGB VIII
Einrichtung

Eine Einrichtung ist eine auf gewisse Dauer und unter der Verantwortung eines Trägers angelegte förmliche Verbindung ortsgebundener räumlicher, personeller und sachlicher Mittel mit dem Zweck der ganztägigen oder über einen Teil des Tages erfolgenden Betreuung oder Unterkunftsgewährung sowie Beaufsichtigung, Erziehung, Bildung, Ausbildung von Kindern und Jugendlichen außerhalb ihrer Familie. Familienähnliche Betreuungsformen der Unterbringung, bei denen der Bestand der Verbindung nicht unabhängig von bestimmten Kindern und Jugendlichen, den dort tätigen Personen und der Zuordnung bestimmter Kinder und Jugendlicher zu bestimmten dort tätigen Personen ist, sind nur dann Einrichtungen, wenn sie fachlich und organisatorisch in eine betriebserlaubnispflichtige Einrichtung eingebunden sind. Eine fachliche und organisatorische Einbindung der familienähnlichen Betreuungsform liegt insbesondere vor, wenn die betriebserlaubnispflichtige Einrichtung das Konzept, die fachliche Steuerung der Hilfen, die Qualitätssicherung, die Auswahl, Überwachung, Weiterbildung und Vertretung des Personals sowie die Außenvertretung gewährleistet. Landesrecht kann regeln, unter welchen Voraussetzungen auch familienähnliche Betreuungsformen Einrichtungen sind, die nicht fachlich und organisatorisch in eine betriebserlaubnispflichtige Einrichtung eingebunden sind.

Eine Einrichtung im Sinne des BayKiBiG ist demnach durch zweierlei gekennzeichnet: einen **Verbund sächlicher und personeller Ressourcen von einer gewissen Dauerhaftigkeit** mit einer festen Organisationsstruktur sowie eine zeitlich und sachlich beschränkte Übertragung der Erziehungsverantwortung von den Eltern auf das pädagogische Personal. Die sachliche Beschränkung ist im Erziehungsprimat der Eltern begründet. Das pädagogische Personal hat bei seiner Bildungs- und Erziehungsarbeit die Vorgaben der Eltern zu berücksichtigen. Selbst wenn Eltern sich in die Arbeit der Kindertageseinrichtung einbringen, ändert dies nichts daran, dass während des Besuchs einer Kindertageseinrichtung die tatsächliche Ausübung des Erziehungsrechts in den Händen des pädagogischen Personals liegt.

Das BayKiBiG erfasst nicht alle Einrichtungen, sondern nur *Tages*einrichtungen. Ausgeschlossen vom Anwendungsbereich des BayKiBiG sind daher Angebote, die Kinder über Nacht betreuen.

Unter das BayKiBiG fallen des Weiteren nur Tageseinrichtungen **für Kinder**. Die Grenze vom Kind zum Jugendlichen liegt bei 14 Jahren – ab dem 14. Geburtstag ist man Jugendlicher (vgl. § 7 Abs. 1 Nr. 1 und 2 SGB VIII). Dies hat insbesondere Bedeutung für die Horte: Zwar gibt Art. 2 Abs. 1 Satz 2 Nr. 3 nur die Untergrenze „ab Einschulung" an und keine Obergrenze für das Alter. Damit es sich aber noch um eine Kindertageseinrichtung handelt, muss ein Hort auf die **Altersgruppe der Kinder bis 14 Jahren** ausgerichtet sein. Betreut ein Hort einzelne Jugendliche, so verliert er dadurch nicht seinen Charakter als Hort. Die Betreuung von Jugendlichen von der Vollendung des 14. bis zum 16. Lebensjahr darf ihn aber nicht prägen. Der Sicherstellungsauftrag nach Art. 5 BayKiBiG und damit auch die Förderverpflichtung der Gemeinden erstreckt sich nicht auf Jugendliche. Leistet die Gemeinde für die Bildung, Erziehung und Betreuung eines Jugendlichen in einer Kindertageseinrichtung freiwillig den kommunalen Förderanteil der kindbezogenen Förderung im Sinne der Art. 18 ff., so erhält die Gemeinde auch den staatlichen Finanzierungsanteil des Freistaats Bayern.

b) Gebäudebezug von Kindertageseinrichtungen

Wegen des nach Satz 3 nicht notwendigen Gebäudebezugs werden auch Einrichtungen ohne Räumlichkeiten wie z. B. Waldkindergärten erfasst. Dadurch unterscheidet sich der Einrichtungsbegriff von dem der §§ 22, 45 und 45a SGB VIII (vgl. Rn. 87 zu Art. 9). 6

c) Formen der Kindertageseinrichtungen

7 Art. 2 Abs. 1 Satz 2 zählt **abschließend die möglichen Formen der Kindertageseinrichtungen** auf: **Kinderkrippen, Kindergärten, Horte und Häuser für Kinder**. Die Abgrenzung zwischen diesen Formen erfolgt danach, an welche Altersgruppe sich die Kindertageseinrichtung nach ihrer pädagogischen Konzeption überwiegend richtet. Maßgeblich ist also die **pädagogische Konzeption**, nicht in erster Linie das Alter der tatsächlich die Kindertageseinrichtung besuchenden Kinder. Zwar muss eine Kindertageseinrichtung ihre pädagogische Konzeption anpassen, wenn tatsächliche und konzipierte Altersstruktur auseinanderklaffen. Vorübergehende Abweichungen führen aber nicht dazu, dass die Form der Kindertageseinrichtung wechselt.

Beispiel:

Eine Kinderkrippe mit 36 Plätzen ist für Kinder im Alter von 1 ½ bis unter drei Jahren konzipiert; wenn die Kinder drei Jahre alt werden, gehen sie in einen Kindergarten. Es kann im Laufe eines Jahres vorkommen, dass mehr als 18 Kinder das dritte Lebensjahr vollenden, sie aber vor Beginn des nächsten Kindergartenjahres nicht in den Kindergarten wechseln können, weil vorher kein Platz dort frei wird. Gleichwohl bleibt auch in diesem Zeitraum die Kindertageseinrichtung eine Krippe – insbesondere auch im Hinblick auf Art. 21 Abs. 5 Satz 5; zum finanziellen Vorteil, eine Krippe zu sein, s. Erl. zu Art. 21 Rn. 228.

3. Bildung, Erziehung und Betreuung

a) Bildungseinrichtung

8 Die Aufgabentrias „Bildung, Erziehung und Betreuung“ ist das maßgebliche Abgrenzungskriterium zu Angeboten der Fremdbetreuung, deren Sinn sich allein in der Betreuung der Kinder erschöpft. Dass das BayKiBiG in der Reihung die Bildung an die erste Stelle rückt – anders als etwa § 22 Abs. 2 SGB VIII – verdeutlicht das Gewicht, das es der frühen Bildung zumisst. Die Anforderungen an eine Bildungs- und Erziehungsarbeit im Sinne des Art. 2 dürfen allerdings nicht überspannt werden. Bei Art. 2 geht es lediglich um die Frage, ob überhaupt eine Kindertageseinrichtung vorliegt, ob also das BayKiBiG Anwendung findet. Wenn aber für die Kindertageseinrichtung staatliche Fördergelder fließen sollen, ist die Messlatte höher zu legen: Dann sind die Bildungs- und Erziehungsziele des Art. 13 Abs. 3 zu erfüllen. Um überhaupt eine Kindertageseinrichtung sein zu können, reicht ein pädagogisches Angebot, das entwicklungsangemessen Anregungen für Körper, Geist und Seele der Kinder bietet.

Die erforderliche Regelmäßigkeit der Bildungs- und Erziehungsarbeit wird durch Abs. 2 näher definiert, s. hierzu Erläuterungen zu Art. 2 Abs. 2 Rn. 10.

Überwiegende Zahl der Kinder bedeutet, dass die entsprechende Altersgruppe mehr als 50 % der Kinder stellen muss; jede Krippe, jeder Kindergarten und jeder Hort kann daher bis unter die 50 %-Grenze altersgeöffnet werden. Überwiegt *nach der pädagogischen Konzeption* keine Altersgruppe (beispielsweise, wenn eine Kindertageseinrichtung für Kinder unter drei Jahren und für Kinder von drei Jahren bis zur Einschulung je zur Hälfte konzipiert ist) oder ist nach der pädagogischen Konzeption gerade keine bestimmte Alterszusammensetzung vorgesehen, sondern eine sich am jeweiligen Bedarf orientierende, variierende, so liegt ein Haus für Kinder vor. Neben dem schon erwähnten Art. 21 Abs. 5 Satz 5 hat die Einordnung der Kindertageseinrichtungen in die einzelnen Formen keine förderrechtliche Relevanz. **9**

b) Regelmäßigkeit

Bildungs- und Erziehungsarbeit setzt eine systematische pädagogische Arbeit mit den Kindern voraus. Dies wiederum erfordert eine Regelmäßigkeit der pädagogischen Arbeit, die nach Art. 2 Abs. 2 näher definiert wird. Danach muss die überwiegende Zahl der Kinder über einen Zeitraum von mindestens einem Monat die Kindertageseinrichtung durchschnittlich mindestens 20 Stunden pro Woche besuchen. Die **überwiegende Zahl der Kinder** ist erreicht, wenn mehr als 50 % der Kinder die Kindertageseinrichtung im erforderlichen Umfang besuchen, z. B. also mindestens 26 von insgesamt 50 Kindern in einer Kindertageseinrichtung. **10**

> **Beispiel:**
>
> So kann man etwa **Schulkindern eine Mittagsverpflegung im Kindergarten** anbieten **oder** eine **Spielgruppe** für Kinder unter drei Jahren integrieren, die freie Räumlichkeiten des Kindergartens am Nachmittag nutzt. Für diese Kinder gibt es dann staatliche Zuschüsse, wenn sie zumindest die Buchungszeitkategorie „über eine bis zwei Stunden" gebucht haben, vgl. Art. 21 Abs. 4, § 19 Abs. 1 Nr. 1 AVBayKiBiG. Angenommen, ein Kindergarten wird von 40 Kindern 20 Stunden oder länger besucht. Hier können bis zu 29 weitere Kinder aufgenommen werden, die nur kurze Zeit die Einrichtung nutzen, ohne dass die 50 %-Grenze überschritten wird, wenn die Räumlichkeiten hierfür ausreichend groß sind und genügend Personal zur Verfügung steht.

Die **Mindestzeit von 20 Stunden pro Woche** stellt auf den Besuch, also die tatsächliche Anwesenheit ab. Kinder mit einer täglichen Buchungszeit der **Kategorie „über drei bis vier Stunden"** erfüllen grundsätzlich diese Grenze, **11** da die Eltern den Rahmen dieser Buchung voll ausschöpfen können; etwas anderes ist nur dann anzunehmen, wenn das Kind aufgrund der **Öffnungszeit** der Kindertageseinrichtung oder örtlich festgelegter sog. Gruppenöffnungszeiten (etwa täglich von 9 bis 12.30 Uhr) trotz einer Buchung von täglich „über drei bis vier Stunden" keine 20 Stunden pro Woche Besuchszeit aufweisen kann.

Durchschnittlich 20 Stunden pro Woche bezieht sich auf den jeweiligen Kalendermonat, in dem die regelmäßige Anwesenheit von täglich mehr als drei Stunden bis einschließlich vier Stunden gegeben sein muss.

c) Mindestbesuchszeit

12 Auslegungsbedürftig ist das zusätzliche Erfordernis „über einen Zeitraum von **mindestens einem Monat**". Dies könnte so gelesen werden, als wenn die übrigen Voraussetzungen „überwiegende Zahl der Kinder besucht Kindertageseinrichtung durchschnittlich mindestens 20 Stunden pro Woche" nur in einem einzigen Monat vorliegen müssten. Ausweislich der Gesetzesbegründung ist aber etwas Anderes gemeint. Dort heißt es zu Art. 2 Abs. 2:

> *„Bildung und Erziehung brauchen ein Mindestmaß an zeitlicher Konstanz und zeitlicher Intensität. Dieses Definitionsmerkmal dient daher der Abgrenzung von Kindertageseinrichtungen als Bildungseinrichtungen gegenüber reinen Betreuungsangeboten. Hierunter zählen z. B. Einrichtungen, bei denen mehr als die Hälfte der Plätze mit ständig wechselnden Kindern von Feriengästen belegt werden, oder Spielgruppen, die nur an zwei Vormittagen Kinder betreuen."*

Das „Monats-Erfordernis" des Art. 2 Abs. 2 ist daher keine Einschränkung, sondern eine zusätzliche Anforderung an die Kindertageseinrichtung: Es reicht nicht, wenn ständig wechselnde Kinder (überwiegend) 20 Stunden pro Woche betreut werden. Um ein Mindestmaß an zeitlicher Konstanz der Bildungsarbeit zu garantieren, muss die **überwiegende Zahl der Kinder auch mindestens einen Monat lang die Einrichtung besuchen**, bevor ein Wechsel eintritt. Art. 2 Abs. 2 2. Halbsatz eröffnete bisher ein Abweichen von der 20-Stunden-Grenze für Kinder unter drei Jahren in der Eingewöhnungsphase, als hierfür eine Grenze von zehn Stunden ausreichend war. Mit dem Begriff der Eingewöhnungsphase wurde der Zeitraum für die Abweichung auf maximal drei Monate nach der Aufnahme eines Kindes unter drei Jahren begrenzt. Mit dem Änderungsgesetz wurde aus Gründen der Rechtsvereinfachung dieser Halbsatz gestrichen. Hiermit soll allerdings keine Änderung der bestehenden Praxis verbunden sein.

Hinweis:

In KiBiG.web wird für jeden Kalendermonat eine Kürzung der Förderung angezeigt, in dem der Anteil der Kinder mit einer Buchungszeit von mindestens > 3 h bis 4 h nicht mehr als 50 % beträgt. Ob für den Kalendermonat tatsächlich eine Förderkürzung eintritt, hängt aber von der Gesamtschau des Kindergartenjahres ab. Hierbei sind zum Beispiel zeitweise längere Buchungszeiten etwa in den Schulferien zu berücksichtigen.

Beispiel:

Eltern melden ihr Kind zum 1.9. in einer Krippe an. Sie beabsichtigen eine Besuchszeit von durchschnittlich bis zu sechs Stunden täglich. Dies ergibt eine Buchungszeit in der Kategorie > 5 h bis 6 h. Während der Eingewöhnungsphase holen die Eltern das Kind aber bereits früher ab, in den ersten drei Wochen nach ca. 3 Stunden. In den nächsten drei bis vier Wochen wird die tägliche Besuchszeit auf bis zu sechs Stunden ausgedehnt. Der Träger kann für dieses Kind auch während der Eingewöhnungsphase die Förderung mit der Buchungszeit von > 5 h bis 6 h abrechnen.

Falls sich herausstellen sollte, dass die von den Eltern anvisierte Besuchszeit für das Kind nicht realisierbar ist, muss die Buchungszeit nach der Eingewöhnungsphase spätestens mit Beginn des vierten Monats nach der Aufnahme angepasst werden.

Diese Vorgehensweise ist zudem gerechtfertigt, da die Anforderungen an das pädagogische Personal gerade während der Eingewöhnungsphase von Kindern unter drei Jahren wesentlich höher sind, und der Träger trotz der kürzeren Verweildauer der Kinder in der Einrichtung während dieser Zeit mehr Personalstunden vorhalten muss.

d) Ferienbetreuung

Betreuungsangebote, die ausschließlich den Betreuungsbedarf während der Ferienzeiten abdecken, sind wegen der fehlenden Regelmäßigkeit nicht in der Lage, die Bildungs- und Erziehungsziele des BayKiBiG umzusetzen und daher keine Bildungseinrichtung im Sinne des Art. 2 Abs. 2. 13

Beispiel:

Der Träger eines Kindergartens möchte sein Angebot erweitern und eine Ferienbetreuung für Grundschüler anbieten. In den Sommerferien soll dies in den Räumen der Ganztagsbetreuung der Grundschule stattfinden für den Zeitraum von 4 Wochen, montags bis freitags von 8 Uhr bis 14 Uhr. Zudem sind Ausflüge geplant. Nach den Bestimmungen des § 45 SGB VIII ist davon auszugehen, dass es sich bei einer reinen Ferienbetreuung isoliert betrachtet um eine Einrichtung handelt, die einer Betriebserlaubnis bedarf. Sie stellt jedoch keine Einrichtung im Sinne des Art. 2 Abs. 2 BayKiBiG dar und ist daher auch nicht förderfähig nach dem BayKiBiG.

Eine Förderung der Ferienbetreuungsplätze käme jedoch dann in Betracht, wenn die Plätze für die Schulkindbetreuung in den Ferien in den Kindergarten integriert würden, d. h. der Kindergarten ggf. um diese Plätze erweitert würde. Zu beachten ist dabei Art. 2 Abs. 1 Nr. 1. Für eine Förderung müssen selbstverständlich die Voraussetzungen des Art. 19 BayKiBiG vorliegen.

e) Außerschulische Bildung, Erziehung und Betreuung

14 Art. 2 Abs. 1 Satz 1 scheidet aus dem Bereich der Kindertageseinrichtungen schulische Angebotsformen aus. Diese liegen vor, wenn sich die Schulaufsicht auch auf das Betreuungsangebot erstreckt.

Auf Richtlinienbasis werden sowohl sog. Ganztagsangebote an Schulen als auch reine Angebote der Mittagsbetreuung im Sinne des Art. 107 BayEUG gefördert. Ob diese Angebote so organisiert werden, dass sie Kindertageseinrichtungen darstellen (mit der Folge, dass sie unter den weiteren Voraussetzungen statt der Richtlinienförderung einen Förderanspruch nach dem BayKiBiG erlangen könnten), ist nach den Vorgaben des Art. 2 zu prüfen. Entscheidende Bedeutung wird dabei den Kriterien einer ganzheitlichen Bildungs- und Erziehungsarbeit und der 20-Stunden-Regel des Art. 2 Abs. 2 zukommen. Klassische durch die Schule angebotene Mittagsbetreuungen und Ganztagsangebote an Schulen haben in den Ferien geschlossen, Kindertageseinrichtungen – wie insbesondere Horte – bis auf wenige Schließtage (in der Regel maximal 30 Tage pro Jahr) hingegen geöffnet.

Schulvorbereitende Einrichtungen (SVE): Auch die SVE unterliegen der staatlichen Schulaufsicht. Die rechtliche Grundlage findet sich in Artikel 22 des Bayerischen Gesetzes über das Erziehungs- und Unterrichtswesen (BayEUG). Das Angebot der SVE richtet sich an noch nicht schulpflichtige Kinder mit sonderpädagogischem Förderbedarf. Die Regelungen des BayKiBiG finden für die SVE keine Anwendung, insbesondere sind die Vorschriften zur Beitragsentlastung bei den Elternbeiträgen nicht anwendbar.

4. Integrative Kindertageseinrichtungen

a) Begriffsbestimmung

15 Ziel des BayKiBiG ist es, die Integration von **Kindern mit (drohender) Behinderung** zu fördern. **Jede Kindertageseinrichtung** – Kinderkrippe, Kindergarten, Haus für Kinder und Hort – kann und soll daher integrativ arbeiten, Art. 11.

Eine integrative Kindertageseinrichtung liegt nach Art. 2 Abs. 3 allerdings erst **ab der Betreuung von drei Kindern mit (drohender) Behinde-**

rung vor. Das BayKiBiG knüpft hier an die frühere Unterscheidung zwischen Einzel- und Gruppenintegration nach dem Bayerischen Kindergartengesetz an, stellt aber auf die gesamte Einrichtung ab.

Beispiel:

Ein Kindergarten mit 75 Plätzen ist in drei Gruppen organisiert. In jeder Gruppe wird ein Kind mit Behinderung betreut. Nach Art. 2 Abs. 3 BayKiBiG handelt es sich um eine integrative Einrichtung, da in der Gesamteinrichtung drei Kinder mit Behinderung sind.

b) Drittelregelung

Bei integrativen Einrichtungen ist die Zahl der behinderten Kinder oder der von Behinderung bedrohten Kinder auf ein Drittel begrenzt. Damit erfolgt eine Abgrenzung zu den Heilpädagogischen Tagesstätten. Diese Obergrenze wurde in das BayKiBiG aufgenommen, um eine Unterforderung und eine Überförderung zu vermeiden, ausgehend von der Überlegung, dass eine integrative pädagogische Arbeit nur dann gelingen kann, wenn die Zahl der Kinder mit Behinderung begrenzt ist. Auch im Hinblick auf die mögliche Anreizfunktion der erhöhten Förderung für Kinder mit Behinderung nach Art. 21 Abs. 5 erschien eine Obergrenze notwendig. **16**

Im Zuge der Inklusion wurde über die Notwendigkeit der Streichung der Drittelregelung in Art. 2 Abs. 3 diskutiert.

Befürworter einer Streichung der Drittelgrenze verweisen darauf, dass im Zuge der Inklusion Parallelstrukturen von integrativ arbeitenden Kindertageseinrichtungen und behindertenspezifischen Einrichtungen aufgelöst werden müssten. Die Drittelgrenze stelle zudem eine zu starre Vorgabe dar, die dem Inklusionsgedanken nicht gerecht würde. Es müssten zumindest Ausnahmeregelungen zugelassen bzw. gefunden werden, um unterschiedlichen Bedarfen im Hinblick auf die regionalen Unterschiede und fachlichen Erfordernisse gerecht zu werden.

Der Gesetzgeber erachtet die Drittelregelung gerade im Hinblick auf die Inklusion für sinnvoll. Er hat sich deshalb für eine Beibehaltung der Regelung entschieden. Ausschlaggebend hierfür waren fachlich-pädagogische Überlegungen, um den besonderen Anforderungen für den individuellen Unterstützungs- und Förderbedarf der gemeinsamen Bildung, Erziehung und Betreuung von Kindern mit und ohne Behinderung gerecht zu werden und damit wirkliche Inklusion zu gewährleisten.

Die Praxis zeigt zudem, dass sich vermehrt behindertenspezifische Einrichtungen für Kinder ohne Behinderung öffnen. Die Drittelgrenze stellt hierfür kein wesentliches Hindernis dar.

Um den erhöhten pädagogischen Aufwand für die Betreuung von Kindern mit (drohender) Behinderung auch **finanziell** abzusichern, wird für jedes Kind mit Behinderung oder von Behinderung bedrohtes Kind eine erhöhte kindbezogene Förderung gewährt. Die Einordnung als integrative Kindertageseinrichtung hat insofern Bedeutung, als im Einvernehmen mit der finanzierenden Gemeinde diese Förderung vom Gewichtungsfaktor 4,5 aus nochmals erhöht werden kann, um zusätzliches Personal einstellen zu können; näher s. Erl. zu Art. 21 Rn. 238.

Die Förderleistungen nach dem BayKiBiG für die Aufnahme von Kindern mit (drohender) Behinderung decken nicht alle Kosten ab. Auch der Bezirk als überörtlicher Träger der Sozialhilfe, der nach dem SGB IX zuständig ist für Leistungen in teilstationären Einrichtungen im Rahmen der Eingliederungshilfe, erbringt daher Leistungen an die Träger von Kindertageseinrichtungen. Der **Bezirk** schließt hierzu mit den Trägern sowohl bei Einzelintegration als auch bei integrativen Kindertageseinrichtungen Verträge (sog. Leistungs- und Entgeltvereinbarungen) ab, in denen sowohl geregelt ist, welche Leistungen der Träger vom Bezirk erhält, als auch welche Rahmenbedingungen der Träger erfüllen muss, um integrativ arbeiten zu können; näher hierzu Erl. zu Art. 21 Rn. 231 ff.

5. Tagespflege

a) Begriffsbestimmung

17 Die Tagespflege (TP) im Sinne des BayKiBiG wird durch Art. 2 Abs. 4 definiert. Danach leistet auch die Tagespflege **Bildungs- und Erziehungsarbeit**; alle Betreuungsformen, bei denen es nur um eine ordnungsgemäße Beaufsichtigung der Kinder geht, scheiden daher aus. Da die Qualifizierung der Tagespflegepersonen nicht vergleichbar ist mit der Ausbildung der pädagogischen Fach- und Ergänzungskräfte , sind die Anforderungen an den Bildungs- und Erziehungsauftrag hier geringer als bei Kindertageseinrichtungen. Dies gilt grundsätzlich auch für die Großtagespflege, bei der sich bis zu drei Tagespflegepersonen zusammenschließen und ihre Kinder zusammen in fremden Räumen, d. h. nicht im eigenen Haushalt, betreuen.

b) 10-Stunden-Grenze

18 Um geringfügige Betreuungsverhältnisse vom Anwendungsbereich des BayKiBiG auszuschließen, ist eine Untergrenze von **wöchentlich zehn Stunden pro Kind** vorgesehen.

Bei der Tagespflege genügt eine durchschnittliche Betreuung von zehn Stunden wöchentlich pro Kind für die Voraussetzung des Art. 2 Abs. 4. Dabei ist die Feststellung der durchschnittlichen Betreuungszeit im Bewilligungszeitraum zu treffen. Abweichungen in einzelnen Monaten stellen die grundsätzliche Förderfähigkeit nicht in Frage.

Ausnahme:

Dem Erfordernis nach mindestens zehnstündiger Betreuung pro Kind und Woche wird auch Genüge getan, wenn das Kind bei der TP zwar die Grenze von zehn Stunden unterschreitet, aber zusätzlich noch in anderen Einrichtungen betreut wird:

Beispiel:

Ein Kind besucht einen Kindergarten bis täglich 16 Uhr. Danach wird das Kind bis 17.30 Uhr bei einer Tagespflegeperson betreut. Hier können Buchungszeit im Kindergarten und bei der TP zusammengezählt werden, so dass auch die Betreuungszeit bei der TP förderfähig wird. Wegen Art. 21 Abs. 3 in Verbindung mit § 19 AVBayKiBiG ist für eine kindbezogene Förderung ein zeitlicher Betreuungsumfang in der Tagespflege von täglich mehr als einer Stunde erforderlich.

Aufgrund des seit dem 1.1.2013 gültigen Art. 2 Abs. 5 BayKiBiG ist die Betreuungszeit in der Tagespflege auch mit den Zeiten an der Schule kombinierbar.

Beispiel:

Ein Kind besucht eine Ganztagsschule von Montag bis Donnerstag bis 16 Uhr und am Freitag bis 13 Uhr. Anschließend wird das Kind täglich bis 17 Uhr bei einer TP betreut. Durch den neuen Abs. 5 ist die Förderfähigkeit gewährleistet, da die Zeiten in der Schule auf die Zehn-Stunden-Grenze angerechnet werden können.

c) Räumlichkeiten

Der Zusatz „in geeigneten Räumlichkeiten“ verdeutlicht, dass die Tagespflege nicht nur in der Wohnung der Tagespflegeperson oder der Wohnung des Kindes, sondern in allen geeigneten Räumlichkeiten stattfinden kann. Bayern hat damit von dem Landesrechtsvorbehalt des § 22 Abs. 1 Satz 4 SGB VIII Gebrauch gemacht. 19

Hinweis:

Auch § 43 Abs. 1 SGB VIII enthält eine Legaldefinition. Danach ist Tagespflegeperson, wer gegen Entgelt Kinder außerhalb ihrer Wohnung während des Tages mehr als 15 Stunden wöchentlich länger als drei Monate betreuen will. Dieser scheinbare Widerspruch zu Art. 2 Abs. 4, bei dem Tagespflege bereits bei einer zehnstündigen Betreuung pro Woche und zudem auch bei kürzeren Zeiträumen als drei Monaten und auch bei Betreuung im Haushalt des Kindes vorliegt, ist dahingehend aufzulösen, dass **§ 43 Abs. 1 SGB VIII die Tagespflegeperson nur für die Frage der Erlaubnispflicht definiert**. Dies folgt auch aus § 22 SGB VIII, nach dem die Tagespflege auch im Haushalt der Kinder erfolgen kann. Demzufolge wird auch im SGB VIII eine Betreuungsform als Tagespflege bezeichnet, die nicht die Legaldefinition des § 43 SGB VIII erfüllt. Art. 2 Abs. 4 erfasst damit erlaubnispflichtige und nicht erlaubnispflichtige Formen der Tagespflege.

Nachdem Art. 20 insofern geändert wurde, dass für eine Förderung nach dem BayKiBiG die Voraussetzungen der §§ 23 und 43 SGB VIII vorliegen müssen, sind ab dem 1.1.2013 nur noch erlaubnispflichtige Formen der Tagespflege förderfähig.

d) 15-Stunden-Grenze des § 43 SGB VIII

20 Sofern die Betreuung von Kindern in Tagespflege regelmäßig und dauerhaft angelegt ist, kann diese im Wege des § 23 SGB VIII öffentlich gefördert werden, auch wenn die 15-Stunden-Grenze unterschritten ist. Das System der Tagespflege als Bildungsangebot grenzt sich allerdings von anderen klassischen Betreuungsformen, wie Babysitting und spontaner Nachbarschaftshilfe, ab.

Beispiel:

Eine Tagespflegeperson betreut über einen Zeitraum von über drei Monaten vier Kinder mit jeweils einer Betreuungszeit von zwölf Stunden. Nach § 43 Abs. 1 SGB VIII bedarf die TP einer Pflegeerlaubnis, weil sie mehrere Kinder länger als 15 Stunden pro Woche betreut, nämlich insgesamt 48 Stunden. Für alle Tagespflegeverhältnisse sind die Voraussetzungen des Art. 2 Abs. 4 erfüllt, da die Kinder mindestens zehn Stunden pro Woche betreut werden. Liegt bei einem der Kinder die Betreuungszeit bei mehr als fünf, aber unter zehn Stunden wöchentlich, ist eine kindbezogene Förderung wegen Art. 2 Abs. 4 nicht möglich.

e) Örtliche Zuständigkeit

21 Die örtliche Zuständigkeit für die Erbringung der Leistung nach § 23 SGB VIII richtet sich nach §§ 86 ff. SGB VIII. Nach § 86 Abs. 1 SGB VIII ist der örtliche Träger zuständig, in dessen Bereich die Eltern ihren gewöhnlichen Aufenthalt haben. Bei einem Wechsel des Aufenthaltsorts außerhalb des bisherigen Jugendamtsbezirks gilt § 86c SGB VIII. Der bisher zuständige

Leistungsträger leistet das Tagespflegegeld so lange, bis das neue zuständige Jugendamt die Leistung nach § 23 SGB VIII erbringt.

Beispiel:

Weil das zuständige Jugendamt eine gewünschte Tagespflege mangels geeigneter Tagespflegepersonen nicht vermitteln kann, wenden sich die Eltern an das Jugendamt der benachbarten kreisfreien Stadt, in der die Eltern ihrer Berufstätigkeit nachgehen. Das Jugendamt könnte eine TP bzw. einen Platz in der Großtagespflege vermitteln. Hierfür bieten sich zwei Möglichkeiten an:

1. Das unzuständige Jugendamt der kreisfreien Stadt vermittelt im Wege der Amtshilfe die TP bzw. den Platz in der GTP und erbringt die Leistungen gemäß § 23 Abs. 2 SGB VIII und Art. 20 BayKiBiG an die TP.
2. Das unzuständige Jugendamt der kreisfreien Stadt vermittelt im Wege der Amtshilfe die TP bzw. den Platz in der GTP. Die Leistungen an die TP gemäß § 23 Abs. 2 SGB VIII und Art. 20 BayKiBiG werden vom zuständigen Jugendamt (Aufenthaltsjugendamt) erbracht.

Die kindbezogene Förderung ist in jedem Fall durch das zuständige Jugendamt zu beantragen. Wegen der Kostenerstattung gilt § 89c SGB VIII.

Beispiel:

Während eines Bewilligungsjahres verziehen die Eltern von der kreisfreien Stadt in eine kreisangehörige Gemeinde im benachbarten Landkreis. Das Kind wird weiterhin von derselben TP betreut. Um den bürokratischen Aufwand durch den Zuständigkeitswechsel so gering wie möglich zu halten, wird empfohlen, dass der Zuständigkeitswechsel erst zum Beginn des nächsten Bewilligungsjahres vollzogen wird. Die beiden betroffenen Jugendämter regeln die Kostenfrage unter sich. Der kommunale Anteil der kindbezogenen Förderung ist ab dem Kalendermonat des Wohnortwechsels entweder von der neuen Gemeinde oder dem neuen Landkreis zu erstatten. Die Abrechnung der kindbezogenen Förderung sollte der Einfachheit halber ebenfalls zwischen den Jugendämtern im Rahmen der Kostenerstattung abgewickelt werden.

6. Vereinbarung von Angeboten der Kinder- und Jugendhilfe mit Betreuungsangeboten an der Schule

Mit Art. 2 Abs. 5 wird die Flexibilität der Einrichtungen für die Aufnahme **22** von Schülern und Schülerinnen mit kürzeren Betreuungszeiten im Hinblick auf die erforderliche Mindestbuchungszeit des Art. 2 Abs. 2 erhöht und damit für die Eltern die Möglichkeiten zur passgenauen Kombination (z. B. Betreuung in Randzeiten im Anschluss an die gebundene Ganztagsschule) verbessert. Die Vorschrift trägt dem rasant gestiegenen Bedarf der Ganztagsbetreuung von Schulkindern Rechnung, insbesondere für die Familien, für die das zeitliche Betreuungsangebot der Angebote an der Schule nicht ausreicht. Insbesondere aufgrund des von der Bundesregierung beschlossenen Rechtsanspruchs auf Ganztagsbetreuung für Kinder im Grundschulalter ab dem 1. September 2026 ist aus den Erfahrungen bei den Kindern ab dem vollendeten ersten Lebensjahr davon auszugehen, dass die Nachfrage an Plätzen für die Grundschulkinder steigen wird. Dies betrifft zum einen das Ende der Öffnungszeit während der Schulzeit und zum anderen die Ferienzeiten generell.

23 Art. 2 Abs. 5 eröffnet die Möglichkeit, bei der Feststellung der Mindestbuchungszeit im Sinne des Art. 2 Abs. 2 insbesondere im Hinblick auf die Frage, ob die Mehrheit der Kinder die Einrichtung mehr als 20 Stunden pro Woche besucht, die Zeiten von Bildungseinrichtungen, sowohl der des BayKiBiG als auch von schulischen Betreuungsangeboten, zusammenzurechnen. Die Regelung umfasst insbesondere Zeiten der Grundschule und der Schulvorbereitenden Einrichtung. Die Angebote der einfachen und verlängerten Mittagsbetreuung an der Schule werden von Art. 2 Abs. 5 **nicht** umfasst. Möglich ist ferner die Kombination von Betreuungszeiten in der Tagespflege und der Schule oder in Tagespflege und Kindertageseinrichtung. Hierdurch werden die Rahmenbedingungen für die Ganztagsbildung von Schulkindern weiter verbessert und das Zusammenspiel aus Schule und Kindertageseinrichtung bzw. Tagespflege optimiert. Die Vorschrift ist auch bei Kindern im Alter von drei Jahren bis zur Einschulung anwendbar, die in zwei Kindertageseinrichtungen betreut werden, aber nicht die in Art. 21 Abs. 4 Satz 4 geforderte Mindestbuchung erreichen.

24 Ergänzend stellt Art. 2 Abs. 5 klar, dass für die Berechnung der konkreten Fördersumme im Rahmen der kindbezogenen Förderung im Sinne des Art. 21 Abs. 4 in Verbindung mit § 19 AVBayKiBiG nur die Zeiten herangezogen werden können, die tatsächlich in der jeweiligen Kindertageseinrichtung oder bei der Tagespflegeperson gebucht und besucht wurden. Damit wird eine Doppelförderung ausgeschlossen. Eine Zusammenrechnung im Sinne des Abs. 5 ist nur möglich, wenn das Angebot der Schule (Halbtagsschule, offene und gebundene Ganztagsschule oder Tagespflege) unmittelbar nacheinander in Anspruch genommen wird. Die Mittagsbetreuung ist hiervon ausgenommen.

Beispiel:

Ein Kind besucht eine offene Ganztagsschule bis 15.30 Uhr. Die Eltern benötigen eine tägliche Betreuung bis 17 Uhr. Deshalb besucht das Kind im Anschluss an das Angebot der Schule eine Kindertageseinrichtung.

Für die Bemessung der kindbezogenen Förderung gilt die Buchungszeit von > 1 h bis 2 h, für die Mindestbuchungszeit des Art. 2 Abs. 2 werden die Zeiten der Grundschule sowie in der Einrichtung zusammengezählt. Die Mindestbuchungszeit des Art. 2 Abs. 2 von 20 Stunden pro Woche ist damit überschritten, da der zeitliche Umfang über der Zeitkategorie von > 3 h bis 4 h liegt.

Analog gilt dies, wenn die Betreuung im Anschluss an die Schule durch eine Tagespflegeperson durchgeführt wird im Hinblick auf die Zehn-Stunden-Grenze des Art. 2 Abs. 4. Für die Förderung nach BayKiBiG genügt demnach eine tägliche Betreuung von mehr als einer Stunde.

Eine Zusammenrechnung wäre nicht möglich, wenn das Kind nach der Schule eine verlängerte Mittagsbetreuung besuchen würde und daran anschließend eine Kindertageseinrichtung oder Tagespflege.

Hinweis:

Mit der Freischaltung des Moduls „Endabrechnung" für das Kalenderjahr 2020 in KiBiG.web wurde die Möglichkeit geschaffen, die Anwendung des Art. 2 Abs. 5 BayKiBiG zu beantragen, wenn der Anteil der Kinder mit Buchungen bis drei Stunden täglich bei 50 % oder darunter liegt und KiBiG.web deshalb eine Förderkürzung vornehmen würde. Die Träger müssen im Kommentarfeld eine kurze Begründung für die Anwendung des Art. 2 Abs. 5 BayKiBiG eintragen. Die angezeigte Förderkürzung wird dann systemseitig wieder entfernt.

Durch die Beschränkung des Anwendungsbereichs auf Einrichtungen, die bereits zwei Jahre ohne Inanspruchnahme der Flexibilisierungsmöglichkeit gefördert wurden, soll verhindert werden, dass Einrichtungen entstehen, die konzeptionell von vornherein nur auf Kurzzeitbetreuung ausgerichtet sind. Aus fachlichen Gründen soll der Wechsel der Betreuungseinrichtung die Ausnahme bilden. Vielmehr sollen nach dem BayKiBiG geförderte Einrichtungen auf Dauer einen umfassenden, eigenständigen Bildungsauftrag erfüllen, das pädagogische Personal die Kinder ganzheitlich bilden und erziehen. Davon ist bei Einrichtungen auszugehen, welche bereits seit mindestens zwei Jahren die kindbezogene Förderung nach dem BayKiBiG erhalten. **25**

Art. 3
Träger von Kindertageseinrichtungen

(1) Träger von Kindertageseinrichtungen können kommunale, freigemeinnützige und sonstige Träger sein.

(2) [1]Kommunale Träger sind Gemeinden, Gemeindeverbände, Verwaltungsgemeinschaften und kommunale Zweckverbände. [2]Als kommunale Träger im Sinn dieses Gesetzes gelten auch selbstständige Kommunalunternehmen des öffentlichen Rechts (Art. 89 GO), juristische Personen des Privatrechts sowie rechtsfähige Personenvereinigungen, an denen kommunale Gebietskörperschaften mehrheitlich beteiligt sind beziehungsweise in denen sie einen beherrschenden Einfluss ausüben.

(3) Freigemeinnützige Träger sind sonstige juristische Personen des öffentlichen und solche des privaten Rechts, deren Tätigkeit nicht auf Gewinnerzielung gerichtet ist.

(4) Sonstige Träger sind insbesondere Elterninitiativen, privatwirtschaftliche Initiativen, nichtrechtsfähige Vereine und natürliche Personen.

Anmerkungen

26 Nach Art. 3 können Kindertageseinrichtungen **in jeder Rechtsform** betrieben werden. Als mögliche Träger werden kommunale, freigemeinnützige und sonstige Träger aufgezählt. Nach dem BayKiBiG können unter den übrigen Voraussetzungen **alle Träger einen Förderanspruch** nach Art. 18 erwerben.

Die Unterscheidung zwischen kommunalen und sonstigen sowie freigemeinnützigen Trägern hat Bedeutung im Hinblick auf den Vorrang freigemeinnütziger Träger nach Art. 4 Abs. 3 (Subsidiaritätsgrundsatz). **Freigemeinnützige Träger** sind v. a. die Mitglieder der Arbeiterwohlfahrt, der Caritas, der Diakonie, des Paritätischen Wohlfahrtsverbands, des Bayerischen Roten Kreuzes sowie die einzelnen katholischen Kirchenstiftungen, aber auch eigenständige, eingetragene Vereine, die als gemeinnützig anerkannt sind.

Unter die **sonstigen Träger** fallen insbesondere betriebliche, gewerbliche und private Träger, demnach auch Privatpersonen und solche ohne Rechtsfähigkeit. In letzteren Fällen muss gegenüber der Aufsichts- und der Bewilligungsbehörde geklärt werden, wer von den Beteiligten vertretungsbefugt ist und wer für den Betrieb der Einrichtung sowie für etwaige Rückforderungsansprüche im Falle der Förderung haftet.

Art. 4
Allgemeine Grundsätze

(1) [1]Die Bildung, Erziehung und Betreuung von Kindern liegt in der vorrangigen Verantwortung der Eltern; Eltern im Sinn dieses Gesetzes sind die jeweiligen Personensorgeberechtigten. [2]Die Kindertageseinrichtungen und die Tagespflege ergänzen und unterstützen die Eltern hierbei. [3]Das pädagogische Personal hat die erzieherischen Entscheidungen der Eltern zu achten.

(2) [1]Die örtlichen Träger der öffentlichen Jugendhilfe (Landkreise und kreisfreie Städte) und die Gemeinden sollen mit der freien Jugendhilfe unter Achtung ihrer Selbstständigkeit partnerschaftlich zusammenarbeiten. [2]Gleiches gilt für die Zusammenarbeit mit den überörtlichen Sozialhilfeträgern bei integrativen Kindertageseinrichtungen.

(3) Soweit Kindertageseinrichtungen in gleichermaßen geeigneter Weise wie von einem kommunalen Träger auch von freigemeinnützigen Trägern betrieben werden oder rechtzeitig geschaffen werden können, sollen die Gemeinden und die Träger der öffentlichen Jugendhilfe von eigenen Maßnahmen absehen.

Inhaltsübersicht **Rn.**

1. Vorrang der elterlichen Erziehungsverantwortung 28
2. Partnerschaftliche Zusammenarbeit mit der freien Jugendhilfe 29
3. Subsidiaritätsgrundsatz 30

Anmerkungen

Art. 4 regelt grundsätzlich das Zusammenwirken von Eltern mit Kinderta- **27** geseinrichtungen (Abs. 1) sowie das Verhältnis der öffentlichen zur freien Jugendhilfe (Abs. 2 und 3).

1. Vorrang der elterlichen Erziehungsverantwortung

Art. 4 Abs. 1 Satz 1 legt fest, dass **Bildung, Erziehung und Betreuung vor- rangig in der Verantwortung der Eltern** bzw. Elternteile (vgl. Abs. 1 Satz 1 Halbs. 2) liegen. „Vorrangig" bedeutet in diesem Zusammenhang, dass die primäre Verantwortung den Eltern zukommt, die Kindertageseinrichtung ihren Bildungs- und Erziehungsauftrag hingegen von den Eltern ableitet, indem die Eltern freiwillig ihr Kind der Kindertageseinrichtung mit ihrer spezifischen pädagogischen Konzeption anvertrauen. **28**

Obwohl Eltern für die Bildung, Erziehung und Betreuung ihrer Kinder grundsätzlich selbst verantwortlich sind, können sie nur **in begrenztem Maße Einfluss auf das pädagogische Geschehen** in der Kindertageseinrichtung nehmen. So wird beispielsweise bei der Sexualerziehung die Kindertageseinrichtung Vorgaben der Eltern zu berücksichtigen haben. Umgekehrt wird der Einfluss der Eltern dort an seine Grenzen stoßen, wenn zum Beispiel das Kreuz an der Wand die christlich geprägte Grundeinstellung einer Kindertageseinrichtung zum Ausdruck bringt; s. näher Erl. zu Art. 14.

Kindertageseinrichtungen und Tagespflege haben einen je eigenständigen Bildungs- und Erziehungsauftrag (Art. 10, 16), der die elterliche Bildung und Erziehung zwar ergänzt und unterstützt, *aber nicht ersetzt*, Art. 4 Abs. 1 Satz 2. Dies bedeutet, dass die Kindertageseinrichtung die **Eltern helfend begleitet**. Diese ergänzende Hilfestellung wird sich darauf beziehen, dass das pädagogische Personal Zeiten überbrückt, wenn Eltern sich außerstande sehen, ihr Kind zu betreuen, dass die fachliche Erfahrung der pädagogischen Kräfte benötigt wird oder dass Kinder in der Kindertageseinrichtung durch den Umgang mit anderen Kindern soziale Kompetenz erwerben. Die Unterstützung kann sich auch auf die Beratung der Eltern in Erziehungsfragen erstrecken; näher s. Erl. zu Art. 14.

2. Partnerschaftliche Zusammenarbeit mit der freien Jugendhilfe

29 Abs. 2 enthält neben der Legaldefinition für die örtlichen Träger der öffentlichen Jugendhilfe das Gebot der partnerschaftlichen Zusammenarbeit mit der freien Jugendhilfe und mit den überörtlichen Trägern der Sozialhilfe, den Bezirken. **Bedeutung** entfaltet dieses Gebot **vor allem bei der Bedarfsplanung**. Weil das BayKiBiG zusätzlich zu der nach § 80 SGB VIII vorgesehenen Jugendhilfebedarfsplanung durch die örtlichen Träger der öffentlichen Jugendhilfe auch eine kommunale Bedarfsplanung durch die Gemeinden vorsieht, richtet sich die Verpflichtung an beide. Bei den örtlichen Trägern der öffentlichen Jugendhilfe ist der Jugendhilfeausschuss das geeignete Gremium zur Zusammenarbeit, bei den Gemeinden dasjenige Gremium, das die Gemeinde mit der Bedarfsplanung beauftragt (in der Regel ein beschließender Ausschuss nach Art. 32 Abs. 2 GO). Abs. 2 ist als „Soll-Vorschrift" ausgestaltet. Damit wird die regelmäßige Verpflichtung zur Zusammenarbeit begründet, von der nur in begründeten Ausnahmefällen abgesehen werden kann (sog. intendierte Ermessensentscheidung). Ein Ausnahmefall liegt zum Beispiel dann vor, wenn ein Träger der freien Jugendhilfe personell oder fachlich nicht zur Zusammenarbeit in der Lage ist. Anerkannte Träger der freien Jugendhilfe sind zur Zusammenarbeit fähig; dies wird vor ihrer Anerkennung nach § 75 SGB VIII überprüft (vgl. Grundsätze für die Anerkennung von Trägern der freien Jugendhilfe nach § 75 SGB VIII der Arbeitsgemeinschaft der Obersten Landesjugendbehörden vom 14.4.1994 Ziff. 2.3).

3. Subsidiaritätsgrundsatz

30 Der Subsidiaritätsgrundsatz nach Abs. 3 hat eine **doppelte Zielrichtung**: Zum einen bezweckt er einen **Schutz für die freien Träger der Jugendhilfe**, die freiwillig eine kommunale Aufgabe der Gemeinden und subsidiär der örtlichen Träger der öffentlichen Jugendhilfe wahrnehmen und diese so durch die Bereitstellung von Plätzen in Kindertageseinrichtungen entlasten. Zum anderen dient der Vorrang freigemeinnütziger Träger vor den Ge-

meinden und den örtlichen Trägern der öffentlichen Jugendhilfe auch der **Wahlfreiheit der Eltern**: Den Eltern soll ein plurales, vielfältiges Angebot an Kindertageseinrichtungen verschiedener Träger zur Verfügung stehen.

Hinweis:

Durch Abs. 3 werden die Gemeinden in gleicher Weise wie nach § 4 Abs. 2 SGB VIII die örtlichen Träger der öffentlichen Jugendhilfe an den Subsidiaritätsgrundsatz gebunden. Die Einbeziehung der örtlichen Träger der öffentlichen Jugendhilfe in den Regelungsbereich des Abs. 3 dient der Klarstellung. Abs. 3 ergänzt daher § 4 Abs. 2 SGB VIII, so dass in dieser Normierung eine Stärkung der freigemeinnützigen Träger zu sehen ist und „keine Entfremdung eines Kerngedankens der Jugendhilfe".

Der Subsidiaritätsgrundsatz gilt nicht nur **bei Schaffung neuer Plätze**, sondern, wie aus der Formulierung „oder betrieben werden" hervorgeht, auch im Falle eines **Platzabbaus**: Bestehen ein kommunaler und ein freigemeinnütziger Kindergarten, so sind über den Bedarf hinaus vorhandene Plätze zunächst beim kommunalen Kindergarten abzubauen. Eine Gemeinde muss jedoch ein bestehendes kommunales Angebot nicht schließen, um Platz für ein *neu zu errichtendes Angebot* in freigemeinnütziger Trägerschaft zu machen, vgl. *BVerfG*, Urteil vom 18.7.1967 – BVerfGE 22, 180, 201.

Voraussetzung ist stets, dass der freigemeinnützige Träger **gleich geeignet** ist. Für die gleiche Eignung des freigemeinnützigen Trägers ist Voraussetzung, dass er das gewünschte Angebot bereitstellen kann und will. Zu seiner Eignung gehört ferner, dass er nicht gegen die freiheitlich-demokratische Grundordnung Deutschlands verstößt. Die größte Praxisrelevanz haben jedoch finanzielle Vergleichsbetrachtungen. Ein freigemeinnütziger Träger ist nur dann gleich geeignet, wenn er keine unverhältnismäßig hohen Kosten im Vergleich zu einer von der Gemeinde getragenen Einrichtung verursacht. Zu vergleichen sind

- auf Seiten des freigemeinnützigen Trägers alle Kosten, die er der Gemeinde in Rechnung stellt – also im Falle des Bestehens eines Kooperations- oder Defizitvertrags auch alle darauf basierenden, über die gesetzliche Förderverpflichtung hinausgehenden gemeindlichen Leistungen,
- auch auf Seiten der Gemeinde alle Kosten, die ihr bei Betrieb der Kindertageseinrichtung in gemeindlicher Trägerschaft zur Last fielen, insbesondere müssen auch sämtliche Verwaltungskosten einbezogen werden.

Zu der umstrittenen Frage, ob der freigemeinnützige Träger einen Anspruch auf eine über den Anspruch auf kindbezogene Förderung hinausgehende Förderung und den Abschluss eines entsprechenden Kooperations- bzw. Defizitvertrags hat, s. Erl. vor Art. 5 bis 8 Rn. 31.

Im Falle des Ausbaus der Plätze und der Frage einer Investitionskostenförderung ist Folgendes zu beachten.

Aus dem Subsidiaritätsprinzip lässt sich kein Anspruch des Trägers auf Investitionskostenzuschuss ableiten. Werden sich Gemeinde und Träger bei der Frage der Schaffung oder des Erhalts von Plätzen nicht einig, läuft der Einwand des Subsidiaritätsprinzips ins Leere. Es stellt sich die Frage, ob es weitere Interessenten an der Übernahme der Trägerschaft gibt. Zur Feststellung wird die Durchführung eines Interessebekundungsverfahrens empfohlen.

Sollte es weitere Interessenten geben, wäre zu beachten, dass die Träger grundsätzlich gleichbehandelt werden und dem einen Träger nicht bessere Förderkonditionen als dem anderen eingeräumt werden. Insbesondere sind die Bedingungen zu beachten, die die Gemeinde gegenüber anderen Trägern gegebenenfalls gesetzt hat (z. B. Defizitvereinbarung).

Zusammenfassend ist festzustellen, dass sich aus dem Subsidiaritätsgrundsatz kaum Ansprüche eines freigemeinnützigen Trägers auf Übernahme der Trägerschaft für eine bestimmte Einrichtung verwirklichen lassen.

Der Vorrang gilt **nicht zugunsten sonstiger Träger**; im Verhältnis zu ihnen kann eine Gemeinde daher frei entscheiden, ob sie lieber selbst die Trägerschaft übernehmen möchte.

2. Teil
Sicherstellung und Planung

Vorbemerkung vor Art. 5 bis 8

Eines der zentralen Ziele des BayKiBiG ist es, dass für jedes Kind – gleich welchen Alters – ein Platz in einer Kindertageseinrichtung oder in Tagespflege zur Verfügung steht, wenn die Eltern dies wünschen. Aus welchen Gründen die Eltern eine Fremdbetreuung in Anspruch nehmen möchten, ist allein ihrer persönlichen Lebensentscheidung überlassen. Wahlfreiheit für die Eltern bedeutet gerade, **keine** staatliche oder kommunale **Bewertung eines Wunsches nach einem Betreuungsplatz** vorzunehmen. 31

Die Art. 5 ff. richten sich in erster Linie an die Gemeinden und die örtlichen Träger der öffentlichen Jugendhilfe als die beiden Planenden. Für Träger sind die Art. 5 ff. insoweit von Interesse, als das Endergebnis der Planung die Grundlage für die künftige Ausgestaltung des Angebots der Kindertagesbetreuung darstellt und ggf. Anpassungs- und Änderungsbedarfe für die Träger und deren Einrichtungen frühzeitig aufzeigt. Mittelbar sind damit von den Art. 5 ff. auch die Eltern und ihre Kinder betroffen, da durch die Bedarfsplanung das Angebot an Kindertageseinrichtungen gestaltet wird, aus dem sie ihre Wahl treffen können.

Art. 5 begründet die objektive Pflicht der kreisangehörigen wie auch der kreisfreien Gemeinden, ausreichend und rechtzeitig Plätze zur Verfügung zu stellen. Welche Plätze nun „ausreichend" im Sinne des Art. 5, d. h. notwendig sind, ergibt sich aus der kommunalen Bedarfsplanung nach **Art. 7**. Stellt sich danach heraus, dass weitere Plätze geschaffen werden müssen, so regelt **Art. 8** als Ausfluss der Gesamtverantwortung der örtlichen Träger der öffentlichen Jugendhilfe (**Art. 6**) deren gestaltenden Einfluss auf die konkrete Maßnahmenplanung.

Die **Bedeutung der Art. 5 ff.** erschließt sich erst vollständig **in der Gesamtschau mit den Regelungen über die finanzielle Förderung** der Kindertageseinrichtungen und der Tagespflege (Art. 18 ff.). Die Verpflichtung der Gemeinden zur Mitfinanzierung der Kindertageseinrichtungen folgt aus ihrer Sicherstellungsverpflichtung (Art. 5) in der Zusammenschau mit dem Subsidiaritätsprinzip (Art. 4 Abs. 3): Wenn die Gemeinde ihrer Verpflichtung, ausreichend Plätze zur Verfügung zu stellen, durch Kindertageseinrichtungen in kommunaler Trägerschaft nachkommt, hat sie (abgesehen von der staatlichen Förderung) alle Kosten der Kindertageseinrichtung zu tragen. Wenn es einen geeigneten freigemeinnützigen Träger gibt, hat die Gemeinde diesem die Kindertageseinrichtung zu überlassen. Es ist dann aber nur folgerichtig, dass dieser vorrangige Weg die Gemeinden nicht von allen Kosten entbindet, sondern sie den freigemeinnützigen Träger mit Zuschüssen zu unterstützen hat. Über das Instrument der kommunalen Bedarfsplanung erhält die Gemeinde einen Überblick über die bedarfsnotwendigen Plätze. Die Bedarfsplanung nach Art. 7 ist somit Grundlage für die Entscheidung über den Ausbau des Betreuungsangebots insbesondere im Hinblick auf die Investitionskostenförderung.

Hinweis:

Art. 18 Abs. 1 Satz 1 gibt dem Träger einen Anspruch auf kindbezogene Förderung, die nicht als Vollkostenfinanzierung ausgestaltet ist und im Regelfall nicht die gesamten Betriebskosten abdeckt. Fraglich ist daher, ob sich aus der Sicherstellungsverpflichtung der Gemeinde in Verbindung mit dem Subsidiaritätsgrundsatz zugunsten der freigemeinnützigen Träger ein Anspruch des Trägers auf eine über die kindbezogene Förderung hinausgehende finanzielle Unterstützung ergibt. Ein etwaiger Förderanspruch nach § 74 SGB VIII ist gemäß § 74a SGB VIII ausgeschlossen, da danach die Finanzierung von Kindertageseinrichtungen durch das Landesrecht geregelt wird. Fraglich ist, ob die kindbezogene Förderung des BayKiBiG als abschließende Finanzierungsregelung anzusehen ist. Würde man davon ausgehen, dass es sich beim BayKiBiG um keine abschließende Regelung der Finanzierung von Kindertageseinrichtungen handelt, wäre aus § 74 Abs. 3 SGB VIII ein Anspruch des einen angemessenen Eigenanteil leistenden, freigemeinnützigen Trägers auf eine die kindbezogene Förderung ergänzende Leistung gegeben. Der BayVGH vertritt in seinem Urteil vom 23.10.2013 (12 BV 13.650) eine gegenteilige Auffassung. Der BayVGH vertritt die Auffassung, dass mit dem BayKiBiG aufgrund der Vorschriften der Art. 18 ff. ein abschließendes landesrechtliches System zur Förderung von Kindertageseinrichtungen vorläge. Demnach komme die Anwendung des § 74 SGB VIII nicht in Betracht. Ein Anspruch über § 74 könne sich nur gegen den Träger der öffentlichen Jugendhilfe richten, nicht aber gegen die Gemeinde. Ein Anspruch lasse sich auch nicht aus Art. 3 Abs. 1 Grundgesetz wie auch nicht aus dem Subsidiaritätsgrundsatz nach Art. 4 Abs. 3 herleiten, da die Regelung lediglich besagt, dass Gemeinden und die Träger der öffentlichen Jugendhilfe von eigenen Maßnahmen absehen sollen, soweit Kindertageseinrichtungen von freigemeinnützigen Trägern in gleicher Weise betrieben werden können. Zuletzt lasse sich ein Anspruch auf Abschluss einer Defizitvereinbarung auch nicht über das Sicherstellungsgebot herleiten, da es sich hierbei um eine objektiv-rechtliche Verpflichtung handele und damit keine einklagbaren Individualansprüche einhergehen.

Art. 5
Sicherstellung eines ausreichenden Betreuungsangebots

(1) Die Gemeinden sollen im eigenen Wirkungskreis und in den Grenzen ihrer Leistungsfähigkeit gewährleisten, dass die nach der Bedarfsfeststellung (Art. 7) notwendigen Plätze in Kindertageseinrichtungen und in Tagespflege rechtzeitig zur Verfügung stehen.

(2) Soweit Plätze in einer Kindertageseinrichtung notwendig sind, um den Bedarf aus mehreren Gemeinden zu decken, sollen die betreffenden Gemeinden diese Aufgabe im Weg kommunaler Zusammenarbeit erfüllen.

(3) Die Aufgaben des örtlichen Trägers der öffentlichen Jugendhilfe bleiben unberührt.

Inhaltsübersicht **Rn.**

1. Objektiv-rechtliche Verpflichtung – Rechtsanspruch 32–35
2. Pflichtaufgabe der Gemeinden in den Grenzen ihrer Leistungsfähigkeit 36
3. Bedarfsnotwendige Plätze 37
   a) Zeitpunkt der zu gewährleistenden Bedarfsdeckung ... 38, 39
   b) Sicherstellungsauftrag auch in Bezug auf die Tagespflege? 40
   c) Qualitative Dimension des Sicherstellungsauftrages 41
4. Kommunale Zusammenarbeit 42
5. Aufgabe des örtlichen Trägers der öffentlichen Jugendhilfe 43

Anmerkungen

1. Objektiv-rechtliche Verpflichtung – Rechtsanspruch

Art. 5 regelt, wer für die Sicherstellung eines ausreichenden Angebots an **32**
Plätzen in Kindertageseinrichtungen und in Tagespflege verantwortlich ist. Primär wird diese Aufgabe nach Abs. 1 und 2 den kreisangehörigen und kreisfreien Gemeinden zugewiesen; zur Zulässigkeit einer solchen Regelung s. Einführung B.

Art. 5 begründet keinen einklagbaren Individualanspruch; **Eltern**, die für ihr Kind einen Platz in einer Kindertageseinrichtung benötigen, aber nicht bekommen, können aus Art. 5 **keinen Rechtsanspruch** herleiten.

Die Kommunen haben aufgrund des Sicherstellungsgebots in Art. 5 für jedes Kind einen Betreuungsplatz zur Verfügung zu stellen. Die Erfüllung des Sicherstellungsgebots ist Gegenstand der kommunalen Bedarfsplanung. Art. 5 hat durch das Änderungsgesetz zum 1.1.2013 mit der Streichung der Absätze 2 und 3 in Art. 7 nur eine deklaratorische Änderung erfahren.

33 Für **Kinder ab Vollendung des dritten Lebensjahres** bis zur Einschulung besteht ein Rechtsanspruch auf einen Platz in einer Kindertageseinrichtung nach § 24 Abs. 2 SGB VIII (so auch *BayVGH,* Urteil vom 5.5.2008 – 12 BV 07.2908).

34 Mit Wirkung **ab dem 1.8.2013** wurde durch das Kinderförderungsgesetz (KiFöG), das am 10.12.2008 erlassen wurde, für **Kinder ab vollendetem ersten Lebensjahr** ein Rechtsanspruch auf einen Platz in einer Kindertageseinrichtung *oder* in Tagespflege begründet.

35 Für **Schulkinder** besteht derzeit kein Rechtsanspruch auf einen Platz in einer Kindertageseinrichtung. § 24 SGB VIII normiert für diese Altersgruppe nur eine objektive Verpflichtung. Der Bundestag hat beschlossen, einen Rechtsanspruch für Schulkinder im Grundschulalter ab dem 1.9.2026 einzuführen.

2. Pflichtaufgabe der Gemeinden in den Grenzen ihrer Leistungsfähigkeit

36 Der Verpflichtungsgrad für die Gemeinden ist einheitlich als „Soll"-Vorschrift ausgestaltet. Dies bedeutet, dass die Gemeinden **im eigenen Wirkungskreis verpflichtet** sind, für alle Kinder gleich welchen Alters (d. h. bis zur Vollendung des 14. Lebensjahres, denn dann sind sie Jugendliche) ausreichend Plätze in Kindertageseinrichtungen oder in Tagespflege zur Verfügung zu stellen (so auch *BayVGH,* Urteil vom 5.5.2008 – 12 BV 07.2908). Nur in begründeten Ausnahmefällen sind sie von dieser Verpflichtung frei (sog. intendiertes Ermessen). Diese Pflicht ist rechtsaufsichtlich durchsetzbar.

Fehlende **Leistungsfähigkeit** befreit die Gemeinde von ihrer Verpflichtung; solange eine Gemeinde über ihre Pflichtaufgaben hinaus freiwillige Leistungen erbringt, ist sie in Bezug auf die Pflichtaufgabe „Kinderbetreuung" als leistungsfähig anzusehen (vgl. hierzu Urteil des *VG Bayreuth* vom 1.3.2010 – B 3 E 10.21). Sollte wirklich einmal eine kreisangehörige Gemeinde leistungsunfähig sein, ist der Landkreis der subsidiär Verpflichtete (Art. 5 Abs. 3 BayKiBiG i. V. m. §§ 69 Abs. 1, 85 Abs. 2 Nr. 3 [Gegenschluss] SGB VIII, Art. 15 Abs. 1 AGSG).

3. Bedarfsnotwendige Plätze

Die Gemeinden sollen gewährleisten, dass die nach der Bedarfsplanung notwendigen Plätze rechtzeitig zur Verfügung stehen. Wie viele und welche Plätze eine Gemeinde bereitstellen muss, ergibt sich somit aus ihrer Bedarfsplanung nach Art. 7. 37

a) Zeitpunkt der zu gewährleistenden Bedarfsdeckung

Die bedarfsnotwendigen Plätze zur Verfügung zu stellen, bedeutet eigentlich eine vollumfängliche Bedarfsdeckung. Nachdem der Sicherstellungsauftrag der Gemeinden eine Aufgabenwahrnehmung nach dem SGB VIII auf dem Gebiet der Kindertageseinrichtungen und der Tagespflege ist, kommt den Gemeinden auch die Beschränkung dieser Aufgabe nach § 24a SGB VIII zugute. Danach ist zu differenzieren: 38

- Für **Kinder im Alter von drei Jahren bis zur Einschulung** waren bereits vor dem 1.8.2013 ausreichend Plätze vorzuhalten. Ergab sich beispielsweise nach der gemeindlichen Bedarfsplanung ein Bedarf von 100 Plätzen in Kindertageseinrichtungen für Kinder im Alter von drei Jahren bis zur Einschulung, so musste die Gemeinde gewährleisten, dass 100 Plätze zur Verfügung standen.
- Für **Kinder unter drei Jahren gilt dies seit dem Inkrafttreten des Rechtsanspruchs zum 1.8.2013 in gleicher Weise. Im Unterschied** zu den Kindern ab der Vollendung des 3. Lebensjahres besteht ein Anspruch auf Betreuung in einer Kindertageseinrichtung oder in Tagespflege. Beide Angebote sind gleichrangig anspruchserfüllend.
- Für **Schulkinder** muss nach § 24 Abs. 2 SGB VIII ein bedarfsgerechtes Angebot in Tageseinrichtungen vorgehalten werden.

Hinweis: 39

Vor dem 1.8.2013 musste die Gemeinde die vorrangige Berücksichtigung der gemäß § 24 Abs. 3 SGB VIII privilegierten Kinder unter drei Jahren sicherstellen. Wegen dieses Vorrangs bei der Platzvergabe wird bei den privilegierten Kindern unter drei Jahren von einem konditionierten Rechtsanspruch gesprochen. Der Sicherstellungsauftrag der Gemeinden beschränkt sich aber nicht auf die nach § 24 Abs. 3 SGB VIII privilegierten Kinder. Der Wunsch der Eltern auf eine Fremdbetreuung ihrer Kinder ist in jedem Fall zu akzeptieren. Der Grund hierfür spielt keine Rolle.

Bei Kindern ab dem vollendeten ersten Lebensjahr wandelt sich der Vorrang bei der Platzvergabe ab dem 1.8.2013 in einen echten Rechtsanspruch. Bei Kindern unter einem Jahr verbleibt es bei der dargestellten Rechtslage.

b) Sicherstellungsauftrag auch in Bezug auf die Tagespflege?

40 Nach § 24 Abs. 2 SGB VIII ist für Kinder im Alter unter drei Jahren und im schulpflichtigen Alter ein bedarfsgerechtes Angebot an Plätzen in Tageseinrichtungen und in Tagespflege vorzuhalten. Gemäß § 85 Abs. 1 SGB VIII in Verbindung mit Art. 15 AGSG stellt diese Regelung primär auf die Zuständigkeit der Träger der öffentlichen Jugendhilfe ab. Ergänzend bestimmt Art. 5 Abs. 1 und 3, dass die Gemeinden ein ausreichendes Angebot an Plätzen in Kindertageseinrichtungen *und* in Tagespflege gewährleisten sollen. Im Rahmen ihres Planungsermessens nach Art. 7 kann die Gemeinde entscheiden, ob und welche Bedarfe sie durch Angebote der Tagespflege decken möchte. Die Tagespflege ist also eine **Handlungsalternative für die Gemeinden**; gäbe es diese nicht, so müssten die Gemeinden die gesamten Bedarfe über Plätze in Kindertageseinrichtungen abdecken. Ziel ist die Wahlfreiheit der Eltern auf die Inanspruchnahme einer außerfamiliären Kinderbetreuung. Die Motivlage seitens der Eltern hat keine Rolle zu spielen.

Demnach ist Tagespflege grundsätzlich für alle Bedarfslagen zu planen, eine Einschränkung durch § 24 Abs. 3 SGB VIII ist nicht gegeben, da diese Regelung nicht konkretisiert, was unter einem bedarfsgerechten Angebot im Sinne des § 24 Abs. 2 SGB VIII zu verstehen ist. Mit „bedarfsgerechtes Angebot" wird lediglich ein Mindestumfang an Angeboten beschrieben.

Jedoch ist die Gemeinde nicht völlig frei in ihrer Entscheidung, ob sie anstelle von Plätzen in Kindertageseinrichtungen den Eltern lieber Tagespflegeplätze anbieten möchte. Bei der Erfüllung des Anspruchs muss das Wunsch- und Wahlrecht gemäß § 5 SGB VIII berücksichtigt werden. Die Eltern haben die Möglichkeit zwischen einem Platz in einer Einrichtung und in Tagespflege zu wählen. Für Kinder unter drei Jahren ist die Tagespflege als gleichwertig zu einem Angebot in einer Tageseinrichtung anzusehen, da der Bundesgesetzgeber mit dem Tagesbetreuungsgesetz die Kindertagespflege zu einer gleichrangigen Alternative aufgewertet hat. Wenn sich die planerische Entscheidung der Gemeinde pro Tagespflege nicht mit den Wünschen aller betroffenen Eltern deckt, so ist zu beachten, dass

- für **Kinder im Alter von drei Jahren bis zur Einschulung** die Kindertageseinrichtung vorrangig ist, der Tagespflege daher **nur ergänzende Bedeutung** zukommt – z. B. für Betreuungsbedarfe in Randzeiten, die durch den örtlichen Kindergarten nicht abgedeckt werden können, so auch *Dunkl/Eirich*, 2. Auflage, Art. 5 Nr. 1.3.2. Dies ergibt sich aus § 24 Abs. 1 SGB VIII (bzw. Abs. 3 in der ab dem 1.8.2013 geltenden Fassung), ist aber auch sachlich gerechtfertigt: Das Recht der Kinder auf Bildung und Erziehung kann durch gut ausgebildete pädagogische Fachkräfte in einem institutionellen Rahmen in ganz anderer Weise erfüllt werden als durch Tagespflegepersonen).

- Für **Kinder unter drei Jahren** ist die Tagespflege hingegen **grundsätzlich ein gleichwertiges Angebot**, (vgl. z. B. § 24 Abs. 3 SGB VIII und auch § 24 Abs. 1 und 2 SGB VIII in der ab dem 1.8.2013 geltenden Fassung), auch wenn nicht zu verkennen ist, dass aus pädagogisch-fachlicher Sicht die Tagespflege mit ihrem familiennahen Charakter etwas Anderes darstellt als eine Kindertageseinrichtung. Die Entscheidung einer Gemeinde pro Tagespflege kann dann eine ermessensfehlerhafte Abwägung darstellen, wenn das Hinwegsetzen über den elterlichen Wunsch unter keinem Gesichtspunkt als vertretbar erscheint.
  In seinem Urteil vom 26.10.2017 hat das Bundesverwaltungsgericht (Az: 5 C 19.16) unter anderem entschieden, dass ein Kind mit Vollendung des ersten Lebensjahres bis zur Vollendung des dritten Lebensjahres keinen echten Alternativanspruch nach § 24 Abs. 2 SGB VIII dahingehend besitzt, dass kein Wahlrecht zwischen einem Angebot einer Kindertageseinrichtung oder einer Tagespflege besteht. Im Unterschied zur Vorinstanz, dem BayVGH (Beschluss vom 17.11.2015 (Az. 12 ZB 15.1191) geht das BVG davon aus, dass ein Kind trotz des geäußerten Wunsches auf Betreuung in einer Kindertageseinrichtung auf ein Angebot der Tagespflege verwiesen werden kann, sofern Plätze in einer Einrichtung nicht ausreichend vorhanden sind.
- Für **Schulkinder** ist bis zum 31.7.2013 die Tagespflege als **grundsätzlich gleichrangiges Angebot** anzusehen; vgl. § 24 Abs. 2 SGB VIII in derzeitiger Fassung. Ab dem 1.8.2013 sieht die durch das KiFöG ab diesem Zeitpunkt geltende Fassung des § 24 Abs. 4 SGB VIII hingegen vor, dass der Bedarf durch Kindertageseinrichtungen abzudecken ist.
  Mit der Einführung des Rechtsanspruchs auf Ganztagsbetreuung von Grundschulkindern zum 1.9.2026 wird auch die Frage zu klären sein, welche Angebotsformen für Grundschulkinder anspruchserfüllend sein werden. Dies betrifft insbesondere die Kindertagespflege sowie die Mittagsbetreuung an den Schulen.

c) Qualitative Dimension des Sicherstellungsauftrages

Nach Auffassung des StMAS kommt eine Beschränkung der wirtschaftlichen Jugendhilfe nach § 90 SGB VIII auf die Fälle des § 24 Abs. 3 SGB VIII nicht in Betracht. Dem Wortlaut des § 90 SGB VIII ist eine Einschränkung auf Fälle des § 24 Abs. 3 SGB VIII nicht zu entnehmen (vgl. AMS vom 28.2.2011, Az.: VI 4/AMS 3–2011). Der Bedarf und damit auch der Sicher- 41 stellungsauftrag erschöpft sich nicht darin, dass für jedes Kind, dessen Eltern dies wünschen, ein Platz in einer Kindertageseinrichtung oder in Tagespflege angeboten werden kann (**quantitative Dimension des Sicherstellungsauftrags**).

Der Sicherstellungsauftrag ist vielmehr nur dann erfüllt, wenn die Plätze zur Verfügung stehen, die hinsichtlich

- der Altersgruppe der Kinder (Kinder unter drei Jahren, Kinder im Alter von drei Jahren bis zur Einschulung, Schulkinder),
- der Art der Betreuungsform (Kindertageseinrichtung oder Tagespflege, Plätze für Kinder mit [drohender] Behinderung) sowie
- der Länge und Lage der angebotenen Betreuungszeit

bedarfsnotwendig sind (**qualitative Dimension des Sicherstellungsauftrags**). Eltern bzw. Kinder mit Partikularinteressen (z. B. Wunsch nach einer Betreuung in einer Waldorfeinrichtung oder einer anderen Einrichtung mit besonderer pädagogischer Ausrichtung) können auf ein reguläres Angebot verwiesen werden. Bei der Nachfrage nach überlangen oder ungewöhnlichen Betreuungszeiten ist grundsätzlich die Betreuungsform anzubieten, die dem Umfang bzw. der Lage der Betreuungszeiten gerecht werden kann. In Randzeiten kann in Kombination mit einer Einrichtung auf Tagespflege verwiesen werden. Die Kombination maximal zweier Betreuungsformen ist nur in begründeten Ausnahmefällen möglich. Dies gilt grundsätzlich für Randzeiten und am Wochenende. Hier wird allerdings in der Regel die Eingrenzung auf das Machbare und Finanzierbare dem Sicherstellungsauftrag der Gemeinde Grenzen setzen (vgl. § 5 Abs. 2 SGB VIII).

Beispiele:

Es ist nicht erst eine Frage des Wunsch- und Wahlrechts der Eltern, ob sie einen Vier- oder einen Acht-Stunden-Platz bekommen können. Gibt es zu wenige Acht-Stunden-Plätze, ist der Sicherstellungsauftrag nicht erfüllt. Dies ergibt sich daraus, dass ein vierstündiger Platz nicht gleichwertig zu einem achtstündigen Platz ist.

Plätze in Tagespflege sind für Kinder im Alter von drei Jahren bis zur Einschulung nicht gleichwertig mit einem Platz in einer Kindertageseinrichtung (vgl. Rn. 26). Wird ihnen daher anstelle eines (gewünschten) Platzes in einem Kindergarten nur ein Platz in Tagespflege angeboten, so ist der Sicherstellungsauftrag nicht erfüllt. Anders sieht dies bei Kindern unter drei Jahren aus: Hier ist eine Gleichwertigkeit der Plätze in Kindertageseinrichtungen und in Tagespflege anzunehmen. Aus Gründen des elterlichen Wunsch- und Wahlrechts kann die Gemeinde jedoch bei einer ermessensfehlerfreien Bedarfsplanung nicht ausschließlich auf Plätze in Tagespflege setzen, sondern sie muss auch Plätze in Kindertageseinrichtungen anbieten (s. näher Rn. 39).

Ob die Eltern hingegen eine sechsstündige Betreuung in einem Waldorf- oder in einem Kindergarten mit anderer Trägerschaft und pädagogischer Ausrichtung erhalten, betrifft nicht die Frage, ob die Gemeinde ausreichend Plätze zur Verfügung stellt, sondern nur die Frage, ob die Gemeinde im Rahmen ihres ausreichenden Angebots eine dem Wunsch- und Wahlrecht der Eltern entsprechende Auswahl an verschiedenen Trägern ermöglicht. Die **Trägerschaft/pädagogische Ausrichtung betrifft daher nur die qualitative Dimension des Bedarfs, nicht die des Sicherstellungsauftrags.** Dies resultiert daraus, dass nach dem Gesetz die einzelnen Trägerschaften und pädagogischen Ausrichtungen gleichwertig sind. Die persönlichen Präferenzen der Eltern haben jedoch – wenn auch eine im Vergleich zum Sicherstellungsauftrag abgemilderte – gesetzliche Anerkennung im elterlichen Wunsch- und Wahlrecht gefunden (§ 5 SGB VIII).

Art. 5 verpflichtet die Gemeinden, die bedarfsnotwendigen Plätze ohne eine zeitlich starre Grenze zur Verfügung zu stellen. Dies gilt **auch** für einen **Bedarf** nach einer **mehr als sechsstündigen Betreuung**.

4. Kommunale Zusammenarbeit

Die frühkindliche Förderung soll, sofern die Eltern keine anderen Wünsche äußern, möglichst wohnortnah erfolgen. Der Verpflichtung zur Bereitstellung ausreichender Plätze kann allerdings auch im Wege kommunaler Zusammenarbeit nachgekommen werden. Dies ist vor allem bei Kindertageseinrichtungen mit überörtlichem Einzugsbereich, wie dies bei Kindertageseinrichtungen mit besonderem pädagogischem Angebot häufig der Fall ist, empfehlenswert. Als Form der kommunalen Zusammenarbeit eignet sich insbesondere der Abschluss einer Zweckvereinbarung nach Art. 7 ff. KommZG. Dabei haben die Gemeinden die Wahl, ob sie einer (größeren) Gemeinde die Aufgabe übertragen und einen finanziellen Ausgleich zwischen den Gemeinden vorsehen (Art. 7 Abs. 2 KommZG) oder ob sie die Aufgabe gemeinsam wahrnehmen und z. B. gemeinsam eine Kindertageseinrichtung errichten (Art. 7 Abs. 3 KommZG). **42**

5. Aufgabe des örtlichen Trägers der öffentlichen Jugendhilfe

Art. 5 Abs. 3 stellt klar, dass die Landkreise als örtliche Träger der öffentlichen Jugendhilfe nicht von ihrer Aufgabe nach § 74 SGB VIII entbunden werden. Sie dürfen nur so lange von einer selbstaktiven Aufgabenwahrnehmung absehen, als diese *nach dem Maßstab ihrer eigenen Bedarfsplanung* ausreichend durch die Gemeinden bereits erfüllt wird; durch Art. 5 wandelt sich daher die Verpflichtung der Landkreise in eine subsidiäre Ver- **43** pflichtung. Stellt eine Gemeinde aus Sicht der Landkreisplanung zu wenige oder die falschen Plätze zur Verfügung, so ergeben sich für das Landratsamt zwei Möglichkeiten:

- Die Abweichung beruht auf einer **fehlerhaften Bedarfsplanung** der Gemeinde oder die Gemeinde hat ihr eigenes Ziel nach der Bedarfsplanung nicht umgesetzt: Dann hat das Landratsamt die Einleitung **rechtsaufsichtlicher Schritte** beginnend mit umfänglicher Beratung zu prüfen.
- Die Abweichung beruht auf der unterschiedlichen Ausnutzung des **Ermessensspielraums** durch die beiden eigenverantwortlich Planenden – Gemeinde und Landkreis. Der Landkreis hat dann die Pflicht, auf die Umsetzung seiner **selbst für richtig gehaltenen Planung ggf. rechtsaufsichtlich hinzuwirken.**

Der Landkreis hat die Möglichkeit, anstelle einer Gemeinde selbst Plätze zu finanzieren. Dies muss sich nicht auf die Fälle beschränken, in denen eine Gemeinde ihrer Sicherstellungsverpflichtung wegen mangelnder finanzieller Leistungsfähigkeit nicht nachkommen kann.

Art. 6
Planungsverantwortung

(1) [1]Die örtlichen Träger der öffentlichen Jugendhilfe tragen für die Versorgung mit Plätzen in Kindertageseinrichtungen und in Tagespflege die Gesamtverantwortung für die Planung. [2]Dies gilt mit Blick auf das Gesetz zu dem Übereinkommen der Vereinten Nationen über die Rechte von Menschen mit Behinderungen sowie zu dem Fakultativprotokoll vom 13. Dezember 2006 zum Übereinkommen der Vereinten Nationen über die Rechte von Menschen mit Behinderungen vom 21. Dezember 2008 (BGBl. II S. 1419) in Verbindung mit Art. 4 Abs. 2, Art. 7 und 24 des genannten Übereinkommens auch für die Versorgung mit Plätzen für Kinder mit bestehender oder drohender Behinderung.

(2) [1]Die Gemeinden und die Träger der freien Jugendhilfe sowie die überörtlichen Sozialhilfeträger sind in alle Phasen der Bedarfsplanung und des Planungsverfahrens nach § 80 SGB VIII einzubeziehen. [2]Die Planung der Plätze für Schulkinder ist zusätzlich mit der Schulaufsicht abzustimmen.

Inhaltsübersicht **Rn.**

1. Gesamtverantwortung des örtlichen Trägers der öffentlichen Jugendhilfe 45
2. Einbeziehung in das Planungsverfahren 46, 47

Anmerkungen

Das BayKiBiG regelt in Art. 7 die Bedarfsplanung der kreisangehörigen und kreisfreien Gemeinden. §§ 80, 85 Abs. 1 SGB VIII weisen den örtlichen Trägern der öffentlichen Jugendhilfe und damit den kreisfreien Städten und Landkreisen (§ 69 Abs. 1 SGB VIII, Art. 15 Abs. 1 AGSG) die Jugendhilfeplanung zu; die Bedarfsplanung in Bezug auf Kindertageseinrichtungen und Tagespflege ist ein Teil dieser Jugendhilfeplanung. Art. 6 stellt klar, dass die Planung der Gemeinden nach dem BayKiBiG nicht die Jugendhilfeplanung verdrängt, sondern dass **beide Planungen nebeneinander, aber nicht isoliert voneinander** bestehen. Bedeutung gewinnt Art. 6 vor allem im Verhältnis von Landkreisen als örtlichen Trägern der öffentlichen Jugendhilfe zu den kreisangehörigen Gemeinden; bei kreisfreien Städten fallen gemeindliche Planung und Planung der kreisfreien Stadt als örtlicher Träger der öffentlichen Jugendhilfe faktisch zusammen. 44

1. Gesamtverantwortung des örtlichen Trägers der öffentlichen Jugendhilfe

Abs. 1 bestimmt in Übereinstimmung mit § 79 Abs. 1 SGB VIII die Gesamtverantwortung der örtlichen Träger der öffentlichen Jugendhilfe für die Planung. Gesamtverantwortung bedeutet, dass die örtlichen Träger der öffentlichen Jugendhilfe (also insbesondere die Landkreise gegenüber den kreisangehörigen Gemeinden) dafür **Sorge tragen, dass für den gesamten Zuständigkeitsbereich Planungen rechtzeitig und ordnungsgemäß erfolgen**, dass sie die Gemeinden in ihrer eigenen Bedarfsplanung beraten und unterstützen und die einzelnen gemeindlichen Bedarfsplanungen aufeinander abstimmen. Es bedeutet auch, selbst die planerische Entscheidung über den Bedarf von Plätzen in Kindertageseinrichtungen und in Tagespflege zu treffen und im Falle fehlender, unzureichender oder fehlerhafter gemeindlicher Planung die eigenen Planungsergebnisse rechtsaufsichtlich durchzusetzen oder die Fehler durch eigenes Handeln (z. B. Errichtung und finanzielle Förderung der notwendigen Einrichtungen) selbst auszugleichen. Das BayKiBiG nimmt dem örtlichen Träger der öffentlichen Jugendhilfe keine seiner Handlungsoptionen nach dem SGB VIII. 45

Art. 6 Abs. 1 Satz 2 wurde im Zuge der UN-Behindertenrechtskonvention über die Rechte von Menschen mit Behinderung neu formuliert. Die Vorgabe im Hinblick auf die Planung von Plätzen für Kinder mit (drohender) Behinderung stellt eine Konkretisierung der Vorgaben dar und bezieht sich auf die Beschlüsse der UN-Behindertenrechtskommission zur Inklusion. Durch die explizite Bezugnahme in Art. 6 Abs. 1 Satz 2 sollen die aus der

UN-Behindertenrechtskommission resultierenden Vorgaben deklaratorisch für den Bereich der Kindertagesbetreuung herausgestellt werden. Die Planungsverantwortung des örtlichen Trägers der öffentlichen Jugendhilfe wird diesbezüglich verdeutlicht. Die Planungsverantwortung des Trägers der öffentlichen Jugendhilfe für integrative Plätze wird durch die Planung von Plätzen für Menschen mit Behinderung ersetzt.

In seiner Gesamtheit folgt das BayKiBiG jedoch bereits seit seiner Einführung im Jahr 2005 einem inklusiven Bildungsansatz und hat die Kindertageseinrichtungen in Bayern für die gemeinsame Bildung, Erziehung und Betreuung von Kindern mit und ohne Behinderung geöffnet. Zur Stärkung der Teilhabe von Kindern mit Behinderung und Gewährleistung einer wohnortnahen Betreuung in Kindertageseinrichtungen wird gesetzlich explizit klargestellt, dass im Rahmen der örtlichen Bedarfsplanung die gemeinsame Bildung, Erziehung und Betreuung von Kindern unterschiedlicher Herkunft mit den unterschiedlichsten Bedürfnissen als Chance zu verstehen ist, um die individuelle und gesellschaftliche Entwicklung zu unterstützen und zu verstärken.

2. Einbeziehung in das Planungsverfahren

46 Abs. 2 normiert für beide Planungsebenen das Gebot der Einbeziehung:

Für die Planung nach § 80 SGB VIII (Jugendhilfeplanung) haben die örtlichen Träger der öffentlichen Jugendhilfe die Gemeinden, die freien Träger der Jugendhilfe und die überörtlichen Träger der Sozialhilfe einzubeziehen. Für die Bedarfsplanung nach Art. 7 haben die Gemeinden dieselbe Verpflichtung gegenüber den freien Trägern der Jugendhilfe, dem örtlichen Träger der öffentlichen Jugendhilfe und dem überörtlichen Träger der Sozialhilfe. In der Gesetzesbegründung wird darauf verwiesen, dass die Aufzählung in Art. 6 Abs. 2 Satz 1 nicht abschließend ist. In die Planung sind immer sämtliche Betroffene, z. B. auch die Schulämter, Elternvereinigungen, die Agentur für Arbeit und weitere Beteiligte einzubeziehen.

Die Einbeziehung soll verfahrensmäßig sicherstellen, dass beide Planungsebenen – gemeindliche und landkreisweite – aufeinander abgestimmt werden. Damit geht jedoch nicht die Verpflichtung einher, zu denselben Ergebnissen zu kommen. Die Planungen enthalten Wertungen mit Beurteilungs-, Ermessens- und Prognosespielräumen, die unterschiedliche Ergebnisse zulassen. Im Rahmen des Vertretbaren wären allerdings identische Planungsergebnisse bzgl. des Bedarfs in den einzelnen Gemeinden nicht rechtlich zwingend, aber doch erstrebenswert.

In der Praxis bieten sich **zur Abstimmung** der gemeindlichen Planung und der Planung des örtlichen Trägers der öffentlichen Jugendhilfe **zwei Wege** an:

- Die Gründung einer **Arbeitsgruppe Bedarfsplanung**, in die der örtliche Träger der öffentlichen Jugendhilfe Vertreter durch Beschluss des Jugendhilfeausschusses entsendet und die Gemeinden Vertreter durch Beschluss der Bürgermeisterverbandsversammlung.
- Abschluss eines **Kooperationsvertrags** zwischen Gemeinden und Landkreis, in dem sich die Gemeinden bereit erklären, die ihnen vorliegenden Daten an den Landkreis zu übermitteln, den Landkreis im Übrigen mit der Wahrnehmung der örtlichen Bedarfsplanung betrauen und über das Planungsergebnis dann im Gemeinderat Beschluss fassen.

In die Bedarfsplanung sind **alle Akteure der Kindertagesbetreuung** in jeder **47** Phase einzubeziehen. Dies erfolgt im Bereich der Jugendhilfeplanung dadurch, dass in den Jugendhilfeausschuss auch anerkannte Träger der freien Jugendhilfe aufgenommen werden. Bei der gemeindlichen Planung ist die Einbeziehung am besten dadurch sicherzustellen, dass in der mit der gemeindlichen Bedarfsplanung betrauten Arbeitsgruppe auch örtlich aktive Träger von Kindertageseinrichtungen beteiligt werden.

Die Regelung des Art. 6 Abs. 2 Satz 2 trägt dem rasanten Ausbau der schulischen Betreuungsangebote Rechnung und stellt eine korrespondierende Bestimmung zu Art. 6 Abs. 5 Satz 3 BayEUG dar. Danach erfolgt die Planung der (schulischen) Ganztagsangebote im Benehmen mit dem örtlichen Träger der öffentlichen Jugendhilfe. Die Regelung zur Kooperation zwischen staatlichen Schulämtern und Jugendämtern in Art. 6 Abs. 2 Satz 2 ist deklaratorischer Natur.

Zur Erstellung einer umfassenden Planung für Schulkinder ist eine entsprechende Zusammenarbeit zwischen den Akteuren der Kinder- und Jugendhilfe mit dem staatlichen Schulamt und den kommunalen Sachaufwandsträgern unerlässlich. Die Träger der öffentlichen Jugendhilfe sollen sich demnach regelmäßig mit der Schulaufsicht, d. h. insbesondere den staatlichen Schulämtern und den weiteren Beteiligten über die Planung von Angeboten für Schulkinder austauschen und diese aufeinander abstimmen. Im Rahmen der Abstimmungen soll vermieden werden, dass überflüssige Doppelstrukturen aufgebaut oder bestehende Einrichtungen in ihrem Bestand gefährdet werden. Im Detail geht es darum, die schulischen Angebote zur Ganztagsbetreuung von Schulkindern wie den Ausbau der Ganztagsschule und der (verlängerten) Mittagsbetreuung an der Schule mit dem Angebot der Kindertagesbetreuung insbesondere der Plätze in Horten abzustimmen. Dabei sind auch überörtliche Bedarfslagen und die Nachfrage nach einer Betreuung in Rand- und Ferienzeiten angemessen zu berücksichtigen.

Art. 7
Örtliche Bedarfsplanung

[1]Die Gemeinden entscheiden, welchen örtlichen Bedarf sie unter Berücksichtigung der Bedürfnisse der Eltern und ihrer Kinder für eine kindgerechte Bildung, Erziehung und Betreuung sowie sonstiger bestehender schulischer Angebote anerkennen. [2]Hierbei sind auch die Bedürfnisse von Kindern mit bestehender oder drohender Behinderung an einer wohnortnahen Betreuung in einer Kindertageseinrichtung im Sinn dieses Gesetzes zu berücksichtigen. [3]Die Bedarfsplanung nach § 80 SGB VIII bleibt unberührt. [4]Die Gemeinden haben die Entscheidung nach Satz 1 entsprechend den örtlichen Gegebenheiten regelmäßig zu aktualisieren.

Inhaltsübersicht **Rn.**

1. Überblick ... 48
2. Die Planungsschritte ... 49, 50
3. Bestandsfeststellung ... 51–55
4. Bedürfnisermittlung ... 56
   a) Auswertung der tatsächlichen Inanspruchnahme ... 57
   b) Elternbefragung ... 58
   c) Zentrales Anmeldeverfahren ... 59
   d) Kooperation mit örtlichen Trägern der öffentlichen Jugendhilfe ... 60
5. Bedarfsanerkennung Art. 7 ... 61
   a) Entscheidungsspielräume der Gemeinde bei der Bedarfsanerkennung ... 62–70
   b) Rechtsfolgen bei sich nachträglich als fehlerhaft herausstellender Prognose ... 71
   c) Regelmäßige Aktualisierung – Prognose für die nächsten drei Jahre ... 72, 73
   d) Kommunale Bedarfsplanung als objektive Pflicht der Gemeinden ... 74
6. Verhältnis zum SGB VIII ... 75
7. Konsequenzen aus der Bedarfsfeststellung ... 76–78

Anmerkungen

1. Überblick

Art. 7 bleibt auch nach der Novellierung zum 1.1.2013 als zentrale Norm für die kommunale Bedarfsplanung nach dem BayKiBiG bestehen. **48**

Bereits vor dem 1.1.2013 mussten die Gemeinden den Bedarf an Plätzen nach besonderen Förderbedarfen differenziert erfassen. Nach Feststellung eines entsprechenden Bedarfs resultierte die Verpflichtung, die Plätze zur Verfügung zu stellen. Nunmehr erfolgt vor dem Hintergrund der UN-Konvention über die Rechte von Menschen mit Behinderung die gesetzliche Klarstellung, dass im Rahmen der örtlichen Bedarfsplanung auch die Bedürfnisse von Kindern mit bestehender oder drohender Behinderung an einer wohnortnahen Betreuung in einer Kindertageseinrichtung zu berücksichtigen sind. Dies wird nun im Gesetzestext explizit erwähnt. In Verbindung mit Art. 6 Abs. 1 Satz 2 wird dieser Verpflichtung damit eine größere Bedeutung verliehen. Sofern freigemeinnützige oder sonstige Träger den örtlichen Bedarf decken, sind diese durch die Gemeinden anzuhalten, die Anforderungen der UN-Behindertenrechtskonvention umzusetzen.

In konsequenter Fortführung der Rechtsprechung des BayVGH ist eine Unterscheidung von bedarfsnotwendigen und nicht bedarfsnotwendigen Plätzen für die Frage der kindbezogenen Förderung seit dem 1.1.2013 nicht mehr erforderlich. Es ist gesetzlich klargestellt, dass für Kinder, die Plätze in BayKiBiG-Einrichtungen belegen, immer die kindbezogene Förderung durch die Aufenthaltsgemeinde zu leisten ist. Das Wunsch- und Wahlrecht der Eltern wird hierdurch umfassend gestärkt. Die Pflicht zur Ermittlung der Bedürfnisse der Eltern und der Kinder bleibt ebenso bestehen wie die Pflicht zur Anerkennung des bestehenden Bedarfs. Daraus resultiert die Pflicht zur Bedarfsplanung.

2. Die Planungsschritte

Die gemeindliche Bedarfsplanung erfolgt in drei Schritten: **49**

1. Bestandsfeststellung
2. Ermittlung der Bedürfnisse der Eltern und ihrer Kinder
3. Bestimmung/Anerkennung des örtlichen Bedarfs

Die **Bedarfsplanung muss so differenziert erfolgen**, dass sie ihrer Aufgabe, **50**
zu ermitteln, welche Plätze für die Erfüllung des Sicherstellungsauftrags (Art. 5 Abs. 1) und der Verwirklichung des Wunsch- und Wahlrechts (§ 5 SGB VIII und Art. 7) erforderlich sind, gerecht werden kann. Deswegen muss die Bedarfsplanung folgende Differenzierungen zwingend vorneh-

men – ansonsten blendet die Bedarfsplanung von vornherein bestimmte Bedarfslagen aus und ist daher ermessensfehlerhaft:

- **Art der Plätze** (Plätze in Kindertageseinrichtungen und Plätze in Tagespflege; Plätze für Kinder mit Behinderung)
- Plätze für die einzelnen **Altersgruppen** von Kindern
- **Lage und Länge der Betreuungszeit**
- **Trägerschaft und pädagogische Ausrichtung**
- nach dem *BayVGH* zudem sonstige Qualitätsmerkmale (etwa Gruppengrößen, Ausstattung usw.; vgl. Urteil vom 5.5.2008 – BV 07.2908; s. auch Rn. 51).

Das bedeutet, dass der Bestand z. B. nach den einzelnen ermöglichten Betreuungszeiten aufgeschlüsselt sein muss. Ferner muss die Bedürfnisabfrage z. B. nach den gewünschten Trägern und der pädagogischen Ausrichtung und schlussendlich auch die Anerkennung des Bedarfs nach Art. 7 entsprechend differenziert festgestellt werden. Diese starke Differenzierung bezeichnet der *BayVGH* als **individuelle kindbezogene Planung**, Urteil vom 5.5.2008 – 12 BV 07.2908.

Für den Ausbau der Plätze für Kinder ab Vollendung des ersten Lebensjahres stand bis zur Einführung des Rechtsanspruchs auf einen Betreuungsplatz zum 1.8.2013 zunächst der quantitative Ausbau in Vordergrund. Für die Gemeinden galt es primär, den zahlenmäßigen Bedarf an Plätzen für Kinder zu erfassen und ein entsprechendes Platzangebot zu schaffen. Das Kriterium der Trägerschaft sowie der pädagogischen Ausrichtung spielt in dieser Phase nur eine untergeordnete Rolle.

3. Bestandsfeststellung

51 Die Ermittlung des Bestands als erster Planungsschritt ist **nicht direkt im BayKiBiG geregelt**. Die Notwendigkeit dieses Planungsschrittes ergibt sich jedoch daraus, dass ansonsten kein Abgleich mit dem Bedarf möglich ist.

52 Zum Bestand einer Gemeinde gehören **alle auf dem jeweiligen Gemeindegebiet gelegenen, bestehenden Plätze in Kindertageseinrichtungen**. Zur Erfassung im Bestand ist weder die Bedarfsnotwendigkeit noch die Förderfähigkeit dieser Plätze Voraussetzung.

> **Hinweis:**
>
> **Auswärtige Plätze** können zur Bedarfsdeckung einer Gemeinde herangezogen werden. In das Bestandsverzeichnis einer Gemeinde gehören sie dennoch grundsätzlich nicht. Eine Ausnahme bietet sich für den Fall an, dass zwei oder mehrere Gemeinden gemeinsam eine Kindertageseinrichtung errichtet und eine feste Platzaufteilung vereinbart haben. Im Einvernehmen der beteiligten Gemeinden kann

dann jede Gemeinde ihr Platzkontingent in ihrem Bestand auflisten; die Zuordnung der gleichen Plätze zum Bestand mehrerer Gemeinden ist nicht möglich.

Plätze in anderen Betreuungsformen als Kindertageseinrichtungen, z. B. Ganztagsangebote an Schulen, Mittagsbetreuung, Schulvorbereitende Einrichtungen (SVE) und heilpädagogische Tagesstätten, decken auch bestimmte Bedarfe ab. Sie gehören aber natürlich nicht zum Bestand an Plätzen in Kindertageseinrichtungen. Damit diese Angebotsformen gleichwohl bei der Bedarfsplanung nicht aus dem Auge verloren werden, empfiehlt es sich, sie **nachrichtlich** in das Bestandsverzeichnis aufzunehmen.

Eingetragen wird die **Platzzahl, die in der Betriebserlaubnis** festgelegt ist. Sie gibt an, wie viele Kinder maximal gleichzeitig anwesend sein dürfen. Einen Kindergarten mit 50 Plätzen können z. B. 50 Kinder am Vormittag und 50 andere Kinder am Nachmittag besuchen. Dass der Kindergarten 100 angemeldete Kinder aufweist, ist im Hinblick auf die festgelegte Platzzahl unschädlich, da sie nicht gleichzeitig anwesend sind. Kommt es – etwa in der Mittagszeit – zeitlich begrenzt zu einer Überschreitung der Platzzahl und reichen die Räumlichkeiten für die erhöhte Zahl von Kindern aufgrund des besonderen Betriebsablaufs in dieser Zeit aus (Kinder sitzen zu Tisch), so kann die Aufsichtsbehörde für diese begrenzte Zeit (z. B. 11.30 bis 13.30 Uhr) die Platzzahl hochsetzen; dies hat auf die in das Bestandsverzeichnis einzutragende Platzzahl keine Auswirkung – es führt aber dazu, dass die Kinder entsprechend aufgenommen und die gebuchten Zeiten auch bei der Förderung abgerechnet werden können.

Hinweis für altersgeöffnete Kindertageseinrichtungen:

Zu beachten ist, dass bei Kindergärten – nicht bei Häusern für Kinder – zwei Plätze für ein Kind unter drei Jahren erforderlich sind; die zuständige Aufsichtsbehörde kann diese Schwelle für die Doppeltanrechnung im Betriebserlaubnisbescheid auf 2 ½ Jahre heruntersetzen. Als Kehrseite der Medaille können zwei Kinder ab drei Jahren (2 ½ Jahren) gleichzeitig einen Platz in einer Krippe belegen. Dem liegen folgende Überlegungen zugrunde: Kinder unter drei Jahren (oder zumindest unter 2 ½ Jahren) benötigen mehr Platz (z. B. wegen einer erforderlichen Ruhemöglichkeit) – der erhöhte Personalbedarf wird schon durch den Anstellungsschlüssel, § 17 AVBayKiBiG, und den Gewichtungsfaktor 2,0 berücksichtigt. Da bei jeder Kindertageseinrichtung sich die angegebene Platzzahl auf die Hauptaltersgruppe bezieht, reicht ein Platz in einem Kindergarten für ein Kind im Kindergartenalter, ein Platz in einer Krippe für ein Kind unter drei Jahren (2 ½ Jahren). Kinder mit Migrationshintergrund, behinderte Kinder und Schulkinder haben zwar einen erhöhten Personalbedarf (und erhalten daher einen Gewichtungsfaktor nach Art. 21 Abs. 5), haben aber nicht notwendigerweise einen erhöhten Raumbedarf; sie belegen daher einen Kindergartenplatz und einen halben Krippenplatz. Diese Zählweise des Bestands wirkt sich für die Frage aus, inwieweit die bestehenden Plätze den Bedarf abdecken können (vgl. Rn. 89 ff.).

53 Die Aufsichtsbehörden können (in der Betriebserlaubnis) den Trägern
- **befristet eine Überschreitung der Platzzahl** erlauben (z. B. befristet für ein Jahr, sog. Notplätze) oder
- **während des Kindergartenjahres eine limitierte Überbelegung** gestatten.

Für die Bestandsfeststellung ist jeweils von der regulär festgelegten Platzzahl auszugehen.

Die in der Betriebserlaubnis festgelegte Höchstplatzzahl ist in KiBiG.web im Bereich Stammdaten der Einrichtung zu erfassen. Enthält die Betriebserlaubnis eine Aufteilung der Plätze nach Altersgruppen (U3, drei Jahre bis zur Einschulung, Schulkinder) ist dies unter „erweiterte Platzstruktur" in KiBiG.web ebenfalls zu erfassen.

54 Zudem sind auch die Plätze in **Tagespflege** im Bestandsverzeichnis aufzunehmen. Eine Zuordnung von Plätzen in Tagespflege zu einer konkreten Gemeinde ist regelmäßig schwierig. Tagespflegepersonen sind in der Regel bereit, Kinder aus mehreren Gemeinden aus einem bestimmten Umkreis anzunehmen. Auch haben Tagespflegepersonen eine Pflegeerlaubnis für fünf gleichzeitig anwesende (fremde) Kinder; wie viele Kinder die Tagespflegeperson tatsächlich aber bereit und in der Lage ist aufzunehmen, ist oft nicht bekannt.

55 Da auch die **örtlichen Träger der öffentlichen Jugendhilfe** nach § 80 Abs. 1 Nr. 1 SGB VIII zur Ermittlung des Bestands verpflichtet sind, empfiehlt sich hier eine **Zusammenarbeit**, um Doppelarbeit zu vermeiden. In der Regel ist dabei der örtliche Träger der öffentlichen Jugendhilfe auf die Mithilfe der Gemeinden angewiesen. Zu den einzelnen Kooperationsformen s. Erl. zu Art. 6 Rn. 45 und 46.

4. Bedürfnisermittlung

56 Nach Art. 7 Satz 1 ist der Bedarf unter Berücksichtigung der Bedürfnisse der Eltern und ihrer Kinder festzustellen. Mit „Bedürfnisse" sind die subjektiven Vorstellungen der Eltern und Kinder gemeint, s. *BayVGH*, Urteil vom 5.5.2008 – 12 BV 07.2908. Dieses Bedürfnis, entscheiden zu können, ob und welche Einrichtung das Kind besucht, ist Teil des von Art. 6 Abs. 2 GG geschützten Personensorgerechts der Eltern, *BayVGH*, Urteil vom 28.1.2009 – 12 BV 07.2297 m. w. N. Damit ist die Ermittlung der Bedürfnisse der Eltern und ihrer Kinder als eigener Planungsschritt **mittelbar durch Abs. 1 geregelt**. Anders als beim Bestand, in dem nur die im Gemeindegebiet gelegenen Plätze erfasst werden, geht es bei der Bedürfnisermittlung um die Plätze, die **für die Kinder mit gewöhnlichem Aufenthalt in der Gemeinde** gewünscht werden, seien diese Plätze nun im oder auch außerhalb des Gemeindege-

biets gelegen. Auch die Bedürfnisermittlung muss differenziert nach den unter Rn. 48 dargestellten Kriterien erfolgen (vgl. *BayVGH*, a. a. O.). Finanzielle Belastungen der Gemeinde, die die Erfüllung des Wunsches der Eltern mit sich bringen würde, sind kein Grund, ein bestimmtes Bedürfnis erst gar nicht festzustellen – solche Erwägungen haben erst auf der Stufe der Bedarfsanerkennung eine gewisse Relevanz (*BayVGH*, a. a. O.; s. auch Rn. 53).

Nicht gesetzlich festgelegt ist allerdings die Art und Weise der Ermittlung. In Betracht kommen drei Verfahren:

- eine Auswertung der gegenwärtig belegten Plätze (auch die außerhalb des Gemeindegebiets belegten Plätze), der Wartelisten sowie der in Tagespflege betreuten und der für die Vermittlung an eine Tagespflegeperson gemeldeten Kinder,
- eine Elternbefragung oder
- ein zentrales Anmeldeverfahren.

Anhand der **Auswertung der gegenwärtigen Inanspruchnahme** erhält man für die Schätzung der *derzeitigen* Bedürfnislage **untere Grenzwerte** – es ist ausgeschlossen, dass für weniger Kinder ein Bedürfnis nach Fremdbetreuung besteht, als Kinder diese derzeit schon in Anspruch nehmen. Eine **Elternbefragung** hingegen liefert **lediglich Anhaltspunkte** für die gegenwärtige Bedürfnislage. Die Erkenntnisse aus der Elternbefragung bedürfen einer Auswertung, wobei einerseits die Rücklaufquote von Fragebögen eine wichtige Rolle spielt und andererseits die getroffene Vorauswahl des befragten Personenkreises durch die Gemeinde. Es empfiehlt sich daher ein **Methodenmix**, um so den Korridor der Bedürfnisse besser einschätzen zu können. Dies gilt insbesondere im Hinblick auf die Bedürfnisse für die Kinder unter drei Jahren, da in diesem Bereich weder die Inanspruchnahme von Plätzen in der Vergangenheit noch eine Elternbefragung ein ausreichendes Indiz für zukünftige Bedürfnisse geben dürften. Eine Bedürfniserhebung, die sich allein auf die tatsächliche Inanspruchnahme stützt, weist zudem den Nachteil auf, dass dann auch keine differenzierte Bedarfsfeststellung erfolgen kann. Nach dem *BayVGH* (a. a. O.) ist die Konsequenz eines solchen Vorgehens, dass die Gemeinde alle tatsächlich geltend gemachten Bedürfnisse auch als Bedarf anerkennen muss, s. näher Rn. 61 ff.

a) Auswertung der tatsächlichen Inanspruchnahme

Bei der Auswertung der tatsächlichen Inanspruchnahme ist zu beachten, dass einerseits zwar über die konkret belegten Plätze hinaus die **Wartelisten berücksichtigt** werden müssen, dass Doppelanmeldungen und „Karteileichen“ aber das so gewonnene Bild verzerren können. Dies ist vor allem im **57**

Bereich der Kinder unter drei Jahren in den Gemeinden zu beobachten, wo der Bedarf an Plätzen noch nicht gedeckt ist.

> **Beispiel:**
>
> Die Eltern E melden ihr Kind vorsichtshalber nicht nur bei dem sehr begehrten Kindergarten A, sondern auch bei dem Kindergarten B an. Als E nur bei B einen Platz bekommen können, vergessen sie A mitzuteilen, dass sie nun nicht mehr an einem Platz in A interessiert sind, da sie ihrem Kind keinen Kindergartenwechsel zumuten wollen.

Die Daten aus der Warteliste sollten daher nicht unkritisch übernommen werden; ein **Datenabgleich** zwischen den Kindern, die derzeit eine Kindertageseinrichtung besuchen und denen, die auf Wartelisten stehen, kann das Problem deutlich verkleinern, setzt aber voraus, dass entweder auch die freigemeinnützigen Träger den Gemeinden einen solchen Abgleich ermöglichen oder ein zentrales Anmeldeverfahren durchgeführt wird.

Die Betrachtung der belegten Plätze und der Wartelisten lässt nur eine Einschätzung derjenigen Bedürfnisse zu, für die es auch ein konkretes Angebot gibt. Haben etwa die Kindergärten einer Gemeinde alle längstens bis 15 Uhr geöffnet, so können Eltern ihr Kind nicht für einen längeren Kindergartenplatz anmelden. Wie viele Eltern sich ein solches Angebot wünschen würden, lässt sich daher nicht ablesen. In den Fällen, in denen es für **bestimmte Bedürfnisse noch kein Angebot gibt**, ist daher eine **repräsentative Elternbefragung erforderlich**. Auch eine Aussage darüber, zu welchem Anteil sich Eltern eine bestimmte Trägerschaft oder besondere pädagogische Ausrichtung wünschen, lässt sich nur treffen, wenn diese Wünsche über eine Elternbefragung erhoben wurden.

b) Elternbefragung

58 Das StMAS hat in Zusammenarbeit mit den Kommunalen Spitzenverbänden ein Muster für eine repräsentative Elternbefragung herausgegeben.

Wenn die Gemeinden nicht auf das Muster zurückgreifen möchten, ist eigenverantwortlich darauf zu achten, dass die Elternbefragung die folgenden Voraussetzungen erfüllt:

– Die Elternbefragung muss aus Gründen des Datenschutzes **anonym** durchgeführt werden. Dies schließt sowohl aus, dass die Elternbefragung im Rahmen eines persönlichen Gesprächs bei der Gemeindeverwaltung als auch dass Namen, Adresse oder auch nur das vollständige Geburtsdatum des Kindes erhoben werden.

- Sofern Elternfragebögen in Kindertageseinrichtungen an Eltern verteilt werden, ist darauf zu achten, dass keine eindeutigen Rückschlüsse auf die Identität des Antwortenden möglich sind.
- Die Elternbefragung sollte einen Hinweis auf die **Freiwilligkeit** der Teilnahme an der Elternbefragung enthalten.
- **Abfrage aller Bedürfnislagen** (vgl. Differenzierungskriterien in Rn. 49); insbesondere muss die Möglichkeit gegeben werden, eine Präferenz für eine auswärtige Betreuung, für eine bestimmte Trägerschaft oder eine besondere pädagogische Ausrichtung anzugeben (s. auch § 22a SGB VIII). Dies bedeutet nicht, dass jeder Elternwunsch zu erfüllen wäre, entsprechende Bedürfnisse müssen als Ausgangspunkt für die Bedarfsermittlung aber festgestellt werden. Ansonsten ist die Elternbefragung in diesem Punkt unvollständig; zu den Rechtsfolgen s. Rn. 70.
- Wichtig für die Aussagekraft einer Elternbefragung ist, dass bei den einzeln abgefragten Angeboten möglichst **realistische Elternbeiträge** angegeben sind, weil bei keinen oder zu niedrigen Angaben Eltern oft vorschnell ein Bedürfnis bejahen und bei zu hoch angesetzten Elternbeiträgen die Eltern in unzulässiger Weise von der Artikulation ihrer Bedürfnisse abgehalten werden.

c) Zentrales Anmeldeverfahren

Da die Elternbefragung einen relativ hohen Aufwand verursacht, bevorzugen manche Gemeinden ein sog. **zentrales Anmeldeverfahren** zur Bedürfniserhebung bei den Eltern – zumal dies den von manchen Gemeinden nicht gerade unerwünschten Nebeneffekt hat, dass diese Form der Ermittlung nicht anonymisiert durchgeführt werden muss. Beim zentralen Anmeldeverfahren melden sich die Eltern nicht bei dem jeweiligen Träger der Kindertageseinrichtung direkt an, sondern bei einer zentralen Anmeldestelle – in der Regel bei der Gemeindeverwaltung oder über online-gestützte Plattformen, die von den Gemeinden eingerichtet werden. Voraussetzung dafür, dass ein solches zentrales Anmeldeverfahren überhaupt durchgeführt werden kann, ist das **Einverständnis aller betroffenen Träger** – kein Träger kann gezwungen werden, den Eltern ein direktes Anmelden bei ihm zu versagen. Auch müssen den Eltern – anders als bei einer Elternbefragung – **verbindliche Elternbeiträge** für die einzelnen Angebote genannt werden, sofern Elternbeiträge überhaupt festgelegt werden, damit sich die Eltern verbindlich anmelden können. 59

Damit das zentrale Anmeldeverfahren eine vollständige Bedürfniserhebung darstellen kann, müssen folgende Voraussetzungen erfüllt sein:

- Die Eltern müssen sich für jedes bestehende Angebot anmelden können.

- Die Eltern müssen ihr Kind ganz gezielt für bestimmte Angebote anmelden können – insbesondere den Träger frei auswählen können. Jegliche Beeinflussung der Eltern ist auszuschließen.
- Die Eltern müssen ihr Kind auch für auswärtige Angebote anmelden können.
- Die Eltern müssen ihr Interesse auch an nicht bestehenden Angeboten bekunden können.

Zu beachten ist, dass ein zentrales Anmeldeverfahren für die Gemeinden eine erhöhte Verbindlichkeit nach sich zieht. Ein Anmeldeverfahren, das für die Eltern verbindlich sein soll, ist dadurch gekennzeichnet, dass der Träger die Aufnahme nur noch im Falle mangelnder Platzkapazität ablehnen kann.

d) Kooperation mit örtlichen Trägern der öffentlichen Jugendhilfe

60 Gerade in ländlichen Bereichen mit vielen kleinen Gemeinden wird es sich oft anbieten, dass das Landratsamt die Bedürfnisermittlung für die Gemeinden mit übernimmt (vgl. Erl. zu Art. 6); ob das Landratsamt dies den Gemeinden anbieten kann, hängt von seinen Personalkapazitäten ab.

5. Bedarfsanerkennung Art. 7

61 Sind die Bedürfnisse der Eltern und ihrer Kinder ermittelt, so muss nach Art. 7 die Gemeinde eine Entscheidung über die Anerkennung des Bedarfs treffen; auch wenn das Landratsamt absprachegemäß weitestgehend die Bedarfsplanung für die Gemeinde übernehmen sollte, muss die Gemeinde über die Bedarfsfeststellung Beschluss fassen, und zwar wegen der Bedeutung dieser Entscheidung grundsätzlich **durch den Gemeinderat** oder einen damit beauftragten Ausschuss und **nicht durch die Gemeindeverwaltung**. Eine Bekanntmachung ist nicht vorgesehen – die Bedarfsanerkennung bleibt ein Internum (*BayVGH*, Urteil vom 5.5.2008 – 12 BV 07.2908).

Auch die Anerkennung des Bedarfs nach Art. 7 muss entsprechend differenziert erfolgen (vgl. Rn. 48).

a) Entscheidungsspielräume der Gemeinde bei der Bedarfsanerkennung

62 Bei der Bedarfsanerkennung darf die Gemeinde sich nicht über die geäußerten Bedürfnisse der Eltern hinwegsetzen, muss diese aber auch nicht eins zu eins umsetzen: Bedürfnisse können nicht einfach mit dem örtlichen Be-

darf gleichgesetzt werden (*BayVGH,* Urteil vom 5.5.2008 – 12 BV 07.2908). Dies wird durch die Formulierung „Entscheidung, welchen Bedarf sie anerkennt" anstelle der sonst üblicheren Wortwahl „die Gemeinde stellt den Bedarf fest" deutlich herausgestellt. Der Freiraum der Gemeinde wird durch zweierlei begründet: „Bedürfnisse" und „Bedarf" sind unbestimmte Rechtsbegriffe, denen beiden ein prognostisches Element innewohnt. Unabhängig von der umstrittenen Lehre vom Beurteilungsspielraum kommt den Gemeinden bei der Einschätzung solcher Begriffe ein gewisser Spielraum zu. Dies wird noch dadurch verstärkt, dass jeder Planung ein Planungsermessen immanent ist: Den Gemeinden sind mit der Zielvorgabe Bedarfsdeckung und den in Art. 7 genannten Abwägungskriterien

- Berücksichtigung der Bedürfnisse der Eltern und ihrer Kinder,
- Berücksichtigung der Bedürfnisse der Kinder mit bestehender oder drohender Behinderung an einer wohnortnahen Betreuung

zwar durch den Gesetzgeber Vorgaben gemacht worden, dies beachtend treffen die Gemeinden allerdings eigenständige Entscheidungen, die sich einer vollständigen gerichtlichen Überprüfung entziehen, vgl. *BayVGH,* Beschluss vom 23.8.2006 – 12 CE 06.1468, und Urteil vom 5.5.2008 – 12 BV 07.2908.

Eine ermessensfehlerfreie Anerkennung des Bedarfs (Beurteilung der Bedürfnisse) setzt voraus, dass

- die Entscheidung auf einer soliden Datengrundlage erfolgt ist,
- die Gemeinde sich nicht ohne sachlichen Grund über die Bedürfnisse der Eltern und Kinder hinweggesetzt hat,
- bei der Entscheidung die einzelnen Kriterien für die Abwägung in nachvollziehbarer Weise zueinander gewichtet worden sind.

Wie groß der Entscheidungsspielraum jeweils ist, hängt davon ab, auf welcher Datengrundlage die Bedürfnisse ermittelt wurden und ob das betreffende Bedürfnis dem Sicherstellungsauftrag oder dem Wunsch- und Wahlrecht zuzuordnen ist.

aa) Einschätzungsspielraum bei einer durchgeführten Elternbefragung

Wurden die Bedürfnisse anhand einer **Elternbefragung** ermittelt, so darf die **63**
Gemeinde einschätzen, wie viele Eltern, die einen Wunsch geäußert haben, ein entsprechendes Angebot auch wirklich annehmen würden. Bis sich die Einschätzung der Gemeinde objektiv als falsch herausstellt, darf die Entscheidung der Gemeinde weder durch die Aufsichtsbehörde noch durch ein Gericht korrigiert werden (sog. Einschätzungsprärogative).

bb) Einschätzungsspielraum in Bezug auf die unterschiedlichen Bedürfnisse

64 Betreffen die geäußerten Bedürfnisse die **Erfüllung des Sicherstellungsauftrags**, so **muss die Gemeinde diese Bedürfnisse auch als Bedarf anerkennen** – ihr Entscheidungsspielraum beschränkt sich in diesen Fällen darauf, statt der eigentlich gewollten Angebote einen Bedarf für andere, gleichwertige Angebote festzustellen (wenn es für eine solche Abweichung nachvollziehbare Gründe gibt). Durch die ausdrückliche Erwähnung der Berücksichtigung der Bedürfnisse von Kindern mit (drohender) Behinderung in Art. 6 und 7 wird die Aufgabe der Gemeinden im Hinblick auf die Bedarfsfeststellung konkretisiert. Sofern die Gemeinde Bedürfnisse der Familien mit Kindern mit besonderem Förderbedarf infolge einer festgestellten (drohenden) Behinderung feststellt, muss auch der daraus resultierende Bedarf festgestellt werden.

Hinweis:

Ein Bedürfnis betrifft den Sicherstellungsauftrag, wenn die Erfüllung des Sicherstellungsauftrags verneint werden muss, falls diesem Bedürfnis nicht entsprochen wird. Die Gleichung „**Bedürfnis = Bedarf** nach Art. 7" (ohne Entscheidungsspielraum der Gemeinde) betrifft daher folgende Aspekte:

- die **Zahl der Plätze** (100 Eltern wünschen Fremdbetreuung, Gemeinde muss Bedarf für 100 Plätze feststellen);
- die **Art der Plätze** (100 Eltern wünschen für ihr Kind im Kindergartenalter einen Platz in einer Kindertageseinrichtung [und nicht in Tagespflege], Gemeinde muss Bedarf für 100 Plätze in Kindertageseinrichtungen feststellen [anders bei Kindern unter drei Jahren]; 100 Eltern wünschen **integrative Betreuung** [Einzelintegration oder integrative Kindertageseinrichtung], Gemeinde muss Bedarf für 100 integrative Plätze feststellen und kann nicht auf Heilpädagogische Tagesstätten verweisen);
- die **Länge und zeitliche Lage der Betreuungszeit der Plätze** (100 Eltern wünschen Vormittagsplatz, Gemeinde muss 100 Vormittagsplätze als Bedarf feststellen [kann also nicht stattdessen 50 Vor- und 50 Nachmittagsplätze als Bedarf feststellen]; 100 Eltern wünschen Acht-Stunden-Platz, Gemeinde muss Bedarf für 100 Acht-Stunden-Plätze feststellen).

In diesen Fällen muss man den Bedürfnissen der Eltern vollständig nachkommen, weil man ihnen ansonsten Äpfel statt Birnen gäbe, eine Abweichung bei der Bedarfsfeststellung also dazu führt, dass den Eltern **nicht gleichartige Plätze** zur Verfügung gestellt würden, vgl. Erl. zu Art. 5 Rn. 39 ff.

Dieser enge Entscheidungsspielraum ergibt sich daraus, dass der Sicherstellungsauftrag nach Art. 5 Abs. 1 eine objektive Pflicht der Gemeinde ist, die nur durch ihre Leistungsfähigkeit eingeschränkt wird, die Bedarfsplanung sich somit nicht in Widerspruch zu dieser Pflichtaufgabe setzen darf.

Betreffen die geäußerten Bedürfnisse hingegen ausschließlich das **Wunsch- und Wahlrecht**, also nur die Möglichkeit, ein bestimmtes gleichartiges Angebot nicht bei Träger A, sondern bei Träger B in Anspruch nehmen zu können, so tangiert dies nicht den Sicherstellungsauftrag. Generell gilt allerdings die Einschränkung, dass durch Verweis von Träger A zu Träger B noch von einer wohnortnahen Betreuung ausgegangen werden kann. Gemeinden dürfen nicht generell bei Kindern mit Behinderung auf eine integrative Einrichtung mit überörtlichem Einzugsgebiet beispielsweise in der nächsten Stadt verweisen, wenn Eltern eine Betreuung für ihr Kind mit Behinderung am Wohnort wünschen. 65

Hinweis:

Diese Fälle sind also dadurch gekennzeichnet, dass die von den Eltern gewünschten Plätze sich von denjenigen, die die Gemeinde stattdessen zur Verfügung stellen möchte, zwar aus Sicht der Eltern unterscheiden, nach den gesetzlichen Bestimmungen hingegen gleichwertig sind. Die von den Eltern ins Feld geführten Unterscheidungsmerkmale müssen daher von der Gemeinde im Rahmen der Bedarfsplanung gewürdigt werden. Die Erfüllung dieser Bedürfnisse kann aber bei Vorliegen eines sachlichen Grundes verweigert werden (Entscheidungsspielraum); vgl. *BayVGH*, Beschluss vom 5.11.2008 – 12 ZB 08.505. Dies trifft auf folgende Fälle zu: Die Angebote bei Träger A und B unterscheiden sich durch

- den **unterschiedlichen Sitz** der Kindertageseinrichtungen (insbesondere: Einrichtung des Trägers A ist am Arbeitsort, Einrichtung des Trägers B am Wohnort der Eltern): für die planerische Entscheidung **relevant**,
- die **unterschiedliche Trägerart/unterschiedliche pädagogische Konzeption**: für die planerische Entscheidung **relevant**,
- die unterschiedliche Zugehörigkeit zu einem **Kirchensprengel** oder **Schulsprengel**: für die planerische Entscheidung **relevant**,
- **aus Sicht der Eltern unterschiedliche Güte der Bildungs- und Erziehungsarbeit** oder der Ausstattung (Träger A ist ihres Erachtens „besser"): wenn Träger B nicht nach dem Bildungs- und Erziehungsplan/Empfehlungen für die pädagogische Arbeit in bayerischen Horten arbeitet: für die planerische Entscheidung relevant; wenn beide danach arbeiten: **irrelevant**; unter den förderfähigen Kindertageseinrichtungen sind unterschiedliche Bewertungen seitens der Eltern zu subjektiv, um Würdigung zu finden, und daher irrelevant; **a. A.** ist wohl der **BayVGH (Urteil vom 5.5.2008 – 12 BV 07.2908)**, da sich anderenfalls nicht erklären ließe, warum er Qualitätsmerkmale wie etwa die Gruppengrößen oder die Ausstattung als Differenzierungskriterium für die Bedürfnisermittlung ansehen möchte.

Relevanz bedeutet in diesem Zusammenhang, dass sich die Gemeinde bei ihrer Bedarfsanerkennung nach Art. 7 über diese Gesichtspunkte Gedanken machen muss, nicht dass die Gemeinde in jedem Fall selbst ein solches Angebot vor Ort bereithalten muss. Dies entscheidet sich vielmehr anhand der konkreten Situation vor Ort.

Der Wunsch der Eltern, aus den vorgenannten, als relevant charakterisierten Gründen das Angebot eines bestimmten Trägers wählen zu können, ist ein Bedürfnis der Eltern und ihrer Kinder, das als ein besonders wichtiges **Abwägungskriterium für die gemeindliche Bedarfsplanung** nach Art. 7 in die Überlegung mit einbezogen werden muss (*BayVGH*, Beschluss vom 23.8.2006 – 12 CE 06.1468). Die elterliche Entscheidung, welche Einrichtung ihr Kind besucht, ist von dem nach Art. 6 Abs. 2 GG geschützten Personensorgerecht mit umfasst; der Grund für die Entscheidung ist unerheblich und von der Gemeinde nicht zu hinterfragen, *BayVGH*, Urteil vom 28.1.2009 – 12 BV 07.2297. Das Wunsch- und Wahlrecht findet so in Bayern bereits bei der Bedarfsplanung Berücksichtigung.

Hinweis:

Nach § 5 SGB VIII sollen die Eltern zwischen den Angeboten verschiedener Träger wählen können; dies führt aber auch in der Zusammenschau mit § 24 SGB VIII nicht dazu, dass die Eltern ein Recht auf einen bestimmten Betreuungsplatz in der Einrichtung ihrer Wahl eingeräumt bekämen. Vielmehr folgt aus § 5 SGB VIII, dass ein plurales Angebot zu unterstützen ist, das den Eltern eine angemessene Auswahl ermöglicht.

66 Art. 7 (und auch § 5 SGB VIII) geben nicht vor, wie viele Angebote die Gemeinde den Eltern anbieten muss, auch nicht, wie viele Plätze ihnen von einem bestimmten Träger jeweils zur Auswahl zur Verfügung stehen sollen. **Art und Ausmaß der Pluralität** bleiben daher grundsätzlich der planerischen **Entscheidung der Gemeinden** überlassen.

– **Trägervielfalt:** § 5 SGB VIII fordert eine Wahlmöglichkeit zwischen den Angeboten verschiedener Träger. Dabei bezieht sie sich nur auf bestehende Angebote. Die Gemeinde muss daher **nicht aktiv Trägervielfalt schaffen**.

Hinweis:

Wie viel Pluralität die Auswahl bestimmter Trägerarten bietet, ist unterschiedlich: Die Gemeinde A und die Gemeinde B sind ebenso zwei verschiedene Träger wie die Kirchenstiftung A und die Kirchenstiftung B. Gleichwohl würde es dem Wunsch- und Wahlrecht nicht genügen, wenn eine Gemeinde entweder nur kommunale oder nur kirchliche Träger in ihre Bedarfsanerkennung einbeziehen würde. Für die Frage, ob eine Gemeinde den Eltern eine angemessene Wahlfreiheit bietet, ist daher darauf zu achten, wie viele verschiedenartige Träger, also **wie viele Trägerarten** sie in ihre Bedarfsanerkennung einbezieht.

Trägerarten sind: katholische Träger, evangelische Träger, kommunale Träger, freigemeinnützige Träger, die Mitglied des Bayerischen Roten Kreuzes, der Arbeiterwohlfahrt oder des Paritätischen Wohlfahrtverbandes oder der israelitischen Kultusgemeinde sind, aber auch eigenständige Vereine (z. B. ein Montessori-Verein oder ein Waldorf-Verein) oder betriebliche Einrichtungen.

- **Pädagogische Vielfalt:** § 5 SGB VIII fordert von seinem Wortlaut her nicht, dass den Eltern eine Auswahl zwischen verschiedenen **pädagogischen Ausrichtungen** zur Verfügung gestellt wird. Gleichwohl führt das Wunsch- und Wahlrecht der Eltern in der Regel dazu, dass die Gemeinde nicht nur verschiedene Träger, sondern Träger mit verschiedenen pädagogischen Ausrichtungen einbeziehen muss. Dies liegt daran, dass sich die unterschiedliche pädagogische Ausrichtung regelmäßig in einer Zuordnung zu verschiedenen Trägergruppen auswirkt: Ein Montessori-Verein gehört zu einer anderen Trägerart als ein kommunaler Kindergarten. Zudem können abweichende pädagogische Ausrichtungen nicht willkürlich von der Bedarfsanerkennung ausgeschlossen werden (s. nachfolgend). Wenn möglich, muss die Gemeinde also bei der Anerkennung des Bedarfs nach Abs. 1 verschiedene Trägerarten unter Einbeziehung von Kindertageseinrichtungen mit besonderer pädagogischer Ausrichtung berücksichtigen. 67
- **Ausmaß der Pluralität:** Welches Ausmaß an Pluralität eine Gemeinde bieten muss, lässt sich nicht generell bestimmen. Wie viel Pluralität eine konkrete Gemeinde bieten muss, lässt sich schwer in einem fixen Zahlenwert ausdrücken. Einfacher lässt sich umgekehrt sagen, dass die Gemeinde nur dann einen Bedarf nach Art. 7 für bestimmte Trägerarten **verneinen** kann, wenn für die Ablehnung, ein festgestelltes Bedürfnis der Eltern als Bedarf anzuerkennen, ein **sachlicher Grund** besteht.

Nach oben begrenzt gemäß **§ 5 Abs. 2 SGB VIII** die **Unverhältnismäßigkeit der Mehrkosten** das Wunsch- und Wahlrecht. Dass die Gemeinde auswärtige Plätze nach der kindbezogenen Förderung bezuschussen muss, obwohl sie gleichzeitig die Kosten für freie Plätze in Einrichtungen auf dem Gemeindegebiet tragen muss, begründet für sich allein genommen aber nicht die Unverhältnismäßigkeit der Mehrkosten (ebenso *BayVGH*, Urteil vom 5.5.2008 – 12 BV 07.2908). Über § 5 Abs. 2 SGB VIII wird daher in aller Regel keine Eingrenzung der Pluralität zu erreichen sein.

Die Gemeinde ist verpflichtet, ihre **Haushaltsmittel sparsam und wirtschaftlich** einzusetzen. Unter diesem Gesichtspunkt ist es gerechtfertigt, wenn die Gemeinde eine Beschränkung der in den Bedarf aufgenommenen Trägerarten vornimmt, um so eine zu starke Aufsplitterung zu verhindern, die alle Kindergärten in Finanzierungsnöte bringen würde **(Zulässigkeit der Eingrenzung der Pluralität auf eine bestimmte Anzahl von Trägerarten)**, ebenso *VG München*, Urteil vom 14.2.2008 – M 7 K 07.2524. An dieser Stelle ist von der Gemeinde, die ihr entsprechendes Planungsermessen ausüben und nicht jede konkrete Nachfrage als Bedarf anerkennen möchte, die Entscheidung zu treffen, ob es sich um vernachlässigbare Einzelinteressen handelt. Wo die Gemeinde diese Grenze ziehen darf, wird sicherlich von ihrer Größe und Finanzkraft sowie der Mächtigkeit der Wünsche der Eltern abhängen.

Die Frage nach dem notwendigen Ausmaß der Pluralität ist höchstrichterlich noch nicht geklärt: Auch aus *BayVGH* (a. a. O.) lässt sich nicht ableiten, dass grundsätzlich jede Trägerart von einer Gemeinde anzuerkennen sei.

68 Nach dem **Gleichbehandlungsgrundsatz (Art. 3 Abs. 1, 19 Abs. 3 GG)** erfolgt die Entscheidung, welche Träger innerhalb des von der Gemeinde bestimmten Ausmaßes an Pluralität zu berücksichtigen sind. Danach darf die Gemeinde **nicht willkürlich bestimmte Trägerarten** von der Bedarfsfeststellung nach Art. 7 **ausschließen**.

69 **Sonstige Bedürfnisse der Eltern und ihrer Kinder:** Auch relevante Bedürfnisse, die nicht auf eine bestimmte Trägerart oder eine bestimmte pädagogische Ausrichtung abstellen, müssen bei der Entscheidung über die Bedarfsanerkennung mit einbezogen werden. Solche Fälle treten vor allem dann auf, wenn die Eltern ein auswärtiges Angebot infolge **gewachsener Strukturen** oder aufgrund von **Pendlerströmen** bevorzugen.

Beispiele:

Die Eltern aus dem Ortsteil O der Gemeinde G möchten ihre Kinder lieber in den Kindergarten der Nachbargemeinde N geben, da der Ortsteil O zum **Schulsprengel** der Nachbargemeinde gehört. Es gibt in G freie Kindergartenplätze, die von den Öffnungszeiten und von der Trägerschaft her den Bedürfnissen der Eltern entsprechen würden. Hier ist der abweichende Schulsprengel als Bedürfnis der Eltern und ihrer Kinder zu berücksichtigen, was nur bei Vorliegen konträrer, aber überwiegender Abwägungsgesichtspunkte bei der planerischen Entscheidung der Gemeinde über die Bedarfsanerkennung zurückzutreten hat.

Vergleichbare Fälle gibt es bei von den politischen Gemeindegrenzen **abweichenden Kirchensprengeln**.

Auch wenn aus einer Gemeinde viele Eltern **berufsbedingt** in eine Nachbarstadt **pendeln** und deswegen dort eine Kindertagesbetreuung für ihr Kind bevorzugen würden, sollte die Gemeinde überlegen, ob es nicht vernünftiger wäre, Plätze im Gemeindegebiet abzubauen und dafür eine auswärtige Betreuung mitzufinanzieren.

70 Bei unverhältnismäßigen Mehrkosten muss in den Fällen, in denen der Sicherstellungsauftrag erfüllt ist, das Bedürfnis der Eltern nicht mit anderen Kriterien abgewogen werden, das heißt, es muss im Ergebnis kein entsprechender Bedarf anerkannt werden: Die Unverhältnismäßigkeit ist ein Ausschlussgrund, § 5 Abs. 2 SGB VIII.

Sind die Mehrkosten für eine Berücksichtigung der Bedürfnisse der Eltern nicht unverhältnismäßig, so fragt sich, welche **anderen Kriterien** mit den Bedürfnissen der Eltern abgewogen werden dürfen:

- **Wirtschaftlichkeit**: Vier von insgesamt 27 Eltern wünschen für die Zeit von 7 Uhr bis 18 Uhr auch noch eine Betreuung ihrer Kinder im Kindergartenalter in einer Kindertageseinrichtung. Alle anderen Eltern wünschen nur eine Betreuung bis 16 Uhr. Hier kann die Gemeinde in Bezug auf die völlig unwirtschaftliche Verlängerung der Öffnungszeiten sich zwar nicht verweigern, einen Bedarf in Höhe von vier Plätzen für eine Betreuung über 14 Uhr hinaus bis 18 Uhr festzustellen, hat aber die Wahl, ob sie den Bedarf für die Zeit von 16 Uhr bis 18 Uhr für Plätze in Kindertageseinrichtungen feststellt (also dem Wunsch der Eltern entspricht; mangels Angebot vor Ort könnten sich Eltern dann Kindergärten mit Öffnungszeit bis 18 Uhr auswärts suchen) oder diese Zeiten als Bedarf für Plätze in Tagespflege feststellt (sog. **ergänzende Tagespflege**: Für Randzeiten kann eine Gemeinde statt auf Kindergärten auf Tagespflege setzen, da der Bildungs- und Erziehungsauftrag in der übrigen Zeit durch den Kindergarten erfüllt wird; eine vollständige Verweisung auf Tagespflege wäre hingegen bei Kindern dieses Alters unzulässig, s. Erl. zu Art. 5 Rn. 40).
- Ein ortsnahes Angebot an Kindertageseinrichtungen ist Ziel des BayKiBiG, damit gerade kleine Kinder nicht aus ihrem gewohnten Lebensumfeld herausgerissen werden, Eltern nicht unzumutbar weite Strecken auf sich nehmen müssen, um ihrem Kind den Besuch eines Kindergartens zu ermöglichen, und schließlich damit gerade auch kleinere Gemeinden gestärkt werden, so dass sie Lebensmittelpunkt ihrer Bürger bleiben und nicht zu reinen Wohnstätten mutieren.

b) Rechtsfolgen bei sich nachträglich als fehlerhaft herausstellender Prognose

Die Bedarfsfeststellung stellt eine Prognoseentscheidung der Gemeinden **71** dar. Trotz aller Sorgfalt kann es daher vorkommen, dass die tatsächliche Entwicklung von der prognostizierten abweicht. Erkennt die Gemeinde dies, so **muss sie ihre Bedarfsfeststellung entsprechend korrigieren**, wenn sie bei Kenntnis dieser Sachlage die Bedarfsfeststellung anders hätte treffen müssen.

Beispiel:

Im Frühjahr 2010 besuchen fünf unter dreijährige Kinder aus der Gemeinde G einen altersgeöffneten Kindergarten und fünf weitere eine Krippe in der Nachbargemeinde. Auf der Warteliste des Kindergartens in G sind zudem weitere fünf unter dreijährige Kinder aufgelistet. Bei der Elternbefragung kreuzen 25 Eltern an, dass sie für ihr Kind unter drei Jahren einen Platz in einer Kindertageseinrichtung wünschen. Die Gemeinde G hat bei ihrer Bedarfsfeststellung einen Entscheidungsspielraum zwischen 15 und 25 Plätzen für Kinder unter drei Jahren.

Wenn sich die Gemeinde G nun entschieden hat, für das Kindergartenjahr 2010/2011 einen Bedarf an 15 Plätzen festzustellen und dann aber 18 Kinder unter drei Jahren konkret angemeldet werden (ohne dass eine Platzteilung möglich ist), so steht damit fest, dass die Bedarfsfeststellung der Gemeinde G fehlerhaft war. Die Gemeinde G muss ihre Bedarfsfeststellung auf mindestens 18 Plätze anheben.

Wenn sich die Gemeinde G hingegen entschieden hat, für das Kindergartenjahr 2010/2011 einen Bedarf an 25 Plätzen festzustellen und dann aber wiederum nur 18 Kinder unter drei Jahren konkret angemeldet werden, so muss sie nicht korrigieren. Die Gemeinde G hat hiervon auch keinen Nachteil, da sie bei der kindbezogenen Förderung nur für belegte Plätze bezahlt. Eine zu hohe Bedarfsfeststellung hat somit keinen Nachteil für die Gemeinde.

Empfehlung: Über die konkret belegten oder nachgefragten Plätze sollte bei der Bedarfsfeststellung ein **Puffer in Höhe von ca. 10 %** vorgesehen werden.

c) Regelmäßige Aktualisierung – Prognose für die nächsten drei Jahre

72 Sowohl der Grad der Inanspruchnahme der bestehenden Plätze als auch Elternbefragungen stellen Momentaufnahmen dar. Da die Erhebung und Auswertung Zeit benötigen, bilden diese Daten schon im Augenblick der Bedarfsfeststellung einen vergangenen Zeitpunkt ab. Hinzukommen muss daher noch eine Prognoseentscheidung, wie sich der Bedarf in den nächsten Jahren entwickeln wird. Hierzu sind die **Entwicklung der Geburtenzahlen**, der **Zu- und Wegzug** sowie die **Entwicklung der Frauenerwerbstätigenquote** heranzuziehen.

73 Je weiter die Prognose in die Zukunft reicht, umso fehleranfälliger ist sie. Daher sieht Art. 7 Satz 4 vor, die Bedarfsplanung **regelmäßig zu aktualisieren**. Hierfür empfiehlt sich ein landkreisweit möglichst einheitlicher Planungsrhythmus, damit die Daten für die interkommunale Zusammenarbeit auch vergleichbar sind. In aller Regel ist ein **Drei-Jahres-Planungsrhythmus** sinnvoll, d. h. alle drei Jahre sollten die Bedürfnisse neu erhoben und auf dieser Grundlage die Bedarfsfeststellung neu getroffen werden. Die Empfehlung eines Drei-Jahres-Planungsrhythmus beruht darauf, dass die große Mehrheit der betreuten Kinder die Altersgruppe von drei Jahren bis zur Einschulung (drei Jahre Betreuungsdauer) betrifft. Binnen drei Jahren erfolgt daher ein vollständiger Austausch der betreuten Kinder. Ein wesentlich längerer Planungszyklus führt zu veralteten, unbrauchbaren Daten und daher zu einer ermessensfehlerhaften Planung.

Beispiel:

Die Gemeinden des Landkreises L führen im Januar 2019 eine Elternbefragung durch und werten diese bis Mai 2020 aus. Im Juni 2020 erfolgen die Abstimmungsgespräche mit dem örtlichen Träger der Jugendhilfe, zwischen den Gemeinden und mit den betroffenen freien Trägern. Im Juli erfolgen die Beschlussfassungen über die Bedarfsfeststellung in den Gemeinderäten und im Jugendhilfeausschuss – und zwar als Prognosen für die Kindergartenjahre ab 2020/2021. Rechtzeitig im Januar 2023 sollen die Gemeinden wieder eine Erhebung starten.

Die Aktualisierung ist **entsprechend den örtlichen Gegebenheiten** regelmäßig vorzunehmen. Erfolgen **gravierende Änderungen vor Ort**, so muss die gesamte **Bedarfsplanung vorzeitig aktualisiert** werden, also vor Ablauf des normalen 3-Jahres-Zeitraums – etwa wenn ein ins Gewicht fallendes Neubaugebiet ausgewiesen wird, so dass mit einem verstärkten Zuzug von Familien zu rechnen ist oder wenn durch Werkschließung zahlreiche Arbeitsplätze wegfallen. Zwischen den regelmäßigen Aktualisierungen – also der erneuten Durchführung einer vollständigen Bedarfsplanung – sind bei Bedarf einzelne Bedarfsfeststellungen zu korrigieren (s. zuvor Rn. 61).

d) Kommunale Bedarfsplanung als objektive Pflicht der Gemeinden

Art. 7 berechtigt die Gemeinden nicht nur, eine Bedarfsplanung durchzuführen, sondern verpflichtet sie hierzu auch. Diese objektive Pflicht ist auch im Wege der **kommunalen Rechtsaufsicht** durchsetzbar. Zu beanstanden ist es, wenn eine Gemeinde eine gemeindliche Bedarfsplanung überhaupt nicht, unvollständig oder in ermessensfehlerhafter Weise durchführt. Da sich die Kontrolle auf die Rechtsaufsicht beschränkt, ist die Kommunalaufsicht allerdings daran gehindert, eigene Ermessensentscheidungen an die Stelle derjenigen der Gemeinde zu setzen, solange diese ihren Entscheidungsspielraum lediglich in rechtlich nicht zu beanstandender Weise genutzt hat. **74**

Bei Einführung des BayKiBiG bildete die Entscheidung über die Anerkennung der Bedarfsnotwendigkeit nach der Konzeption des Gesetzes einen maßgeblichen Anknüpfungspunkt für die Frage der kindbezogenen Förderung. Mit dem Urteil des BayVGH vom 5.5.2008 verlor sie für den Bereich der Betriebskostenförderung jedoch ihre praktische Relevanz. Sie blieb bezüglich der im BayKiBiG geregelten Förderansprüche lediglich bei der Frage der Investitionskostenförderung von Bedeutung. Im Zuge der Deregulierung und mit dem expliziten Ziel der Verschlankung der Verwaltungsvorgänge wurden Art. 7 Abs. 2 und 3 daher aufgehoben (vgl. Rn. 47). Gleichzeitig wird der Gestaltungsspielraum der Gemeinden im Hinblick auf die Investitionskostenförderung im Rahmen des Art. 28 gestärkt. So obliegt es der Gemeinde, im Rahmen pflichtgemäßen Ermessens über die Förderung von Investitionen bei Kindertageseinrichtungen zu entscheiden. Sie hat hierbei ihre Sicherstellungsverpflichtung aus Art. 5 i. V. m. Art. 7 ebenso zu beachten wie das Subsidiaritätsprinzip des Art. 4 Abs. 3.

6. Verhältnis zum SGB VIII

75 Nach Abs. 1 Satz 2 und 4 bleiben die §§ 80 und 24a SGB VIII unberührt.

Der Verweis auf § 80 SGB VIII bedeutet, dass die gemeindliche Bedarfsplanung die örtlichen Träger der öffentlichen Jugendhilfe nicht von ihrer Aufgabe entbindet, die Bedarfsplanung für Kindertageseinrichtungen und die Tagespflege als Teil der Jugendhilfebedarfsplanung (auch heruntergebrochen auf die einzelnen Gemeinden) durchzuführen. Zur Jugendhilfebedarfsplanung gehören gleichfalls die Schritte Bestandsfeststellung, Bedürfnisermittlung und Bedarfsfeststellung (näher s. Erl. zu Art. 5 Rn. 37 und Erl. zu Art. 6 Rn. 45).

Nach Art. 5 ist die Aufgabe, ausreichend und rechtzeitig die bedarfsnotwendigen Plätze zur Verfügung zu stellen, den Gemeinden übertragen worden.

7. Konsequenzen aus der Bedarfsfeststellung

76 Die Bedarfsplanung der Gemeinden ist die wesentliche Grundlage für die Entscheidung über die Notwendigkeit von Ausbaumaßnahmen. In der Ausbauphase für die bedarfsnotwendigen Plätze der Kinder unter drei Jahren in den Jahren 2009 – 2013 eröffnete sie den Zugang zu Investitionskostenfördermitteln nach dem „Sonderprogramm Kinderbetreuungsfinanzierung 2008 – 2013“. Nachdem der Ausbau auch mit Eintritt des Rechtsanspruchs zum 1.8.2013 noch nicht als abgeschlossen angesehen werden kann, wurde das Sonderprogramm Kinderbetreuungsfinanzierung um ein Jahr bis zum 31.12.2014 verlängert und mit einem dritten Sonderprogramm bis Ende 2016 ergänzt. Zum 1.1.2017 wurde ein 4. Sonderinvestitionskostenprogramm aufgelegt, mit dem erstmals auch Plätze für Kinder von drei Jahren bis zur Einschulung gefördert werden konnten. Dieses Investitionsprogramm endete zum 31.8.2020. Es wurden damit über 63.000 Plätze geschaffen.

77 Die Gemeinden sollen auf solider Datengrundlage entscheiden können, ob und inwieweit noch Einrichtungen/Plätze geschaffen werden müssen, um dem Sicherstellungsauftrag Genüge zu leisten. Die Gemeinde stellt deswegen fest, **welcher Bedarf noch ungedeckt** ist. Stellt die Gemeinde bei der Bedarfsermittlung fest, dass sie einen ungedeckten Bedarf hat, so führt die-

se Feststellung in Kombination mit dem Sicherstellungsauftrag aus Art. 5 Abs. 1 grundsätzlich dazu, dass sie **Ausbaumaßnahmen treffen muss.** Über Art und Umfang der konkreten Maßnahme entscheidet die Gemeinde.

Ob die Gemeinde auf den ungedeckten Bedarf mit konkreten Baumaßnahmen reagieren muss, ist davon abhängig, ob die Bedarfslage einen entsprechenden Ausbau trägt.

Beispiele:

Die Gemeinde G hat im Gemeindegebiet 150 Kindergartenplätze. Bei der Bedarfsplanung stellt sie fest, dass sie eigentlich 155 Plätze bräuchte. Es ist in aller Regel bei vorhandenen Räumlichkeiten nicht möglich, die Kapazitäten um fünf Plätze zu erweitern. Wegen fünf Plätzen die bisherigen Räumlichkeiten aufzugeben und dafür größere zu suchen, ist auch nicht wirtschaftlich darstellbar. Vorrangig wäre hier zu prüfen, ob evtl. zudem eine Krippe erforderlich ist, bei der man altersgeöffnet auch noch fünf Plätze für Kinder im Alter von drei Jahren vorsehen könnte. Wenn nicht, wird bei einer so geringfügigen Überschreitung der Platzkapazitäten mit der gebotenen Umsicht zu prüfen sein, ob eine zeitlich befristete Überbelegung der vorhandenen Kindergärten ohne Gefährdung des Kindeswohls akzeptabel ist. Scheidet dies auch aus, so hilft nur eine Kooperation mit Nachbargemeinden.

Auch die Gemeinde H hat im Gemeindegebiet 150 Kindergartenplätze. Bei der Bedarfsplanung stellt sie fest, dass sie derzeit 170 Plätze bräuchte, dass der Bedarf aber in den nächsten drei Jahren aufgrund der Geburtenentwicklung und des zu erwartenden negativen Zu- und Wegzug-Saldos (also mehr Weg- als Zuzüge) auf 140 Plätze sinken wird. Hier ist ein Platzausbau möglich, zumutbar und daher auch durchzuführen, wenn geeignete Räumlichkeiten bestehen, die für den Betrieb des Kindergartens angemietet werden können. Wenn nicht, ist aufgrund der kurzfristig erhöhten Bedarfslage kein Bau sinnvoll, so dass hier wohl nur in Betracht kommt, freie Platzkapazitäten bei Nachbargemeinden in Abstimmung mit ihnen zu nutzen.

Die Gemeinde kommt ihrem Sicherstellungsauftrag nach Art. 5 Abs. 1 nicht bzw. in nicht genügender Weise nach, wenn sie einen ungedeckten Bedarf feststellt, aber keine neuen Plätze schafft, obwohl dies möglich und aufgrund der Bedarfslage auch wirtschaftlich darstellbar wäre und obwohl sie weiß, dass auch in anderen Gemeinden keine freien Plätze vorhanden sind, auf die die Eltern ausweichen könnten. Dieser objektive Pflichtverstoß ist durch die Kommunalaufsicht zu beanstanden.

Entscheidung über die Bedarfsnotwendigkeit von Plätzen

In Bezug auf die bestehenden Plätze stellt sich die Frage, inwieweit sie be- 78
darfsnotwendig sind. Die kindbezogene Förderung führt im Ergebnis dazu, dass jeder freie Platz auch keine Förderpflicht seitens der Gemeinde auslöst. Die Eltern treffen mit ihrer Wahl die Entscheidung, welche Einrich-

tung wie viele Fördergelder erhält. Dies dient dem Qualitätswettbewerb und ist daher sinnvoll.

Art. 8
Überörtliches Planungsverfahren

(1) Die örtlichen Träger der öffentlichen Jugendhilfe haben im Einvernehmen mit der Gemeinde die Schaffung der notwendigen Plätze zu planen.

(2) Soweit Plätze in einer Kindertageseinrichtung notwendig sind, um den Bedarf aus mehreren Gemeinden zu decken, wirken die örtlichen Träger der öffentlichen Jugendhilfe darauf hin, dass die betroffenen Gemeinden bei der Planung, der Finanzierung und dem Betrieb überörtlicher Kindertageseinrichtungen zusammenarbeiten.

Anmerkungen

79 In Art. 8 wird die **Umsetzung der örtlichen Bedarfsplanung geregelt**. Diese ist durch die Schaffung der noch notwendigen Plätze in die Tat umzusetzen.

80 Abs. 1 verdeutlicht, dass auch die **Schaffung von Plätzen** im Wege der Planung erfolgen muss: Hierzu gehören vor allem die Suche nach einem geeigneten Träger und nach einem geeigneten Grundstück bzw. geeigneten Räumlichkeiten. Auch die Festlegung von Ausbaustufen gehört zu dieser Planung. Trotz der gesetzlichen Festlegung, dass diese Planung durch den örtlichen Träger der öffentlichen Jugendhilfe im Einvernehmen mit der Gemeinde zu erfolgen hat, wird in der Praxis wohl die Planung durch die Gemeinde in Abstimmung mit dem Landkreis erfolgen.

81 Abs. 2 **erstreckt die kommunale Zusammenarbeit** im Falle von Einrichtungen mit überörtlichem Einzugsbereich auf die **planende Schaffung von Plätzen**. Art. 6 Abs. 2 korrespondiert mit Art. 5 Abs. 2. Bei Einrichtungen mit überörtlichem Einzugsbereich, das heißt Einrichtungen, die zur Deckung des Betreuungsbedarfs in mehreren Gemeinden notwendig sind, soll durch den örtlichen Träger der öffentlichen Jugendhilfe nicht nur auf ein Zusammenwirken der betroffenen Gemeinden in der Planung, sondern auch bei der **Finanzierung und bei dem Betrieb** der Einrichtung hingewirkt werden. Dabei soll zum Beispiel die Frage der Übernahme der Einrichtungsträgerschaft durch eine Verwaltungsgemeinschaft oder einen Zweckverband mit den betroffenen Gemeinden erörtert werden. Der örtliche Träger der öffentlichen Jugendhilfe soll seinen Einfluss bei Einrichtungen in freier Trägerschaft dahingehend geltend machen, dass sich auch die über die kindbezogene Förderung hinausgehenden finanziellen Leistungen angemessen auf die betroffenen Gemeinden verteilen. Anzuraten ist insbeson-

dere der Abschluss eines Kooperationsvertrags zwischen dem Einrichtungsträger und den betroffenen Gemeinden, der unter anderem die Sicherung der erforderlichen Finanzierung der Einrichtung zum Gegenstand hat.

Der Plural „die örtlichen Träger der öffentlichen Jugendhilfe" macht darauf aufmerksam, dass die kommunale Zusammenarbeit auch über die Grenzen von Landkreisen hinweg bzw. zwischen Landkreisen und kreisfreien Städten zu suchen ist.

3. Teil
Sicherung des Kindeswohls

Art. 9
Betriebs- und Pflegeerlaubnis

(1) [1]Soweit Kindertageseinrichtungen im Sinn dieses Gesetzes nicht von den Vorschriften des Achten Buches Sozialgesetzbuch erfasst sind, bedürfen ihre Träger einer Betriebserlaubnis. [2]Die §§ 45 bis 48a sowie § 90 Abs. 3 SGB VIII gelten entsprechend. [3]Art. 42 des Gesetzes zur Ausführung der Sozialgesetze bleibt unberührt.

(2) [1]Eine Tagespflegeperson darf im Rahmen der Pflegeerlaubnis nach § 43 Abs. 3 Satz 1 SGB VIII insgesamt höchstens acht Pflegeverhältnisse eingehen. [2]Schließen sich mehrere Tagespflegepersonen zusammen (Großtagespflege) und betreuen diese mehr als acht gleichzeitig anwesende Kinder, muss mindestens eine Tagespflegeperson eine pädagogische Fachkraft sein. [3]Wenn

1. gleichzeitig mehr als zehn Kinder oder insgesamt mehr als 16 Kinder von mehreren Tagespflegepersonen in Zusammenarbeit betreut werden oder

2. dauerhaft mehr als drei Tagespflegepersonen in der Betreuung derselben Kinder eingesetzt werden sollen

findet § 45 SGB VIII Anwendung.

(3) Die Erlaubnis kann mit Nebenbestimmungen versehen werden.

Inhaltsübersicht **Rn.**

1. Die Sicherung des Kindeswohls ... 83–86
2. Die Betriebserlaubnispflicht für Kindertageseinrichtungen ... 87
   a) Betriebserlaubnispflicht für Kindertageseinrichtungen ohne Räumlichkeiten ... 88, 89
   b) Inhalt der Betriebserlaubnis ... 90
   c) Platzsharing ... 91
   d) Aufnahme von Kindern mit Behinderung – integrative Einrichtung ... 92
   e) Antragsprinzip ... 93
   f) Betriebserlaubnis bei räumlich getrennten Einrichtungen ... 94
   g) Betriebserlaubnispflicht bei Angeboten der Ferienbetreuung ... 95

h) Abgrenzung zu schulischen Betreuungsformen 96
i) Sonstige Rechtsfolgen. 97

3. Pflegeerlaubnis für Tagespflegepersonen (§ 43 SGB VIII)
a) Pflegeerlaubnispflicht. 98, 99
b) Voraussetzungen für die Pflegeerlaubnis. 100
c) Inhalt der Pflegeerlaubnis 101, 102
d) Zusammenwirken von § 43 SGB VIII und Art. 9 103–105
e) Großtagespflege. 106–108

Anmerkungen

Die Voraussetzungen für eine Betriebserlaubnis ergeben sich aus § 45 SGB VIII. **82**
Art. 9 ergänzt und konkretisiert die Vorschriften des SGB VIII zur Sicherung des Kindeswohls in Kindertageseinrichtungen und der Tagespflege gem. §§ 43 Abs. 4, 49 SGB VIII.

§ 45 SGB VIII Erlaubnis für den Betrieb einer Einrichtung

(1) Der Träger einer Einrichtung, nach § 45a bedarf für den Betrieb der Einrichtung der Erlaubnis. Einer Erlaubnis bedarf nicht, wer

1. eine Jugendfreizeiteinrichtung, eine Jugendbildungseinrichtung, eine Jugendherberge oder ein Schullandheim betreibt,
2. ein Schülerheim betreibt, das landesgesetzlich der Schulaufsicht untersteht,
3. eine Einrichtung betreibt, die außerhalb der Jugendhilfe liegende Aufgaben für Kinder oder Jugendliche wahrnimmt, wenn für sie eine entsprechende gesetzliche Aufsicht besteht oder im Rahmen des Hotel- und Gaststättengewerbes der Aufnahme von Kindern oder Jugendlichen dient.

(2) Die Erlaubnis ist zu erteilen, wenn das Wohl der Kinder und Jugendlichen in der Einrichtung gewährleistet ist. Dies ist in der Regel anzunehmen, wenn

1. der Träger die für den Betrieb der Einrichtung erforderliche Zuverlässigkeit besitzt,
2. die dem Zweck und der Konzeption der Einrichtung entsprechenden räumlichen, fachlichen, wirtschaftlichen und personellen Voraussetzungen für den Betrieb erfüllt sind und durch den Träger gewährleistet werden,
3. die gesellschaftliche und sprachliche Integration und ein gesundheitsförderliches Lebensumfeld in der Einrichtung unterstützt werden sowie die gesundheitliche Vorsorge und die medizinische Betreuung der Kinder und Jugendlichen nicht erschwert werden sowie

4. zur Sicherung der Rechte und des Wohls von Kindern und Jugendlichen in der Einrichtung die Entwicklung, Anwendung und Überprüfung eines Konzepts zum Schutz vor Gewalt, geeignete Verfahren der Selbstvertretung und Beteiligung sowie der Möglichkeit der Beschwerde in persönlichen Angelegenheiten innerhalb und außerhalb der Einrichtung gewährleistet werden.

Die nach Satz 2 Nummer 1 erforderliche Zuverlässigkeit besitzt ein Träger insbesondere dann nicht, wenn er

1. in der Vergangenheit nachhaltig gegen seine Mitwirkungs- und Meldepflichten nach den §§ 46 und 47 verstoßen hat,
2. Personen entgegen eines behördlichen Beschäftigungsverbotes nach § 48 beschäftigt oder
3. wiederholt gegen behördliche Auflagen verstoßen hat.

(3) Zur Prüfung der Voraussetzungen hat der Träger der Einrichtung mit dem Antrag

1. die Konzeption der Einrichtung vorzulegen, die auch Auskunft über Maßnahmen zur Qualitätsentwicklung und -sicherung sowie zur ordnungsgemäßen Buch- und Aktenführung in Bezug auf den Betrieb der Einrichtung gibt, sowie
2. im Hinblick auf die Eignung des Personals nachzuweisen, dass die Vorlage und Prüfung von aufgabenspezifischen Ausbildungsnachweisen sowie von Führungszeugnissen nach § 30 Absatz 5 und § 30a Absatz 1 des Bundeszentralregistergesetzes sichergestellt sind; Führungszeugnisse sind von dem Träger der Einrichtung in regelmäßigen Abständen erneut anzufordern und zu prüfen.

(4) Die Erlaubnis kann mit Nebenbestimmungen versehen werden. Zur Gewährleistung des Wohls der Kinder und der Jugendlichen können nachträgliche Auflagen erteilt werden.

(5) Besteht für eine erlaubnispflichtige Einrichtung eine Aufsicht nach anderen Rechtsvorschriften, so hat die zuständige Behörde ihr Tätigwerden zuvor mit der anderen Behörde abzustimmen. Sie hat den Träger der Einrichtung rechtzeitig auf weitergehende Anforderungen nach anderen Rechtsvorschriften hinzuweisen.

(6) Sind in einer Einrichtung Mängel festgestellt worden, so soll die zuständige Behörde zunächst den Träger der Einrichtung über die Möglichkeiten zur Beseitigung der Mängel beraten. Wenn sich die Beseitigung der Mängel auf Entgelte oder Vergütungen nach § 134 des Neunten Buches oder nach § 76 des Zwölften Buches auswirken kann, so ist der Träger der Eingliederungshilfe oder der Sozialhilfe, mit dem Vereinbarungen nach diesen Vorschriften bestehen, an der Beratung zu beteiligen. Werden festgestellte Mängel nicht behoben, so können dem Träger

der Einrichtung Auflagen nach Absatz 4 Satz 2 erteilt werden. Wenn sich eine Auflage auf Entgelte oder Vergütungen nach § 134 des Neunten Buches oder nach § 76 des Zwölften Buches auswirkt, so entscheidet die zuständige Behörde nach Anhörung des Trägers der Eingliederungshilfe oder der Sozialhilfe, mit dem Vereinbarungen nach diesen Vorschriften bestehen, über die Erteilung der Auflage. Die Auflage ist nach Möglichkeit in Übereinstimmung mit den nach § 134 des Neunten Buches oder nach den §§ 75 bis 80 des Zwölften Buches getroffenen Vereinbarungen auszugestalten.

(7) Die Erlaubnis ist aufzuheben, wenn das Wohl der Kinder oder der Jugendlichen in der Einrichtung gefährdet und der Träger nicht bereit oder nicht in der Lage ist, die Gefährdung abzuwenden. Sie kann aufgehoben werden, wenn die Voraussetzungen für eine Erteilung nach Absatz 2 nicht oder nicht mehr vorliegen; Absatz 6 Satz 1 und 3 bleibt unberührt. Die Vorschriften zum Widerruf nach § 47 Absatz 1 Nummer 2 und Absatz 3 des Zehnten Buches bleiben unberührt. Widerspruch und Anfechtungsklage gegen die Rücknahme oder den Widerruf der Erlaubnis haben keine aufschiebende Wirkung.

§ 45 a SGB VIII Einrichtung

Eine Einrichtung ist eine auf gewisse Dauer und unter der Verantwortung eines Trägers angelegte förmliche Verbindung ortsgebundener räumlicher, personeller und sachlicher Mittel mit dem Zweck der ganztägigen oder über einen Teil des Tages erfolgenden Betreuung oder Unterkunftsgewährung sowie Beaufsichtigung, Erziehung, Bildung, Ausbildung von Kindern und Jugendlichen außerhalb ihrer Familie. Familienähnliche Betreuungsformen der Unterbringung, bei denen der Bestand der Verbindung nicht unabhängig von bestimmten Kindern und Jugendlichen, den dort tätigen Personen und der Zuordnung bestimmter Kinder und Jugendlicher zu bestimmten dort tätigen Personen ist, sind nur dann Einrichtungen, wenn sie fachlich und organisatorisch in eine betriebserlaubnispflichtige Einrichtung eingebunden sind. Eine fachliche und organisatorische Einbindung der familienähnlichen Betreuungsform liegt insbesondere vor, wenn die betriebserlaubnispflichtige Einrichtung das Konzept, die fachliche Steuerung der Hilfen, die Qualitätssicherung, die Auswahl, Überwachung, Weiterbildung und Vertretung des Personals sowie die Außenvertretung gewährleistet. Landesrecht kann regeln, unter welchen Voraussetzungen auch familienähnliche Betreuungsformen Einrichtungen sind, die nicht fachlich und organisatorisch in eine betriebserlaubnispflichtige Einrichtung eingebunden sind.

Exkurs

Vorbemerkung zur Betriebserlaubnis nach §§ 45 ff SGB VIII

Kindertageseinrichtungen, die der Betriebserlaubnispflicht nach § 45 ff SGB VIII unterliegen, haben das leibliche, geistige und seelische Wohl der ihnen anvertrauten Kinder und Jugendlichen in ihren Einrichtungen sicherzustellen. Als Voraussetzung für die Erteilung der Betriebserlaubnis müssen sie gemäß § 45 SGB VIII in der jeweiligen pädagogischen Konzeption neben den entsprechenden räumlichen, fachlichen, wirtschaftlichen und personellen Voraussetzungen für den Betrieb insbesondere Konzepte zum Schutz von Kindern vor Gewalt etablieren. Die Einrichtungsträger haben dafür Sorge zu tragen, dass die Fachkräfte in den Einrichtungen entsprechend qualifiziert sind und die Konzepte unter Beteiligung der Kinder und Jugendlichen laufend weiterentwickelt werden.

Das Kindeswohl ist dann anzunehmen, wenn die Voraussetzungen des § 45 Abs. 2 S. 2 SGB VIII vorliegen.

Eine Überprüfung dieser Kriterien hat im Rahmen des Betriebserlaubnisverfahrens und bei Prüfungen nach § 46 SGB VIII (Prüfung vor Ort und nach Aktenlage) und § 47 SGB VIII (Melde- und Dokumentationspflichten, Aufbewahrung von Unterlagen) zu erfolgen. Die konkrete Umsetzung der konzeptionellen Grundlagen obliegt der jeweiligen Einrichtung. Zu den personellen Voraussetzungen gehört nicht nur eine hinreichende Personalausstattung, sondern vor allem auch eine funktionale Arbeits- und Ablauforganisation, eine regelmäßige Beteiligung der jungen Menschen im Hilfeverlauf, sowie die Darstellung von Möglichkeiten der Beschwerde (Partizipation und Beschwerdemanagement).

Mit Inkrafttreten des Kinder- und Jugendstärkungsgesetzes (KJSG) am 10.6.2021 wurde die Verpflichtung für die Einrichtungsträger zur Entwicklung, Anwendung und regelmäßigen Überprüfung eines Konzepts zum Schutz vor Gewalt in § 45 Abs. 2 Nr. 4 SGB VIII gesetzlich normiert. Bereits vor der Novellierung des § 45 SGB VIII durch das KJSG war das Vorliegen eines Konzepts zur Sicherstellung des Kindeswohls für die Erteilung der Betriebserlaubnis erforderlich und Gegenstand der Prüfung.

Um auch angesichts der neuen Rechtslage weiterhin einen effektiven Vollzug in Bezug auf eine qualitative Umsetzung von Schutzkonzepten sicherzustellen, werden zusammen mit den betriebserlaubniserteilenden Behörden und dem Bayerischen Landesjugendamt landesweite Hinweise in Bezug auf die neue Gesetzeslage erarbeitet.

Zur weiteren Unterstützung wurde ein „Leitfaden zur Sicherung des Schutzauftrages in Kindertageseinrichtungen“ entwickelt. Der Fokus bei diesem Leitfaden liegt auf der Prävention interner Gefährdungen. Dabei geht es im Kontext des Kinderschutzes darum, den Blick der Einrichtungen auch nach innen zu richten und sich mit möglichen externen aber vor allem auch internen Gefährdungen innerhalb der eigenen Einrichtung auseinanderzusetzen.

1. Die Sicherung des Kindeswohls

Zur Sicherung des Kindeswohls bedarf es folgender Vorgaben: **83**
- Ausreichendes und ausreichend qualifiziertes Personal
- Geeignete Räumlichkeiten
- Entwicklungsangemessene Bildungs- und Erziehungsangebote.

Ausreichendes und ausreichend qualifiziertes Personal (vgl. § 45 Abs. 2 Satz 1 Nr. 1 SGB VIII):
Ohne eine genügende Personalausstattung ist bereits die Aufsicht über die **84** Kinder nicht sichergestellt. Aus fachlichen Gesichtspunkten ist ein Anstellungsschlüssel von 1 : 12,5 die absolute personelle Mindestausstattung (zu Begriff und Berechnung des Anstellungsschlüssels s. Erl. zu § 17 AVBayKiBiG); Nachdem bis zum 31.8.2008 Kindertageseinrichtungen mit einem Anstellungsschlüssel von 1 : 12,5 gefördert wurden, kann aus fachlichen Erwägungen als Grenze für die absolute personelle Mindestausstattung grundsätzlich ein Anstellungsschlüssel von 1 : 12,5 herangezogen werden. Allerdings ist bei der Bewertung der für die Sicherung des Kindeswohls erforderlichen personellen Rahmenbedingungen immer auf die Verhältnisse des Einzelfalles abzustellen, die unter Umständen einen höheren Personaleinsatz erfordern. Maßgeblich hierfür sind primär die räumlichen Verhältnisse in einer Einrichtung sowie das Alter der zu betreuenden Kinder. Bei der Betreuung von Kindern unter drei Jahren kann als absolute Untergrenze für die personellen Rahmenbedingungen aufgrund des erforderlichen Betreuungsaufwands ein deutlich besserer Anstellungsschlüssel herangezogen werden.

In jeder bayerischen Kindertageseinrichtung, für die eine Betriebserlaubnis erteilt wurde, muss grundsätzlich mindestens eine Fachkraft tätig werden. Je nach Größe der Einrichtung sind weitere Fachkräfte vorzuschreiben. Bei Einrichtungen, die nach BayKiBiG gefördert werden, ist die Fachkraftquote des § 17 Abs. 2 AVBayKiBiG einzuhalten (hierzu s. § 16 Abs. 2 AVBayKiBiG), sog. Fachkräftegebot (näher Erl. zu § 15 AVBayKiBiG).

Ausreichend Räumlichkeiten:
Die Bedeutung ausreichender Räumlichkeiten für die Entwicklung von Kin- **85** dern kann nicht hoch genug eingeschätzt werden. Treffend werden Räum-

lichkeiten als „dritte“ Erzieher (ergänzend zur pädagogischen Fach- und Ergänzungskraft) beschrieben. Gleichwohl fehlen konkrete Raumvorgaben, weil sich die Vielgestaltigkeit von Raumzuschnitten kaum verallgemeinernd erfassen lässt. Es empfiehlt sich jedoch eine Orientierung an den Raumprogrammen, die auch bei der Investitionskostenförderung Anwendung finden – verbindliche Mindestvorgaben stellen diese allerdings nicht dar.

Entwicklungsangemessene Bildungs- und Erziehungsangebote:

86 Die Umsetzung der Bildungs- und Erziehungsziele, die in der AVBayKiBiG verankert sind, ist keine Voraussetzung für die Erteilung einer Betriebserlaubnis, sondern nur Fördervoraussetzung. Eine bloße Verwahrung von Kindern, eine bloße Betreuung gefährdet die seelische, geistige und körperliche Entwicklung der Kinder. Der Bildungs- und Erziehungsauftrag, der sich an alle Kindertageseinrichtungen richtet (Art. 10), zielt deswegen auch auf eine entwicklungsangemessene Bildungs- und Erziehungsarbeit. Dieses Mindestmaß an pädagogischer Arbeit ist daher bereits Betriebserlaubnis- und nicht erst Fördervoraussetzung.

Eine Kindeswohlgefährdung ist auch anzunehmen, wenn ein Verstoß gegen die verfassungsmäßige Ordnung vorliegt.

2. Die Betriebserlaubnispflicht für Kindertageseinrichtungen

87 Abs. 1 ergänzt die §§ 45 ff. SGB VIII. Art. 9 Abs. 1 erweitert die Erlaubnispflicht für den Betrieb einer Einrichtung nach § 45 SGB VIII auf alle Einrichtungen im Sinne des BayKiBiG. Erfasst werden auch Einrichtungen, die keine Räumlichkeiten aufweisen (siehe Art. 2 Abs. 1 Satz 3).

Nach § 45 SGB VIII benötigt jeder Träger für den Betrieb einer Kindertageseinrichtung eine Erlaubnis. Auf ein bestimmtes zeitliches Mindestmaß kommt es hingegen nicht an; auch Kurzzeitbetreuungen sind demnach grundsätzlich erlaubnispflichtig. Nach Auffassung des StMAS kann jedoch eine Ausnahme vom Erlaubnisvorbehalt gemacht werden, wenn die Einrichtung nicht mehr als zehn Stunden pro Woche geöffnet hat oder wenn das einzelne Kind die Einrichtung nicht mehr als fünf Stunden pro Woche besucht, weil dann die Zeit, in der das jeweilige Kind der Obhut seiner Eltern entzogen ist, so gering sei, dass das öffentliche Schutzbedürfnis zurücktrete, AMS VI 4/3/2008 – VI 4/7360/120/08/HO vom 26.3.2008. Ergänzend hierzu wurde mit AMS vom 1.8.2017 (AMS 04 – 2017 Az 6512.01–1056) ausgeführt, dass Einrichtungen nur dann einer Betriebserlaubnis bedürfen, sofern sie auf Dauer ausgerichtet sind. Auf Dauer heißt für einen Zeitraum von ununterbrochen mindestens drei Monaten. Damit sind Angebote der Ferienbetreuung in der Regel erlaubnisfrei.

a) Betriebserlaubnispflicht für Kindertageseinrichtungen ohne Räumlichkeiten

Nach dem SGB VIII ist eine Kindertageseinrichtung nur gegeben, wenn sie orts- und gebäudebezogen ist (vgl. *Wiesner/Mörsberger*, SGB VIII, § 45 Rn. 16), d. h. über Räumlichkeiten verfügt. Die Betriebserlaubnispflicht nach § 45 SGB VIII erfasst daher keine reinen Waldkindergärten. Um auch hier präventiv prüfen zu können, ob das Wohl der Kinder durch die Bildung, Erziehung und Betreuung im konkreten Waldkindergarten nicht gefährdet wird, musste der Landesgesetzgeber auch für diese Fälle eine Betriebserlaubnispflicht vorsehen; alle übrigen Kindertageseinrichtungen unterliegen direkt dem § 45 SGB VIII. Egal, ob die Betriebserlaubnispflicht aus § 45 SGB VIII herrührt oder aus Art. 9 Abs. 1 Satz 1, gelten jedoch **der gleiche Prüfungsmaßstab** und auch die gleichen Rechtsfolgen. Dies bewirkt die Verweisung in Satz 2. Prüfungsmaßstab ist daher stets das **Wohl der Kinder**: Die Betriebserlaubnis ist zu erteilen, wenn das Wohl der Kinder gewährleistet ist, § 45 Abs. 2 SGB VIII. Eine gesetzliche Konkretisierung, wann eine Kindeswohlgefährdung vorliegt, erfolgt in Art. 9 Abs. 1 nicht und auch in § 45 SGB VIII nur rudimentär. **88**

Betriebserlaubnis bei Waldkindergärten

- Soweit Waldkindergärten ohne Gebäudebezug keine regelmäßige Bildung, Erziehung und Betreuung im Sinne des Art. 2 anbieten, besteht keine Erlaubnispflicht. **89**
- Zum Ausschluss einer Kindeswohlgefährdung muss insbesondere ein hinreichender Schutz der Kinder und des Personals im Falle eines Unwetters gegeben sein. Je nach den Umständen des Einzelfalls kann ausreichend sein, wenn ein Gebäude in wenigen Minuten erreichbar ist. Ein Bauwagen ist als Schutz vor Unwettern nur bedingt geeignet.

b) Inhalt der Betriebserlaubnis

Die Betriebserlaubnis enthält eine Angabe über die maximal zulässige Platzzahl. **90**

Die Platzzahl gibt an, wie viele Kinder sich höchstens zeitgleich in einer Einrichtung aufhalten dürfen. Es ist durchaus üblich, dass für die verschiedenen Altersgruppen unterschiedliche Höchstgrenzen ausgewiesen werden. Maßstab für die Festlegung sind die räumlichen Verhältnisse der Einrichtung im Einzelfall. Aufgrund des erhöhten Raumbedarfs von Kindern unter drei Jahren im Vergleich zur Altersgruppe der Kinder ab drei Jahren bis zur Einschulung hat das StMAS mit AMS vom 15.2.2011 (AZ: VI 4/AMS

1–2011 VI 4/6512.01–1/65) festgelegt, dass Kinder unter drei Jahren in Kindergärten jeweils zwei Plätze belegen. Der Kindergarten als Betreuungsform, der sich vorrangig an Kinder von drei bis sechs Jahren richtet, ist vom Raumprogramm her auf diese Altersgruppe ausgerichtet. Von daher scheint diese Festlegung sachgerecht. Eine Änderung des Kindergartens in eine Einrichtung mit breiter Altersmischung (Haus für Kinder) setzt ein geändertes Raumkonzept sowie eine Fortschreibung der pädagogischen Konzeption mit Schwerpunkt auf die breite Altersmischung voraus. In einer Einrichtung, die eine Betriebserlaubnis für ein Haus für Kinder hat, belegen Kinder unter drei Jahren demzufolge einen Platz.

c) Platzsharing

91 Die zeitversetzte Inanspruchnahme eines Platzes durch mehrere Kinder ist für alle Altersgruppen möglich. Eine Überbelegung kann seitens der Aufsichtsbehörden für kurze Zeiträume (maximal 1,5 Stunden) toleriert werden.

Beispiel:

Schulkinder haben Plätze in einem Haus für Kinder für die Zeit nach Schulschluss gebucht. Während der Zeit der Mittagsverpflegung kommt es zu einer Überbelegung der genehmigten Plätze, da auch die Mehrzahl der Kindergartenkinder die Einrichtung noch nicht verlassen hat.

d) Aufnahme von Kindern mit Behinderung – integrative Einrichtung

92 Die Aufnahme von Kindern mit Behinderung obliegt der Einrichtung. Die Verantwortlichen der Einrichtung (Träger und pädagogisches Personal) entscheiden im Einzelfall im Rahmen des Schutzauftrags nach Art. 9a sowie ihrer Verpflichtung, eine individuelle und angemessene Bildung, Betreuung und Erziehung für alle Kinder zu gewährleisten, über die Aufnahme von Kindern mit (drohender) Behinderung. Einer speziellen Erlaubnis im Sinne des § 45 SGB VIII bedarf es hierfür nicht (vgl. Art. 2 Abs. 3).

e) Antragsprinzip

93 Es steht dem Träger frei, auf welche Weise er die Einrichtung organisiert. Dementsprechend entscheidet der Träger, ob er für den gesamten Betrieb eine Betriebserlaubnis beantragt oder getrennt für einzelne Teile.

Das BayKiBiG kennt kein Gruppenprinzip, es wird immer die gesamte Einrichtung als Ganzes betrachtet (Gesamtbetrachtungsweise). Die Gesamtbetrachtungsweise erleichtert die Erteilung der Betriebserlaubnis, insbesondere im Hinblick auf das Urteil des *OVG Münster* vom 12.11.2007 (12 A 4697/06), wonach die Erteilung konkret bezogen auf bestimmte, geeignete Personen erlassen werden muss. Je größer die Einheit, umso weniger muss auf eine personelle Änderung mit einer Neubeantragung der Betriebserlaubnis reagiert werden. Große Einrichtungen stellen jedoch auch höhere Anforderungen an die Träger hinsichtlich der Organisation der Einrichtung. Eine Zusammenfassung mehrerer Einrichtungsteile in einer Betriebserlaubnis kann dann sinnvoll sein, wenn andernfalls die Förderfähigkeit nach dem BayKiBiG in Frage steht. Wenn beispielsweise die überwiegende Zahl der Kinder in einem Teil einer Einrichtung diese weniger als 20 Stunden besucht, könnte durch einen Zusammenschluss und eine einheitliche Betriebserlaubnis die Förderfähigkeit im Sinne des Art. 2 Abs. 2 hergestellt werden.

f) Betriebserlaubnis bei räumlich getrennten Einrichtungen

Grundsätzlich ist es möglich, dass ein Träger formal mehrere Einrichtungen **94** unter eine Leitung stellt, diese aus einer Hand organisiert und ein gemeinsames pädagogisches Konzept verfolgt. Insoweit besteht auch die Möglichkeit einer einheitlichen Betriebserlaubnis.

Um eine Kindeswohlgefährdung auszuschließen, muss diese jedoch nicht nur in der Gesamtschau aller Standorte, sondern jeweils getrennt auch für die einzelnen Standorte geprüft werden. So ist die Einhaltung baurechtlicher, feuerpolizeilicher und unfallversicherungsrechtlicher Vorgaben für jeden Standort zu prüfen. Soll die Einrichtung nach dem BayKiBiG gefördert werden, müssen die Fördervoraussetzungen an jedem Standort vorliegen. Auch wenn der Antrag stellende Träger eine einheitliche Betriebserlaubnis vorzieht, müssen somit in diesem Rahmen Einzelentscheidungen getroffen und begründet werden.

Aufgrund der förderrechtlichen Erfordernisse ergibt sich, dass bei zwei Standorten zwei Einrichtungsnummern zu erteilen sind, die beiden Standorte werden in KiBiG.web getrennt angelegt, die Fördervoraussetzungen an beiden Standorten geprüft und abgerechnet.

Der Unterschied im Vergleich Gesamtbetriebserlaubnis zu Einzelbetriebserlaubnissen liegt im Wesentlichen darin, dass es bei einer einheitlichen Betriebserlaubnis einer Leitung bedarf und für jede Filiale einer stellvertretenden Leitung, bei selbstständigen Einrichtungen müssen jeweils Leitungen bestellt werden. Bei der tariflichen Eingruppierung der Gesamtleitung wären die Plätze aller Einrichtungen maßgebend, andernfalls nur die Plätze des konkreten Standortes.

g) Betriebserlaubnispflicht bei Angeboten der Ferienbetreuung

95 Angebote der Ferienbetreuung unterliegen der Betriebserlaubnispflicht nach § 45 SGB VIII. Ausnahmen hat das StMAS unter den in den AMS vom 26.3.2008 (AMS VI 4/3/2008) und vom 8.7.2008 (VI 4/9/2008) genannten Fallgestaltungen zugelassen. Ergänzend hierzu hat das StMAS ein AMS vom 22.5.2013 (Az: VI 4/6512 – 1/188) erlassen.

Da Ferienangebote per se zeitlich begrenzt sind und der Bildungsauftrag im Vergleich zu regulären Einrichtungen, die nach dem BayKiBiG gefördert werden, zurücktritt, kann nach Ansicht des StMAS von den üblichen Qualifikationserfordernissen für eine pädagogische Fachkraft unter folgenden Voraussetzungen abgewichen werden:

- Das Betreuungsangebot ist begrenzt auf die Schulferien.
- Als Betreuungspersonal kommen sozialpädagogisches Fachpersonal sowie andere geeignete Personen in Betracht, die über entsprechende pädagogische Qualifikationen oder ausreichende Erfahrungen in der Erziehungs- und Jugendarbeit verfügen.

Für die Betreuungsformen an der Schule (Mittagsbetreuung, Ganztagsschule) gilt für die Ferienbetreuung Folgendes:

> *„Die Betreuungsformen an der Schule fallen unter § 45 Abs. 1 Satz 2 Nr. 1 SGB VIII und sind erlaubnisfrei. Dies gilt auch für eine Ferienbetreuung von Schulkindern unter dem Dach der Mittagsbetreuung (Bekanntmachung des Bayerischen Staatsministeriums für Unterricht und Kultus vom 7.5.2012, Az.: III.5–5 S 7369. 1–4b.13 566). Voraussetzung ist, dass der Kreis der Betreuer und der betreuten Kinder sowie die Räumlichkeiten, in denen der Betrieb stattfindet, im Wesentlichen unverändert bleiben. Unschädlich ist, dass eine Ferienbetreuung naturgemäß inhaltlich anders auszugestalten ist als eine Mittagsbetreuung, insbesondere was das konkrete Betreuungskonzept sowie den täglichen Betreuungsumfang angeht.“*

h) Abgrenzung zu schulischen Betreuungsformen

96 Bei der Mittagsbetreuung werden Schulkinder bis maximal 16.30 Uhr betreut. Problematisch hinsichtlich der Betriebserlaubnispflicht gestaltet sich die Frage, wenn Angebote für die Ferienbetreuung durch die Mittagsbetreuung an der Schule wahrgenommen werden sollen. Das Kultusministerium vertrat lange die Auffassung, dass Betreuungsangebote während der unterrichtsfreien Zeit (Ferien) nicht über schulische Angebote bzw. die Mittagsbetreuung an der Schule durchgeführt werden können. Damit war für die Ferienbetreuung in jedem Fall eine Betriebserlaubnis nach § 45 SGB VIII

erforderlich. Dies bedeutet z. B., dass eine pädagogische Fachkraft erforderlich ist, aber nicht alle Mittagsbetreuungen für die Ferienbetreuung eine Fachkraft vorweisen können. Kultusministerium und Familienministerium haben sich deshalb auf folgenden Kompromiss geeinigt.

Mit Schreiben vom 22.5.2013 führt das StMAS Folgendes aus:

> *„Die Betreuungsformen im Rahmen der Schule (Mittagsbetreuung, Offene/Gebundene Ganztagsschule) fallen unter § 45 Abs. 1 Satz 2 Nr. 1 SGB VIII und sind erlaubnisfrei. Dies gilt auch für eine Ferienbetreuung von Schulkindern unter dem Dach der Mittagsbetreuung (Bekanntmachung des Bayerischen Staatsministeriums für Unterricht und Kultus vom 7.5.2012, Az.: III.5–5 S 7369.1–4b.13 566). Voraussetzung ist, dass der Kreis der Betreuer und der betreuten Kinder sowie die Räumlichkeiten, in denen die Betreuung stattfindet, im Wesentlichen unverändert bleiben. Unschädlich ist, dass eine Ferienbetreuung naturgemäß inhaltlich anders auszugestalten ist als eine Mittagsbetreuung, insbesondere was das konkrete Betreuungskonzept sowie den täglichen Betreuungsumfang angeht.*
>
> *Bei Ferienangeboten, die der Betriebserlaubnispflicht nach § 45 SGB VIII unterliegen, kann der Träger der öffentlichen Jugendhilfe unter Berücksichtigung des Einzelfalles von den üblicherweise erforderlichen Qualifikationskriterien für eine pädagogische Fachkraft unter folgenden Voraussetzungen abweichen:*
>
> - *Das Betreuungsangebot ist begrenzt auf die Zeit der gesetzlichen Schulferien.*
> - *Als Betreuungspersonal kommen sozialpädagogisches Fachpersonal sowie andere geeignete Personen in Betracht, die über entsprechende pädagogische Qualifikation oder ausreichende Erfahrung in Erziehungs- oder Jugendarbeit verfügen.“*

Ob und ggf. unter welchen Voraussetzungen die Mittagsbetreuungen an den Schulen mit der Einführung des Rechtsanspruchs auf einen Ganztagsbetreuungsplatz für Grundschulkinder anspruchserfüllend sein werden, bleibt der Entscheidung des Gesetzgebers vorbehalten.

i) Sonstige Rechtsfolgen

Von den sonstigen Rechtsfolgen, auf die Art. 9 Abs. 1 Satz 2 verweist, sind besonders hervorzuheben die Möglichkeit der **unangemeldeten Begehung** nach § 46 SGB VIII, die **Meldepflichten** nach § 47 SGB VIII und die **wirtschaftliche Jugendhilfe** nach § 90 Abs. 3 SGB VIII (Ermäßigung, Erlass oder ganz oder teil- **97** weise Erstattung der Elternbeiträge durch den Landkreis oder die kreisfreie Stadt bei nicht ausreichender finanzieller Leistungsfähigkeit der Eltern).

3. Pflegeerlaubnis für Tagespflegepersonen (§ 43 SGB VIII)

a) Pflegeerlaubnispflicht

Näheres hierzu auch im Internet unter: http://www.kindertagespflege.bayern.de/traegeraufgaben/pflegeerlaubnis/index.php

§ 43 SGB VIII Pflegeerlaubnis

(1) Eine Person, die ein Kind oder mehrere Kinder außerhalb des Haushalts des Erziehungsberechtigten während eines Teils des Tages und mehr als 15 Stunden wöchentlich gegen Entgelt länger als drei Monate betreuen will, bedarf der Erlaubnis.

(2) Die Erlaubnis ist zu erteilen, wenn die Person für die Kindertagespflege geeignet ist. Geeignet im Sinne des Satzes 1 sind Personen, die

1. **sich durch ihre Persönlichkeit, Sachkompetenz und Kooperationsbereitschaft mit Erziehungsberechtigten und anderen Kindertagespflegepersonen auszeichnen und**
2. **über kindgerechte Räumlichkeiten verfügen.**

Sie sollen über vertiefte Kenntnisse hinsichtlich der Anforderungen der Kindertagespflege verfügen, die sie in qualifizierten Lehrgängen erworben oder in anderer Weise nachgewiesen haben. § 72a Absatz 1 und 5 gilt entsprechend.

(3) Die Erlaubnis befugt zur Betreuung von bis zu fünf gleichzeitig anwesenden, fremden Kindern. Im Einzelfall kann die Erlaubnis für eine geringere Zahl von Kindern erteilt werden. Landesrecht kann bestimmen, dass die Erlaubnis zur Betreuung von mehr als fünf gleichzeitig anwesenden, fremden Kindern erteilt werden kann, wenn die Person über eine pädagogische Ausbildung verfügt; in der Pflegestelle dürfen nicht mehr Kinder betreut werden als in einer vergleichbaren Gruppe einer Tageseinrichtung. Die Erlaubnis ist auf fünf Jahre befristet. Sie kann mit einer Nebenbestimmung versehen werden. Die Kindertagespflegeperson hat den Träger der öffentlichen Jugendhilfe über wichtige Ereignisse zu unterrichten, die für die Betreuung des oder der Kinder bedeutsam sind.

(4) Erziehungsberechtigte und Kindertagespflegepersonen haben Anspruch auf Beratung in allen Fragen der Kindertagespflege einschließlich Fragen zur Sicherung des Kindeswohls und zum Schutz vor Gewalt.

(5) Das Nähere regelt das Landesrecht.

Eine Pflegeperson bedarf dann zur Betreuung fremder Kinder einer Pflegeerlaubnis, falls bei einem oder mehreren Kindern Folgendes gleichzeitig zutrifft: 98
- Die Betreuung erfolgt außerhalb des Haushalts des Erziehungsberechtigten,
- die Betreuung erfolgt gegen Entgelt,
- das Kind wird mehr als 15 Stunden pro Woche betreut *und*
- die Betreuung erfolgt länger als drei Monate.

Treffen bei keinem Kind alle diese Bedingungen gleichzeitig zu, so kann die Pflegeperson so viele Kinder betreuen, wie sie mag. Es liegt dann keine Tagespflege im Sinne des § 43 SGB VIII vor. Die Aufsichtsbehörde wird in Ausübung ihres staatlichen Wächteramts nur bei konkreten Anzeichen für eine Kindeswohlgefährdung einschreiten.

Genau genommen stellt § 43 SGB VIII nicht auf das tatsächliche Vorliegen der vier Kriterien bei der Betreuung bei mindestens einem fremden Kind ab, sondern auf den darauf gerichteten **Willen** der Tagespflegeperson. Damit bezweckt der Gesetzgeber wohl vor allem, dass die Tagespflegeperson sich die Pflegeerlaubnis schon vor Aufnahme der entsprechenden Betreuung besorgen muss; im Übrigen wird aber regelmäßig sowohl zugunsten wie zulasten der Tagespflegeperson von den tatsächlichen Umständen auf den entsprechenden Willen zu schließen sein.

Betreut eine Tagespflegeperson Kinder ohne erforderliche Pflegeerlaubnis, droht ihr gemäß § 104 Abs. 1 Nr. 1 SGB VIII ein Bußgeld und bei beharrlicher Wiederholung sogar Freiheitsstrafe von bis zu einem Jahr (§ 105 Nr. 2 SGB VIII). 99

b) Voraussetzungen für die Pflegeerlaubnis

Ist die Betreuung erlaubnispflichtig, so muss die Tagespflegeperson eine Pflegeerlaubnis beantragen, bevor sie die Betreuung aufnimmt. Die Aufsichtsbehörde wird die Tagespflegeperson dann auf ihre persönliche Eignung und die für die Betreuung vorgesehenen Räumlichkeiten auf ihre kindgerechte Geeignetheit überprüfen. Zur persönlichen Eignung der Tagespflegeperson gehört nach § 43 Abs. 2 Satz 3 SGB VIII auch, dass sie eine gewisse **Qualifizierung** zur Tagespflege hat oder ihre Eignung in anderer Weise nachgewiesen hat. 100

Pflegeerlaubnis bei Betreuung von Kindern im Haushalt der Eltern

Eine Pflegeerlaubnis ist nach § 43 SGB VIII erforderlich, wenn ein Kind außerhalb des Haushalts der Erziehungsberechtigten betreut wird. Sofern eine Kinderfrau ausschließlich die Kinder einer Familie in deren Haushalt betreut, ist eine Pflegeerlaubnis weder nach dem SGB VIII noch für die BayKiBiG-Refinanzierung zwingend notwendig. Die kindbezogene Förderung nach dem BayKiBiG setzt in jedem Fall eine Förderung nach § 23 SGB VIII voraus (zur Förderung vgl. Rn. 182).

Näheres hierzu siehe auch im Internet unter *http://www.kindertagespflege.bayern.de/formen/haushalt-eltern/index.php*

c) Inhalt der Pflegeerlaubnis

101 Hat die Tagespflegeperson die Pflegeerlaubnis erhalten, so kann sie danach **maximal fünf fremde Kinder gleichzeitig** betreuen. Eigene Kinder der Tagespflegeperson zählen nicht dazu, können also zusätzlich zu den fünf fremden Kindern betreut werden. Nimmt eine Tagespflegeperson während der gesamten Woche mehr als fünf verschiedene Kinder auf, so ist dies unproblematisch, sofern zu keinem Zeitpunkt mehr als fünf Kinder anwesend sind; nachdem auch § 43 Abs. 3 SGB VIII seit seiner Novellierung zum 16.12.2008 durch das KiFöG das Kriterium der gleichzeitigen Anwesenheit aufgenommen hat, ist dies nun unstrittig. Dabei zählen alle Kinder, also auch solche, deren Betreuung nach § 43 SGB VIII ohne Pflegeerlaubnis zulässig ist, insbesondere, weil sie nur maximal 15 Stunden pro Woche betreut werden.

§ 43 Abs. 5 SGB VIII

Das Nähere regelt das Landesrecht.

102 Art. 9 Abs. 2 konkretisiert § 43 SGB VIII. Zur Sicherung des Kindeswohls wurde mit Wirkung ab dem 1.1.2013 ergänzend zu den bisherigen Festlegungen eine Höchstgrenze an Tagespflegeverhältnissen für die einzelne Tagespflegeperson eingeführt. Der Landesgesetzgeber macht hierbei von der Möglichkeit des § 43 Abs. 5 SGB VIII Gebrauch. Durch Art. 9 Abs. 2 Satz 1 wird klargestellt, dass eine Tagespflegeperson bis zu fünf gleichzeitig anwesende, fremde Kinder betreuen und hierzu maximal acht Betreuungsverhältnisse gleichzeitig abschließen kann. Der Landesgesetzgeber lehnte sich bisher eng an die Bestimmung des § 43 Abs. 3 Satz 1 SGB VIII an. Von der Möglichkeit, die in dieser Regelung festgelegte Grenze in bestimmten Fällen zu erhöhen, wurde in der Praxis ohnehin kein Gebrauch gemacht. Die bisherige landesgesetzliche Vorgabe wird nun durch den Verweis auf § 43 Abs. 3 Satz 1 SGB VIII ersetzt.

d) Zusammenwirken von § 43 SGB VIII und Art. 9

Beschränkung auf acht Betreuungsverhältnisse

Die gesetzliche Begrenzung der Anzahl der Pflegeverhältnisse ist deckungsgleich mit den fachlichen Empfehlungen des Bayerischen Landesjugendamts. Der Abschluss von beliebig vielen Betreuungsverträgen nach eigenem Ermessen der jeweiligen Tagesmutter hätte in der Fachberatung auch vor dem 1.1.2013 bereits deutlich untersagt werden müssen. Nach Auffassung der Fachexperten ist mit acht Betreuungsverhältnissen die Grenze erreicht, um noch individuelle Bildungs- und Erziehungsarbeit im Profil der öffentlich geförderten, *familienähnlichen* Tagespflege leisten zu können. 103

Die Qualität in der Tagespflege beinhaltet wie alle anderen Formen der Kindertagesbetreuung einen **Bildungsauftrag**. Gerade für Kinder unter drei Jahren ist **Bindung** eine wichtige Voraussetzung für Bildung. Kinder müssen behutsam **eingewöhnt** werden in die Kindertagespflege selbst wie auch bei der gesetzlich vorgeschriebenen Ersatzbetreuung, unabhängig vom Betreuungsumfang. Regelmäßiger Kontakt muss die Vertrautheit zwischen Kind und Ersatzbetreuerin sicherstellen.

Weiter sollen Tagespflegepersonen **mit den Eltern partnerschaftlich zusammenarbeiten**. Hierfür sind Gespräche zwischen den Eltern und der Tagespflegeperson zu führen, in denen die Eltern von der Tagespflegeperson über die Entwicklung des Kindes informiert werden.

Aufgrund dieser hohen Anforderungen ist es stark zu bezweifeln, ob diese verantwortungsvolle und sehr zeitintensive Tätigkeit bei einer höheren Zahl an Betreuungsverhältnissen noch entsprechend geleistet werden kann.

Zu den Pflegeverhältnissen im Sinne des Art. 9 Abs. 2 Satz 1 zählen alle aktiven Betreuungsverhältnisse, auch Ersatzbetreuung, Ferienbetreuung etc. Betreuungsverhältnisse, die unterbrochen sind oder ruhen, werden nicht angerechnet, sofern

- für die Kinder kein Tagespflegeentgelt nach § 23 SGB VIII bezahlt wird und
- die Eltern keine Elternbeiträge leisten bzw. von den Eltern kein Beitrag eingezogen wird und
- die Eltern schriftlich auf die Inanspruchnahme eines Platzes (z. B. für die Dauer eines Urlaubsaufenthalts) verzichten, d. h. keine Wiederinanspruchnahme eines Platzes bei vorheriger Rückkehr.

Leistungen nach dem BayKiBiG sind bei Überschreitung der zulässigen Betreuungsverhältnisse nicht möglich. 104

Zu den Pflegeerlaubnissen (8 bzw. 16) zählen alle bei der Tagespflegeperson regelmäßig betreuten fremden Kinder. Für die Bewertung ist es unerheblich, ob die Tagespflege nach dem BayKiBiG oder dem SGB VIII gefördert oder von den Eltern privat finanziert wird.

105 Die regelmäßige zeitlich geringfügige Betreuung von Kindern (bis zu zehn Stunden wöchentlich) z. B. in Randzeiten ist ein Betreuungsverhältnis im Sinne des Art. 9 Abs. 2.

Gelegentliche Betreuungen, wie z. B. Babysitting, stellen kein pflegeerlaubnispflichtiges Betreuungsangebot dar und sind im Hinblick auf Art. 9 Abs. 2 unschädlich.

e) Großtagespflege

106 Art. 9 Abs. 2 Satz 2 bezieht sich auf die sog. Großtagespflege. Dabei **arbeiten mehrere Tagespflegepersonen in den gleichen Räumlichkeiten zusammen** und betreuen die Kinder gemeinsam. Die Großtagespflege hat sich seit dem Inkrafttreten des BayKiBiG am 1.8.2005 als neue Betreuungsform etabliert. Neben gesonderten Regelungen zur Sicherung des Kindeswohls in der Großtagespflege dient die Bestimmung auch der Abgrenzung zwischen Angeboten der Großtagespflege und institutionellen Betreuungsformen. Der Landesgesetzgeber nutzt hierbei den Handlungsspielraum, den ihm der Bundesgesetzgeber in § 22 Abs. 1 Satz 3 SGB VIII eröffnet hat, um die Tagespflege und die institutionellen Angebote abzugrenzen. Die Abgrenzung war insbesondere erforderlich, um bei den Angeboten der Großtagespflege den Charakter als Angebot der Tagespflege mit engem familiärem Bezug und enger Bindung zu einer Betreuungsperson zu gewährleisten. Der Gesetzgeber setzt hierfür an zwei Stellen an, und zwar bei
- der Zahl der zu betreuenden Kinder und
- der Zahl der in der Großtagespflege tätigen Tagespflegepersonen.

Rechtliche Grundlage der Großtagespflege ist die Erlaubnis zur Tagespflege nach § 43 SGB VIII für jede in der Großtagespflege tätige Tagespflegeperson. Das Fachkräftegebot greift bei mehr als acht gleichzeitig anwesenden Kindern. Zur Sicherung des Kindeswohls muss in der Großtagespflegestelle ab **dem neunten, gleichzeitig anwesenden Kind** eine Tagespflegeperson eine **pädagogische Fachkraft** sein. Dabei ist davon auszugehen, dass es sich bei der Fachkraft um eine Kraft mit einer Qualifikation im Sinne des § 16 Abs. 2 Nr. 1 bis 5 AVBayKiBiG handelt. Sofern nur eine pädagogische Fachkraft in einer GTP tätig wird, ist die Anwendung des § 16 Abs. 6 AVBayKiBiG in der GTP zur Sicherstellung des Fachkraftgebots ausgeschlossen.

Abgrenzung zwischen Einrichtung und Großtagespflege

107 Die Entwicklung der Großtagespflege hat deutlich gezeigt, dass die diesbezüglich bis zum 31.12.2012 geringe gesetzliche Reglementierung in einigen

Fällen zu pädagogisch bedenklichen Fehlentwicklungen geführt hat und eine Abgrenzung zu einer betriebserlaubnispflichtigen Kinderbetreuungs*einrichtung* in vielen Fällen kaum mehr erkennbar war. **Im Unterschied zur Einrichtung gilt in der (Groß-)Tagespflege das Prinzip der höchstpersönlichen Zuordnung zwischen Tagespflegeperson und Kind.**

Darüber hinaus setzt ein Angebot der Großtagespflege seit dem 1.9.2013 voraus, dass nicht mehr als zehn gleichzeitig anwesende Kinder oder insgesamt nicht mehr als 16 Kinder betreut werden. Mit der Begrenzung der Gesamtzahl der Kinder auf 16 unter Verzicht auf das Wort „fremd" wird auch bei der Betreuung eigener Kinder ein ausgewogenes Verhältnis zwischen den Betreuungspersonen und den Kindern gewährleistet.

Gleichzeitig gilt als weitere Abgrenzung der Großtagespflegestellen zur institutionellen Kindertagesbetreuung, dass in einer Großtagespflege dauerhaft nicht mehr als drei Tagespflegepersonen tätig sein dürfen. Bei einem Überschreiten der Kinderzahlen bzw. der Zahl der Tagespflegepersonen liegt zwingend eine Betriebserlaubnispflicht gemäß § 45 SGB VIII vor.

Tagespflegepersonen, die in einer Großtagespflegestelle ausschließlich zur Sicherstellung der Ersatzbetreuung bei Ausfall einer oder mehrerer regulärer Tagespflegepersonen zum Einsatz kommen, werden auf das Kontingent der drei Tagespflegepersonen nicht angerechnet.

Als dauerhaft in der Großtagespflegestelle tätige Tagespflegepersonen zählen nicht

- Personen als Ersatz während einer krankheits- oder urlaubsbedingten Abwesenheit einer Tagespflegeperson,
- in der Einarbeitungszeit befindliche neue Tagespflegepersonen,
- Tagespflegepersonen, die zu Hospitationszwecken in der Großtagespflegestelle tätig sind.

Auch bei erteilter Betriebserlaubnis steht es den Tagespflegepersonen frei, weiterhin die Betreuungsform der Großtagespflegestelle fortzuführen.

Unter den Voraussetzungen des Art. 20a besteht für Großtagespflegestel- **108**
len die Möglichkeit einer einrichtungsähnlichen Förderung. Die kindbezogene Förderung wird dann nicht an Träger der öffentlichen Jugendhilfe ausgereicht, sondern an die Großtagespflegestelle.

f) Mini-Kita

Die Mini-Kita ist eine weitere regulär nach dem BaykiBiG geförderte Einrichtungsform mit einer Betriebserlaubnis nach § 45 SGB VIII. Im Unterschied zu einer klassischen Kindertageseinrichtung werden in einer Mini-Kita maximal 12 Kinder gleichzeitig betreut. Außerdem kann im Rahmen der modellhaften Einführung im Kindergartenjahr 2020/2021 zur Erfüllung des förderrelevanten Anstellungsschlüssels statt einer Kinderpflegerin bzw. eines Kinderpflegers auch eine Tagespflegeperson mit Zusatzqualifikation als Ergänzungskraft eingesetzt.

Art. 9a
Verbot der Gesichtsverhüllung

[1]Beschäftigte in Kindertageseinrichtungen dürfen während der Besuchszeit ihr Gesicht nicht verhüllen, es sei denn, betreuungsbedingte Gründe stehen dem entgegen. [2]Satz 1 gilt für Tagespflegepersonen entsprechend.

Anmerkungen

109 Art. 9a wurde mit dem Gesetz über Verbote zur Gesichtsverhüllung in Bayern vom 12.7.2017 (GVBl. B 1612 vom 18.7.2017) ins BayKiBiG eingefügt und trat am 1.8.2017 in Kraft. Der amtlichen Gesetzesbegründung ist Folgendes zu entnehmen: Ziel der Kindertageseinrichtungen und der Kindertagespflege ist es u. a., Kooperations- und Kommunikationsfähigkeit zu vermitteln sowie die Kinder zur Integration zu befähigen. Gerade im Bereich des Kleinstkindalters ist es mit Blick auf die Entwicklung eines Kindes essentiell, dass gute pädagogische Arbeit geleistet wird. Diese wäre stark gefährdet, wenn sich das Kind einer betreuenden oder einer anderen in der Kindertageseinrichtung tätigen Person gegenüber befinden würde, die ihr Gesicht nicht zu erkennen gibt. Die Mimik ist wichtig, um die verschiedenen Möglichkeiten der Ausdrucksformen kennenzulernen und verstehen zu können. Des Weiteren verhindert ein verhülltes Gesicht insbesondere die Kommunikation und Interaktion zwischen Kindern und Erziehern und beeinträchtigt damit den für die Bildung und Erziehung der Kinder unabdingbaren Aufbau von Bindung und Beziehung. Schließlich ist gerade der persönliche und vertraute Kontakt zwischen Kind und Personal enorm wichtig für die frühkindliche Bildung. Es ist mithin erforderlich, dass Beschäftigte in Kindertageseinrichtungen während der Besuchszeiten sowie bei Veranstaltungen der Einrichtung ihr Gesicht (zwischen Kinn und Stirn) nicht verhüllen.

110 Der Begriff „Beschäftigte" ist weit auszulegen und erfasst auch nichtpädagogisches Personal, beispielsweise Hauswirtschaftskräfte oder Externe, die in der Kindertageseinrichtung tätig werden (z. B. Logopäden, Ergotherapeuten).

111 Der Begriff der Besuchszeiten im Sinne des Art. 9a BayKiBiG ist ebenfalls weit zu verstehen und umfasst den gesamten Zeitraum vom Eintreffen des ersten Kindes in der Kindertageseinrichtung bis zum Verlassen des letzten

Kindes, unabhängig davon, ob die Betreuung in der Einrichtung oder im Rahmen eines Ausflugs andernorts stattfindet.

Das Verbot gilt nicht, soweit betreuungsbedingte Gründe dem entgegenstehen. Betreuungsbedingte Gründe wären z. B. eine Verkleidung in einem Rollenspiel oder auf einer Faschingsfeier. Auch das Tragen einer Mund-Nase-Bedeckung aus Gründen des Infektionsschutzes insbesondere während des coronabedingten Betretungsverbots ist vom Verbot der Gesichtsverhüllung nicht umfasst.

Das Verbot der Gesichtsverhüllung nach Art. 9a Satz 2 BayKiBiG gilt für **112**
Tagespflegepersonen entsprechend. Es betrifft Tagespflegepersonen sowohl in der Großtagespflege als auch Tagespflege, die in den Räumlichkeiten der Tagespflegeperson stattfindet. Es gilt ebenso für Externe, die im Rahmen der Tagespflege ergänzend tätig werden (z. B. Logopäde in der Großtagespflege).

Im Bereich der Tagespflege kommt v. a. eine Rücknahme oder ein Widerruf der Pflegeerlaubnis nach § 43 SGB VIII in Betracht, wenn anhaltend gegen das Verbot der Gesichtsverhüllung während der Betreuung von Kindern verstoßen würde.

Art. 9b
Kinderschutz

(1) [1]Die Träger der nach diesem Gesetz geförderten Einrichtungen haben sicherzustellen, dass

1. **deren Fachkräfte bei Bekanntwerden gewichtiger Anhaltspunkte für die Gefährdung eines von ihnen betreuten Kindes oder Jugendlichen eine Gefährdungseinschätzung vornehmen,**
2. **bei der Gefährdungseinschätzung eine insoweit erfahrene Fachkraft beratend hinzugezogen wird,**
3. **die Eltern sowie das Kind oder der Jugendliche in die Gefährdungseinschätzung einbezogen werden, soweit hierdurch der wirksame Schutz des Kindes oder Jugendlichen nicht in Frage gestellt wird.**

[2]Insbesondere haben die Träger dafür Sorge zu tragen, dass die Fachkräfte bei den Eltern auf die Inanspruchnahme von Hilfen hinwirken, wenn sie diese für erforderlich halten, und das Jugendamt informieren, falls die Gefährdung nicht anders abgewendet werden kann.

(2) [1]Bei der Anmeldung zum Besuch einer Kindertageseinrichtung oder bei der Aufnahme eines Kindes in die Tagespflege haben die Eltern eine Bestätigung der Teilnahme des Kindes an der letzten fälligen altersentsprechenden Früherkennungsuntersuchung vorzulegen. [2]Die Nichtvorlage einer Bestätigung ist für die Förderung nach diesem Gesetz unschädlich. [3]Der Träger ist verpflichtet, schriftlich festzuhalten, ob vonseiten der Eltern ein derartiger Nachweis vorgelegt wurde.

Exkurs: Das Bundeskinderschutzgesetz (BKiSchG)

113 Das Bundeskinderschutzgesetz trat am 1.1.2012 nach mehrjähriger Beratung und Vorbereitung in Kraft. Ausgangspunkt für das Gesetz waren krasse Fälle von Kindesmissbrauch und Gewalttaten gegen Kinder.

Beim Bundeskinderschutzgesetz handelt es sich um ein sog. Artikelgesetz, mit dem neue Gesetze geschaffen und bestehende geändert wurden. Kernstück ist das in Artikel 1 enthaltene neue Gesetz zur Kooperation und Information im Kinderschutz (KKG). Die weiteren fünf Artikel enthalten Regelungen zur Änderung und Neufassung bestehender Gesetze. Mit dem BKiSchG sollen sowohl die Erziehungsverantwortung der Eltern als auch der erforderliche Schutz der Kinder im Einzelfall gestärkt werden.

Die Neuregelungen umfassen im Wesentlichen folgende Punkte:

- Frühe Hilfen
  Gesetzliche Verankerung der Vorhaltung eines möglichst frühzeitigen, koordinierten und multi-professionellen Angebots im Hinblick auf die Entwicklung von Kindern in den ersten Lebensjahren (Gesetz zur Kooperation und Information im Kinderschutz – KKG).
- Netzwerke rund um die Geburt
  Die wichtigsten Akteure im Kinderschutz, wie Jugendämter, Kindertageseinrichtungen, Schulen, Beratungs- und Frühförderstellen, Ärzte, Gesundheitsämter und Polizei, werden in einem Kooperationsnetzwerk zusammengeführt. Ziel ist ein präventiver und intervenierender Kinderschutz.
- Regelung zum Hausbesuch
- Ausschluss einschlägig vorbestrafter Personen aus der Kinder- und Jugendhilfe
  Hauptamtliche Mitarbeiter und Mitarbeiterinnen in der Kinder- und Jugendhilfe benötigen ein erweitertes Führungszeugnis (§ 72a SGB VIII). Bei Ehrenamtlichen ist mit dem Träger zu vereinbaren, ob und wann ein erweitertes Führungszeugnis erforderlich ist.
- Befugnisnorm für Berufsgeheimnisträger
  Geheimnisträger sind befugt, nach Information der Eltern das Jugendamt einzuschalten, wenn eine Gefährdung eines Kindes durch Einbeziehung der Betroffenen, Hilfsangebote und nach kollegialer Beratung nicht auszuschließen ist.
- Veränderung des Schutzauftrags bei Kindeswohlgefährdung
  Begründung eines Beratungsanspruchs für Minderjährige ohne Kenntnis der Personensorgeberechtigten (§ 8 Abs. 3 SGB VIII). In § 8a SGB VIII wird der Schutzauftrag neu strukturiert. Eingeführt wird die Verpflichtung zu einem Hausbesuch nach fachlicher Einschätzung.

- Änderungen, die einen Bezug zu Kindertageseinrichtungen haben
  Für die freien Träger wird ein eigener Schutzauftrag zur Abwendung einer Kindeswohlgefährdung eingeführt, der über entsprechende Vereinbarungen begründet wird. Im Einzelnen ist sicherzustellen, dass Fachkräfte von freien Trägern bei Bekanntwerden gewichtiger Anhaltspunkte einer Kindeswohlgefährdung eine Gefährdungseinschätzung vornehmen. Hierbei ist eine insoweit erfahrene Fachkraft hinzuziehen. Die Erziehungsberechtigten sowie das betroffene Kind oder der Jugendliche sollen einbezogen werden, sofern der Schutz des Kindes hierdurch nicht in Frage gestellt wird. In die Vereinbarung sind die Qualifikationskriterien der insoweit erfahrenen Fachkraft, die bei der Gefährdungseinschätzung hinzuzuziehen ist, festzulegen. Die Kraft soll bei den Eltern auf die Inanspruchnahme von Hilfen hinwirken und das Jugendamt informieren. Die hinsichtlich des Kinderschutzes tätigen bzw. hinzuzuziehenden Fachkräfte bedürfen einer gesonderten Qualifikation. Nach der Systematik des Gesetzes darf die insoweit erfahrene Fachkraft nicht Mitarbeiter oder Mitarbeiterin des ASD sein, da dann mit der Beratung eine vorzeitige Information des Jugendamts verbunden wäre. Durch § 8b SGB VIII wird der Schutzauftrag dahingehend ergänzt, als das Jugendamt zur Beratung der Kindertageseinrichtungen verpflichtet wird. Die Träger haben demnach einen Anspruch auf Beratung bei der Sicherung des Kindeswohls sowie zu Verfahren der Beteiligung von Kindern und Jugendlichen an strukturellen Entscheidungen in der Einrichtung (Partizipation) sowie zu Beschwerdeverfahren in persönlichen Angelegenheiten.

Gemäß § 79a SGB VIII werden die Träger von Kindertageseinrichtungen zur kontinuierlichen Qualitätsentwicklung und Qualitätssicherung verpflichtet.

§ 45 SGB VIII ergänzt § 8b SGB VIII insoweit, als Träger von Kindertageseinrichtungen bei Vorliegen der Voraussetzungen einen Rechtsanspruch auf Erteilung einer Betriebserlaubnis erhalten (vgl. JAmt Heft 12/2011 S. 621 – Prof. Dr. em. *Hans-Jürgen Schimke*; Kindergarten heute 4/2012 – *Jörg Maywald*, Das neue Bundeskinderschutzgesetz).

Anmerkungen zu Art. 9b

Schutzauftrag

Die Regelung des Art. 9b entspricht im Wesentlichen der Vorschrift des § 3 **114**
Abs. 1 und 2 AVBayKiBiG und steht in engem Zusammenhang mit dem Bundeskinderschutzgesetz. Mit der Aufnahme ins Gesetz soll die Bedeutung des Kinderschutzes herausgestellt werden. Ziel des Bundeskinderschutzgesetzes ist die Verbesserung des präventiven und aktiven Kinderschutzes und umfasst sowohl vorbeugende wie auch intervenierende Maß-

nahmen, wobei Art. 9b Abs. 1 eine präventive Ausrichtung hat. Mit der Regelung des Art. 9b Abs. 1 wird die Sicherstellung des Schutzauftrags für die Kindertageseinrichtungen, welche eine Förderung nach dem BayKiBiG erhalten wollen, unmittelbare Fördervoraussetzung und somit auch **ohne** entsprechende Vereinbarung mit dem örtlichen Träger der öffentlichen Jugendhilfe nach § 8a SGB VIII zwingend.

Die bundesgesetzliche Vorschrift des § 8a Abs. 2 SGB VIII verpflichtet die Träger der öffentlichen Jugendhilfe, Vereinbarungen mit den Trägern und Einrichtungen zu schließen, um den Schutzauftrag bei Kindeswohlgefährdung sicherzustellen. Nach § 8a SGB VIII gehört es zu den Pflichtaufgaben von Kindertageseinrichtungen, dass deren Fachkräfte bei Bekanntwerden gewichtiger Anhaltspunkte für eine Kindeswohlgefährdung eine Einschätzung der Gefährdung vornehmen und hierfür eine insoweit erfahrene Fachkraft hinzuziehen. Hierbei sind die Erziehungsberechtigten sowie das Kind einzubeziehen, soweit dadurch der wirksame Schutz des Kindes nicht in Frage gestellt wird. Zudem besteht die Verpflichtung, dass die Fachkräfte auf die Inanspruchnahme der für erforderlich zu erachtenden Maßnahmen hinwirken.

Die getroffenen Maßnahmen sind als Fördervoraussetzung künftig auf Aufforderung durch die Aufsichtsbehörde seitens des Trägers im Rahmen des Bewilligungsprozesses für die kindbezogene Förderung gemäß Art. 19 Nr. 6 nachzuweisen.

115 Abs. 1 stellt auf den Umgang bei konkreten Anzeichen für Kindeswohlgefährdungen ab, etwa Anzeichen für Verwahrlosung, körperliche Misshandlungen oder auch sexuellen Missbrauch.

Solche Fälle erfordern ein besonders sensibles Vorgehen seitens der pädagogischen Kräfte. Das in Abs. 1 skizzierte Verfahren soll sicherstellen, dass weder vorschnell vom pädagogischen Personal Vorverurteilungen vorgenommen werden, noch zögerlich trotz dringendem Hilfebedarf keine Maßnahmen eingeleitet werden. Deswegen sieht die Verordnung ein gestuftes Verfahren vor:

Verfahrensschritte im Einzelnen

1. Schritt

116 Das pädagogische Personal überprüft und bespricht ggf. im Team, ob bestimmte **Beobachtungen** bei einem Kind als konkrete Anzeichen für eine Kindeswohlgefährdung gewertet werden müssen.

> **Beispiele:**
>
> Extreme Unsauberkeit eines Kindes und seiner Kleidung, hygienebedingte Hautekzeme, Anzeichen für eine Mangelernährung deuten auf Verwahrlosung hin; häufige Verletzungen, blaue Flecken in auch für Kinder ungewöhnlichem Ausmaß kombiniert mit Verhaltensauffälligkeiten wie übertriebene Ängstlichkeit oder gesteigerte Aggression können auf körperliche Misshandlungen hindeuten.

Um Anzeichen einer konkreten Kindeswohlgefährdung feststellen zu können, reichen eindimensionale Beobachtungen nicht aus. Erforderlich ist vielmehr sowohl ein **genaues Beobachten** des körperlichen, wie auch des psychischen Zustandes des Kindes. Häufig werden sich die pädagogischen Kräfte unsicher sein, ob die Schwelle zu einer konkreten Kindeswohlgefährdung schon erreicht ist. In diesen Fällen empfiehlt es sich, dass sich die Leitung des pädagogischen Teams ggf. unter Hinzuziehung der pädagogischen Fachkraft mit dem Jugendamt in Verbindung setzt und ihre Beobachtung – ohne Namensnennung des Kindes – mitteilt und nach der Einschätzung des Jugendamtes befragt.

2. Schritt

Wenn das pädagogische Team zu der Einschätzung gelangt, dass konkrete **117** Anzeichen für eine Kindeswohlgefährdung vorliegen, sind in einem **zweiten Schritt die Eltern zu informieren**, über bestehende Hilfsdienste zu beraten und – wenn möglich – davon zu überzeugen, diese baldmöglichst in Anspruch zu nehmen. Eine Beratung über mögliche Hilfen setzt voraus, dass die pädagogischen Fachkräfte wissen, welche Dienste bei ihnen vor Ort vorhanden sind. Zumindest müssen sie sich anlässlich des konkreten Falles vom Jugendamt entsprechend informieren lassen. Die pädagogischen Kräfte können grundsätzlich *nicht von sich aus selbst* Hilfsdienste, wie z. B. den Allgemeinen Sozialen Dienst oder das Jugendamt – über die anonyme Fallbesprechung hinaus – einschalten. Den Eltern obliegt die Personenfürsorge für ihr Kind. Es ist daher grundsätzlich auch ihre Entscheidung, ob und wann sie fremde Hilfe hinzuziehen. Nur wenn konkrete Anzeichen dafür sprechen, dass die Kindeswohlgefährdung gerade von den Eltern ausgeht und diese im Falle der Entdeckung durch die Kindertageseinrichtung das Kind weiteren Hilfsmaßnahmen entziehen würden, kann ausnahmsweise von einer vorherigen Befassung der Eltern abgesehen werden. Ein solches Vorgehen ist jedoch unbedingt vorher mit dem zuständigen Jugendamt abzusprechen, da dies ein Eingriff in das Elternrecht darstellt, der sachlich gerechtfertigt sein muss.

3. Schritt

Wenn trotz Information der Eltern die Anzeichen für die konkrete Kin- **118** deswohlgefährdung anhalten und davon ausgegangen werden muss, dass die Eltern trotz der Beratung keine geeigneten Hilfemaßnahmen angenommen haben, ist in einem **dritten Schritt** der örtliche Träger der öffentlichen Jugendhilfe – das **Jugendamt – über den konkreten Fall unter Offenlegung des Namens des betroffenen Kindes zu informieren**, damit das Jugendamt die notwendigen Schritte einleiten kann.

Früherkennungsuntersuchung

119 In der Gesetzesbegründung ist zum Abs. 2 Folgendes ausgeführt:

> *„In Abs. 2 ist die Pflicht zur Vorlage einer Teilnahmebestätigung an der letzten altersentsprechenden U-Untersuchung verankert. Bisher war in § 3 Abs. 3 AVBayKiBiG lediglich eine Obliegenheit der Eltern enthalten, eine gesetzliche Verpflichtung bestand jedoch nicht. Vielmehr musste das Personal auf die Freiwilligkeit der Vorlage hinweisen, was die Wirksamkeit der Maßnahme einschränkte. Mit der Neuregelung des Art. 9b soll nun als weiterer Beitrag zum Kinderschutz, um Vernachlässigungen von Kindern frühzeitig entgegenzutreten, die Pflicht festgeschrieben werden, die Teilnahme an der letzten U-Untersuchung nachzuweisen. Die Weigerung der Personensorgeberechtigten soll jedoch weiterhin nicht zur Ablehnung des Abschlusses eines Betreuungsvertrags führen, sondern der Besuch der Kindertageseinrichtung soll dem Kind weiterhin ermöglicht werden. Mit der Pflicht zur Vorlage sollen die Eltern jedoch angehalten werden, die Untersuchung auch tatsächlich durchführen zu lassen.“*

120 Der von den Eltern bei der Anmeldung ihres Kindes in einer **Kindertageseinrichtung oder Tagespflegestelle** geforderte Nachweis der letzten fälligen Früherkennungsuntersuchung dient ausschließlich der gesundheitlichen Prävention. Gerade Früherkennungsuntersuchungen eröffnen im frühen Kindesalter die Möglichkeit, Defizite in der altersgemäßen gesundheitlichen Entwicklung zu erkennen und Gefährdungen zu identifizieren.

Seit dem 16.5.2008 sieht Art. 14 Abs. 1 Gesundheitsdienst- und Verbraucherschutzgesetz (GDVG) vor, dass die Personensorgeberechtigten verpflichtet sind, die Teilnahme ihrer Kinder an den von der gesetzlichen Krankenversicherung finanzierten Früherkennungsuntersuchungen im Sinn der Richtlinien des Gemeinsamen Bundesausschusses gem. § 25 SGB V sicherzustellen. Diese Teilnahmeverpflichtung betrifft die sog. U-Untersuchungen, bei denen das Kind in bestimmten Zeitkorridoren auf gesundheitliche Fehlfunktionen insbes. der Sinnesorgane, auf seinen allgemeinen Entwicklungsstand und sein Sozialverhalten hin untersucht wird (s. näher Richtlinien des Bundesausschusses der Ärzte und Krankenkassen über die Früherkennung von Krankheiten bei Kindern bis zur Vollendung des 6. Lebensjahres in der ab dem 1.1.2009 gültigen Fassung):

Früherkennungsuntersuchung	Untersuchungsstufe	Toleranzgrenze
U 1	bei Geburt	
U 2	3.–10. Tag	3.–14. Tag

Früherkennungsuntersuchung	Untersuchungsstufe	Toleranzgrenze
U 3	4.–5. Woche	3.–8. Woche
U 4	3.–4. Monat	2.–4 ½. Monat
U 5	6.–7. Monat	5.–8. Monat
U 6	10.–12. Monat	9.–14. Monat
U 7	21.–24. Monat	20.–27. Monat
U 7a	34.–36. Monat	33.–38. Monat
U 8	46.–48. Monat	43.–50. Monat
U 9	60.–64. Monat	58.–66. Monat
J 1	13–14 Jahre	12–15 Jahre

Wie bisher über § 3 Abs. 3 AVBayKiBiG wird der Träger bzw. das von ihm beauftragte Personal verpflichtet, schriftlich festzuhalten, ob ein derartiger Nachweis seitens der Eltern erbracht wurde. Die Regelung umfasst nicht das Festhalten eines möglichen Untersuchungsergebnisses oder eine Kopie der Untersuchungsunterlagen bzw. des Untersuchungsheftes. Vermerkt werden soll vielmehr nur die Tatsache der Nachweiserbringung oder gegebenenfalls Nichterbringung. Aus datenschutzrechtlichen Gründen nicht gewollt ist selbstverständlich die Offenlegung der erhobenen Befunde oder Diagnose. Nach dem StMAS (AMS VI 4/1/2008 vom 11.3.2008) wird dieser Nachweis durch die Vorlage des ordnungsgemäß abgestempelten und unterschriebenen Kinder-Untersuchungshefts des Gemeinsamen Bundesausschusses oder eine Bestätigung des Kinderarztes über die Durchführung der maßgeblichen Früherkennungsuntersuchung geführt.

Wird die Teilnahmebestätigung – trotz expliziter Einforderung – nicht vorgelegt, so steht das dem Förderanspruch der Einrichtung nicht entgegen. Förderrelevant ist lediglich die Erfüllung der Pflicht des Art. 9a Satz 2 durch den Träger bzw. das von ihm beauftragte pädagogische Personal.

Anknüpfend an den Appell an die Eltern, einen Nachweis über die Teil- **121**
nahme an den Früherkennungsuntersuchungen vorzulegen, soll ausweislich der Ausführungen in der Gesetzesbegründung **das pädagogische Personal bzw. die Tagespflegeperson** die Eltern anhalten, ihre Kinder an der betreffenden Untersuchung teilnehmen zu lassen, wenn die Eltern keinen Nachweis vorlegen. Der Begriff „anzuhalten“ ist dabei im Sinne eines dringlichen Hinwirkens zu verstehen, nämlich, dass das Kind an den Früherkennungsuntersuchungen teilzunehmen hat. Konkret bedeutet dies, dass die pädagogische (Fach-)Kraft bzw. Tagespflegeperson die Eltern an die Vorlage des Nachweises erinnern und bei Ausbleiben auf die Verpflichtung der

Eltern aus Art. 14 Abs. 1 GDVG hinweisen, die Notwendigkeit der Früherkennungsuntersuchung darlegen und die Teilnahme des Kindes anmahnen soll. Die pädagogische Kraft soll über dieses Gespräch einen kurzen Gesprächsvermerk anfertigen, der zu den übrigen Anmeldeunterlagen genommen wird (so auch StMAS in seinem AMS VI 4/10/2008 vom 29.7.2008 – Az. VI 4/7360/293/07/HO, Muster s. Anhang Nr. 10). Um zu dokumentieren, dass für eine gesonderte Hinwirkung kein Anlass bestand, sollte auch die Vorlage des Nachweises durch die Eltern dokumentiert werden. Aus datenschutzrechtlichen Gründen darf keine Kopie des Vorsorgeheftes oder einzelner Seiten daraus gefertigt werden.

Wenn Eltern keinen Nachweis über die Teilnahme an den vorgeschriebenen Früherkennungsuntersuchungen vorlegen, sollte dies für das pädagogische Personal ein Grund sein, noch genauer auf eine mögliche Gefährdung des Kindeswohles zu achten. Sollten sich tatsächlich Anhaltspunkte für eine konkrete Gefährdung ergeben, ist gem. Abs. 2 Satz 2 zunächst auf die Inanspruchnahme geeigneter Hilfen seitens der Eltern/Personensorgeberechtigten hinzuwirken. Sollte auch diese Maßnahme nicht fruchten, ist an die Hinzuziehung des örtlichen Trägers der öffentlichen Jugendhilfe – des Jugendamts – zu denken.

4. Teil
Bildungs- und Erziehungsarbeit

Art. 10
Auftrag zur Bildung, Erziehung und Betreuung in Kindertageseinrichtungen

(1) [1]Kindertageseinrichtungen bieten jedem einzelnen Kind vielfältige und entwicklungsangemessene Bildungs- und Erfahrungsmöglichkeiten, um beste Bildungs- und Entwicklungschancen zu gewährleisten, Entwicklungsrisiken frühzeitig entgegenzuwirken sowie zur Integration zu befähigen. [2]Eine angemessene Bildung, Erziehung und Betreuung ist durch den Einsatz ausreichenden und qualifizierten Personals sicherzustellen.

(2) Die Kinder sollen entwicklungsangemessen an Entscheidungen zum Einrichtungsalltag und zur Gestaltung der Einrichtung beteiligt werden.

Inhaltsübersicht **Rn.**

1. Bildungs- und Erziehungsauftrag (Abs. 1 Satz 1) 123
   a) Angebot vielfältiger Bildungs- und Erfahrungsmöglichkeiten 124
   b) Entwicklungsangemessenheit 125
   c) Gewährleistung bester Bildungs- und Entwicklungschancen 126
   d) Entwicklungsrisiken entgegenwirken 127
   e) Befähigung zur Integration 128
   f) Notwendigkeit von Beobachtung und Dokumentation 129
2. Angemessene Personalausstattung (Abs. 1 Satz 2) 130
3. Partizipation (Abs. 2) 131

Anmerkungen

Der 4. Teil des BayKiBiG bildet das Herzstück des Gesetzeswerkes insofern, als in seinen acht Artikeln die zentralen Aspekte der pädagogischen Arbeit einer Kindertageseinrichtung normiert werden. In das Zentrum der Bestimmung tritt hier ausdrücklich das Kind mit seinen individuellen Bedürfnissen als aktiv handelndes Subjekt des Bildungsgeschehens. 122

1. Bildungs- und Erziehungsauftrag (Abs. 1 Satz 1)

123 Art. 10 Abs. 1 umschreibt das Grundgebot der Bildungs- und Erziehungsinstitution „Kindertageseinrichtung“ – des Trägers und des pädagogischen Personals –, für *jedes* einzelne Kind „vielfältige und entwicklungsangemessene Bildungs- und Erfahrungschancen“ zu gewährleisten und damit **seine Lern- und Entwicklungsprozesse bestmöglich zu begleiten und es in seinen Kompetenzen zu stärken**. Lernen findet dabei durch Zusammenarbeit statt und wird von Fachkräften und Kindern gemeinsam ko-konstruiert und damit aktiv mitgestaltet. Im Vordergrund steht nicht nur der Erwerb von Fakten, sondern die gemeinsame Erforschung von Bedeutung.

a) Angebot vielfältiger Bildungs- und Erfahrungsmöglichkeiten

124 Vielfältige (...) Bildungs- und Erfahrungsmöglichkeiten werden dann gewährleistet, wenn variationsreiche, Bildungsbereich übergreifende Lernerfahrungen und Verarbeitungsmöglichkeiten mit allen Sinnen ermöglicht und entsprechend von der Fachkraft begleitet und moderiert werden. Wichtig dabei ist, dass diese stets Sinn gebend in den pädagogischen Alltag eingebettet sind und an den individuellen Vorerfahrungen des Kindes anknüpfen. „Vielfältig“ meint aber auch die Anerkennung der unterschiedlichen Familien- und Lebensformen. Diese führen zu einer differenzierten pädagogischen Arbeit in den Kindertageseinrichtungen. In diesem Zusammenhang ist auch der in Art. 10 Abs. 1 niedergelegte, Entwicklungsrisiken mindernde, pädagogische Auftrag zu sehen. Das Gebot „Entwicklungsrisiken frühzeitig entgegenzuwirken“ erfordert vom pädagogischen Personal die Entwicklung und Umsetzung eines fundierten und differenzierten pädagogischen Konzeptes, das in Kooperation mit anderen Hilfesystemen die Bildung, Erziehung und Betreuung von Kindern mit (drohender) Behinderung und Risikokindern individuell und professionell unterstützt (näher s. Rn. 136).

b) Entwicklungsangemessenheit

125 Die pädagogische Arbeit in einer Kindertageseinrichtung soll so gestaltet werden, dass sie der sozialen, kognitiven, emotionalen und körperlichen Entwicklung des Kindes entspricht. Das Gesetz lässt jeder Kindertageseinrichtung die Freiheit, unter Berücksichtigung der gesetzlichen Vorgaben, ihre eigene pädagogische Konzeption – möglichst unter Einbeziehung der Eltern – zu erarbeiten, durchzuführen und weiterzuentwickeln. Die Konzeption ist Grundlage einer regelmäßigen Reflexion der pädagogischen

Arbeit im gesamten Team einer Kindertageseinrichtung. Sie unterliegt der ständigen Weiterentwicklung.

Bewusst offen bleibt dabei, welcher pädagogische Ansatz in den Mittelpunkt gestellt wird (z. B. Fröbel-, Montessori- oder Reggiopädagogik). Angemessenheit im pädagogischen Handeln verlangt den unbedingten und ressourcenorientierten **Blick auf das individuelle Kind und seine Bedürfnisse**. Die differenzierte und regelmäßige Beobachtung des Kindes und eine regelmäßige Dokumentation geben einen Einblick in alle Facetten seiner Lern- und Entwicklungsprozesse. So werden alle, die Entwicklung des Kindes begleitenden pädagogischen Aktivitäten auf ihre Angemessenheit hin geprüft mit dem Ziel der Stärkung der Kompetenzen des Kindes (vgl. BayBEP 2012: Basiskompetenzen S. 42–83, themenbezogene Bildungsbereiche BayBEP S. 160–387).

c) Gewährleistung bester Bildungs- und Entwicklungschancen

Das Gesetz betont die frühe Bildung als Fundament des Bildungssystems **126** und stellt die Forderung nach hoher Bildungsqualität in allen Bildungsinstitutionen des vorschulischen Bereichs durch „Gewährleistung bester Bildungs- und Entwicklungschancen".

Eine fachliche Weichenstellung erhält dieser zunächst offene, wertneutrale Prozess durch Festlegung von Grundsätzen und Bildungs- und Erziehungszielen. Dies erfolgt im BayKiBiG durch Art. 13.

Eine Orientierung zur konkreten Umsetzung in die Praxis bietet der Bayerische Bildungs- und Erziehungsplan. Dieser hat das übergeordnete Ziel, die Bildungsqualität im Vorschulbereich sicherzustellen. Frühe **Lern- und Entwicklungsprozesse werden dabei als die Grundlegung der Motivation für lebenslanges Lernen genutzt**. Für die pädagogische Fachkraft heißt das, die **Neugier und Lernbegierde,** den Forscherdrang und die Entdeckerfreude eines jeden einzelnen Kindes **einfühlsam-moderierend zu unterstützen**. „Chancen" zu geben bedeutet, Möglichkeiten zu eröffnen.

Jede Kindertageseinrichtung muss für sich im Blick auf das einzelne Kind und gemeinsam in Bildungspartnerschaft mit den Eltern entscheiden, wie sie das Begriffspaar „beste Bildungs- und Entwicklungschancen" interpretiert, konkretisiert und in welcher Weise sie ihre pädagogische Arbeit entsprechend konzipiert.

Grundsätzlich ist bei der Gestaltung der pädagogischen Arbeit für die Kindertageseinrichtung der aktive Einbezug der Eltern in die Bildungsaktivitäten zu berücksichtigen, mit dem Ziel, die Bildungsprozesse des Kindes gezielter und konsequenter zu unterstützen (vgl. Art 11 Abs. 2).

d) Entwicklungsrisiken entgegenwirken

127 „Entwicklungsrisiken entgegenwirken" heißt für das pädagogische Personal zu allererst, Kindern zu einem positiven Selbstkonzept zu verhelfen und sie darin zu stärken, effiziente Bewältigungsstrategien im Umgang mit Einflüssen zu entwickeln, die ihre Bildungs- und Entwicklungschancen behindern. Im Sinne der Resilienz sollen sie in jenen Kompetenzen gestärkt werden, die ihnen dabei helfen, schwierige Lebenssituationen ohne anhaltende Beeinträchtigungen zu überstehen.

Gefährdungen des Kindeswohls können außerhalb und innerhalb einer Kindertageseinrichtung auftreten. Sie können auch die Inanspruchnahme externer Fach- und Hilfsdienste notwendig machen, Art. 15 Abs. 1.

e) Befähigung zur Integration

128 Befähigung zu **Integration** bedeutet hier die Unterstützung der Kinder beim **Aufbau gelingender Beziehungen zu Erwachsenen und Kindern.** Hierfür ist es notwendig, insbesondere Vertrauen in sich selbst und in andere zu stärken sowie die Fähigkeit zu Empathie und Kommunikationsfähigkeit zu entwickeln.

f) Notwendigkeit von Beobachtung und Dokumentation

129 Eine optimale Begleitung und Stärkung der Entwicklungs- und Lernprozesse in Kindertageseinrichtungen ist gewährleistet, wenn die Herausforderungen, die Kindern angeboten werden, in der sogenannten **Zone der nächsten** Entwicklung (Wygotski, 1978, 1987) liegen. Dies bedeutet, sich nicht nur am aktuellen Entwicklungsstand, sondern am potenziellen Entwicklungsverlauf des Kindes zu orientieren. Es geht also darum, darauf zu achten, was ein Kind bereits alles alleine kann, weiß und versteht. Auf dieser Basis des bereits vorhandenen Wissens wird dem Kind die Möglichkeit gegeben, im Austausch mit anderen in einer lernenden Gemeinschaft Herausforderungen zu bewältigen, die über seinem aktuellen Entwicklungsniveau liegen.

Dies setzt eine regelmäßige Beobachtung und Dokumentation voraus.

Aus der Verpflichtung zur Gewährleistung „beste(r) Bildungs- und Entwicklungschancen" sowie aus der Verpflichtung, Entwicklungsrisiken entgegenzuwirken, folgt für das pädagogische Personal die Verpflichtung zur **Beobachtung und deren Dokumentation. Erst die dokumentierte Beobachtung** der Entwicklung eines Kindes **ermöglicht** es dem pädagogischen Personal, **Folgerungen für die weitere pädagogische Arbeit** zu ziehen.

2. Angemessene Personalausstattung (Abs. 1 Satz 2)

Art. 10 Abs. 1 Satz 2 fordert von den Trägern der Kindertageseinrichtungen **ausreichendes und qualifiziertes Personal**. Dies bedeutet, dass jeder Kindertageseinrichtung quantitativ ausreichendes und qualitativ entsprechend ausgebildetes Personal zur Verfügung stehen muss, **um eine „angemessene Bildungs- und Erziehungsarbeit" leisten zu können**. Die Qualität in einer Kindertageseinrichtung hängt in erster Linie vom Personal ab. Denn ohne ausreichend und gut qualifiziertes Personal können weder Betreuungsangebote ausgebaut noch hohes Bildungsniveau sichergestellt werden. 130

Die Zahl des pädagogischen Personals darf keinesfalls hinter dem erforderlichen Umfang zurückstehen. Für eine optimale Personalausstattung wäre ein Mehr an Personal wünschenswert, kann aber nicht gefordert werden. Vgl. zur angemessenen Personalausstattung näher die Erl. zu § 17 AV-BayKiBiG.

Im Zuge des Fachkräftemangels ist es eine Daueraufgabe der Staatsregierung, mehr Menschen für den Beruf der Erzieherin bzw. des Erziehers zu begeistern und eine Reihe von Maßnahmen zur Qualifizierung von Personal in Kindertageseinrichtungen als Fachkräfte, Ergänzungskräfte, Assistenzkräfte oder zur Entlastung des Teams zu etablieren. Aktuell hat das StMAS ergänzend zu den bestehenden vielfältigen Angeboten zwei Projekte ins Leben gerufen, die Personen mit der Grundqualifizierung als Kindertagespflegeperson berufliche Weiterentwicklungsmöglichkeiten bieten und damit einen alternativen Weg in das Tätigkeitsfeld der Kindertagesbetreuung eröffnen: als Assistenzkraft in einer bayerischen Kita (https://www.tagespflege.bayern.de/anhang/foerderung-tgp/index.php) oder als Ergänzungskraft Mini-Kita in dieser neuen Betreuungsform (https://www.stmas.bayern.de/kinderbetreuung/mini-kita.php#Sec3).

Die Qualifizierungsmaßnahmen im Zuge der Fachkräftegewinnung sind mit einer Steigerung der Vielfalt innerhalb des Personals in Kindertageseinrichtungen verbunden, was Träger und Team neue Chancen eröffnet, aber auch vor neue Herausforderungen stellt. Eine Verständigung auf eine gemeinsame Bildungsphilosophie mit gemeinsamer Sprache und gemeinsamen Werten im Sinne des Bayerischen Bildungs- und Erziehungsplans von allen Akteuren in einer Kindertageseinrichtung gewinnt einmal mehr an Bedeutung.

3. Partizipation (Abs. 2)

Abs. 2 legt eine „entwicklungsangemessene" Partizipation der Kinder an Entscheidungen, die ihre Lebenswelt und -gestaltung beeinflussen, fest. 131

Partizipation bedeutet **angemessene Mitwirkung an Planungs- und Entscheidungsprozessen, die die eigene Person und das Leben in einer Kindertageseinrichtung betreffen**. Das pädagogische Personal ist aufgefordert, das **Kind entsprechend seinen Entwicklungsvoraussetzungen und seinen Bedürfnissen an Entscheidungen zu beteiligen**.

Abs. 2 legt eine **doppelte Beteiligung** (Partizipation) der Kinder in einer Tagesstätte fest: einmal ihre **Beteiligung an „Entscheidungen zum Einrichtungsalltag“**, d. h. an Inhalten und Abläufen, aber auch die eigene Person betreffend (z. B. individuelles Schlaf- und Essensbedürfnis), zum anderen ihre Beteiligung zur Gestaltung der Einrichtung. Pädagogisches Ziel beider „Beteiligungen“ ist die Entwicklung von Selbstvertrauen, Eigenverantwortung und Entscheidungsfreude des Kindes in gemeinsam mit dem pädagogischen Personal und den Eltern beschlossenen Aktionen und Unternehmungen. Beteiligung betrifft nicht nur die Wahlmöglichkeit des einzelnen Kindes („Möchtest Du lieber dies oder jenes?“), sondern dass Entscheidungsprozesse kooperativ innerhalb **der Gruppe** ermöglicht werden. Die Gestaltung von Beteiligungsprozessen muss in der pädagogischen Konzeption einer Kindertageseinrichtung verankert sein. Die Beteiligung ist für die Entwicklung sozialer und demokratischer Kompetenzen von großer Bedeutung. Partizipative Bildungs- und Erziehungsprozesse sind stets in den regulären pädagogischen Alltag der Kindertageseinrichtung eingebettet. Formen der Partizipation finden sich **im Bayerischen Bildungs- und Erziehungsplan 2012, S. 402 ff.**

Art. 11
Bildungs- und Erziehungsarbeit in Kindertageseinrichtungen; Erziehungspartnerschaft

(1) [1]Das pädagogische Personal in Kindertageseinrichtungen soll alle Kinder entsprechend der Vielfalt des menschlichen Lebens unterschiedslos in die Bildungs- und Erziehungsprozesse einbinden und jedes Kind entsprechend seinen Bedürfnissen individuell fördern. [2]Das pädagogische Personal soll die Kompetenzen der Kinder für die Teilhabe am gesellschaftlichen Leben im Sinn eines sozialen Miteinanders fördern.

(2) Eltern und pädagogisches Personal arbeiten partnerschaftlich bei der Bildung, Erziehung und Betreuung der Kinder zusammen.

(3) [1]Die pädagogischen Fachkräfte informieren die Eltern regelmäßig über den Stand der Lern- und Entwicklungsprozesse ihres Kindes in der Tageseinrichtung. [2]Sie erörtern und beraten mit ihnen wichtige Fragen der Bildung, Erziehung und Betreuung des Kindes.

Inhaltsübersicht **Rn.**

1. Berücksichtigung der besonderen Bedürfnisse (Abs. 1 Satz 1) 132
2. Kompetenzen zur Teilhabe am gesellschaftlichen Leben (Abs. 1 Satz 2) 133
3. Partnerschaftliche Zusammenarbeit (Abs. 2) 134
4. Regelmäßiger Austausch (Abs. 3) 135

Anmerkungen

1. Berücksichtigung der besonderen Bedürfnisse (Abs. 1 Satz 1)

Art. 11 Abs. 1 Satz 1 verpflichtet Kindertageseinrichtungen zu einer Päda- **132**
gogik der Vielfalt. Kinder unterscheiden sich im Hinblick auf Alter und Geschlecht, Temperament, Stärken, Begabungen und Interessen, Lern- und Entwicklungstempo, spezifische Lern- und besondere Unterstützungsbedürfnisse, den kulturellen oder sozioökonomischen Hintergrund. Jedes Kind bringt seine individuelle Geschichte mit in die Gemeinschaft von Lernenden (Bayerische Leitlinien für Bildung und Erziehung für Kinder bis zum Ende der Grundschulzeit, 2012, S. 32). Diese Vielfalt zu berücksichtigen und mit besonderer Sensibilität auf Unterschiede zwischen Kindern einzugehen, ist Aufgabe des pädagogischen Personals in Kindertageseinrichtungen. Diese Bildungsphilosophie stellt das Kind in den Mittelpunkt. Danach werden Bildungsprozesse stets vor dem Hintergrund des individuellen Lern- und Entwicklungsverlaufs des Kindes sowie seiner persönlichen Stärken und Schwächen gestaltet.

2. Kompetenzen zur Teilhabe am gesellschaftlichen Leben (Abs. 1 Satz 2)

In Art 11 Abs. 1 Satz 2 wird als besondere Aufgabe der Bildungs- und Er- **133**
ziehungsarbeit die Stärkung von Kompetenzen zur Teilhabe am gesellschaftlichen Leben hervorgehoben. Damit wird betont, dass als Leitziel von Bildung nicht nur die Aneignung von Faktenwissen, sondern vielmehr die Weiterentwicklung von Kompetenzen definiert wird. In besonderer Weise wird hier auf Kompetenzen zum Handeln im sozialen Kontext als eine zentrale Basiskompetenz hingewiesen. Damit sind Kompetenzen gemeint, die unabdingbar sind, um am gesellschaftlichen Leben teilzunehmen und dieses demokratisch mitzugestalten, wie beispielsweise Sensibilität für und Achtung von Andersartigkeit, die Aneignung von Werten, Kommunikati-

ons- und Kooperationsfähigkeit, Fähigkeit zur Bereitschaft von Verantwortungsübernahme oder die Fähigkeit und Bereitschaft zur demokratischen Teilhabe. Auf die Bedeutung der Stärkung von Basiskompetenzen geht zudem Art. 13 Abs. 1 ein.

3. Partnerschaftliche Zusammenarbeit (Abs. 2)

134 Art. 11 Abs. 2 legt die Bildungs- und Erziehungspartnerschaft von Eltern und pädagogischem Personal fest. Bei der Ausgestaltung dieser Partnerschaft sind bestimmte *Voraussetzungen* zu berücksichtigen.

Das natürliche Recht und die Pflicht zur **Bildung und Erziehung ihrer Kinder** liegt **primär bei den Eltern**. Sie begleiten die Entwicklung und das Lernen ihrer Kinder und stärken sie in ihren „Basiskompetenzen". So wird es den Kindern ermöglicht, im Sinne des Art. 13 eigenverantwortlich und gemeinschaftsfähig zu handeln.

Die Bildungs- und Erziehungsarbeit der Eltern wird durch andere Personen, andere außerfamiliäre Einrichtungen und Institutionen ergänzt. Mit der Inanspruchnahme von Bildung, Erziehung und Betreuung in Kindertageseinrichtungen „teilen" Eltern ihren primären Erziehungsauftrag und **vertrauen ihre Kinder dem pädagogischen Personal an**. Dies wird als „abgeleitetes Erziehungsrecht" der Kindertageseinrichtung bezeichnet. Die Liebe der primären Bezugspersonen der Kinder, i. d. R. die Eltern, kann durch keine öffentliche Einrichtung ersetzt werden, niemand kennt das Kind besser als sie. Die Kindertageseinrichtung ergänzt die Bildungs- und Erziehungsarbeit im vertrauensvollen Zusammenwirken durch ihren fachlichen Rat und ihre pädagogische Erfahrung.

Diese Zusammenarbeit ist eine Zusammenarbeit im Sinne einer Bildungs- und Erziehungspartnerschaft, bei der Eltern und pädagogische Fachkräfte sich als gleichberechtigte Partner in gemeinsamer Verantwortung für ihr Kind sehen. Dabei ist es notwendig, sich in einem ständigen und vertrauensvollen Austauschprozess zwischen pädagogischem Personal und Eltern gemeinsam über die **Bildungs- und Erziehungsziele** zu verständigen, die der Arbeit der Kindertageseinrichtung zugrunde liegen. Hierin liegt die *unterstützende*, das Elternhaus *ergänzende* Funktion. Wenn Eltern und pädagogisches Personal in partnerschaftlichem Austausch stehen, erleben Kinder, dass Eltern und pädagogisches Personal „an einem Strang ziehen."

Wo diese partnerschaftliche Gemeinsamkeit von Familie und Kindertageseinrichtung nicht gefunden wird, muss das pädagogische Personal in seiner pädagogischen Arbeit zum Wohl des Kindes Toleranz und Zurückhaltung üben. Allerdings kann und wird jede Kindertageseinrichtung die

Kontinuität in ihrer konzeptionellen Ausrichtung sichern, die die Eltern mit der Aufnahme ihres Kindes in die Kindertageseinrichtung akzeptiert haben. Dies macht deutlich, wie wichtig ein Vorgespräch über die konzeptionelle Ausrichtung der Einrichtung vor Aufnahme des Kindes in die Kindertageseinrichtung ist.

4. Regelmäßiger Austausch (Abs. 3)

135 Auf dieses Zusammenwirken geht Art. 11 Abs. 3 ein, indem er das pädagogische Personal verpflichtet, Eltern regelmäßig über den Lern- und Entwicklungsprozess des Kindes zu informieren. Regelmäßig bedeutet in diesem Zusammenhang, dass für eine tragfähige Bildungs- und Erziehungspartnerschaft mindestens zweimal pro Kindergartenjahr Entwicklungsgespräche stattfinden sollten. Einen schnellen und unkomplizierten Austausch können regelmäßige Tür- und Angel-Gespräche bieten. Sie bieten eine wichtige Basis für die Entwicklung einer tragfähigen Bildungs- und Erziehungspartnerschaft zwischen Eltern und Fachkräften.

Eine tiefere Behandlung eines Themas wird stets in einem ausführlichen Gesprächstermin behandelt.

Bei dem Entwicklungsgespräch liegt die Gesprächsverantwortung und -führung bei der pädagogischen Fachkraft. Sie bezieht die Eltern als Experten für ihr Kind aktiv und als gleichberechtigte Partner in das Gespräch ein und entwickelt gemeinsam mit ihnen ein Bild vom Kind, das von unterschiedlichen Perspektiven aus betrachtet wird und das auch dazu genutzt wird, Bildungs- und Erziehungsvorstellungen abzugleichen.

Die Basis des Entwicklungsgesprächs bildet die Beobachtung und Dokumentation der Lern- und Entwicklungsgespräche des Kindes, wobei stets die Ressourcen und Stärken des Kindes im Fokus stehen. Diese Gespräche sind gerade dann zu führen, wenn eine Gefährdung des Kindeswohls zu befürchten ist.

Zu einem allgemeinen Informationsaustausch eignen sich regelmäßig stattfindende Elternabende.

Art. 12
Bildungs- und Erziehungsarbeit in Kindertageseinrichtungen für Kinder bei besonderen Bedarfslagen

(1) Kinder mit Behinderung und solche, die von einer Behinderung bedroht sind, sollen in einer Kindertageseinrichtung gemeinsam mit Kindern ohne Behinderung betreut und gefördert werden, um ihnen eine gleichberechtigte Teilhabe am gesellschaftlichen Leben zu ermöglichen.

(2) [1]Die Träger von Kindertageseinrichtungen fördern die sprachliche Entwicklung der Kinder von Anfang an und tragen hierbei den besonderen Anforderungen von Kindern aus Migrantenfamilien (Art. 5 des Bayerischen Integrationsgesetzes – BayIntG) und Kindern mit sonstigem Sprachförderbedarf Rechnung. [2]Die Kindertageseinrichtungen sollen im Rahmen des Art. 6 BayIntG dazu beitragen, die Integrationsbereitschaft der Familien von Migrantinnen und Migranten zu fördern.

Inhaltsübersicht **Rn.**

1. Integration in Kindertageseinrichtungen als Regelfall (Abs. 1) 136
2. Förderung der sprachlichen Entwicklung (Abs. 2 Satz 1) 137, 138
3. Förderung der Integrationsbereitschaft (Abs. 2 Satz 2) 139

Anmerkungen

1. Integration in Kindertageseinrichtungen als Regelfall (Abs. 1)

136 Art. 12 Abs. 1 setzt die **gemeinsame Bildung und Erziehung** behinderter oder von Behinderung bedrohter Kinder und nichtbehinderter Kinder (integrative Bildungs- und Erziehungsarbeit) fest. Diese integrative Bildungs- und Erziehungsarbeit wird als Schritt hin zur Inklusion gesehen. Das Konzept der Inklusion hat nicht nur Kinder mit Behinderung im Blick, sondern sieht es vor, dass alle Kinder, das heißt Mädchen und Jungen verschiedenen Alters, Kinder unterschiedlicher Herkunft und Kultur, Kinder unterschiedlicher Begabungen und mit unterschiedlichem Entwicklungstempo, Kinder mit Behinderung und Kinder ohne Behinderung, dieselbe Bildungseinrichtung besuchen. Der Bayerische Bildungs- und Erziehungsplan geht mit besonderer Sensibilität auf Unterschiede zwischen den Kindern ein. Vielfalt im Hinblick auf Temperament, Lern- und Entwicklungstempo, spezifische Lern- und besondere Unterstützungsbedürfnisse oder kulturellen oder sozio-ökonomischen Hintergrund werden nicht als störend oder belastend interpretiert. Vielmehr wird Vielfalt als Chance gesehen, der es mit hoher Aufmerksamkeit und Wertschätzung zu begegnen gilt.

Die in Abs. 1 niedergelegte Forderung einer **„gleichberechtigten Teilhabe“** behinderter oder von Behinderung bedrohter Kinder „am gesellschaftlichen Leben“ ist in Kindertageseinrichtungen von Anfang an mitzudenken. Nach Art. 11 Abs. 1 ist integrative Bildung, Erziehung und Betreuung bewusst nicht die Ausnahme, sondern entspricht ausdrücklich dem Bildungs- und Erziehungsauftrag von Kindertageseinrichtungen. Abs. 1 impliziert zugleich, dass die Aufnahme des betroffenen Kindes in die Kindertageseinrichtung zum Wohle des Kindes im Zusammenwirken aller Beteiligten entschieden wird **(pädagogische Leitung und Team, Kind und seine Familie, Träger, Fachdienste)**.

Die Haltung aller Beteiligter – Team, Eltern, Kinder – hat großen Einfluss auf den Integrationserfolg. Die Gestaltung der bestmöglichen Bildung und Betreuung richtet sich nach den vorhandenen Ressourcen. Im Zentrum der Überlegungen muss immer das individuelle Kind mit seinen spezifischen Bedürfnissen stehen.

2. Besondere Sprachförderung (Abs. 2 Satz 1)

Sprachliche Kompetenzen sind in besonderer Weise als Schlüsselqualifika- **137**
tionen hervorgehoben. Dabei wird die **Sprachfähigkeit** insbesondere von Kindern mit Migrationshintergrund, aber auch deutscher Kinder mit besonderem Sprachförderbedarf angesprochen. Der Gesetzgeber betont hier die kommunikativen Kompetenzen als Voraussetzung für die emotionale und kognitive Entwicklung von Kindern und als wesentlichen Bestandteil aller anderen Kompetenz- und Bildungsbereiche.

Die Beherrschung der Landessprache wird dabei als die entscheidende Voraussetzung kultureller Integration und als Zugang zur Teilhabe für Kinder mit Migrationshintergrund gesehen. Integration durch Förderung der Sprache muss dementsprechend zum frühestmöglichen Zeitpunkt bereits im vorschulischen Bereich erfolgen. Sprachliche Bildung ist ein durchgängiges Prinzip im Alltag von Kindertageseinrichtungen und besteht nicht nur in der Durchführung von gezielten Programmen und Maßnahmen. Satz 1 benennt als Adressaten der Sprachförderung sowohl **Kinder zugezogener Familien**, die unzureichende oder keine Deutschkenntnisse besitzen, **als auch Kinder mit sonstigem Sprachförderbedarf**. Da die Zahl sprachentwicklungsverzögerter Kinder zunimmt, muss die Pädagogik in den Kindertageseinrichtungen hierauf reagieren. Dem pädagogischen Personal in Kindertageseinrichtungen stehen für die systematische Beobachtung der Sprachentwicklung sowohl von Kindern mit deutscher als auch nichtdeutscher Herkunft Beobachtungsbögen zur Verfügung. Das Staatsinstitut für Frühpädagogik hat für Migrantenkinder den Beobachtungsbogen **SISMIK** (**S**prachentwicklung und das **I**nteresse an **S**prache bei **Mi**grantenkindern in **K**indertageseinrichtungen) entwickelt. Ein ähnlich strukturierter Bogen für deutschsprachige Kinder (**SELDAK** – **S**prach**e**ntwicklung und **L**iteracy für **d**eutsch **a**ufwachsende **K**inder) ist Mitte 2006 erschienen.

138 Bei der Feststellung des Sprachförderbedarfs müssen grundsätzlich **Sprechfreude, Sprechfähigkeit und Wortschatz** des Kindes mit einbezogen werden. Die Sprache der Kinder muss vom pädagogischen Personal aufgegriffen und weiterentwickelt werden. Um den weiteren Sprachentwicklungsprozess professionell begleiten zu können, sind Beobachtung und Dokumentation unabdingbar. Gegebenenfalls ist, nach Absprache mit den Eltern, der fachliche Einbezug von **Sprachexpertinnen und Sprachexperten** hilfreich oder sogar notwendig. Im Vordergrund steht jedoch immer eine alltagsintegrierte Sprach- und Literacybildung durch das **pädagogische Personal**, die sich an den Interessen der Kinder orientiert. Ergänzend dazu sind spezielle Maßnahmen sinnvoll für Kinder mit Migrationshintergrund und deutsche Kinder mit Sprachförderbedarf. Die Vorkurse werden für diese Kinder gemeinsam von pädagogischen Fachkräften der Kindertageseinrichtungen und von Grundschullehrkräften sowie zusätzlich gezielt dafür qualifiziertem Personal zu jeweils 120 Stunden durchgeführt und erstrecken sich über einen Zeitraum von 1 ½ Jahren bis zur Einschulung; vgl. näher Erl. zu § 5 AVBayKiBiG Rn. 290 ff.

3. Förderung von Integrationsbereitschaft (Abs. 2 Satz 2)

139 Der Bezug zu Art. 10 Abs. 1 Satz 1 a. E. ist offensichtlich und stellt nochmals heraus, wie wichtig dem Gesetzgeber die **kulturelle Integration** aller Kinder ist. Art. 12 setzt einen zweiten Schwerpunkt in der Bildungs- und Erziehungsarbeit: die **kulturelle Integration**. Ausdrücklich will der Gesetzgeber, dass der **Wille und die Fähigkeit** zur Integration gestärkt und gefördert werden. Dies heißt konkret, dass das pädagogische Personal über eine einfühlsame **interkulturelle Pädagogik** darauf hinwirkt, dass die Entwicklung interkultureller Kompetenz als Bildungs- und Lebenschance begriffen wird. In diesem Bewusstsein ist die Bereitschaft **zur kulturellen Integration von allen Beteiligten ohne Aufgabe der eigenen Identität zu entwickeln**. Wesentliche Voraussetzungen zur kulturellen Integration sind die Wertschätzung, Offenheit und Neugierde für die jeweils andere Kultur („**vorurteilsfreie Pädagogik**") sowie die Kompetenz, sich in deutscher Sprache angemessen verständigen zu können.

Art. 13
Grundsätze für die Bildungs- und Erziehungsarbeit in förderfähigen Kindertageseinrichtungen; Bildungs- und Erziehungsziele

(1) [1]Das pädagogische Personal in förderfähigen Kindertageseinrichtungen hat die Kinder in ihrer Entwicklung zu eigenverantwortlichen und

gemeinschaftsfähigen Persönlichkeiten zu unterstützen, mit dem Ziel, zusammen mit den Eltern den Kindern die hierzu notwendigen Basiskompetenzen zu vermitteln. [2]Dazu zählen beispielsweise positives Selbstwertgefühl, Problemlösefähigkeit, lernmethodische Kompetenz, Verantwortungsübernahme sowie Kooperations- und Kommunikationsfähigkeit.

(2) [1]Das pädagogische Personal in förderfähigen Kindertageseinrichtungen hat die Kinder ganzheitlich zu bilden und zu erziehen. [2]Der Entwicklungsverlauf des Kindes ist zu beachten.

Inhaltsübersicht **Rn.**

1. Eigenverantwortliche und gemeinschaftsfähige Persönlichkeiten – Basiskompetenzen (Abs. 1) 140, 141
2. Ganzheitliche Bildung und Erziehung (Abs. 2 Satz 1) 142
3. Beachtung des Entwicklungsverlaufs (Abs. 2 Satz 2) 143
4. gestrichen 144

Anmerkungen

1. Eigenverantwortliche und gemeinschaftsfähige Persönlichkeiten – Basiskompetenzen (Abs. 1)

Der zentrale Art. 13 bestimmt den elementaren Auftrag des pädagogischen Personals in förderfähigen Kindertageseinrichtungen. 140

Vorrangiges Ziel des pädagogischen Handelns in Kindertageseinrichtungen ist es, gemeinsam mit den Eltern und auf ko-konstruktive Weise das Kind in seiner Entwicklung zu unterstützen und die Basiskompetenzen des Kindes zu stärken. Ein ko-konstruktivistisches Verständnis von Bildung betont die soziale Interaktion, das heißt, Lernen findet durch Zusammenarbeit statt – wird also von Fachkräften und Kindern gemeinsam ko-konstruiert. Im Vordergrund steht dabei nicht der Erwerb von Fakten, sondern die gemeinsame Erforschung von Bedeutung.

Im Besonderen steht dabei die Stärkung der so genannten Basiskompetenzen im Vordergrund: Dazu zählen personale Kompetenzen, Kompetenzen zum Handeln im sozialen Kontext, lernmethodische Kompetenz sowie Kompetenter Umgang mit Veränderungen und Belastungen (vgl. BayBEP 2013, S. 42 ff.). Die Unterstützung der Entwicklung zu einer eigenverantwortlichen und gemeinschaftsfähigen Persönlichkeit des Kindes wird ähnlich auch im § 1 SGB VIII (Kinder- und Jugendhilfegesetz) beschrieben. Damit werden Kompetenzen in den Mittelpunkt gestellt, die für die Bewältigung der Anforderungen sowie die Mitgestaltung in der Gesellschaft hilfreich sind. Während Art. 13 Abs. 1 Satz 2 beispielhaft einzelne Kompetenzen aufzählt, systematisiert § 2 AVBayKiBiG die Basiskompetenzen.

141 Kinder erwerben Kompetenzen an vielen verschiedenen Bildungsorten. Die bestmögliche Voraussetzung für den Erwerb der Kompetenzen stellt eine sichere Bindung zwischen Eltern und Kind dar. Kindertageseinrichtungen bauen immer auf Erfahrungen des Kindes in den ersten Lebensjahren – i. d. R. in der Familie – auf und unterstützen ergänzend eine positive Entwicklung. Eine tragfähige Beziehung zwischen Erzieherin[1] und Kind setzt einen sensiblen und reflektierten Umgang mit diesen ersten Erfahrungen, die ein Kind vor Eintritt in die Kindertageseinrichtung gemacht hat, voraus.

Art. 13 knüpft an dieses pädagogische Verhältnis an. **Kindertageseinrichtung und Elternhaus ergänzen sich** in der Verantwortung für die Entwicklung des Kindes – beim Hort tritt die Institution **Schule** noch hinzu. Dabei stellt sich nicht die Frage, ob einem der beiden Erziehungspartner ein größeres Gewicht zukommt. Entscheidend ist allein, dass beide in der pädagogischen Verantwortung, das Kind in seiner Entwicklung bestmöglich zu unterstützen, vereint sind. Die **Kooperation** des pädagogischen Personals mit den Eltern wird als wesentlich für die Arbeit der Kindertageseinrichtungen bestimmt, d. h., die Einbindung und Mitwirkung der Eltern ist geradezu ein Grundmerkmal der Pädagogik in staatlich geförderten Kindertageseinrichtungen.

2. Ganzheitliche Bildung und Erziehung (Abs. 2 Satz 1)

142 Normiert Art. 13 Abs. 1 die Stärkung von Basiskompetenzen, verpflichtet Art. 13 Abs. 2 das pädagogische Personal, die Kinder **„ganzheitlich“** zu bilden und zu erziehen. „Ganzheitlich“ bedeutet, das Kind stets in seiner ganzen Person wahrzunehmen; dies umfasst seine **körperliche, emotionale, geistige, seelische und soziale Entwicklung**.

3. Beachtung des Entwicklungsverlaufs (Abs. 2 Satz 2)

143 Art. 13 Abs. 2 Satz 2 fordert die Beachtung des Entwicklungsverlaufs des Kindes. Die Entwicklung eines Kindes verläuft individuell und orientiert sich an seinem Lernen, seinen Interessen und Fragen und an den spezifischen Aufgaben der jeweiligen Lebenssituation. Dies zu beachten, wird in der Gesetzgebung ausdrücklich betont. Das dem Bayerischen Bildungs- und Erziehungsplan zugrundeliegende Bildungsverständnis betont zudem, dass Entwicklung nicht einfach als die Entfaltung angeborener Fähigkeiten gesehen wird, sondern im entscheidenden Maße vom Kontext und den Beziehungen zu anderen Menschen abhängig ist.

---

1 Auch wenn in diesem Buch – aus Gründen der besseren Lesbarkeit – die *weibliche* Form verwendet wird, so sind selbstverständlich Erzieherinnen *und* Erzieher, Kinderpflegerinnen *und* Kinderpfleger etc. gemeint.

Die Forderung in Art 13 Abs. 2 Satz 2 ist in Zusammenhang mit dem Gebot der ganzheitlichen Bildung und Erziehung des Kindes zu sehen. Dieses setzt eine kontinuierliche Beachtung des Entwicklungsprozesses in allen ineinandergreifenden Kompetenzbereichen voraus. Es geht immer darum, einzelne Kompetenzbereiche miteinander in Bezug zu sehen (s. näher Erl. zu § 1 AVBayKiBiG).

4. Verbindliche Bildungs- und Erziehungsziele (Abs. 3)

Abs. 3 wurde gestrichen. **144**

Aufgrund der Fördervoraussetzung in Art. 19 Nr. 3 mit dem Verweis auf Art. 13 ist eine Regelung in Art. 13 entbehrlich; näher hierzu Erl. zu §§ 1 bis 13 AVBayKiBiG.

Art. 14
Elternbeirat

(1) [1]Zur Förderung der besseren Zusammenarbeit von Eltern, pädagogischem Personal und Träger ist in jeder Kindertageseinrichtung ein Elternbeirat einzurichten. [2]Soweit die Kindertageseinrichtung Kinder ab Vollendung des dritten Lebensjahres betreut, soll der Elternbeirat zudem die Zusammenarbeit mit der Grundschule unterstützen.

(2) [1]Der Elternbeirat wird von der Leitung der Kindertageseinrichtung und dem Träger informiert und angehört, bevor wichtige Entscheidungen getroffen werden. [2]Der Elternbeirat berät insbesondere über die Jahresplanung, den Umfang der Personalausstattung, die Planung und Gestaltung von regelmäßigen Informations- und Bildungsveranstaltungen für die Eltern, die Öffnungs- und Schließzeiten und die Festlegung der Höhe der Elternbeiträge.

(3) Die pädagogische Konzeption wird vom Träger in enger Abstimmung mit dem pädagogischen Personal und dem Elternbeirat fortgeschrieben.

(4) Ohne Zweckbestimmung vom Elternbeirat eingesammelte Spenden werden vom Träger der Kindertageseinrichtung im Einvernehmen mit dem Elternbeirat verwendet.

(5) Der Elternbeirat hat einen jährlichen Rechenschaftsbericht gegenüber den Eltern und dem Träger abzugeben.

Inhaltsübersicht **Rn.**

1. Elternbeirat (Abs. 1 bis 5)
   a) Verpflichtende Errichtung eines Elternbeirats 145
   b) Anhörungs- und Informationsrechte des Elternbeirats (Abs. 2) 146

c) Mitwirkung an der Konzeptionsweiterentwicklung (Abs. 3) 147
d) Spendenverwendung (Abs. 4) 148
e) Rechenschaftsbericht des Elternbeirats (Abs. 5) 149

Anmerkungen

Art. 14 bestimmt das Zusammenwirken von Eltern und Kindertageseinrichtungen über **Elternbeiräte**.

1. Elternbeirat (Abs. 1 bis 5)

a) Verpflichtende Errichtung eines Elternbeirats

145 In jeder Kindertageseinrichtung ist ein Elternbeirat einzurichten (Abs. 1). Er hat all sein Wirken in den Dienst der Förderung der Zusammenarbeit zu stellen. Kommt die Errichtung eines Elternbeirates aus Gründen, die auf Seiten der Eltern liegen, nicht zustande, so hat dies weder Auswirkung auf die Förderung (so ausdrücklich die amtliche Begründung zum Gesetzentwurf) noch auf die Betriebserlaubnis. Versucht hingegen der Träger die Wahl eines Elternbeirates zu verhindern oder zu manipulieren, so wird sich die Aufsichtsbehörde beratend und – wenn nötig – auch mit der Androhung förderrechtlicher Konsequenzen (vgl. Art. 19 Nr. 10 BayKiBiG) einschalten.

b) Anhörungs- und Informationsrechte des Elternbeirats (Abs. 2)

146 Mit Art. 14 Abs. 2 bis 5 werden dem Elternbeirat Rechte eingeräumt und zugleich sein Aufgabenbereich auf diese wichtigen Angelegenheiten begrenzt:

In Art. 14 Abs. 2 werden **Anhörungs- und Informationsrechte**, nicht aber echte Mitbestimmungsrechte des Elternbeirats festgelegt.

Abs. 2 Satz 1 gibt dem Elternbeirat das Recht, über **grundlegende Angelegenheiten der Kindertageseinrichtung** vom Träger und der Leitung informiert und gehört zu werden. Diese Informationspflicht muss vom Träger so frühzeitig wahrgenommen werden, dass dem Elternbeirat noch genügend Zeit zur Beratung und ggf. für ein eigenes Votum vor der Beschlussfassung des Trägers bleibt. Die „wichtigen Entscheidungen“, die diese Verpflichtung des Trägers auslösen, sind in Abs. 2 Satz 2 schwerpunktmäßig aufgeführt. Das heißt, der Elternbeirat muss über die in Abs. 2 Satz 2 aufgezählten Angelegenheiten hinaus über wichtige, den Betrieb der Kindertageseinrichtung bedeutsame Angelegenheiten informiert werden.

Im Einzelnen führt Abs. 2 Satz 2 „die **Jahresplanung**" auf. Dies betrifft die Information des Elternbeirats über wichtige Termine und Ereignisse im Jahreslauf wie Ferienzeiten, Feste im kirchlichen Jahreskreis (v. a. St. Martin, Nikolaus, Weihnachten, Ostern), Ausflüge, Fortbildungstermine des pädagogischen Personals und bauliche Maßnahmen. Der weiter aufgeführte **„Umfang der Personalausstattung"** bezieht sich nicht auf Fragen zur Einstellung konkreter Personen, sondern auf den Umfang der Arbeitszeit und das Qualifikationsprofil. Er erstreckt sich auch auf Praktikanten oder auf externe Fachkräfte. Dieser Bereich der Anhörungsrechte ist eröffnet bei Neueinstellungen, bei Änderungs- und Beendigungskündigungen. Dabei sind die datenschutzrechtlichen Bestimmungen einzuhalten. So hat der Elternbeirat **kein Recht, die Personalakte der Bewerber einzusehen**. Es empfiehlt sich, die Information des Elternbeirats auf den allgemeinen Lebenslauf und die Ausbildungsdaten sowie auf die Einschätzung der Eignung zu beschränken.

Die **Festlegung der Öffnungszeiten** wird sich nach **den Bedürfnissen der Eltern** richten. Dies kann mit den vereinbarten Arbeitszeiten des pädagogischen Personals kollidieren. Konflikte, die aus den Buchungszeiten der Eltern und den Arbeitsverträgen des pädagogischen Personals herrühren, können nur vom Träger entschieden werden. Der Elternbeirat wird allerdings sein **Vorschlagsrecht** dazu nutzen, um die Öffnungszeiten mit den Bedürfnissen der Eltern entsprechend seinen Vorstellungen zu harmonisieren. Mit dem Begriff **„Schließzeiten"** sind hingegen nicht die alltäglichen Öffnungszeiten gemeint, sondern sie umfassen die „Ferienzeiten" einer Kindertageseinrichtung. Schließzeiten ergeben sich infolge Urlaubszeiten des pädagogischen Personals, Umbau- und Renovierungsarbeiten sowie Teamfortbildungen. Eine frühzeitige Festlegung der Schließzeiten ist notwendig, weil die Eltern ihre Urlaubsplanung zur rechten Zeit durchführen müssen. Wenn die Eltern auf eine Betreuung während der Schließzeiten angewiesen sind, sind die Träger gehalten, eine **Notgruppe** einzurichten oder ihre Schließzeiten untereinander abzustimmen.

Die Informationspflicht des Trägers bezüglich der Festlegung der **Höhe der Elternbeiträge** wird sich auf deren Kalkulation in groben Zügen beziehen. Dazu gehört auch die Einhaltung der Staffelung entsprechend den Buchungszeiten nach Art. 19 Abs. 1 Nr. 4 und eine etwaige soziale Staffelung der Elternbeiträge.

Insgesamt begründet Art. 14 Abs. 2 **kein Vetorecht des Elternbeirats**. Entscheidungen des Trägers der Kindertageseinrichtung besitzen auch im Falle eines gegenteiligen Votums des Elternbeirats Rechtsgültigkeit.

c) Mitwirkung an der Konzeptionsweiterentwicklung (Abs. 3)

147 Um eine an den Bedürfnissen von Eltern und Kindern sowie an der Forschung und Praxisentwicklung der Frühpädagogik ausgerichtete pädagogische Konzeption zu sichern, wird in Art. 14 Abs. 3 die **Fortschreibung** der pädagogischen Konzeption gefordert; hierbei – und nicht schon bei der erstmaligen Entwicklung der pädagogischen Konzeption – ist der Elternbeirat einzubinden.

Die **endgültige inhaltliche Festlegung der pädagogischen Konzeption** einer Kindertageseinrichtung bleibt **allein dem Träger vorbehalten**. So wenig wie die Kindertageseinrichtung in den Verantwortungsbereich der Eltern eingreifen kann, so wenig werden die Eltern die pädagogische Konzeption einer Kindertageseinrichtung gegen den Willen des Trägers bestimmen können. Allein vom Träger vorgegeben wird die **pädagogische Grundausrichtung** einer Kindertageseinrichtung: So haben Eltern, die sich etwa für eine katholische Kindertageseinrichtung entschieden haben, kein Recht, über den Elternbeirat katholische Grundelemente der Pädagogik (wie z. B. Morgengebet, Namensfeste, Kirchenfeste) in Frage zu stellen. Im Rahmen dieser Grundausrichtung ist **hingegen die einzelne Ausformung** durch die pädagogische Konzeption dem **Mitwirkungsrecht des Elternbeirats** unterworfen. Es besteht das Verhältnis eines aufeinanderbezogenen Zusammenwirkens.

d) Spendenverwendung (Abs. 4)

148 Werden Spenden zugunsten der Kindertageseinrichtung gesammelt, stellen sich zwei Fragen: Erstens, wer über die Spendengelder verfügen darf, und zweitens, wofür die Gelder verwendet werden. Der Elternbeirat verfügt über **keine eigene Rechtspersönlichkeit**. Er kann daher nicht im Rechtssinne eigenes Geld haben oder über dieses verfügen. Für eine Kindertageseinrichtung eingesammelte Spenden stehen daher grundsätzlich dem Träger zu. Wofür Spenden verwendet werden, ergibt sich zunächst einmal aus ihrer **Zweckbestimmung**. Hat der Elternbeirat z. B. einen Basar veranstaltet mit dem Ziel, die erlösten Gelder für die Anschaffung von Bilderbüchern zu verwenden, so darf der Träger das eingenommene Geld auch nur dafür verwenden. Besteht **keine Zweckbestimmung** der Spenden, darf grundsätzlich der Empfänger (also der Träger) über deren Verwendung entscheiden. Nach Abs. 6 bedarf es hierzu allerdings des **Einvernehmens des Elternbeirats**, wenn dieser die Spenden eingesammelt hat. Das Einvernehmenserfordernis bedeutet praktisch ein Vetorecht des Elternbeirats gegenüber Vorschlägen des Trägers. Die konkrete Anschaffung nimmt der Träger vor. Er kann dies jedoch mit dessen Einverständnis auch „dem Elternbeirat“ über-

lassen; rechtlich liegen dann ein Auftrag und die entsprechende Bevollmächtigung aller einzelnen Mitglieder des Elternbeirats vor.

Möchte der Elternbeirat selbst über die Verwendung der eingesammelten Gelder entscheiden, muss er einen anderen Weg wählen: Die Eltern können Spenden mit der Maßgabe entrichten, dass diese entsprechend den Beschlüssen des Elternbeirats zu verwenden sind.

e) Rechenschaftsbericht des Elternbeirats (Abs. 5)

Der in Abs. 5 dem Elternbeirat aufgegebene jährliche Rechenschaftsbericht **149** umfasst eine **Kurzzusammenfassung der wesentlichen Aktivitäten des Elternbeirats** im vergangenen Jahr. Hat der Elternbeirat Gelder tatsächlich vereinnahmt, also z. B. Spenden eingesammelt, so hat er auch über deren Verwendung Auskunft zu geben.

Der Rechenschaftsbericht ist jeweils für das **abgelaufene Kindergartenjahr** gegen dessen Ende oder zeitnah danach abzugeben. Hat sich aufgrund besonderer Umstände ein Elternbeirat nicht am Anfang eines Kindergartenjahres, sondern in dessen Verlauf konstituiert, so ist der Bericht gleichwohl zum Ende des Kindergartenjahres abzugeben und nicht etwa ein Jahr nach der Wahl des Elternbeirats. Denn aufgrund des regelmäßigen Wechsels eines erheblichen Teils der Elternschaft zum neuen Kindergartenjahr sollte der Elternbeirat jeweils **für ein Kindergartenjahr** gewählt werden. Entsprechend seiner Funktion als Bindeglied zwischen Träger und Eltern hat der Elternbeirat seinen **Bericht gegenüber den Eltern und dem Träger** abzugeben. Auch wenn dies nicht gesetzlich gefordert wird, empfiehlt es sich doch, einen schriftlichen Bericht zu fertigen, ein Exemplar dem Träger auszuhändigen und den Bericht auf dem letzten Elternabend des Kindergartenjahres mündlich vorzutragen.

Art. 15
Vernetzung von Kindertageseinrichtungen; Zusammenarbeit mit der Grundschule

(1) [1]Kindertageseinrichtungen haben bei der Erfüllung ihrer Aufgaben mit jenen Einrichtungen, Diensten und Ämtern zusammenzuarbeiten, deren Tätigkeit in einem sachlichen Zusammenhang mit den Aufgaben der Tageseinrichtung steht. [2]Kindertageseinrichtungen kooperieren insbesondere mit Frühförderstellen, Erziehungs- und Familienberatungsstellen sowie schulvorbereitenden Einrichtungen und heilpädagogischen Tagesstätten.

(2) [1]Kindertageseinrichtungen mit Kindern ab Vollendung des dritten Lebensjahres haben im Rahmen ihres eigenständigen Bildungs- und Er-

ziehungsauftrags mit der Grund- und Förderschule zusammenzuarbeiten. [2]Sie haben die Aufgabe, Kinder, deren Einschulung ansteht, auf diesen Übergang vorzubereiten und hierbei zu begleiten. [3]Die pädagogischen Fachkräfte in den Kindertageseinrichtungen und die Lehrkräfte an den Schulen sollen sich regelmäßig über ihre pädagogische Arbeit informieren und die pädagogischen Konzepte aufeinander abstimmen.

Inhaltsübersicht **Rn.**

1. Allgemeines Vernetzungsgebot (Abs. 1) 150
2. Zusammenarbeit mit der Schule (Abs. 2) 151
a) Begleitung des Übergangs 152
b) Spezifika bei Horten 153
c) Einbeziehung der Eltern 154
d) Regelmäßige Information und Abstimmung 155

Anmerkungen

1. Allgemeines Vernetzungsgebot (Abs. 1)

Einen gemeinsamen Orientierungs- und Bezugsrahmen zur Zusammenarbeit von Kindertageseinrichtung und Grundschule stellen die Bayerischen Leitlinien für Bildung und Erziehung von Kindern bis zum Ende der Grundschulzeit dar (Bildungsleitlinien). Damit können pädagogische Ansätze von Kindertageseinrichtung und Grundschule noch stärker aufeinander abgestimmt und die pädagogische Arbeit zunehmend anschlussfähig gestaltet werden.

150 Art. 15 Abs. 1 Satz 2 verpflichtet jede einzelne Kindertageseinrichtung zur Gemeinwesensorientierung, d. h. der Öffnung hin zum sozialen und kulturellen Umfeld sowie zur Kooperation und Vernetzung mit anderen Stellen wie z. B. andere Kindertageseinrichtungen, soziale und medizinische Einrichtungen und Dienste, Jugendämter. Dies setzt voraus, dass dem pädagogischen Personal diese Einrichtungen, Dienste und Ämter vor Ort mit ihrem spezifischen Angebot nicht nur bekannt sind, sondern es über deren Arbeit und Weiterentwicklung auch Bescheid weiß. Regelmäßige **persönliche Kontakte** sind daher zu empfehlen. Auch Kindertageseinrichtungen im ländlichen Raum haben den Kontakt zu entsprechenden Einrichtungen zu suchen. Dies kann bedeuten, dass der Blick ggf. auch über die Landkreisgrenzen hinaus zu richten ist. Die Erzieherin muss sich bewusst sein, dass sie evtl. die erste mit einem professionellen Blick auf das Kind ist. Gemeinsam mit den Eltern ist zu entscheiden, welcher Unterstützungsbedarf von Fachdiensten einzuholen ist. Der Elternwille ist dabei stets zu beachten, da das primäre

Erziehungsrecht bei ihnen liegt. Die dokumentierte Beobachtung der Erzieherin allein ist nicht **absprachebedürftig**, wohl aber deren **Weitergabe** an spezifische Hilfeeinrichtungen. Wenn die Erzieherin ein auffällig erscheinendes Verhalten bei einem Kind beobachtet, wird sie die nächsten Schritte im Team und mit den Eltern besprechen. Je nach Ergebnis der Beratung wird sie eigene pädagogische Maßnahmen ergreifen oder mit Einwilligung der Eltern fremde Hilfeeinrichtungen zu Rate ziehen. Das Beratungsergebnis des Gesprächs mit den Eltern sollte auch im Falle der Ablehnung fremder Hilfe mit den Eltern ein zweites Mal erörtert werden. Grundsätzlich ist **vor jeder vorschnellen Bewertung einzelner Beobachtungen zu warnen**, da der Entwicklungsverlauf eines jeden einzelnen Kindes ganz unterschiedlich sein kann. Manchmal können Auffälligkeiten ihre Ursache auch in einem organischen Befund (z. B. schlechtes Hörvermögen) haben.

Im Hinblick auf die Zusammenarbeit und Vernetzung ist zu bedenken, dass neben den Eltern und dem pädagogischen Fachpersonal der gesamte soziale und kulturelle Kontext des Kindes Einfluss auf seine Entwicklung hat. Die **Art der Zusammenarbeit** kann dabei **vielfältig** sein.

2. Zusammenarbeit mit der Schule (Abs. 2)

Der Gesetzgeber bestimmt in Art. 15 Abs. 2 den **Kindergarten** als Elementarbereich des Bildungswesens **mit einem eigenständigen Bildungsauftrag.** Bestimmt wird die Zusammenarbeit von Kindergarten und Grundschule bzw. Förderschulen. Dies begründet insbesondere im letzten Kindergartenjahr für das pädagogische Personal der Kindertageseinrichtung ein ungemein wichtiges Aufgabenfeld. 151

Die **Forderung zur Zusammenarbeit richtet sich in gleichem Maße auch an die Grundschule.** Beide kooperieren im Sinne der Bildungsleitlinien auf der Grundlage eines ko-konstruktiven Bildungsverständnisses. Dies setzt voraus, dass sich die Erzieherinnen und Grundschullehrkräfte **„auf gleicher Augenhöhe"** begegnen und sich in ihrem eigenständigen Bildungs- und Erziehungsauftrag einbringen und respektvoll ergänzen. Zusätzlich unterstützt wird dies durch die gezielt an allen Kindertageseinrichtungen mit Kindern im Vorschulalter und an allen Grund- und Förderschulen eingerichteten Ansprechpartner für die Kooperation.

a) Begleitung des Übergangs

Insbesondere der **Übergang vom Kindergarten zur Grundschule** gilt als der Weg vom spielerischen zum systematischen Lernen. Diese **Übergänge an-** 152

schlussfähig zu gestalten, gelingt in der Kooperation von Kindertageseinrichtung und Grundschule. Der Bayerische Bildungs- und Erziehungsplan bietet hierzu eine Fülle von Beispielen zur Gestaltung des Übergangs. So können die Erzieherinnen Eltern bei der Wahl der Schule beraten. Die Lehrkräfte können mit Eltern und Kindern über Erwartungen an die Schule sprechen oder Informationen über Bedingungen in der Schule bzw. den Ablauf des Unterrichts geben (Bayerischer Bildungs- und Erziehungsplan, 2012, S. 106 ff.). Kinder freuen sich in der Regel auf den Schuleintritt. Diese Freude gilt es in gemeinsamer Verantwortung aller Beteiligten zu erhalten.

b) Spezifika bei Horten

153 Eine **intensive Zusammenarbeit** ist zwischen pädagogischem Personal an Horten und den Grundschullehrkräften gefordert. Dies bezieht sich nicht nur auf die **Hausaufgabenbetreuung**, sondern umfasst Aufgaben, die den Kindern helfen, die verschiedenen Lebensbereiche – Familie, Schule und Hort – aufeinander abzustimmen. Damit die Zusammenarbeit zum Wohle der Kinder gestaltet werden kann, sind z. B. gegenseitige Hospitationen von Erzieherinnen und Lehrkräften notwendig.

c) Einbeziehung der Eltern

154 Dritte im Bunde sind die Eltern, die, in **Art. 15 nicht eigens benannt**, in das Übertrittsverfahren in geeigneter partnerschaftlicher Weise eingebunden werden müssen. Hierbei sind selbstverständlich auch sozialdatenschutzrechtliche Vorgaben zu beachten. Die allgemeine Kooperation mit der Grundschule ist Teil einer jeden Konzeption, die die Bildungs- und Erziehungsziele nach dem Bildungs- und Erziehungsplan abbildet. Die Eltern erteilen hierzu der Kindertageseinrichtung eine Bevollmächtigung im Rahmen des Aufnahmeverfahrens ihres Kindes. Sobald es aber um den konkreten **Austausch der Erzieherin mit der Grundschullehrkraft** über den Bildungs- und Entwicklungsstand eines bestimmten Kindes geht, bedarf es hierzu der **vorherigen Einwilligung der Eltern**.

Beim Übergang sind vor allem auch die veränderten Erfahrungs- und Lernfelder des Kindes zu beachten. Den Eltern kommt dabei eine zweifache Aufgabe zu: Sie begleiten sowohl den Übergang ihres Kindes und bewältigen zudem ihren eigenen Übergang als Eltern eines Schulkindes.

d) Regelmäßige Information und Abstimmung

Die Zusammenarbeit von Kindergarten und Grundschule beschränkt sich nicht nur auf das Datum der Schuleinschreibung. Durch die Etablierung der Bildungsleitlinien gibt der Gesetzgeber eine intensive Zusammenarbeit von **Kindergarten und Grundschule** vor. Es geht darum, sich gegenseitig über die pädagogische Arbeit im Kindergarten bzw. in der Grundschule zu informieren und Verständnis für die jeweilige pädagogische Intention zu entwickeln. Ziel dieser Zusammenarbeit ist es, den Übergang für das einzelne Kind möglichst anschlussfähig und motivierend zu begleiten. Zu bedenken ist, dass ein Übergang für das Kind eine Lebensphase des beschleunigten Lernens ist. Eltern, Erzieher und Grundschullehrer müssen sich dessen bewusst sein. **155**

Erzieherinnen und Lehrkräfte der ersten Grundschulklasse sollen sich regelmäßig treffen (Bayerischer Bildungs- und Erziehungsplan 2013, S. 110 ff.).

Art. 16
Bildungs- und Erziehungsarbeit bei Betreuung in Tagespflege

[1]Tagespflegepersonen haben die Aufgabe, die ihnen anvertrauten Kinder entwicklungsangemessen zu bilden, zu erziehen und zu betreuen. [2]Sie haben dabei die erzieherischen Entscheidungen der Eltern zu achten.

Inhaltsübersicht **Rn.**

1. Bildungs- und Erziehungsauftrag der Tagespflege 156
2. Abgrenzung der Tagespflege zu Kindertageseinrichtungen 157

Anmerkungen

1. Bildungs- und Erziehungsauftrag der Tagespflege

Art. 16 konkretisiert den Bildungs- und Erziehungsauftrag der Tagespflege. **156**
Art. 16 Satz 1 bestimmt, dass Tagespflegepersonen, ähnlich wie das pädagogische Personal an Kindertageseinrichtungen, die Kinder entwicklungsangemessen zu bilden, zu erziehen und zu betreuen haben.

Auch von ihnen ist der **primäre Erziehungsauftrag der Eltern unbedingt zu beachten** (Satz 2).

2. Abgrenzung der Tagespflege zu Kindertageseinrichtungen

157 Ein Vergleich des Art. 16 mit den Anforderungen an eine Kindertageseinrichtung nach den Art. 10 bis 12 und erst recht mit denen an förderfähige Kindertageseinrichtungen (Art. 13) zeigt, dass die Tagespflege eine Bereicherung für das Betreuungsangebot darstellt und gerade dann ihre Stärken entfaltet, wenn die Bedürfnisse weniger Familien oder Bedürfnisse nach sehr flexiblen Angeboten befriedigt werden müssen. **Tagespflege** ist im Hinblick auf die **Bildungs- und Erziehungsarbeit grundsätzlich nicht mit einer Kindertageseinrichtung vergleichbar**. Allein schon aufgrund der geringeren Kinderzahl ist eine Tagespflegestätte **familienähnlicher** als eine Kindertageseinrichtung. Dies ist auch bei der Entscheidung der Gemeinden darüber, ob Bedarfe für Plätze in einer Kindertageseinrichtung oder in Tagespflege gedeckt werden sollten (Art. 7 Abs. 2), zu berücksichtigen. Der Einsatz einer Tagespflegeperson in einer Kindertageseinrichtung, beispielsweise vorerst als zusätzliche Assistenzkraft oder als Ergänzungskraft in einer Minikita, bedarf einer gezielten Qualifizierung.

Über die direkte Normierung des Gesetzes hinaus gilt das **Vernetzungsgebot** für die Tagespflegepersonen mit den Einrichtungen, Diensten und sonstigen Hilfen vor Ort. Auch Tagespflegepersonen haben das Wohl des Kindes zu wahren und müssen sich insoweit fremder Hilfe bedienen können, als sie selbst nicht über die erforderlichen Fähigkeiten und Kenntnisse verfügen (z. B. Hinzuziehen von ärztlicher Hilfe).

Art. 17
Wissenschaftliche Begleitung, Fortbildung

(1) Für die wissenschaftliche Weiterentwicklung der Inhalte und Methoden der außerschulischen Bildung und Erziehung hat der Staat durch geeignete Einrichtungen Sorge zu tragen.

(2) [1]Zur Qualifizierung des pädagogischen Personals sind geeignete Fortbildungsmaßnahmen sicherzustellen und zu fördern. [2]Hierbei sind die Fortbildungsmaßnahmen der freigemeinnützigen Träger in angemessener Weise zu berücksichtigen. [3]Grundschullehrkräfte sollen im Hinblick auf die Zusammenarbeit mit Kindertageseinrichtungen einbezogen werden.

Inhaltsübersicht **Rn.**

1. Staatliche Gewährleistung wissenschaftlicher Weiterentwicklung der Frühpädagogik (Abs. 1) 158
2. Qualifizierung des pädagogischen Personals (Abs. 2) 159

Anmerkungen

1. Staatliche Gewährleistung wissenschaftlicher Weiterentwicklung der Frühpädagogik (Abs. 1)

Art. 17 hat zum Ziel, die Qualität der pädagogischen Arbeit an Kindertageseinrichtungen zu gewährleisten und weiterzuentwickeln. **158**

Dies erfordert Institutionen, die in der Lage sind, Bildungskonzepte für Kindertageseinrichtungen **wissenschaftlich weiterzuentwickeln** und deren entwicklungsangemessene Umsetzung durch das pädagogische Personal zu unterstützen. Diese Aufgaben erfüllt für den Bereich der Kindertageseinrichtungen das **Staatsinstitut für Frühpädagogik und Medienkompetenz (IFP)** und für die Schulseite das **Staatsinstitut für Schulqualität und Bildungsforschung (ISB)** in München.

Auf Grundlage des konstruktiven Austausches und eines gemeinsamen Bildungsverständnisses nähern sich die Methodik und Didaktik zunehmend an.

2. Qualifizierung des pädagogischen Personals (Abs. 2)

In Art. 17 Abs. 2 wird die Verpflichtung und **Garantie des Staates** zur Qualifizierung des pädagogischen Personals näher ausgeführt. Auch hierbei gilt das **Subsidiaritätsprinzip**, wonach der Staat das **Fortbildungsangebot der Träger angemessen zu unterstützen** hat. Der Gesetzgeber lässt dabei bewusst offen, wie die Fortbildungsmaßnahmen zu gestalten und durchzuführen sind; er überlässt es den jeweiligen Trägern, die Fortbildungscurricula zu entwickeln und durchzuführen. Allerdings hat das Angebot der freien Träger bestimmte inhaltliche und organisatorische Voraussetzungen des Staates zu beachten. **159**

Gerade im Hinblick auf die in den letzten Jahren neu entwickelten Weiterqualifizierungen stellt sich die Frage, inwiefern eine Neuausrichtung und -konzeption der staatlichen Zuwendungen für Fortbildungsmaßnahmen erforderlich sein wird. Gerade im Hinblick auf den Fachkräftemangel ist eine Überprüfung, inwiefern die gegebenen Finanzierungsstrukturen im Fortbildungsbereich noch zeitgemäß sind, dringend geboten.

Abs. 2 Satz 3 stellt auch im Fortbildungsbereich die wichtige inhaltliche Verknüpfung zur Grundschule her. Wenngleich als Sollbestimmung formuliert, empfiehlt es sich hinsichtlich der intensivierten Zusammenarbeit von Kindertageseinrichtung und Grundschule, den Kontakt mit Grundschullehrkräften zu vertiefen und diese in die Fortbildung einzubeziehen. Damit können die **Fortbildungsangebote für das pädagogische Personal** im Hinblick auf die Zusammenarbeit mit der Schule auch **für Grundschullehrkräfte geöffnet** werden.

5. Teil
Förderung

Abschnitt 1
Betriebskostenförderung

Vor Art. 18

160 Die Art. 18 bis 26 regeln die kindbezogene Förderung, Art. 28 die Investitionskostenförderung, ergänzende Regelungen zur Investitionskostenförderung finden sich im Gesetz über den kommunalen Finanzausgleich (FAG) und den hierzu ergangenen Vorschriften.

Zur Systematik der Regelungen über die kindbezogene Förderung: Welche Norm regelt was?

Art. 18 regelt gesetzliche Förderansprüche

Ansprüche bei Kindertageseinrichtungen haben

- alle Träger einer Kindertageseinrichtung gegen die Aufenthaltsgemeinde. Mit der Novellierung zum 1.1.2013 wurde der Kreis der anspruchsberechtigten Träger auf die kommunalen Träger erweitert.
- die fördernden Gemeinden gegenüber dem Freistaat Bayern.

Mit der Gesetzesänderung vom 24.7.2018 wurde die Fristenregelung für die Gemeinden für deren Antrag auf die staatliche Refinanzierung entschärft, indem eine verfristete Antragstellung an die staatliche Bewilligungsstelle nicht mehr zwangsläufig zum Wegfall des Förderanspruchs führt. Bei einer Antragstellung in der 2. Jahreshälfte erfolgt nur mehr eine Kürzung auf 96 % der Jahresförderung, sofern die Bagatellgrenze von 10.000 Euro überschritten ist. Hierfür ist ausschließlich die kindbezogene Förderung nach Art. 21 heranzuziehen.

Ansprüche bei der Tagespflege hat

- der Träger der öffentlichen Jugendhilfe (Landkreise und kreisfreie Städte), der die Tagespflege organisiert, gegenüber dem Freistaat Bayern (es gibt weder einen gesetzlichen Förderanspruch der Tagespflegeperson noch einen Anspruch der Träger der öffentlichen Jugendhilfe gegenüber den Gemeinden).

Art. 19 regelt die Fördervoraussetzungen für Kindertageseinrichtungen, d. h. die Voraussetzungen, die eine Kindertageseinrichtung erfüllen muss, damit ihr Träger einen Förderanspruch gegenüber der Aufenthaltsgemeinde hat und damit eine Gemeinde für die Förderung dieser Kindertageseinrichtung einen Förderanspruch gegenüber dem Freistaat Bayern hat.

Art. 20 regelt parallel zu Art. 19 die **Fördervoraussetzungen für die Tagespflege**, d. h. die Voraussetzungen, die ein Angebot der Tagespflege erfüllen muss, damit der Träger der öffentlichen Jugendhilfe für deren Förderung einen Förderanspruch gegenüber dem Freistaat Bayern hat.

Art. 20a regelt die Voraussetzungen von Großtagespflegestellen für eine Bewilligung der kindbezogenen Förderung gegenüber der Gemeinde (einrichtungsähnlich geförderte Großtagespflegestelle).

Art. 21, 22 und 25 bestimmen die **Höhe der Förderung**. Zentral ist dabei Art. 21: Die Höhe der Förderung richtet sich nach den Grundsätzen der kindbezogenen Förderung. Dabei gilt Art. 21 direkt für den Förderanspruch der Gemeinde gegen den Freistaat Bayern; über Art. 22 wird sichergestellt, dass auch die Höhe des Förderanspruchs des Trägers einer Kindertageseinrichtung sich nach der kindbezogenen Förderung richtet – in Höhe der staatlichen Förderung, erhöht um einen Eigenanteil der Gemeinden. Nach Art. 25 erhält auch der Landkreis bzw. die kreisfreie Stadt für die Förderung der Tagespflegeangebote eine kindbezogene Förderung.

In **Art. 23** sind Bestimmungen enthalten, mit denen ausschließlich der Freistaat Bayern die Qualitätsverbesserungen unterstützt und die Eltern bei den Beitragszahlungen entlastet. Mit der von der Staatsregierung beschlossenen Ausweitung des Elternbeitragszuschusses ab dem 1. Kindergartenjahr wurde die Regelung mit Wirkung ab dem 1.4.2019 geändert.

Mit der Einführung des Krippengeldes wurde Art. 23a zum 1.1.2020 als Rechtsgrundlage aufgenommen.

Art. 24 enthält die **Sonderregelung** für die kindbezogene Förderung für die Kindertageseinrichtungen im ländlichen Raum; sog. Landkindergärten.

Art. 26 schließlich regelt einige wichtige Grundsätze über das **Förderverfahren**.

Art. 18
Förderanspruch

(1) [1]Träger von Kindertageseinrichtungen haben unter den Voraussetzungen des Art. 19 und nach Maßgabe von Art. 22 einen kindbezogenen Förderanspruch gegenüber den Gemeinden, in denen die Kinder ihren gewöhnlichen Aufenthalt im Sinn des § 30 Abs. 3 Satz 2 SGB I haben (Aufenthaltsgemeinden). [2]Ist die Gemeinde nicht leistungsfähig, besteht der Anspruch gegenüber dem örtlichen Träger der öffentlichen Jugendhilfe in den Grenzen seiner Leistungsfähigkeit. [3]Ansprüche kommunaler Träger gegen die Aufenthaltsgemeinde oder im Fall des Satzes 2 gegen den örtlichen Träger der öffentlichen Jugendhilfe sind auf die kindbezogene Förderung nach diesem Gesetz beschränkt.

(2) [1]Die Gemeinde hat für Kindertageseinrichtungen, die die Fördervoraussetzungen nach Art. 19 erfüllen, und für Großtagespflegen, die die Voraussetzungen des Art. 20a erfüllen, einen Förderanspruch gegenüber dem Staat nach Maßgabe von Art. 21, wenn sie den vollständigen Förderantrag bis zum 30. Juni des auf den Bewilligungszeitraum (Art. 26 Abs. 1 Satz 4) folgenden Jahres stellt. [2]Stellt die Gemeinde den vollständigen Förderantrag in der Zeit vom 01. Juli bis 31. Dezember des auf den Bewilligungszeitraum folgenden Jahres, besteht ein Förderanspruch in Höhe von 96 % des Anspruchs nach Satz 1; dies gilt nicht, wenn der so errechnete Förderanspruch 10.000 Euro nicht überschreitet. [3]Macht die Gemeinde den Anspruch nach Satz 1 Alternative 2 geltend, ist ein Förderanspruch des örtlichen Trägers der öffentlichen Jugendhilfe nach Abs. 3 Satz 1 ausgeschlossen.

(3) [1]Die örtlichen Träger der öffentlichen Jugendhilfe haben für Angebote der Tagespflege, die die Fördervoraussetzungen des Art. 20 erfüllen, sowie in den Fällen des Abs. 1 Satz 2 einen Förderanspruch gegenüber dem Staat nach Maßgabe von Art. 25. [2]Der Förderanspruch setzt voraus, dass der vollständige Förderantrag bis spätestens 30. Juni des auf den Bewilligungszeitraum (Art. 26 Abs. 1 Satz 4) folgenden Jahres gestellt wird.

Inhaltsübersicht **Rn.**

1. Förderanspruch des Trägers einer Kindertageseinrichtung gegen die Aufenthaltsgemeinden 161
   a) Anspruchsberechtigung 162
   b) Der gewöhnliche Aufenthalt 163, 164
   c) Leistungsfähigkeit der Gemeinde 165
   d) Zusätzliche kommunale Leistungen 166
   e) Antragsfrist 167
   f) Zusammenfassung der Fördervoraussetzungen für einen Träger 168
2. Förderanspruch der Gemeinde gegen den Freistaat (Abs. 2) 169–172
3. Förderanspruch des örtlichen Trägers der öffentlichen Jugendhilfe.. 173, 174

Anmerkungen

161 Art. 18 regelt die gesetzlichen Förderansprüche. Dabei werden stets zwei Fragen beantwortet:

- Wer hat einen Förderanspruch?
- Gegen wen richtet sich der Förderanspruch?

1. Förderanspruch des Trägers einer Kindertageseinrichtung gegen die Aufenthaltsgemeinden

a) Anspruchsberechtigung

Abs. 1 Satz 1 regelt den Förderanspruch des Trägers einer Kindertageseinrichtung gegen die Aufenthaltsgemeinde. Der Kreis der anspruchsberechtigten Träger wurde zum 1.1.2013 über die freigemeinnützigen und sonstigen Träger hinaus auf die kommunalen Träger erweitert. **Aufenthaltsgemeinde** ist nach der Legaldefinition die Gemeinde, in der das Kind seinen gewöhnlichen Aufenthalt im Sinne des § 30 Abs. 3 Satz 2 SGB I hat – also **nicht** etwa die **Sitzgemeinde**, d. h. die Gemeinde, in der die Kindertageseinrichtung gelegen ist. **162**

b) Der gewöhnliche Aufenthalt

Den gewöhnlichen Aufenthalt hat jemand dort, wo er sich unter Umständen aufhält, die erkennen lassen, dass er an diesem Ort oder in diesem Gebiet nicht nur vorübergehend verweilt. Maßgeblich ist demnach der Ort, an dem sich der regelmäßige Schwerpunkt der persönlichen Lebensverhältnisse befindet. Der Aufenthaltsort wird im Gegensatz zum Begriff des Wohnsitzes durch das rein tatsächliche Verweilen eines Betroffenen bestimmt. Typische Fälle, in denen ein Aufenthaltsort, aber kein Wohnsitz anzunehmen ist, sind der Studienaufenthalt, der Aufenthalt bei Großeltern zum Zwecke der Betreuung anstelle der Eltern (z. B. wochentags). **163**

Unter „nicht nur vorübergehend" ist ein länger dauerndes Verweilen zu verstehen. Ob eine voraussichtliche Verweildauer als vorübergehender oder gewöhnlicher Aufenthalt zu werten ist, hängt von der Art und dem Zweck des Aufenthalts ab. Ob ein gewöhnlicher Aufenthalt vorliegt, ist ausgehend von den bekannten Umständen des Einzelfalles anhand einer Prognose zu beurteilen. Ist eine längere Verweildauer zu erwarten, so kann ein gewöhnlicher Aufenthalt angenommen werden.

Ein Kind hat seinen gewöhnlichen Aufenthalt in aller Regel dort, wo die Eltern ihren regelmäßigen Aufenthalt haben. Irrelevant ist hingegen, wo der angemeldete Erst- oder Zweitwohnsitz ist. Für Umzüge gilt § 25 Abs. 1 AVBayKiBiG, d. h. im Monat des Umzugs wechselt die Aufenthaltsgemeinde.

Beispiel:

Kind ist wochentags bei den Großeltern. Am Wochenende holen die Eltern das Kind zu sich. Das Kind besucht eine Kita am Wohnort der Großeltern.

Lösung:

Ein Kind hat seinen gewöhnlichen Aufenthalt grundsätzlich bei dem Elternteil oder Elternteilen, der/die das Personensorgerecht ausüben. Nachdem sich das Kind überwiegend am Wohnort der Großeltern aufhält und auch dort die Kindertageseinrichtung regelmäßig besucht, ist davon auszugehen, dass sich der Lebensmittelpunkt des Kindes und damit auch der gewöhnliche Aufenthalt am Wohnort der Großeltern befindet.

164 **Beispiele für Förderanspruch bei grenzüberschreitendem Besuch:**

Kinder aus Baden-Württemberg besuchen einen Kindergarten in Bayern.

Verfahren:

Für die staatliche Förderung ist eine kommunale Mitfinanzierung erforderlich. Das BayKiBiG kann nur bayerische Gemeinden zur Mitfinanzierung verpflichten (Art. 18). Nur bayerische Gemeinden können sich auf Grundlage des Art. 21 beim Staat zur Hälfte refinanzieren. Das BayKiBiG gibt nicht zwingend vor, dass es sich unbedingt um Kinder aus Bayern handeln muss.

Lösung:

Die bayerische Sitzgemeinde erbringt die kindbezogene Förderung gegenüber dem freigemeinnützigen Träger und kann sich beim Staat refinanzieren. Intern hat die bayerische Gemeinde die Mitfinanzierung der Gemeinde in B-W abzuklären. Natürlich kann im Vollzug die B-W-Gemeinde ihren Anteil direkt an den Träger senden, und es ist nicht der Umweg über die bayerische Sitzgemeinde notwendig.

Alternative: Kind aus Bayern geht in Kindergarten in Baden-Württemberg:

Lösung:

Wenn die Aufenthaltsgemeinde sich an den Kosten der Betreuung in B-W beteiligt, ist eine Refinanzierung nach Art. 21 beim Freistaat möglich. Die Höhe der staatlichen Finanzierung berechnet sich nach BayKiBiG und beträgt aber maximal die Hälfte des von der Gemeinde tatsächlich entrichteten Beitrags. Die Einrichtung in B-W muss die sonstigen Kriterien für die Förderung nach für sie geltendem Landesrecht erfüllen.

(Nähere Ausführung hierzu auch im 178. Newsletter vom 10.3.2014).

Gewöhnlicher Aufenthalt von Asylbewerbern

Das SGB VIII ist über den vorrangigen § 6 Abs. 4 SGB VIII eröffnet. Nach dem Urteil des Bundesverwaltungsgerichts vom 24.6.1999 – 5 C 24/98 begründen minderjährige Asylbewerber jedenfalls nach Ablauf von sechs Monaten einen gewöhnlichen Aufenthalt im Sinne von Art. 1 des Haager Minderjährigenschutzabkommens (MSA). Das MSA modifiziert über § 6 Abs. 4 SGB VIII den für den Anspruch von Ausländern auf Jugendhilfe maßgeblichen Begriff des gewöhnlichen Aufenthalts. Gemäß Art. 2 Abs. 1 i. V. m. Art. 1 des MSA haben Behörden des Staates, in dem der Minderjährige seinen gewöhnlichen Aufenthalt hat, die nach ihrem innerstaatlichen Recht vorgesehenen Maßnahmen zum Schutz der Person des Minderjährigen zu treffen, dazu gehört auch die öffentliche Jugendhilfe. Als Minderjähriger im Sinne des MSA ist nach Art. 12 MSA anzusehen, wer sowohl nach dem innerstaatlichen Recht des Staates, dem er angehört, als auch nach dem innerstaatlichen Recht des Staates seines gewöhnlichen Aufenthalts minderjährig ist. Für den gewöhnlichen Aufenthalt im Sinne des Art. 1 MSA (der nicht identisch ist mit dem sozialrechtlichen Begriff des gewöhnlichen Aufenthalts nach § 30 Abs. 3 Satz 2 SGB I) kommt es auf den Daseinsmittelpunkt und Schwerpunkt der Bindungen der betreffenden Person an. Als „Faustregel" gilt, dass der gewöhnliche Aufenthalt eines Minderjährigen, wenn er nicht von Anfang an auf Dauer angelegt ist, jedenfalls nach sechs Monaten regelmäßig zum gewöhnlichen Aufenthalt erstarkt. Für unbegleitete Minderjährige wird vertreten, dass regelmäßig mit der Einreise ein gewöhnlicher Aufenthalt im Sinne des MSA begründet wird (vgl. § 6 Rn. 14 a. E., *Münder*, in: Frankfurter Kommentar zum SGB VIII, Kinder- und Jugendhilfe, 6. Auflage, 2009).

Nach § 6 Abs. 2 Satz 1 SGB VIII können Ausländer Leistungen nach dem SGB VIII nur beanspruchen, wenn sie rechtmäßig oder aufgrund einer ausländerrechtlichen Duldung ihren gewöhnlichen Aufenthalt im Land haben. Ein gewöhnlicher Aufenthalt liegt danach vor, wenn sich jemand an einem Ort unter solchen Umständen aufhält, die erkennen lassen, dass er an diesem Ort nicht nur vorübergehend verweilt. Strittig ist hier insbesondere, wann Asylbewerber ihren gewöhnlichen Aufenthalt im Sinne des § 30 Abs. 3 Satz 2 SGB I begründen. Nach einer Ansicht begründen Asylbewerber gar keinen gewöhnlichen Aufenthalt im Bundesgebiet, da ihr Aufenthalt per se unsicher sei. Nach anderer Ansicht sei ein gewöhnlicher Aufenthalt bei Asylbewerbern anzunehmen, solange ein Ende des Aufenthalts in Deutschland nicht abzusehen ist (vgl. § 6 Rn. 21, *Münder,* in: Frankfurter Kommentar zum SGB VIII, Kinder- und Jugendhilfe, 7. Auflage, 2009). Die Bundesregierung äußerte sich in der Antwort auf die kleine Anfrage der Grünen (Drs. 13/5876), dass ein Asylbewerber dann einen gewöhnlichen Aufenthalt begründe, wenn er nach der Wohnzeit in der Aufnahmeeinrichtung in die Gemeinschaftsunterkünfte verteilt wird.

Auch in Anbetracht des nach § 6 Abs. 4 SGB VIII i. V. m. dem MSA jedenfalls nach sechs Monaten eröffneten Anwendungsbereichs und der von der Bundesregierung geäußerten Meinung, vertritt das StMAS die Ansicht, dass mit der Verteilung in eine Gemeinschaftsunterkunft oder bei dezentraler Unterbringung ein gewöhnlicher Aufenthalt begründet wird.

c) Leistungsfähigkeit der Gemeinde

Ein Anspruch des Trägers der öffentlichen Jugendhilfe besteht nur dann, 165
wenn dieser anstelle der eigentlich zur Förderung verpflichteten Gemeinde tritt, weil die Gemeinde nicht leistungsfähig ist.

Zur Leistungsfähigkeit einer Gemeinde führt das *Verwaltungsgericht Bayreuth* in seinem Urteil vom 1.3.2010 (B 3 E 10.21) Folgendes aus:

Eine Gemeinde verweigerte gegenüber einem kirchlichen Träger einer Kindertageseinrichtung die Zahlung der kindbezogenen Förderung und machte dabei mangelnde Leistungsfähigkeit geltend.

In seinem Urteil stellt das Gericht fest, dass der Begriff der mangelnden Leistungsfähigkeit als Ausnahme vom Regelfall eng auszulegen ist. Es existiert keine abstrakte, d. h. für alle Fallgestaltungen gültige Definition des Begriffs der Leistungsfähigkeit. Die Leistungsfähigkeit in Art. 18 Abs. 1 Satz 2 ist in gleicher Weise zu verstehen wie in Art. 57 GO. Mit dem Passus „in den Grenzen ihrer Leistungsfähigkeit" ist die verwaltungsmäßige und finanzielle Leistungskraft der Gemeinde gemeint. Der Begriff der Leistungsfähigkeit ist relativ und bezieht sich auf die Erfüllung bestimmter Aufgaben. So ist es möglich, dass eine Gemeinde ausreichend Mittel zur Verfügung hat, um ihre Pflichtaufgaben zu erfüllen, währenddessen die Mittel nicht ausreichen, freiwillige Aufgaben zu finanzieren und sie hierfür leistungsunfähig ist. Die Gemeinde hat dann zu beachten, dass die Erfüllung der in Art. 57 Abs. 1 GO genannten Aufgaben Vorrang hat vor der Übernahme freiwilliger Leistungen.

Im Ergebnis lässt das Urteil den Schluss zu, dass sich eine Gemeinde kaum auf mangelnde Leistungsfähigkeit berufen kann, solange erforderliche Haushaltsmittel für die Förderung der Kindertagesbetreuung in ihren Haushalt eingestellt sind oder Haushaltsmittel zur Finanzierung freiwilliger Leistungen bereitgestellt wurden. Dies gilt auch dann, wenn sich nachträglich herausstellt, dass sich Einnahmen nicht in der geplanten Höhe realisieren lassen.

Zur Leistungsfähigkeit der Gemeinde (siehe hierzu auch Rn. 36 zu Art. 5).

d) Zusätzliche kommunale Leistungen

166 Abs. 1 Satz 3 stellt klar, dass die Ansprüche kommunaler Träger auf die kindbezogene Förderung begrenzt sind. Generell ist der gesetzliche Förderanspruch des BayKiBiG nicht als absolute Förderhöchstgrenze anzusehen. Es ist deshalb in der Mehrzahl der Gemeinden üblich, dass Träger von den Gemeinden über die gesetzliche Förderung hinaus zusätzliche Leistungen über den Abschluss von Kooperationsverträgen erhalten. Zu der umstrittenen Frage, ob die Träger **einen Anspruch** auf eine über die kindbezogene Förderung hinausgehende Finanzierungsbeteiligung durch die Gemeinde und den Abschluss eines entsprechenden Defizitvertrages haben, s. Erl. vor Art. 5 bis 8 Rn. 31.

Der Abschluss von Kooperationsvereinbarungen sollte mit der Zielsetzung verbunden werden, sowohl die Finanzierung der Einrichtungen als auch die Qualität abzusichern. Die Gemeinden sind gut beraten, konkrete Maßnahmen zur Qualitätsentwicklung von den Trägern einzufordern. Kooperationsvereinbarungen können eine wichtige Grundlage für die Umset-

zung kommunaler Maßnahmen zur Planung und Steuerung der Kindertagesbetreuung vor Ort sein. Als Beispiel sei hier genannt:
- Festlegung einheitlicher Elternbeiträge im Gemeindegebiet und
- Steuerung der Belegung von Plätzen.

e) Antragsfrist

Die **Frist für die Antragstellung** (30.4. des folgenden Jahres) ist seit dem 1.1.2013 nicht mehr in Art. 18 geregelt, sondern wurde in Art. 19 Nr. 6 verortet. Dadurch wird klargestellt, dass die fristgerechte Antragstellung Fördervoraussetzung ist und der Anspruch des Trägers bei Fristversäumnis entfällt (zu den Folgen einer nicht fristgerechten Antragstellung siehe auch Rn 188). **167**

f) Zusammenfassung der Fördervoraussetzungen für einen Träger

In der Zusammenschau mit den Artikeln 19 und 22 ergeben sich als Voraussetzungen eines Förderanspruchs für den Träger von Kindertageseinrichtungen gegenüber einer bestimmten Gemeinde: **168**
- Die Einrichtung ist eine Kindertageseinrichtung, erfüllt also die Voraussetzungen von Art. 2.
- Ein Kind belegt einen Platz in seiner Kindertageseinrichtung; das bedeutet im Umkehrschluss: für einen **freien** Platz gibt es keine Förderung.
- Das Kind hat seinen gewöhnlichen Aufenthalt in der betreffenden Gemeinde.
- Die Kindertageseinrichtung erfüllt die Voraussetzungen des Art. 19.
- Der Antrag wurde fristgerecht und vollständig gestellt.

2. Förderanspruch der Gemeinden gegen den Freistaat (Abs. 2)

Abs. 2 regelt die Refinanzierung der Gemeinden beim Freistaat Bayern. Anspruchsberechtigt ist hier jeweils die den Träger **fördernde Gemeinde.** Dies ist die jeweilige Aufenthaltsgemeinde der in der Einrichtung betreuten Kinder. Zudem stellt Art. 21 Abs. 1 Satz 2 ausdrücklich klar, dass die staatliche Förderung für jedes Kind geleistet wird, dessen Bildung und Erziehung von der Gemeinde gefördert wird. Voraussetzung ist allerdings, dass die Kindertageseinrichtung die Anforderungen des Art. 19 erfüllt. Auch der Anspruch der Gemeinde gegen den Freistaat unterliegt einer **Ausschlussfrist** (30. Juni bzw. 30. Dezember des folgenden Jahres). **169**

Rechtslage seit dem 24.7.2018

170 Bis zum 24.7.2018 führte ein Verstreichen der Antragsfrist durch die Gemeinden zum kompletten Wegfall des Förderanspruchs der Gemeinde gegenüber dem Freistaat.

Mit der Änderung des Bayerischen Haushaltsgesetzes am 24.7.2018 wurde Art. 18 Abs. 2 BayKiBiG geändert. Die Änderung wurde in alle Fassungen des BayKiBiG seit dem Inkrafttreten am 1.8.2005 eingefügt. **Sie gilt daher rückwirkend ab dem 1.8.2005.**

Nach wie vor besteht für die Gemeinden für ihre Anträge auf die staatliche Förderung die Antragsfrist des 30.6. des auf das Ende des jeweiligen Bewilligungsjahres folgenden Kalenderjahres. Ebenso wie bisher handelt es sich bei der Frist um eine materiell-rechtliche Ausschlussfrist. Für die Rechtsfolgen einer nicht fristgerechten Antragstellung hat der Gesetzgeber aber ein zweistufiges Verfahren eingeführt.

- Antragstellung vom 1.7. bis einschließlich 31.12. nach Ablauf des Bewilligungsjahres
  Rechtsfolge: Der Anspruch der Gemeinde gegenüber dem Freistaat Bayern wird auf 96 % gekürzt.
  Ausnahme: Eine Anwendung ist nicht möglich, wenn sich der so errechnete Förderanspruch auf 10.000 Euro oder darunter beläuft.
- Antragstellung nach dem 31.12. nach Ablauf des Bewilligungsjahres
  Rechtsfolge: Der Anspruch der Gemeinde gegenüber dem Freistaat entfällt.

171 Für die Feststellung, ob eine fristgemäße Antragstellung gegeben ist, ist § 26 Abs. 3 SGB X zu berücksichtigen. Demnach verschiebt sich das Fristende auf den nächsten Werktag, wenn das Ende der Frist (30.4., 30.6., 31.12.) auf einen Sonnabend, Sonntag oder gesetzlichen Feiertag fällt.

Wortlaut des § 26 Abs. 3 Satz 1 SGB X:

„Fällt das Ende einer Frist auf einen Sonntag, einen gesetzlichen Feiertag oder einen Sonnabend, endet die Frist mit Ablauf des nächstfolgenden Werktags."

> **Beispiel:**
>
> Ein Träger stellt den Antrag auf die kindbezogene Förderung an die Gemeinde am Dienstag, den 2.5.
>
> Die Antragstellung gemäß Art. 19 Nr. 6 ist fristgerecht, da der 30.4. auf einen Sonntag fällt und der 1.5. ein gesetzlicher Feiertag ist. Damit verschiebt sich das Fristende auf den nächsten Werktag, den Dienstag, 2.5.
>
> Für die Kürzung bzw. Festlegung der Bagatellgrenze gilt Folgendes:

Rechtsstand bis 31.3.2019

Der Beitragszuschuss wird in Einheit mit der kindbezogenen Förderung bewilligt. Sofern die kindbezogene Förderung auf 96 % oder auf null zu kürzen ist, erfolgt auch eine Kürzung des Elternbeitragszuschusses. Die Bagatellgrenze bemisst sich ausschließlich auf die kindbezogene Förderung.

Rechtsstand ab dem 1.4.2019

Die Ausschlussfrist gilt nur für die kindbezogene Förderung nach Art. 21. Gemäß Art. 18 Abs. 2 in Verbindung mit Art. 23 Abs. 3 Satz 1 wird der Beitragszuschuss ausdrücklich neben der kindbezogenen Förderung gewährt. Der Elternbeitragszuschuss fällt damit nicht unter die Ausschlussfrist, zählt aber im Gegenzug auch für die Bagatellgrenze.

Mit der Gesetzesänderung zum 1.4.2019 ergeben sich folgende Konstellationen im Hinblick auf die Fristen nach Art. 19 Nr. 6 und Art. 18 Abs. 2.

Beispiele:

Antrag des Trägers fristgerecht (bis 30.4.) – Antrag der Gemeinde nach dem 30.6.
Kindbezogene Förderung: Kürzung auf 96 %
EB-Zuschuss: ungekürzt

Antrag des Trägers fristgerecht (bis 30.4.) – Antrag der Gemeinde nach dem 31.12.
Kindbezogene Förderung: keine staatliche Förderung
EB-Zuschuss: ungekürzt

Antrag des Trägers verfristet (nach dem 30.4.) – Antrag der Gemeinde fristgerecht
Kindbezogene Förderung des Trägers: Bewilligung durch Gemeinde (freiwillig) – schließt EB-Zuschuss ein

Antrag des Trägers verfristet (nach dem 30.4.) – Ablehnung durch Gemeinde
Träger: Kein Anspruch auf kindbezogene Förderung einschließlich EB-Zuschuss

Die jeweiligen Anspruchsberechtigten und -verpflichteten sind **für jedes einzelne betreute Kind gesondert zu klären**; es steht den Gemeinden aber frei, abweichende Vereinbarungen zu treffen. 172

Beispiele:

Zehn Kinder aus der Gemeinde A besuchen den Kindergarten X, zehn weitere Kinder den Kindergarten Y. Auch aus der Gemeinde B besuchen zehn Kinder den Kindergarten Y. Wenn alle Fördervoraussetzungen erfüllt sind, hat X einen Förderanspruch gegen A für zehn Kinder. Y hat einen Förderanspruch gegen A und B für jeweils zehn Kinder. A wiederum erhält für zehn, B für 20 Kinder vom Freistaat Bayern staatliche Zuschüsse.

Aus der Gemeinde A gehen 37 Kinder in Kindergärten, die in der Gemeinde B gelegen sind. Aus der Gemeinde B gehen 32 Kinder in Kindergärten, die in der Gemeinde A gelegen sind. Um sich die Verwaltungsarbeit zu vereinfachen, vereinbaren die Gemeinden A und B vertraglich, dass jede von ihnen für die Kinder zahlt, die diejenigen Kindergärten besuchen, die auf dem eigenen Gemeindegebiet gelegen sind, wenn die Kinder aus A oder B kommen. Diese Vereinbarung geben sie den Trägern bekannt. A zahlt dann auch für die 32 Kinder aus B und kann diese auch gegenüber dem Freistaat abrechnen, B wiederum zahlt für die 37 Kinder aus A und erhält für diese die staatlichen Zuschüsse.

Mit Wirkung ab dem 1.1.2013 haben die Gemeinden auch einen direkten Förderanspruch gegenüber dem Freistaat für Großtagespflegestellen im Sinne des Art. 20a. Es handelt sich hierbei um die staatliche Finanzierungsbeteiligung für eine neue Angebotsform, für die in Art. 20a eigene Fördervoraussetzungen formuliert sind. Mit der Regelung sollten Anreize für die Errichtung und den Erhalt von Großtagespflegestellen geschaffen werden, die sich etabliert haben und die Betreuungslandschaft vor allem durch die hohe Flexibilität bereichern. Wählt eine Gemeinde den Weg der direkten „einrichtungsähnlichen Förderung“ einer Großtagespflegestelle, geht der staatliche Förderanspruch vom Träger der öffentlichen Jugendhilfe (vgl. Art. 18 Abs. 3) auf die Gemeinde über. Bei „einrichtungsähnlich geförderten“ Großtagespflegestellen leistet der Träger der öffentlichen Jugendhilfe an die in der Großtagespflegestelle tätigen Tagespflegepersonen die Leistungen nach § 23 SGB VIII.

3. Förderanspruch des örtlichen Trägers der öffentlichen Jugendhilfe

173 Der Anspruch des Trägers der öffentlichen Jugendhilfe aufgrund der Bedarfsanerkennung von Plätzen in einer Einrichtung war durch den Wegfall des Art. 7 Abs. 3 zum 1.1.2013 zu streichen. Es bleibt dem Landkreis jedoch unbenommen, sich an der Finanzierung insbesondere bei Einrichtungen mit überörtlichem Einzugsbereich zu beteiligen. Die Finanzierungsbeteiligung kann durch Übernahme der Kosten für die kindbezogene Förderung geschehen. Aus verwaltungsökonomischen Gründen wird empfohlen, dass die Sitzgemeinde der betreffenden Einrichtung das Förderverfahren abwickelt und der Landkreis den kommunalen Förderanteil für die betreffenden Plätze an die Sitzgemeinde erstattet. Die Modalitäten für die Erstattung sollten in einer Vereinbarung zwischen Landkreis und Sitzgemeinde festgelegt werden.

Der **Refinanzierungsanspruch für den örtlichen Träger der öffentlichen Jugendhilfe** in Abs. 3. knüpft deswegen an die **zwei Fälle** an, in denen der örtliche Träger der öffentlichen Jugendhilfe aufgrund des BayKiBiG eine Förderleistung erbringt:

- Art. 18 Abs. 3 i. V. m. Abs. 1 Satz 2 Alt. 2:
  Förderung von Trägern von Kindertageseinrichtungen, weil die **Gemeinde leistungsunfähig** ist
- Art. 18 Abs. 3:
  Förderung der Tagespflegeangebote

Die **Tagespflegepersonen haben** – anders als die Träger von Kindertageseinrichtungen – **keinen Förderanspruch nach dem BayKiBiG**. Ihre Rechte richten sich nach dem SGB VIII: Nach §§ 23 Abs. 1, 24 Abs. 5 SGB VIII haben geeignete Tagespflegepersonen gegen den örtlichen Träger der öffentlichen Jugendhilfe einen Anspruch auf die laufende Geldleistung nach § 23 Abs. 1 SGB VIII, wenn ihnen Kinder der nach § 24 Abs. 3 SGB VIII bevorzugten Personengruppe vermittelt werden (näher hierzu Erl. zu Art. 2 Rn. 17 ff.).

Die Förderbeziehungen lassen sich daher wie folgt skizzieren: 174

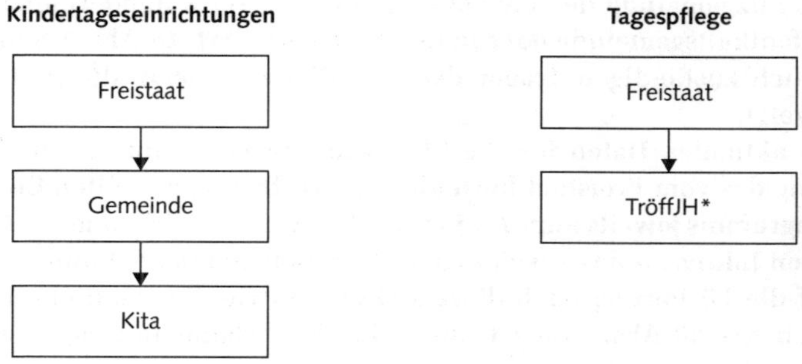

* örtlicher Träger der öffentlichen Jugendhilfe

Auch für die Ansprüche der Träger der öffentlichen Jugendhilfe gilt entsprechend wie bei den Gemeinden eine materielle Ausschlussfrist für die Antragstellung der kindbezogenen Förderung (30.6. des folgenden Kalenderjahres).

Art. 19
Fördervoraussetzungen für Kindertageseinrichtungen

Der Förderanspruch in Bezug auf Kindertageseinrichtungen (Art. 18 Abs. 1 bis 3 Satz 1 Alternative 2) setzt voraus, dass der Träger

1. Eine Betriebserlaubnis nachweisen kann,

2. geeignete Qualitätssicherungsmaßnahmen durchführt, d. h. die pädagogische Konzeption der Kindertageseinrichtung in geeigneter Weise veröffentlicht sowie eine Elternbefragung oder sonstige, gleichermaßen geeignete Maßnahme der Qualitätssicherung jährlich durchführt,
3. die Grundsätze der Bildungs- und Erziehungsarbeit und die Bildungs- und Erziehungsziele (Art. 13) seiner eigenen träger- und einrichtungsbezogenen pädagogischen Konzeption zugrunde legt,
4. die Einrichtung an mindestens vier Tagen und mindestens 20 Stunden die Woche öffnet,
5. Elternbeiträge
   a) entsprechend den Buchungszeiten, die auf Grund des Art. 32 Satz 1 Nr. 4 festgelegt sind, staffelt und
   b) soweit für das Kind nach Art. 23 Abs. 3 Satz 1 und 2 ein Anspruch auf einen Zuschuss besteht, in gleicher Höhe ermäßigt,
6. den vollständigen Förderantrag bis spätestens 30. April des auf den Bewilligungszeitraum (Art. 26 Abs. 1 Satz 4) folgenden Jahres stellt,
7. die Aufnahme eines Kindes mit gewöhnlichem Aufenthalt außerhalb der Sitzgemeinde der Einrichtung binnen drei Kalendermonaten der Aufenthaltsgemeinde oder in den Fällen des Art. 18 Abs. 1 Satz 2 dem örtlich zuständigen Träger der öffentlichen Jugendhilfe in Textform anzeigt,
8. die aktuellen Daten für die kindbezogene Förderung unter Verwendung des vom Freistaat kostenlos zur Verfügung gestellten Computerprogramms jeweils zum 15. Januar, 15. April, 15. Juli und 15. Oktober jeden Jahres an das zuständige Rechenzentrum meldet und
9. auf die Förderung nach diesem Gesetz sowie die staatliche Leistung nach Art. 23 Abs. 3 Satz 1 und 2 durch Aushang an geeigneter Stelle hinweist und
10. die Vorschriften dieses Gesetzes und die auf Grund dieses Gesetzes erlassenen Rechtsvorschriften sowie die Art. 5 und 6 BayIntG beachtet.

Inhaltsübersicht **Rn.**

1. Anwendungsbereich 176
2. Betriebserlaubnis (Nr. 1) 177
3. Qualitätssicherungsmaßnahmen (Nr. 2) 178, 179
4. Bildungs- und Erziehungsziele (Nr. 3) 180
5. Mindestöffnungszeit (Nr. 4) 181
6. Elternbeitragsstaffelung (Nr. 5)
   a) Staffelung der Elternbeiträge 182, 183

b) Gebührenfreie Einrichtungen. 184
c) Keine Differenzierung der Beiträge für Kinder von drei Jahren bis zur Einschulung 185
d) Ermäßigung der Beiträge für Vorschulkinder in Höhe des Beitragszuschusses. 186, 187
7. Antragsfrist (Nr. 6) 188
8. Mitteilungspflicht bei Gastkindern (Nr. 7) 189
9. Aktualisierung der Daten in KiBiG.web (Nr. 8). 190
10. Hinweis auf Förderung nach BayKiBiG (Nr. 9) 191
11. Weitere Gesetzesvorschriften (Nr. 10) 192
a) Bayerisches Integrationsgesetz. 193

Vorbemerkung

Im Koalitionsvertrag vom Oktober 2018 hat die Bayerische Staatsregierung die Ausweitung der Kostenfreiheit der Kinderbetreuung beschlossen. Nach den Beschlüssen sollen alle drei Kindergartenjahre beitragsfrei gestellt werden, indem in gleicher Weise wie für das Vorschuljahr auch für das erste und zweite Kindergartenjahr 100 Euro pro Kind gewährt werden sollen. Der Bayerische Ministerrat hat in seiner Sitzung vom 3.12.2018 beschlossen, den Beitragszuschuss in Höhe von 100 Euro für die gesamte Kindergartenzeit ab dem 1.4.2019 einzuführen. Die hierfür erforderliche Änderung des BayKiBiG wurde mit dem Haushaltsgesetz am 15.5.2019 vom Bayerischen Landtag beschlossen. Das Gesetz wurde am 31.5.2019 im GVBl. (B 1612 vom 31.5.2019) bekanntgegeben. Von der Gesetzesänderung sind folgende Vorschriften betroffen: Art. 19 Nr. 5 und 9, Art. 23. Neu eingefügt wurde Art. 31. **175**

Anmerkungen

1. Anwendungsbereich

Art. 19 bestimmt jeweils die Voraussetzungen, die eine Kindertageseinrichtung erfüllen muss, damit in ihr belegte Plätze einen Förderanspruch auslösen können. Die Anforderungen gelten **176**
- für den Förderanspruch des Trägers gegenüber der Gemeinde,
- für den (subsidiären) Förderanspruch des Trägers gegenüber dem örtlichen Träger der öffentlichen Jugendhilfe,
- für den Förderanspruch der Gemeinde gegenüber dem Freistaat und
- für den Förderanspruch des örtlichen Trägers der öffentlichen Jugendhilfe gegenüber dem Freistaat.

Zu den einzelnen Förderansprüchen s. näher die Erl. zu Art. 18.

2. Betriebserlaubnis (Nr. 1)

177 Eine Betriebserlaubnis erhält ein Träger einer Kindertageseinrichtung auf seinen Antrag hin, wenn die Voraussetzungen des § 45 SGB VIII (ggf. i. V. m. Art. 9) erfüllt sind; näher hierzu s. Erl. zu Art. 9.

Folgen des Überschreitens der in der Betriebserlaubnis genehmigten Platzzahl:
Die in der Betriebserlaubnis festgelegte höchst zulässige Platzzahl stellt die Grenze dar, die der Träger einhalten muss, um eine Kindeswohlgefährdung auszuschließen.

> **Beispiel:**
> Hat eine Einrichtung eine Betriebserlaubnis für maximal 50 Plätze anerkannt, so bedeutet dies, dass in der Einrichtung zeitgleich nie mehr als 50 Kinder anwesend sein dürfen.

Nimmt der Träger mehr Kinder als genehmigt auf bzw. besuchen mehr Kinder zeitgleich die Einrichtung, als Plätze in der Betriebserlaubnis genehmigt sind, liegt ein Verstoß gegen die Betriebserlaubnis vor. Dies gilt auch, wenn die Überschreitung nur für einen Teil eines Tages besteht. § 45 SGB VIII regelt, dass die Erlaubnis zurückzunehmen oder zu widerrufen ist, wenn durch die Überschreitung der Platzzahl eine Kindeswohlgefährdung eintritt. Im Rahmen der Verhältnismäßigkeit wäre durch die Bewilligungsbehörden zu prüfen, ob und ggf. in welchem Umfang von der Höchstzahl, zumindest zeitweise, abgewichen werden kann. Die Erlaubnis für das Überschreiten der Höchstzahl ist vorab vom Träger bei der Aufsichtsbehörde einzuholen.

Wurde eine Betriebserlaubnis zurückgenommen, entfällt der Förderanspruch mit Wirkung des Kalendermonats, in dem die Betriebserlaubnis zurückgenommen wurde (vgl. § 25 Abs. 1 AVBayKiBiG).

Stellt sich im Nachhinein heraus, dass die Höchstplatzzahl für einen vorübergehenden Zeitraum überschritten wurde, kommt eine Zurücknahme der Betriebserlaubnis dann nicht mehr in Betracht, wenn für die Zukunft eine Kindeswohlgefährdung ausgeschlossen ist.

Die Bewilligungsbehörden haben die Möglichkeit, das Überschreiten der Höchstplatzzahl nachträglich zu genehmigen. In diesem Fall erfolgt keine Förderkürzung.

Sollte der Träger das Überschreiten der Höchstplatzzahl nicht unverzüglich gemeldet haben, liegt eine Ordnungswidrigkeit im Sinne des § 104 SGB VIII vor. In diesem Fall kann sich der Träger nicht auf die vorhandene Betriebserlaubnis berufen und verliert damit für die Monate des Überschreitens der Platzzahl den Förderanspruch, sofern für die zusätzlichen Kinder keine nachträgliche Genehmigung erteilt wurde.

3. Qualitätssicherungsmaßnahmen (Nr. 2)

Der Träger muss zwei Qualitätssicherungsmaßnahmen durchführen: 178

Erstens muss der Träger zwingend seine **pädagogische Konzeption veröffentlichen**. Adressaten der Veröffentlichung der pädagogischen Konzeption sind vor allem die Eltern. Dies stellt eine **mittelbare Qualitätssicherungsmaßnahme** dar, weil nicht direkt Aspekte guter pädagogischer Arbeit vorgegeben werden, sondern über Information der Eltern diese als aktive Partner des Bildungs- und Erziehungsgeschehens eingebunden werden und insofern als zusätzlicher Motor für die Weiterentwicklung der Qualität einer Kindertageseinrichtung wirken können. Die Art der Veröffentlichung ist gesetzlich nicht vorgegeben; sie ist aber nur dann eine geeignete Qualitätssicherungsmaßnahme, wenn die Eltern von der pädagogischen Konzeption auch wirklich Kenntnis nehmen können. Die **Veröffentlichung im Internet** ist daher eine sehr gute Möglichkeit, insbesondere auch um die notwendige Selbstdarstellung der Kindertageseinrichtung zu unterstützen. Als alleiniger Veröffentlichungsweg ist sie aber nicht ausreichend, da nicht alle Eltern über einen Internetzugang verfügen. Zusätzlich oder auch als alleinige Form der Veröffentlichung ist die Konzeption daher in der Einrichtung an für alle Eltern zugänglicher Stelle auszulegen.

Zweitens muss der Träger eine **weitere Qualitätssicherungsmaßnahme** 179
durchführen, und zwar jährlich. Geeignet ist die vom Gesetz beispielhaft aufgeführte **Elternbefragung**. Diese Elternbefragung des Trägers darf nicht mit der Elternbefragung durch die Gemeinde oder den örtlichen Träger der öffentlichen Jugendhilfe verwechselt werden. Während Letztere einrichtungsübergreifend dazu dient, die Bedürfnisse der Eltern herauszufinden, dient die Befragung des Trägers einer Kindertageseinrichtung dazu, die Zufriedenheit der Eltern mit seiner Einrichtung zu eruieren. Geeignet als **Qualitätssicherungsmaßnahme** sind dabei nur Elternbefragungen, die möglichst alle Aspekte der Qualität einer Kindertageseinrichtung erfassen: Angefangen von der Zufriedenheit mit den äußeren Begebenheiten, wie z. B. den Elternbeiträgen, den Öffnungszeiten und der Ausstattung bis hin zur konkreten pädagogischen Arbeit. Das BayKiBiG lässt dem Träger die Wahl, ob er jährlich eine Elternbefragung oder eine gleichermaßen geeignete Qualitätssicherungsmaßnahme durchführen möchte. Damit sie gleichermaßen geeignet ist, muss diese Maßnahme genauso breit angelegt sein wie die Elternbefragung. In Frage kommt z. B. eine Evaluation durch externe Berater.

4. Bildungs- und Erziehungsziele (Nr. 3)

180 Gesetzliche Förderansprüche sollen nur Kindertageseinrichtungen erhalten, die pädagogisch auf hohem Niveau arbeiten. Das BayKiBiG setzt zur Erreichung dieses Ziels nicht auf eine Vielzahl struktureller Vorgaben, sondern belässt den Trägern von Kindertageseinrichtungen alle **organisatorischen und methodischen Freiheiten**. Vorgegeben werden (neben personellen Anforderungen) lediglich die zu erreichenden pädagogischen Ziele. Diese sind näher in Art. 13 und in den §§ 1–14 AVBayKiBiG bestimmt (vgl. Erl. hierzu). Nr. 3 bestimmt als **Fördervoraussetzung**, dass diese Bildungs- und Erziehungsziele der pädagogischen Konzeption zugrunde gelegt werden müssen. Damit ist nicht gemeint, dass es ausreichen würde, die Ziele in die pädagogische Konzeption zu schreiben, die reale Umsetzung hingegen irrelevant wäre. Fördervoraussetzung ist die praktische Arbeit nach den Bildungs- und Erziehungszielen des BayKiBiG. Der Hinweis auf die notwendige Zugrundelegung in der pädagogischen Konzeption macht vielmehr darauf aufmerksam, dass die abstrakten Bildungs- und Erziehungsziele übersetzt werden müssen in die konkrete pädagogische Arbeit und dass sie an die besondere Eigenart einer jeweiligen Einrichtung angepasst, z. B. Schwerpunkte gesetzt werden müssen.

Weil sich die Fördervoraussetzung nach Nr. 3 somit gerade nicht auf die bloße schriftliche Wiedergabe der Bildungs- und Erziehungsziele erschöpft, kann die Bewilligungsbehörde zur Überprüfung neben der Vorlage der pädagogischen Konzeption auch verlangen, dass das pädagogische Personal darlegt, mit welchen Projekten oder sonstigen Arrangements bestimmte Bildungs- und Erziehungsbereiche abgedeckt wurden. Eine solche Darlegung fällt dem pädagogischen Personal leichter, wenn es seine pädagogische Arbeit dokumentiert.

5. Mindestöffnungszeit (Nr. 4)

181 In Nr. 4 ist die Fördervoraussetzung der Mindestöffnungszeit enthalten. Die **Mindestöffnungszeit** soll sicherstellen, dass die geförderte Kindertageseinrichtung zumindest Teilzeittätigkeiten der Eltern bzw. eines Elternteils ermöglicht. Gemäß Art. 2 Abs. 2 muss die Mehrzahl der Kinder die Einrichtung mindestens 20 Stunden pro Woche besuchen, ansonsten liegt gar keine Kindertageseinrichtung im Sinne des BayKiBiG vor, so dass sich bei einer Öffnungszeit von weniger als 20 Stunden die Frage nach der Förderfähigkeit erst gar nicht stellt. In jedem Fall hat die Vier-Tages-Regel einen eigenen Bedeutungsgehalt:

Beispiele:

Der „Kindergarten" A hat an fünf Tagen und insgesamt 15 Stunden die Woche geöffnet. Hier kann die Mehrheit der Kinder mangels Öffnungszeit keine 20 Stunden den „Kindergarten" A besuchen. A ist daher kein Kindergarten im Sinne des BayKiBiG und hat schon aus diesem Grund keinen Förderanspruch.

Der Kindergarten B hat an drei Tagen und insgesamt 21 Stunden geöffnet; 60 % der Kinder nutzen die volle Öffnungszeit. B ist mangels Öffnung an mindestens vier Tagen nicht förderfähig.

6. Elternbeitragsstaffelung (Nr. 5)

a) Staffelung der Elternbeiträge

Voraussetzung für die Förderung ist ferner, dass die **Elternbeiträge entsprechend den Buchungszeiten gemäß § 24 AVBayKiBiG gestaffelt** sind. Diese Vorschrift soll die Fördereffizienz der kindbezogenen Förderung sichern. Bei der kindbezogenen Förderung bekommt ein Träger mehr Fördergelder, je länger die Kinder die Kindertageseinrichtung besuchen. Denn je länger die Kinder die Tageseinrichtung besuchen, desto länger benötigt der Träger das pädagogische Personal. Dies wirkt sich folglich auch auf die Höhe der Betriebskosten aus. Angesichts des Gebots, Steuermittel möglichst effizient einzusetzen, muss vermieden werden, dass der Freistaat Bayern und die Gemeinden Öffnungszeiten der Kindertageseinrichtungen fördern, die gar nicht von den Eltern genutzt werden. Dieses Ziel wird durch die kindbezogene Förderung erreicht, wenn die Eltern die Zeiten buchen, die sie auch nutzen möchten. Um zu gewährleisten, dass Eltern nur die Zeiten buchen, die sie auch tatsächlich in Anspruch nehmen, und sog. **Luftbuchungen** zu verhindern, schreibt Nr. 5 vor, dass die Elternbeiträge entsprechend der Buchungszeit zu staffeln sind. So besteht ein finanzieller Anreiz für die Eltern, nur das benötigte Zeitkontingent zu buchen. 182

Hinweis:

Mit dem Inkrafttreten des Gesetzes zur Weiterentwicklung der Qualität und zur Teilhabe in der Kindertagesbetreuung (KiTa-Qualitäts- und Teilhabeverbesserungsgesetz – KiQuTG), das sog. Gute-Kita-Gesetz, zum 1.1.2019 wurde auch die Änderung des § 90 Abs. 3 und 4 SGB VIII zum 1.8.2019 beschlossen.

Die Intention der Gesetzesänderung liegt darin, Hürden für die Inanspruchnahme von den Angeboten der Kindertagesbetreuung zu beseitigen oder zumindest abzubauen. Eine wesentliche Hürde stellen Kosten- und Teilnahmebeiträge insbesondere für Familien mit niedrigem Einkommen dar. Insofern stellt die Änderung des § 90 Abs. 3 und 4 SGB VIII auf die Abschaffung von Kostenbeiträgen für Kinder ab, die ansonsten keine Möglichkeit hätten, ein Angebot der Kindertagesbetreuung wahrzunehmen. Die bisherige Option für die Länder, von Beitragsstaffelungen abzusehen, entfällt. Die sozialen Kriterien zur Ausgestaltung der Staffelungen bleiben bestehen.

Mit der Änderung wird klargestellt, dass für Bezieher von Leistungen nach dem SGB II oder nach dem dritten und vierten Kapitel des SGB XII oder nach den §§ 2 und 3 des Asylbewerberleistungsgesetzes die Kosten- und Teilnahmebeiträge stets unzumutbar sind und auf Antrag erlassen oder übernommen werden.

Darüber hinaus wird der Personenkreis, für den Kosten- und Teilnahmegebühren unzumutbar sind, erweitert. Für Bezieher von Kinderzuschlag nach § 6a Bundeskindergeldgesetz und Wohngeldbezieher werden die Beiträge auf Antrag ebenfalls übernommen.

Zur differenzierten Förderung der Buchungszeiten sind in § 24 Abs. 1 AV-BayKiBiG stundenweise gestaffelte Buchungsfaktoren festgelegt. Die Buchungszeitkategorien stellen auf Stundenzeiträume ab (z. B. über drei bis vier Stunden pro Tag, über vier bis fünf Stunden pro Tag usw.). Auch die Elternbeiträge sind daher (mindestens) stundenweise zu steigern. Nach Nr. 5 ist eine *entsprechende* Staffelung erforderlich. Hierzu wird in der Gesetzesbegründung ausgeführt:

> *„Entsprechend den Buchungszeiten gestaffelt heißt zum einen, dass jeder Stundenkategorie, für die ein eigener Buchungszeitfaktor festgelegt wird, auch ein eigener Elternbeitrag entspricht (2. Halbsatz). Zum anderen ist erforderlich, dass für* **die jeweils höhere Stundenkategorie ein deutlich höherer Elternbeitrag** *zu entrichten ist als für die niedrigere Stufe. Eine linear-proportionale Staffelung ist damit nicht zwingend vorgegeben. Soziale Staffelungen des Elternbeitrags im Rahmen der buchungszeitbezogenen Staffelung sind möglich“.*

Entsprechend bedeutet aufgrund der Zielsetzung in jedem Fall, dass die Steigerungen von Buchungszeitkategorie zu Buchungszeitkategorie so spürbar sein müssen, dass sich die Eltern durch die Steigerungshöhe zu einer ihrem Bedarf entsprechenden Buchung leiten lassen. **Das StMAS** hat für die Steigerung eine **Empfehlung** herausgegeben. Danach sollte der Elternbeitrag von Buchungszeitkategorie zu Buchungszeitkategorie um **mindestens**

10 Prozent beginnend mit der Zeitkategorie > 3 h bis 4 h bzw. > 4 h bis 5 h, sofern der Träger eine vierstündige tägliche Kernzeit festgelegt hat (vgl. Art. 21 Abs. 4 Satz 5), steigen. Wenn sich danach ein Steigerungsbetrag von weniger als fünf Euro ergibt, so sollte **zumindest um fünf Euro** gesteigert werden.

Beispiele:

Ein Träger möchte als Elternbeitrag für die Buchungszeitkategorie „über drei bis vier Stunden" 70 Euro festsetzen. Dann sollte für „über vier bis fünf Stunden" ein Elternbeitrag in Höhe von 77 Euro, für „über fünf bis sechs Stunden" ein Elternbeitrag in Höhe von 84 Euro usw. festgelegt werden.

Ein anderer Träger möchte als Elternbeitrag für die Buchungszeitkategorie „über drei bis vier Stunden" 40 Euro festsetzen. Dann entsprächen 10 Prozent davon 4 Euro, so dass dieser Träger dann in Schritten von 5 Euro steigern sollte, also für „über vier bis fünf Stunden" 45 Euro, für „über fünf bis sechs Stunden" 50 Euro usw.

Hält sich die konkrete Elternbeitragsstaffelung an diese Empfehlung, ist keine Überprüfung der Buchungszeiten angezeigt, sofern der Träger ordnungsgemäße Buchungsbelege für jedes Kind vorweisen kann; wird hingegen von der Empfehlung abgewichen, so müssen die Bewilligungsbehörden überprüfen, ob es sich noch um eine den Buchungszeiten entsprechende Staffelung handelt. So kann regional trotz Unterschreitens der o. g. Empfehlung eine Elternbeitragsstaffelung vorliegen, die ihre Funktion – nämlich die Eltern zu einer ihrem Nutzungsverhalten entsprechenden Buchung zu veranlassen – erfüllt. Ein Träger, der von der Empfehlung abweichen möchte, sollte dies daher vorher mit seiner Bewilligungsbehörde besprechen.

Elternbeitragsstaffelung bei Platzsharing

Bei Platzsharing, d. h. ein Platz wird von mindestens zwei Kindern belegt, 183
sind zwei unterschiedliche Modelle der Beitragsstaffelung möglich:

Beispiel:

In der Einrichtung ist folgende Gebührenstaffelung festgelegt:

> 1 h bis 2 h	> 2 h bis 3 h	> 3 h bis 4 h	> 4 h bis 5 h	> 5 h bis 6 h
45 €	50 €	55 €	60 €	65 €

Buchung: Montag bis Mittwoch jeweils täglich bis zu 5 Stunden

Beitrag nach Variante 1:

Umfang der Betreuung wöchentlich bis zu 15 Stunden, dies entspricht der Buchungskategorie > 2 h bis 3 h, **der Beitrag beläuft sich auf 50 €**.

Beitrag nach Variante 2:

Grundlage ist Zeitkategorie > 4 h bis 5 h; nachdem nur drei Tage pro Woche gebucht sind, wird der Beitrag für diese Kategorie nur anteilig berechnet:

$^3/_5$ von 60 € (= Beitrag der Kategorie > 4 h bis 5 h), **Beitrag demnach 36 €**.

Beide Varianten stehen grundsätzlich der Voraussetzung des Art. 19 Nr. 4 nicht entgegen. Variante 1 führt allerdings zu höheren Elternbeitragseinnahmen, die sich nicht allein aufgrund des Verwaltungsmehraufwands begründen lassen. Dies könnte Träger verleiten, möglichst auf Platzteilungen zu setzen, was qualitativ aufgrund der höheren Zahl der Kinder zu Abstrichen führt. Auch der Träger der öffentlichen Jugendhilfe könnte bei einer notwendigen Übernahme der Elternbeiträge gemäß § 90 SGB VIII auf die höheren Einnahmen bei Platzteilungen hinweisen und ggf. Kürzungen vornehmen. **Aus diesem Grund ist Variante 2 zu favorisieren**, vorausgesetzt, die Steuerungsfunktion der Elternbeitragsstaffelung ist durch ausreichende Staffelungsschritte gewährleistet.

b) Gebührenfreie Einrichtungen

184 Nachdem das KiQuTG auf den Abbau von Hürden zur Inanspruchnahme der Kinderbetreuung abstellt und damit die Kostenbefreiung unterstützt, stellt sich die Frage zum Verhältnis zu Art. 19 Nr. 5, der eine Staffelung der Beiträge verlangt.

Der Gesetzgeber trägt dem Umstand, dass aufgrund der Erweiterung des Beitragszuschusses nicht für jede Buchungszeitkategorie Elternbeiträge erhoben werden, dahingehend Rechnung, als auf das Wort „die“ vor dem Wort „Elternbeiträge“ seit dem 1.4.2019 verzichtet wird.

Der erweiterte Elternbeitragszuschuss des BayKiBiG in Verbindung mit der Änderung des § 90 Abs. 3 und 4 ab 1.8.2019 intendiert zudem eine Beitragsfreiheit. Mit dem Beitragszuschuss des BayKiBiG soll ein kostenfreies Betreuungsangebot ermöglicht werden. Folglich hat der Verzicht auf eine Gebührenstaffelung zugunsten einer Beitragsfreiheit **keine Auswirkung** auf die Förderung nach dem BayKiBiG.

Dies gilt aber ausschließlich für Kinder ab Vollendung des dritten Lebensjahrs, für die ein Beitragszuschuss gewährt wird. Insofern mussten der 31. und 58. Newsletter revidiert werden. Sie wurden durch den neuen 303. Newsletter ersetzt.

Kostenfreiheit nur für kommunale Einrichtungen

Soweit ein Beschluss der Gemeinde generell den Kindergartenbesuch betrifft, die Gemeinde somit im Rahmen des Sicherstellungsgebots (Art. 5) handelt, muss die Gemeinde den Gleichbehandlungsgrundsatz beachten und alle Betreuungsverhältnisse bei gleichem Sachverhalt gleich behandeln. Führt eine Gemeinde Kostenfreiheit für alle Kinder ein, muss sie auch die Kosten bei allen freigemeinnützigen und sonstigen Trägern übernehmen.

Regelt die Gemeinde die Elternbeiträge für ihre eigenen Einrichtungen, handelt sie als Träger. In diesem Rahmen kann die Gemeinde ihre Elternbeiträge – wie jeder andere Träger auch – selbst festlegen (Bestimmungen des Kommunalabgabengesetzes sind zu beachten). Die gemeindliche Verwaltungstätigkeit muss mit der Verfassung und den Gesetzen im Einklang stehen (Art. 56 BayGO). Insbesondere hat die Gemeinde den Subsidiaritätsgrundsatz und die unternehmerische Freiheit sonstiger Anbieter zu beachten. Rechtliche Bedenken bestünden beispielsweise dann, wenn das kostenfreie kommunale Angebot zu einer Abwanderung von Eltern bzw. deren Kindern führt und dies ursächlich für eine Schieflage der Finanzierung der Einrichtungen der anderen Träger wäre. In diesem Zusammenhang kann von Bedeutung sein, ob die Gemeinde mit den betreffenden Trägern eine Defizitvereinbarung geschlossen hat.

Im Einzelfall wäre demnach zu prüfen, ob mit der kommunalen Entscheidung in die Rechte der anderen Träger eingegriffen wird.

c) Differenzierung der Beiträge für Kinder von drei Jahren bis zur Einschulung (Rechtsstand bis 31.3.2019)

Neben dem Erfordernis einer Staffelung der Elternbeiträge ist bei der Fest- 185
setzung der Beiträge noch Folgendes zu beachten: Die Beiträge für die Kinder im Alter von drei Jahren bis zur Einschulung dürfen der Höhe nach nicht differenziert werden. Außerdem gilt für die Träger die Verpflichtung, die Beiträge für die Vorschulkinder im Sinne des Art. 23 Abs. 3 entsprechend der Höhe des staatlichen Zuschusses (ab 1.9.2012 50 Euro mtl.; ab 1.9.2013 100 Euro mtl.) zu senken.

Mit der Regelung will der Gesetzgeber sicherstellen, dass die mit dem Zuschuss zum Elternbeitrag (vgl. Art. 23 Abs. 3) beabsichtigte Entlastung der Eltern tatsächlich bei den Eltern ankommt. Deshalb müssen die Beiträge für alle Kinder ab dem dritten Lebensjahr bis zur Einschulung in einheitlicher Höhe ausgewiesen werden. Eine einseitige Erhöhung der Beiträge für Vorschulkinder ist nicht zulässig.

Ausnahme:
In vielen Einrichtungen ist die differenzierte Festlegung von Elternbeiträgen für die verschiedenen Altersgruppen aufgrund des unterschiedlichen Betreuungsaufwands üblich. Dies gilt vor allem für Kinder unter drei Jah-

ren. Gemäß Art. 19 Nr. 5 muss der höhere Beitrag für unter Dreijährige mit dem Kalendermonat der Vollendung des dritten Lebensjahres entsprechend angepasst werden. Wird der höhere Beitrag für die Altersgruppe U3 bis zum Ende des Kindergartenjahres (31.8.) verlangt, stellt dies dann keinen Verstoß gegen Art. 19 Abs. 5 dar, solange die Kinder auch nach Vollendung des dritten Lebensjahres bis zum Ende des laufenden Kindergartenjahrs mit Gewichtungsfaktor 2,0 gefördert werden (vgl. Art. 21 Abs. 5 Satz 6)

Im Zuge der Erweiterung des Beitragszuschusses ab dem 1. Kindergartenjahr wurde auf das Differenzierungsgebot für Kinder im Alter von drei Jahren bis zur Einschulung verzichtet. Die entsprechende Regelung wurde mit Wirkung zum 1.4.2019 ersatzlos gestrichen.

d) Ermäßigung der Beiträge in Höhe des Beitragszuschusses

186 Die Höhe und das Verfahren zum Elternbeitragszuschuss sind seit der Gesetzesänderung vom 31.5.2019 in Art. 23 Abs. 3 geregelt. Durch die Verpflichtung zur Senkung des Elternbeitrags für die in Art. 23 Abs. 3 genannten Kinder erübrigt sich eine Antragstellung der Eltern. Ein Verzicht des Trägers auf den Elternbeitragszuschuss einhergehend mit der Weigerung zur Beitragssenkung hätte den Verlust des Anspruchs auf die kindbezogene Förderung zur Folge.

Erhebt ein Träger die Beiträge nur für 11 Kalendermonate, ist die jährliche Beitragsentlastung für die Eltern in voller Höhe auf die elf Monate umzulegen.

Beispiel:

Der Elternbeitragszuschuss beträgt 100 Euro monatlich. Der Träger senkt seine Beiträge im maßgeblichen Betreuungsjahr um 1.200 Euro. Der Elternbeitrag des Trägers ist auf 125 Euro festgelegt und wird 11 Monate eingezogen. Die Eltern müssen in Höhe von 1.200 Euro pro Jahr entlastet werden. Der Träger senkt den Beitrag dementsprechend auf 15,90 Euro monatlich. Dies bedeutet eine Entlastung für die Eltern für 11 Monate zu je 109,10 Euro.

Für die Erweiterung des Beitragszuschusses ab dem 1.4.2019 ist die analoge Vorgehensweise zu empfehlen, auch wenn der Jahresbetrag von 1.200 Euro nicht mehr explizit erwähnt wird. Die Argumentation, die Entlastung in Höhe des Beitragzuschusses wäre gegeben, da im August gänzlich auf Beiträge verzichtet würde und in den übrigen Monaten um 100 Euro reduziert würde, ist im Regelfall nicht überzeugend, da bei der 11-monatigen Gebührenerhebung die Kosten der Eltern lediglich auf 11 anstelle von 12 Monaten umgelegt werden. Im Regelfall ist davon auszugehen, dass der Träger die Einnahmen über die Beiträge und den Beitragszuschuss auf das gesamte Jahr (12 Monate) kalkuliert und auf 11 Monate umlegt. Daher scheint die monatliche Reduzierung um 109,10 Euro sachgerecht.

Mit der Gesetzesänderung vom 31.5.2019 ist der Bezug des Beitragszuschusses auf den Zeitpunkt der Einschulung bzw. für Vorschulkinder entfallen. **187**

Nach Art. 19 Nr. 5 b BayKiBiG ist nach wie vor Voraussetzung für den Förderanspruch des Trägers einer Kindertageseinrichtung, dass dieser Elternbeiträge für Kinder, für die ein Anspruch auf den Beitragszuschuss besteht, um den Zuschussbetrag von 100 Euro ermäßigt. Dies steht der Erhöhung von Elternbeiträgen im zeitlichen Umfeld der Ausweitung des Beitragszuschusses auf die gesamte Kindergartenzeit grundsätzlich nicht entgegen. Insbesondere sind turnusmäßige Anpassungen im üblichen Rahmen zulässig.

Außergewöhnliche Beitragserhöhungen – insbesondere, wenn sie die Hälfte des Beitragszuschusses, also 50 Euro überschreiten – können ein Indiz dafür darstellen, dass der Träger der Verpflichtung nach Art. 19 Nr. 5b BayKiBiG nicht nachgekommen ist. In diesem Fall ist eine Prüfung seitens der staatlichen Aufsicht angezeigt, aus welchen Gründen eine Beitragsanpassung erfolgt ist. Ein Verstoß gegen die Fördervoraussetzung des Art. 19 Nr. 5b BayKiBiG ist nicht gegeben, wenn der Träger schlüssig darlegen kann, dass die Beitragsanpassung aus wirtschaftlichen Gründen geboten war und nicht ausschließlich dem Abschöpfen des Beitragszuschusses dient. Nachdem die kindbezogene Förderung nicht als Vollkostenfinanzierung konzipiert ist, ist davon auszugehen, dass in den allermeisten Fällen kein Verstoß gegen Art. 19 Nr. 5b gegeben ist.

7. Antragsfrist (Nr. 6)

Die Regelung enthält die bis zum 31.12.2012 in Art. 18 Abs. 1 enthaltene Antragsfrist für Träger von Kindertageseinrichtungen, die den Antrag (vgl. Art. 26) bis zum 30. April des auf das Ende des Bewilligungsjahres folgenden Kalenderjahres bei der Aufenthaltsgemeinde stellen müssen. Mit der Verortung in Art. 19 Nr. 6 soll der Charakter der Frist als materiell-rechtliche Ausschlussfrist deutlich zum Ausdruck kommen. Mit Inkrafttreten des Bayerischen E-Governmentgesetzes (BayEGovG) zum 30. Dezember 2015 wurde die in Art. 26 Abs. 1 geregelte Schriftform für die Antragstellung gestrichen. (Näheres hierzu unter Anm. zu Art. 26 Rn. 269) **188**

Folgen einer Fristversäumnis des Trägers

Bei der Ausschlussfrist des 30. April nach Art. 19 Nr. 6 BayKiBiG handelt es sich um eine Frist, die dazu bestimmt ist, die Interessen der Gemeinde zu wahren. Solange die Frist des 30. Juni nach Art. 18 Abs. 2 BayKiBiG gewahrt ist und soweit die Gemeinde bereit ist, ihren Förderanteil trotz Antragsverfristung durch den Träger zu leisten, stellt die Einhaltung der Frist des Art. 19 Nr. 6 BayKiBiG keine zwingende Fördervoraussetzung für den staatlichen Anteil der kindbezogenen Förderung dar. Dies setzt voraus, dass die Gemeinde ihrerseits in der Lage ist, den staatlichen Förderanteil fristgemäß bis 30. Juni bei der staatlichen Bewilligungsbehörde zu beantragen.

Sofern die Gemeinde demnach in der Lage ist, die Endabrechnung trotz Antragsverfristung durch den Träger fristgerecht zum 30. Juni bei der zuständigen staatlichen Bewilligungsbehörde zu stellen, besteht **keine zwingende Voraussetzung**, die Förderung gegenüber dem Träger zu versagen.

Mit der Umstellung des Bewilligungszeitraums vom Kindergartenjahr auf das Kalenderjahr zum 1.1.2015 wurde die Antragsfrist faktisch um vier Monate verkürzt. Der Bewilligungszeitraum endet mit Ablauf des 31. Dezember. Der Träger hat bis zum 30. April Zeit, seinen Antrag bei der Aufenthaltsgemeinde einzureichen.

8. Mitteilungspflicht bei Gastkindern (Nr. 7)

189 Seit dem 1.1.2013 gilt für die Träger die Verpflichtung, bei Aufnahme von sog. Gastkindern, d. h. Kinder mit gewöhnlichem Aufenthalt außerhalb der Sitzgemeinde der Einrichtung, dies der Aufenthaltsgemeinde des Kindes binnen drei Kalendermonaten nach Aufnahme des Kindes mitzuteilen. Um für Rechtsklarheit zu sorgen, muss die Mitteilung des Trägers an die Gemeinde in Textform erfolgen. Für das Erfordernis der Textform genügt eine einfache E-Mail an die Gemeinde. Ein formelles Schreiben des Trägers mit Unterschrift ist nicht erforderlich. Eine telefonische oder nur mündliche Benachrichtigung durch den Träger bei der betreffenden Gemeinde ist nicht ausreichend.

Die Drei-Monats-Frist beginnt mit der tatsächlichen Aufnahme des Kindes, also dem ersten Besuchstag des Kindes in der Einrichtung. Versäumt der Träger die Mitteilung an die Gemeinde, verliert er für dieses Kind den Anspruch auf Förderung.

Vom Tatbestand der Aufnahme eines Kindes sind auch die Umzugsfälle erfasst, d. h. die Mitteilungspflicht besteht auch dann, wenn Eltern während der Betreuung ihres Kindes die Aufenthaltsgemeinde wechseln. Hierzu korrespondiert die Regelung des Art. 26a, in der die Mitteilungspflichten der Eltern beschrieben sind. Unterbleibt die Mitteilung des Trägers an die neue Aufenthaltsgemeinde oder erfolgt diese verspätet und kommt es dadurch zu einer Minderung des Förderanspruchs, kann der Träger seinen Schaden gegenüber den Eltern einfordern.

Beispiel:

1. Aufnahme eines Kindes am 15.1.2012. Der Träger hat spätestens bis zum 30.4.2013 der Gemeinde die Aufnahme mitzuteilen. Erfolgt die Mitteilung erst im Mai, beginnt der Anspruch auf die kindbezogene Förderung gemäß § 25 Abs. 1 Satz 1 AVBayKiBiG mit Februar 20XX (siehe hierzu auch AMS vom 13.2.2013 Nr. 2d AZ: VI 4/6511–1/180, AMS 01–2013).
2. Aufnahme eines Gastkindes am 15.02.JJJJ. Die Mitteilung an die Aufenthaltsgemeinde erfolgt am 20.09.JJJJ.

Die Mitteilung hätte spätestens am 31.05.JJJJ erfolgen müssen. Demnach erfolgte die Mitteilung um vier Monate zu spät. Es entfällt daher der Förderanspruch für die Kalendermonate Februar bis einschließlich Mai gegenüber der Aufenthaltsgemeinde des Gastkindes.

3. Sofern es sich nicht um eine Neuaufnahme eines Gastkindes handelt, sondern um ein Kind, das am 15.02.JJJJ infolge eines Umzugs die Aufenthaltsgemeinde gewechselt hat und weiterhin in seiner Einrichtung betreut wird, greift hinsichtlich des Wirksamwerdens der Änderung die Ausnahme des § 25 Abs. 1 Satz 5 AVBayKiBiG. Nachdem die neue Aufenthaltsgemeinde in diesem Fall erst zum 01.09.JJJJ zuständig wird, bleibt die verspätete Mitteilung für den Träger folgenlos.

9. Aktualisierung der Daten in KiBiG.web (Nr. 8)

Zur Verbesserung der Planungssicherheit sind die Träger verpflichtet, die **190** für die Ermittlung der kindbezogenen Förderung erforderlichen relevanten Daten jeweils vierteljährlich zum 15. Januar, 15. April, 15. Juli und 15. Oktober im onlinegestützten Abrechnungsverfahren „KiBiG.web" zu aktualisieren. Dabei handelt es sich um die Daten, die im Bereich Ist-Monatsdaten „Kinder" und „Personal" erfasst werden (vgl. § 19 Abs. 3 AVBayKiBiG).

Die Meldung an das Rechenzentrum erfolgt automatisch mit der Speicherung der Daten in KiBiG.web.

Die Folgen einer nicht oder zu spät erfolgten Datenaktualisierung sind in § 22 Abs. 4 AVBayKiBiG (siehe Rn. 419) geregelt.

10. Hinweis auf Förderung nach BayKiBiG (Nr. 9)

Zur deutlichen Abgrenzung zwischen Einrichtungen, die nach BayKiBiG **191** gefördert werden und jenen, die keine Förderung nach dem BayKiBiG erhalten, ist in den Einrichtungen an geeigneter Stelle auf die Förderung nach dem BayKiBiG hinzuweisen. Dies gilt sowohl für die Betriebskosten- als auch die Investitionskostenförderung. Durch den Hinweis können Eltern ohne Weiteres erkennen, dass eine Einrichtung nach dem BayKiBiG gefördert wird und deshalb eine hochwertige Bildung, Erziehung und Betreuung nach den Grundsätzen des Bayerischen Bildungs- und Erziehungsplans gewährleistet ist.

Mit der Gesetzesänderung vom 31.5.2019 und der Erweiterung der Beitragsentlastung wurde die Hinweispflicht erweitert. Nunmehr ist neben der Förderung nach dem BayKiBiG explizit ein Hinweis auf den Beitragszuschuss (staatliche Leistung nach Art. 23 Abs. 3) des Freistaats Bayern zu ergänzen.

11. Weitere Gesetzesvorschriften (Nr. 10)

192 Zu den weiteren Vorschriften des Gesetzes, die ein Träger als Fördervoraussetzung zu beachten hat, gehört, dass er seine Einrichtung im Rahmen des Möglichen auch **für Kinder mit Behinderung öffnet** sowie, dass er **Kindern mit besonderem Sprachförderbedarf gerecht wird** (Art. 12). Letztere Aufgabe delegiert der Träger gewöhnlich an die pädagogischen Kräfte, insbesondere an die Leiterin der Kindertageseinrichtung. Zudem werden die Vorschriften der Ausführungsverordnung (v. a. die Einhaltung der Bildungs- und Erziehungsziele sowie die Einhaltung des **Mindestanstellungsschlüssels** nach § 17 AVBayKiBiG) zu Fördervoraussetzungen.

193 Art. 5 und 6 BayIntG wurden in Art. 19 Nr. 10 aufgenommen und sind in gleicher Weise wie Art. 11 ff. zu beachten.

Art. 5 BayIntG Vorschulische Sprachförderung

(1) [1]Die Träger von Kindertageseinrichtungen fördern die sprachliche Entwicklung der Kinder von Anfang an und tragen hierbei den besonderen Anforderungen von Kindern aus Migrantenfamilien und Kindern mit sonstigem Sprachförderbedarf Rechnung. [2]Kinder sollen lernen, sich entwicklungsangemessen in der deutschen Sprache sowie durch die allgemein übliche Mimik und Körpersprache auszudrücken, längeren Darstellungen oder Erzählungen zu folgen und selbst Geschichten zusammenhängend zu erzählen. [3]Sie sollen Wortschatz, Begriffs- und Lautbildung, Satzbau und sprachliche Abstraktion in der deutschen Sprache entsprechend ihrem Entwicklungsstand erweitern und verfeinern. [4]Die Verwendung der lokalen Dialekte wird unterstützt und gepflegt. [5]Das pädagogische Personal muss über die erforderlichen deutschen Sprachkenntnisse verfügen und soll die notwendigen interkulturellen Kompetenzen im erforderlichen Umfang fortentwickeln.

(2) [1]Ab der ersten Hälfte des vorletzten Kindergartenjahres (Art. 26 Abs. 1 Satz 5 des Bayerischen Kinderbildungs- und -betreuungsgeset-

zes – BayKiBiG) vor Eintritt der Vollzeitschulpflicht wird bei allen Kindern zur frühzeitigen Feststellung und Förderung einer entsprechenden Entwicklung für die spätere Leistungsfähigkeit in der Schule der Sprachstand erhoben. [2]Zuständig ist die Kindertageseinrichtung, die das Kind besucht. [3]Besucht das Kind keine Kindertageseinrichtung, führt die Sprachstandserhebung die Grundschule durch, in der die Schulpflicht voraussichtlich zu erfüllen ist. [4]In den Fällen des Satzes 3 müssen die Erziehungsberechtigten dafür sorgen, dass ihr Kind an der Sprachstandserhebung teilnimmt.

(3) [1]Ein Kind, bei dem das Ergebnis der Sprachstandserhebung nach Abs. 2 erwarten lässt, dass seine Deutschkenntnisse für eine erfolgreiche Teilnahme am Unterricht der Grundschule nicht ausreichen werden, soll in der Zeit bis zur Einschulung einen Vorkurs zur Förderung der deutschen Sprachkenntnisse besuchen. [2]Die Erziehungsberechtigten des Kindes können durch die nach Abs. 2 Satz 2 oder 3 zuständige Stelle über mögliche weitere Fördermaßnahmen, eine gegebenenfalls bestehende finanzielle Unterstützung und die Vorzüge eines regelmäßigen Kindergartenbesuchs informiert werden. [3]Wird ein solches Gespräch in den Fällen des Abs. 2 Satz 3 angeboten, sind sie zur Teilnahme verpflichtet.

(4) Erfüllt ein Träger einer Kindertageseinrichtung die sich aus Abs. 1 und 2 oder Art. 6 ergebenden Verpflichtungen nicht, richten sich Widerruf und Rücknahme der Erlaubnis für den Betrieb der Einrichtung nach § 45 Abs. 2 Nr. 2, Abs. 7 des Achten Buches Sozialgesetzbuch.

(5) Das Nähere zu den Abs. 1 bis 4 kann das Staatsministerium für Familie, Arbeit und Soziales im Einvernehmen mit dem Staatsministerium für Bildung und Kultus, Wissenschaft und Kunst durch Rechtsverordnung regeln.

(6) Mit Geldbuße kann von der Kreisverwaltungsbehörde belegt werden, wer den Pflichten nach Abs. 2 Satz 4 oder Abs. 3 Satz 3 zuwiderhandelt.

Art. 6 BayIntG Frühkindliche Bildung

[1]Alle Kinder in Kindertageseinrichtungen sollen zentrale Elemente der christlich-abendländischen Kultur erfahren. [2]Der Träger einer Kindertageseinrichtung hat dafür Sorge zu tragen, dass sie lernen, sinn- und werteorientiert und in Achtung vor religiösen Überzeugungen zu leben sowie eine eigene von Nächstenliebe getragene religiöse oder weltanschauliche Identität zu entwickeln. [3]Zur Bildung der gesamten Persönlichkeit der Kinder unterstützt und stärkt das pädagogische Personal die Entwicklung von freiheitlich-demokratischen, religiösen, sittlichen und sozialen

Werthaltungen. [4]Die Kindertageseinrichtungen sollen dazu beitragen, die Integrationsbereitschaft der Familien von Migrantinnen und Migranten zu fördern.

Durch das BayIntG ergeben sich keine Änderungen in Bezug auf die Bildungsarbeit der Kindertageseinrichtungen, da der Integrationsauftrag mit der Sprachförderung bereits vor dem Inkrafttreten des BayIntG wesentlicher Bestandteil der Bildungsarbeit waren. Auch ergeben sich durch das BayIntG und den Verweis in Art. 19 Nr. 10 keine neuen rechtlichen Anforderungen.

Art. 20
Fördervoraussetzungen für die Tagespflege

[1]Der Förderanspruch des örtlichen Trägers der öffentlichen Jugendhilfe (Art. 18 Abs. 3 Satz 1 Alternative 1) setzt voraus, dass eine kommunale Förderung der Tagespflege in mindestens gleicher Höhe erfolgt und

1. **die Tagespflegeperson die Teilnahme an einer geeigneten, vom örtlichen Träger der öffentlichen Jugendhilfe durchgeführten oder genehmigten Qualifizierungsmaßnahme, die sich an den Bildungs- und Erziehungszielen nach Art. 13 orientiert, nachweisen kann,**
2. **die Tagespflegeperson vom örtlichen Träger der öffentlichen Jugendhilfe beziehungsweise von einem von diesem beauftragten Träger vermittelt worden ist und mit dem Kind jeweils bis zum dritten Grad nicht verwandt und nicht verschwägert ist,**
3. **die Elternbeteiligung auf maximal die 1,5-fache Höhe des staatlichen Anteils der kindbezogenen Förderung nach Art. 21 begrenzt ist, und**
4. **die Tagespflegeperson vom örtlichen Träger der öffentlichen Jugendhilfe zusätzliche Leistungen in Form eines differenzierten Qualifizierungszuschlags erhält.**

[2]Darüber hinaus müssen die Voraussetzungen der §§ 23 und 43 SGB VIII vorliegen.

Inhaltsübersicht **Rn.**

1. Einordnung der Norm 194, 195
2. Kommunale Komplementärfinanzierung (Satz 1).......... 196
3. Angebot der Tagespflege.......... 197
4. Teilnahme an einer Qualifizierungsmaßnahme (Satz 1 Nr. 1).......... 198
5. Vermittlung der Tagespflegeperson (Satz 1 Nr. 2).......... 199, 200

6. Begrenzung des Elternbeitrags (Satz 1 Nr. 3) 201, 202
7. Differenzierter Qualifizierungszuschlag für eine Tagespflegeperson (Satz 1 Nr. 4) 203
8. Voraussetzungen der §§ 23, 43 SGB VIII (Satz 2) 204

Anmerkungen

1. Einordnung der Norm

Art. 20 regelt die **Voraussetzungen, die der örtliche Träger der öffentlichen Jugendhilfe** (also der Landkreis oder die kreisfreie Stadt) bei seinen Tagespflegeangeboten **erfüllen muss**, um einen Förderanspruch gegenüber dem Freistaat Bayern zu erhalten. Da die Unterstützung und Förderung der Tagespflege schon nach § 23 SGB VIII Aufgabe des örtlichen Trägers der öffentlichen Jugendhilfe ist, handelt es sich hierbei um ein **Refinanzierungsangebot des Freistaats Bayern**: Wenn der örtliche Träger der öffentlichen Jugendhilfe bereit ist, bestimmte qualitative Anforderungen bei der Tagespflege zu erfüllen, kann er einen gewissen Teil seiner Kosten über den Freistaat refinanzieren. 194

Nach den bundesgesetzlichen Vorschriften existiert keine Rechtsbeziehung zwischen Eltern und Tagespflegeperson. Vom Verfahren her beauftragen die Eltern den Träger der öffentlichen Jugendhilfe oder einen Träger, der mit dieser Aufgabe vom Jugendamt betraut wurde, mit der Vermittlung einer Tagespflegeperson. Der Träger der öffentlichen Jugendhilfe bezahlt das Pflegeentgelt und lässt sich dieses von den Eltern teilweise ersetzen, sofern diese wirtschaftlich dazu in der Lage sind. Sofern die kommunale Komplementärfinanzierung sichergestellt ist, fördert der Freistaat nach Maßgabe des Art. 20 über die kindbezogene Förderung. Der Freistaat ergänzt damit die kommunale Leistung. Im Gegenzug erhöht der Träger der öffentlichen Jugendhilfe das Pflegeentgelt der Tagespflegepersonen um den Qualifizierungszuschlag.

In der Praxis orientieren sich die Träger der öffentlichen Jugendhilfe bei der Festlegung der leistungsgerechten Vergütung der Tagespflegepersonen (Tagespflegeentgelt) an den entsprechenden Empfehlungen des Städte- und Landkreistags. Mit dem Tagespflegeentgelt sind alle Kosten der Tagespflegeperson abgegolten, einschließlich Verpflegungskosten.

Art. 20 orientiert sich an den Vorgaben der §§ 23 und 43 SGB VIII. Fraglich ist, ob im Hinblick auf Art. 20 Abs. 2 das Vorliegen einer Pflegeerlaubnis nach § 43 SGB VIII zwingende Voraussetzung für eine Förderung nach BayKiBiG ist. *Dunkl/Eirich* vertreten hierzu die Auffassung, dass der Anwendungsbereich des Art. 20 über den Tatbestand, für den eine Pflegeerlaubnis nach § 43 notwendig ist, hinausgehe. Maßgebend sei die Definition der Tagespflege in Art. 2 Abs. 4, die eine Pflegeerlaubnis nach Art. 43 SGB VIII nicht ausdrücklich voraussetze (vgl. *Dunkl/Eirich* 3. Auflage Seite 101 Nr. 2.3).

Betreuung von Kindern im Haushalt der Eltern

195 Für Tagespflegepersonen, die im Haushalt der Personensorgeberechtigten tätig sind, besteht keine Pflicht für eine Pflegeerlaubnis (§ 43 SGB VIII). Sobald die Tagespflegeperson jedoch Anspruch auf eine laufende Geldleistung gem. § 23 SGB VIII erhebt bzw. die Eltern einen Antrag auf Kostenübernahme nach dem § 90 SGB VIII stellen, wird aus dem privaten Betreuungsarrangement ein öffentlich gefördertes Tagespflegeverhältnis. Die Voraussetzungen für eine öffentlich geförderte Tagespflege ergeben sich aus § 23 SGB VIII. Der Träger der öffentlich geförderten Kindertagespflege muss demnach auch in die Lage versetzt werden, die Einhaltung der Standards zu überprüfen. Dazu gehören u. a. neben der persönlichen Eignung der Tagespflegeperson auch für die Kindertagesbetreuung geeignete Räumlichkeiten. Da der Freistaat diese Form der Tagespflege auch kindbezogen fördert, muss im Fall der Inanspruchnahme der BayKiBiG-Förderung auch die Zustimmung der Personensorgeberechtigten zu unangemeldeten Hausbesuchen vorliegen.

2. Kommunale Komplementärfinanzierung (Satz 1)

196 Seit dem 1.1.2013 reicht für die staatliche Refinanzierung eine kommunale Komplementärfinanzierung aus, die entweder durch die Gemeinden (in der Regel die Aufenthaltsgemeinden der Kinder) oder den Träger der öffentlichen Jugendhilfe (über die Kreisumlage) sicherzustellen ist. Nachdem der Träger der öffentlichen Jugendhilfe ohnehin nach bundesgesetzlichen Vorgaben die Kosten der Tagespflege übernimmt, ist die staatliche Refinanzierung für alle Tagespflegeverhältnisse möglich. Eine Verweigerung zur Leistung des kommunalen Förderanteils durch die Aufenthaltsgemeinde wird durch die Übernahme der Kosten der Tagespflege durch den Träger der öffentlichen Jugendhilfe ersetzt und reicht für eine staatliche Refinanzierung nach Maßgabe des Art. 20 aus.

Hinweis:

In KiBiG.web kann dies über eine sog. Eigenbewilligung durch die Träger der öffentlichen Jugendhilfe umgesetzt werden.

3. Angebot der Tagespflege

Förderfähig sind nur Angebote der Tagespflege. Nach der Legaldefinition des Art. 2 Abs. 4 setzt dies einen **Betreuungsumfang von mindestens zehn Stunden in der Woche pro Kind** voraus – kürzer betreute Kinder sind zwar im Hinblick auf den Umfang der Pflegeerlaubnis (max. fünf gleichzeitig anwesende, fremde Kinder) anzurechnen, können aber vom örtlichen Träger der öffentlichen Jugendhilfe nicht gegenüber dem Freistaat Bayern abgerechnet werden (vgl. Rn. 18). 197

4. Teilnahme an einer Qualifizierungsmaßnahme (Satz 1 Nr. 1)

Durch Nr. 1 soll sichergestellt werden, dass die mit den Mitteln des Freistaats Bayern unterstützten Tagespflegeangebote einem gewissen **inhaltlichen Mindeststandard** entsprechen. Hierzu ist vorgeschrieben, dass die gegenüber dem Freistaat abgerechneten Tagespflegeangebote von Tagespflegepersonen durchgeführt werden, die eine Qualifizierungsmaßnahme absolviert haben. Diese ist inhaltlich **an den Bildungs- und Erziehungszielen auszurichten**, die auch für förderfähige Kindertageseinrichtungen gelten, Nr. 1 i. V. m. Art. 13 Abs. 3 BayKiBiG, §§ 1–14 AVBayKiBiG. Damit soll die staatlich geförderte Tagespflege ähnlich wie die Kindertageseinrichtungen eine ganzheitliche, alle wichtigen Bildungs- und Erziehungsbereiche umfassende und auf die Vermittlung von Basiskompetenzen ausgerichtete pädagogische Arbeit leisten; dennoch wird auch die staatlich geförderte Tagespflege regelmäßig nicht das qualitative Niveau erreichen können, das die Kindertageseinrichtungen aufweisen: Ein Qualifizierungskurs kann nicht das gleiche Wissen vermitteln wie eine insgesamt fünfjährige Ausbildung zur Erzieherin. Die weiteren inhaltlichen Vorgaben für diese Qualifizierungsmaßnahme regelt § 18 Nr. 1 AVBayKiBiG. 198

Hinweis:

Seit dem 1.10.2005 ist bereits eine **Qualifizierung**, die Grundkenntnisse für die pädagogische Arbeit und beispielsweise Kenntnisse in Erster Hilfe vermittelt, für die Erteilung einer Pflegeerlaubnis erforderlich, § 43 SGB VIII. Bezüglich Inhalt und Umfang dieser Qualifizierungsmaßnahme sind die Aufsichtsbehörden jedoch in ihrer Ermessensausübung frei. Auch müssen Tagespflegepersonen, die in den letzten Jahren schon in der Tagespflege gearbeitet haben, keine Qualifizierungsmaßnahme nachholen; sie haben sich über ihre praktische Tätigkeit als geeignet erwiesen. Für die Förderung nach dem BayKiBiG ist hingegen die Teilnahme an einer Qualifizierungsmaßnahme erforderlich, die den Vorgaben von § 18 Nr. 1 AVBayKiBiG entspricht; hier ist auch eine Nachqualifizierung schon tätiger Tagespflegepersonen notwendig.

Fachliche Standards für die Tagespflege enthält zudem das vom **Deutschen Jugendinstitut** herausgegebene Curriculum „Qualifizierung in der Kindertagespflege", die allerdings über das vom BayKiBiG geforderte Maß hinausgehen.

Der örtliche Träger der öffentlichen Jugendhilfe kann die Qualifizierungsmaßnahme entweder **selbst durchführen oder an einen freigemeinnützigen oder freien Träger delegieren**; in beiden Fällen ist gesichert, dass der örtliche Träger der öffentlichen Jugendhilfe die Qualifizierungsmaßnahme inhaltlich auf ihre Tauglichkeit überprüft. Möchte der örtliche Träger der öffentlichen Jugendhilfe die Organisation und Durchführung der Tagespflege weitgehend durch private Anbieter (z. B. ein **Tagespflegebüro**, einen **Tagespflegeverein**, einen Träger der freien Wohlfahrt oder auch die Agentur für Arbeit) durchführen lassen, so kann er somit auch die Durchführung der Qualifizierungsmaßnahme mit übertragen; allerdings muss er sich die Konzeption der Qualifizierungsmaßnahme vorlegen lassen, um sie auf ihre Vereinbarkeit mit den Vorgaben des Art. 20 Nr. 1 BayKiBiG i. V. m. § 18 Nr. 1 AVBayKiBiG zu überprüfen. Das Gesetz trifft keine Aussage darüber, ob die Qualifizierung den Tagespflegepersonen gegen Entgelt angeboten wird; somit kann der Träger der öffentlichen Jugendhilfe selbst darüber entscheiden, ob und in welcher Höhe Teilnahmegebühren anfallen. In jedem Fall ist aber zu gegenwärtigen, dass zu hohe Kosten Interessierte abschrecken, an der qualifizierten Tagespflege teilzunehmen.

Folgende Berufsgruppen sind vom Qualifizierungserfordernis ausgenommen:

Erzieher, Kinderpfleger, Sozial- und Diplompädagogen, Lehrkräfte, Heilerziehungs-, Gesundheits- und Kinderkrankenpfleger. Die Bereitschaft zur jährlichen Weiterbildung im Umfang von 15 Stunden gilt als Fördervoraussetzung für alle Tagespflegepersonen, unabhängig von der beruflichen Qualifikation.

5. Vermittlung der Tagespflegeperson (Satz 1 Nr. 2)

199 In die staatliche Förderung werden nach Nr. 2 nur solche Tagespflegeverhältnisse einbezogen, die **vom örtlichen Träger der öffentlichen Jugendhilfe – oder** bei **Delegation** der Aufgaben auf einen Dritten von diesem – vermittelt wurden. Damit soll die staatlich geförderte Tagespflege aus dem sog. grauen Markt herausgeholt werden. Da der örtliche Träger der öffentlichen Jugendhilfe in den seltensten Fällen allen an der i. S. d. Art. 20 qualifizierten Tagespflege interessierten Tagespflegepersonen zusagen kann, ihnen stets so viele Tagespflegeverhältnisse verschaffen zu können, wie sie jeweils

haben möchten, werden die Tagespflegepersonen daran interessiert sein, auch eigentätig nach interessierten Eltern suchen zu dürfen. Auch in solchen Fällen handelt es sich um vom örtlichen Träger der öffentlichen Jugendhilfe vermittelte Betreuungsverhältnisse, wenn die Tagespflegeperson diese Tagespflegeverhältnisse dem örtlichen Träger der öffentlichen Jugendhilfe meldet und dieser sie als geeignet bewertet.

Ausschluss von verwandten oder verschwägerten Tagespflegepersonen

In Art. 20 werden Tagespflegeverhältnisse, bei denen die Tagespflegeperson **200** mit dem Kind bis einschließlich zum dritten Grad verwandt oder verschwägert ist, von der staatlichen Förderung ausgeschlossen. Um den Grad der Verwandtschaft zu bestimmen, werden die vermittelnden Geburten gezählt. Mit seinen Geschwistern wie auch mit seinen Großeltern ist man z. B. zweiten Grades verwandt, mit der Tante oder dem Onkel besteht Verwandtschaft dritten Grades. Diese Einschränkung betrifft ausschließlich den Anspruch auf staatliche Refinanzierung durch das BayKiBiG. Nach den Bestimmungen des SGB VIII können grundsätzlich auch Großeltern oder Tante und Onkel Leistungen als Tagespflegepersonen nach § 23 SGB VIII beziehen.

6. Begrenzung des Elternbeitrags (Satz 1 Nr. 3)

Sofern der Träger der öffentlichen Jugendhilfe Eltern eine Tagespflegeper- **201** son vermittelt hat und ein Betreuungsverhältnis zustande gekommen ist, trägt er die Kosten für die Tagespflege. Zur Refinanzierung kann der Träger der öffentlichen Jugendhilfe die Eltern zu einem sozial gestaffelten Elternbeitrag heranziehen. Rechtsgrundlage für die Elternbeteiligung an den Kosten der Tagespflege ist § 90 Abs. 1 SGB VIII. In § 90 Abs. 1 SGB VIII wird der Begriff des Kostenbeitrags verwendet. Die Regelung gilt ausschließlich für die Träger der öffentlichen Jugendhilfe. Für die Erhebung eines Elternbeitrags ist davon auszugehen, dass es hierfür einer Satzung bedarf.

Neben den Elternbeiträgen können sich die Träger der öffentlichen Jugendhilfe beim Freistaat über die kindbezogene Förderung refinanzieren. Eine staatliche Refinanzierung der Tagespflege setzt gemäß Art. 20 Satz 1 Nr. 3 eine Begrenzung des Eltern- bzw. Kostenbeitrags bis maximal zur Höhe des 1,5-fachen staatlichen Förderanteils der kindbezogenen Förderung voraus. Damit soll die Tagespflege finanziell für Eltern an die institutionellen Angebote angeglichen und die Tagespflege als Alternative zur Betreuung in einer Kindertageseinrichtung attraktiver werden.

Es hat sich herausgestellt, dass Eltern der Betreuung ihrer Kinder in Krippen oder Kindergärten mitunter vorrangig aus wirtschaftlichen Gründen gegenüber der Tagespflege den Vorzug geben. Empfehlungen an die kreisfreien Städte bzw. die Landkreise, die Beiträge für die Tagespflege den Gebühren für die institutionellen Angebote anzupassen, wurden nur unzureichend umgesetzt.

Die Begrenzung der Elternbeiträge bezieht sich nur auf das Verhältnis zwischen dem Träger der öffentlichen Jugendhilfe und den Eltern. Für die Tagespflegepersonen hat die Änderung keine Auswirkung, da sich deren Leistungen mit Ausnahme des Qualifizierungszuschlags nach § 23 Abs. 2 und 3 SGB VIII bemessen.

Bei der Festsetzung der Höhe des Elternbeitrags ist der Basiswert, der zur Berechnung der Abschlagszahlungen vom StMAS bekannt gegeben wird, maßgeblich:

Beispiel:

Für ein Kind, das eine Betreuung von täglich bis zu acht Stunden benötigt, errechnet sich im Bewilligungsjahr 2019 folgender maximaler Elternbeitrag:

Basiswert für die Abschläge 2021	1.173,12 €
Gewichtungsfaktor für Tagespflege	1,3
Zeitfaktor für Buchung von > 7 h bis 8 h	2,0
1.173,12 × 1,3 × 2,0 × 1,5	= 4.575,17 €
Monatlich	= 381,26 €

Private Zuzahlungen von Eltern an die Tagespflegeperson

202 Die Deckelung der Elternbeiträge betrifft ausschließlich die öffentlich geförderte Tagespflege. Die Höhe der Elternbeiträge steht in unmittelbarem Zusammenhang mit dem Tagespflegeentgelt der Tagespflegeperson, das vom Träger der öffentlichen Jugendhilfe gemäß § 23 SGB VIII festgelegt wird. Dabei sind alle aus der bedarfsgerechten Betreuung entstehenden Kosten zu berücksichtigen. Es enthält folgende Leistungen:

- Erstattung angemessener Kosten für den Sachaufwand
- Betrag zur Anerkennung der Förderungsleistung nach § 23 Abs. 2a SGB VIII (Betreuungsaufwand)
- Erstattung nachgewiesener Aufwendungen für Beiträge zu einer Unfallversicherung sowie die hälftige Erstattung nachgewiesener Aufwendungen zu einer angemessenen Alterssicherung
- Hälftige Erstattung nachgewiesener Aufwendungen zu einer angemessenen Kranken- und Pflegeversicherung.

Der Träger der öffentlichen Jugendhilfe schafft somit einen finanziellen Ausgleich für grundsätzlich alle aus der bedarfsgerechten Betreuung anfallenden Kosten. Hierzu zählen auch die Kosten für Verpflegung. Damit ist das Essensgeld Teil des Tagespflegeentgelts. Insofern sind Essens- oder Verpflegungsbeiträge der Eltern an die Tagespflegeperson bei der öffentlichen Tagespflege nicht vorgesehen. Die Eltern haben einen Anspruch auf Abrechnung ausschließlich gegenüber dem Träger der öffentlichen Jugendhilfe. Eltern können demnach nicht verpflichtet werden, zusätzlich zu den Elternbeiträgen an den Träger der öffentlichen Jugendhilfe weitere Zahlungen an die Tagespflegeperson zu leisten. Dies gilt auch, wenn der Träger der öffentlichen Jugendhilfe die Aufgabe der Tagespflege an einen freien Träger delegiert hat.

Das Thema „private Zuzahlungen" in der Kindertagespflege ist ein kompliziertes, rechtlich immer wieder kontrovers diskutiertes Thema. Auch die Rechtsprechung ist hier umstritten. Letztlich wird es sich bei gerichtlichen Prüfungen immer um Einzelfallentscheidungen handeln. Nach der Rechtsprechung des OVG Nordrhein-Westfalen (31.1.2014, 12 B 1468/13) wird der Rechtsanspruch eines Kindes auf frühkindliche Förderung nur durch einen zuzahlungsfreien Platz erfüllt.

Eltern haben daher grundsätzlich das Recht, vom Träger der öffentlichen Jugendhilfe Betreuungsplätze in der Tagespflege zu fordern, bei denen **keine** zusätzlichen privaten Kosten verlangt werden, also auf eine Abrechnung ausschließlich im Verhältnis zum Landkreis bzw. zur kreisfreien Stadt. Schließlich ist die öffentlich geförderte Tagespflege ein Betreuungsangebot, das allen Eltern offenstehen soll, unabhängig von ihrer wirtschaftlichen Leistungsfähigkeit. Grundsätzlich sind in der öffentlich geförderten Tagespflege private Zuzahlungen von Eltern an die Tagespflegeperson regelmäßig nicht vorgesehen. Die Eltern zahlen ihren Kostenbeitrag an den Träger der öffentlichen Jugendhilfe. Tagespflegepersonen sollen davon absehen, neben den Leistungen des Trägers der öffentlichen Jugendhilfe weitere Zahlungen von den Eltern zu verlangen.

Private Zuzahlungen von Eltern an die Tagespflegeperson erfolgen, wenn überhaupt, auf der Basis privatrechtlicher Vereinbarungen zwischen Tagespflegeperson und Eltern und sind auch in der öffentlich geförderten Tagespflege möglich. Allerdings haben die Eltern für die privaten Zuzahlungen keinen Anspruch nach § 90 Abs. 4 SGB VIII auf Übernahme durch die wirtschaftliche Jugendhilfe.

Eine grundsätzliche landesgesetzliche Regelung zum Verbot von privaten Zuzahlungen gibt es tatsächlich nur im Art. 20a BayKiBiG.

Der Träger der öffentlichen Jugendhilfe hat keine rechtliche Handhabe, beispielsweise die Auszahlung der Geldleistungen nach § 23 SGB VIII vom Verzicht auf private Zuzahlungen abhängig zu machen. Zum Verbot von privaten Zuzahlungen werden von den Verwaltungsgerichten unterschiedliche Auffassungen vertreten. Im Urteil des VG Frankfurt vom 4.3.2013 (Az.: 7 K 1299/11.F) wird bestätigt, dass es nicht zu beanstanden ist, wenn der Jugendhilfeträger die Zahlung der laufenden Geldleistung davon abhängig macht, dass die Tagespflegeperson keine privaten Zuzahlungen von den Eltern verlangt.

Bestätigt wird dies auch durch die Urteile des VG Stuttgart vom 16.12.11 (Az.: 7 K 956/10) und VG Oldenburg vom 21.2.11 (Az.: 13 A 2020/10).

Es besteht demnach die Möglichkeit, durch Vereinbarung mit der Tagespflegeperson auszuschließen, dass diese privaten Zuzahlungen von den Eltern verlangt. Der Abschluss einer solchen Vereinbarung ist für die Tagespflegepersonen freiwillig. Entscheidend für die Bereitschaft der Tagespflegepersonen zum Verzicht auf private Zuzahlung wird die leistungsgerechte Ausgestaltung des Pflegeentgelts sein.

7. Differenzierter Qualifizierungszuschlag für die Tagespflegeperson (Satz 1 Nr. 4)

203 Neben der Qualitätssteigerung der Tagespflege sind auch Verbesserungen für die Tagespflegepersonen Ziel des BayKiBiG. Die staatliche Förderung für den Träger der öffentlichen Jugendhilfe setzt daher voraus, dass er den Tagespflegepersonen neben den Leistungen nach § 23 SGB VIII einen differenzierten Qualifizierungszuschlag auszahlt. Der Qualifizierungszuschlag bewirkt eine **Anhebung des Tagespflegegeldsatzes.** Die Differenzierung des Qualifizierungszuschlags soll es den Trägern der öffentlichen Jugendhilfe ermöglichen, besonderen Anforderungen im Einzelfall durch eine Anpassung der Förderung an die Tagespflegeperson gerecht zu werden. So kann z. B. bei Betreuung eines Kindes mit Behinderung der Qualifizierungszuschlag erhöht werden, um den besonderen Betreuungsaufwand auszugleichen. Die nähere Ausgestaltung erfolgt in der Ausführungsverordnung (siehe die Erl. zu § 18 AVBayKiBiG).

8. Voraussetzungen der §§ 23, 43 SGB VIII (Satz 2)

204 Zu den Aufgaben im Sinne des § 23 SGB VIII und des Art. 20 Abs. 1 gehören die Akquise von Tagespflegepersonen, deren Qualifizierung, die Beschaffung einer Ersatzbetreuung bei Ausfall der Tagespflegeperson, die Beratung und Übernahme des Zahlungsverkehrs.

Die Tagespflegepersonen üben ihre Tätigkeit in der Regel als Selbstständige aus und haben Anspruch auf die Leistungen nach § 23 SGB VIII grundsätzlich nur für die Zeiten, in denen tatsächlich eine Betreuung von Kindern erfolgt ist. Die Festsetzung der Höhe des Tagespflegeentgelts fällt **ausschließlich** in den Zuständigkeitsbereich der Träger der öffentlichen Jugendhilfe (Landkreise, kreisfreie Städte). Nach § 23 SGB VIII hat **der Träger der öffentlichen Jugendhilfe bei der Kindertagespflege alle Kosten zu tragen, die im Zusammenhang mit der Kindertagespflege anfallen.** Nähere Ausführungen des Bundesgesetzgebers hierzu fehlen. Der Bayer. Landkreis- und der Städtetag haben eine gemeinsame Empfehlung zur angemessenen Höhe des Pflegeentgelts herausgegeben, an der sich die Träger der öffentlichen Jugendhilfe in der Regel orientieren. Um den notwendigen kommunalen Gestaltungsspielraum zu erhalten und die Gegebenheiten vor Ort besser berücksichtigen zu können, wird eine bayernweit einheitliche Vergütung als nicht sinnvoll und zielführend betrachtet. Außerdem würde jegliche staatliche Festlegung einen Eingriff in die kommunale Selbstverwaltung darstellen, Konnexitätsansprüche auslösen und letztlich auch die örtliche Bedarfsplanung ggf. zulasten der Kindertageseinrichtungen beeinflussen.

Ob die vom zuständigen Jugendamt gewährte Geldleistung auskömmlich und leistungsgerecht ist, bestimmt sich nach den örtlichen Gegebenheiten und lässt sich nicht abstrakt festlegen. Die laufende Geldleistung ist jederzeit im Rahmen einer Klage durch die Tagespflegepersonen gerichtlich überprüfbar.

Ob Tagespflegepersonen in betreuungsfreien Zeiten für einen gewissen Zeitraum weiterhin das Tagespflegeentgelt erhalten, entscheidet der Träger der öffentlichen Jugendhilfe ebenfalls in eigenem Ermessen.

Auch in den Fällen, in denen Tagespflegepersonen fest angestellt sind, steht weiterhin der zuständige Träger der öffentlichen Jugendhilfe sowohl organisatorisch wie auch finanziell in der Pflicht. Bei der Festanstellung erhalten die Tagespflegepersonen für ihre Betreuungsleistung ein Gehalt und haben Anspruch auf Lohnersatzleistungen sowie die Beteiligung des Arbeitgebers zu den Beiträgen zur Sozialversicherung. Im Gegenzug treten die Tagespflegepersonen ihren Anspruch nach § 23 Abs. 2 SGB VIII an den Arbeitgeber ab. Die Pflicht des Trägers der öffentlichen Jugendhilfe, nach § 23 Abs. 4 SGB VIII eine Ersatzbetreuung sicherzustellen, bleibt davon unberührt.

Nach § 23 SGB VIII ist bei Ausfallszeiten rechtzeitig eine andere Betreuungsmöglichkeit in einer Einrichtung oder durch eine andere Tagespflegeperson sicherzustellen. Die Sicherstellung einer Ersatzbetreuung ist somit weiterhin Fördervoraussetzung nach dem BayKiBiG.

Wird das Tagespflegeentgelt wegen einer Ausfallszeit der Tagespflegeperson vom Träger der öffentlichen Jugendhilfe eingestellt und bedürfen die Eltern keiner Ersatzbetreuung (weil z. B. die Großmutter das Kind während der Ausfallszeit betreut), entfällt der Anspruch auf die kindbezogene Förderung nach Maßgabe von § 25 Abs. 1 Satz 1 AVBayKiBiG, weil der Träger der öffentlichen Jugendhilfe die Ersatzbetreuung nicht kostenpflichtig zur Verfügung stellt. Die Förderung entfällt auch dann, wenn die Personensorgeberechtigten eine Ersatzbetreuung benötigen, diese aber nicht gestellt wird.

Stellt der Träger der öffentlichen Jugendhilfe das Tagespflegeentgelt wegen Ausfallszeit einer Tagespflegeperson ein und beschafft den Eltern eine von diesen akzeptierte Ersatzbetreuung, bleibt der Anspruch auf die kindbezogene Förderung erhalten. Dies gilt auch dann, wenn die Eltern die Ersatzbetreuung selbst organisieren.

Mit Ausnahme der hoheitlichen Aufgaben wie z. B. die Erteilung der Pflegeerlaubnis nach § 43 SGB VIII oder die Festsetzung des Tagespflegeentgelts können die Aufgaben an freie Träger (z. B. Tagespflegevereine, Nachbarschaftshilfen etc.) delegiert werden. Im Falle der Delegation hat der Träger der öffentlichen Jugendhilfe die Kostentragung sicherzustellen. Dies gilt auch bei Festanstellung von Tagespflegepersonen. Die kindbezogene Förderung deckt einen Teil dieser Kosten.

(Pflegeerlaubnis und Förderung bei Betreuung im Haushalt der Eltern siehe Rn. 100 und 194)

Art. 20a
Fördervoraussetzungen für die Großtagespflege

[1]Der Förderanspruch der Gemeinde gegenüber dem Staat für Großtagespflege (Art. 18 Abs. 2) setzt voraus, dass

1. **die Gemeinde eine Leistung in Höhe der staatlichen Förderung erhöht um den gleich hohen Eigenanteil an den Träger der Großtagespflege erbringt,**
2. **in der Großtagespflege mindestens eine pädagogische Fachkraft regelmäßig an mindestens vier Tagen und mindestens 20 Stunden die Woche tätig ist,**
3. **die weiteren in der Großtagespflege tätigen Tagespflegepersonen, die nicht als pädagogische Fachkräfte anzusehen sind, erfolgreich an einer Qualifizierungsmaßnahme im Sinn des Art. 20 Satz 1 Nr. 1 im Umfang von 160 Stunden teilgenommen haben und**
4. **in dem Fall, dass die Tagespflegepersonen zusätzlich einen Anspruch auf Tagespflegeentgelt gegen den örtlichen Träger der öffentlichen Jugendhilfe geltend machen, diese für die Inanspruchnahme der Großtagespflege keine Elternbeiträge erheben.**

[2]Darüber hinaus müssen die Voraussetzungen der §§ 23 und 43 SGB VIII vorliegen. [3]Art. 20 Satz 1 Nr. 3 gilt entsprechend.

Inhaltsübersicht **Rn.**

Bedeutung der Norm **205, 206**

1. Leistung der Gemeinde an den Träger der Großtagespflegestelle (Satz 1 Nr. 1) 207, 208
2. Fachkräftegebot (Satz 1 Nr. 2) 209, 210
3. Qualifizierung der sonstigen Tagespflegepersonen (Satz 1 Nr. 3) 211
4. Leistungen an die Tagespflegepersonen und Elternbeiträge (Satz 1 Nr. 4) 212

Bedeutung der Norm

Art. 20a definiert die Voraussetzungen für die einrichtungsähnlich geförderten Großtagespflegestellen, die eine erhöhte pädagogische Qualifikation aufweisen. Insofern grenzen sich Großtagespflegestellen nach Art. 20a von „normalen" Großtagespflegestellen ab. **205**

Die Entscheidung, ob eine Großtagespflegestelle nach Art. 20a gefördert wird, obliegt der Gemeinde. Sofern die Gemeinde einer Förderung nach Art. 20a zustimmt, verliert der Träger der öffentlichen Jugendhilfe seinen Anspruch auf staatliche Förderung für die Tagespflege, da sowohl der kommunale als auch der staatliche Förderanteil direkt an die Großtagespflegestelle bzw. deren Träger geleistet wird. Nachdem bei kreisfreien Städten Träger der öffentlichen Jugendhilfe und die Rolle der zur Förderung verpflichteten Gemeinde in einer Hand liegen, dürften sich die Überlegungen zur einrichtungsähnlichen Förderung von Großtagespflegestellen auf kreisangehörige Gemeinden begrenzen. Über die kindbezogene Förderung hinaus haben die in der Großtagespflegestelle tätigen Tagespflegepersonen Anspruch auf Leistungen nach § 23 Abs. 2 SGB VIII gegenüber dem Träger der öffentlichen Jugendhilfe, der bei der Förderung nach Art. 20a seinerseits keine Möglichkeit einer staatlichen Refinanzierung hat.

> Im Unterschied zur kindbezogenen Förderung verbleibt die Betriebskostenförderung U3-Bund (Bundesmittel) beim Träger der öffentlichen Jugendhilfe.

Für den Umfang des kindbezogenen Förderanspruchs der GTP nach Art. 20a gilt Art. 21 entsprechend (siehe auch Rn. 213ff und 243).

Die Verpflichtung zur Erbringung weiterer Leistungen im Sinne der §§ 23 und 24 SGB VIII durch den Träger der öffentlichen Jugendhilfe bleibt auch bei der Förderung nach Art. 20a unberührt.

Mehrere Großtagespflegestellen unter einem Dach

206 Die Großtagespflegestelle zeichnet sich durch ihre familienähnliche Grundstruktur aus. Hierzu zählt die feste Zuordnung zu einer Bezugsperson. Alle in der GTP tätigen Tagespflegepersonen begründen jeweils ein Betreuungsverhältnis mit „ihren" Kindern. Insofern würde es dem Charakter der GTP widersprechen, wenn eine Tagespflegeperson alle Betreuungsverhältnisse mit den Familien abschließt und lediglich die Betreuung der Kinder unter den Tagespflegepersonen aufgeteilt würde.

Mehrere Großtagespflegestellen unter einem Dach sind dann möglich, wenn die Unabhängigkeit der einzelnen GTP gewährleistet ist. Dies gilt vor allem für die konzeptionelle Ausrichtung, die Organisation sowie die praktische Arbeit. Eine regelmäßige, gleichzeitige Nutzung von Räumen und Freiflächen ist ausgeschlossen bzw. würde eine Betriebserlaubnispflicht nach § 45 SGB VIII begründen.

1. Leistung der Gemeinde an den Träger der Großtagespflegestelle (Satz 1 Nr. 1)

207 Die Umschreibung „erhöht um den gleich hohen Anteil" bringt zum Ausdruck, dass eine kommunale Komplementärfinanzierung mindestens in Höhe des staatlichen Anteils analog zur kindbezogenen Förderung bei Einrichtungen vorausgesetzt wird. Der für die Höhe der Förderung maßgebliche Gewichtungsfaktor beträgt einheitlich 1,3 (vgl. Art. 21 Abs. 5).

Mit Wirkung ab dem 1.7.2014 gilt bei Kindern mit (drohender) Behinderung im Sinne des Art. 21 Abs. 5 Satz 2, Nr. 4 für den staatlichen Förderanteil der Gewichtungsfaktor 4,5. Bis zu einer Überführung in das BayKiBiG sind die Voraussetzungen für die Gewährung des Gewichtungsfaktors 4,5 in der Richtlinie zur Förderung der Inklusion in der Kindertagespflege geregelt. Für den Gewichtungsfaktor 4,5 in der Tagespflege sind unter 1.4 der Richtlinie folgende Zuwendungsvoraussetzungen festgelegt.

> *„[1]Die Zuwendung erfasst behinderte oder von wesentlicher Behinderung bedrohte Kinder, die zusammen mit Regelkindern in der (Groß-)Tagespflege betreut werden. [2]Die Zuwendung erfolgt im Rahmen der kindbezogenen Förderung des BayKiBiG. [3]Der höhere Gewichtungsfaktor 4,5 wird für jedes Kind mit (drohender) Behinderung in der Kindertagespflege gewährt, wenn*
> *a. die Tagespflegeperson weniger als vier Kinder gleichzeitig betreut,*
> *b. die Großtagespflegestelle weniger als acht Kinder gleichzeitig betreut,*
> *c. der Träger der öffentlichen Jugendhilfe für die Betreuung des Kindes bzw. der Kinder mit (drohender) Behinderung ein erhöhtes Tagespflegeentgelt festsetzt, wobei die Erhöhung des Tagespflegeentgelts min-*

destens der – um den Gewichtungsfaktor 4,5 erhöhten – staatlichen Förderung entsprechen muss.“

Näheres hierzu siehe auch unter Rn. 231.

[2]Zudem müssen die übrigen Voraussetzungen nach Art. 18 Abs. 3 Satz 1, Art. 20 und 25 BayKiBiG bzw. Art. 18 Abs. 2 Satz 1, Art. 20a und 21 BayKiBiG erfüllt sein. [3]Die Tagespflegeperson muss über eine Pflegeerlaubnis nach § 43 SGB VIII mit einer Qualifizierung von mindestens 100 Stunden bzw. 160 Stunden verfügen und nachweisen, dass sie für die Betreuung von Kindern mit (drohender) Behinderung geeignet ist. [5]Bei der Begrenzung der Elternbeteiligung nach Art. 20 Satz 1 Nr. 3 BayKiBiG bleibt die Erhöhung des Gewichtungsfaktors von 1,3 auf 4,5 außer Betracht.“

Als Träger einer Großtagespflegestelle ist im Regelfall die für die Gesamtleitung **208**
verantwortliche natürliche oder juristische Person gemeint. Dies kann die Gemeinschaft der in der Großtagespflegestelle tätigen Tagespflegepersonen sein, die sich z. B. in Form einer Gesellschaft des bürgerlichen Rechts zusammengeschlossen haben. Denkbar wäre aber auch, dass eine juristische Person, z. B. GmbH, als Träger fungiert, bei der die Tagespflegepersonen angestellt sind.

2. Fachkräftegebot (Satz 1 Nr. 2)

Über das Erfordernis in Art. 9 Abs. 2 Satz 2 hinaus verlangt die Förderung **209**
einer Großtagespflegestelle nach Art. 20a unabhängig von der Zahl der gleichzeitig anwesenden Kinder den Einsatz einer pädagogischen Fachkraft im Sinne des § 16 Abs. 2 AVBayKiBiG. Der Einsatz der pädagogischen Fachkraft wird zusätzlich insofern konkretisiert, als die Fachkraft regelmäßig mindestens an vier Tagen und mindestens 20 Stunden pro Woche in der Großtagespflegestelle anwesend sein muss. Auch in der einrichtungsähnlich geförderten GTP muss die Ersatzbetreuung durch eine gleichermaßen geeignete Ersatzkraft sichergestellt sein. Demnach muss die Ersatzkraft grundsätzlich dieselben Qualifikationskriterien erfüllen.

Mit der Änderung der Kinderbildungsverordnung zum 1.5.2021 wurde in § 17 Abs. 4 ein weiterer Satz 5 eingefügt:

„Für das Fachkrafterfordernis nach Art. 9 Abs. 2 Satz 2 BayKiBiG gelten die Sätze 2 und 3 entsprechend.“

Vor der Änderung wurde die 42-Tage-Regelung bei Ausfall von Fachkräften in der Großtagespflege mangels gesetzlicher Grundlage analog angewandt. Mit Änderung des § 17 Abs. 4 AVBayKiBiG durch Satz 5 wird nunmehr die Rechtsfolge beim Ausfall einer Fachkraft in der GTP (Art. 9 Abs. 2

Satz 2, Art. 20a Satz 1 Nr. 2) gesetzlich geregelt und die bisher bestehende Regelungslücke geschlossen.

Ersatzbetreuung

Siehe auch Anmerkungen zu § 17 Abs. 4 Satz 6 AVBayKiBiG

210 Bei der GTP handelt es sich, auch wenn diese nach Art. 20a einrichtungsähnlich gefördert wird, um ein Angebot der Kindertagespflege. Die Verantwortung, Organisation und Finanzierung der nach § 23 Abs. IV Satz 2 SGB VIII geforderten Ersatzbetreuung liegt grundsätzlich beim Träger der öffentlichen Jugendhilfe. Diese Verpflichtung kann nicht vertraglich abbedungen werden. Im Fall der Förderung nach Art. 20a kann die GTP beauftragt werden, im Rahmen der vorhandenen personellen Kapazitäten – und damit auch finanziert über die kindbezogene Förderung – selbst für Ersatz bei Abwesenheitszeiten der Betreuungskräfte zu sorgen.

Dies wäre beispielsweise möglich, wenn regelmäßig drei Tagespflegepersonen (Pflegeerlaubnis für insgesamt 15 Kinder) maximal zehn Kinder gleichzeitig betreuen und damit der Ausfall einer Tagespflegeperson aufgefangen werden kann. Dieses Modell hat seine Grenzen, da es beim gleichzeitigen Ausfall von zwei Tagespflegepersonen nicht mehr funktioniert. Hier bleibt der Träger der öffentlichen Jugendhilfe weiter in der Verantwortung, andere Optionen zur Verfügung zu stellen und zu finanzieren.

3. Qualifizierung der sonstigen Tagespflegepersonen (Satz 1 Nr. 3)

211 Um sicherzustellen, dass die fachliche Qualifikation in der Großtagespflegestelle eine einrichtungsähnliche Förderung rechtfertigt, sollen die neben der pädagogischen Fachkraft weiteren, in der Großtagespflegestelle tätigen, Tagespflegepersonen über ein höheres Qualifikationsniveau verfügen. Sie müssen von daher mindestens an einer Qualifizierungsmaßnahme im Sinne des Art. 20 Satz 1 Nr. 1 im Umfang von 160 Stunden teilgenommen haben. Mit der Änderung der Kinderbildungsverordnung zum 1.5.2021 wird nun ein Gleichklang mit anderen Angeboten der Tagespflege hergestellt, da der Qualifizierungsumfang für die TPP generell auf 160 Stunden angehoben wurde. Insofern erübrigt sich nunmehr die Regelung des Satzes 1 Nr. 3.

4. Leistungen an die Tagespflegepersonen und Elternbeiträge (Satz 1 Nr. 4)

212 Der Anspruch der Tagespflegepersonen auf Zahlung des Tagespflegeentgelts im Sinne des § 23 SGB VIII wird durch Art. 20a nicht berührt. In der Groß-

tagespflegestelle nach Art. 20a erhalten die Tagespflegepersonen neben dem Tagespflegegeld nach § 23 SGB VIII zusätzlich die kindbezogene Förderung anstelle des Qualifizierungszuschlags nach Art. 20 Satz 1 Nr. 4.

Sofern die Tagespflegepersonen Ansprüche nach § 23 SGB VIII geltend machen, ist die Förderung nach Art. 20a nur dann möglich, wenn die Tagespflegepersonen ihrerseits auf die Erhebung von Elternbeiträgen verzichten. Elternbeiträge sind in diesem Fall nur auf der Ebene zwischen den Eltern und dem Träger der öffentlichen Jugendhilfe möglich (§ 90 SGB VIII).

Förderanspruch bei Verwandtschaftsverhältnissen zwischen Tagespflegeperson und Kindern

Während in Art. 20 Nr. 2 ein Förderanspruch dann ausgeschlossen ist, wenn die Tagespflegeperson mit dem Kind jeweils bis zum dritten Grad verwandt oder verschwägert ist, hat der Gesetzgeber in Art. 20a auf eine entsprechende Regelung verzichtet. Nachdem dieser Ausschlusstatbestand im SGB VIII nicht besteht und Art. 20a ansonsten auf die Regelungen der §§ 23 und 43 SGB VIII verweist, besteht ein Anspruch nach Art. 20a auch bei Verwandtschafts- und Verschwägertenverhältnissen.

Exkurs

Einführung der Mini-Kita zum 1.9.2020

- Die Mini-Kita ist eine reguläre BayKiBiG-Einrichtung mit Betriebserlaubnis, deren Platzzahl auf maximal 12 Plätze begrenzt ist. Neben der Begrenzung der Platzzahl unterscheidet sich die Mini-Kita von regulären Einrichtungen dadurch, dass unter Modellbedingungen Tagespflegepersonen mit einer Zusatzqualifizierung als pädagogische Ergänzungskräfte eingesetzt werden können. Ausgehend von der Grundqualifikation der Tagespflegeperson, die aus 160 Unterrichtseinheiten (UE) besteht, sollen die Tagespflegepersonen, die in Mini-Kitas zum Einsatz kommen sollen, zusätzlich im Umfang von 140 Stunden qualifiziert werden. Die Tagespflegepersonen absolvieren die Zusatzqualifikation zur Assistenzkraft i. S. d. Richtlinie zum Programm Tagespflege 2.000 (40 UE) sowie berufsbegleitend binnen vorgegebener Zeit eine eigens für die Mini-Kita konzipierte Qualifizierung im Umfang von 100 Stunden. Nachdem für die Mini-Kita das Gebot der höchstpersönlichen Zuordnung der Kinder an ihre Betreuungsperson nicht gilt, grenzt sich das Angebot deutlich von der GTP ab. Gegenüber der GTP ergeben sich folgende Vorteile:
  - anspruchserfüllend für Rechtsanspruch (§ 24 Abs. 3 SGB VIII) für Kinder ab der Vollendung des 3. Lebensjahres
  - verpflichtende Umsetzung der Bildungs- und Erziehungsziele
  - Anspruch auf Investitionskostenförderung

- Keine höchstpersönliche Zuordnung der Kinder
- reguläre Fachkraftquote (50 % der erforderlichen Arbeitszeitstunden müssen von Fachkräften erbracht werden)
- Keine Begrenzung auf max. 3 Tagespflegepersonen
- Keine Begrenzung auf max. 16 Betreuungsverhältnisse
- Zahlung des Beitragszuschusses
- Basiswert für Kindertageseinrichtungen
- Qualitätsbonus

Art. 21
Umfang des Förderanspruchs der Gemeinde

(1) [1]Die staatliche Förderung erfolgt kindbezogen. [2]Sie wird für jedes Kind geleistet, das von der Gemeinde gefördert wird.

(2) Der jährliche staatliche Förderbetrag pro Kind an die Gemeinde errechnet sich als Produkt aus Basiswert, Buchungszeit- und Gewichtungsfaktor unter Berücksichtigung der Vorgaben des Art. 23 Abs. 1.

(3) [1]Der Basiswert ist der Förderbetrag für die tägliche über drei- bis vierstündige Bildung, Erziehung und Betreuung eines Kindes. [2]Er wird jährlich durch das Staatsministerium für Familie, Arbeit und Soziales (Staatsministerium) unter Berücksichtigung der Entwicklung der Personalkosten bekannt gegeben.

(4) [1]Über Buchungszeitfaktoren wird eine höhere Förderung für längere Buchungszeiten der Kinder gewährt. [2]Die Buchungszeit gibt den von den Eltern mit dem Träger der Einrichtung vereinbarten Zeitraum an, während dem das Kind regelmäßig in der Einrichtung vom pädagogischen Personal gebildet, erzogen und betreut wird. [3]Wechselnde Buchungszeiten werden auf den Tagesdurchschnitt bei einer 5-Tage-Woche umgerechnet; krankheits- und urlaubsbedingte Fehlzeiten sowie Schließzeiten von bis zu 30 Tagen im Jahr bleiben unberücksichtigt. [4]Buchungszeiten von bis zu drei Stunden täglich werden bei Kindern ab Vollendung des dritten Lebensjahres bis zur Einschulung nicht in die Förderung einbezogen. [5]Der Träger kann Mindestbuchungszeiten von 20 Stunden pro Woche beziehungsweise 4 Stunden pro Tag sowie deren zeitliche Lage vorgeben.

(5) Über die Gewichtungsfaktoren wird für einen erhöhten Bildungs-, Erziehungs- oder Betreuungsaufwand eine erhöhte Förderung gewährt. [2]Es gelten folgende Gewichtungsfaktoren:

1. **2,0 für Kinder unter drei Jahren**
2. **1,0 für Kinder von drei Jahren bis zum Schuleintritt**
3. **1,2 für Kinder ab dem Schuleintritt**
4. **4,5 für behinderte oder von wesentlicher Behinderung bedrohte Kinder, wenn ein Anspruch auf Eingliederungshilfe nach § 99 SGB IX zur**

Betreuung in einer Kindertageseinrichtung durch Bescheid gemäß § 120 Abs. 2 SGB IX festgestellt ist, eine Vereinbarung nach Teil 2 Kapitel 8 SGB IX zwischen dem Einrichtungsträger und dem zuständigen Bezirk geschlossen wurde und Leistungen hieraus erbracht werden. Entsprechendes gilt bei einem Anspruch auf Eingliederungshilfe nach § 35a SGB VIII unter Berücksichtigung einer Vereinbarung nach Maßgabe des Fünften Kapitels Dritter Abschnitt SGB VIII

5. 4,5 für einen Zeitraum von sechs Monaten für behinderte oder von wesentlicher Behinderung bedrohte Kinder, für die ein Antrag auf Eingliederungshilfe nach § 99 SGB IX oder § 35a SGB VIII zur Betreuung in einer Kindertageseinrichtung gestellt ist, eine Vereinbarung nach Teil 2 Kapitel 8 SGB IX zwischen dem Einrichtungsträger und dem zuständigen Bezirk geschlossen wurde und Leistungen hieraus erbracht werden

6. 1,3 für Kinder, deren Eltern beide nichtdeutschsprachiger Herkunft sind.

[3]Von dem Gewichtungsfaktor 4,5 kann bei integrativen Kindertageseinrichtungen (Art. 2 Abs. 3) zur Finanzierung des höheren Personalbedarfs im Einvernehmen mit der betroffenen Gemeinde nach oben abgewichen werden. [4]Liegen bei einem Kind die Voraussetzungen für mehrere Gewichtungsfaktoren vor, gilt stets der höchste Gewichtungsfaktor. [5]Vollendet ein Kind in einer Kinderkrippe das dritte Lebensjahr, gilt der Gewichtungsfaktor 2,0 bis zum Ende des Kindergartenjahres. [6]Vollendet ein Kind in einer anderen Kindertageseinrichtung das dritte Lebensjahr und leistet die nach Art. 18 Abs. 2 berechtigte Gemeinde bis zum Ende des Kindergartenjahres weiterhin die kindbezogene Förderung mit dem Gewichtungsfaktor 2,0, so fördert der Freistaat in gleicher Höhe. [7]Für Kinder in Tagespflege gilt einheitlich der Gewichtungsfaktor 1,3.

Inhaltsübersicht **Rn.**

1. Regelungsinhalt ... 213
2. Die kindbezogene Förderung ... 214
3. Kommunale Förderung als Voraussetzung für die staatliche Förderung ... 215, 216
4. Berechnung der kindbezogenen Förderung ... 217
   a) Basiswert ... 218
   b) Buchung – Buchungszeitfaktoren ... 219
      aa) Definition der Buchungszeit ... 220–222
      bb) Förderfähige Buchungszeiten ... 223
      cc) Mindestbuchungszeiten – Kernzeiten ... 224
      dd) Buchung in Ferienzeiten ... 225
      ee) Buchungszeitfaktoren ... 226

c) Gewichtungsfaktoren 227
aa) Gewichtungsfaktor 2,0 für Kinder unter drei Jahren 228
bb) Gewichtungsfaktor 1,0 für Kinder im Alter von drei Jahren bis zum Schuleintritt 229
cc) Gewichtungsfaktor 1,2 für Schulkinder 230
dd) Gewichtungsfaktor 4,5 für behinderte oder von wesentlicher Behinderung bedrohte Kinder 231–237
ee) Gewichtungsfaktor 4,5 + x 238
ff) Gewichtungsfaktor 1,3 für Kinder, deren Eltern beide nichtdeutschsprachiger Herkunft sind 239
gg) Mehrere Gewichtungsfaktoren 240
hh) Gewichtungsfaktor in der Tagespflege 241, 242

Anmerkungen

1. Regelungsinhalt

213 Art. 21 bestimmt die **Höhe des Förderanspruchs der Gemeinde gegenüber dem Staat** und – über die Verweisung in Art. 22 Abs. 2 bzw. Art. 25 – auch die **Höhe des Förderanspruchs des Trägers** von Kindertageseinrichtungen gegen die Gemeinde und des örtlichen Trägers der öffentlichen Jugendhilfe gegenüber dem Freistaat. Zur Berechnung der Förderhöhe werden die erforderlichen Parameter **Basiswert, Qualitätsbonus, Buchungszeitfaktoren, Gewichtungsfaktoren** bestimmt.

Art. 21 gilt auch für die einrichtungsähnlich geförderte Großtagespflegestelle nach Art. 20a, auch wenn es sich hierbei um ein Angebot der Tagespflege handelt. Maßgeblich für die Anwendung ist jedoch, dass Empfänger der kindbezogenen Förderung die Gemeinde ist, die die staatliche kindbezogene Förderung zusammen mit dem kommunalen Anteil an den Träger der Großtagespflegestelle weiterreicht. Art. 25, der den Umfang des Förderanspruchs des örtlichen Trägers der öffentlichen Jugendhilfe regelt, ist für die Großtagespflegestelle nach Art. 20a nicht einschlägig.

2. Die kindbezogene Förderung

214 Nach Abs. 1 Satz 1 erfolgt die Förderung **kindbezogen**. Dies bringt zum Ausdruck, dass sich die **Förderung aus einzelnen Förderbeträgen pro Kind errechnet**, nicht etwa pro Platz. Damit wird die Bildungsarbeit nicht zu einer rein rechnerischen Größe, sondern es wird ganz im Gegenteil die Bildungsarbeit am Kind ins Zentrum der finanziellen Förderung gerückt.

3. Kommunale Förderung als Voraussetzung für die staatliche Förderung

Abs. 1 Satz 2 begrenzt die staatliche Förderung auf die Förderbeträge von Kindern, die gemeindlich gefördert werden; anders als an anderen Stellen wird die Gemeinde weder auf die Aufenthaltsgemeinde noch auf die Sitzgemeinde konkretisiert. Für die staatliche Förderung ist daher **ausreichend**, dass **eine Gemeinde** die kommunale Förderung übernimmt – unabhängig davon, welche. Bei länderübergreifenden Betreuungsverhältnissen siehe Rn. 163. **215**

Wenn Art. 21 Abs. 1 Satz 2 die staatliche Förderung daran knüpft, dass eine Gemeinde selbst fördert, so wird damit gleichwohl **nicht ausgeschlossen**, dass die Gemeinde ihre eigene Förderung **durch Dritte refinanziert** bekommt. Damit von einer Förderung durch eine Gemeinde ausgegangen werden kann, muss die Gemeinde allerdings die Förderung aus Mitteln des eigenen Kommunalhaushalts erbringen. Spenden daher z. B. Firmen direkt an eine Krippe, so handelt es sich nicht um kommunale Fördergelder, die zum Bezug der staatlichen Förderung berechtigen würden. Spendet hingegen eine Firma an eine Gemeinde – etwa mit der Zweckbindung, hiermit Maßnahmen der Kinder- und Jugendhilfe finanziell zu unterstützen –, vereinnahmt die Gemeinde diese Gelder in ihren eigenen Haushalt und leistet daraufhin die kommunale Förderung an eine bestimmte Kindertageseinrichtung, so ist dies statthaft. **216**

4. Berechnung der kindbezogenen Förderung

Abs. 2 gibt die eigentliche Berechnung der kindbezogenen Förderung wieder – wobei nicht vergessen werden darf, dass Träger von Kindertageseinrichtungen den sich so errechnenden Betrag verdoppelt erhalten, vgl. Art. 22 Satz 2. Die Förderung setzt sich danach aus einzelnen Förderbeträgen zusammen, die wiederum durch eine einfache Multiplikation aus den folgenden Werten zu berechnen sind, nämlich für jedes in der Einrichtung betreute Kind: **217**

(**Basiswert** + Qualitätsbonus) × **Buchungszeitfaktor** × **Gewichtungsfaktor**

Der Qualitätsbonus gilt nur für den staatlichen Förderanteil, so dass der kommunale Anteil nach folgender Formel berechnet wird:

Basiswert × Buchungszeitfaktor × Gewichtungsfaktor

Dabei handelt es sich um die **Förderung für ein volles Jahr** (Bewilligungsjahr ist das Kalenderjahr, Art. 26 Abs. 1 Satz 4, bis zum 31.12.2014 das Kindergartenjahr). Der Qualitätsbonus wird ausschließlich vom Freistaat Bayern gewährt; er gilt nicht für die Berechnung des kommunalen Förderanteils. Besucht das Kind nicht während des ganzen Bewilligungszeitraums die Einrichtung, errechnet sich die Förderung nach den Vorschriften des § 24 AVBayKiBiG anteilig (s. die Erl. hierzu).

Für die Berechnung und Beantragung der kindbezogenen Förderung stellt der Freistaat Bayern kostenfrei ein onlinegestütztes Abrechnungsverfahren (KiBiG.web) zur Verfügung.

a) Basiswert

218 Der Basiswert stellt nach Abs. 3 den Ausgangsbetrag dar. Der Basiswert bezieht sich **auf eine täglich drei- bis vierstündige Bildung, Erziehung und Betreuung eines Kindes im Alter von drei Jahren bis zur Einschulung**. Besucht das Kind kürzer oder länger die Einrichtung oder weist es einen vom Gesetz besonders herausgestellten erhöhten pädagogischen Aufwand auf, so ist der Basiswert mit Hilfe der Buchungszeit- und Gewichtungsfaktoren zu verändern.

Die kindbezogene Förderung richtet sich weder in ihrer Höhe nach den Personalkosten einer Einrichtung, noch wird sie zweckgebunden ausschließlich zur Finanzierung der Personalkosten ausgereicht.

Hintergrundinformation:

Bezogen auf das Kalenderjahr 2004 wurden die gesamten staatlichen Zuschüsse an staatlich anerkannte Kindergärten (einschließlich der Zuschüsse für Zusatzkräfte nach § 5 Abs. 3 3. DVBayKiG, Aushilfskräfte gem. § 7 3. DVBayKiG und einer durchschnittlichen Verfügungszeit von 5,6 Stunden pro Woche und pädagogischer Kraft) durch die Summe aller Nutzungsstunden der Kinder in den Kindergärten geteilt. Das Ergebnis wurde dann als Basiswert für das Kindergartenjahr 2003/04 festgelegt. Dadurch wurde sichergestellt, dass die Förderumstellung nicht zu Kürzungen führt, sondern kostenneutral erfolgt. Für die folgenden Kindergartenjahre wurde der Basiswert dann entsprechend der Entwicklung der Personalkosten erhöht.

Da die Personalkosten sich von Jahr zu Jahr verändern, muss auch die staatliche und kommunale Förderung angepasst und deswegen der **Basiswert jährlich neu berechnet** werden. Der Basiswert gilt immer für die Endabrechnung der Förderung eines bestimmten Bewilligungsjahres sowie für die Abschlagszahlungen des darauf folgenden Bewilligungsjahres. Die Berechnung und Bekanntgabe des jeweils gültigen Basiswertes erfolgt durch das zuständige Staatsministerium für Familie, Arbeit und Soziales, im BayKiBiG als Staatsministerium bezeichnet. Gesetzlich zwingend vorgeschrieben ist durch Abs. 2 Satz 3, dass der Basiswert **unter Berücksichtigung der Entwicklung der Personalkosten zu dynamisieren** ist. Die Grundlagen zur Berechnung des Basiswerts sind in § 20 Abs. 1 AVBayKiBiG näher ausgeführt (siehe Erläuterungen hierzu).

Vom Sinn und Zweck der Vorschrift her handelt es sich bei den Personalkosten in der Kindertageseinrichtung um die Personalkosten der als pädagogisches Personal Tätigen, und zwar sowohl hinsichtlich der Entwicklung der Gehälter als auch der Lohnnebenkosten.

Die **Bekanntmachung** des Basiswerts erfolgt über das Bayerische Ministerialblatt (BayMBl).

Anmerkung:
Der Ministerrat hat am 19.5.2015 beschlossen, die Finanzierung für alle bayerischen Kindertageseinrichtungen dauerhaft auf gesetzlicher Basis zu verbessern. Die ursprünglich für die Beitragsentlastung für die Eltern vorgesehenen staatlichen Mittel in Höhe von 63 Mio. Euro jährlich wurden für die Erhöhung des Basiswerts verwendet. Mit Wirkung ab dem 1.1.2015 wurde der allgemeine Basiswert um 53,69 Euro angehoben. Dies gilt sowohl für den gesetzlichen kommunalen wie auch den staatlichen Anteil. Die Einrichtungen erhalten so unbürokratisch mehr Geld für qualitative Maßnahmen.

Mit der Erhöhung des gesetzlichen Basiswertes wird sichergestellt, dass alle Einrichtungen und damit alle Kinder unabhängig von der Region und der Leistungskraft der einzelnen Gemeinde ohne weitere Voraussetzungen von der höheren Förderung profitieren.

b) Buchung – Buchungszeitfaktoren

In Abs. 4 wird Grundsätzliches zu den Buchungszeiten erläutert. Die Fest- **219**
legung der einzelnen Buchungszeitfaktoren erfolgt hingegen durch § 24 AVBayKiBiG. Dabei wird in Satz 1 zunächst die Abhängigkeit der kindbezogenen Förderung von der Betreuungszeit der Kinder zum Ausdruck gebracht: Je länger die Kinder die Einrichtung besuchen, umso höher ist die Förderung, weil auch das Personal länger vorgehalten werden muss.

aa) Definition der Buchungszeit

Die kindbezogene Förderung stellt nicht direkt auf die tatsächliche Anwe- **220**
senheit der Kinder ab, sondern auf die sog. **Buchungszeit.** Dies ist nach Abs. 4 Satz 2 die **zwischen Eltern und Träger** im Betreuungsvertrag oder im Buchungsbeleg **vereinbarte Zeit**, in der ein Kind regelmäßig in der Einrichtung

gebildet, erzogen und betreut wird. Die Buchungen für die Kinder werden unabhängig von der Einrichtungsart, in der die Kinder betreut werden, abgerechnet. Ein Schulkind im Hort wird förderrechtlich in gleicher Weise behandelt wie ein Schulkind im Kindergarten oder in der altersgemischten Einrichtung. Ausnahme: Kinder in Krippen (vgl. Art. 21 Abs. 5 Satz 5 und 6).

Hinweis:

Der Buchungsvertrag mit den Eltern gilt grundsätzlich für ein Kindergartenjahr. Nur bei Vorliegen entsprechender Gründe (Wohnortwechsel, andere Arbeitszeit etc.) kann der Vertrag vorzeitig gekündigt werden. Ansonsten ist eine vorzeitige Beendigung des Buchungsvertrags nur in beiderseitigem Einvernehmen möglich. Eine Änderung der Buchungszeit ist im Hinblick auf ihre förderrechtliche Folge nur angezeigt, wenn eine Abweichung von mehr als einer Stunde täglich und länger als einen Kalendermonat andauert, s. Erl. zu § 25 AVBayKiBiG.

Wenn Eltern mit dem Träger vereinbaren, dass ihr Kind die Kindertageseinrichtung täglich im Schnitt zwischen mehr als fünf und bis zu sechs Stunden besuchen wird, so darf sich der Träger auf eine entsprechende regelmäßige Präsenz grundsätzlich verlassen und gegenüber der Gemeinde entsprechend abrechnen. Auf der anderen Seite ist es aber auch den Gemeinden und dem Freistaat nicht zumutbar, dass sie für angebliche Bildung und Erziehung finanziell aufkommen, die zeitweise gar nicht stattfindet; während mehr als geringfügige Überschreitungen der gebuchten Zeit vom Träger moniert werden, weil er aufgrund der zu geringen Buchung eine niedrigere Förderung erhält, sind Unterschreitungen der gebuchten Zeit ab einem bestimmten Ausmaß für die finanzierenden Gemeinden und den Freistaat problematisch. Deswegen definiert Abs. 4 Satz 2 die Buchungszeit nicht einfach als den vereinbarten Zeitraum, sondern **ergänzt: „während dem das Kind regelmäßig in der Einrichtung vom pädagogischen Personal gebildet, erzogen und betreut wird“**. Träger und Eltern können daher nicht einfach irgendeinen Zeitraum vereinbaren, sondern müssen sich an den **regelmäßigen tatsächlichen Anwesenheitszeiten** messen.

Beispiele:

Eltern kommen morgens in die Einrichtung, um ihr Kind zu bringen. Sie erklären der Leiterin, dass sie ab dem nächsten Kalendermonat die Buchungszeit von bisher > 5 h bis 6 h um eine Stunde verlängern wollen auf dann > 6 h bis 7 h.

Die Leitung informiert den Träger. Der Träger oder ggf. auch die Leitung überprüft, ob die Erhöhung der Buchungszeit mit den personellen Rahmenbedingungen (förderrelevanter Mindestanstellungsschlüssel, Fachkraftquote) machbar ist. Ist dies der Fall, steht es im Ermessen des Trägers, ob bzw. wann er die neue Buchungszeit akzeptiert und die Buchungsvereinbarung mit den Eltern ändert.

Kann der Träger die Buchungszeit wegen der knapp bemessenen personellen Rahmenbedingungen nicht verlängern, kann er den Wunsch der Eltern unter Berufung auf die bestehende Buchungsvereinbarung verweigern.

Eltern wollen die vereinbarte Buchungszeit um eine Stunde verringern von > 6 h bis 7 h auf > 5 h bis 6 h.

Ob und wann der Träger dem Wunsch der Eltern nachkommt, liegt in seinem Ermessen. Er kann den Wunsch wiederum unter Verweis auf die mit den Eltern geschlossene Buchungsvereinbarung verneinen. Besucht das Kind die Einrichtung aber dennoch regelmäßig mindestens täglich eine Stunde kürzer als vereinbart, so kann der Träger spätestens nach einem Monat nur noch die Förderung mit der verringerten Buchungszeit beanspruchen. Dem Träger gehen damit Fördermittel verloren. Da die Eltern mit ihrem Handeln gegen die Abmachungen in der Buchungsvereinbarung verstoßen, hat der Träger wegen der entgangenen Fördermittel Regressansprüche gegenüber den Eltern geltend zu machen. Gleiches gilt für evtl. entgangene Elternbeiträge.

Beginn und Ende der Buchungszeit

Zur Betreuung gehört auch die Verkehrssicherungs- bzw. Aufsichtspflicht, **221**
also die Pflicht, dafür Sorge zu tragen, dass dem Kind in den Räumen der Kindertageseinrichtung nichts passiert. Diese Pflicht besteht auch dann, wenn die Eltern anwesend sind. Gebucht wird daher die Nutzungszeit. Sie reicht vom Betreten der Einrichtung bis zum Verlassen.

Beispiel:

Die Eltern möchten ihr Kind regelmäßig zwischen 8 Uhr und 9 Uhr bringen und es zwischen 12 Uhr und 13 Uhr abholen. Bei der Berechnung der zu buchenden Zeit ist die Zeit zwischen 8 Uhr und 13 Uhr einzubeziehen. Die Eltern müssen daher die Buchungszeitkategorie „über vier bis fünf Stunden" buchen.

Generell gilt, dass Betreuungszeiten nur in der Zeit von 6 Uhr bis 20 Uhr förderfähig sind. Sofern eine Gemeinde bereit ist, auch Zeiten außerhalb dieses Zeitkorridors zu fördern, wird sich auch der Freistaat einer Refinanzierung nicht verschließen. Voraussetzung hierfür ist aber, dass es sich bei der Betreuung um eine regelmäßige Betreuung handelt. Keinesfalls werden Kurzzeitbuchungen in der Zeit nach 20 Uhr gefördert. Die Staffelung der Zeitfaktoren mit der Obergrenze 2,5 bei Buchung der Kategorie von > 9 h bleibt unberührt (vgl. § 24 AVBayKiBiG).

Beispiel:

Die Betriebskindertageseinrichtung einer Klinik hat Öffnungszeiten von täglich bis 21.30 Uhr, um während des Schichtdienstes eine Kinderbetreuung anzubieten. In diesem Fall wären auch Betreuungszeiten nach 20 Uhr förderfähig, sofern die kommunale Komplementärfinanzierung sichergestellt ist.

Für die Buchung gelten die folgenden Grundsätze:

1. Buchung in Zeitkategorien
   Die Eltern vereinbaren mit dem Träger einen **einstündigen täglichen Zeitkorridor.** Sie legen sich also nicht darauf fest, z. B. im Schnitt ihr Kind vier Stunden in die Tageseinrichtung zu bringen, sondern „über drei bis vier Stunden". Jeden Tag kann daher von vornherein die tatsächliche Anwesenheit schon mal um fast eine Stunde differieren. Es empfiehlt sich, im Einvernehmen mit dem Träger, die Buchung bezogen auf die Woche vorzunehmen. Die Buchung der Kategorie „über drei bis vier Stunden" bedeutet dann, dass die Eltern frei sind, die Einrichtung zwischen etwas mehr als 15 Stunden bis maximal 20 Stunden pro Woche in Anspruch zu nehmen – sie haben somit einen **zeitlichen Puffer von fast fünf Stunden pro Woche**.
2. Regelmäßige Betreuungszeit
   Bei der Vereinbarung handelt es sich um die regelmäßige Zeit, in der das Kind in der Einrichtung gebildet, erzogen und betreut wird. **Unregelmäßige Abweichungen sind** daher **unbeachtlich**, d. h. trotz solcher Abweichungen kann die gebuchte Zeit bei der Förderung auch abgerechnet werden. Wenn also z. B. ein Kind ausnahmsweise einmal freitags früher abgeholt wird, weil die Eltern mit dem Kind ins Freibad gehen möchten oder das Kind eine Woche mal nicht in den Kindergarten geht, weil es keine Lust hat, so interessiert dies für die Förderung nicht.

Hinweis zur Buchung von Schulkindern:

Die regelmäßige Bildung, Erziehung und Betreuung von Schulkindern in Kindertageseinrichtungen beginnt nach dem stundenplanmäßigen Ende des Unterrichts an der Schule. Das gilt auch dann, wenn Schulkinder wegen des Ausfalls von Unterrichtsstunden einmal früher als üblich in der Einrichtung betreut werden sollen. Bei Schülerinnen und Schülern der 1. Klasse beginnt die Buchungszeit nach dem Stundentableau der Grundschule (23 Schulstunden) bei einem Unterrichtsbeginn um 8.00 Uhr **durchschnittlich** täglich frühestens um 11.45 Uhr, auch wenn der Unterricht regelmäßig an zwei Tagen pro Woche früher endet. Wird das Kind täglich gegen 16.00 Uhr abgeholt, gilt die Zeitkategorie > 4 h bis 5 h.

3. Förderrelevante Änderungen der Buchungszeit
   Auch regelmäßige, aber **geringfügige Unterschreitungen der gebuchten Zeit sind unbeachtlich**. Was beachtlich oder unbeachtlich ist, regelt § 25 Abs. 1 Satz 1 Halbs. 2 AVBayKiBiG einschließlich der hierzu ergangenen Begründung (s. Erl. zu § 25 AVBayKiBiG).
4. Durchschnittliche Betreuungszeit
   Bei den Buchungszeiten handelt es sich um **Durchschnittswerte**. Vereinbaren etwa Eltern mit dem Träger, dass sie ihr Kind jeweils im Wechsel

eine Woche vormittags über vier bis fünf Stunden und die andere Woche ganztags über acht bis neun Stunden in die Einrichtung bringen (z. B. bei Schichtarbeit), so buchen sie als Durchschnittswert (5 × 5 Stunden + 5 × 9 Stunden)/10 Tage = 7 Stunden, also über sechs bis sieben Stunden, vgl. Abs. 4 Satz 3 Halbs. 1. Ob der Träger solche täglich variierenden Betreuungszeiten anbieten kann, ist seine Entscheidung. Bei wechselnden Betreuungszeiten ist die Buchungszeit immer auf eine Fünf-Tage-Woche zu berechnen, auch wenn der Träger die Einrichtung regelmäßig an sechs Tagen pro Woche öffnet.

5. Krankheitsbedingte Fehlzeiten der Kinder und Schließtage
Bestimmte Tage, an denen Kinder überhaupt nicht die Einrichtung besuchen, sind gleichfalls **unbeachtlich**, führen also nicht zu einer verringerten Förderung: nämlich **unbegrenzte Fehlzeiten der Kinder** infolge von Krankheit oder Urlaub. Ob es sich um Krankheits- oder Urlaubstage handelt, bestimmt sich anhand der Erklärung der Eltern. Der Träger sollte bei längeren Abwesenheitszeiten eines Kindes neben der Erklärung eine ärztliche Bestätigung verlangen, um im Falle einer nachträglichen Prüfung die Korrektheit der Abrechnung belegen zu können. Auch **bis zu 30 Schließtage** der Kindertageseinrichtung sowie bis zu fünf weitere Tage, wenn dies der Fortbildung des pädagogischen Personals oder der Konzeptionsentwicklung dient, kann die Einrichtung ohne Förderkürzung festlegen; Näheres hierzu zu § 25 Abs. 1 Satz 4 AVBayKiBiG.
Schließtage sind nur solche Tage, die von den grundsätzlichen Öffnungszeiten her Betriebstage wären und vom Träger in freier Entscheidung als Schließtage bestimmt sind. Ein Schließtag liegt nur dann vor, wenn die gesamte Einrichtung geschlossen ist. Streiktage wie auch Schließtage aufgrund einer Anordnung der Gesundheitsbehörden sind z. B. keine Schließtage im Sinne des Art. 21 Abs. 4 Satz 3. Dies gilt auch dann, wenn aufgrund der gegebenen Umstände in einer Einrichtung eine Schließung mit der örtlich zuständigen Fachaufsicht für eine vorübergehende Zeit vereinbart wurde.
Insbesondere während der Corona-Pandemie waren Träger aufgrund coronabedingter Ausfallszeiten des Personals gezwungen, ihre Einrichtung tageweise zu schließen. Diese Tage wurden nicht auf das Kontingent der 30 förderunschädlichen Schließtage angerechnet. Die Kappung von Öffnungszeiten, insbesondere aufgrund der im Rahmenhygieneplan vorgeschriebenen Bildung von festen Gruppen, hat keine Auswirkung auf das Kontingent der Schließtage, da es sich hierbei um keine vollumfängliche Schließung der Einrichtungen handelt. Zu klären war in diesem Fall die Auswirkung auf die förderrelevante Buchungszeit sowie der Betreuungsverträge im Hinblick auf die Höhe der Elternbeiträge.

Kooperieren zwei oder mehrere Einrichtungen mit dem Ziel, eine gemeinsame Ferienbetreuung zu organisieren, werden Schließzeiten, sofern ein Betreuungsangebot zur Verfügung gestellt wird (evtl. eben in einer anderen Einrichtung), nicht auf das Schließzeitenkontingent des Art. 21 Abs. 4 Satz 3, 2. Halbsatz angerechnet. Dies gilt sowohl für sog. Filialkindergärten als auch bei Einrichtungen verschiedener Träger, wenn diese entsprechend zusammenarbeiten. Entscheidend ist, dass den Kindern bzw. Familien ein Betreuungsangebot offensteht. Dies kann auch gemeindeübergreifend sein oder sich auf mehrere Einrichtungen verschiedener Gemeindeteile beziehen. Dabei sollte davon ausgegangen werden können, dass die Einrichtungen auch hinsichtlich des Personaleinsatzes zusammenarbeiten.

Analog gilt dies auch, wenn sog. Notgruppen in den Ferienzeiten eingerichtet werden. In diesem Fall besteht ein Betreuungsangebot, wenngleich dieses im Vergleich zu den Schulzeiten eingeschränkt ist. Daher werden die betreffenden Betriebstage nicht als Schließtage angerechnet, sofern sichergestellt wird, dass allen Kindern ein Betreuungsangebot zur Verfügung steht, die ein solches benötigen.

Eine Anrechnung auf die Schließtage des Art. 21 Abs. 4 ist immer dann zwingend erforderlich, wenn die Dauer einer Schließzeit dem Personal vom Gehalt abgezogen wird (Ausnahme ist die Schließung wegen streikbedingter Abwesenheit des Personals). Nachdem dem Träger keine Aufwendungen für Personalkosten entstehen, wäre es unbillig, die Einrichtung für die Dauer der Schließung zu fördern. Dies würde der Intention des BayKiBiG zuwiderlaufen. Die kindbezogene Förderung deckt einen Teil der durch den Betrieb einer Einrichtung entstehenden Kosten. In Zeiten, in denen kein Betrieb aufrechterhalten wird, weil z. B. kein Personal angestellt ist, entfällt der Anspruch auf Förderung. Insofern ist eine entsprechende Kürzung der Jahresförderung um die Tage (Jahresförderung mal x Tage: 220), an denen kein Betrieb aufrechterhalten wird, vorzunehmen, weil faktisch kein pädagogisches Personal in der Einrichtung angestellt ist.

222 Abs. 4 Satz 2 stellt zudem klar, dass als Buchungszeit nur diejenige Zeit zählt, in der die **pädagogische Arbeit mit den Kindern von den pädagogischen Kräften der Einrichtung verantwortet wird**.

Die Verknüpfung der Buchungszeit der pädagogischen Arbeit mit den Kindern hat ferner Auswirkungen, wenn z. B. eine Kindertageseinrichtung **Fremdanbieter** in der Einrichtung zulässt, etwa wenn stets dienstags von 14 Uhr bis 15 Uhr durch eine externe Kraft spielerisch Englisch vermittelt wird. Diese Zeiten können nur dann bei der Buchungszeit mitgezählt werden, wenn die pädagogischen Kräfte hierbei mitwirken und das Angebot allen Kindern offensteht. Dies schließt aus, dass der Träger für das Angebot des Fremdanbieters eine zusätzliche Gebühr erhebt. Möglich wäre es allerdings, dass der Träger die Mehrkosten, die das Angebot verursacht, bei der Festlegung der Elternbeiträge einrechnet und damit auf alle Familien umlegt.

bb) Förderfähige Buchungszeiten

Kindertageseinrichtungen sind elementare Bildungseinrichtungen. Anders **223**
als bei Kindern unter drei Jahren, die manchmal noch keine allzu lange Trennung von den Eltern verkraften, und bei Schulkindern, die gerade auch in der Schule gebildet werden, setzt dies **für Kinder im Alter von drei Jahren bis zur Einschulung** eine Anwesenheit von (durchschnittlich) **mehr als drei Stunden pro Tag** voraus, Abs. 4 Satz 4. Deswegen fördert der Freistaat und deswegen müssen auch die Gemeinden bei Kindern dieses Alters nur dann fördern, wenn die Kinder über drei Stunden pro Tag in der Kindertageseinrichtung gebildet und erzogen werden, d. h. es muss mindestens die Buchungszeitkategorie „über drei bis vier Stunden“ vereinbart sein.

Dies gilt auch für die **einrichtungsähnlich geförderte Großtagespflegestelle** nach Art. 20a (vgl. Anm. zu Art. 25).

Förderrechtliche Berücksichtigung von Buchungszeiten bei Kindern, die täglich in verschiedenen Bildungseinrichtungen betreut werden:
Für Kinder von drei Jahren bis zur Einschulung gilt:

Die Vorschrift des Art. 21 Abs. 4 Satz 4 ist bei kombinierter Betreuung in zwei Einrichtungen nicht anwendbar, sofern es sich bei beiden Einrichtungen um Bildungseinrichtungen handelt, d. h. eine Förderung nach BayKiBiG ist für Kinder von drei Jahren bis zur Einschulung auch dann möglich, wenn die Buchungszeit unter der Kategorie > 3 h bis 4 h liegt.

> **Beispiel:**
>
> Ein Kind (vier Jahre) besucht vormittags eine Schulvorbereitende Einrichtung (SVE) und von 13 Uhr bis 15.30 Uhr den Regelkindergarten.
>
> Der Träger des Kindergartens erhält für das Kind eine Förderung nach der Buchungskategorie > 2 h bis 3 h, da von der Anwendung des Art. 21 Abs. 4 Satz 4 abzusehen ist (vgl. hierzu auch Art. 2 Abs. 5).
>
> Nachdem das Kind bereits am Vormittag intensiv gefördert wird, ist davon auszugehen, dass eine Umsetzung der Bildungs- und Erziehungsziele für dieses Kind auch bei einer kürzeren Betreuungszeit in der Kindertageseinrichtung erreicht werden kann.

Bei Kindern unter drei Jahren und Schulkindern werden hingegen **schon** Zeiten von etwas mehr als fünf Stunden pro Woche gefördert (**Buchungszeit-**

kategorie „über eine Stunde bis zwei Stunden" pro Tag ist bei diesen Kindern die kleinstmögliche förderfähige Einheit). Auch bei Kindern, die nach Art. 21 Abs. 5 Satz 5 nur als unter dreijährig gelten, können Buchungszeiten von mehr als einer Stunde pro Tag gefördert werden, § 24 Abs. 1 Satz 3 AV-BayKiBiG. Bei der Tagespflege können bei allen Kindern Buchungszeiten von weniger als drei Stunden pro Tag gefördert werden, vgl. Art. 25 Satz 1.

cc) Mindestbuchungszeiten – Kernzeiten

224 Abs. 4 Satz 5 legt fest, dass der Träger von den Eltern fordern kann, dass sie mindestens vier Stunden pro Tag bzw. 20 Stunden pro Woche buchen müssen (sog. **Mindestbuchungszeit**). Bei der 20-Stunden-Regelung handelt es sich um eine Höchstgrenze. Der Träger kann auch kürzere Mindestbuchungszeiten bestimmen.

> **Beispiel:**
>
> Der Träger eines Horts legt die Mindestbuchungszeit von bis zu drei Stunden täglich fest.

Diese Regelung wirft allgemein die Frage auf, welche Buchungszeiten vom Träger anzubieten sind. Dies bestimmt sich nach den folgenden Grundsätzen:

- **Nach oben begrenzt** die (vom Träger festgelegte) **Öffnungszeit** die anzubietenden Buchungszeiten. Hat eine Einrichtung z. B. von 8 Uhr bis 14 Uhr geöffnet, so ist die höchste, vom Träger anzubietende Buchungszeitkategorie die „über fünf bis sechs Stunden".
- **Bei der kleinsten anzubietenden Buchungszeit kann der Träger wählen**: Er kann bei der Kategorie „über eine bis zwei Stunden" starten, oder bei „über zwei bis drei Stunden" oder bei „über drei bis vier Stunden". **Mindestens die Kategorie „vier Stunden" muss der Träger anbieten**, er darf also nicht verlangen, dass alle Eltern mindestens fünf oder mehr Stunden buchen. Zur faktischen Ausnahme bei Festlegung sog. Kernzeiten, s. anschließend. Der Träger legt zum Ausschluss der kleineren Buchungszeiten sog. **Mindestbuchungszeiten** fest, Art. 21 Abs. 4 Satz 5.

> **Beispiel:**
>
> Ein Träger legt als Mindestbuchungszeit die Kategorie „über drei bis vier Stunden" fest. Dann können die Eltern nicht die Kategorie „über eine bis zwei Stunden" und auch nicht die Kategorie „über zwei Stunden bis drei Stunden" buchen, sondern müssen mindestens die Kategorie „über drei bis vier Stunden" wählen.

Art. 21 Abs. 4 Satz 5 **erlaubt dem Träger** nicht nur, die zwei kleinsten Stundenkategorien auszuschließen, sondern **auch die zeitliche Lage der Mindest-**

buchungszeit vorzugeben. Damit wird die Bestimmung einer sog. **Kernzeit** möglich, wenn der Träger mit den Eltern **zusätzlich im Betreuungsvertrag vereinbart**, dass während dieser zeitlich festgelegten Mindestbuchungszeit die **Kinder anwesend sein müssen**, grundsätzlich also in diesen Zeiten nicht geholt oder gebracht werden dürfen.

Beispiel:

Ein Träger bestimmt, dass alle Kinder von 8.30 Uhr bis 12.30 Uhr anwesend sein müssen. Wenn die Eltern hier exakt vier Stunden buchen würden, müssten die Eltern tagein tagaus ihre Kinder pünktlich um 8.30 Uhr bringen und um 12.30 Uhr holen, um eine regelmäßige, nicht zu tolerierende Überschreitung der gebuchten Zeit zu vermeiden. Da dies faktisch kaum möglich ist, müssen die Eltern bei einer solchen Bestimmung die Zeitkategorie „mehr als vier Stunden bis fünf Stunden" wählen, um sich einen gewissen Zeitpuffer für das Bringen und Holen der Kinder zu lassen. Wenn der Träger eine **Kernzeit von vier Stunden festlegt**, ist es daher über den Wortlaut des Art. 21 Abs. 4 Satz 5 hinaus **zulässig**, den Eltern nur **Buchungszeitkategorien ab „über vier bis fünf Stunden" anzubieten**, so auch *Dunkl/Eirich*, Art. 21 Nr. 4.

Die Festlegung einer Kernzeit dient dazu, dass die pädagogischen Kräfte über einen bestimmten Zeitraum hinweg konzentriert Bildungsarbeit leisten können, ohne durch das Holen oder Bringen der Kinder gestört zu werden; gleichzeitig ermöglicht sie dem Träger finanzielle und organisatorische Planungssicherheit.

Erlaubt ist nur die Festlegung **einer** Kernzeit. Unzulässig wäre es somit, wenn ein Träger bestimmen würde, dass alle Kinder von 9 Uhr bis 11 Uhr und von 13 Uhr bis 15 Uhr anwesend sein müssen. Er würde damit die Eltern nötigen, die Zwischenzeit auch mitzubuchen, da sie kaum in der Lage oder willens sein werden, ihr Kind regelmäßig um 11 Uhr zu holen und um 13 Uhr wieder zu bringen. Der Träger könnte daher durch eine solche Splittung der Kernzeiten unzulässigerweise die von den Eltern zu buchende Zeit über die Vier-Stunden-Grenze hinaus ausdehnen. **Zulässig** ist es hingegen, **für verschiedene Kinder verschiedene Kernzeiten festzulegen**.

Beispiele:

Ein Hort legt (im Hinblick auf den unterschiedlichen Unterrichtsschluss) fest, dass alle Erstklässler von 12 Uhr bis 15 Uhr anwesend sein müssen, die Drittklässler hingegen von 13 Uhr bis 15 Uhr. Insbesondere bei der Schulkindbetreuung ist darauf zu achten, dass die festgelegten Kernzeiten nicht eine überlange außerfamiliäre Betreuung erzwingen, obwohl dies von den Eltern nicht gewünscht wird.

Ein Kindergarten legt fest, dass die Kinder, für die ein Vormittagsplatz gebucht wird, mindestens von 8 Uhr bis 12 Uhr anwesend sein müssen und dass die Kinder, für die ein Nachmittagsplatz gebucht wird, mindestens von 13 Uhr bis 16 Uhr anwesend sein müssen.

Zwischen der so bestimmten höchsten und der niedrigsten Kategorie **muss der Träger alle Stundenkategorien anbieten**. **Unzulässig** ist es daher, den Eltern nur im **Zwei-Stunden-Schritt** Buchungszeiten anzubieten, etwa nur die Buchung von vier, sechs oder acht Stunden, ebenso *Dunkl/Eirich*, zu Art. 21 Nr. 4.

Die Verpflichtung, alle Stundenkategorien anbieten zu müssen, ergibt sich daraus, dass Art. 21 Abs. 4 Satz 5 eine abschließende Aufzählung aller Vorgaben des Trägers gegenüber den Eltern darstellt, die dieser in Bezug auf die Länge und Lage der Buchungszeiten aufstellen darf; vgl. insoweit auch die Gesetzesbegründung. Über die vom Träger festlegbaren vier Stunden pro Tag bzw. 20 Stunden pro Woche muss der Träger somit jeden möglichen Umfang der Buchung zulassen. In diesem ersten gedanklichen Schritt müsste der Träger daher über die Mindestbuchungszeit hinaus sogar viertelstündlich genaue Buchungen der Eltern zulassen, wenn diese das wünschen. Erklärungsbedürftig ist daher nicht, warum der Träger nicht nur Zwei-Stunden-Schritt-Buchungen zulassen kann, sondern erklärungsbedürftig ist vielmehr, warum der Träger den Eltern eine auf Stundenkategorien beschränkte Auswahl anbieten darf. Die Zulässigkeit ergibt sich daraus, dass es für die Förderung irrelevant ist, ob die Eltern etwa im Schnitt ihr Kind etwas mehr als vier Stunden oder eben fünf Stunden in den Kindergarten geben, da die Förderung selbst diese Buchungszeitkategorien zugrunde legt. Die dem Träger auferlegte Buchungsfreiheit der Eltern dient nämlich insbesondere auch der Fördereffizienz. Dieser Gesetzeszweck schränkt daher die vom Träger zwingend anzubietenden Buchungen zu seinen Gunsten ein. Daraus ergibt sich, dass der Träger etwa Buchungszeitkategorien im Viertel-Stunden-Takt anbieten kann, dies aber nicht tun muss; eine solche Vorgehensweise ist dem Träger auch nicht zu empfehlen, da er die Eltern stärker festlegt, ohne davon einen finanziellen Vorteil zu haben.

Eine Einschränkung der Trägerautonomie, unter Umständen im Hinblick auf kommunale Träger auch der kommunalen Selbstverwaltungshoheit, nicht größere Zeitintervalle als Buchungszeitkategorien festlegen zu dürfen als den Stundentakt, ist sachlich gerechtfertigt: Es handelt sich dabei um eine Fördervoraussetzung, das heißt, der Träger ist nur dann an eine solche Freigabe der Buchungen gebunden, wenn er gefördert werden möchte. Da die Förderhöhe aber von der Länge der Buchungszeit abhängt, ist ein sachgerechter Einsatz der Steuermittel nur gewährleistet, wenn die Träger die Eltern nicht zu überlangen Buchungen zwingen können. Auch im Hinblick auf die vorrangige Erziehungsverantwortung der Eltern und die unterstützende und ergänzende Funktion der Kindertageseinrichtungen wären längere, erzwungene Anwesenheitszeiten der Kinder problematisch.

dd) Buchung in den Ferienzeiten

Das BayKiBiG und die AVBayKiBiG regeln diese Fälle folgendermaßen: **225**

Dauer der Kurzzeitbuchung	Förderung für
0–14 Betriebstage	0 Monate
15–29 Betriebstage	1 Monat
30–44 Betriebstage	2 Monate
ab 45 Betriebstage	3 Monate

Für die Betreuung in Ferienzeiten sind zwei Fallgestaltungen zu unterscheiden:

Begrifflich handelt es sich dabei um Ferien- und Kurzzeitbuchung. Bei der Ferienbuchung werden im Unterschied zur Kurzzeitbuchung die Kalendermonate mit Regelbuchung durch die Monate mit höherer Buchung ersetzt.

§ 25 Abs. 3 AVBayKiBiG sieht maximal eine Förderung für drei Monate vor. Können nach der normalen Regelung vier oder mehr Monate abgerechnet werden, kommt § 25 Abs. 3 AVBayKiBiG nicht zur Anwendung.

§ 25 Abs. 3 AVBayKiBiG gilt für alle Kinder.

1. Kinder besuchen eine Einrichtung regelmäßig und benötigen in den Ferienzeiten eine längere Betreuung, um beispielsweise die fehlenden Unterrichtszeiten der Schule abzudecken (sog. Ferienbuchung).
   Die Eltern buchen neben der Buchungszeit in den Schulzeiten den Umfang der Betreuungszeit in den Ferien und die Anzahl der Tage, in denen die längere Buchung benötigt wird. Dabei genügt es, wenn die Eltern entscheiden, ob die Ferienbetreuung an mindestens 15, 30 oder 45 Tagen pro Schuljahr in Anspruch genommen wird.

Beispiel:

Ein Kind besucht die Einrichtung regelmäßig mit der Zeitkategorie > 3 h bis 4 h. In den Ferien benötigt das Kind für insgesamt 32 Tage bezogen auf das Bewilligungsjahr eine Betreuungszeit von > 8 h bis 9 h.

Für zwei Kalendermonate wird die Zeitkategorie > 3 h bis 4 h durch die Zeitkategorie > 8 h bis 9 h ersetzt.

2. Kinder besuchen eine Einrichtung ausschließlich in Ferienzeiten, um eine Betreuung für die fehlenden Unterrichtszeiten abzudecken (sog. Kurzzeitbuchung).
   Die Eltern buchen den Umfang der Betreuungszeit und die Anzahl der Tage, an denen die Betreuung benötigt wird. Dabei genügt es, wenn die

Eltern entscheiden, ob die Betreuung an mindestens 15, 30 oder 45 Tagen pro Schuljahr in Anspruch genommen wird. Mehrere Kurzzeitbuchungen im gleichen Bewilligungszeitraum werden zusammengezählt.

Beispiel:

Kind besucht die Einrichtung in den Osterferien an sechs Tagen, in den Pfingstferien an sechs Tagen und in den Sommerferien an 12 Tagen. Betreuung im Bewilligungsjahr insgesamt an 24 Tagen. Der Träger erhält die Förderung für einen Kalendermonat mit der gebuchten Betreuungszeit.

ee) Buchungszeitfaktoren

226 Heranzuziehen ist die durchschnittlich auf einen Tag entfallende Buchungszeit. Die in Abs. 4 Satz 6 angeführten Buchungszeitfaktoren für die einzelnen Stundenkategorien sind in § 24 AVBayKiBiG geregelt (s. dortige Erl.).

c) Gewichtungsfaktoren

227 Abs. 5 regelt abschließend die Gewichtungsfaktoren. Sie stellen eine **pauschalierte höhere Förderung für einen typischerweise höheren Bildungs-, Erziehungs- oder Betreuungsaufwand** dar. Zur Vermeidung eines bei rund 600.000 betroffenen Kindern nicht bewältigbaren Verwaltungsaufwands musste von einer Einzelüberprüfung, ob bei einem bestimmten Kind ein erhöhter Aufwand (etwa infolge Hyperaktivität) gegeben ist, abgesehen werden. Stattdessen wird auf einfach zu überprüfende, objektive Kriterien abgestellt, die in der weit überwiegenden Mehrzahl der Fälle zu Recht zu einer höheren Förderung führen.

Per AMS vom 25.2.2011 (Az.: VI 4 6512.01–1/64, AMS 02–2010) weist das StMAS darauf hin, dass die kindbezogene Förderung zwingend mit den Gewichtungsfaktoren zu berechnen ist, sofern die Voraussetzungen hierfür vorliegen.

„Nach § 17 Abs. 1 Satz 3 AVBayKiBiG sind Buchungszeiten von Kindern mit Gewichtungsfaktor entsprechend vervielfacht in den Anstellungsschlüssel einzurechnen. Diese Vorschrift dient der Qualitätssicherung und soll die Rahmenbedingungen insbesondere für die Aufnahme von Kindern mit Behinderung bzw. von Behinderung bedrohten Kindern sicherstellen. Wird wegen der Gewichtungsfaktoren der förderrelevante Mindestanstellungsschlüssel von 1 : 11 überschritten (vgl. Anmerkung zu § 17 AVBayKiBiG), kann der Träger auf die höhere Anforderung durch

Aufstockung der Personalstunden reagieren. Alternativ ist ggf. der Umfang der Buchungsstunden zu reduzieren.

Die Berechnung des Anstellungsschlüssels auf Grundlage der Buchungszeiten und der Gewichtungsfaktoren nach Maßgabe des § 17 Abs. 1 AVBayKiBiG ist zwingend und damit Fördervoraussetzung (Art. 19 Nr. 10 BayKiBiG). Der förderrelevante Mindestanstellungsschlüssel kann also nicht dadurch eingehalten werden, indem der Träger bei der Abrechnung auf einen höheren Gewichtungsfaktor verzichtet. **Dies gilt ausnahmslos für alle Gewichtungsfaktoren über 1,0.**"

aa) Gewichtungsfaktor 2,0 für Kinder unter drei Jahren

Dieser Gewichtungsfaktor wird für Kinder in allen Kindertageseinrichtungen (nicht in Tagespflege) gewährt, die laut Pass oder Geburtsurkunde noch nicht das dritte Lebensjahr vollendet haben. Die doppelt so hohe Förderung korrespondiert damit, dass für diese Kinder auch doppelt so viel Personal vorgehalten werden muss, vgl. § 17 Abs. 1 Satz 2 AVBayKiBiG. **228**

Nach dem KiFöG gewährt der Bund auch Bundesmittel zur Betriebskostenförderung. Diese reicht der Freistaat Bayern über einen sog. Ausbaufaktor vollumfänglich an die Gemeinden weiter. Der Ausbaufaktor wird bei allen in die kindbezogene Förderung einbezogenen Kindern angewendet, die den Gewichtungsfaktor 2,0 aufweisen.

Wird das Kind drei Jahre alt (z. B. am 8.3.), so wird ab diesem Monat (also im Beispiel ab März) die normale Förderung mit Gewichtungsfaktor 1,0 gewährt; bei Kindern in Kinderkrippen im Sinne des Art. 2 Abs. 1 Satz 2 Nr. 1 gilt der Gewichtungsfaktor 2,0 immer bis zum Ende des Kindergartenjahrs (d. h. bis zum 31.8.), Abs. 5 Satz 5. Bei dreijährigen Kindern, die nach Abs. 5 Satz 5 und 6 als unter dreijährig gelten, können auch die Buchungszeitkategorien unter drei Stunden gefördert werden.

Mit der Novellierung des BayKiBiG zum 1.1.2013 wurde der Anregung des Obersten Bayerischen Rechnungshofs dahingehend Rechnung getragen, als die zuvor tolerierte Vorgehensweise, den Gewichtungsfaktor von 2,0 auch nach Vollendung des 3. Lebensjahres mit Zustimmung der Fördergemeinde bis zum 31.8. fortzuführen, gesetzlich verankert. Mit Art. 21 Abs. 5 Satz 6 wird auch für alle anderen Kindertageseinrichtungen außer den Kinderkrippen die rechtliche Möglichkeit eröffnet, den Gewichtungsfaktor 2,0 auch dann bis zum Ende eines Kindergartenjahres abzurechnen, wenn ein Kind während des Kindergartenjahres das dritte Lebensjahr bereits vollendet hat, sofern die zuständige Gemeinde dieser Förderung zustimmt.

Beispiel:

Ein Kindergarten mit 75 Plätzen wird von 53 Kindern im Alter von drei Jahren bis zur Einschulung besucht. Der **Träger öffnet den Kindergarten** und nimmt zusätzlich noch elf Kinder zwischen zwei und drei Jahren auf (Kinder unter drei Jahren werden in Bezug auf die maximale Platzzahl, die in der Betriebserlaubnis festgelegt ist [im Beispiel 75 Plätze], wie zwei Kinder gerechnet, vgl. näher Erl. zu Art. 7 Rn. 51). Für die Kinder unter drei Jahren erhält der Träger die Förderung mit Gewichtungsfaktor 2,0, muss aber für ihre Betreuung auch doppelt so viel Personal einsetzen. Wenn die Kinder im Laufe des Kindergartenjahres drei Jahre alt werden, muss der Gewichtungsfaktor auf 1,0 bzw. 1,3 ab dem Geburtstagsmonat angepasst werden.

Hinsichtlich der Vollendung des dritten Lebensjahrs und der damit verbundenen Veränderung des Gewichtungsfaktors sind in Verbindung mit § 25 Abs. 1 Satz 1 AVBayKiBiG folgende Fallgestaltungen zu unterscheiden:

Beispiele:

Aufnahme eines Kindes im September; Vollendung des dritten Lebensjahres im Oktober

Kinderkrippe:

wegen Art. 21 Abs. 5 Satz 5 gilt für das ganze Kindergartenjahr Faktor 2,0

Sonstige Kindertageseinrichtung:

bei Anwendung des Art. 21 Abs. 5 Satz 6 siehe Krippe; allerdings entscheidet der Träger, ob tatsächlich GW 2,0 zur Anwendung kommt. Ohne Anwendung von Satz 6 gilt ab dem Oktober zwingend GW 1,0.

Aufnahme eines Kindes im Oktober; Vollendung des dritten Lebensjahres im Oktober

Kein Anwendungsfall des Art. 21 Abs. 5 Satz 5; das Kind muss in jedem Fall mit GW 1,0 gefördert werden.

Vollendung des dritten Lebensjahrs eines Kindes im September

Neuaufnahme im September

Schutzzweck des Art. 21 Abs. 5 Satz 5 greift nicht; das Kind wird in jedem Fall mit Gewichtungsfaktor 1,0 abgerechnet.

Vollendung des dritten Lebensjahrs eines Kindes im September. Die Aufnahme des Kindes erfolgte bereits im Alter von zwei Jahren und es wird weiter in der Einrichtung betreut.

Kinderkrippe:

Art. 21 Abs. 5 Satz 5 ist einschlägig, das Kind **kann** für das ganze Kindergartenjahr mit Faktor 2,0 gefördert werden.

Sonstige Kindertageseinrichtung:

Art. 21 Abs. 5 Satz 6 ist einschlägig. Auch in der sonstigen Kindertageseinrichtung nach Art. 2 Abs. 1 nimmt ein Kind den GWF 2,0 mit in das neue KiGa-Jahr. Voraussetzung ist, dass die Gemeinde der Förderung mit GWF 2,0 zustimmt.

Hinweis:

Der Gewichtungsfaktor 2,0 für Kinder nach Vollendung des 3. Lebensjahres in sonstigen Einrichtungen (nicht Krippen) kann nur dann zur Geltung kommen, wenn der förderrelevante Mindestanstellungsschlüssel (§ 17 Abs. 1) eingehalten ist.

bb) Gewichtungsfaktor 1,0 für Kinder im Alter von drei Jahren bis zum Schuleintritt

Das „typische Kindergartenkind" wurde als Ausgangspunkt für die Förderung gewählt. Jedes Kind ist einzigartig und bedarf eines differenzierten Eingehens auf seine Bedürfnisse; eine praktikable Förderung kann diese Nuancen nicht abbilden. Da praktisch jede Kindertageseinrichtung auch von Kindern mit Entwicklungsverzögerungen oder Verhaltensauffälligkeiten besucht wird, ist diesem Förderbedarf nicht über einen gesonderten Gewichtungsfaktor, sondern über die Regelförderung (Basiswert) gerecht zu werden. **229**

cc) Gewichtungsfaktor 1,2 für Schulkinder

Die erhöhte Förderung für Schulkinder beruht darauf, dass das pädagogische Personal zusätzliche Zeit für die intensive Kooperation mit der Schule benötigt und auch die Hausaufgabenbetreuung einen höheren Personaleinsatz erfordert. **230**

dd) Gewichtungsfaktor 4,5 für behinderte oder von wesentlicher Behinderung bedrohte Kinder

Hinweis:

In § 99 SGB IX ist seit dem 1.1.2020 der leistungsberechtigte Personenkreis für eine Eingliederungshilfe definiert. Die Vorschrift verweist unmittelbar wiederum auf § 53 SGB XII, so dass sich rechtlich für die Gewährung des Gewichtungsfaktors 4,5 keine Änderungen ergeben. Die Änderung hat damit redaktionellen Charakter.

§ 99 Leistungsberechtigter Personenkreis

Leistungen der Eingliederungshilfe erhalten Personen nach § 53 Absatz 1 und 2 SGB XII des Zwölften Buches und den §§ 1–3 der Eingliederungshilfe-Verordnung (§ 1 bis in der am 31.12.2019 geltenden Fassung).

§ 120 Feststellung der Leistungen

Absatz 2: [1]Der Träger der Eingliederungshilfe erlässt auf Grundlage des Gesamtplanes nach § 120 SGB IX den Verwaltungsakt über die festgestellte Leistung nach den Kapiteln 3 bis 6. [2]Der Verwaltungsakt enthält mindestens die bewilligten Leistungen und die jeweiligen Leistungsvoraussetzungen. [3]Die Feststellungen über die Leistungen sind für den Erlass des Verwaltungsaktes bindend. [4]Ist eine Gesamtplankonferenz durchgeführt worden, sind deren Ergebnisse der Erstellung des Gesamtplanes zugrunde zu legen. [5]Ist der Träger der Eingliederungshilfe Leistungsverantwortlicher nach § 15 SGB IX, sind die Feststellungen über die Leistungen für die Entscheidung nach § 15 Abs. 3 SGB IX bindend.

§ 120 Abs. 2 SGB IX bezieht sich auf die Bescheiderteilung und den Regelungsinhalt der für die Eingliederungshilfe zuständigen Bezirke. Die Vorschrift hat keine materiell-rechtlichen Auswirkungen für die Gewährung des Faktors 4,5.

231 Der Begriff der (drohenden) **Behinderung richtet sich nach § 2 Abs. 1 Satz 1 SGB IX**. Der Gewichtungsfaktor wird gewährt, wenn ein **Bescheid nach § 120 Abs. 2 SGB IX** über den Anspruch auf Eingliederungshilfe vorliegt. Einen solchen Bescheid erhalten die Eltern vom zuständigen Träger der überörtlichen Sozialhilfe (Bezirk), wenn sie einen Antrag auf Eingliederungshilfe stellen, ihr Kind behindert oder von Behinderung bedroht ist und zudem auch ein Eingliederungsbedarf besteht.

Es reicht nicht aus, wenn nachgewiesen oder offensichtlich ist, dass das Kind behindert oder von Behinderung bedroht ist. Vielmehr muss zudem ein Eingliederungshilfeanspruch festgestellt worden sein. Die zusätzliche Voraussetzung des Eingliederungshilfebedarfs begründet sich dadurch, dass es sehr vielgestaltige Formen von Behinderungen gibt; manche können etwa durch medizinische Leistungen so gut ausgeglichen werden, dass das Kind die Kindertageseinrichtung besuchen kann, ohne eine besondere Bildungs-, Erziehungs- oder Betreuungsarbeit zu benötigen.

Die Gesetzesbegründung zu Art. 21 stellt darauf ab, dass ein Eingliederungshilfebescheid nach § 53 SGB XII (alte Grundlage) vorliegen müsse. Die Notwendigkeit eines Bescheides ergibt sich daraus, dass anderenfalls das Vorliegen eines Eingliederungshilfebedarfs nicht festgestellt ist. **§ 35a SGB VIII** verdrängt für Schulkinder mit (drohender wesentlicher) seelischer Behinderung die Leistung des Sozialhilfeträgers nach § 53 SGB XII, vgl. § 10 Abs. 4 Satz 1 SGB VIII; anders bei Vorschulkindern, vgl. Art. 64 Abs. 2 AGSG. Nachdem auch in den Fällen des § 35a SGB VIII eine Behinderung im Sinne von § 53 SGB XII vorliegt – § 53 SGB XII erfasst auch seelische Behinderungen – und zudem ein Eingliederungshilfebedarf festgestellt wird, kann auch in den Fällen des § 35a SGB VIII der Gewichtungsfaktor 4,5 gewährt werden.

Mit der Novellierung des BayKiBiG wurden mit Wirkung ab dem 1.9.2013 in Anlehnung an die frühere Praxis die Voraussetzungen für die Förderung mit dem Gewichtungsfaktor präzisiert. Der Förderanspruch für den Gewichtungsfaktor 4,5 setzt nun voraus, dass, wie vor dem 1.9.2013 bereits gefordert, ein Eingliederungshilfeanspruch nach § 120 Abs. 2 SGB IX auf Betreuung in einer Kindertageseinrichtung durch Bescheid festgestellt ist und **zusätzlich** eine Vereinbarung nach § 75 Abs. 3 SGB XII zwischen dem Einrichtungsträger und dem zuständigen Bezirk abgeschlossen wurde und Leistungen hieraus erbracht werden (sog. Leistungs- und Entgeltvereinbarung). **232**

Der Gewichtungsfaktor 4,5 ermöglicht es, im Vergleich zu einer Kindertageseinrichtung ohne Kinder mit Behinderung mit genauso viel Personal weniger Kinder zu betreuen. Durch die verbesserten personellen Rahmenbedingungen können die pädagogischen Kräfte den besonderen Bedürfnissen der Kinder mit und ohne Behinderung gerecht werden. Der neu eingefügte vierte Spiegelstrich in Art. 21 Abs. 5 Satz 2 stellt das Verhältnis zwischen der Förderung der Kindertagesbetreuung nach BayKiBiG und der Eingliederungshilfe klar.

Zu unterscheiden sind zwei Leistungen. Während über die kindbezogene Förderung die erforderlichen personellen Rahmenbedingungen abgesichert werden, werden über die Eingliederungshilfe die individuellen Eingliederungshilfemaßnahmen für die betroffenen Kinder, die sich aus der Art und Schwere der jeweiligen Behinderung ergeben, finanziert. Damit haben Träger einen Anspruch auf beide Leistungen nebenher; es besteht kein Subsidiaritätsverhältnis zwischen der Eingliederungshilfeleistung und der kindbezogenen Förderung. Eine Aufrechnung der beiden Leistungen ist nicht möglich. Damit ist nun aber auch klargestellt, dass ein Eingliederungshilfebescheid, mit dem zwar der Eingliederungshilfeanspruch, nicht aber das Erfordernis von weiteren Eingliederungshilfeleistungen festgestellt wird (sog. Null-Bescheide), ab dem 1.9.2013 nicht mehr für die Förderung mit Gewichtungsfaktor 4,5 ausreichend ist.

Darüber hinaus stellt Art. 21 Abs. 5 Satz 4 klar, dass entsprechend der bisherigen Rechtsauffassung der Gewichtungsfaktor auch für Schulkinder gilt, bei denen aufgrund einer seelischen Behinderung ein Eingliederungshilfeanspruch nach § 35a SGB VIII durch den Träger der öffentlichen Jugendhilfe festgestellt wurde. Für den Anspruch gelten die Voraussetzungen in gleicher Weise wie bei den Kindern mit Eingliederungshilfeanspruch nach § 99 SGB IX.

Die Kindertageseinrichtungen leisten die Eingliederungshilfe entsprechend dem individuellen Bedarf der Kinder. Die integrativen Angebote in Kindertageseinrichtungen beinhalten nach der Rahmenvereinbarung T-K-KITA ganzheitliche und begleitende Leistungen in den Bereichen Förderung, Betreuung und ggf. Pflege, Bildung und Erziehung. Die Leistungsbereiche beinhalten im Einzelnen:

- Förderung, Betreuung und ggf. Pflege, Bildung und Erziehung
- Organisation und Koordination des Alltags in der Kindertageseinrichtung, Team und Fallbesprechungen, Fortbildung, Förder- und Hilfeplanung und Dokumentation
- Zusammenarbeit mit Eltern und Kooperation mit allen Beteiligten bei der Planung und Durchführung der Angebote nach Art. 15 Abs. 1. Förder- und Hilfsmaßnahmen sind durch alle Beteiligten aufeinander abzustimmen.

Der überörtliche Träger der Sozialhilfe (Bezirke) reicht seine Förderung über eine Anhebung des Gewichtungsfaktors 4,5 auf 5,5 aus. Dies gilt sowohl für den staatlichen als auch den kommunalen Förderanteil. Mit dieser Erhöhung beteiligen sich die Bezirke an den Personalkosten für zusätzlich angestelltes pädagogisches Fach- bzw. Ergänzungspersonal, das erforderlich ist, um die Förderleistungen erbringen zu können.

Nach der Rahmenleistungsvereinbarung wird zudem der behinderungsbedingte zusätzliche Mehraufwand für zusätzliche Sachausstattung sowie verminderte Einnahmen bei den Elternbeiträgen aufgrund der erforderlichen Reduzierung der Kinderzahl vergütet.

Für die Förderung aller oder einzelner behinderter oder von Behinderung bedrohter Kinder können zusätzlich Fachdienststunden in Anspruch genommen werden. Der Umfang (bis zu 50 Stunden pro Jahr) hängt vom individuellen Förderbedarf ab. Die Aufgaben des Fachdienstes sind folgende:

- Förderplanung
- Koordination und Durchführung von Förderangeboten
- Koordination und Kooperation mit anderen Institutionen
- Beratung und Information von Eltern, pädagogischem Personal in der Einrichtung
- Hilfsmittelversorgung.

Für den Fachdienst geeignetes Personal sind z. B.

- Psychologen
- Sozialpädagogen
- Heilpädagogen
- Sonderpädagogen
- Erzieher mit heilpädagogischer Zusatzausbildung.

Der Fachdienst kann über Festanstellung beim Träger oder auf Honorarbasis erfolgen. Leistungen der ambulanten Frühförderung sowie medizinisch-therapeutische Leistungen (Logopädie, Ergotherapie, Krankengymnastik) zählen nicht zu den Leistungen des Fachdienstes.

Nach den bisherigen Erfahrungen ist festzustellen, dass die Praxis der Bezirke hinsichtlich des Leistungsumfangs bei festgestelltem Eingliederungshilfeanspruch unterschiedlich ist. Einige Bezirke erbringen die Leistungen nicht wie in der Rahmenleistungsvereinbarung vorgesehen, sondern beschränken die Leistung auf die Fachdienststunden oder einen Integrations- bzw. Individualhelfer.

Integrations- bzw. Individualhelfer

Stellt der Bezirk bei einem Kind einen Eingliederungshilfeanspruch fest **233** und beschränkt sich die Hilfeleistung auf den Zuspruch eines Integrations- bzw. Individualhelfers, ist die Voraussetzung einer Leistungs- und Entgeltvereinbarung zwischen Träger und Bezirk nicht gegeben. Faktor 4,5 ist in diesen Fällen nicht möglich. Selbst wenn eine Vereinbarung existieren würde, würde aus dieser Vereinbarung keine Leistung erbracht.

Eine Ausnahme ist dann anzunehmen, wenn es sich um eine Leistung der Kindertageseinrichtung handelt und sich der Bezirk über einen Vertrag oder eine Vereinbarung verpflichtet, die Kosten für diese Leistung der Einrichtung zu erstatten. Der Gewichtungsfaktor 4,5 kann demnach gewährt werden, wenn eine Einrichtung einen Individualhelfer oder Integrationsbegleiter selbst stellt oder sich diesen über einen externen Anbieter auf eigene Kosten beschafft und der Bezirk die Kosten erstattet. Maßgeblich für die Berücksichtigung des Faktors 4,5 ist demnach, dass eine Leistung der Einrichtung vorliegt, deren Kosten vom Bezirk ganz oder teilweise übernommen werden.

Eine Anrechnung der Arbeitszeitstunden eines Individualhelfers bzw. Integrationsbegleiters in den Anstellungsschlüssel nach § 17 Abs. 1 AVBayKiBiG scheidet aus, da der Integrationsbegleiter ausschließlich für das bzw. die Kinder mit Behinderung zuständig ist und demnach ausschließlich eine Eingliederungshilfeleistung darstellt. Eine Ausnahme hiervon ist dann möglich, wenn der Integrationsbegleiter die Qualifikationsvoraussetzungen als pädagogische Fach- oder Ergänzungskraft nach § 16 Abs. 2 bis 4 AVBayKiBiG erfüllt und ein Teil der Arbeitszeit als pädagogische Kraft in der Einrichtung eingebracht wird.

Fachdienststunden

Besteht eine Leistungsvereinbarung zwischen Einrichtung und Bezirk, die **234** ausschließlich die Finanzierung von Fachdienststunden vorsieht, verzichtet der Träger de facto auf Leistungen des Bezirks, wie diese in der Rahmenleistungsvereinbarung T-K-KITA vorgesehen sind. Sofern die Fachdienststunden durch die Einrichtung oder zumindest in deren Auftrag erbracht werden, kann Faktor 4,5 erbracht werden.

Es würde demnach nicht genügen, wenn zwar Fachdienststunden im Rahmen der Eingliederungshilfe vom Bezirk gewährt werden, diese aber nicht von der Einrichtung, sondern unabhängig von der Einrichtung durch Dritte (z. B. Frühförderstelle) erbracht würden.

Verhaltensauffällige Kinder ohne Anspruch auf Eingliederungshilfe

235 Kinder, bei denen kein Anspruch auf Eingliederungshilfe festgestellt wurde, die aber dennoch eine erhöhte Aufmerksamkeit durch das pädagogische Personal erfordern, können nicht mit dem Gewichtungsfaktor 4,5 gefördert werden. Auch der Forderung eines eigenen erhöhten Gewichtungsfaktors für die Kinder ist eine Absage zu erteilen, weil eine sachgerechte Abgrenzung dieser Kinder nicht zweifelsfrei und wenn überhaupt nur mit erheblichem bürokratischem Aufwand möglich ist.

Unterbrechung der Zahlung der Eingliederungshilfeleistung

236 Wird die Zahlung der Eingliederungshilfe unterbrochen, weil z. B. aufgrund eines Personalausfalls die Voraussetzungen hierfür vorübergehend entfallen sind, hat dies keine Auswirkung auf den Gewichtungsfaktor 4,5. Nachdem weiterhin eine Leistungs- und Entgeltvereinbarung besteht, aus der auch Leistungen erbracht wurden, kann der Faktor 4,5 ohne Unterbrechung abgerechnet werden. Mit Art. 21 Abs. 5 Nr. 4 sollte gewährleistet werden, dass überhaupt eine Eingliederungshilfeleistung festgestellt und erbracht wird. Dies ist grundsätzlich der Fall, auch wenn die Leistung vorübergehend ausgesetzt wird. Insofern wird der Intention des Gesetzgebers Rechnung getragen, wenn vorübergehend die Eingliederungshilfeleistung ausgesetzt wird. Erschwerend für die Träger kommt hinzu, dass die Eingliederungshilfe erst nach Ablauf des Bewilligungsjahres endgültig festgestellt wird.

Eine Rücknahme bzw. eine Neufeststellung nach bescheidmäßiger Feststellung des Förderanspruchs mit Wirkung in die Vergangenheit wäre deshalb aufgrund von Vertrauensschutzregelungen problematisch. Außerdem benötigen die Träger Finanzierungssicherheit, die bei einem nachträglichen Wegfall des GWF 4,5 kaum mehr gegeben wäre.

Setzt der Bezirk die Eingliederungshilfeleistung aufgrund einer urlaubs- oder krankheitsbedingten Abwesenheit eines Kindes vorübergehend aus, hat dies in analoger Rechtsanwendung von Art. 21 Abs. 4 Satz 3, 2. Halbsatz keine Auswirkung auf den Förderanspruch des Trägers. Es besteht weiter Anspruch auf den GWF 4,5, sofern die sonstigen Voraussetzungen hierfür gegeben sind.

Analog wäre auch bei Kita-Schließungen während der Corona-Pandemie zu verfahren. Sofern ein Anspruch auf die kindbezogene Förderung für ein Kind besteht, wird auch der GWF 4,5 weiter gewährt, auch wenn der Träger der Sozial- oder Jugendhilfe die Eingliederungshilfe aussetzt, weil das Kind das Betreuungsangebot nicht nutzen kann oder die Eltern das Angebot vorübergehend aus Sorge vor einer Infektion nicht wahrnehmen.

Art. 21 Abs. 5 Satz 2 Nr. 5

Mit Art. 21 Abs. 5 Satz 2 Nr. 5 wird seit dem 1.9.2013 geregelt, dass der Ge- **237**
wichtungsfaktor 4,5 bereits während eines laufenden Feststellungsverfahrens für den Anspruch auf Eingliederungshilfe, maximal für die Dauer von sechs Monaten, berücksichtigt werden kann. Voraussetzung hierfür ist:

- Eltern haben einen Antrag auf Eingliederungshilfe nach § 99 SGB IX bzw. § 35a SGB VIII zur Betreuung in einer Kindertageseinrichtung gestellt,
- in der Einrichtung werden bereits Kinder mit Anspruch auf Eingliederungshilfe betreut, für die eine Leistungs- und Entgeltvereinbarung mit dem Bezirk bzw. dem Jugendamt besteht und
- es werden Leistungen aus dieser Vereinbarung tatsächlich erbracht.

Das StMAS hat per AMS vom 25.2.2011 (Az.: VI 4 6512.01–1/64, AMS 02–2010) zudem Ausnahmeregelungen getroffen, für die rückwirkende Berücksichtigung des Gewichtungsfaktors 4,5 nach Abschluss des Feststellungsverfahrens für den Eingliederungshilfeanspruch.

> **Beispiel:**
>
> Die Eltern eines Kindes stellen während eines laufenden Kindergartenjahres einen Antrag auf Eingliederungshilfe. Der zuständige Bezirk bzw. das Jugendamt prüft das Vorliegen der Voraussetzungen und stellt nach einer Bearbeitungsdauer von fünf Monaten den Anspruch rückwirkend ab dem Kalendermonat der Antragstellung fest. Der Träger hat nun, sobald er Kenntnis vom Vorliegen des Anspruchs auf Eingliederungshilfe erlangt, rückwirkend den Faktor 4,5 für das betreffende Kind anzusetzen. Sofern aufgrund des Faktors 4,5 der förderrelevante Mindestanstellungsschlüssel nicht eingehalten ist, kann der Träger über die Ausnahmeregelung des AMS den Faktor ab dem Kalendermonat ansetzen, in dem die personellen Rahmenbedingungen für einen Förderanspruch vorliegen. Die Regelung gilt längstens bis zum Ende des laufenden Kindergartenjahres.

Damit sollen die Träger in die Lage versetzt werden, organisatorische Vorkehrungen für die individuelle Bildung, Betreuung und Erziehung bereits vor Feststellung des Anspruchs auf Eingliederungshilfe zu treffen. Insbesondere geht es um die rechtzeitige Bereitstellung ausreichender Personalstunden. Bei der Regelung handelt es sich um eine Kann-Bestimmung; die Anwendung liegt damit im Ermessen des jeweiligen Trägers. Macht der Träger von der Bestimmung Gebrauch und beantragt die Förderung mit dem Gewichtungsfaktor 4,5, muss auch zwingend das Personal entsprechend vorgehalten werden, d. h. der Faktor 4,5 wird während des Antragsverfahrens in den Anstellungsschlüssel eingerechnet.

Die Anwendung der Regelung ist nicht möglich, wenn durch das weitere Kind, das mit Faktor 4,5 gefördert wird, die Drittelgrenze des Art. 2 Abs. 3 überschritten würde.

Wird der Anspruch auf Eingliederungshilfe bzw. das Erfordernis der Betreuung in einer Kindertageseinrichtung abgelehnt, bleibt der Anspruch auf den Gewichtungsfaktor für maximal bis zu sechs Monate unberührt. Erfährt der Träger von der Ablehnung des Antrags auf Eingliederungshilfe nach drei Monaten, muss der Träger den Faktor 4,5 in dem Kalendermonat der Kenntnisnahme, d. h. in dem Kalendermonat, in dem die Eltern den Träger von der Ablehnung unterrichtet haben, auf den zutreffenden Gewichtungsfaktor abändern. Für die zeitliche Wirkung der förderrelevanten Änderung gilt § 25 Abs. 1 AVBayKiBiG.

Legen die Eltern gegen den ablehnenden Bescheid Widerspruch ein oder erheben Klage, wird der Gewichtungsfaktor bis zur endgültigen Entscheidung, längstens aber für sechs Monate, weiter gewährt.

Im Wege des Art. 27 Nr. 6 sind die Eltern verpflichtet, den Träger unverzüglich, d. h. ohne schuldhaftes Verzögern, über den Anspruch auf Eingliederungshilfe zu informieren; dies schließt die Information über die erfolgte Antragstellung auf Eingliederungshilfe ein.

Der Faktor 4,5 ist auch bei Anwendung des Art. 21 Abs. 5 Satz 2 Nr. 5 nicht vom Einvernehmen der Gemeinde oder der Bewilligungsbehörde abhängig. Bei Vorliegen der Voraussetzungen hat der Träger einen Rechtsanspruch auf Förderung mit dem Gewichtungsfaktor 4,5.

Anwendungsbeispiele im Einzelnen:

In einer Einrichtung werden drei Kinder betreut, für die vom Bezirk Leistungen über eine Leistungs- und Entgeltvereinbarung erbracht werden. Alle Feststellungsbescheide auf Eingliederungshilfe wurden vom Bezirk bis zum Ende des laufenden Kindergartenjahrs befristet. Die Eltern der Kinder haben in allen drei Fällen Verlängerungsanträge gestellt. Diese Anträge werden aufgrund der Bearbeitungszeiten nicht mit Beginn des nächsten Kindergartenjahrs verbeschieden.

Frage:

Kann der Gewichtungsfaktor 4,5 ab dem 1.9. im Wege des Art. 21 Abs. 5 Satz 2 Nr. 5 für maximal sechs Monate angesetzt werden, auch wenn ab diesem Zeitpunkt für kein Kind Leistungen des Bezirks erbracht werden?

Lösung:

Maßgebend für die Anwendung der Regelung ist, dass eine Leistungs- und Entgeltvereinbarung zwischen Träger und Bezirk oder ggf. Jugendamt besteht, wonach sich der Bezirk oder das Jugendamt zur Erbringung von Eingliederungshilfeleistungen verpflichtet. Hierbei können auch die Kinder als Bezugsfall dienen, für die die Eltern Verlängerungsanträge gestellt haben.

In einer Einrichtung wird für ein Kind eine Eingliederungshilfeleistung über eine entsprechende Leistungsvereinbarung bis einschließlich August erbracht. Anschließend wechselt das Kind in eine schulvorbereitende Einrichtung (SVE). Der Bezirk hält daraufhin eine weitere Eingliederungshilfe an die Einrichtung nicht mehr für erforderlich. Gleichzeitig stellen die Eltern eines anderen Kindes im September Antrag auf Eingliederungshilfe.

Frage:

Kann der Gewichtungsfaktor 4,5 ab dem 1. September im Wege des Art. 21 Abs. 5 Satz 2 Nr. 5 für dieses Kind gewährt werden?

Lösung:

Die Anwendungsmöglichkeit der Regelung ist gegeben. Eine Leistungs- und Entgeltvereinbarung zwischen dem Träger und dem Bezirk war geschlossen worden. Es wurde ohne Unterbrechung von den Eltern eines anderen Kindes ein Antrag auf Eingliederungshilfe gestellt. Es kann daher davon ausgegangen werden, dass die Einrichtung in der Lage ist, die Eingliederungshilfeleistung zu erbringen und der Bezirk bereit ist, im Falle der Gewährung des Anspruchs Leistungen über eine entsprechende Vereinbarung zu erbringen.

Frage:

Wie ist zu verfahren, wenn Eltern einen Antrag auf Eingliederungshilfe im September stellen, eine Leistungs- und Entgeltvereinbarung für ein anderes Kind besteht, die Einrichtung aber die personellen Voraussetzungen für den Faktor 4,5 erst ab November erfüllt?

Lösung:

Die sechsmonatige Frist des Art. 21 Abs. 5 Satz 2 Nr. 5 beginnt ab November zu laufen. Der Träger hat die Möglichkeit, den Faktor 4,5 längstens für sechs Monate abzurechnen.

Für ein Vorschulkind mit seelischer Behinderung wurde Eingliederungshilfe vom Bezirk bis zum Ende des Kindergartenjahrs bewilligt. Eine Leistungsvereinbarung mit dem Bezirk existiert. Der Träger rechnet Gewichtungsfaktor 4,5 ab. Im folgenden Kindergartenjahr besucht das Kind die Einrichtung als Schulkind. Ein Eingliederungshilfeantrag beim Jugendamt wurde aufgrund des Zuständigkeitswechsels (§ 35a SGB VIII) gestellt, über den das Jugendamt jedoch noch nicht entschieden hat. Es besteht keine Leistungsvereinbarung mit dem Jugendamt für ein anderes Kind, sondern lediglich mit dem Bezirk.

Frage:

Kann der Gewichtungsfaktor 4,5 ab dem 1. September im Wege des Art. 21 Abs. 5 Satz 2 Nr. 5 für das Schulkind abgerechnet werden?

Lösung:

Nachdem mit dem zuständigen Jugendamt keine Leistungsvereinbarung besteht, kann die Regelung in diesem Fall keine Anwendung finden.

Frage:

Greift der Art. 21 Abs. 5 Satz 2 Nr. 5 auch dann, wenn zwar eine Leistungsvereinbarung zwischen Träger und Bezirk in der Vergangenheit geschlossen wurde, daraus aber aktuell keine Leistung erbracht wird?

Die im Gesetzestext verwendete Zeitform der Worte „wurde" und „werden" lässt den Schluss zu, dass die Regelung nur für Einrichtungen zur Anwendung kommen soll, die Erfahrung in der Arbeit mit der Eingliederung von Kindern mit Behinderung haben. Sie gilt gerade nicht für Einrichtungen, die erstmalig ein Kind mit Behinderung aufnehmen. Das Wort „werden" ist so auszulegen, dass aktuell Eingliederungshilfe in der Einrichtung erbracht wird. Leistungsvereinbarungen, die in der Vergangenheit geschlossen wurden, aus denen aber aktuell keine Leistung erbracht wird, genügen nicht für die Anwendung des Art. 21 Abs. 5 Satz 2 Nr. 5. Lediglich kurzfristige Unterbrechungen der Leistungserbringung durch den Bezirk sind unschädlich. Bei Unterbrechung der Eingliederungshilfeleistung ist hinsichtlich der Anwendung des Art. 21 Abs. 5 Satz 2 Nr. 5 auf die Verhältnisse des Einzelfalls abzustellen. Maßgeblich ist die Dauer der Unterbrechung und die Frage, ob die Einrichtung Erfahrung in der inklusiven Arbeit mit Kindern mit Behinderung hat. Diese könnte dann zutreffend sein, wenn in der Einrichtung über einen längeren Zeitraum Kinder mit Behinderung betreut worden sind und die Unterbrechung eher als Zufall anzusehen ist.

ee) Gewichtungsfaktor 4,5 + x

238 Bei **integrativen Kindertageseinrichtungen** kann sowohl die (schwerere) Art der Behinderung einzelner Kinder als auch die erhöhte Zahl von Kindern mit Behinderungen (mindestens drei bis zu einem Drittel, Art. 2 Abs. 3) neben der Verringerung der Zahl der zu betreuenden Kinder die **Einstellung zusätzlichen Personals** erfordern. Um auch dies finanziell zu ermöglichen, kann nach Abs. 5 Satz 3 der Gewichtungsfaktor 4,5 unabhängig von der Erhöhung durch den Bezirk erhöht werden (sog. „**Gewichtungsfaktor 4,5 + x**"). Ob dieser erhöhte Gewichtungsfaktor gewährt wird, liegt allerdings in der ermessensgebundenen Entscheidung der betroffenen Gemeinde(n). Die Gemeinde entscheidet des Weiteren darüber, wieweit der Gewichtungsfaktor hochgesetzt wird – das BayKiBiG sieht keine Deckelung vor. Maßgeblich für den erhöhten Gewichtungsfaktor ist vielmehr, wie viele

Personalstunden und welche Qualifizierung des Personals (Erzieher, Kinderpfleger, Heilpädagogen, Heilerziehungspfleger etc.) erforderlich sind. Im Rahmen der gesetzlichen Anforderungen zu den personellen Rahmenbedingungen (vgl. § 17 AVBayKiBiG) entscheidet der Träger, welche Kräfte als sog. Zusatzkräfte über den GWF 4,5+x finanziert werden.

Hinweis:

Die Einrichtungsleitung kann aufgrund ihrer besonderen Stellung und ihrer Aufgaben nach § 14 Abs. 3 AVBayKiBiG nicht Zusatzkraft sein.

Die Regelung des Art. 21 Abs. 5 Satz 3 BayKiBiG eröffnet einen Ermessensspielraum hinsichtlich der Erhöhung des GWF 4,5. Nachdem sich die Funktion der Leitung mit der einer Zusatzkraft ausschließt, kann diese nicht über die Erhöhung des GWF 4,5+x als solche abgerechnet werden.

Die kommunalen Spitzenverbände, die Spitzenverbände der freien Wohlfahrtspflege sowie das Bayerische Staatsministerium für Familie, Arbeit und Soziales haben sich in einer gemeinsamen Empfehlung zur Gewährung des Gewichtungsfaktors 4,5 + x (s. Anhang) darauf geeinigt, dass ohne besondere Begründung bei einer durchschnittlichen Buchungszeit von in der Regel sechs Stunden täglich für Einrichtungen mit

- drei behinderten oder von Behinderung bedrohten Kindern 0,6
- vier behinderten oder von Behinderung bedrohten Kindern 0,8

  und
- fünf behinderten oder von Behinderung bedrohten Kindern 1,0

Integrationskräfte einzusetzen sind (s. 59. Newsletter). Dabei sind nach dem 56. Newsletter auch Fachdienststunden anrechenbar, soweit sie die pädagogische Arbeit mit den Kindern oder auch deren Vor- und Nachbereitung (Beobachtung, Dokumentation, Teambesprechungen, Elterngespräche, Vernetzung und Kooperation) betreffen.

Dann wird in einem zweiten Schritt berechnet, mit welchem Gewichtungsfaktor für alle Kinder mit (drohender wesentlicher) Behinderung sich diese zusätzliche Kraft finanzieren lässt. Dabei ist wie nach altem Recht (BayKiG) von einem **Förderanteil in Höhe von 80 Prozent seitens der Gemeinden zusammen mit dem Freistaat Bayern** auszugehen; die Berechnung des Faktors 4,5 + x wird durch das onlinegestützte Abrechnungsverfahren KiBiG.web im Rahmen der Antragsprozesse für die Abschläge sowie bei der Erstellung der Endabrechnung unterstützt. Der berechnete Faktor + x wird für das gesamte Betreuungsjahr einheitlich festgelegt, auch wenn sich die Zahl der Integrationskinder vermindert (Gemeinsame Empfehlung zur Gewährung des Faktors 4,5 + x bei der Betreuung behinderter Kinder in integrativen Kindertageseinrichtungen der kommunalen Spitzenverbände, des Bayerischen Staatsministeriums für Arbeit und Sozialordnung, Familie und Frauen und der Arbeitsgemeinschaft der Spitzenverbände der freien Wohlfahrtspflege in Bayern vom 1.9.2007, s. Anhang).

Berechnungsschema für den GWF 4,5+x
80 v. H. des Arbeitgeberbruttogehalts der Zusatzkraft
- dividiert durch den für das Bewilligungsjahr maßgeblichen Basiswert
- dividiert durch die Summe der Buchungszeitfaktoren der Kinder mit Behinderung
- dividiert durch 2.

Das Ergebnis ergibt den kommunalen Betrag des +x-Faktors

ff) Gewichtungsfaktor 1,3 für Kinder, deren Eltern beide nichtdeutschsprachiger Herkunft sind

239 Der Gewichtungsfaktor 1,3 will typisierend die Fallgruppe erfassen, bei der eine erhöhte Wahrscheinlichkeit für Sprachdefizite besteht. Der tatsächliche Sprachstand eines Kindes ist für den Faktor 1,3 unerheblich. Mit der um 30 % erhöhten Förderung der sog. Migrationskinder sollen die Einrichtungen in die Lage versetzt werden, die Sprachförderung zu intensivieren. Wenn der Träger hierfür z. B. die Personalstunden erhöht, profitieren alle Kinder von dieser Maßnahme.

Die nichtdeutschsprachige Herkunft der Eltern liegt vor, wenn ihre Geburt in einem nichtdeutschsprachigen Familienumfeld erfolgte. Hiervon kann ausgegangen werden, wenn die Eltern laut **Pass** in einem Land geboren wurden, in dem Deutsch nicht Amtssprache ist. Als Nachweis des Migrationshintergrunds genügt in diesen Fällen die Einsichtnahme des nichtdeutschen Reisepasses der Eltern. Die Einsichtnahme der Nachweisdokumente ist durch die Einrichtung zu dokumentieren. Wegen des nichtdeutschsprachigen Umfelds ist eine nichtdeutschsprachige Herkunft bei Spätaussiedlern anzunehmen, bei Österreichern und Südtirolern hingegen nicht. Bei Migrantenfamilien, die seit vielen Jahren in Deutschland leben, kommt es in der dritten Generation häufig vor, dass zwar die Eltern des Kindes beide in Deutschland geboren wurden, aber dennoch in einem überwiegend nichtdeutsch geprägten Umfeld aufwuchsen, in dem die nichtdeutsche Sprache vorherrschend war. Evtl. haben die Eltern sich für die deutsche Staatsangehörigkeit entschieden und die bisherige damit evtl. abgelegt. Hier reicht ein Nachweis, dass die Eltern im Laufe ihres Lebens eine ausländische Staatsangehörigkeit eines nichtdeutschsprachigen Landes aufgegeben haben; auch **sonstige amtliche Dokumente, die geeignet sind, die nichtdeutschsprachige**

Herkunft der Eltern nachzuweisen (z. B. ein Vertriebenenausweis [bei Spätaussiedlern], Urkunde über die Zuerkennung der deutschen Staatsangehörigkeit oder über die Entlassung aus dem bisherigen Staatenverbund), können herangezogen werden, so der 29. Newsletter in seiner Fassung ab dem 30.4.2008. Wenn die **Gemeinde** hierzu bereit ist, kann der Nachweis der nichtdeutschsprachigen Herkunft auch durch die Gemeinde mit Hilfe der Daten des gemeindlichen Melderegisters erfolgen. Ist ein amtliches Dokument seitens des Trägers von den Eltern nur mit unzumutbarem Aufwand zu erlangen oder sind die Eltern schlichtweg nicht bereit, entsprechende Nachweise vorzulegen, so genügt eine **schriftliche Erklärung** der pädagogischen Kraft über das Aufnahmegespräch, anhand welcher Anzeichen sie die sichere Überzeugung gewonnen hat, dass beide Elternteile nichtdeutschsprachiger Herkunft sind.

Nach dem Wortlaut des Art. 21 Abs. 5 ist auf die nichtdeutschsprachige Herkunft beider Elternteile abzustellen. Ist nur ein sorgeberechtigter Elternteil deutschsprachiger Herkunft, kann Faktor 1,3 nicht angesetzt werden. Eltern im Sinne des Art. 2 Abs. 1 2. Halbsatz sind die jeweiligen Personensorgeberechtigten. Besteht gemeinsames Sorgerecht, ist auf beide Elternteile abzustellen, hat ein Elternteil das alleinige Sorgerecht, ist nur dessen sprachliche Herkunft maßgeblich. Leben die beiden Elternteile getrennt, gilt die Herkunft des Elternteils, bei dem sich das Kind überwiegend aufhält.

In den Fällen, in denen ausländische Kinder von deutschen Eltern adoptiert werden, gelten als Eltern die leiblichen Eltern, so dass für diese Kinder ebenfalls Faktor 1,3 angesetzt werden kann.

Nachweiserbringung

Der Nachweis über die nichtdeutschsprachige Herkunft beider Eltern ist grundsätzlich durch ein amtliches Dokument zu erbringen. Dabei wird jedes Dokument/jede Urkunde als Nachweis akzeptiert, aus der die nichtdeutschsprachige Herkunft der Eltern ersichtlich ist. Dies können insbesondere sein, der Reisepass, eine Urkunde über die Entlassung aus dem bisherigen Staatenverbund oder die Urkunde über die Zuerkennung der deutschen Staatsangehörigkeit, Vertriebenenausweis.

Aus datenschutzrechtlichen Gründen ist das Vorhalten von Kopien der Nachweisunterlagen für die nichtdeutschsprachige Herkunft nicht zulässig. Dem Grundsatz der Datensparsamkeit folgend, genügt, beim Anmeldungsverfahren für die Kindertageseinrichtung die Vorlage des amtlichen Dokuments und die schriftliche Dokumentation hierüber (vgl. hierzu AMS 17–2020 vom 25.11.2020).

gg) Mehrere Gewichtungsfaktoren

240 Treffen auf ein Kind mehrere Gewichtungsfaktoren zu, so gilt gem. Abs. 5 Satz 4 **der höchste**. Ein zweijähriges Kind mit Behinderung bekommt daher den Gewichtungsfaktor 4,5 bzw. 4,5 + x. Ein vierjähriges Kind mit Migrationshintergrund bekommt den Gewichtungsfaktor 1,3.

hh) Gewichtungsfaktor in der Tagespflege

241 Bei der Förderung von **Kindern in Tagespflege** wird stets der Gewichtungsfaktor 1,3 zugrunde gelegt, auch wenn das Kind unter drei Jahren oder behindert ist, etc.

Eine Ausnahme gilt für Kinder mit Behinderung, für die die staatliche Förderung mit dem Gewichtungsfaktor 4,5 als freiwillige staatliche Leistung gewährt werden kann.

Inklusion in der Tagespflege

242 Inklusion erfordert eine wohnortnahe Förderung vor allem auch der Kinder mit Behinderung. Über ein Drittel aller Einrichtungen hat sich auch für Kinder mit Behinderung geöffnet. Der Versorgungsgrad der inklusiven Einrichtungen soll aber auf bis 50 % erhöht werden. Im Gegensatz zur Tagespflege besteht in der institutionellen Kindertagesbetreuung über den Gewichtungsfaktor 4,5 ein finanzieller Anreiz zur Aufnahme von Kindern mit Behinderung. Nach Maßgabe des Bildungsfinanzierungsgesetzes in Verbindung mit der BiFiG-Richtlinie gilt seit dem 1.7.2014 auch in der Tagespflege der Faktor 4,5 für Kinder mit Behinderung.

Wie bei den Einrichtungen ist die Aufnahme von Kindern mit Behinderung mit einer Reduzierung der Zahl der betreuten Kinder verbunden. Für diesen Fall ist ein finanzieller Anreiz für Tagespersonen zu schaffen. Dies erfolgt durch eine Erhöhung des Tagespflegeentgelts durch den Träger der öffentlichen Jugendhilfe. Mit dem Faktor 4,5 beteiligt sich der Freistaat Bayern an den höheren Kosten der Träger der öffentlichen Jugendhilfe.

Die Einzelheiten für die höhere Zuwendung durch den Gewichtungsfaktor 4,5 in der Tagespflege sind in der BiFiG-Richtlinie unter Nr. 1 – Förderung der Inklusion in der Tagespflege – geregelt.

Nachfolgend ein Auszug aus der Richtlinie:

> *1.1 Zweck der Zuwendung*
>
> *[1]Im Vorgriff auf eine künftige Änderung des BayKiBiG wird zur Umsetzung der Inklusion in der Kindertagespflege der einheitliche gesetzliche Gewichtungsfaktor 1,3 (Art. 21 Abs. 5 Satz 7 BayKiBiG) auf*

4,5 für Kinder mit (drohender) Behinderung in der Kindertagespflege angehoben. [2]Die Förderung soll zur besseren Finanzierung der Ausgaben der Träger der öffentlichen Jugendhilfe zur Umsetzung der Inklusion im Bereich der Tagespflege beitragen. [3]Dies betrifft die Qualifizierung, die Fortbildung, die fachliche Begleitung und Beratung der Tagespflegepersonen, die Vermittlung der Kinder, die Sicherstellung einer gleichermaßen geeigneten Ersatzbetreuung sowie die Auszahlung einer der Förderung angemessenen Geldleistung im Sinne des § 23 Abs. 2 Nr. 2 Achtes Buch Sozialgesetzbuch (SGB VIII). [4]Die Tagespflegepersonen bedürfen zudem eines Ausgleichs bei der Feststellung des Tagespflegeentgelts (§ 23 Abs. 1 SGB VIII), weil sie in aller Regel wegen des höheren erzieherischen und pflegerischen Aufwands für die Betreuung von Kindern mit (drohender) Behinderung insgesamt weniger Kinder aufnehmen können.

1.2 Gegenstand der Förderung

Gegenstand der Förderung ist eine Erhöhung der kindbezogenen Förderung für behinderte oder von wesentlicher Behinderung bedrohte Kinder in der Tagespflege im Sinne von Art. 20 und 20a BayKiBiG.

1.3 Zuwendungsempfänger

Zuwendungsempfänger sind die örtlichen Träger der öffentlichen Jugendhilfe (Art. 18 Abs. 3 Satz 1 BayKiBiG) bzw. die Gemeinden (Art. 18 Abs. 2 Satz 1 BayKiBiG).

1.4 Zuwendungsvoraussetzungen

[1]Die Zuwendung erfasst behinderte oder von wesentlicher Behinderung bedrohte Kinder, die zusammen mit Regelkindern in der (Groß-) Tagespflege betreut werden. [2]Die Zuwendung erfolgt im Rahmen der kindbezogenen Förderung des BayKiBiG. [3]Der höhere Gewichtungsfaktor 4,5 wird für jedes Kind mit (drohender) Behinderung in der Kindertagespflege gewährt, wenn

a) die Tagespflegeperson weniger als vier Kinder gleichzeitig betreut,
b) die Großtagespflegestelle weniger als acht Kinder gleichzeitig betreut,
c) der Träger der öffentlichen Jugendhilfe für die Betreuung des Kindes bzw. der Kinder mit (drohender) Behinderung ein erhöhtes Tagespflegeentgelt festsetzt, wobei die Erhöhung des Tagespflegeentgelts mindestens der – um den Gewichtungsfaktor 4,5 erhöhten – staatlichen Förderung entsprechen muss.

[2]Zudem müssen die übrigen Voraussetzungen nach Art. 18 Abs. 3 Satz 1, Art. 20 und 25 BayKiBiG bzw. Art. 18 Abs. 2 Satz 1, Art. 20a

und 21 BayKiBiG erfüllt sein. [3]Die Tagespflegeperson muss über eine Pflegeerlaubnis nach § 43 SGB VIII mit einer Qualifizierung von mindestens 100 Stunden verfügen und nachweisen, dass sie für die Betreuung von Kindern mit (drohender) Behinderung geeignet ist. [5]Bei der Begrenzung der Elternbeteiligung nach Art. 20 Satz 1 Nr. 3 BayKiBiG bleibt die Erhöhung des Gewichtungsfaktors von 1,3 auf 4,5 außer Betracht.

1.5 Art und Umfang der Zuwendung
Die Zuwendung erfolgt als Anteilfinanzierung durch eine Erhöhung des Gewichtungsfaktors von 1,3 auf 4,5 im Rahmen des staatlichen Anteils der kindbezogenen Förderung (Art. 21 BayKiBiG).“

Ergänzend zu den Regelungen in der Richtlinie ist Folgendes zu beachten:

Zuwendungsempfänger im Fall der Großtagespflege nach Art. 20a sind die Gemeinden.

Um dem Gedanken der Inklusion Rechnung zu tragen, muss das Kind mit Behinderung zusammen mit anderen Kindern bei der Tagespflegeperson betreut werden. Es muss daher mindestens ein weiteres Kind zusammen mit dem Kind mit Behinderung bei der Tagespflegeperson betreut werden. Dabei ist es unerheblich, ob es sich bei dem weiteren Kind um ein Kind der Tagespflegeperson oder ein fremdes Kind handelt. Die Kinder müssen zumindest zeitweise gleichzeitig anwesend sein.

Wie bei den Einrichtungen ist die Aufnahme von Kindern mit Behinderung mit einer Reduzierung der Zahl der betreuten Kinder verbunden. Eine Tagespflegeperson darf maximal drei Kinder inklusive des Kindes mit Behinderung betreuen, in der Großtagespflegestelle maximal sieben Kinder gleichzeitig.

Im Unterschied zur institutionellen Kindertagesbetreuung bedarf es für den Gewichtungsfaktor 4,5 in der Tagespflege lediglich der Feststellung eines Anspruchs auf Eingliederungshilfe durch den Bezirk bzw. das Jugendamt. Nachdem für die Tagespflege keine Rahmenleistungsvereinbarung im Sinne der T-K-Kita existiert, wird auf das Erfordernis einer tatsächlichen Leistungserbringung durch den Bezirk/das Jugendamt verzichtet.

Die Zuwendung mit Gewichtungsfaktor 4,5 setzt aber ein erhöhtes Tagespflegeentgelt der Tagespflegeperson voraus. Die Erhöhung muss mindestens dem um den Faktor 4,5 erhöhten staatlichen Förderbetrag entsprechen. Die sich für die jeweiligen Buchungszeiten ergebenden Erhöhungsbeträge sind aus der folgenden Tabelle ersichtlich (Grundlage: Basiswert: 1.155,89 Euro)

Buchungszeit	Zeitfaktor	Gewichtungsfaktor		Erhöhungs-betrag	monatlich
		4,5	1,3		
> 1 h bis 2 h	0,50	2.600,75 €	751,31 €	1.849,44 €	154,12 €
> 2 h bis 3 h	0,75	3.901,13 €	1.126,99 €	2.744,14 €	231,18 €
> 3 h bis 4 h	1,00	5.201,51 €	1.502,66 €	3.698,85 €	308,24 €
> 4 h bis 5 h	1,25	6.501,88 €	1.878,32 €	4.623,56 €	385,30 €
> 5 h bis 6 h	1,50	7.802,26 €	2.253,99 €	5.548,27 €	462,36 €
> 6 h bis 7 h	1,75	9.102,63 €	2.629,65 €	6.472,98 €	539,42 €
> 7 h bis 8 h	2,00	10.403,01 €	3.005,31 €	7.379,70 €	616,48 €
> 8 h bis 9 h	2,25	11.703,39 €	3.380,98 €	8.322,41 €	693,53 €
> 9 h	2,50	13.003,76 €	3.756,64 €	9.247,12 €	770,59 €

Beispiel:

Eine Tagespflegeperson, die ein Kind mit Behinderung bis zu 35 Stunden wöchentlich betreut, muss vom Träger der öffentlichen Jugendhilfe ein Tagespflegeentgelt erhalten, das um mindestens 539,42 Euro erhöht wurde im Vergleich zum Tagespflegeentgelt für ein Kind ohne Behinderung.

Die Eignung von Tagespflegepersonen zur Bildung, Erziehung und Betreuung von Kindern mit Behinderung stellen die Träger der öffentlichen Jugendhilfe in eigenem Ermessen fest. Hierfür ist eine zusätzliche Qualifizierungsmaßnahme zur Grundqualifizierung von 160 Stunden erforderlich, sofern die Eignung nicht durch eine entsprechende berufliche Qualifikation nachgewiesen werden kann.

Art. 22
Umfang des Förderanspruchs des Trägers einer Kindertageseinrichtung

[1]Der Träger hat gegenüber den Gemeinden einen Anspruch in Höhe der staatlichen Förderung an die Gemeinden erhöht um einen Eigenanteil der Gemeinden. [2]Der jährliche Eigenanteil der Gemeinde pro Kind errechnet sich als Produkt aus Basiswert ohne Erhöhung nach Art. 23 Abs. 1, Buchungszeit- und Gewichtungsfaktor. [3]Sachleistungen der Gemeinde können auf die kommunale Förderung angerechnet werden.

Anmerkungen

Art. 22 bestimmt den Umfang des Förderanspruchs des Trägers einer Kin- **243**
dertageseinrichtung gegenüber der Gemeinde. Dieser ergibt sich durch Addition des kommunalen sowie des staatlichen Förderanteils. Entsprechend

der Fortentwicklung der Rechtsprechung des BayVGH wurde gesetzlich klargestellt, dass ein Anspruch auf kindbezogene Förderung nach Maßgabe der Art. 18 ff. immer besteht, wenn ein Kind einen Platz in einer Einrichtung belegt.

Der kommunale Förderanteil errechnet sich aus dem Produkt aus

Basiswert – Zeitfaktor – Gewichtungsfaktor.

Der staatliche Förderanteil errechnet sich aus dem Produkt von

(Basiswert + Qualitätsbonus) – Zeitfaktor – Gewichtungsfaktor.

Zum staatlichen Förderanteil kommt noch der Elternbeitragszuschuss hinzu. Unter den Voraussetzungen des § 24 AVBayKiBiG wird der staatliche Förderanteil über einen Aufschlag des Buchungszeitfaktors erhöht.

Der Qualitätsbonus wie auch der Elternbeitragszuschuss und die Erhöhung des Buchungszeitfaktors bleiben bei der Berechnung des kommunalen Förderanteils unberücksichtigt (siehe auch Rn. 228 ff. zu Art. 23).

Dadurch wird der ursprüngliche Grundsatz der paritätischen Finanzierungsbeteiligung zwischen Freistaat und Gemeinden durchbrochen. Über die zusätzlichen staatlichen Leistungen werden die staatlichen Förderleistungen einseitig erhöht.

Hinweis:

Viele Gemeinden erbringen allerdings über die gesetzliche Förderung hinaus zusätzliche Leistungen aufgrund sog. Defizit- oder Kooperationsverträge. Dies beruht darauf, dass viele Träger nicht in der Lage sind, die durch die kindbezogene Förderung und Elternbeiträge nicht gedeckten Kosten vollständig aus Eigenmitteln oder über Elternbeträge zu finanzieren. Die kindbezogene Förderung seitens des Freistaats und Gemeinden deckt im Regelfall nur einen Teil der gesamten Betriebskosten einer Einrichtung ab, so dass es zur 100%-igen Deckung der gesamten Betriebskosten unter Umständen weiterer kommunaler Fördermittel bedarf. Die Voraussetzungen und die Höhe der kommunalen Mittel sollten über die Kooperationsverträge in beiderseitigem Einvernehmen zwischen Träger und Gemeinde festgelegt werden. Dabei sind besondere regionale Umstände zu berücksichtigen.

Bei den Verhandlungen der Gemeinde mit dem Träger einer Einrichtung über die Sicherung der Finanzierung können auch Sachleistungen der Gemeinde einbezogen werden. Satz 3 sieht vor, dass **Sachleistungen auf die kommunale Förderung angerechnet werden können**. Überlässt beispielsweise eine Gemeinde dem Träger gemeindeeigene Räumlichkeiten für den Betrieb einer Kindertageseinrichtung, so werden dadurch die Betriebskosten des Trägers gesenkt. Dies kann im Einzelfall dazu führen, dass dadurch eine Kooperationsvereinbarung und weitere kommunale Mittel entbehrlich sind. Nachdem die kindbezogene Förderung des BayKiBiG ohnehin nur einen Teil der Betriebskosten deckt, kommt eine Anrechnung von Sachleistungen auf die kindbezogene Förderung in der Praxis nicht in Frage. Insofern ist Art. 22 Satz 3 so zu verstehen, dass Sachleistungen der Gemeinde bei der Gesamtfinanzierung der Einrichtungen berücksichtigt werden können.

Art. 23
Zusätzliche staatliche Leistungen

(1) [1]Der Staat unterstützt die Träger der Kindertageseinrichtungen bei der Verbesserung der Qualität. [2]Hierzu wird der Basiswert bei Bemessung der staatlichen Förderung für Kindertageseinrichtungen an die Gemeinden und Landkreise (Art. 18 Abs. 2 und 3) um einen staatlichen Qualitätsbonus erhöht (Basiswert plus). [3]Der Qualitätsbonus wird jährlich entsprechend der Entwicklung des Basiswerts durch das Staatsministerium angepasst und bekannt gegeben.

(2) Für jedes Kind, welches einen in der Ausführungsverordnung geregelten Vorkurs „Deutsch lernen vor Schulbeginn" besucht, wird die staatliche Förderung zusätzlich erhöht.

(3) [1]Zur Entlastung der Familien leistet der Staat neben der Förderung nach Art. 18 Abs. 2 einen Zuschuss zum Elternbeitrag für Kinder in Kindertageseinrichtungen, die die Voraussetzungen des Art. 19 erfüllen. [2]Der Zuschuss beträgt 100 Euro pro Monat und wird für die Zeit vom 1. September des Kalenderjahres, in dem das Kind das dritte Lebensjahr vollendet, bis zum Schuleintritt gewährt. [3]Der Zuschuss entfällt, wenn der Schulbesuch trotz Schulpflicht verweigert wird. [4]Die Auszahlung erfolgt an die Gemeinden im Rahmen der kindbezogenen Förderung. [5]Die Gemeinden sind verpflichtet, den Förderbetrag an die von ihnen nach diesem Gesetz geförderten Träger weiterzureichen.

Inhaltsübersicht **Rn.**

1. Vorbemerkung 244, 245
2. Der Qualitätsbonus 246
3. Sprachförderung für Kinder mit Migrationshintergrund (Art. 23 Abs. 2) 247
4. Zuschuss zum Elternbeitrag 248, 249
   a) Höhe der Beitragsermäßigung 250
   b) Verfahren bei Zurückstellung von Kindern von der Einschulung 251

c) Anspruch auf Beitragszuschuss für Kinder mit gewöhnlichem Aufenthalt außerhalb Bayerns, die eine bayerische Kindertageseinrichtung besuchen........ 252
d) Anspruch auf Beitragsentlastung für Kinder mit gewöhnlichem Aufenthalt in Bayern, die eine Kindertageseinrichtung außerhalb Bayerns besuchen....... 253
e) Elternbeitragszuschuss für Angehörige des NATO-Truppenstatuts 254, 255
f) Anspruch auf den Beitragszuschuss bei Besuch von zwei Einrichtungen............................ 256
g) Ausschluss für Angebote der Tagespflege........... 257

1. Vorbemerkung

244 Mit der Neuregelung des Art. 23 zum 1.1.2013 wurde die zunächst in Art. 23 geregelte Gastkinderregelung aufgehoben. Für den Anspruch auf die kindbezogene Förderung sind die Voraussetzungen des Art. 18 und Art. 22 maßgeblich. Hierbei wird nicht unterschieden, ob die von den Sorgeberechtigten gewählten bzw. in Anspruch genommenen Plätze innerhalb oder außerhalb der jeweiligen Sitzgemeinde liegen. Die gesetzliche Förderung ist als Mindestförderung immer zu leisten, sofern eine Einrichtung die Voraussetzungen des Art. 19 erfüllt.

Gastkindregelung bis 31.12.2012

Mit der Gastkindregelung des Art. 23 war die Zielsetzung verbunden, die Finanzierungsverpflichtung der Gemeinden unter bestimmten Voraussetzungen einzuschränken, wenn Plätze seitens der Eltern außerhalb des eigenen Gemeindegebiets in Anspruch genommen wurden. In den sog. Härtefällen des Art. 23 Abs. 4 war eine Finanzierungsbeteiligung der Eltern bei der kommunalen Förderung vorgesehen. Damit sollte eine wirtschaftliche Überforderung vor allem kleinerer und finanzschwacher Gemeinden vermieden werden.

Mit seinem Urteil vom 5.5.2008 (Az: 12 BV 07.3085) hat der BayVGH entschieden, dass das bundesgesetzlich verankerte elterliche Wunsch- und Wahlrecht (vgl. § 5 SGB VIII) auf planerischem Wege durch die Gemeinden nicht eingeschränkt werden darf. Damit wurde das Wunsch- und Wahlrecht maßgeblich gestärkt und der Anwendungsbereich der Gastkindregelung weitgehend eingeschränkt. Der Gesetzgeber hat dieser Entwicklung dahingehend Rechnung getragen, als die Gastkindregelung und damit Art. 23 in seiner bisherigen Form gestrichen wurden. Es ist nunmehr klargestellt, dass die Gemeinden die kindbezogene Förderung in jedem Fall zu leisten haben und eine Finanzierungsbeteiligung der Eltern ausgeschlossen ist.

Den verfügbaren Platz in Art. 23 hat der Gesetzgeber genutzt, um dort zusätzliche staatliche Förderkomponenten an Gemeinden und Träger und deren Voraussetzungen gesetzlich zu regeln.

Mit der Erweiterung des Elternbeitragszuschusses ab dem 1. Kindergartenjahr mit Wirkung zum 1.4.2019 wurde Art. 23 Abs. 3 am 31.5.2019 geändert. **245**

Voraussetzung für den Beitragszuschuss ist nach wie vor, dass die Fördervoraussetzungen des Art. 19 vorliegen. Entfallen konnten die Regelungen, die auf den Eintritt der Schulpflicht bzw. der Einschulung abstellten. Die Höhe des Beitragszuschusses ist nunmehr im BayKiBiG geregelt und nicht mehr in der Kinderbildungsverordnung. Für den Beginn des Anspruchs gilt eine Stichtagsregelung, wonach das 1. Kindergartenjahr zum 1.9. des Kalenderjahres beginnt, in dem ein Kind das dritte Lebensjahr vollendet. Die Regelungen mit Bezugnahme auf das BayEUG und den Eintritt auf die Schulpflicht konnten entfallen.

Für Kinder ab dem vollendeten 1. Lebensjahr wurde zum 1.1.2020 das Bayerische Krippengeld eingeführt (vgl. Art. 23a)

2. Der Qualitätsbonus

In Art. 23 Abs. 1 wird der um einen Qualitätsbonus erhöhte Basiswert plus eingeführt. Der Qualitätsbonus ermöglicht dem Freistaat Bayern, den staatlichen Förderanteil unabhängig vom kommunalen Förderanteil differenziert zu bemessen und die Voraussetzungen hierfür zu definieren. Ziel des Qualitätsbonus ist die Förderung der Qualitätsentwicklung ohne gleichzeitige weitere finanzielle Verpflichtungen seitens der Kommunen. Der Qualitätsbonus findet ausschließlich für Kindertageseinrichtungen Anwendung; er gilt nicht für die Kindertagespflege. **246**

Konkreter Anlass für die erstmalige Anwendung des Qualitätsbonus war die Verbesserung des förderrelevanten Mindestanstellungsschlüssels von 1 : 11,5 auf 1 : 11 (vgl. § 17 Abs. 1 AVBayKiBiG). Mit dem Qualitätsbonus sollen die Mehrkosten aufgrund erforderlicher Aufstockungen der Personalstunden seitens der Träger und Gemeinden aufgefangen werden. Der Qualitätsbonus wird analog zu Art. 21 Abs. 3 Satz 2 wie der Basiswert jährlich entsprechend der Entwicklung der Personalkosten angepasst (vgl. § 20 Abs. 2 AVBayKiBiG).

Der Qualitätsbonus wurde erstmalig für das Bewilligungsjahr 2012/2013 auf 12,08 Euro festgelegt. Die endgültige Höhe des Qualitätsbonus und damit die staatliche Finanzierungsbeteiligung wurde im Rahmen der sog. Konsultationsverhandlungen zwischen dem Freistaat Bayern und den kommunalen Spitzenverbänden bestimmt und kommt seit dem 1.9.2013 zum Tragen. Danach stellt der Freistaat Bayern für den Mehrbelastungsausgleich jährlich 58,2 Mio. Euro zur Verfügung. Das ergab für das Bewilligungsjahr 2013/2014 einen Qualitätsbonus von 52 Euro. In den Folgejahren wurde der Qualitätsbonus entsprechend dem Basiswert jährlich dynamisiert.

3. Sprachförderung für Kinder mit Migrationshintergrund (Art. 23 Abs. 2)

247 Die staatliche Finanzierungsbeteiligung für die Durchführung des sog. Vorkurses Deutsch 240 ist in § 24 Abs. 1 Satz 2 AVBayKiBiG geregelt. Demnach wird für jedes Kind, das einen Vorkurs Deutsch im Sinne des § 5 Abs. 2 AVBayKiBiG besucht, der Buchungszeitfaktor im letzten Jahr vor der Einschulung um 0,1 erhöht. Die staatliche Bezuschussung des Vorkurses erfolgt maximal für 12 Monate und unabhängig davon, ob der schulische Vorkurs tatsächlich durchgeführt wird. Hat ein Kind am Vorkurs teilgenommen und wird es vom Schulbesuch zurückgestellt, kann der Zuschuss für weitere 12 Monate erfolgen, sofern das Kind wegen seiner unzureichenden Sprachkenntnisse nochmals am Vorkurs Deutsch teilnimmt.

Berechnung Vorkurs Deutsch
Regelförderung eines Kindes mit Migrationshintergrund mit einer Buchungszeit von > 6 h bis 7 h

Kommunaler Förderanteil

Basiswert × Gewichtungsfaktor × Zeitfaktor = Förderung

1.191,63 × 1,3 × 1,75 = 2.710,96 €

Staatlicher Förderanteil

[(Basiswert + Qualitätsbonus) × Gewichtungsfaktor × (Zeitfaktor)] +
+ (Basiswert × Gewichtungsfaktor × 0,1)

[(1.191,63 + 62,60) × 1,3 × 1,75]	=	2.853,37 €
+ 1.191,63 × 1,3 × 0,1	=	154,91
	=	3.008,28 €

Mit dem Bildungsfinanzierungsgesetz wurde seit dem 1.9.2013 die Möglichkeit eröffnet, dass auch für deutsche Kinder mit erhöhtem Sprachförderbedarf die Teilnahme am Vorkurs ermöglicht wird. Der Freistaat stellt hierfür zusätzliche Mittel zur Verfügung, die über die Erhöhung des Buchungszeitfaktors um 0,4, entsprechend der Förderung bei Migrantenkindern (Erhöhung um 0,1), ausgereicht werden (Näheres siehe Anm. zu § 24 AVBayKiBiG).

4. Zuschuss zum Elternbeitrag

Mit der Gesetzesänderung vom 31.5.2019 wurde entsprechend dem Beschluss im Koalitionsvertrag die Beitragsentlastung für alle Familien ab dem 1. Kindergartenjahr durch Erweiterung des bisherigen Elternbeitragszuschusses für alle drei Kindergartenjahre gesetzlich verankert. Die Gesetzesänderung wurde mit Wirkung ab dem 1.4.2019 beschlossen. Nachfolgend wird die Gesetzeslage vor und ab dem 1.4.2019 dargestellt. **248**

Rechtslage gültig bis 31.3.2019
Art. 23 Abs. 3 regelt den staatlichen Zuschuss zum Elternbeitrag für Kinder im letzten Kindergartenjahr. Der Freistaat Bayern leistet für alle Kinder einen Zuschuss zum Elternbeitrag in dem Kindergartenjahr, das dem Eintritt der Schulpflicht unmittelbar vorausgeht. Der Eintritt der Schulpflicht ist in Art. 37 Abs. 1 BayEuG geregelt:

Art. 37 Abs. 1 Satz 1 BayEUG
Mit Beginn des Schuljahres werden alle Kinder schulpflichtig, die bis zum 30.9. sechs Jahre alt werden oder bereits einmal von der Aufnahme in die Grundschule zurückgestellt wurden.

Art. 37 Abs. 1 Satz 2 und 3 BayEUG (sog. Kann-Kinder)
Ferner wird auf Antrag der Erziehungsberechtigten ein Kind schulpflichtig, wenn zu erwarten ist, dass das Kind voraussichtlich mit Erfolg am Unterricht teilnehmen kann. Bei Kindern, die nach dem 31.12. sechs Jahre alt werden, ist zusätzliche Voraussetzung für die Aufnahme in die Grundschule, dass in einem schulpsychologischen Gutachten die Schulfähigkeit bestätigt wird.

In einer ersten Phase wurde der Elternbeitragszuschuss ab dem 1.9.2012 für die Kinder im Sinne des Art. 37 Abs. 1 Satz 1 BayEUG geleistet. Mit dem Inkrafttreten der Gesetzesnovelle zum 1.1.2013 besteht auch für die sog. Kann-Kinder ein Anspruch auf den Elternbeitragszuschuss. Voraussetzung für den Elternbeitragszuschuss für die sog. Kann-Kinder ist die Antragsstellung auf vorzeitige Einschulung bei der Schule durch die Eltern. Der Anspruch beginnt frühestens mit dem Kalendermonat, in dem die Sorgeberechtigten den Antrag auf vorzeitige Einschulung bei der Schule stellen.

Der Zuschuss zum Elternbeitrag ist für die Dauer von 12 Monaten begrenzt. Mit dem Zuschuss wird dauerhaft sichergestellt, dass alle Kinder das vorschulische Bildungsangebot wahrnehmen.

Rechtslage ab dem 1.4.2019

249 Der Freistaat Bayern leistet ab dem 1.4.2019 einen Beitragszuschuss in Höhe von 100 Euro monatlich für Kinder, die die Voraussetzungen nach Art. 19 erfüllen. Für den Beginn des Beitragszuschusses ab dem ersten Kindergartenjahr gilt eine Stichtagsregelung. Demnach beginnt der Beitragszuschuss zum 1.9. des Kalenderjahres, in dem ein Kind das dritte Lebensjahr vollendet. Er wird bis zum 31.8. des Kalenderjahres der tatsächlichen Einschulung gezahlt. Für Kinder, die nach der Einschulung zurückgestellt werden, lebt der Anspruch auf den Zuschuss wieder auf.

Der Anspruch auf den Beitragszuschuss gilt unabhängig von der besuchten Einrichtungsform. Auch für Kinder, die zum Stichtag eine Krippe besuchen, wird der Beitragszuschuss ab dem 1.9. gewährt.

> **Beispiel**
>
> Ein Kind vollendet am 15.10.2019 das dritte Lebensjahr. Es wird noch bis 31.8.2020 in einer Krippe betreut. Der Anspruch auf den Beitragszuschuss beginnt am 1.9.2019, d. h. zum 1.9. des Kalenderjahres, in dem das Kind das dritte Lebensjahr vollendet.

Zeitpunkt der Vollendung des dritten Lebensjahres

Ein Kind, das am 1.1.2019 seinen dritten Geburtstag hat, vollendet das dritte Lebensjahr bereits am 31.12.2018 um 24 Uhr, weil das Gesetz explizit in § 187 II 2 BGB den Tag der Geburt einer Ereignisfrist gleichsetzt. Für diese gilt nach § 187 II 1 BGB, dass, wenn der Beginn eines Tages den für den Anfang einer Frist maßgebenden Zeitpunkt darstellt (sog. Ereignisfrist), dieser Tag bei der Berechnung der Frist mitgerechnet werden muss. Dies ist auch für den Tag der Geburt maßgeblich. Somit muss in den genannten Fällen der Tag der Geburt (z. B. der 1.1.2018) bei der Fristberechnung als fristauslösendes Ereignis verstanden und bei der Berechnung berücksichtigt werden. Das dritte Lebensjahr ist daher bereits am 31.12.2020 um 24 Uhr vollendet.

Sprachlich gesehen wird damit das Kind zwar erst am 1.1.2021 um 0 Uhr drei Jahre alt, das dritte Lebensjahr vollendet hat es aber bereits am 31.12.2020 24 Uhr.

Beispiele

Kind geb. am 31.12.2015
Vollendung 3. Lebensjahr am 30.12.2018
EB-Zuschuss ab 1.4.2019

Kind geb. am 1.1.2016
Vollendung 3. Lebensjahr am 31.12.2018
EB-Zuschuss ab 1.4.2019

Kind geb. am 2.1.2016
Vollendung 3. Lebensjahr am 1.1.2019
EB-Zuschuss ab 1.9.2019

Die (rechtswidrige) Weigerung des Schulbesuchs nach Eintritt der Schulpflicht gemäß Art. 23 Abs. 3 Satz 3 führt zum Wegfall des Beitragszuschusses. Insbesondere ist an Fälle gedacht, in denen die personensorgeberechtigten Eltern ihre Kinder aus weltanschaulichen Gesichtspunkten (Mitgliedschaft in Sekten etc.) den Schulbesuch in rechtswidriger Weise verweigern. Nicht betroffen hiervon sind die Kinder, die auf Wunsch der Eltern ein Jahr später eingeschult werden (Korridor-Kinder).

Die Auszahlung des Beitragszuschusses durch den Freistaat an die Gemeinden erfolgt für jedes Kind ab dem 1. Kindergartenjahr bis zum 31.8. des Kalenderjahres der Einschulung. Die Träger stellen ihren Antrag über das onlinegestützte Abrechnungssystem KiBiG.web.

a) Höhe des Beitragszuschusses

Der Beitragszuschuss wird pauschal in Höhe von 100 Euro ausbezahlt, auch 250
wenn der fällige Elternbeitrag unter diesen Grenzen liegt. Der Restbetrag verbleibt dem Träger (vgl. § 21 Satz 2 AVBayKiBiG). Mit der Gesetzesänderung wurde die Regelung über die Höhe des Beitragszuschusses in Art. 23 Abs. 3 Satz 2 verortet. Im Gegenzug sind die Träger verpflichtet, ihre Beiträge um die Höhe des Zuschusses zu senken (vgl. Art. 19 Nr. 5). Eine Antragstellung der Eltern beim Träger erübrigt sich damit.

Beispiel:

Eltern buchen für ihr Kind ab dem 1.9. einen Platz in einer Kindertageseinrichtung mit der Zeitkategorie von > 5 h bis 6 h täglich. Der Elternbeitrag beläuft sich auf 75 Euro. Gemäß der Vorgabe des Art. 19 Nr. 5 senkt der Träger den Beitrag auf 0 Euro. Es wird dennoch ein Elternbeitragszuschuss von 100 Euro an den Träger ausbezahlt.

Mit AMS vom 3.8.2012 hat das StMAS zur Frage der Berücksichtigung von Sonderbeiträgen für diverse Aufwendungen seitens der Träger wie folgt Stellung bezogen:

> *„Zum Elternbeitrag zählen auch sogenannte Spielgelder und/oder Gelder für Material (z. B. für Kreativmaterialien, Erste-Hilfe-Material, Desinfektions- und Putzmittelgeld). Zum Elternbeitrag zählen nicht Beiträge zur Verpflegung.“*

Bietet ein Träger Verpflegung an und nehmen die Eltern das Angebot in Anspruch, so gehört die Einnahme der Verpflegung zum pädagogischen Programm. Die anfallenden Kosten sind deshalb auch im Sinne des § 90 Abs. 3 SGB VIII übernahmefähig.

Die Frage der Höhe der Senkung der Beiträge für Vorschulkinder erfordert eine differenzierte Betrachtungsweise hiervon. Nachdem der Elternbeitragszuschuss pauschal ausbezahlt wird, wird dieser auch dann in voller Höhe geleistet, wenn der Beitrag tatsächlich niedriger festgelegt ist. Das Angebot der Verpflegung ist eine Wahlleistung, welche die Eltern annehmen können, aber nicht müssen. Die Auswirkung bei den Eltern kann unterschiedlich sein. Diese Rechtsauffassung wird durch die Gesetzesänderung vom 31.5.2019 nicht verändert. Die Grundsätze gelten weiterhin.

Beispiel:

Der Elternbeitragszuschuss beträgt 100 Euro. Der Betreuungsplatz kostet 75 Euro. Für Verpflegung werden nochmals 45 Euro berechnet, sofern diese in Anspruch genommen wird. Eltern, die keine Verpflegung in Anspruch nehmen, würden um 75 Euro, Eltern mit Verpflegung würden um 100 Euro entlastet. Bei dieser Konstellation könnten sich Eltern ungerecht behandelt fühlen. Um diesbezüglich Probleme von vorneherein auszuschließen, werden die freiwillig zu leistenden Verpflegungskosten beim Elternbeitrag nicht berücksichtigt. Eltern, die das Angebot der Verpflegung annehmen, werden ebenfalls in Höhe von 75 Euro entlastet.

Beispiel:

Der Träger setzt die Gebühren auf 120 Euro fest. Darin enthalten sind Verpflegungskosten in Höhe von 45 Euro. Die Verpflegung ist fester Bestandteil des pädagogischen Angebots und muss von den Eltern mitgebucht werden.

In diesem Fall handelt es sich bei der Verpflegung um keine Wahlleistung. Die Verpflegungskosten sind Teil des Angebots und damit bei der Höhe des Elternbeitrags zu berücksichtigen. In dem Fall werden alle Eltern um 100 Euro entlastet und bezahlen 20 Euro monatlich.

Beim Materialgeld ist davon auszugehen, dass hier keine Wahlmöglichkeit besteht. Insofern zählen die Kosten zum Elternbeitrag hinzu.

Bei der Berücksichtigung von Getränkegeldern kommt es ebenfalls auf die Ausgestaltung an. Können die Eltern die Getränkeversorgung optional hinzubuchen, erfolgt keine Berücksichtigung beim Elternbeitrag, handelt es sich hingegen um einen festen Bestandteil des Beitrags für alle Kinder, zählt das Getränkegeld zum Beitrag.

Bei nicht fristgemäßer Antragstellung des Trägers gemäß Art. 19 Nr. 6 oder wenn der Träger die Meldung für ein aufgenommenes Gastkind gem. Art. 19 Nr. 7 nicht innerhalb der Drei-Monatsfrist tätigt, hat nicht nur eine Kürzung der kindbezogenen Förderung zu erfolgen, sondern auch eine Kürzung des Elternbeitragszuschusses.

Der Elternbeitragszuschuss gem. Art. 23 Absatz 3 Satz 4 ist im Rahmen der kindbezogenen Förderung an die Gemeinden und Landkreise auszuzahlen. Nach Art. 23 Abs. 3 Satz 1 erfolgt die Beitragsbezuschussung nur dann, wenn die Voraussetzungen des Art. 19 vorliegen. Damit besteht gesetzlich eine untrennbare Verknüpfung des Elternbeitragszuschusses einerseits und der kindbezogenen Förderung andererseits. Im Falle einer Kürzung umfasst diese neben der kindbezogenen Förderung auch den Elternbeitragszuschuss.

Der Beitragszuschuss wird seit dem 1.4.2019 ausdrücklich neben dem Förderanspruch nach Art. 18 Abs. 2 Sätze 1 und 2 gewährt. Damit erfolgt die Klarstellung, dass die in Art. 18 geregelten Ausschlussfristen des 30.6. und des 31.12. des auf den Bewilligungszeitraum folgenden Kalenderjahres in Bezug auf den Beitragszuschuss nicht anspruchsschädlich wirken.

b) Verfahren bei Zurückstellung von Kindern von der Einschulung

Rechtsstand bis 31.3.2019 251

Wird ein Kind vom Schulbesuch zurückgestellt, so wird den Eltern der ermäßigte Beitrag für das laufende Kindergartenjahr unverändert weiter gewährt, für maximal 12 Monate. Im nächsten Kindergartenjahr, in dem das Kind wegen der Zurückstellung die Kindertageseinrichtung wieder besucht, leisten die Eltern dann den Beitrag wieder in voller Höhe.

Zum Verfahren bei vorzeitiger Einschulung (sog. Kann-Kinder) siehe Anm. zu § 21 AVBayKiBiG.

Rechtsstand ab 1.4.2019

Der Beitragszuschuss wird bis zum 31.8. des Kalenderjahres der tatsächlichen Einschulung gewährt. Dies gilt auch für vom Schulbesuch zurückgestellte Kinder. Für Kinder, die nach dem Schulantritt zurückgestellt werden, lebt der Anspruch auf Beitragszuschuss auf, sofern das Kind wieder eine Kindertageseinrichtung besucht. Auch für Kinder, die auf Wunsch der Eltern ein Jahr länger in der Kindertageseinrichtung bleiben (sog. Korridor-Kinder, die das sechste Lebensjahr in der Zeit vom 1.7. bis zum 30.9. vollenden), wird der Beitragszuschuss bis zur Einschulung bezahlt.

c) Anspruch auf Beitragszuschuss für Kinder mit gewöhnlichem Aufenthalt außerhalb Bayerns, die eine bayerische Kindertageseinrichtung besuchen

252 **Rechtsstand bis 31.3.2019**
Art. 23 stellt für den Anspruch auf den Elternbeitragszuschuss auf die Schulpflicht im Sinne des Art. 37 Abs. 1 BayEuG ab und demnach, dass das Kind, für welches der Elternbeitragszuschuss gewährt werden soll, in Bayern eingeschult wird. Dies ist bei Kindern mit gewöhnlichem Aufenthalt außerhalb Bayerns nicht der Fall. Für Kinder mit gewöhnlichem Aufenthalt außerhalb Bayerns kann kein Elternbeitragszuschuss gewährt werden. Folglich müssen die Träger auch den Elternbeitrag im letzten Kindergartenjahr vor der Einschulung nicht ermäßigen.

Rechtsstand ab 1.4.2019
Nachdem der Bezug für den Beitragszuschuss auf alle Kindergartenjahre erweitert wurde, entfällt die Verknüpfung mit der Schulpflicht. Für Kinder mit gewöhnlichem Aufenthalt außerhalb Bayerns, die eine bayerische Kindertageseinrichtung besuchen, kann der Beitragszuschuss gewährt werden, sofern für das betreffende Kind die kindbezogene Förderung geleistet wird.

d) Anspruch auf Beitragsentlastung für Kinder mit gewöhnlichem Aufenthalt in Bayern, die eine Kindertageseinrichtung außerhalb Bayerns besuchen

253 Gemäß Art. 23 Abs. 1 Satz 1 in Verb. mit § 21 Abs. 2 S. 1 AVBayKiBiG leistet der Freistaat Bayern den Zuschuss zum Elternbeitrag ausschließlich an Kindertageseinrichtungen, die die Voraussetzungen des Art. 19 erfüllen, und für Kinder, für welche die kindbezogene Förderung geleistet wird. Einrichtungen außerhalb Bayerns gehören nicht zum Geltungsbereich des BayKiBiG. Bayerische Eltern, die ihr Kind in einer Kindertageseinrichtung außerhalb Bayerns angemeldet haben, haben keinen Anspruch auf die Beitragsentlastung. Es gelten die Verhältnisse des jeweiligen Bundeslandes.

e) Beitragszuschuss für Angehörige des NATO-Truppenstatuts

Rechtsstand bis 31.3.2019 254

Für deutsch-amerikanische Kinder, bei denen zumindest ein Elternteil Nato-Truppenmitglied ist, gilt Folgendes:

Die genannten Kinder sind nicht von Art. 23 Abs. 3 BayKiBiG erfasst.

Art. 23 Abs. 3 BayKiBiG setzt für die Gewährung des Elternbeitragszuschusses die Schulpflicht nach Art. 37 Abs. 1 Bayerisches Erziehungs- und Unterrichtsgesetz (BayEUG) in Verbindung mit Art. 35 Abs. 3 Satz 1 BayEUG voraus. Die Schulpflicht nach Art. 35 Abs. 3 Satz 1 (BayEUG) knüpft grundsätzlich an den gewöhnlichen Aufenthaltsort in Bayern an. Dieser ist für die NATO-Kinder unstrittig in Bayern gegeben. Dies gilt unabhängig davon, ob das Kind später eine deutsche oder amerikanische Schule besucht, und unabhängig davon, ob die Familie dauerhaft in Bayern bleibt oder zurück in die USA geht (zum gewöhnlichen Aufenthalt vgl. Anm. zu Art. 18 Rn 157).

Für die Frage der Schulpflicht gelten allerdings dann andere Regelungen, wenn völkerrechtliche Abkommen etwas anderes besagen, vgl. Art. 35 Abs. 1 Satz 3 BayEUG. Angehörige von Nato-Truppenmitgliedern unterliegen <u>nicht</u> der bayerischen Schulpflicht. Die betreffenden Kinder haben Schulrecht, aber keine Schulpflicht. Dabei wird nicht danach differenziert, ob beide Elternteile Truppenmitglied sind oder nur ein Elternteil. Da somit für deutsch-amerikanische Kinder, bei denen zumindest ein Elternteil Nato-Truppenmitglied ist, die bayerische Schulpflicht entfällt, gibt es auch keinen Anknüpfungspunkt mehr für eine Beitragsentlastung nach Art. 23 Abs. 3 BayKiBiG bzw. den Beitragszuschuss.

Rechtsstand ab dem 1.4.2019 255

Nachdem die Verknüpfung des Anspruchs auf den Beitragszuschuss mit der Schulpflicht auch hier entfallen ist, haben Kinder als Angehörige eines NATO-Truppenmitglieds einen Anspruch auf den Beitragszuschuss bzw. deren Eltern auf Beitragsreduzierung, sofern ein Anspruch auf die kindbezogene Förderung besteht.

f) Anspruch auf den Beitragszuschuss bei Besuch von zwei Einrichtungen

Die beiden betroffenen Träger haben jeweils einen eigenständigen Anspruch auf die kindbezogene Förderung sowie auf den Beitragszuschuss gemäß Art. 18 in Verb. mit Art. 23 Abs. 3. 256

g) Ausschluss für Angebote der Tagespflege

257 Der Anspruch auf den Beitragszuschuss gilt nicht für Angebote der Kindertagespflege gemäß Art. 20 und 20a. Kinder ab Vollendung des 3. Lebensjahres haben gemäß § 24 Abs. 2 SGB VIII einen Rechtsanspruch auf Bildung, Erziehung und Betreuung in einer Kindertageseinrichtung. Angebote der Kindertagespflege sind daher nicht anspruchserfüllend im Sinne des § 24 Abs. 2 SGB VIII. Es obliegt den Trägern der öffentlichen Jugendhilfe, von Elterngebühren in Höhe des Beitragszuschusses nach Art. 23 Abs. 3 auf freiwilliger Basis abzusehen.

In den Ausnahmefällen des § 24 Abs. 3 Satz 2 SGB VIII, in denen ein Kind aufgrund eines besonderen Bedarfs, wenn die Betreuung in der Tagespflege etwa aus pädagogischen Gründen erforderlich ist, nach Vollendung des 3. Lebensjahres in Tagespflege betreut wird, besteht auch Anspruch auf den Elternbeitragszuschuss.

§ 24 Abs. 3 SGB VIII

[1]Ein Kind, das das dritte Lebensjahr vollendet hat, hat bis zum Schuleintritt Anspruch auf Förderung in einer Tageseinrichtung. [2]Die Träger der öffentlichen Jugendhilfe haben darauf hinzuwirken, dass für diese Altersgruppe ein bedarfsgerechtes Angebot an Ganztagsplätzen zur Verfügung steht. [3]Das Kind kann bei besonderem Bedarf oder ergänzend auch in Kindertagespflege gefördert werden.

Art. 23a
Bayerisches Krippengeld

(1) [1]Wer für ein Kind, für das er personensorgeberechtigt ist und das in einer nach diesem Gesetz geförderten Einrichtung oder Tagespflege betreut wird, den hierfür anfallenden Beitrag tatsächlich trägt, erhält auf Antrag nach Maßgabe nachfolgender Bestimmungen einen staatlichen Beitragszuschuss (Krippengeld). [2]Anspruchsberechtigt ist auch, wer nicht personensorgeberechtigt ist, aber das Kind mit dem Ziel der Annahme als Kind aufgenommen hat oder dem Personensorgeberechtigten Hilfe zur Erziehung in Vollzeitpflege nach Maßgabe des § 33 SGB VIII bietet.

(2) [1]Das Krippengeld will beitragsbedingte Zugangshürden zur frühkindlichen Bildung und Erziehung von Kleinkindern abbauen und es allen Berechtigten finanziell erleichtern, einen passenden Betreuungsplatz in Anspruch nehmen zu können. [2]Das Krippengeld soll den Anspruch aus § 24 Abs. 2 SGB VIII stärken und daher auf existenzsichernde Sozialleistungen zugunsten des Kindes oder der berechtigten Person nicht angerechnet werden.

(3) [1]Der Anspruch besteht nur, wenn das Einkommen eine Einkommensgrenze von 60.000 Euro nicht übersteigt. [2]Dieser Betrag erhöht sich um 5.000 Euro für jedes weitere Kind

1. **der berechtigten Person,**
2. **ihres Ehegatten oder Lebenspartners, soweit sie nicht dauernd getrennt leben,**
3. **eines in nichtehelicher Lebensgemeinschaft mit der berechtigten Person lebenden Elternteils des Kindes,**

für das ihr, ihrem Ehegatten oder Lebenspartner oder dem Elternteil Kindergeld gezahlt wird oder ohne die Anwendung des § 65 Abs. 1 des Einkommensteuergesetzes (EStG) oder des § 4 Abs. 1 des Bundeskindergeldgesetzes gezahlt würde. [3]Als Einkommen gilt die Summe der positiven Einkünfte im Sinne des § 2 Abs. 1 und 2 EStG und der Leistungen nach § 32b Abs. 1 EStG.

(4) Zum Einkommen nach Abs. 3 zählen das Einkommen

1. **der berechtigten Person,**
2. **ihres Ehegatten oder Lebenspartners, soweit sie nicht dauernd getrennt leben,**
3. **eines in nichtehelicher Lebensgemeinschaft mit der berechtigten Person lebenden Elternteils des Kindes.**

(5) Maßgeblich für die Einkommensgrenze nach den Abs. 3 und 4 sind die Familienverhältnisse zum Zeitpunkt der Antragstellung.

(6) [1]Für die Bemessung des Einkommens ist das Kalenderjahr maßgeblich, in dem das Kind das erste Lebensjahr vollendet. [2]Wird ein Kind in den Fällen des Abs. 1 Satz 2 oder ein angenommenes Kind erst in einem späteren Kalenderjahr in den Haushalt der berechtigten Person aufgenommen, so ist dieses spätere Kalenderjahr maßgeblich.

(7) [1]Der Zuschuss wird in der Höhe gewährt, in der Elternbeiträge tatsächlich zu tragen sind. [2]Er beträgt jedoch höchstens 100 Euro pro Monat und Kind. [3]Der Zuschuss wird auch in Monaten, in denen Beiträge im laufenden Monat nur anteilig zu tragen sind, auf der Grundlage des Regelbeitrags für einen vollen Monat gewährt.

(8) Der Zuschuss wird für den Zeitraum ab dem auf die Vollendung des ersten Lebensjahres des Kindes nachfolgenden Kalendermonat bis 31. August des Kalenderjahres gewährt, in dem das Kind das dritte Lebensjahr vollendet.

(9) [1]Erfüllen mehrere Personen die Anspruchsvoraussetzungen, so wird der Zuschuss demjenigen gezahlt, den die Personensorgeberechtigten zur berechtigten Person bestimmen. [2]Ein Wechsel in der Anspruchsberechtigung wird mit Beginn des folgenden Kalendermonats wirksam.

(10) [1]Der Zuschuss ist unter Verwendung der amtlich bereitgestellten Formulare schriftlich zu beantragen. [2]Der Antrag kann frühestens drei Monate vor dem beabsichtigten Leistungsbeginn gestellt werden. [3]Zuvor gestellte Anträge sind unbeachtlich. [4]Der Zuschuss kann rückwirkend für höchstens 12 Kalendermonate gewährt werden, wenn der Antrag spätestens bis 31. August des Kalenderjahres, in dem das Kind das dritte Lebensjahr vollendet, gestellt wird.

(11) [1]Ergänzend zu den Pflichten nach § 60 SGB I hat die begünstigte Person nach Ablauf des Bewilligungszeitraums eine erneute Erklärung über das tatsächliche Vorliegen der Anspruchsvoraussetzungen für den gesamten Bewilligungszeitraum abzugeben. [2]§ 60 SGB I gilt auch für den Ehegatten oder Lebenspartner der berechtigten Person und für den Partner der nichtehelichen Lebensgemeinschaft.

(12) [1]Der Zuschuss wird unter dem Vorbehalt der Rückforderung gewährt, solange die Anspruchsvoraussetzungen nach den vorstehenden Absätzen nicht geprüft sind. [2]Soweit diese Anspruchsvoraussetzungen im Bewilligungszeitraum nicht vorgelegen haben, ist der Bewilligungsbescheid mit Wirkung für die Vergangenheit aufzuheben und das Krippengeld zu erstatten. [3]Satz 2 gilt auch, wenn die begünstigte Person nicht, nicht richtig, nicht vollständig oder nicht rechtzeitig an der Prüfung nach Satz 1 mitwirkt.

(13) [1]Ergänzend gelten das Erste Buch Sozialgesetzbuch, § 331 SGB III und das Erste und Zweite Kapitel des Zehnten Buches Sozialgesetzbuch. [2]Für öffentlich-rechtliche Streitigkeiten in Angelegenheiten dieses Artikels ist der Rechtsweg zu den Sozialgerichten gegeben.

258 **Hinweis:**

Art. 23a regelt das Krippengeld (Personenkreis, Höhe, Beginn und Ende, Einkommen) für Kinder ab dem vollendeten ersten Lebensjahr (ab dem zweiten Lebensjahr), die eine nach dem BayKiBiG geförderte Kindertageseinrichtung oder Tagespflege besuchen. Im Unterschied zum Elternbeitragszuschuss des Art. 23 Abs. 3 wird das Krippengeld unmittelbar an die Eltern ausbezahlt und nicht wie beim Elternbeitragszuschuss über die Träger ausgereicht. Das Krippengeld hat als weitere familienpolitische Leistung keinen unmittelbaren Bezug zum Förderrecht des BayKiBiG. Die Zuständigkeit für den Vollzug liegt nicht bei den Regierungen bzw. Kreisverwaltungsbehörden, sondern beim Zentrum Bayern Familie und Soziales (ZBFS). Insofern wird mit Ausnahme zu Abs. 8 auf eine Kommentierung verzichtet.

Anmerkung zu Abs. 8 259

Die Vorschrift regelt Beginn und Ende des Krippengeldes. Während beim Beginn auf die Vollendung des 1. Lebensjahres abgestellt wird, wird das Krippengeld nicht bis zum Kalendermonat der Vollendung des 3. Lebensjahres gezahlt, sondern immer bis einschließlich August des Kalenderjahres, in dem ein Kind das dritte Lebensjahr vollendet. Damit wird sichergestellt, dass die Eltern eine lückenlose Beitragsentlastung sowohl im U3-Bereich als auch im Alter von drei Jahren bis zum Schuleintritt erhalten.

> **Beispiel:**
>
> Ein Kind wird im November 2020 zwei Jahre alt und besucht ab September 2020 eine Krippe. Dort bleibt das Kind bis nach dem 3. Geburtstag (November 2021), weil es erst im Februar 2022 einen Kindergartenplatz bekommt.
>
> Mit dem Besuch der Krippe erhalten die Eltern Krippengeld, das bis August 2021 gezahlt wird. Ab September 2021 wird der Elternbeitragszuschuss nach Art. 23 Abs. 3 gewährt. Dabei ist es unerheblich, ob das Kind in einer Krippe oder einem Kindergarten betreut wird.

Ausnahme:

Sofern Kinder nach dem September des Kalenderjahres, in dem sie das dritte Lebensjahr vollenden, eine nach BayKiBiG geförderte Tagespflege besuchen, wird erst dann der Elternbeitragszuschuss gewährt, wenn das Kind in eine Kindertageseinrichtung wechselt.

> **Beispiel:**
>
> Ein Kind wird im November 2020 zwei Jahre alt und besucht ab September 2020 eine Tagespflege. Dort bleibt das Kind bis nach dem 3. Geburtstag (November 2021), weil es erst im Februar 2022 einen Kindergartenplatz bekommt.
>
> Krippengeld bis August 2021
> Von September bis Januar keine Beitragsentlastung
> Ab Februar 2022 Elternbeitragszuschuss nach Art. 23 Abs. 3

Exkurs

Verhältnis des Bayerischen Krippengeldes zur Anrechnung als Einkommen bzw. zweckentsprechende Leistung bei der Übernahme der Eltern- bzw. Kostenbeiträge nach § 90 Abs. 3 und 4 SGB VIII. Hierzu vertritt das StMAS mit Schreiben vom 14.7.2020 gegenüber den Trägern der öffentlichen Jugendhilfe folgende Rechtsauffassung:

Gemäß Art. 23a Abs. 1 und 7 BayKiBiG ist Voraussetzung des Krippengeldes, dass die Elternbeiträge in der angegebenen Höhe tatsächlich getragen werden. Im Falle einer vollumfänglichen Übernahme der Gebühren nach § 90 Abs. 4 SGB VIII müsste der Antrag auf Krippengeld abgelehnt werden. Regelungen über einen Vorrang oder Nachrang wurden nicht getroffen.

Eine Ablehnung des Krippengeldes allein aufgrund der Möglichkeit, wirtschaftliche Jugendhilfe in Anspruch zu nehmen, ist nach § 10 Abs. 1 S. 2 SGB VIII rechtlich nicht möglich.

Nach Auffassung des StMAS fehlt für die Träger der öffentlichen Jugendhilfe ebenfalls eine Rechtsgrundlage, Antragsteller bereits vor Prüfung der Übernahme von Kosten- bzw. Teilnahmebeiträgen auf die vorrangige Inanspruchnahme des Krippengeldes zu verweisen. Nach § 10 Abs. 1 SGB VIII besteht kein Nachrang der Jugendhilfe in dem Sinn, dass eine Leistungsgewährung mit dem Hinweis auf zweckgleiche Leistungen abgelehnt werden dürfte.

Für Bezieher bestimmter Bundesleistungen wurde die Unzumutbarkeit der Belastung durch Kostenbeiträge nach § 90 Abs. 4 Satz 2 SGB VIII zum 1.8.2019 gesetzlich fingiert. Eine gesonderte Prüfung der Unzumutbarkeit hat daher durch die Träger der öffentlichen Jugendhilfe nicht mehr zu erfolgen. Die Träger der öffentlichen Jugendhilfe sollten in den Fällen nach § 90 Abs. 4 Satz 2 SGB VIII die betroffenen Eltern ausschließlich die Antragstellung auf wirtschaftliche Jugendhilfe empfehlen.

In den Fällen des § 90 Abs. 4 S. 1 SGB VIII muss die Unzumutbarkeit im Einzelfall geprüft werden. Maßgeblich für die Feststellung der zumutbaren Belastung ist das Einkommen. Dieses wird durch die entsprechende Anwendung der Bestimmungen des SGB XII ermittelt. Als Einkommen werden entsprechend §§ 82 Abs. 1 S. 1, 83 Abs. 1 SGB XII alle tatsächlich zugeflossenen Einkünfte in Geld oder Geldeswert berücksichtigt. Es gilt hier der Grundsatz der „bereiten Mittel", d. h., dass der Hilfeempfänger nur auf Selbsthilfemöglichkeiten verwiesen werden kann, wenn ihm Mittel tatsächlich zur Verfügung stehen, so dass eine fiktive Anrechnung hier grundsätzlich nicht in Betracht kommt. Gleiches gilt auch bei der Bestimmung, in welchem Umfang eigene Mittel des Hilfeempfängers nach §§ 87, 88 SGB XII eingesetzt werden müssen.

Art. 24
Kindertageseinrichtungen im ländlichen Raum

[1]Nach Art. 19 förderfähigen Kindertageseinrichtungen, die das einzige Angebot in einer Gemeinde darstellen und von weniger als 25 Kindern besucht werden, obwohl sie von der Altersöffnung Gebrauch gemacht und kein Kind abgewiesen haben, wird auf Antrag der Gemeinde der Basiswert plus für die durchschnittliche Buchungszeit der Kinder mit dem Gewich-

tungsfaktor 1,0 für 25 Kinder bei Zugrundelegung eines Gewichtungsfaktors von 1,0 gewährt. [2]Satz 1 findet entsprechende Anwendung auf das einzige Angebot in einem Gemeindeteil, wenn dieser aufgrund seiner Infrastruktur einer selbstständigen Gemeinde gleicht. [3]Kindertageseinrichtungen im Sinn von Satz 1 und 2, die von weniger als zehn, aber mehr als sechs Kindern besucht werden, erhalten diese Förderung entsprechend Satz 1 für zehn Kinder, wenn die Betreuung durch eine pädagogische Fachkraft und die regelmäßige Mitarbeit eines Elternteils sichergestellt wird.

Inhaltsübersicht **Rn.**

1. Zweck der Sonderförderung 260
2. Erforderlichkeit der Sonderförderung.................. 261
3. Voraussetzungen für die Sonderförderung 262
4. Höhe der Sonderförderung 263–265
5. Aufteilung der Förderbeträge zwischen mehreren Gemeinden 266

Anmerkungen

1. Zweck der Sonderförderung

Mit Art. 24 hat der Gesetzgeber eine Sonderförderung für Kindertageseinrichtungen im ländlichen Raum geschaffen, die eine **wohnortnahe Versorgung mit Kindertageseinrichtungen ermöglichen soll**. Mit der Sonderförderung erhalten kleine Einrichtungen die Förderung für 25 Kinder, auch wenn die tatsächliche Zahl der Kinder unter 25 sinkt. Durch die Sonderförderung soll sichergestellt werden, dass die einzige Kindertageseinrichtung im Ort auch dann noch eine pädagogische Fach- und eine pädagogische Ergänzungskraft bei weniger als 25 Kindern finanzieren kann. Mit der Landkindergartenregelung sichert das BayKiBiG die wohnortnahe Versorgung und damit die Chancengleichheit für die Kinder im ländlichen Raum ab. **260**

Bei der Berechnung der durchschnittlichen Buchungszeit werden seit dem 1.1.2013 nur mehr die Buchungszeiten der Kinder im Alter von drei Jahren bis zur Einschulung herangezogen. Kurze Buchungszeiten vor allem von Kindern unter drei Jahren und von Schulkindern haben auf die Höhe des Buchungszeitfaktors keine Auswirkung mehr.

Vom Erfordernis des Einhaltens des fiktiven Anstellungs- und Qualifikationsschlüssels wird seit dem 1.1.2013 abgesehen (siehe auch § 26 Abs. 3 AVBayKiBiG).

2. Erforderlichkeit der Sonderförderung

261 Warum für den Erhalt kleiner Einrichtungen auf dem Lande eine Sonderförderung erforderlich ist, ergibt sich aus der Tatsache, dass auch für die Betreuung ab zehn Kindern zwei pädagogische Kräfte erforderlich sind. Bei einer sehr geringen Kinderzahl (unter 25) in kleinen Einrichtungen ist eine Finanzierung von zwei Kräften ohne Sonderförderung im Wege der kindbezogenen Förderung nicht sichergestellt. Diese Sonderfinanzierung sieht Art. 24 vor.

3. Voraussetzungen für die Sonderförderung

262 Voraussetzungen hierfür sind:

(1) Es muss eine nach Art. 19 förderfähige **Kindertageseinrichtung** sein.

Die Förderfähigkeit nach Art. 19 stellt eine eigentlich überflüssige Klarstellung dar. Auch für die nach Art. 24 Privilegierten gelten alle anderen Vorschriften, nur die Berechnung des Umfangs der kindbezogenen Förderung wird modifiziert. Wichtig ist hingegen, dass Satz 1 nicht etwa von Kindergärten, sondern allgemein von Kindertageseinrichtungen handelt. In den Genuss der Sonderförderung kann daher grundsätzlich jede Art von Kindertageseinrichtung im Sinne des Art. 2 Abs. 1 Satz 2 kommen – praxisrelevant dürften allerdings wohl nur die Fallgruppen Kindergärten und Häuser für Kinder sein (daher hat sich auch für Art. 24 die Bezeichnung „Landkindergartenregelung" eingebürgert).

(2) Die Kindertageseinrichtung muss das **einzige Angebot** in der Gemeinde sein.

Für eine Kindertageseinrichtung kann nur dann die Sonderförderung nach Art. 24 gewährt werden, wenn es keine andere Kindertageseinrichtung in der Gemeinde gibt. Ein Kindergarten erhält deswegen dann keine Sonderförderung, wenn es in der Gemeinde z. B. auch noch einen Hort gibt oder einen weiteren Kindergarten. Der Grund für diese Einschränkung ist, dass im Falle von zwei oder mehreren Kindertageseinrichtungen diese kooperieren oder sogar fusionieren können, um den Personaleinsatz auf die aufzunehmenden Kinder hin optimieren zu können.

Seit der kommunalen Gebietsreform in den 1970er Jahren gibt es jedoch zahlreiche Gemeinden, deren einzelne Ortsteile weit auseinandergelegen sind. In solchen Fällen gebietet daher die angestrebte wohnortnahe Versorgung mit Kindertageseinrichtungen, dass solche **Gemeindeteile** eine eigene Kindertageseinrichtung behalten können. Satz 2 weitet daher den Anwendungsbereich der Sonderförderung auf diejenigen Kindertageseinrichtungen aus, die das einzige Angebot in einem Gemeindeteil darstellen. Dieser

Gemeindeteil muss allerdings aufgrund seiner Infrastruktur einer selbstständigen Gemeinde gleichen, denn wenn eine Familie sowieso für nahezu alle Besorgungen des täglichen Lebens den Gemeindeteil verlassen muss, dann wäre dies auch für den Besuch der Kindertageseinrichtung zumutbar. Um die praktische Rechtsanwendung zu erleichtern, stellt der Satz 2 konkretisierende § 26 Abs. 2 AVBayKiBiG nicht auf die konkrete Infrastruktur eines Gemeindeteils ab, sondern darauf, ob er bis zur kommunalen Gebietsreform der 1970er Jahre eine selbstständige politische Gemeinde war; im Regelfall haben solche Gemeindeteile ein eigenständiges Gepräge (näher hierzu s. die Erl. zu § 26 AVBayKiBiG).

Falls eine Eingemeindung bereits vor der Gebietsreform der 1970er Jahre erfolgte, sind im Einzelfall Ausnahmen möglich. In diesen Fällen ist dann auf die konkrete Situation vor Ort abzustellen. Wenn diese Bedingungen der Eingemeindung erfüllt sind, können auch Kindertageseinrichtungen in einem **Teil einer Stadt** die Sonderförderung erhalten. Gemeinde im Sinne des BayKiBiG sind – wie in der Bayerischen Gemeindeordnung – alle Gemeinden, unabhängig von der Zahl ihrer Einwohner – also auch Städte. Auch die Überschrift „Kindertageseinrichtungen im ländlichen Raum" steht dem nicht entgegen, da gesetzliche Überschriften nicht verbindlich sind, sondern nur zur Auslegung herangezogen werden. Die Überschrift soll nur schlagwortartig den Anwendungsbereich skizzieren und typischerweise erfasst Art. 24 Kindertageseinrichtungen im ländlichen Raum.

(3) Die Kindertageseinrichtung muss **altersgeöffnet** sein und darf **kein Kind abgewiesen** haben.

Diese Voraussetzung soll sicherstellen, dass die Kindertageseinrichtung alles versucht hat, auf die zur Finanzierung erforderliche Zahl von 25 Kindern zu kommen. Vor dem Hintergrund dieser Zielrichtung ist das Tatbestandsmerkmal **„von der Altersöffnung Gebrauch gemacht hat"** auch dann erfüllt, wenn die Kindertageseinrichtung nach ihrer pädagogischen Konzeption sich altersgeöffnet hat (vgl. hierzu die Erl. zu Art. 2), die Aufnahme von Kindern anderer Altersgruppen aber schlicht daran scheitert, dass es solche Kinder nicht gibt oder für sie kein Betreuungsbedarf besteht. Ist eine Altersöffnung mit kostenrelevanten Maßnahmen verbunden, so reicht aus Gründen der Verhältnismäßigkeit für die gebotene Altersöffnung die Bereitschaft, im Falle einer konkreten Nachfrage die Altersöffnung vorzunehmen. So muss z. B. ein Kindergarten nicht vorsorglich das Mobiliar für Kinder unter drei Jahren anschaffen, um als altersgeöffnet im Sinne des Art. 24 zu gelten, obwohl vor Ort gar kein Betreuungsbedarf für Kinder unter drei Jahren besteht. Des Weiteren liegt **keine Abweisung** im Sinne des Art. 24 vor, wenn objektive Gründe die Nichtaufnahme eines Kindes rechtfertigen, etwa wenn im Falle eines Kindes mit Behinderung eine Aufnahme (ausnahmsweise) nicht möglich ist oder in einen Kindergarten ein Kind mit knapp einem Jahr aufgenommen werden soll und dies z. B. durch Auflagen in der Betriebserlaubnis ausgeschlossen ist.

(4) Die Förderung wird nur auf **Antrag der Gemeinde** gewährt.

Mit dem Antragserfordernis wird klar, dass die Sonderförderung nach Art. 24 davon abhängt, ob die Gemeinde von dieser Fördermöglichkeit Gebrauch machen, die Kindertageseinrichtung also erhalten möchte. Der Träger der Kindertageseinrichtung hat hingegen keinen Anspruch auf die Sonderförderung. Die Gemeinde muss daher politisch entscheiden, ob sie trotz der überproportional hohen Kosten die betreffende Kindertageseinrichtung sichern möchte oder nicht. Wenn sie sich für den Erhalt entscheidet, d. h. die Sonderförderung gegenüber dem Freistaat beantragt, dann muss sie gleichfalls die erhöhte Förderung gegenüber dem Träger leisten, Art. 22 Abs. 2 Satz 1.

4. Höhe der Sonderförderung

263 Die Förderung berechnet sich nach der Formel:

25 Kinder × Basiswert × durchschnittlicher Buchungszeitfaktor der Regelkinder × Gewichtungsfaktor 1,0.

Es werden immer 25 Kinder berechnet, obwohl tatsächlich weniger Kinder die Kindertageseinrichtung besuchen (mindestens notwendig: zehn Kinder, s. u.). Es wird immer der Gewichtungsfaktor 1,0 zugrunde gelegt, auch wenn Kinder mit anderen Gewichtungsfaktoren die Einrichtung besuchen.

Beispiele:

Kindergarten A hat 17 Kinder.
4 Kinder mit Zeitkategorie > 3 h bis 4 h
5 Kinder mit Zeitkategorie > 4 h bis 5 h
5 Kinder mit Zeitkategorie > 5 h bis 6 h
Hinzu kommen drei Schulkinder mit der Zeitkategorie > 1 h bis 2 h

Förderung Basiswert	2019	1.191,63 €
Qualitätsbonus	2019	62,60 €

Durchschnittliche Buchungszeit aller Kinder
(4 × 4 + 5 × 5 + 5 × 6 + 3 × 2) = (16 + 25 + 30 + 6) = 77
77 : 17 Kinder = 4,53 das entspricht einem Buchungszeitfaktor von 1,25 (> 4 h bis 5 h)

Durchschnittliche Buchungszeit nach Art. 24 (ohne Schulkinder)
(4 × 4 + 5 × 5 + 5 × 6) = (16 + 25 + 30) = 71
71 : 14 = 5,07 das entspricht einem Buchungszeitfaktor von 1,5 (> 5 h bis 6 h) (vgl. § 25 Abs. 1 Nr. 2 AVBayKiBiG)

Staatl. Anteil: 25 × (1.191,63+62,60) € × 1,5 × 1,0	= 47.033,63 €
Komm. Anteil: 25 × 1.191,63 € × 1,5 × 1,0	= 44.686,13 €
Summe	= 91.719,76 €

Kindergarten B hat 15 Kinder, die alle sechs Stunden den Kindergarten besuchen. 12 Kinder sind Regelkinder (vgl. Erl. zu Art. 21 Abs. 5), 3 sind Kinder mit Behinderung.

Förderung (Basiswert	
Basiswert 2019	1.191,63 €
Qualitätsbonus 2019	62,60 €):

Staatl. Anteil: 25 × (1.191,63 +62,60) € × 1,5 × 1,0	= 47.033,63 €
Komm. Anteil: 25 × 1.191,63 € × 1,5 × 1,0	= 44.686,13 €
Summe	= 91.719,76 €

Kontrollrechnung: „normale" kindbezogene Förderung:	
Staatl. Anteil BW + QB	= 1.254,23 €
12 × 1.254,23 € × BZF 1,5 × GW 1,0	= 22.577,40 €
3 × 1.254,23 € × BZF 1,5 × GW 4,5	= 25.398,16 €
Summe	= 47.975,56 €

Komm. Anteil	
12 × 1.191,63 € × BZF 1,5 × GW 1,0	= 21.449,34 €
3 × 1.191,63 € × BZF 1,5 × GW 4,5	= 24.130,51 €
21.449,34 € + 24.130,51 €	= 45.579,85 €

Staatl. + komm. Anteil	
47.975,56 + 45.579,85	= 93.555,41 €

Ergebnis: Die „normale" kindbezogene Förderung ist höher als die Sonderförderung. In diesem Fall wird die Förderung ohne Anwendung der Landkindergartenregelung bewilligt. Dieses Ergebnis ist auch sachgerecht: Eine integrative Einrichtung bekommt gerade für die Kinder mit Behinderung den Gewichtungsfaktor 4,5, damit sie die Zahl der Kinder so weit reduzieren kann, dass sie mit zwei pädagogischen Kräften 15 Kinder betreuen kann. Sie braucht daher keine Landkindergartenregelung zu ihrer Existenzsicherung. Das gleiche Ergebnis kann sich auch bei anderen Gewichtungsfaktoren einstellen.

Die Landkindergartenregelung kommt demnach nur dann zur Anwendung, wenn sich über die Sonderförderung eine höhere Fördersumme für den jeweiligen Kalendermonat ergibt. Demnach ist es durchaus möglich, dass einige Kalendermonate eines Bewilligungszeitraums über die Landkindergartenregelung und andere über die Regelförderung abgerechnet werden.

In einer Einrichtung werden von September bis Dezember 21 Kinder betreut. Im Januar werden drei weitere Kinder und im Februar nochmals zwei Kinder aufgenommen. Im Juli verlassen zwei Kinder die Einrichtung.

Nachdem im Februar 26 Kinder betreut werden, errechnet sich die Förderung ab Februar ohne Anwendung von Art. 24. Ab Juli greift dann wieder Art. 24.

264 Bei der Berechnung der Sonderförderung kann eine sog. **Platzteilung** nicht so behandelt werden, als wenn nur ein Kind den Platz eben länger in Anspruch nehmen würde. Dies beruht darauf, dass der Gesetzeswortlaut in Art. 24 für die Landkindergärten ausdrücklich darauf abstellt, dass weniger als 25 Kinder die Einrichtung besuchen; die abweichende Behandlung der Netze für Kinder durch das Staatsministerium für Familie, Arbeit und Soziales ist nicht auf Landkindergärten übertragbar.

Beispiel:

Im einzigen Kindergarten in der Gemeinde G werden vormittags 18 und nachmittags 15 (andere) Kinder betreut. Nach der kindbezogenen Förderung werden die staatlichen Zuschüsse für diesen Kindergarten nach der Anzahl der Kinder und deren Gewichtungs- und Buchungszeitfaktoren berechnet. Die Sonderförderung nach Art. 24 kommt nicht zur Anwendung, weil mehr als 25 Kinder den Kindergarten besuchen.

265 Wenn **weniger als zehn Kinder** die Kindertageseinrichtung besuchen, lässt sich ein normaler Betrieb mit zwei pädagogischen Kräften kaum rechtfertigen. Um hier dennoch eine Lösung anzubieten, sieht Satz 3 die Möglichkeit vor, trotz der tatsächlich geringeren Kinderzahl eine kindbezogene Förderung für zehn Kinder zu gewähren. Dies reicht in etwa aus, um mit der gemeindlichen Förderung einschließlich des staatlichen Förderanteils die Personalkosten einer pädagogischen Kraft zu insgesamt 80 % abzudecken. Die Förderung berechnet sich analog zu den obigen Beispielen, nur dass stets zehn Kinder zugrunde gelegt werden. Da aber auch die Beaufsichtigung von neun, acht oder sieben Kindern durch nur eine Fachkraft aus Gründen der Sicherstellung der Aufsichtspflicht nicht ausreicht, muss für diese Fälle die Aufsicht gestärkt werden; dazu dient die regelmäßige Mitarbeit eines Elternteils oder einer anderen Betreuungsperson (z. B. Tagespflegeperson). Die Bildungs- und Erziehungsarbeit im eigentlichen Sinne wird hingegen vor allem durch die pädagogische Fachkraft im Sinne des § 16 AVBayKiBiG geleistet. Regelmäßig meint ausgehend von dem Ziel der Norm, eine ausreichende Aufsicht sicherzustellen, dass die pädagogische Fachkraft grundsätzlich stets durch einen Elternteil verstärkt werden muss, aber zum Beispiel für die Bringzeiten oder sonstige Zeiten, während denen nur wenige Kinder anwesend sind, auch die Anwesenheit der pädagogischen Fachkraft ausreichend ist. Bei der Elternarbeit können sich verschiedene Eltern abwechseln; wenn es der Träger sich finanziell leisten kann, kann er natürlich auch, statt auf Eltern zu setzen, noch eine pädagogische Kraft (z. B. Kinderpflegerin) einstellen. Bei weniger als zehn Kindern empfiehlt sich die Schaffung einer Großtagespflegestelle, die über Art. 20a auch einrichtungsähnlich gefördert werden kann, oder die Betriebserlaubnis für eine Mini-Kita zu beantragen (siehe hierzu auch RN 212). Besuchen nur sechs oder noch weniger Kinder die Kindertageseinrichtung, wird keine Sonderförderung gewährt. Für so wenige Kinder ist eine Kindertageseinrichtung nicht die richtige Förderform; hier bietet sich eine Lösung über die Tagespflege oder Großtagespflegestellen an oder die Kinder sollten Kindertageseinrichtungen in anderen Gemeinden bzw. Gemeindeteilen besuchen.

5. Aufteilung der Förderbeträge zwischen mehreren Gemeinden

Bei Landkindergärten mit Kindern aus mehreren Gemeinden ist die kommunale kindbezogene Sonderförderung zwischen den betroffenen Gemeinden aufzuteilen. Hierbei gilt Folgendes: **266**

- Die Sonderförderung wird seitens des Staates nur denjenigen Gemeinden gewährt, die einen Antrag nach Art. 24 stellen; dies ist nur die Sitzgemeinde (vgl. Wortlaut: „… einzige Angebot in einer Gemeinde… wird auf Antrag *der* Gemeinde …“).
- Die kindbezogene Förderung, die als Sonderförderung über die normale Förderung hinaus gewährt wird, ist nur von denjenigen Gemeinden zu erbringen, die den Antrag nach Art. 24 gestellt haben, also nur von der Sitzgemeinde.
- Die übrigen Aufenthaltsgemeinden leisten die normale kindbezogene Förderung an den Träger. Der Ausgleich erfolgt ausschließlich zwischen den Gemeinden für den jeweiligen kommunalen Förderanteil.

Beispiel:

Der einzige Kindergarten in der Gemeinde A ist in katholischer Trägerschaft und wird von 12 Kindern aus A und drei Kindern aus der Nachbargemeinde B jeweils sechs Stunden pro Tag besucht. Alle Kinder aus A sind Regelkinder; die Kinder aus B sind unter drei Jahre alt.

Die Gemeinde B wird an die Gemeinde A den regulären kommunalen Beitrag erstatten

(3 Kinder × Basiswert 1.191,63 € × Gew. Faktor 2,0 × Buchungszeitfaktor 1,5) = 10.724,67 €

Art. 25
Umfang des Förderanspruchs des örtlichen Trägers der öffentlichen Jugendhilfe

[1]Für den Umfang des Förderanspruchs der örtlichen Träger der öffentlichen Jugendhilfe für die Tagespflege findet Art. 21 mit Ausnahme von Abs. 4 Sätze 4 und 5 entsprechende Anwendung; Art. 23 Abs. 1 findet keine Anwendung. [2]In den Fällen des Art. 18 Abs. 3 Satz 1 Alternative 2 finden Art. 21 und 23 Abs. 1 uneingeschränkt entsprechende Anwendung.

Anmerkungen

267 Art. 25 **regelt den Umfang des Förderanspruchs des örtlichen Trägers der öffentlichen Jugendhilfe** (Landkreis oder kreisfreie Stadt) unter Bezugnahme auf Art. 21. Auch der örtliche Träger der öffentlichen Jugendhilfe erhält daher vom Freistaat Bayern die kindbezogene Förderung, und zwar für beide Fälle des Förderanspruchs, nämlich:
- für die Tagespflegeangebote (Art. 18 Abs. 3 Satz 1) und
- für Kindertageseinrichtungen, wenn der örtliche Träger der öffentlichen Jugendhilfe diese fördert (Art. 18 Abs. 1 Satz 2 in Verbindung mit Art. 18 Abs. 3 Satz 1 2. Alt.).

Wenn der örtliche Träger der öffentlichen Jugendhilfe im zweiten Fall (**Förderung von Kindertageseinrichtungen**) an die Stelle der Gemeinde(n) tritt, so erhält er auch die gleiche Förderung wie diese; nach Satz 2 findet Art. 21 daher uneingeschränkt Anwendung.

Im Falle der **Tagespflege** sind hingegen Art. 21 Abs. 4 Sätze 4 und 5 ausgeschlossen. Der örtliche Träger der öffentlichen Jugendhilfe kann daher auch für Kinder, die weniger als drei Stunden in Tagespflege betreut werden, eine kindbezogene Förderung erhalten – selbst für Kinder im Alter von drei Jahren bis zur Einschulung. Er kann keine Mindestbuchungszeiten vorgeben. Beide Regelungen beruhen darauf, dass die Tagespflege gerade auch ergänzend zu Kindertageseinrichtungen Betreuung anbieten (Kind geht bis 14 Uhr in den Kindergarten und danach zur Tagespflegeperson) und daher auch kürzere Bedarfe abdecken soll. Allerdings muss Art. 2 Abs. 4 erfüllt sein (s. Erl. zu Art. 2 Rn. 13).

Art. 25 ist für die **einrichtungsähnlich geförderte Großtagespflegestelle** nach Art. 20a nicht anwendbar, da hier nicht der Träger der öffentlichen Jugendhilfe Adressat der Förderung ist, sondern die Gemeinde (vgl. Rn. 207). Demnach sind in der Großtagespflegestelle nach Art. 20a Kinder ab Vollendung des dritten Lebensjahres mit einer täglichen Betreuungszeit von bis zu drei Stunden (Zeitkategorien > 1 h bis 2 h und > 2 h bis 3 h) nicht förderfähig. Andererseits besteht für die GTP nach Art. 20a die Möglichkeit, Mindestbuchungszeiten vorzugeben und zeitlich zu bestimmen.

In Art. 25 Satz 1 2. Halbsatz wird klargestellt, dass der Qualitätsbonus für **268**
den staatlichen Refinanzierungsanspruch des Trägers der öffentlichen Jugendhilfe bei der Tagespflege nicht zur Anwendung kommt. Dies ergibt sich daraus, dass der Qualitätsbonus eingeführt wurde, um höhere qualitative Anforderungen bei den Kindertageseinrichtungen (Verbesserung des förderrelevanten Mindestanstellungsschlüssels von 1 : 11,5 auf 1 : 11) und die damit verbundenen Mehrkosten staatlicherseits zu refinanzieren. Da der Anstellungsschlüssel und die Fachkraftquote für die Kindertagespflege keine Anwendung finden, erübrigt sich ein finanzieller Ausgleich seitens des Freistaats.

Art. 26
Förderverfahren bei Kindertageseinrichtungen und der Tagespflege

(1) [1]Die Träger einer Kindertageseinrichtung sowie im Fall des Art. 20a in Verbindung mit Art. 18 Abs. 2 der Träger der Großtagespflege richten ihren Förderantrag an die Aufenthaltsgemeinden. [2]Die Gemeinden und örtlichen Träger der öffentlichen Jugendhilfe richten ihren Antrag an die jeweils zuständige Bewilligungsbehörde (Art. 28). [3]Die Anträge nach den Sätzen 1 und 2 sind unter Verwendung des vom Freistaat Bayern kostenlos zur Verfügung gestellten Computerprogramms zu stellen. [4]Bewilligungszeitraum ist das Kalenderjahr. [5]Das Kindergartenjahr beginnt am 1. September eines Jahres und endet am 31. August des Folgejahres.

(2) [1]Die Bewilligungsbehörde prüft beim ersten Förderantrag das Vorliegen einer Erklärung der Gemeinde beziehungsweise des örtlichen Trägers der öffentlichen Jugendhilfe über die Erfüllung der Fördervoraussetzungen nach Art. 19 beziehungsweise Art. 20. [2]Bei einem Folgeantrag ist eine erneute Erklärung der Gemeinde bezüglich der Einhaltung der Staffelung entsprechend der Buchungszeiten (Art. 19 Abs. 1 Nr. 4) notwendig; bezüglich der übrigen Fördervoraussetzungen ist eine erneute Erklärung nur notwendig, wenn sich die förderrelevanten Tatsachen geändert haben.

(3) Der Förderanspruch der Gemeinde beziehungsweise des örtlichen Trägers der öffentlichen Jugendhilfe wird durch die Bewilligungsbehörde in einem Bescheid festgestellt.

Inhaltsübersicht **Rn.**

1. Antragsverfahren 269
2. Bewilligungszeitraum 270
3. Prüfungsumfang 271
4. Bewilligungsbescheid 272
5. Auszahlung 273

Anmerkungen

In Art. 26 werden nur die wichtigsten Regeln über das Verfahren aufgestellt; insbesondere steht es den Gemeinden frei, ihr Förderverfahren im Verhältnis zu den Trägern näher auszugestalten.

Wegfall der Schriftform
Im Zuge des Inkrafttretens des Bayerischen Gesetzes über die elektronische Verwaltung in Bayern (Bayerisches E-Government-Gesetz – BayEGovG) am 30.12.2015 wurde die Schriftform für die Antragstellung auf die kindbezogene Förderung gestrichen. Für eine rechtswirksame und fristgerechte Antragstellung genügt die Antragsfreigabe in KiBiG.web zum 30. April bzw. zum 30. Juni oder 31. Dezember. Der Zeitpunkt der Antragstellung kann in KiBiG.web nachvollzogen werden.

Bekanntgabe des Bewilligungsbescheids durch die Gemeinde ggü. einem Träger bzw. der staatlichen Bewilligungsstelle ggü. der Gemeinde

Die Freigabe bzw. Bewilligung eines Antrags in KiBiG.web erfüllt alle Voraussetzungen für einen Verwaltungsakt. Dies gilt auch dann, wenn der Verwaltungsakt nicht unterschrieben ist. Eine Zustellung des Verwaltungsakts ist mangels entsprechender Verfahrensvorschriften nicht zwingend erforderlich.

1. Antragsverfahren

269 In Abs. 1 wird für beide Förderbeziehungen – nämlich Träger gegenüber Gemeinde und Gemeinde bzw. örtlicher Träger der öffentlichen Jugendhilfe gegenüber Freistaat – das Antragserfordernis geregelt:

Der **Antrag des Trägers** einer Kindertageseinrichtung ist nach Satz 1 an die Aufenthaltsgemeinde zu richten; besuchen Kinder aus vier verschiedenen **Aufenthaltsgemeinden** die Einrichtung, muss der Träger also vier Förderanträge je an die betroffene Aufenthaltsgemeinde richten. Das Bayerische Staatsministerium für Familie, Arbeit und Soziales stellt hierfür kostenfrei das onlinegestützte Abrechnungs- und Bewilligungsprogramm KiBiG.web zur Verfügung. Das onlinegestützte Verfahren KiBiG.web wurde erstmals zur Abwicklung des Abschlagsverfahrens für das Bewilligungsjahr 2011/2012 sowie für die Endabrechnung 2010/2011 eingesetzt. KiBiG.web hat die bis dahin eingesetzten Excel-Dateien (kfa, kfr, zkfa, zkfr, kfta und kftr) abgelöst.

Auf den Internetseiten des StMAS stehen die Excel-Dateien zur Erstellung von Berechnungen außerhalb von KiBiG.web zur Verfügung.

Der **Antrag der Gemeinden und der örtlichen Träger der öffentlichen Jugendhilfe** gegenüber dem Freistaat ist an die jeweils zuständige Bewilligungsbehörde zu richten; hierzu vgl. die Erl. zu Art. 29. In § 19 AVBayKiBiG wurde das Antragsverfahren und die Verwendung von KiBiG.web explizit geregelt (siehe Anm. hierzu).

Hinweis:

Im Zuge seiner Prüfung hat der ORH das in Art. 26 Abs. 1 geregelte Verfahren kritisiert. Der ORH empfiehlt, Art. 26 in der Weise abzuändern, als die Träger von Kindertageseinrichtungen ihre Förderanträge für alle Kinder an die Sitzgemeinde der Einrichtung stellen. Der Ausgleich des kommunalen Förderanteils soll zwischen den Gemeinden erfolgen. Dieses Verfahren würde den Vorteil bieten, dass die Träger aufgrund ihrer oft nicht hinreichenden Verwaltungsstruktur entlastet würden, da diese nur noch einen Antrag stellen müssten. Der staatliche Förderanteil wird pro Gemeinde und Einrichtung für alle betreuten Kinder geleistet. Eine gesonderte Antragstellung durch die Aufenthaltsgemeinden würde sich erübrigen.

Das Bayerische Staatsministerium für Familie, Arbeit und Soziales hat den Vorschlag in der BayKiBiG-Kommission eingebracht. Die Realisierung scheiterte aber am Veto der kommunalen Spitzenverbände.

2. Bewilligungszeitraum

Der Antrag wird jeweils für ein ganzes Jahr gestellt. Dieser sog. **Bewilligungszeitraum** ist nach Satz 3 seit der Novellierung zum 1.1.2013 nicht mehr das Kindergartenjahr, sondern das Kalenderjahr. Wegen des umstellungsbedingten organisatorischen Vorlaufs trat die Änderung erst zum 1.1.2015 in Kraft (vgl. § 2 Abs. 1 Nr. 2 ÄndG BayKiBiG). Bis dahin galt das Kindergartenjahr als Bewilligungszeitraum, das zur Klarheit in Satz 5 definiert ist. Demnach beginnt das Kindergartenjahr am 1.9. und endet zum 270

31.8. des Folgejahres. Mit dem 1.1.2015 erfolgte die Umstellung auf das Kalenderjahr als Bewilligungszeitraum. Dies gilt für alle Kindertageseinrichtungen und die Tagespflege. Auch Ferien- und Kurzzeitbuchungen insbesondere bei Schulkindern sind nach einer Übergangsphase bezogen auf das Kalenderjahr festzustellen und abzurechnen.

War die Kindertageseinrichtung nicht während des gesamten Bewilligungszeitraums in Betrieb, wobei auch Schließtage in diesem Sinne zum Betrieb gehören, oder bestand das Tagespflegeverhältnis nicht während des gesamten Bewilligungszeitraums, so ist nur für den verkürzten Zeitraum eine Förderung zu beantragen.

Beispiel:

Eine Krippe eröffnet zum 1.9.2015, so stellt sie ihren Förderantrag für den Zeitraum vom 1.9.2015 bis 31.12.2015.

Mit Wirkung zum 1.1.2013 wurde das Antragsverfahren für die einrichtungsähnliche Großtagespflege im Sinne des Art. 20a ergänzt. Bei dieser Form der Großtagespflege hat der Träger einen Antrag an die Sitzgemeinde zu stellen. Die Sitzgemeinde wiederum hat ihren Antrag an die zuständige Bewilligungsbehörde zu stellen.

Werden in einer Großtagespflegestelle Gastkinder betreut, sollten die Fördermodalitäten vor Aufnahme der betreffenden Kinder mit der Aufenthaltsgemeinde geklärt werden, da die Gemeinden zur Förderung nach Art. 20a nicht verpflichtet sind und in eigenem Ermessen entscheiden, ob eine Finanzierung über Art. 20a in Betracht kommt.

Beispiel:

In der Großtagespflegestelle in der Gemeinde A werden insgesamt 14 Kinder betreut. 12 Kinder kommen aus der Gemeinde A und zwei Kinder aus der Gemeinde B. Die Gemeinde B stimmt einer Förderung über Art. 20a nicht zu.

Der Träger der Großtagespflegestelle richtet seinen Förderantrag nach Art. 20a für 12 Kinder an die Gemeinde A und erhält für 12 Kinder die kindbezogene Förderung.

Die in der Großtagespflegestelle tätigen Tagespflegepersonen stellen beim zuständigen Träger der öffentlichen Jugendhilfe für 14 Kinder Antrag auf eine laufende Geldleistung im Sinne des § 23 Abs. 2 SGB VIII. Sofern der Träger der öffentlichen Jugendhilfe für die beiden Kinder aus der Gemeinde B eine staatliche Refinanzierung beantragen will, hat er der betreffenden Tagespflegeperson, welche mit den Sorgeberechtigten ein Betreuungsverhältnis abgeschlossen hat, den Qualifizierungszuschlag nach Art. 20 Abs. 1 Nr. 4 auszubezahlen.

Stimmt die Gemeinde B der Förderung nach Art. 20a zu, stellt der Träger einen Förderantrag auf kindbezogene Förderung an beide Gemeinden. Zusätzlich erhalten die Tagespflegepersonen die laufende Geldleistung nach § 23 Abs. 2 SGB VIII vom Träger der öffentlichen Jugendhilfe ohne Qualifizierungszuschlag.

3. Prüfungsumfang

Um das Verfahren möglichst einfach zu gestalten, wird darauf verzichtet, dass dem Antrag gegenüber der staatlichen Bewilligungsbehörde Unterlagen beizufügen sind. Stattdessen müssen nach Abs. 2 Satz 1 beim Erstantrag Gemeinde bzw. örtlicher Träger der öffentlichen Jugendhilfe lediglich erklären, dass die Fördervoraussetzungen nach Art. 19 bzw. 20 und 20a vorliegen (sog. **Erklärungsprinzip**). Die staatliche Überprüfung, ob die Fördervoraussetzungen wirklich vorgelegen haben, erfolgt dann durch stichprobenartige Kontrollen. Bestehen Zweifel an der Richtigkeit eines Antrages, so werden diese Fälle zusätzlich überprüft (siehe Anm. zu § 23 AVBayKiBiG). **271**

4. Bewilligungsbescheid

Der Bewilligungsbescheid ergeht nach Abs. 3 Satz 1 über den gesamten Förderanspruch. Mit der Einführung von KiBiG.web haben die Gemeinden die Möglichkeit, die auf die jeweilige Einrichtung entfallende Jahresfördersumme zu erkennen. Eine Ausweisung der einzelnen Fördersummen im Bewilligungsbescheid der staatlichen Bewilligungsbehörde an die Gemeinde ist nicht erforderlich. **272**

5. Auszahlung

Auf den Antrag der Gemeinde und dessen positive Verbescheidung hin erfolgen quartalsweise **vier Abschlagszahlungen (vgl. § 22 AVBayKiBiG)**. Am Ende des Bewilligungszeitraums erfolgt dann die **Endabrechnung (vgl. § 19 AVBayKiBiG)**. **273**

Art. 27
Mitteilungspflichten

[1]Die Eltern sind verpflichtet, dem Träger bzw. dem nach Art. 20 zuständigen Träger der öffentlichen Jugendhilfe zur Erfüllung von Aufgaben nach diesem Gesetz folgende Daten mitzuteilen:

1. **Name und Vorname des Kindes,**
2. **Geburtsdatum des Kindes,**
3. **Geschlecht des Kindes,**
4. **Staatsangehörigkeit des Kindes und der Eltern,**
5. **Namen, Vornamen und Anschriften der Eltern,**
6. **Anspruch des Kindes auf Eingliederungshilfe (Art. 21 Abs. 5) und**

7. Rückstellung des Kindes von der Aufnahme in die Grundschule nach Art. 37Abs. 2 BayEUG.

[2]Änderungen sind dem Träger unverzüglich mitzuteilen. [3]Der Träger bzw. die Tagespflegeperson hat die Eltern auf diese Pflichten und die Folgen eines Verstoßes hinzuweisen.

274 Über den Art. 27 bestehen Mitteilungspflichten der Eltern gegenüber den Trägern von Kindertageseinrichtungen bzw. den Trägern der öffentlichen Jugendhilfe. Die Eltern sind danach verpflichtet, alle für die kindbezogene Förderung relevanten Daten sowie Änderungen (vgl. Abs. 2) unverzüglich mitzuteilen. Diese Verpflichtung erstreckt sich auch auf erforderliche Informationen für die zusätzlichen staatlichen Leistungen im Sinne des Art. 23 Abs. 3 (Elternbeitragszuschuss). Eine weitere Mitteilungspflicht im Hinblick auf die Einführung des erweiterten Beitragszuschusses gemäß Art. 23 Abs. 3 ab dem 1.4.2019 ergibt sich aus dem neuen § 21 Satz 3 AVBayKiBiG. Demnach haben Eltern dem Träger unverzüglich mitzuteilen, wenn sie einen Antrag zur Schulpflicht des Kindes stellen.

Die Mitteilung von Änderungen muss unverzüglich, d. h. ohne schuldhaftes Verzögern seitens der Eltern erfolgen. Die Träger haben die Eltern auf ihre Verpflichtung und die Folgen eines Verstoßes (vgl. Art. 33 Abs. 1) hinzuweisen. Es wird empfohlen, den Eltern bei Abschluss des Betreuungsvertrags für ihr Kind ein Informationsblatt mit den Mitteilungspflichten auszuhändigen und die Eltern bestätigen zu lassen, dass sie das Informationsblatt erhalten haben.

In der Praxis wurde zunehmend von Trägern gemeldet, dass Eltern förderrelevante Änderungen wie z. B. den Wohnortwechsel nach einem Umzug nicht mitteilen. Dies hatte einen bürokratischen Mehraufwand aufgrund von Rückabwicklungen im Antrags- und Bewilligungsverfahren für die kindbezogene Förderung zur Folge. Teilweise führte die mangelnde Information zum Verlust der kindbezogenen Förderung (vgl. Art. 19 Nr. 7).

275 Mit dem Bayer. Familiengeldgesetz (BayFamG) vom 24.7.2018 wurde mit Wirkung vom 1.9.2018 das Bayerische Landeserziehungsgeld und das Bayerische Betreuungsgeld durch das bedingungslose Familiengeld ersetzt. Vom Familiengeld profitieren alle Kinder, die ab dem 1.10.2015 geboren wurden. Damit entfällt faktisch die Informationspflicht mit Ausnahme einiger Übergangsfälle (siehe Gesetzestext Art. 9a BayFamG unten), die auch nach Einführung des Familiengeldes noch das Bayerische Betreuungsgeld beziehen. Die Informationspflicht erstreckt sich demnach auf Kinder, die bis zum 31.8.2019 das zweite Lebensjahr vollenden. In diesen Fällen wäre theoretisch noch ein Bezug von Betreuungsgeld möglich.

Art. 9a Abs. 2 und 3 BayFamG – Übergangsvorschrift

(2) [1]Für den Lebensmonat eines vor dem 1.9.2017 geborenen Kindes, der ab dem 1.9.2018 beginnt, prüft die zuständige Behörde von Amts wegen, ob der berechtigten Person

1. nach diesem Gesetz oder
2. auf Grund eines vor dem 1.9.2018 gestellten Antrags oder einer vor dem 1.9.2018 vorgenommenen Bewilligung nach dem Bayerischen Landeserziehungsgeldgesetz allein oder in Verbindung mit dem Bayerischen Betreuungsgeldgesetz

die höhere Leistung zusteht. [2]Die berechtigte Person erhält ab diesem Lebensmonat die jeweils höhere Leistung. [3]Die Sätze 1 bis 2 gelten für Kinder im Sinne des Art. 2 Abs. 2 Satz 1 Nr. 1 auch dann, wenn die Aufnahme mit dem Ziel der Annahme ab dem 1.9.2017 erfolgt ist. [4]Ab dem Lebensmonat, zu dem der Anspruch nach diesem Gesetz die nach dem Bayerischen Landeserziehungsgeldgesetz allein oder in Verbindung mit dem Bayerischen Betreuungsgeldgesetz zustehenden Leistungen erstmals übersteigt, werden für das jeweilige Kind Leistungen nach diesem Gesetz gewährt. [5]Ein Anspruch nach dem Bayerischen Landeserziehungsgeldgesetz allein oder in Verbindung mit dem Bayerischen Betreuungsgeldgesetz besteht daneben nicht mehr.

(3) Im Übrigen werden Leistungen für Lebensmonate, die bis zum 1.9.2018 beginnen, nach dem Bayerischen Landeserziehungsgeldgesetz oder dem Bayerischen Betreuungsgeldgesetz und Leistungen für Lebensmonate, die ab dem 1.9.2018 beginnen, nach diesem Gesetz gewährt.

Abschnitt 2
Investitionskostenförderung

Art. 28
Investitionskostenförderung

[1]Der Staat gewährt nach Maßgabe des Art. 10 des Bayerischen Finanzausgleichsgesetzes Finanzhilfen zu Investitionsmaßnahmen an Kindertageseinrichtungen, soweit Gemeinden, Landkreise, Verwaltungsgemeinschaften und kommunale Zweckverbände die Investitionskosten unmittelbar oder in Form eines Investitionskostenzuschusses tragen. [2]Die Gewährung von Finanzhilfen setzt zudem voraus, dass die Kindertageseinrichtung nach Art. 19 förderfähig ist. [3]Sie beschränken sich auf den nach Art. 7 anerkannten Bedarf.

Inhaltsübersicht **Rn.**

1. Kostentragung 277
2. Zuschusspflichtige Gemeinden 278, 279
3. Voraussetzungen für die Investitionskostenförderung 280
4. Rückerstattung der Investitionskostenförderung 281
5. Sonderprogramm zum Ausbau der Kinderbetreuung für Kinder unter drei Jahren 282

Anmerkungen

276 Art. 28 enthält auf der Ebene zwischen Einrichtungsträger und Gemeinde keine Regelungen zur Investitionskostenförderung. Auf der Ebene zwischen Gemeinde und Freistaat regelt Art. 28 die Investitionskostenförderung nicht vollständig. Hinsichtlich der staatlichen Investitionskostenförderung ist vielmehr das Kommunale Finanzausgleichsgesetz (FAG) einschließlich der hierzu ergangenen Vorschriften ergänzend heranzuziehen (Abs. 6).

Auf Regelungen, die eine bestimmte Kostenaufteilung zwischen Träger und Gemeinde vorsahen, wird verzichtet, nachdem in der Praxis ohnehin häufig über vertragliche Abmachungen die Kostenaufteilung zwischen Gemeinde und Träger vereinbart worden war oder eine Gemeinde selbst Bauträger über eine investive Maßnahme war und einem freien oder freigemeinnützigen Träger nur die Betriebsträgerschaft übertragen wurde.

1. Kostentragung

277 Nach Abs. 1 ist die Kostentragung zwischen Gemeinde und Träger zu vereinbaren.

Der **Freistaat Bayern** refinanziert die Ausgaben der Gemeinde im Rahmen des kommunalen Finanzausgleichs in Abhängigkeit von der finanziellen Leistungsfähigkeit der Gemeinde.

2. Zuschusspflichtige Gemeinden

278 Nachdem Art. 28 keine Regelungen hinsichtlich der Förderverpflichtung der Gemeinde enthält, entscheiden die Gemeinden eigenverantwortlich, ob und wenn ja in welcher Höhe sie sich an einer investiven Maßnahme beteiligen. Ausgangspunkt für die Entscheidung über eine kommunale Finanzierungsbeteiligung ist die kommunale Bedarfsplanung. Aus der Bedarfs-

planung ergibt sich die Notwendigkeit der Schaffung neuer Plätze (Neubau, Aus- oder Umbau) bzw. den Erhalt bereits bestehender Plätze (Sanierung, Abriss und Neubau).

Rechtslage bei Einrichtungen mit überörtlichem Einzugsbereich

Bei Einrichtungen, die von Kindern aus mehreren Gemeinden besucht werden, stellt sich die Frage, welche Gemeinden und in welchem Verhältnis sie zueinander den Baukostenzuschuss aufzubringen haben. Nachdem der Bezug zur Anerkennung der Bedarfsnotwendigkeit von Plätzen seit dem 1.1.2013 entfallen ist, liegt die Entscheidung über eine Baumaßnahme und deren Umfang ausschließlich bei der Sitzgemeinde. Sofern eine Einrichtung einen überörtlichen Bedarf deckt, hat die Sitzgemeinde mit den anderen betroffenen Gemeinden Verhandlungen über eine Kostenbeteiligung in die Wege zu leiten. **279**

3. Voraussetzungen für die Investitionskostenförderung

Gefördert werden Investitionsmaßnahmen an Kindertageseinrichtungen, **280** soweit Gemeinden, Landkreise, Verwaltungsgemeinschaften und kommunale Zweckverbände die Investitionskosten tragen. Damit wird klargestellt, dass sich die Investitionskostenförderung auf alle Baumaßnahmen im Sinne des Art. 10 FAG erstreckt. Demnach auch für Generalsanierungen. Die weiteren Fördervoraussetzungen ergeben sich aus Satz 2:

Die Baumaßnahme muss eine nach Art. 19 **förderfähige Kindertageseinrichtung** betreffen. Diese Voraussetzung ist bei Um- und Erweiterungsbauten, die eine schon bestehende Kindertageseinrichtung betreffen, einfach festzustellen. Bei Neubauten ist eine Überprüfung der pädagogischen Grobkonzeption vorzunehmen; eine ausgearbeitete Konzeption ist in diesem frühen Stadium noch nicht zu verlangen.

Voraussetzung ist ferner, dass sich die Baumaßnahme auf Plätze bezieht, für die ein Bedarf durch eine oder mehrere Gemeinden im Sinne des Art. 7 anerkannt wurde. Grundlage für die Bedarfsanerkennung ist die kommunale Bedarfsplanung. Aus dem anerkannten Bedarf leitet sich Art und Umfang der Baumaßnahme ab. Die Bedarfsplanung der Gemeinde ist Grundlage der Entscheidung über die staatliche Refinanzierung sowohl für die Kommune selbst als auch für den Freistaat, ob eine Baumaßnahme überhaupt erforderlich ist und ob sie auch im geplanten Umfang erforderlich ist. Dies richtet sich nach dem Bedarf an Plätzen in der Zukunft.

Hinsichtlich der Finanzhilfen des Freistaats gegenüber den Gemeinden gilt eine **Bagatellgrenze**: Nur wenn der sich errechnende Betrag 100.000 Euro übersteigt, besteht Anspruch auf die Finanzhilfe. Für den Anspruch des

Trägers gegenüber der Gemeinde auf Baukostenzuschuss gilt diese Grenze nicht; hier sind daher auch geringere Beträge zu fördern.

> **Beispiel:**
>
> Ein Unternehmen möchte in der Gemeinde A eine Einrichtung mit 75 Plätzen errichten. Die Gemeinde selbst hat einen Bedarf an 25 Plätzen für ihre Kinder. Die restlichen Plätze werden für Kinder benötigt, die ihren gewöhnlichen Aufenthalt in den Gemeinden B, C, D und E haben.
>
> Folgende Lösungen sind denkbar:
>
> 1. Alle beteiligten Gemeinden bestätigen den Bedarf an den neuen Plätzen. Die Sitzgemeinde A trägt die Baukosten für die gesamte Einrichtung und tritt in Verhandlungen mit den Gemeinden B bis E wegen einer Finanzierungsbeteiligung. Die Sitzgemeinde A beantragt die staatliche Refinanzierung für die gesamte Baumaßnahme und teilt die Einnahmen ggf. an die betreffenden Gemeinden auf.
> 2. Alle beteiligten Gemeinden bestätigen den Bedarf an den neuen Plätzen, verweigern aber eine Kostenbeteiligung. Die Sitzgemeinde stemmt die Finanzierung alleine und erhält die entsprechende staatliche Refinanzierung.
> 3. Nur die Sitzgemeinde bestätigt den Bedarf an 25 Plätzen, die anderen Gemeinden verweisen auf bestehende freie Plätze in Einrichtungen innerhalb des eigenen Gemeindegebiets. Die Sitzgemeinde A entscheidet über den Umfang der Baumaßnahme und kann sich für 25 neu zu schaffende Plätze beim Freistaat refinanzieren. Evtl. beteiligt sich das Unternehmen finanziell an der Baumaßnahme.

4. Rückerstattung der Investitionskostenförderung

281 Die staatlichen Finanzhilfen sowie die Baukostenzuschüsse der Gemeinden sollen der Kinderbetreuung zugutekommen. Nach 25 Jahren haben sich solche Investitionen in der Regel amortisiert. Deswegen sieht das FAG eine grundsätzliche Rückerstattungspflicht vor, wenn die geförderte Einrichtung vor Ablauf von 25 Jahren anderen Zwecken zugeführt wird. Die 25-Jahres-Frist beginnt entsprechend den Abschreibungsregeln mit Fertigstellung des gebauten Teils. Die anteilige Rückzahlungspflicht richtet sich danach, wie lange der Bau zweckgemäß genutzt wurde.

Die Rückerstattungspflicht trifft die Gemeinde im Hinblick auf die vom Freistaat gewährten Finanzhilfen.

Die Rückerstattungspflicht entfällt, wenn die vormalige Kindertageseinrichtung für andere kommunale Aufgaben (Art. 56, 57 BayGO) genutzt wird. Führt die anderweitige Nutzung zu Einnahmen der Gemeinde, so sind bis zu deren Höhe die Finanzhilfen zurückzuerstatten.

Näheres zur Rückerstattung wird durch die FA-ZR (s. Rn. 197) geregelt, Abs. 6.

5. Sonderinvestitionsprogramme zum Ausbau der Kinderbetreuung in Bayern

- Zur Beschleunigung des bedarfsgerechten Ausbaus der Kinderbetreuungsangebote stellen der Bund sowie der Freistaat Bayern seit 2008 zusätzliche Fördermittel zur Investitionskostenförderung zur Verfügung. Der Freistaat hat dabei die Fördermittel des Bundes in Höhe von 696,1 Mio. Euro an die Gemeinden vollumfänglich weitergeleitet. Darüber hinaus fördert der Freistaat die Investitionen zur Schaffung von Plätzen in der frühkindlichen Bildung, Erziehung und Betreuung bis 2020 in Höhe von rund 1,9 Mrd. Euro aus Bundes- und Landesmitteln über Sonderinvestitionsprogramme (696,1 Mio. Euro Bund und 1,2 Mrd. Euro Land). Im aktuellen 4. Sonderinvestitionsprogramm hat der Freistaat die Bundesmittel in Höhe von 178 Mio. Euro mit Landesmitteln aufgestockt und stellt dafür netto zusätzlich 320 Mio. Euro zur Verfügung. 282

Gefördert werden Neubau-, Ausbau-, Umbau-, Umwandlungs- sowie Sanierungsmaßnahmen und Ausstattungsinvestitionen
- zur Schaffung neuer Betreuungsplätze für Kinder unter drei Jahren in Kindertageseinrichtungen und in Großtagespflege und
- zur Umwandlung bestehender Betreuungsplätze für Kinder über drei Jahren in Kindertageseinrichtungen oder in Großtagespflege in solche für Kinder unter drei Jahren.

Mit dem letzten, dem 4. Sonderinvestitionsprogramm (4. SIP) wurden seitens des Freistaats Bayern weitere 178 Mio. an Mitteln des Bundes den Gemeinden für Investitionen zur Verfügung gestellt. Im Unterschied zum 3. SIP konnten aus dem 4. SIP auch Baumaßnahmen zur Schaffung von Plätzen für Kinder von drei Jahren bis zur Einschulung gefördert werden.

Insgesamt wurden seit 2008 mit den Bundes- und Landesmitteln aus den Sonderinvestitionsprogrammen 144.492 neue Plätze geschaffen.

Abschnitt 3
Zuständigkeiten

Art. 29
Bewilligungsbehörden, sachliche Zuständigkeit

(1)[1]Bewilligungsbehörden für die staatliche Betriebskostenförderung an die kreisangehörigen Gemeinden sind die Kreisverwaltungsbehörden, für die staatliche Betriebskostenförderung an kreisfreie Gemeinden und die örtlichen Träger der öffentlichen Jugendhilfe sowie für die Finanzhilfen

nach Art. 28 die Regierungen. [2]Sachlich zuständig für die Wahrnehmung der Aufgaben nach § 45 SGB VIII und Art. 9 Abs. 1 sind die Kreisverwaltungsbehörden, im Fall von Kindertageseinrichtungen in Trägerschaft der kreisfreien Gemeinden und der Landkreise die Regierungen.

(2) Für den Vollzug des Zuschusses nach Art. 23a ist das Zentrum Bayern Familie und Soziales zuständig.

Anmerkungen

283 Satz 1 regelt, welche Behörde für die **staatliche kindbezogene Förderung** an die Gemeinden zuständig ist. Dies sind gegenüber den kreisangehörigen Gemeinden die Kreisverwaltungsbehörden, also die Landratsämter als Staatsbehörde. Für die staatliche kindbezogene Förderung an kreisfreie Gemeinden und die örtlichen Träger der öffentlichen Jugendhilfe sind die Regierungen die Bewilligungsbehörden.

> **Beispiel:**
>
> In die Kindertageseinrichtung K des freigemeinnützigen Trägers T, die in der kreisfreien Stadt S gelegen ist, gehen Kinder aus S und aus der kreisangehörigen Gemeinde G. Für die von S geförderten Kinder stellt S einen Antrag bei der zuständigen Regierung, für die von G geförderten Kinder stellt G einen Antrag beim zuständigen Landratsamt.

284 Für die **Investitionskostenförderung** (Finanzhilfen) sind stets die Regierungen Bewilligungsbehörde.

285 Satz 2 regelt die zuständige **Aufsichtsbehörde**. Mit der Ergänzung des Verweises auf § 45 SGB VIII wird klargestellt, dass die Kreisverwaltungsbehörden für alle Kindertageseinrichtungen zuständig sind. Damit ist keine Änderung der Zuständigkeitsvorgaben erlaubnispflichtiger Einrichtungen, die nicht unter das BayKiBiG fallen – sog. Sonstige Einrichtungen –, verbunden. Aufgaben nach § 45 SGB VIII in Verbindung mit Art. 9 Abs. 1 sind insbesondere die fachliche Beratung der Träger von Kindertageseinrichtungen, aber auch aufsichtliche Maßnahmen wie die Erteilung sowie die Rücknahme und der Widerruf einer Betriebserlaubnis, die Erteilung von Auflagen zur Sicherung des Kindeswohls und deren Überwachung. Zuständig sind danach grundsätzlich die Kreisverwaltungsbehörden, also die Landratsämter und kreisfreien Städte, nur bei den Einrichtungen in Trägerschaft der kreisfreien Städte und der Landkreise sind die Regierungen zuständig.

> **Hinweis:**
>
> Nach § 85 Abs. 2 Nr. 6 SGB VIII sind die überörtlichen Träger der Jugendhilfe für das Betriebserlaubnisverfahren nach den §§ 45 ff. SGB VIII zuständig. Dies ist in

Bayern nach § 69 Abs. 1 SGB VIII, Art. 24 Satz 1 AGSG der Freistaat Bayern vertreten durch das Zentrum Bayern Familie und Soziales (ZBFS) – Bayerisches Landesjugendamt. Art. 28 BayKiBiG und Art. 24 Satz 3 AGSG sind allerdings Sonderregelungen, die vorgehen. Die Möglichkeit einer solchen abweichenden Regelung beruht für die Kindergärten und Horte auf § 85 Abs. 4 SGB VIII. Diese Öffnungsklausel ermöglicht es Ländern, an Zuständigkeitsregelungen festzuhalten, die zum Zeitpunkt des Inkrafttretens des SGB VIII galten und eine Delegation auf mittlere oder untere Landesbehörden für die Aufgaben nach den §§ 45 bis 48a SGB VIII vorsahen.

Abschnitt 4
Datenschutz

Art. 30
Erhebung, Verarbeitung und Nutzung von Daten

(1) Die Erhebung, Verarbeitung und Nutzung von personenbezogenen Daten ist zulässig, wenn dies zur Erfüllung einer Aufgabe oder für eine Förderung nach diesem Gesetz erforderlich ist oder der Betroffene eingewilligt hat.

(2) Datenschutzrechtliche Regelungen in anderen Rechtsvorschriften bleiben unberührt.

(3) Im Falle der Leistung nach Art. 23a darf die zuständige Behörde zur Erleichterung der Antragstellung und zur Überprüfung der Anspruchsberechtigung die im Rahmen des Vollzugs des Bayerischen Familiengeldgesetzes und des Bundeselterngeld- und Elternzeitgesetzes erhobenen personenbezogenen Daten soweit erforderlich verarbeiten.

Art. 30 ist die zentrale Befugnis zur Erhebung, Verarbeitung und Nutzung per- **286**
sonenbezogener Daten, soweit diese zur Aufgabenerfüllung nach dem BayKiBiG erforderlich sind. Die Bestimmung verschafft den staatlichen Aufsichtsbehörden wie auch den Gemeinden ein Einsichtsrecht für alle Unterlagen, um die Rechtmäßigkeit von geltend gemachten Ansprüchen nach dem BayKiBiG festzustellen bzw. überprüfen zu können. Die Regelung steht auch im Einklang mit der am 1.5.2018 in Kraft getretenen Datenschutz-Grundverordnung.

Beispiel:

Ein Einrichtungsträger stellt bei der Gemeinde B für zwei Gastkinder einen Antrag auf kindbezogene Förderung. Um die Rechtmäßigkeit des Anspruchs des Trägers festzustellen, verlangt die Gemeinde B den Namen und die Anschrift des Kindes. Der Träger kann die Information mit dem Hinweis auf datenschutzrechtliche Gründe nicht verweigern.

6. Teil
Schlussbestimmungen

Art. 31
Experimentierklausel

Zur Erprobung innovativer Konzepte für die pädagogische Arbeit, die Förderung und das Bewilligungs- und Aufsichtsverfahren kann von den Vorschriften dieses Gesetzes und der hierzu ergangenen Ausführungsverordnung mit Zustimmung des Staatsministeriums unter Beteiligung der übrigen zuständigen Staatsministerien abgewichen werden.

Anmerkungen

287 Art. 31 stellt die **Rechtsgrundlage für Modellprojekte** jeder denkbaren Art dar. Möglich ist daher die Erprobung neuer Förderkonzepte, neuer pädagogischer Inhalte sowie neuer Verwaltungsverfahren. Erforderlich ist in jedem Fall ein **innovativer Ansatz.**

Voraussetzung ist stets die **Zustimmung des Staatsministeriums für Familie, Arbeit und Soziales**. Ist der Zuständigkeitsbereich anderer Ministerien betroffen, so ist auch deren Zustimmung einzuholen, insbesondere also für finanzrelevante Projekte diejenige des Finanzministeriums.

Art. 32
Ausführungsverordnung

[1]Das Staatsministerium wird ermächtigt, durch Rechtsverordnung

1. **die Bildungs- und Erziehungsziele für förderfähige Kindertageseinrichtungen (Art. 13),**
2. **den Anstellungsschlüssel, der Zahl und Qualifikation des erforderlichen Personals in Abhängigkeit von den betreuten Kindern festlegt,**
3. **Näheres über die zusätzlichen Leistungen nach Art. 20 Satz 1 Nr. 4 und Art. 23,**
4. **das Abrechnungsverfahren, die Festlegung von Stundenkategorien durch Buchungszeitfaktoren (Art. 21 Abs. 2 und 4) und das Verfahren bei Elternbeitragsfreiheit,**
5. **die Bestimmung der Bereiche im Sinn des Art. 24 Satz 2 sowie der zum Stichtag 31. Juli 2005 bestehenden, staatlich geförderten Gruppen in Netzen für Kinder und**
6. **den Zeitpunkt, zu dem für die Förderung maßgebliche Veränderungen wirksam werden,**

festzulegen. [2]Vor Erlass der Ausführungsverordnung sind die Spitzenverbände der freigemeinnützigen Träger, Vertreter der gewerblichen und freien Träger und die kommunalen Spitzenverbände zu hören. [3]Für Festlegungen nach Satz 1 Nr. 3 hinsichtlich zusätzlicher Leistungen nach Art. 23 und für Festlegungen nach Satz 1 Nr. 4 ist Einvernehmen mit dem Staatsministerium der Finanzen und für Heimat herzustellen.

Anmerkungen

Art. 32 fasst die ausdrücklich in den vorangegangenen Artikeln enthaltenen **Ermächtigungen zur Regelung durch eine Ausführungsverordnung** und damit für eine Regelung durch die Verwaltung zusammen und ergänzt diese um eine weitere, nämlich eine Regelung über den Zeitpunkt zu treffen, zu dem für die Förderung maßgebliche Veränderungen wirksam werden. Als Verordnungsgeber wird das Bayerische Staatsministerium für Familie, Arbeit und Soziales bestimmt. 288

Andere als die in Art. 32 aufgezählten Bereiche dürfen nicht durch Verordnung geregelt werden.

Mit der Novellierung zum 1.1.2013 wurde die Ermächtigung des Freistaats erweitert. So wird dem Freistaat die Möglichkeit eröffnet, weitere Regelungen zu den staatlichen Zusatzleistungen und zum Qualitätsbonus zu erlassen. Der Freistaat wird zudem ermächtigt, Regelungen zum Abrechnungsverfahren und dem Verfahren bei Elternbeitragsfreiheit zu schaffen.

Satz 2 sieht ein **Anhörungsrecht zugunsten der Spitzenverbände der freien Wohlfahrtspflege und der kommunalen Spitzenverbände** vor, das um die freien und gewerblichen Träger erweitert wurde. Dies ist Folge der Veränderungen in der Trägerlandschaft und trägt deren Heterogenität Rechnung.

Durch Art. 32 Nr. 6 Satz 3 wird sichergestellt, dass Verfahren zur Elternbeitragsfreiheit, die im Hinblick auf den Elternbeitragszuschuss und damit einhergehender Beitragsfreiheit des Betreuungsangebots entwickelt werden, der vorigen Abstimmung mit dem Finanzministerium bedürfen.

Zur Verordnung s. im Einzelnen Erl. zu §§ 1 ff. AVBayKiBiG.

Art. 33
Ordnungswidrigkeiten

(1) [1]Mit einer Geldbuße kann belegt werden, wer entgegen Art. 27 Abs. 1 vorsätzlich oder fahrlässig eine Auskunft nicht, nicht richtig, nicht vollständig oder nicht rechtzeitig erteilt. [2]Zuständig für die Verfolgung und Ahndung von Zuwiderhandlungen nach Satz 1 sind die örtlichen Träger der öffentlichen Jugendhilfe.

(2) Mit einer Geldbuße bis zu 5.000 Euro kann belegt werden, wer im Falle des Art. 23a vorsätzlich oder fahrlässig

1. **entgegen § 60 Abs. 1 Satz 1 Nr. 1 oder Satz 2 SGB I oder Art. 23a Abs. 11 eine Angabe nicht, nicht richtig, nicht vollständig oder nicht rechtzeitig macht oder auf Verlangen der zuständigen Behörde der Erteilung der erforderlichen Auskünfte durch Dritte nicht zustimmt,**
2. **entgegen § 60 Abs. 1 Satz 1 Nr. 2 oder Satz 2 SGB I oder Art. 23a Abs. 11 eine Mitteilung nicht, nicht richtig, nicht vollständig oder nicht rechtzeitig macht oder**
3. **entgegen § 60 Abs. 1 Satz 1 Nr. 3 oder Satz 2 SGB I oder Art. 23a Abs. 11 auf Verlangen der zuständigen Behörde eine Beweisurkunde nicht, nicht richtig, nicht vollständig oder nicht rechtzeitig vorlegt oder ihrer Vorlage nicht zustimmt.“**

Art. 34
Übergangsvorschrift

(1) [1]Der Zuschuss nach Art. 23 Abs. 3 Satz 1 wird erstmals für Monate ab dem 1. April 2019 gewährt. [2]Ansprüche auf Gewährung eines Zuschusses nach Art. 23 Abs. 3 Satz 1 in der bis zum 31. März 2019 geltenden Fassung bleiben unberührt.

(2) Der Zuschuss nach Art. 23a wird nur für Bezugsmonate ab 1. Januar 2020 gewährt.

289 Durch die Regelung wird sichergestellt, dass der Beitragszuschuss für Kindertageseinrichtungen bzw. für Kinder, welche die Voraussetzungen im Sinne des Art. 19 Nr. 5 und Nr. 9 sowie Art. 23 Abs. 3 erfüllen, ab dem 1.4.2019 gewährt wird. Dies betrifft demnach alle Kinder, die das dritte Lebensjahr spätestens zum 31.12.2018 vollendet haben.

§ 3
Inkrafttreten, Außerkrafttreten, Übergangsregelungen

(1) Dieses Gesetz tritt am 1. August 2005 in Kraft.

(2) Mit Ablauf des 31. Juli 2005 treten außer Kraft:

1. **das Bayerische Kindergartengesetz (BayKiG) vom 25. Juli 1972 (BayRS 2231–1-A),**
2. **die Erste Verordnung zur Durchführung des Bayerischen Kindergartengesetzes (1. DVBayKiG) vom 15. Dezember 1972 (BayRS 2231-1-1-A), zuletzt geändert durch Verordnung vom 6. Juli 1993 (GVBl. S. 487),**
3. **die Verordnung über die Bildung und den Geschäftsgang der Kindergartenbeiräte bei den anerkannten Kindergärten (2. DVBayKiG) vom 14. Juni 1973 (BayRS 2231-1-2-A),**

4. die Verordnung über die Förderungsfähigkeit der Personalkosten anerkannter Kindergärten (3. DVBayKiG) vom 31. Juli 1978 (BayRS 2231-1-3-A), zuletzt geändert durch Verordnung vom 18. August 2004 (GVBl. S. 354),
5. die Verordnung über die Rahmenpläne für anerkannte Kindergärten (4. DVBayKiG) vom 25. September 1973 (BayRS 2231-1-4-A),
6. die Verordnung über die an die sonstigen Kindergärten zu stellenden Mindestanforderungen (5. DVBayKiG) vom 19. März 1985 (GVBl. S. 102, BayRS 2231-1-5-A), geändert durch § 9 Abs. 2 Nr. 1 der Verordnung vom 5. Juli 1993 (GVBl. S. 491),
7. die Verordnung über Bau, Beschaffenheit und Ausstattung anerkannter und sonstiger Kindergärten (6. DVBayKiG) vom 5. Juli 1993 (GVBl. S. 491, BayRS 2231-1-6-A).

(3) Es gelten folgende Übergangsregelungen:

1. Zum Stichtag 31. Juli 2005 bestehende, staatlich geförderte Kindergarten- und Hortgruppen sowie Kinderbetreuungsgruppen im Sinn der Richtlinie zur Förderung von altersgemischten Kinderbetreuungsgruppen im „Netz für Kinder“ werden bis zum 31. August 2006 nach den zum 31. Juli 2005 geltenden Vorschriften gefördert, soweit die jeweiligen Fördervoraussetzungen weiterhin erfüllt werden. Die Vorschriften des Abschnitt 1 des 5. Teils BayKiBiG finden mit Ausnahme von Art. 13 Abs. 3, bei Horten zusätzlich von Art. 18, bis zum 31. August 2006 insoweit keine Anwendung. Für Netze für Kinder im Sinn des Satz 1 gilt Art. 24, solange die Fördervoraussetzungen weiterhin erfüllt sind, mit der Maßgabe entsprechend, dass für solche Gruppen mit mindestens 12 Kindern der Basiswert für die durchschnittliche Buchungszeit der tatsächlich anwesenden Kinder bei Zugrundelegung eines Gewichtungsfaktors von 1,0 für 22 Kinder gewährt wird.
2. Kindergarten- und Hortgruppen sowie Kinderbetreuungsgruppen im Sinn der Richtlinie zur Förderung von altersgemischten Kinderbetreuungsgruppen im „Netz für Kinder“ im Sinn der Nr. 1 sollen ab dem 1. September 2005 stundenbezogene Buchungszeiten anbieten und eine entsprechende Beitragsstaffelung nach Art. 19 Abs. 4 BayKiBiG erheben. Dabei können Mindestbuchungszeiten nach Art. 21 Abs. 4 Satz 5 BayKiBiG vorgegeben werden.
3. [1]Die Plätze in zum Stichtag 31. Juli 2005 anerkannten Kindergärten gelten bis zum 31. August 2008 als bedarfsnotwendig im Sinn des Art. 22 Abs. 1 BayKiBiG. [2]Für welche Gemeinden die bestehenden Plätze als bedarfsnotwendig gelten, bestimmt sich nach dem im Anerkennungsbescheid oder im Bedarfsplan (Art. 4 BayKiG) festgestellten Einzugsbereich in der zum Stichtag geltenden Fassung. [3]Soweit Plätze in anerkannten Kindergärten zum Stichtag 1. September 2005 durch Kinder

aus Gemeinden von außerhalb des festgelegten Einzugsbereichs belegt sind, richtet sich der Förderanspruch nach Art. 18 auch für diese Kinder gegen die Sitzgemeinde; sind mehrere Gemeinden betroffen, tragen diese die Kosten für die betroffenen Kinder anteilig.

4. **Bis zum Inkrafttreten der Ausführungsverordnung (Art. 30 BayKiBiG) ist der 2. Abschnitt der 4. DVBayKiG weiterhin für Kindergärten im Sinn dieses Gesetzes anzuwenden.**
5. **In die staatliche Förderung bis zum Stichtag 31. Juli 2005 aufgenommene Krippen gelten bis zum 31. August 2008 auch dann als Kindertageseinrichtung, wenn sie die Voraussetzungen des Art. 2 Abs. 2 BayKiBiG nicht erfüllen.**
6. **[1]Auf Antrag des örtlichen Trägers der öffentlichen Jugendhilfe wird für die Zeit zwischen dem 1. Januar 2007 und dem 31. Dezember 2010 einmalig und für längstens einen Bewilligungszeitraum (Art. 26 Abs. 1 Satz 3 BayKiBiG) ein Pauschalbetrag für den Aufbau einer Tagespflegestruktur gewährt. [2]Die Einzelheiten werden in Richtlinien festgelegt.**

Inhaltsübersicht **Rn.**

1. Inkrafttreten des BayKiBiG 290
2. Übergangsregelungen 291, 292

Anmerkungen

1. Inkrafttreten des BayKiBiG

290 Das BayKiBiG ist zum **1.8.2005** in Kraft getreten, Abs. 1. Gleichwohl sind nicht alle Regelungen sofort wirksam geworden. Um den Betroffenen Zeit zur Umstellung zu geben, wurden in Abs. 3 verschiedene Übergangsregelungen vorgesehen.

Das BayKiBiG löste zusammen mit der hierzu ergangenen Ausführungsverordnung vorbehaltlich der Übergangsregelungen das Bayerische Kindergartengesetz mit seinen sechs Durchführungsverordnungen ab, die deswegen nach Abs. 2 außer Kraft gesetzt wurden. Mit den gesetzlichen Regelungen für die Krippen, Horte und die Netze für Kinder (zu Letztgenannten s. Abs. 3 Nr. 1 und 2) haben auch die für diese zuvor geltenden Förderrichtlinien ihre Gültigkeit verloren.

2. Übergangsregelungen

291 Die Übergangsregelungen in Abs. 3 haben weitestgehend ihre Bedeutung verloren, da die Übergangsfristen bis auf zwei Ausnahmen spätestens zum

31.8.2008 abgelaufen sind. Deswegen wird hier nur eine Ausnahme kommentiert:

– § 3 Abs. 3 Nr. 1 Satz 3: modifizierte kindbezogene Förderung der NfK, solange die Fördervoraussetzungen der NfK-Richtlinie erfüllt sind.

Für die übrigen Übergangsregelungen gelten die Kommentierungen in der 1. Auflage dieses Kommentares fort.

Modifizierte kindbezogene Förderung für Netze für Kinder (Abs. 3 Nr. 1 Satz 3)

Seit dem 1.9.2006 gilt für Netze für Kinder **zusätzlich auch der 1. Abschnitt** 292
des 5. Teils des BayKiBiG, wegen der insoweit als speziellere Regelung anzusehenden Förderrichtlinie (die nach § 3 Abs. 3 Nr. 1 Satz 3 BayKiBiG und ÄndG ausdrücklich zu beachten ist), jedoch **nicht der Anstellungsschlüssel**.

Auch die Netze für Kinder erhielten bis einschließlich 31.8.2006 die alte Förderung nach der NfK-Richtlinie, d. h. also pro Gruppe die Personalkostenförderung für eine pädagogische Kraft, eine Aufwandsentschädigung für die mitarbeitenden Eltern und eine Förderung bestimmter Sachkosten. Für die Förderung sind weiterhin die Regierungen zuständig.

Ab dem 1.9.2006 trat an die Stelle der alten Förderung die kindbezogene Förderung. Da diese – gerechnet auf die maximal 15 Kinder einer NfK-Gruppe – in aller Regel niedriger ausfällt als die bisherige Förderung, wird die kindbezogene Förderung in Form einer **an die Landkindergartenregelung angelehnten Sonderförderung** gewährt. Voraussetzung ist allerdings, dass die Fördervoraussetzungen der NfK-Richtlinie weiterhin erfüllt sind, also insbesondere die Elternmitarbeit und die zwingende Altersmischung. Die Voraussetzungen für **Netze für Kinder**, um gem. § 3 Abs. 3 Nr. 1 Satz 3 ab dem Kindergartenjahr 2006/07 die Sonderförderung zu bekommen, sind im Arbeitsministeriellen Schreiben (AMS) vom 4.7.2005, Az. VI 4/7330/20/25, dargestellt.

Zur **Berechnung der Sonderförderung** nach Art. 24 BayKiBiG kann auch für die Netze für Kinder auf die Ausführungen zu den Landkindergärten verwiesen werden, s. Erl. zu Art. 24 BayKiBiG.

Diese Sonderförderung gilt nur für bestehende Netze für Kinder; **Neugründungen von Netzen für Kinder müssen sich an die ganz normalen Vorgaben des BayKiBiG halten**, d. h. insbesondere den Anstellungsschlüssel nach § 17 AVBayKiBiG erfüllen – sie bekommen dann auch die reguläre kindbezogene Förderung und nicht die Sonderförderung; vgl. auch § 21 Abs. 1 AVBayKiBiG.

(nicht besetzt) 293–299

Verordnung zur Ausführung des Bayerischen Kinderbildungs- und -betreuungsgesetzes (Kinderbildungsverordnung – AVBayKiBiG)[2]

Verordnungstext mit Erläuterungen

300 **Vorbemerkung**

> *„Allen Kindern frühzeitig bestmögliche Bildungserfahrungen und -chancen zu bieten, zählt heute zu den Hauptaufgaben verantwortungsvoller Bildungspolitik. (...) Bildung auch schon im vorschulischen Alter wird heute als Aufgabe gesehen, die Eltern, Staat, Wirtschaft und Gesellschaft gemeinsam fordert und verpflichtet." (BayBEP 2017, S. 7 f.).*

Der Bayerische Bildungs- und Erziehungsplan für Kinder in Tageseinrichtungen bis zur Einschulung, der am Staatsinstitut für Frühpädagogik entwickelt wurde, stellt ein politisch-gesellschaftliches Instrument dar, mit dessen Hilfe eine hohe Bildungsqualität in allen Bildungsorten und für alle Kinder gesichert werden soll (BayBEP 2017, Fthenakis, Vorworte XII). Das ihm zugrunde liegende Verständnis von Bildung als sozialem Prozess, verändert die Perspektive auf die **Bildungs- und Erziehungsziele in Kindertageseinrichtungen**, die Qualität der Beziehung zwischen Fachkräften und Kindern, den methodisch-didaktischen Ansatz und die Beziehung der verschiedenen Bildungsorte untereinander.

Zunehmend weisen Eltern – aber auch die Gesellschaft – den Kindertageseinrichtungen Bildungs- und Erziehungsaufgaben zu. Gerade in der Zeit der Coronapandemie wurde der zentrale Stellenwert der Kindertageseinrichtung für die Familien deutlich.

Das Bayerische Kinderbildungs- und -betreuungsgesetz (BayKiBiG) und seine Kinderbildungsverordnung (AVBayKiBiG) sind Ausdruck dieser öffentlichen Verantwortung. Das Gesetzeswerk stärkt den Bildungsauftrag der Kindertageseinrichtungen sowie die Vereinbarkeit von Familie und Erwerbstätigkeit. Insofern ist es ein Gesetz für Kinder und ihre Eltern, also für die Familien. Als ein familienunterstützendes und -ergänzendes öffentliches Angebot gehen Kindertageseinrichtungen und Tagespflege eine Bildungs- und Erziehungspartnerschaft mit den Eltern ein. Sie begegnen sich

2 Paragrafenzitate in den Erläuterungen ohne Bezeichnung sind solche der AVBayKiBiG.

als Partner in ihrer gemeinsamen Verantwortung für das Kind. In enger Kooperation werden die vielfältigen individuellen Bedürfnisse von Familien in den Blick genommen und die Bildungsprozesse von Kindern beiderseits konsequent unterstützt.

Regelt das BayKiBiG den bedarfsgerechten Ausbau, die Bildungs- und Erziehungsarbeit sowie die Förderung gleichgewichtig, so werden **in der Kinderbildungsverordnung** vor allem und **an erster Stelle die Bildungs- und Erziehungsziele** verbindlich geregelt.

Zum Quartett werden **BayKiBiG, AVBayKiBiG und** der **BayBEP** mit den **301**
Bayerischen Leitlinien für die Bildung und Erziehung von Kindern bis zum Ende der Grundschulzeit (BayBL). Während der BayBEP als Hilfestellung für das pädagogische Personal in Kindertageseinrichtungen die Vorgaben aus der Ausführungsverordnung vor dem Hintergrund der neuesten wissenschaftlichen Erkenntnisse aus der Frühpädagogik erläutert, schaffen die BayBL einen verbindlichen Orientierungs- und Bezugsrahmen für alle außerfamiliären Bildungsorte, die Verantwortung für Kinder bis zum Ende der Grundschulzeit tragen. Gesetz, Verordnung, Bildungs- und Erziehungsplan und Bildungsleitlinien sind die Säulen der – durchaus noch fortentwicklungsfähigen – inhaltlichen Reform bayerischer Kindertageseinrichtungen. Die **wichtigste Orientierung für die pädagogische Arbeit**, sozusagen das Regiebuch, bildet die **Kinderbildungsverordnung**. Sie leitet das pädagogische Personal bei der Ausführung des BayKiBiG.

Neben der Konkretisierung der Bildungsarbeit enthält die Kinderbildungsverordnung relevante Vorschriften zur Sicherung eines hinreichenden Personaleinsatzes sowohl im Hinblick auf die Qualität und die Quantität. Das Fachkraftgebot wird konkretisiert und Standards für die Qualifikation des pädagogischen Personals werden gesetzt.

Zudem macht der Verordnungsgeber von seiner Ermächtigung Gebrauch und regelt das Verfahren für die Beantragung und Bewilligung der kindbezogenen Förderung, um einen effizienten und rechtskonformen Verwaltungsvollzug zu gewährleisten. Die Vorschriften zum Wirksamwerden förderrelevanter Änderungen, die von hoher Relevanz für den praktischen Vollzug sind, haben während der Corona-Pandemie nochmals eine wesentliche Bedeutung erlangt. Mit der in den Jahren 2020 und 2021 angepassten Auslegung, die aufgrund der besonderen Umstände geboten war, hat sich gezeigt, dass der Gesetzgeber ein flexibles Regelwerk geschaffen hat, mit dem auch in besonderen Ausnahmesituationen sachgerechte Entscheidungen getroffen werden konnten, um die Finanzierungssicherheit von Trägern und Gemeinden sicherzustellen.

1. Abschnitt
Bildungs- und Erziehungsziele

§ 1
Allgemeine Grundsätze für die individuelle Bildungsbegleitung

(1) [1]Das Kind gestaltet entsprechend seinem Entwicklungsstand seine Bildung von Anfang an aktiv mit. [2]Das pädagogische Personal in den Kindertageseinrichtungen hat die Aufgabe, durch ein anregendes Lernumfeld und Lernangebote dafür Sorge zu tragen, dass die Kinder anhand der Bildungs- und Erziehungsziele Basiskompetenzen entwickeln. [3]Leitziel der pädagogischen Bemühungen ist im Sinn der Verfassung der beziehungsfähige, wertorientierte, hilfsbereite, schöpferische Mensch, der sein Leben verantwortlich gestalten und den Anforderungen in Familie, Staat und Gesellschaft gerecht werden kann.

(2) [1]Das pädagogische Personal unterstützt die Kinder auf Grundlage einer inklusiven Pädagogik individuell und ganzheitlich im Hinblick auf ihr Alter und ihre Geschlechtsidentität, ihr Temperament, ihre Stärken, Begabungen und Interessen, ihr individuelles Lern- und Entwicklungstempo, ihre spezifischen Lern- und besonderen Unterstützungsbedürfnisse und ihren kulturellen Hintergrund. [2]Es begleitet und dokumentiert den Bildungs- und Entwicklungsverlauf anhand des Beobachtungsbogens „Positive Entwicklung und Resilienz im Kindergartenalltag (PERIK)“ oder eines gleichermaßen geeigneten Beobachtungsbogens.

(3) [1]Die Arbeit des pädagogischen Personals basiert auf dem Konzept der Inklusion und Teilhabe, das die Normalität der Verschiedenheit von Menschen betont, eine Ausgrenzung anhand bestimmter Merkmale ablehnt und die Beteiligung ermöglicht. [2]Kinder mit und ohne Behinderung werden nach Möglichkeit gemeinsam gebildet, erzogen und betreut sowie darin unterstützt, sich mit ihren Stärken und Schwächen gegenseitig anzunehmen. [3]Alle Kinder werden mit geeigneten und fest im Alltag der Einrichtung integrierten Beteiligungsverfahren darin unterstützt, ihre Rechte auf Selbstbestimmung, Mitbestimmung und Mitwirkung an strukturellen Entscheidungen sowie ihre Beschwerdemöglichkeiten in persönlichen Angelegenheiten wahrzunehmen.

Inhaltsübersicht **Rn.**

1. Das Kind als aktiver Mitgestalter seiner Bildung (Abs. 1 Satz 1) 303
2. Basiskompetenzen entwickeln (Abs. 1 Satz 2) 304

3. Der beziehungsfähige, wertorientierte, hilfsbereite, schöpferische Mensch, der sein Leben verantwortlich gestaltet (Abs. 1 Satz 3) 305
4. Inklusive Pädagogik (Abs. 2 Satz 1) 306
5. Individuelle und ganzheitliche Unterstützung (Abs. 2 Satz 1) 307
6. Begleitung und Dokumentation des Bildungs- und Entwicklungsverlaufs (Abs. 2 Satz 2) 308
7. Teilhabe und Beteiligung (Abs. 3) 309

Anmerkungen

§ 1 formuliert **grundlegende, allgemeine Grundsätze für die individuelle Bildungsbegleitung**. Was so nüchtern klingt, entfaltet in drei Absätzen grundlegende Aspekte der pädagogischen Arbeit, wobei ganz bewusst **an den Beginn der Ausführungsverordnung „das Kind" gesetzt** wird: § 1 Abs. 1 Satz 1 beginnt mit „Das Kind ...". Damit wird unübersehbar dargelegt, dass **das Kind Ausgang und Mittelpunkt aller pädagogischen Bemühung** ist. Der Gesetzgeber stellt das Kind als Subjekt, als Träger von Rechten und ausgestattet **mit unantastbarer Würde** ins Zentrum der pädagogischen Arbeit in Kindertageseinrichtungen. Das Kind ist somit nicht nur Ausgang, sondern auch Ziel aller pädagogischen Arbeit. **302**

1. Das Kind als aktiver Mitgestalter seiner Bildung (Abs. 1 Satz 1)

Es gibt verschiedene Ansätze, Bildungsprozesse zu erklären: Manche stellen die eigenaktive Erkundung des Kindes in den Vordergrund und fordern von der Erzieherin vor allem, dass sie günstige Bedingungen zu selbstbildendem Handeln bereitstellt. Erzieherinnen und Eltern greifen hier so wenig wie möglich in die Selbstbildungsprozesse des Kindes ein und geben Hilfestellungen nur so weit als nötig (**Selbstbildung**). Andere verstehen Bildung vor allem als sozialen Prozess (**sozialkonstruktivistischer Ansatz**), bei dem der Austausch mit anderen als entscheidender Schlüssel zum Wissens- und Kompetenzerwerb im Vordergrund steht. Diesem Ansatz folgen sowohl der Bildungs- und Erziehungsplan als auch die AVBayKiBiG: Danach ist das Kind **Mitgestalter** seiner Bildung. Nach dem ko-konstruktiven Bildungsverständnis lernen Kinder die Welt zu verstehen, indem sie sich mit anderen austauschen und die Bedeutungen untereinander aushandeln. Dies beinhaltet, dass geistige, sprachliche und soziale Entwicklung durch die soziale Interaktion mit anderen gestärkt wird, wäh- **303** rend nach der Selbstbildungstheorie allein die Eigenaktivität des Kindes betont wird oder nach der Vermittlungstheorie Wissen von außen vermittelt wird, welches das Kind während der „Lehrsituation" passiv aufnimmt. Der Ansatz der ko-Konstruktion hingegen betont, dass das Kind und seine Umwelt zugleich aktiv sind (Bildung, Erziehung und Betreuung von Kindern in den ersten Lebensjahren. Handreichung zum Bayerischen Bildungs- und Erziehungsplan für Kinder in Tageseinrichtung bis zur Grundschule. 2010, S. 21).

Der Bildungs- und Erziehungsplan betont damit explizit, dass **das Kind seine Bildung in konkreten sozialen Bezügen selbst gestaltet**. An diesem sozialen Prozess der Selbstgestaltung sind insbesondere Eltern und pädagogisches Personal, natürlich auch die Gesellschaft beteiligt. „Sie alle gestalten kindliche Bildungsprozesse mit und übernehmen Verantwortung bei der Konstruktion seiner Bildungsprozesse" (BayBEP 2017, S. 11). Das **Kind** ist **Architekt seiner Bildung**. „Entsprechend seinem Entwicklungsstand" darf hierbei nicht als einschränkend oder abwertend aufgefasst werden. Wenn der Verordnungsgeber an dieser Stelle von **„Entwicklungsstand"** spricht, meint er damit eine Momentaufnahme im Entwicklungsverlauf des Kindes, der vom pädagogischen Personal beobachtbar ist. Entwicklung ist immer im Prozess und ist niemals endgültig abgeschlossen.

Das Kind gestaltet seine Bildung aktiv mit, indem es sich selbsttätig **mit seiner Umwelt forschend und fragend auseinandersetzt**, und im Austausch mit anderen ein **Bild von seiner Welt entwirft** und dies wiederum zum Ausgangspunkt für neue Erfahrungen nimmt.

2. Basiskompetenzen entwickeln (Abs. 1 Satz 2)

304 So ist es Aufgabe des pädagogischen Personals, die Entwicklung des Kindes feinfühlig zu begleiten und **seine Eigengestaltungsfähigkeit zu unterstützen**. Wenn das Kind „Mitgestalter" seiner Bildung ist, dann ist die Erzieherin Regisseurin dieses Prozesses. Insofern hat das Bildungsgeschehen am und durch das Kind immer auch etwas Künstlerisches an sich, und die Kindertageseinrichtung wird zur Bühne, auf der sich Bildung **im Spiel und in geplanten Bildungsaktivitäten** im Austausch mit anderen entwickelt. Die **Erzieherin führt Regie**, beobachtet, führt, moderiert, arrangiert. Sie bereitet wie eine Bühnenbildnerin das pädagogische Umfeld und stärkt Entwicklung und Lernen durch Zusammenarbeit (Ko-Konstruktion). Dabei bringen Kinder und Erwachsene ihre unterschiedlichen individuellen Sichtweisen auf die Lerninhalte ein. Ko-Konstruktion wird dadurch zu einem bereichernden Prozess für alle – die Gruppe bildet eine lernende Gemeinschaft. Der **Bildungs- und Erziehungsplan** gibt den Erzieherinnen Anregungen für ihre pädagogische Arbeit und die Unterstützung der Basiskompetenzen.

Die AVBayKiBiG zielt darauf ab, Basiskompetenzen zu stärken, weil in einer sich schnell wandelnden Welt der Erwerb von grundlegenden Fähigkeiten und Fertigkeiten für die Lebenstüchtigkeit der Kinder wichtiger ist als singuläres, schnell überholtes Wissen (zu den einzelnen Basiskompetenzen s. § 2 AVBayKiBiG).

In Abs. 1 Satz 2 wird betont, dass die Kindertageseinrichtungen Sorge dafür tragen sollen, dass die Kinder **Basiskompetenzen „entwickeln"**. Hier geht es nicht allein um die Vermittlung von Wissen. Vielmehr sollen Erzieherinnen mit Hilfe des methodisch-didaktischen Ansatzes der Ko-Konstruktion Kinder darin unterstützen, ihr **Verständnis- und Ausdrucksniveau in allen Entwicklungsbereichen zu erweitern, und sie dadurch in ihren Kompetenzen stärken** (vgl. BayBEP 2017, S. 415 ff.).

3. Der beziehungsfähige, wertorientierte, hilfsbereite, schöpferische Mensch, der sein Leben verantwortlich gestaltet (Abs. 1 Satz 3)

Die nachfolgende Tabelle weist die Eigenschaften einer beziehungsfähigen, wertorientierten, hilfsbereiten, schöpferischen und verantwortlich gestaltenden Persönlichkeit aus: **305**

Eigenschaften	Bedeutungskontext
beziehungsfähig	Vertrauen schenkend und gebend, einfühlsam, konfliktfähig, kommunikationsfähig, kooperativ
wertorientiert	standhaft, bewertungsfähig, reflexionsfähig, selbstbewusst, in und mit einem Bezugssystem lebend, innerer Kompass
hilfsbereit	mitfühlend, verantwortungsvoll, interaktionsfähig, bedürfnisorientiert, menschenfreundlich
schöpferisch	forschend, problemlösend, neugierig, gestaltungsfähig, phantasievoll, feinfühlig
Leben verantwortlich gestalten	positives Selbstkonzept, autonom, sich selbst kennend, verantwortungsbewusst gegenüber sich selbst, der Umwelt und der Natur, rücksichtsvoll
den Anforderungen gerecht werden	
– in der Familie – im Staat – in der Gesellschaft	– fürsorglich, liebevoll, einfühlsam, treu, verantwortungsvoll – loyal, demokratiefähig, gemeinwesenorientiert – integrationsfähig, tolerant, Verantwortung übernehmend

4. Inklusive Pädagogik (Abs. 2 Satz 1)

306 Das Konzept inklusiver Pädagogik hat nicht nur Kinder mit Behinderung im Blick. „Vielmehr sieht es vor, dass alle Kinder verschiedenen Alters, deutsche Kinder, Kinder mit Migrationshintergrund, Kinder mit Behinderung, Kinder mit erhöhten Entwicklungsrisiken und Kinder mit besonderen Begabungen nach Möglichkeit dieselbe Bildungseinrichtung besuchen und gemeinsames Leben und Lernen erfahren" (Bildung, Erziehung und Betreuung von Kindern in den ersten Lebensjahren 2010, S. 31). Inklusive Pädagogik zielt somit auf das Gelingen sozialer Integration aller Kinder. Die Kindertageseinrichtung hat die Aufgabe, allen Kindern bestmögliche Unterstützung zur Entwicklung der Basiskompetenzen zu geben.

Zudem fordert Abs. 2 eine „geschlechterbewusste Grundhaltung" (BayBEP 2019, 10. Aufl., S. 123) des pädagogischen Personals. Unterschiede zwischen familiären Traditionen, religiösen Bräuchen und geschlechterspezifischen Besonderheiten werden mit Wertschätzung behandelt. Das pädagogische Angebot in Kindertageseinrichtungen und die pädagogische Feinfühligkeit des Personals müssen auf das Ziel der Gleichberechtigung von Mädchen und Jungen hinwirken und **Barrieren im Geschlechterverhältnis überwinden, ohne die weltanschaulichen Traditionen zu verletzen. Inklusion statt Ausgrenzung** fordert der Verordnungsgeber und verpflichtet den Träger daher zu einer inklusiven Pädagogik. Dies erfordert vom pädagogischen Personal eine besonders intensive und individuelle Elternarbeit.

5. Individuelle und ganzheitliche Unterstützung (Abs. 2 Satz 1)

307 Abs. 2 definiert den Bildungs- und Erziehungsauftrag des pädagogischen Personals an Kindertageseinrichtungen. Auf der Grundlage einer inklusiven Pädagogik sollen Kinder individuell und ganzheitlich gefördert bzw. unterstützt werden. Inklusive Pädagogik geht mit besonderer Sensibilität auf Unterschiede zwischen den Kindern ein, auf ihr Temperament, ihr Lern- und Entwicklungstempo, ihre spezifischen Lern- und besonderen Unterstützungsbedürfnisse oder ihren kulturellen und sozioökonomischen Hintergrund. Die individuellen Unterschiede werden genutzt, um den Kindern vielfältige Lernerfahrungen zu ermöglichen und neue Horizonte zu öffnen (vgl. Bildung, Erziehung und Betreuung von Kindern in den ersten Lebensjahren, 2015, S. 31). „Individuell" bedeutet, dass **jedes einzelne** Kind zu unterstützen ist. Ganzheitlich heißt zunächst, das Kind als Ganzes, ungeteilt, nicht ausschnitthaft zu betrachten; das **Kind in seinen Bezügen, das Kind in der Gesamtheit seiner Äußerungen in sozialer, kognitiver, emotionaler und körperlicher Entwicklung**. Ganzheitlichkeit meint darü-

ber hinaus aber auch, dass das pädagogische Personal die Entwicklung der Ich-, Sach- und Sozialkompetenz des Kindes zu sehen hat.

Dies fordert von der Erzieherin bei der Unterstützung einzelner Fähigkeiten und Fertigkeiten stets, die Gesamtpersönlichkeit des Kindes im Blick zu haben. Eindimensionale Angebote reichen nicht aus.

6. Begleitung und Dokumentation des Bildungs- und Entwicklungsverlaufs (Abs. 2 Satz 2)

Folgerichtig fordert Satz 2 die Begleitung und Dokumentation des Entwicklungsverlaufs des Kindes. Das Leitziel der pädagogischen Bemühung aus Abs. 1 Satz 3 vor Augen, wird die pädagogische Arbeit der Erzieherin darauf ausgerichtet sein, den Bildungs- und Entwicklungsverlauf eines jeden Kindes genau zu beobachten und zu dokumentieren. Die Dokumentation der Entwicklungsprozesse ist für die Erzieherin **unerlässlich**, da der Entwicklungsverlauf grundsätzlich eine zeitliche Dimension enthält. Beobachtung und Dokumentation gehören untrennbar zusammen. **Beobachtung ohne Dokumentation ist wie eine Uhr ohne Zeiger**. Die dokumentierte Beobachtung eines Kindes ist die Grundlage für pädagogische Maßnahmen, die an der individuellen, jeweils aktuellen Zone der nächsten Entwicklung der Kinder ansetzen und somit Weiterentwicklung möglichst optimal unterstützen. Die Begleitung hat dabei anhand des Beobachtungsbogens „*__P__ositive __E__ntwicklung und __R__esilienz __i__m __K__indergartenalltag* **(PERIK)**“ oder eines gleichermaßen geeigneten Beobachtungsbogens zu **geschehen und kann in Form von freien Notizen, Sammlungen von Werken** des Kindes (Bastel-, Malarbeiten, etc., sog. **Portfolio**) ergänzt werden. 308

Der Beobachtungsbogen PERIK wurde vom Staatsinstitut für Frühpädagogik, München, entwickelt und gibt Aufschluss über die Entwicklung von Basiskompetenzen wie Lesebereitschaft, soziale Kompetenz und Resilienz bei Kindern im Alter von vier bis sechs Jahren. Der Bogen gibt ferner Einblick in die Kompetenzbereiche Kontaktfähigkeit, Selbststeuerung/Rücksichtnahme, Selbstbehauptung, Stressregulierung, Aufgabenorientierung und Explorationsfreude. PERIK wurde allen Kindertageseinrichtungen und den Aufsichtsbehörden kostenlos zur Verfügung gestellt; er kann unbedenklich und in unbegrenzter Zahl als Blankoexemplar vervielfältigt werden.

Zu dem Beobachtungsbogen ist ferner ein Begleitheft erschienen, das Hinweise zur qualitativen und quantitativen Auswertung sowie differenzierte Vorschläge für die Förderung des Kindes enthält.

Ergänzend zu PERIK kommt für den Bereich der Sprachförderung der Beobachtungsbogen SISMIK oder SELDAK zur Anwendung, s. näher Erl. zu § 5.

7. Teilhabe und Beteiligung (Abs. 3)

309 Abs. 3 macht deutlich, dass es eine wesentliche Aufgabe von Kindertageseinrichtungen ist, die Teilhabe aller Kinder zu ermöglichen und **Kinder darin zu unterstützen, dass sie sich gegenseitig mit ihren Stärken und Schwächen annehmen**, sich also einander wertschätzend begegnen. Abs. 3 verpflichtet die Kindertageseinrichtungen zur Aufnahme behinderter oder von Behinderung bedrohter Kinder und wiederholt damit verstärkend den Inklusionsauftrag aus Art. 12 BayKiBiG. Außerdem werden fest im Alltag integrierte Beteiligungsverfahren gefordert, die es den Kindern ermöglichen, sich an Entscheidungen zu beteiligen, die sie selbst oder die Gemeinschaft betreffen. Auf diesem Weg ist sicherzustellen, dass Kinder nicht nur ihr Recht auf Mitbestimmung, Mitwirkung und Mitgestaltung wahrnehmen, sondern darüber hinaus Beschwerdemöglichkeiten wahrnehmen können (§ 8b SGB VIII).

§ 2
Basiskompetenzen

Zur Bildung der gesamten Persönlichkeit der Kinder unterstützt und stärkt das pädagogische Personal auf der Grundlage eines christlichen Menschenbildes:

1. **die Entwicklung von freiheitlich-demokratischen, religiösen, sittlichen und sozialen Werthaltungen,**
2. **die Entwicklung von personalen, motivationalen, kognitiven, physischen und sozialen Kompetenzen,**
3. **das Lernen des Lernens,**
4. **die Bereitschaft zur Verantwortungsübernahme sowie zur aktiven Beteiligung an Entscheidungen,**
5. **die Entwicklung von Widerstandsfähigkeit,**
6. **die musischen Kräfte sowie**
7. **die Kreativität.**

Inhaltsübersicht **Rn.**

1. Persönlichkeitsentfaltung auf der Grundlage eines christlichen Menschenbildes 310
2. Die Basiskompetenzen 311

Anmerkungen

1. Persönlichkeitsentfaltung auf der Grundlage eines christlichen Menschenbildes

§ 2 beschreibt sowohl den Aufgabenbereich des pädagogischen Personals 310
an Kindertageseinrichtungen als auch die Grundwerte und die Orientierung, die **Maßstab und Richtschnur ihres pädagogischen Wirkens** sein sollen. Es wird ausdrücklich dargelegt, dass das christliche Menschenbild und damit christliche Grundüberzeugungen Fundament und Ausgangspunkt „zur Bildung der gesamten Persönlichkeit der Kinder" sind. Damit legt der Verordnungsgeber einerseits ein **Bekenntnis zu christlichen Grundwerten** in einer Zeit vielfältiger und unterschiedlicher, ja konkurrierender und zunehmend polarisierender religiöser Weltanschauungen ab und verpflichtet andererseits das pädagogische Personal, gemäß dem christlichen Verständnis seiner pädagogischen Aufgabe nachzukommen. Dies beschneidet nicht die **Freiheit von Kindertageseinrichtungen, sich zu keinem oder einem anderen als dem christlichen Bekenntnis zugehörig zu fühlen**. Nur diejenigen Elemente des christlichen Menschenbildes, die aus ihrem christlichen Kontext losgelöst Geltung beanspruchen, sind daher allgemein verbindlich. Auch für nicht-christliche Träger von Kindertageseinrichtungen folgt aus der Anknüpfung von § 2 an das christliche Menschenbild, dass sein pädagogisches Personal **jedes Kind als einzigartiges Subjekt**, mit einmaliger Würde ausgezeichnet, anerkennt. Das christliche Menschenbild sieht den Menschen, jedes Kind als Ebenbild Gottes, vom ersten Augenblick seiner Entstehung an, **völlig unabhängig von seinen Eigenschaften, seinem Geschlecht, seinen Fähigkeiten, ob behindert oder nicht behindert**. Jeder Mensch hat vom ersten Moment seiner Existenz an seine unantastbare Menschenwürde, seinen Wert, der nicht verletzt werden darf und dem mit Achtung zu begegnen ist. Auf das Pädagogische gewendet bedeutet dies, dass die personale Entfaltung der Kinder durch die Familie, aber auch die Kindertageseinrichtungen in besonderer Weise unterstützt werden muss. § 2 hat die im Kind schon angelegte „gesamte Persönlichkeit" im Blick. Dies erfordert, dass von frühester Kindheit an alle Voraussetzungen für seine positive seelische, geistige und körperliche Entwicklung erfüllt werden.

2. Die Basiskompetenzen

Dementsprechend führt § 2 in sieben Kompetenzgruppen die Fähigkeiten 311
auf, die vom pädagogischen Personal besonders unterstützt werden sollen:

Die **erste Gruppe** umfasst die Entwicklung von Werthaltungen und **„Orientierungskompetenz"**, die das „grundlegende Bedürfnis des Kindes nach sozialer Zugehörigkeit" (BayBEP 2017, S. 51) befriedigen. Freiheitlich-demokratische und soziale Grundhaltungen werden sich bei den Kindern vor allem am Vorbild des pädagogischen Personals und der Eltern entwickeln.

Um hierfür ein Grundverständnis bei den Kindern anzubahnen, wird die pädagogische Fachkraft **alle, das Kind unnötig einengenden Vorgaben vermeiden und dem Kind Freiräume für die aktive Eigengestaltung** seines Kindergartenalltags gewähren. Gerade für die Entwicklung sittlicher Werte wird die pädagogische Fachkraft dem Kind die **Unterscheidung zwischen Gut und Böse** nahezubringen versuchen, und sie wird ihm eine Ahnung davon geben, was es heißt, sich frei entscheiden zu können, zu handeln oder zu unterlassen, dem Nächsten zum Wohl oder zum Schaden. **Religiöse Werthaltungen zu entwickeln**, heißt, das Kind über die Gemeinschaft, das Gebet, religiöse Erzählungen, durch Feste sowie durch die „Begegnung mit Zeichen und Symbolen" (BayBEP 2019, S. 161) in die Erfahrungswelt des Religiösen zu führen.

Die **zweite Gruppe** spricht den **Erwerb personaler Kompetenzen** an, die den Erwerb motivationaler, kognitiver und physischer Kompetenzen umfasst. Unter motivationaler Kompetenz wird vor allem das Grundbedürfnis des **Erlebens selbstbestimmten Handelns** („autonomes" Handeln) im Gegensatz zum fremdbestimmten Handeln („heteronomes" Handeln) verstanden. Hierzu zählen auch das Kompetenzerleben als die Grunderfahrung des Kindes, selbst etwas zu können, die **Fähigkeit zur Selbstregulation**, d. h. der Selbstbeobachtung und Selbstbelohnung bzw. Selbstbestrafung des eigenen Handelns, und die **Selbstwirksamkeit**, d. h. die „Überzeugung, schwierige Aufgaben oder Lebensprobleme aufgrund eigener Kompetenzen bewältigen zu können" (vgl. BayBEP 2019, S. 45).

Beispiel:

Zur Weihnachtszeit führt ein Kindergarten ein Theaterstück auf. Severin, ein eher zurückhaltendes Kind, soll die anwesenden Eltern auf das Theaterstück einstimmen. Eine solche Aufgabe kann Severin erfolgreich bewältigen, wenn es dem pädagogischen Personal gelingt, sein Selbstvertrauen zu stärken und seine Freude am öffentlichen Auftritt zu wecken. Der gelungene öffentliche Auftritt wird seine Motivation auch für die Übernahme zukünftiger Aufträge erhöhen.

Physische Kompetenz beinhaltet die Verantwortung gegenüber der eigenen Gesundheit, der differenzierten körperlichen Entwicklung (vgl. BayBEP 2019, S. 48 f.). **Soziale Kompetenzen** umfassen alle Kompetenzen im Verhältnis zu Mitmenschen, wie gelingende Beziehungen, Empathiefähigkeit, Kommunikations- und Kooperationsfähigkeit sowie Konfliktmanagement (vgl. BayBEP 2019, S. 49 f.).

Das **„Lernen des Lernens“** wird als die zentrale Kompetenz für „einen bewussten Wissens- und Kompetenzerwerb und als Grundstein für schulisches und lebenslanges Lernen“ (vgl. BayBEP 2019, S. 54) angesehen, wobei die vorgenannten Basiskompetenzen geradezu als Voraussetzungen für Lernkompetenz gesehen werden (BayBEP, a. a. O.). Die Erzieherinnen werden die Kinder darin unterstützen, ein Problem in einzelne Fragen aufzuschlüsseln, hierauf Antworten zu finden und diese zur gesuchten Lösung zusammenzuführen. Die Erzieherin sollte diesen Lernprozess erläuternd begleiten, d. h. den Kindern den Lernweg und die Lösungsschritte bewusstmachen.

Beispiel:

Felix möchte wissen, ob ein Nagel schwimmen kann. Er wirft ein paar Mal einen Nagel in eine Schüssel mit Wasser und sieht, dass dieser sinkt. Auf die Bemerkung der Erzieherin, ein Nagel könne sehr wohl schwimmen, reagiert er mit ungläubigem Staunen. Sie gibt ihm ein Stück Knetmasse und fordert ihn auf, selbst auszuprobieren, ob der Nagel mit ihrer Hilfe schwimmen könne. Zunächst wirft Felix erfolglos den Nagel zusammen mit der Knetmasse in die Schüssel. Die Erzieherin fordert Felix auf, auszuprobieren, ob er die Form der Knetmasse so verändern kann, dass sie mit dem Nagel schwimmt. Daraufhin probiert Felix so lange verschiedene Formen aus, bis er eine bootsähnliche Form zum Schwimmen bringt. Die Erzieherin wird ihn dabei stets ermuntern, die einzelnen Formen miteinander zu vergleichen, damit er erkennt, warum die letzte Form schwimmt (→ weil die Gewichtskraft der Knetmasse auf eine größere Auflagefläche verteilt wird und so, trotz des Gewichts des Nagels, nicht untergeht).

Der **vierte Kompetenzbereich „Bereitschaft zur Verantwortungsübernahme und zur aktiven Beteiligung an Entscheidungen“** bezeichnet die Entwicklung der Verantwortung für das eigene und das Handeln gegenüber anderen Menschen. Es bezeichnet aber auch die Verantwortung gegenüber der Natur und der Umwelt. Auch diese Kompetenz des sich selbst und anderen gegenüber **verantwortlichen Handelns** ist nur in Zusammenhang mit anderen Kompetenzbereichen möglich (vgl. BayBEP 2019, S. 52 f.). Die Erzieherin wird die Kinder zum eigenständigen Handeln anregen und ihnen entwicklungsangemessen Raum zur Verantwortungsübernahme geben.

Eine der wesentlichen Grundlagen für die umfassende positive Entwicklung des Kindes ist die **Resilienz**, d. h. die Meisterung und Überwindung riskanter Lebensumstände. In ihr bündeln sich personale und soziale Lebenskompetenzen, die das Kind als „kompetenten und aktiven Bewältiger seiner Aufgaben in den Mittelpunkt [stellen] und auf die Stärkung seiner personalen und sozialen Ressourcen und damit auf die **Stärkung positiver Entwicklung** („Empowerment“) [abzielen]“, vgl. BayBEP 2019, S. 69 ff. Die

Erzieherin wird das Kind an Situationen heranführen, deren Bewältigung von ihm Selbstständigkeit und ein gewisses Maß an **Mut** verlangen. Um die Resilienz der Kinder zu stärken, darf die Erzieherin nicht versuchen, die Kinder von jeglicher Gefahr fernzuhalten. Vielmehr wird sie die Kinder, „am langen Zügel" haltend, eigenaktiv Herausforderungen bestehen lassen, d. h. sie nur so weit begleitend unterstützen, wie sie dies wirklich brauchen.

§ 3
Erziehungspartnerschaft, Teilhabe

(1) [1]Im Mittelpunkt der Erziehungspartnerschaft (Art. 11 Abs. 2 BayKiBiG) steht die gemeinsame Verantwortung für das Kind. [2]Die Umsetzung der Erziehungspartnerschaft bedarf einer von gegenseitiger Wertschätzung getragenen aktiven Teilhabe der Eltern und berücksichtigt die Vielfalt der Familien, deren Bedürfnisse, Interessen und Möglichkeiten, sich am Geschehen in der Einrichtung zu beteiligen. [3]Sie findet in unterschiedlichen Formen der Mitgestaltung, der Mitverantwortung und der Mitbestimmung ihren Ausdruck.

(2) Die im Rahmen der Erziehungspartnerschaft erfolgende Information der Eltern über die Lern- und Entwicklungsprozesse sowie die Beratung der Eltern über Fragen der Bildung, Erziehung und Betreuung des Kindes (Art. 11 Abs. 3 BayKiBiG) umfasst auch die Frage einer möglichen Antragsstellung der Eltern nach Art. 37 Abs. 1 Satz 2 oder Satz 3 des Bayerischen Gesetzes über das Erziehungs- und Unterrichtswesen (BayEUG).

Inhaltsübersicht **Rn.**

1. Aktive Teilhabe der Eltern 312
2. Information und Beratung der Eltern 313

Anmerkungen

1. Aktive Teilhabe der Eltern

312 Das Konzept der Erziehungspartnerschaft entwickelt bestehende Konzepte der Elternarbeit weiter und macht gute Elternkooperation und -beteiligung zur gesetzlichen Verpflichtung für Kindertageseinrichtungen und Tagespflege. Eltern sind Experten für ihr Kind und deshalb die wichtigsten Gesprächspartner für Fachkräfte, Träger und Kooperationspartner der Einrichtung bzw. Tagespflege. Als Partner in gemeinsamer Verantwortung für ihr Kind wird es Eltern in den Einrichtungen bzw. der Tagespflege ermöglicht,

die Bildung ihrer Kinder aktiv mitzugestalten. Fachkräfte bzw. Tagespflegepersonen begegnen den Eltern mit wertschätzender Haltung und nehmen die Vielfalt von Familien als Bereicherung an. Auf dieser Basis beziehen sie die Eltern in die Bildungsaktivitäten ein und öffnen sich für optimale Mitwirkungs- und Mitbestimmungsmöglichkeiten.

2. Information und Beratung der Eltern

Hiermit knüpft die Verordnung an Bestimmungen des BayKiBiG an, insbesondere an Art. 11 BayKiBiG. Der Bildungs- und Erziehungsauftrag der Kindertageseinrichtungen unterstützt danach die Eltern. Daher hat der Verordnungsgeber es zur Pflichtaufgabe des pädagogischen Personals gemacht, mit den Eltern und ihren gewählten Vertretern – dem Elternbeirat – bei der Umsetzung der Bildungs- und Erziehungsziele zu kooperieren und die Eltern **„regelmäßig" über die Entwicklung ihres Kindes in Gesprächen zu informieren**. Diese Informationspflicht konkretisiert die im BayKiBiG festgelegten Aufgaben. Sie begründet nicht nur wiederum die Notwendigkeit von Beobachtung und Dokumentation (näher hierzu Rn. 278) des Bildungs- und Entwicklungsverlaufs jedes einzelnen Kindes; sie verlangt darüber hinaus die **Diskussion** der dokumentierten Beobachtungen, die **eingehende Besprechung** der aus der Dokumentation hervorgehenden Folgerungen z. B. der Stärken und Schwächen des Kindes, der Entwicklung seiner Kompetenzen, seine Lebenstüchtigkeit. Diese regelmäßige **Informationspflicht** – in aller Regel mindestens einmal pro Jahr – **unterstützt den partnerschaftlichen Austausch** in gemeinsamer Verantwortung für das Kind, **stärkt die erzieherische Kompetenz der Eltern** und **bezieht sie nachhaltig in die Bildungsaktivitäten der Einrichtung ein.** Auch dient sie der **Begleitung von Übergängen.** Die Erzieherin als Bildungspartnerin der Familien wird ihre Erkenntnisse aus den Elterngesprächen reflektieren und in die Weiterentwicklung der Unterstützungsangebote für das einzelne Kind sowie der pädagogischen Konzeption einfließen lassen. 313

§ 4
Ethische und religiöse Bildung und Erziehung; Emotionalität und soziale Beziehungen

(1) Alle Kinder sollen zentrale Elemente der christlich-abendländischen Kultur erfahren und lernen, sinn- und werteorientiert und in Achtung vor religiöser Überzeugung zu leben sowie eine eigene von Nächstenliebe getragene religiöse oder weltanschauliche Identität zu entwickeln.

(2) Das pädagogische Personal soll die Kinder darin unterstützen, mit ihren eigenen Gefühlen umzugehen, in christlicher Nächstenliebe offen und unbefangen Menschen in ihrer Unterschiedlichkeit anzunehmen, sich in die Kinder einzufühlen, Mitverantwortung für die Gemeinschaft zu übernehmen und untereinander nach angemessenen Lösungen bei Streitigkeiten zu suchen.

Inhaltsübersicht **Rn.**

1. Bedeutung ethischer und religiöser Bildung und Erziehung 314
2. Entwicklung einer religiösen oder weltanschaulichen Identität. 315
3. Sittliches Handeln 316

Anmerkungen

1. Bedeutung ethischer und religiöser Bildung und Erziehung

314 Angesichts des häufig zu beobachtenden Werteverlustes und der damit fehlenden Halt gebenden Orientierungsmaßstäbe benötigen Kinder eine Richtschnur für ihr Handeln, die sie sowohl aus der Religion als auch aus ethischen Grundsätzen gewinnen können.

2. Entwicklung einer religiösen oder weltanschaulichen Identität

315 Auf den ersten Blick erscheint § 4 äußerst anspruchsvoll und könnte beim pädagogischen Personal ein Gefühl von Entmutigung oder Überforderung hervorrufen. Die Aufforderung, Kindern zentrale Elemente christlich-abendländischer Kultur erfahrbar zu machen und ihnen nahezubringen, heißt zunächst nichts anderes, als sie mit ihrer **kulturellen Herkunft** bekannt zu machen. Dies bedeutet, sie in vielfältigen Situationen aufmerksam zu machen auf die Zeichen, Zeugen und Symbole, die auf die eigene Tradition und die kulturellen Wurzeln verweisen. Kirchen sind Zeugen christlich-abendländischer Tradition. So können Erzieherinnen z. B. mit Kindern die Kirche am Ort besuchen und auf die Bedeutung der Kirche in unserer Kultur reflektieren. So kann z. B. der Name einer Kirche zum Anknüpfungspunkt für die Auseinandersetzung mit der Lebensgeschichte des namensgebenden Heiligen werden und damit auch zu Einblicken in die **Geschichte des Christentums** führen. Ein Gang über den Friedhof kann eine Fülle von Anregungen bieten, um ein Gefühl für die Vergangenheit zu bekommen, ein

Gefühl für das Werden und Vergehen, für die Begrenztheit menschlichen Lebens. Wesentlich ist, dass die Kinder aus der Gegenwart einen Blick für das Vergangene und für das Zukünftige entwickeln.

In Kindertageseinrichtungen können vor allem auch Feste und Bräuche Identität stiften. Als Beispiel mag das Martinsfest dienen. Das Martinsfest ist viel mehr als Laternenbasteln und Lichterumzug. Das Martinsfest weist auf eine breite Vielfalt christlich fundierter Werte hin: auf Gemeinschaft, Nächstenliebe (Teilen des Mantels), auf Verantwortungsbewusstsein, auf das Aufsichnehmen eines Auftrags, auf Pflichtbewusstsein.

Reiches Anschauungsmaterial für christlich-abendländische Tradition bieten auch Museen. In vielen Orten bestehen Heimatmuseen, die in ganz besonderer Weise geeignet sind, Kindern vor Ort die spezifische Vergangenheit ihres Lebensumfeldes vor Augen zu führen.

Der Bildungs- und Erziehungsplan bietet weitere Beispiele für die Umsetzung religiöser und Werteerziehung (2019, S. 164 ff.).

Kultur, das Entstehen der Werte und ihre fundamentale Funktion für das Zusammenleben der Menschen können Kinder in hervorragender Weise verstehbar werden durch die Begegnung und die gemeinsame Auseinandersetzung mit der Vergangenheit. So bietet z. B. ein Gang durch den Heimatort oder das Stadtviertel eine Fülle von Hinweisen auf unsere „reiche" Vergangenheit: die alte Brücke, der Fluss, der Bach, das alte Haus, die Gedenktafel, der alte Baum, das Wegekreuz, das alte Schloss. „Man sieht nur, was man kennt". Diese Erkenntnis sollte jede Erzieherin beherzigen, wenn sie ihre Kinder „sehend", d. h. „aufmerksam" machen will.

3. Sittliches Handeln

Abs. 2 fordert das pädagogische Personal auf, Kinder darin zu unterstützen, **316**
mit sich selbst und ihren Mitmenschen verantwortlich umzugehen. Damit ist das Zusammenleben der Menschen angesprochen, das soziale Miteinander und Füreinander und damit auch die Zukunft unserer Gesellschaft. Das Kind zu unterstützen, mit seinen eigenen Gefühlen umzugehen, setzt beim pädagogischen Personal fundierte entwicklungspsychologische Kenntnisse, Einfühlungsvermögen und pädagogische Handlungskompetenz voraus: Wann und wie Grenzen setzen, fordern, loben, hinterfragen? Wann und wie unterstützen, entgegenwirken, schützen? Wann sich zurücknehmen?

Äußerungen und Gefühle eines Kindes zu deuten und zu verstehen, ist hohe pädagogische Kunst und ohne Kenntnis seines sozialen Kontextes nicht möglich. Die Erzieherin sollte daher, wann immer es geht, mit den Eltern „ihrer" Kinder Kontakt suchen, um ein gegenseitiges Vertrauensverhältnis aufzubauen. Wichtigste Voraussetzung hierfür ist Diskretion. Ohne Diskretion, sowohl im ursprünglichsten Wortsinn der „Unterscheidungsfähigkeit“ als auch im allgemeinen Sprachgebrauch als „Verschwiegenheit“, kann ein Vertrauensverhältnis zwischen pädagogischem Personal und den Eltern nicht aufgebaut werden.

Kein Kind ist einfach „schwierig“ oder „unkompliziert“, „träge“ oder „temperamentvoll“, „zurückhaltend“ oder „vorlaut“, „offen“ oder „verschlossen“ – sie werden so gesehen. Kinder haben viele Seiten, die es zu entdecken gilt, auch wenn eine Verhaltensweise sehr dominant sein mag. Mit den Gefühlen der Kinder umzugehen heißt, das richtige Maß zwischen „unterstützen“ und „gegenwirken“ finden. Kinder unvoreingenommen anzunehmen, bedeutet behutsam, genau beobachtend, liebevoll verstehend zu begleiten. Dies verlangt von der Erzieherin ein sich „Mit-Freuen“, „Mit-Ärgern“, „Mit-Trauern“ und „Mit-ausgeschlossen-Sein“, kurz, die voraussetzungslose Annahme des Kindes.

Damit verbunden ist die zweite Forderung in § 4 Abs. 2, nämlich die Kinder zu unterstützen, dass sie offen und unbefangen in **„christlicher Nächstenliebe“** den Nächsten in seiner Andersartigkeit annehmen, einfühlend, Mitverantwortung übernehmend und angemessen konfliktlösend agieren.

Doch was ist das „Christliche“ an der christlichen Nächstenliebe? Genügt Nächstenliebe alleine nicht? Worin besteht der Unterschied? Hier ist das biblische Gebot des „Liebe Deinen Nächsten wie Dich selbst“ gemeint, die voraussetzungslose unbedingte **Annahme des Nächsten**. Das pädagogische Personal wird hier versuchen, den Kindern durch eigenes Vorbild vorzuleben, dass christliche Nächstenliebe vor niemandem Halt macht, nicht vor Menschen mit Behinderung, nicht vor Menschen mit anderen Hautfarben, nicht vor Menschen anderer Religionen. „In christlicher Nächstenliebe“ bedeutet, das Wohl des Nächsten im Blick zu haben. Das pädagogische Personal wird daher versuchen, Begegnungen der Kinder mit Menschen in unterschiedlichsten Lebenskontexten zu ermöglichen. Denkbar sind z. B. Besuche in Altenheimen ebenso wie im Fitnessstudio, in Krankenhäusern ebenso wie im Sportverein. Wesentlich dabei ist, dass ein Austausch im Denken und Handeln stattfindet, der dazu beiträgt, sich selbst und den Anderen sowohl als einzigartige Person als auch als Teil eines Ganzen zu erleben und zu verstehen. Gelingt dies, so werden Begegnungen zum Mittel für Akzeptanz und Verständigung.

Das in Abs. 2 aufgeführte Erziehungsziel **„Mitverantwortung für die Gemeinschaft“** wird das pädagogische Personal durch wechselnde Aufgabenstellungen im Alltag der Kindertageseinrichtung anstreben. Auch unterschiedliche Möglichkeiten der Teilhabe und Mitbestimmung an Entscheidungen im Tagesablauf fördern dieses Erziehungsziel.

„Angemessene Lösungen" bei Streitigkeiten meint grundsätzlich das Ringen um **gewaltfreie Lösungen**. Dabei gilt es, gemeinsam mit den Kindern, nachhaltige Wege zur Übereinkunft oder Kompromissfindung zu vereinbaren und einzuüben.

§ 5
Sprachliche Bildung und Förderung

(1) [1]Kinder sollen lernen, sich angemessen in der deutschen Sprache sowie durch Mimik und Körpersprache auszudrücken, längeren Darstellungen oder Erzählungen zu folgen und selbst Geschichten zusammenhängend zu erzählen. [2]Sie sollen Wortschatz, Begriffs- und Lautbildung, Satzbau und sprachliche Abstraktion entsprechend ihrem Entwicklungsstand erweitern und verfeinern. [3]Die Verwendung der Dialekte wird unterstützt und gepflegt.

(2) [1]Der Sprachstand von Kindern, deren Eltern beide nichtdeutschsprachiger Herkunft sind, ist in der ersten Hälfte des vorletzten Kindergartenjahres vor der Einschulung anhand des zweiten Teils des Bogens „Sprachverhalten und Interesse an Sprache bei Migrantenkindern in Kindertageseinrichtungen (SISMIK) – Sprachliche Kompetenz im engeren Sinn (deutsch)" zu erheben. [2]Die sprachliche Bildung und Förderung von Kindern, die nach dieser Sprachstandserhebung besonders förderbedürftig sind, oder die zum Besuch eines Kindergartens mit integriertem Vorkurs verpflichtet wurden, ist in Zusammenarbeit mit der Grundschule auf Grundlage der entsprechenden inhaltlichen Vorgaben „Vorkurs Deutsch lernen vor Schulbeginn" oder einer gleichermaßen geeigneten Sprachfördermaßnahme durchzuführen.

(3) [1]Der Sprachstand von Kindern, bei denen zumindest ein Elternteil deutschsprachiger Herkunft ist, ist ab der ersten Hälfte des vorletzten Kindergartenjahres vor der Einschulung anhand des Beobachtungsbogens „Sprachentwicklung und Literacy bei deutschsprachig aufwachsenden Kindern (SELDAK)" zu erheben. [2]Auf Grundlage der Beobachtung nach dieser Sprachstandserhebung wird entschieden, ob ein Kind besonders sprachförderbedürftig ist und die Teilnahme am Vorkurs Deutsch oder einer gleichermaßen geeigneten Sprachfördermaßnahme empfohlen wird. [3]Der Bogen kann auch in Auszügen verwendet werden.

Inhaltsübersicht **Rn.**

1. Bedeutung der Sprache und des Sprechens 317
2. Wege der Verständigung und des Sprachverständnisses 318
3. Die Bedeutung des Dialekts 319

4. Sprachstandserhebung und Vorkurs 320
a) Sprachstandserhebung anhand Teil 2 des SISMIK-Bogens 321
b) Sprachstandserhebung von Kindern, bei denen mindestens ein Elternteil deutschsprachiger Herkunft ist 322
c) Durchführung eines Vorkurses oder einer vergleichbaren Sprachfördermaßnahme 323
d) Organisatorischer Ablauf des Vorkurses 324
5. Sprachstandserhebung für deutschsprachig aufwachsende Kinder 325

Anmerkungen

1. Bedeutung der Sprache und des Sprechens

317 **Hinweis:**

Die Sprachförderung in Kindertageseinrichtungen soll zukünftig über das bayerische Integrationsgesetz geregelt werden.

Sprachliche Bildung als Querschnittsaufgabe in Kindertageseinrichtungen gewinnt zunehmend an Bedeutung. Zu Recht werden kommunikative Kompetenzen als Schlüsselqualifikationen definiert. Sie beeinflussen die Gesamtentwicklung der Kinder und sind grundlegende Voraussetzung für die Schul- und Bildungschancen sowie Teilhabe am gesellschaftlichen Leben. Sprache ist Bestandteil aller anderen Kompetenz- und Bildungsbereiche. Daher findet die Stärkung der Sprache und des Sprechens nie isoliert statt, sondern stellt ein durchgängiges Prinzip im pädagogischen Alltag dar.

2. Wege der Verständigung und des Sprachverständnisses

318 § 5 Satz 1 fordert im ersten Satzteil das pädagogische Personal dazu auf, bei Kindern solche Lernprozesse zu unterstützen und anzuregen, die zu einer entwicklungsangemessenen Ausdrucksweise in deutscher Sprache, in Mimik und Körpersprache führen. Angemessen bedeutet hier eine verbale und nonverbale Ausdrucksweise, die dem individuellen Entwicklungsstand des Kindes entspricht. Der ausdrückliche Hinweis auf die deutsche Sprache bedeutet sowohl die Stärkung der deutschen Kinder in ihrer Muttersprache als auch die Förderung der Migrantenkinder, die „Deutsch" als ihre Zweitsprache sprechen. Der zweite Teil von Satz 1 bezieht sich auf die

Entwicklung der sogenannten „Literacy“. Literacy (dafür gibt es kein deutsches Wort) in der frühen Kindheit meint vielfältige Erfahrungen rund um Buch-, Erzähl-, Reim- und Schriftkultur. Dazu zählt beispielsweise auch, Geschichten zuzuhören oder sie selbst zu erzählen (vgl. BayBEP 2019, S. 196 ff.). All dies dient wesentlich der Weiterentwicklung des Sprach- und Sprechverhaltens.

Satz 2 legt den Schwerpunkt auf die „Erweiterung“ und „Verfeinerung“ des, allgemein gesprochen, Kommunikationsvermögens der Kinder. Hier kommt dem pädagogischen Personal die Aufgabe zu, entsprechend seinen Beobachtungen das Sprachvermögen der Kinder weiterzuentwickeln und zu vertiefen. Dazu gehört es, Laute, Lautmalereien, Sprachmelodien der deutschen Sprache den Kindern nahezubringen, aber ihnen auch die grammatikalischen Möglichkeiten und den treffenden Ausdruck der Sprache vor Augen zu führen. Insoweit wird die Erzieherin passende Gelegenheit suchen und finden, Kinder, wann immer es geht, anzuregen, selbst über ihre Erfahrungen, Erlebnisse, Empfindungen zu sprechen sowie auch selbst Sprachvorbild zu sein.

3. Die Bedeutung des Dialekts

Beziehen sich Satz 1 und 2 primär auf die sprachliche Bildung der Kinder in **319**
der deutschen Hochsprache, fordert Satz 3 kurz und bündig, dass die Erzieherin auch die Dialekte zu unterstützen und zu pflegen habe. Die Förderung der mundartlichen Kompetenz und gleichzeitig der Kompetenz, sich in der Hoch- und Schriftsprache auszudrücken, bedeutet für die Kinder einen großen Zuwachs an kultureller Kompetenz. Und dies wiederum ist für die Identitätsbildung der Kinder und ihre Verwurzelung in der Geschichte und literarischen und sprachlichen Ausdrucksform ihrer Heimat von größter Bedeutung. Chancen und Grenzen für diese Erweiterung der sprachlichen Ausdrucksfähigkeit liegen allerdings im sprachlichen Vorbild der Erzieherin und in der Sprachkultur des Elternhauses. Auch wenn die Erzieherin keinen Dialekt spricht, sollte sie die Kinder nicht davon abhalten, sich in ihrem Dialekt zu unterhalten; sie sollte vielmehr zeigen, dass sie den Dialekt achtet.

4. Sprachstandserhebung und Vorkurs

Hinweis: **320**

Die Sprachstandserfassung ist auch im bayerischen Integrationsgesetz festgelegt.

Die systematische Beobachtung und Dokumentation des Sprachverhaltens jedes einzelnen Kindes von Beginn seines Besuchs der Kindertageseinrichtung an ist Grundlage für eine individuelle Sprachförderung. Speziell für Kinder, deren beide Elternteile nichtdeutschsprachiger Herkunft sind, werden diese Aufgaben für die letzten 1½ bis 2 Kindergartenjahre durch die Sätze 1 und 2 von Absatz 2 konkretisiert. Dadurch soll gewährleistet werden, dass diese Kinder bei Schuleintritt über ausreichende Kenntnisse in der deutschen Sprache verfügen, damit sie dem Unterrichtsgeschehen folgen können.

Die **Verpflichtung** zur Sprachstandserhebung und zur Durchführung der Vorkurse **richtet sich an den Träger**; für die Kinder hingegen ist eine Teilnahme – wie der gesamte Kindergartenbesuch – freiwillig. Ob die Kinder am Vorkurs teilnehmen, wenn die Sprachstandserhebung nach dem SISMIK bzw. für deutschsprachige Kinder nach dem SELDAK einen Förderbedarf anzeigt, bleibt der Entscheidung der Eltern überlassen. Allerdings wird in zweifacher Hinsicht ein gewisser Druck auf die Eltern ausgeübt, damit sie ihre Kinder an diesen Integrationsmaßnahmen teilnehmen lassen:

- Erstens besteht nach Art. 37a Abs. 1 BayEUG die Verpflichtung der Eltern, ihre Kinder an einem **Sprachtest an der Grundschule** im vorletzten Kindergartenjahr teilnehmen zu lassen, wenn die Kinder nicht an der Sprachstandserhebung im Kindergarten teilnehmen. Diese Verpflichtung ist bußgeldbewehrt.
- Zweitens können Kinder nach Art. 37a Abs. 3 BayEUG für ein Jahr vom **Schulbesuch zurückgestellt** werden, wenn sie keinen Kindergarten und auch keinen Vorkurs besucht haben und sich im Rahmen der Schuleinschreibung eine mangelnde Beherrschung der deutschen Sprache herausstellt. Dabei können sie zum Besuch eines Vorkurses verpflichtet werden; Art. 37a Abs. 3 BayEUG, der von einer Verpflichtung zum Besuch eines Kindergartens mit integriertem Vorkurs handelt, ermöglicht nicht die Verpflichtung zum Kindergartenbesuch an sich, sondern trägt nur dem Umstand Rechnung, dass Vorkurse einen Anteil enthalten, der in den Kindergarten integriert ist, so dass eine Verpflichtung zum Besuch eines Vorkurses faktisch darauf hinausläuft, dass die Kinder in dieser Zeit einen Kindergarten besuchen müssen.

Es ist äußerst fraglich, ob es sinnvoll ist, Migrantenfamilien mit Sanktionsandrohungen zu Integrationsbemühungen anzuhalten. Die Bedeutung der Regelungen des Art. 37a BayEUG ist jedoch äußerst gering, da im letzten Kindergartenjahr ohnehin fast alle Migrantenkinder einen Kindergarten besuchen und kein Fall bekannt ist, in dem die Eltern die Teilnahme ihrer Kinder an einem Vorkurs abgelehnt hätten.

a) Sprachstandserhebung anhand Teil 2 des SISMIK-Bogens

Die Sprachstandserhebung ist nach Absatz 2, Satz 1 anhand des zweiten Teils des Bogens „Sprachverhalten und Interesse an Sprache von Migrantenkindern in Kindertageseinrichtungen" (SISMIK) durchzuführen. 321

Der **Gesamtbogen** ist vom Staatsinstitut für Frühpädagogik in München **für die systematische und kontinuierliche Beobachtung der Sprachentwicklung** von Migrantenkindern entwickelt und Anfang 2008 allen Kindertageseinrichtungen und den Aufsichtsbehörden kostenlos zur Verfügung gestellt worden; die Blanko-Bögen können unbedenklich in unbegrenzter Zahl kopiert und auch im Buchhandel erworben werden (s. näher Newsletter Nr. 70). Der SISMIK-Bogen ist so konzipiert, dass „das Sprachverhalten des Kindes möglichst konkret, in spezifischen sprachrelevanten Situationen erfasst [wird]" (**BayBEP 2019, S. 200**). Aus den Beobachtungen mit dem SISMIK-Bogen ergeben sich zudem für die Erzieherin **konkrete Förderhinweise** (vgl. BayBEP 2017, a. a. O.). SISMIK kann und sollte von Beginn des Kindergartenbesuchs an zur Anwendung kommen.

Verpflichtend nach Satz 1 ist hingegen nur der Einsatz seines **zweiten Teils** (= S. 7 und 8 aus dem Gesamtbogen) zur Sprachstandserhebung in der ersten Hälfte des vorletzten Kindergartenjahres, die Aufschluss darüber gibt, ob das Migrantenkind der besonderen Förderung durch Teilnahme an einem Vorkurs bedarf. Beigefügt wurde eine Einschätzskala, die eine Bewertung des Testergebnisses für die Frage, ob das Kind einen Vorkurs besuchen sollte, ermöglicht. Dieser zweite Teil kann zudem von bayerischen Kindertageseinrichtungen kostenlos als **Kopiervorlage einschließlich Hinweisen zur Handhabung** von den zuständigen Jugendämtern bezogen werden.

Einzubeziehen sind alle Kinder, deren **beide Elternteile nichtdeutschsprachiger Herkunft** sind (vgl. Erl. zu Art. 21 BayKiBiG Rn. 223) und die sich **im vorletzten Kindergartenjahr** befinden; kommen die Kinder erstmals im letzten Kindergartenjahr in den Kindergarten, ist die Sprachstandserhebung mit ihnen baldmöglichst nach Aufnahme in den Kindergarten durchzuführen – vielleicht können sie in einen bereits laufenden Vorkurs noch aufgenommen werden.

b) Sprachstandserhebung von Kindern, bei denen mindestens ein Elternteil deutschsprachiger Herkunft ist

Für deutsche Kinder mit Sprachentwicklungsverzögerungen ist der SISMIK-Bogen **ungeeignet**, da er auf den Zweitspracherwerb ausgerichtet ist. Deswegen hat das Staatsinstitut für Frühpädagogik zudem den Beobachtungsbogen SELDAK für deutsche Kinder entwickelt; s. näher Rn. 295. 322

Der Beobachtungsbogen „SELDAK" mit den Skalen „Aktive Sprachkompetenz" und „Grammatik" dient als Grundlage zur Bewertung, ob ein Kind mit zumindest einem deutschsprachigen Elternteil einen besonderen Sprachförderbedarf hat und damit ein Besuch eines Vorkurses Deutsch erforderlich ist (§ 5 Abs. 3 AVBayKiBiG). Die Finanzierung der Vorkurse Deutsch erfolgt nach § 25 Abs. 1 Satz 3 durch eine staatliche Erhöhung des Buchungszeitfaktors.

c) Durchführung eines Vorkurses oder einer vergleichbaren Sprachfördermaßnahme

323 Der Träger ist nach Abs. 2 Satz 2 verpflichtet, **für alle Kinder**, deren beide Elternteile nichtdeutschsprachiger Herkunft sind und die

- nach dem **Ergebnis der Sprachstandserhebung** im Sinne des Satzes 1 **besonders förderbedürftig** sind **oder** die
- zum Besuch eines Kindergartens mit integriertem Vorkurs (aufgrund Art. 37a Abs. 3 BayEUG) **verpflichtet wurden**,

einen Vorkurs durchzuführen.

Der Vorkurs ist eine spezifische Sprachfördermaßnahme. Er beginnt im vorletzten Kindergartenjahr, in dem er bis zu dessen Ende von der Kindertageseinrichtung alleine durchgeführt wird. Im letzten Kindergartenjahr wird der Vorkurs **von den Kindergärten und von Grundschullehrkräften und weiterem gezielt dafür qualifiziertem Personal angeboten**. Insgesamt umfasst der Vorkurs einen Umfang von 240 Stunden, die sich Kindertageseinrichtung und Grundschule zu zeitlich gleichen Anteilen von je 120 Stunden aufteilen (der Kindergartenanteil beläuft sich auf 1½ Jahre, der Grundschul-Anteil auf ein Jahr). Jede Seite ist für ihren Anteil eigenverantwortlich. Damit der Vorkurs insgesamt gelingen kann, ist es notwendig, dass die beteiligten Erzieherinnen und Grundschullehrkräfte bzw. weiteres entsprechend qualifizierte Personal sich in organisatorischer, aber auch in inhaltlicher Hinsicht gegenseitig abstimmen.

In einer gemeinsamen Handreichung des Bayerischen Staatsministeriums für Familie, Arbeit und Soziales und des Bayerischen Staatsministeriums für Unterricht und Kultus werden in insgesamt drei Teilen alle Informationen, rechtlichen und organisatorischen Grundlagen sowie die vielfältigen Erfahrungen aus der Praxis gebündelt. Die Handreichungen werden auf den Internetseiten beider Häuser zum kostenlosen Download eingestellt.

Die Inhalte der Vorkursfortbildungen für das entsprechende Vorkurspersonal sind die Vorkurs-Handreichung, der Bayerische Bildungs- und Erziehungsplan sowie Konzepte und Materialien, die auf der neu erarbeiteten Vorkurs-Plattform (ZMF Learning Hub) eingestellt werden.

Die Vorkursfortbildungen werden in Präsenz sowie als Online-Seminare durchgeführt.

Nach Satz 2 ist der Träger des Kindergartens frei, anstelle des Vorkurses auch **andere Sprachfördermaßnahmen** für die Migrantenkinder durchzuführen, wenn diese gleichermaßen geeignet sind. Dabei ist sowohl auf das zeitliche Ausmaß abzustellen als auch auf die inhaltliche Tiefe und Breite der Sprachfördermaßnahme. Der Verordnungsgeber hat durch diese Alternative für die Träger darauf Rücksicht genommen, dass in vielen Kindergärten mit hohem Migrantenanteil teilweise schon seit Jahrzehnten bewährte Sprachförderprogramme durchgeführt werden, die nicht selten sogar deutlich intensiver sind als das Vorkursprogramm. Hier wäre es unsinnig, diese Träger zu verpflichten, stattdessen oder zudem auch noch Vorkurse anzubieten.

d) Organisatorischer Ablauf des Vorkurses

Jedes Kindergartenjahr ist im **Herbst** (nach Rücksprache mit dem Jugend- und Schulamt auch später) eine **Sprachstandserhebung** mit SELDAK bzw. SISMIK bei allen Kindern, die sich im vorletzten Kindergartenjahr befinden, durchzuführen: **324**

Zunächst **melden** die Kindertageseinrichtungen die **Gesamtzahl der Kinder**, die eines Vorkurses bedürfen, an das örtlich zuständige Jugendamt. Hierbei sind die Kinder zu berücksichtigen, die nach der auf der Rückseite der Kopiervorlage abgedruckten Skala „Sprachliche Kompetenz“ in die Kategorien „Spezieller Förderbedarf“ und „Dringend spezieller Förderbedarf“ eingestuft werden. Das Jugendamt sammelt die Daten und meldet sie an das Schulamt weiter. Da es sich hier nur um die Gesamtzahl der betroffenen Kinder handelt, bedarf es für diese Meldung der Kindertageseinrichtung noch keiner Einwilligung der Eltern.

Das **Schulamt meldet** dann, **wie viele Vorkurse an welchen Schulen** im Jugendamtsbezirk eingerichtet werden können; hiervon werden die Träger vom Jugendamt unterrichtet. Die Durchführungsmodalitäten sind von den betroffenen Kindertageseinrichtungen und Schulen gemeinsam festzulegen – dies betrifft insbesondere die Frage, ob der schulische Anteil des Vorkurses (mit Zustimmung des Kindergartenträgers) in den Räumlichkeiten des Kindergartens oder in der Schule stattfindet. Findet der schulische Anteil in der Schule statt, ist der **Weg der Kinder** vom Kindergarten zur Schule und ggf. wieder zurück zu organisieren. Hier kommt vor allem in Betracht, dass Erziehungsberechtigte die Kinder auf dem Weg begleiten oder ein öffentlicher Bus unter Begleitung durch eine geeignete Aufsichtsperson genutzt wird. Fallen Fahrtkosten an, so sind diese von den Eltern zu tragen.

Nach der Entscheidung, wo welche Vorkurse eingerichtet werden, sind die **Einwilligungen der Eltern** von der Kindertageseinrichtung einzuholen, damit die Kinder **konkret für den Vorkurs angemeldet** werden können. Bei Vorliegen der Einwilligung werden die **Kinder in einer Liste** mit ihrem Familiennamen, Vornamen, Geburtsdatum und ihrer Familiensprache an das örtlich zuständige Jugendamt **gemeldet**. Für die Einwilligung der Eltern ist im Anhang ein Muster enthalten, das die Einwilligung zur Datenübermittlung an das Jugendamt sowie das Einverständnis zur Teilnahme am Vorkurs enthält.

Die Vorkurse selbst erstrecken sich dann vom Januar des vorletzten Kindergartenjahres bis zum Juli vor der Einschulung. Dabei startet allerdings im Januar des vorletzten Jahres zunächst nur der vom Kindergarten verantwortete Teil des Vorkurses durchgehend bis Juli vor der Einschulung mit jeweils 90 Minuten (also zwei Schulstunden) pro Woche. Der von der Schule verantwortete Teil kommt dann ab September des letzten Kindergartenjahres hinzu und umfasst drei Schulstunden pro Woche. Insgesamt leisten Kindergarten und Grundschule somit jeweils 120 Stunden.

Nähere Informationen zu den Vorkursen sind beim örtlich zuständigen Jugendamt erhältlich. (Ein Überblick über Ablauf- und Kooperationsplanung für den Vorkurs findet sich in „Vorkurs Deutsch 240 in Bayern. Eine Handreichung für die Praxis. Modul A“, Seite 28 ff.)

5. Sprachstandserhebung für deutschsprachig aufwachsende Kinder

325 Seit der Änderung der AVBayKiBiG mit Wirkung zum 1.9.2008 ist nun auch für Kinder, deren beide Elternteile deutschsprachiger Herkunft sind, eine Sprachstandserhebung verbindlich vorgesehen. Abs. 3 sieht hierfür die Verwendung des Beobachtungsbogens zur „**S**prach**e**ntwicklung und **L**iteracy bei **d**eutschsprachig **a**ufwachsenden **K**indern (SELDAK)“ vor; dieser Bogen wurde Anfang 2008 allen Kindertageseinrichtungen und den Aufsichtsbehörden kostenlos zur Verfügung gestellt und kann zum Gebrauch in den Kindertageseinrichtungen unbedenklich in unbegrenzter Zahl vervielfältigt werden (s. Newsletter Nr. 70). Er eignet sich besonders für die systematische Begleitung der Sprachentwicklung von Kindern, die mit Deutsch als Erstsprache aufwachsen und umfasst die Altersspanne von vier Jahren bis zum Schulalter. In die Beobachtung fließen dabei u. a. die Entwicklung von Sprache im engeren Sinn, die Entwicklung von Literacy (kindliche Erfahrungen

rund um Buch-, Erzähl-, Reim- und Schriftkultur) sowie phonologische Bewusstheit (Aufmerksamkeit für die formalen Eigenschaften der gesprochenen Sprache) und kommunikatives Verhalten ein. Diese Beobachtung gibt den Fachkräften konkrete Hinweise für ihre pädagogische Arbeit. Durchzuführen ist diese Sprachstandserhebung wie bei den Migrantenkindern ab der ersten Hälfte des vorletzten Kindergartenjahres vor der Einschulung.

§ 6
Mathematische Bildung

[1]Kinder sollen lernen, entwicklungsangemessen mit Zahlen, Mengen und geometrischen Formen umzugehen, diese zu erkennen und zu benennen. [2]Kinder sollen Zeiträume erfahren, Gewichte wiegen, Längen messen, Rauminhalte vergleichen, den Umgang mit Geld üben und dabei auch erste Einblicke in wirtschaftliche Zusammenhänge erhalten.

Inhaltsübersicht **Rn.**

1. Bedeutung mathematischer Bildung 326
2. Entwicklungsangemessenheit 327
3. Bildungs- und Erziehungsziele bei der mathematischen Bildung 328–330
4. Umsetzung in die pädagogische Praxis 331

Anmerkungen

1. Bedeutung mathematischer Bildung

Der spielerische Erwerb von mathematischen Vorläuferfertigkeiten – etwa **326**
die Stärkung der Zählkompetenz durch Zählreime – gehört seit jeher zur pädagogischen Arbeit in den Kindertageseinrichtungen. Mathematische Bildung geht jedoch darüber hinaus: Neuere Forschungsergebnisse zeigen, dass Kinder schon im Vorschulalter dazu in der Lage sind, komplexere Alltagsprobleme zu lösen, die mathematische Grundfertigkeiten erfordern (vgl. BayBEP 2019, S. 244 ff.). **Kinder sind nicht nur fähig zu mathematischem Denken**, sondern sie haben **auch Freude** am fragenden und forschenden Umgang mit Zahlen, Mengen und Formen. Frühe mathematische Bildung bietet Kindern auch die Chance, einen **unbelasteten Zugang zur Mathematik** zu finden. Sie schafft damit beste Voraussetzungen, um einen positiven Bezug zum Schulfach „Mathematik" aufzubauen.

Dies ist umso wichtiger, als nicht nur viele Berufe mathematische Kenntnisse erfordern, sondern auch **im ganz normalen Lebensalltag mathemati-**

sche Fertigkeiten gefragt sind – etwa beim Einkaufen, aber auch in vielen Bereichen, in denen der mathematische Hintergrund oft gar nicht mehr bewusst wahrgenommen wird: etwa beim Aufräumen, beim Lesen eines Stadtplanes, bei Überholvorgängen mit dem Auto, beim Aufbauen von Fertigmöbeln und vielem mehr.

Die Welt der Mathematik mit ihren klaren und festen Regeln kann Kindern ein **Gefühl der Ordnung, Verlässlichkeit und Stabilität** vermitteln (vgl. BayBEP 2019, S. 239). Im Alltag wiederkehrende Muster, Regelmäßigkeiten und Ordnungen erkennen zu können, hilft Kindern bei der Orientierung in einer Welt, die ständig wechselnde Anforderungen stellt.

2. Entwicklungsangemessenheit

327 Alle Bildungs- und Erziehungsbereiche sind entwicklungsangemessen in die pädagogische Arbeit einzubeziehen. Dieses Prinzip wird (auch) im Rahmen der mathematischen Bildung noch einmal ausdrücklich hervorgehoben. Mit Kindern unter drei Jahren können z. B. Formen betrachtet, erkannt und zugeordnet werden. Kindergartenkinder haben bereits ein erstes Zahlenverständnis entwickelt und können einfache mathematische Operationen durchführen, wie Längen und Mengen vergleichen. Bei Schulkindern wird sich die mathematische Bildung inhaltlich nicht von der schulischen Mathematik unterscheiden, kann aber didaktisch-methodisch durchaus einen breiteren Ansatz verfolgen.

Im Elementarbereich kann den Kindern nur durch **konkrete, sinnlich fassbare Auseinandersetzung mit Materialien** eine Vorstellung des Bedeutungsgehalts von Zahlen, Raum und Zeit näher gebracht werden. Damit dies nicht totes Wissen bleibt, ist ein **Bezug zum Alltagsleben der Kinder unerlässlich**. Die Auffassungsgabe von jüngeren Kindern kann zudem deutlich erhöht werden, wenn die Lernangebote mit Bewegung und rhythmisch-musikalischen Aktivitäten verbunden werden.

3. Bildungs- und Erziehungsziele bei der mathematischen Bildung

328 Nach Satz 1 sollen Kinder lernen, mit Formen, Mengen und Zahlen umzugehen. Dies setzt in einem ersten Schritt voraus, dass die Kinder einen **Zahlen-, Mengen- und Formenbegriff entwickeln**. Während die Zuordnung eines konkreten Begriffs zu einem konkreten Gegenstand eine vergleichsweise einfache Leistung ist, müssen Kinder, um eine Menge begreifen zu können, erst eine Abstrahierung der einzelnen Gegenstände vornehmen und sie zu Gattungen zusammenfassen. Um Mengen bilden zu können, ver-

gleichen die Kinder einzelne Gegenstände und benennen die jeweiligen Unterschiede bzw. Gemeinsamkeiten. Danach sortieren sie die Gegenstände nach den verschiedenen Merkmalen z. B. zu den Formen Kreis, Rechteck, Dreieck, etc. Kinder sollen allerdings nicht nur die einzelnen **Formen** erkennen, sondern auch **mit ihnen umgehen können**, d. h. zum Beispiel Muster erkennen oder neue Formen entstehen lassen durch Zusammenfügen von Formen (etwa ein Rechteck durch Zusammenschieben zweier Dreiecksklötzchen).

Im Umgang mit Zahlen sollen Kinder nicht nur die Ordnung der Zahlen – also das Zählen – lernen, sondern auch unterscheiden können, ob **Zahlen als Ordinal- oder als Kardinalzahlen** („das dritte Kind" oder „drei Kinder") verwendet werden (zu weiteren Aspekten von Zahlen vgl. BayBEP 2019, S. 257). Auch Kinder vor der Einschulung können häufig schon überschaubare Mengen zahlenmäßig zusammenfassen und wieder auseinandernehmen – also einfache **Additionen und Subtraktionen** vornehmen. Kinder müssen nicht vor der Einschulung rechnen lernen, aber wenn Kinder hieran Interesse zeigen, so gehört auch diese Art des Umgangs mit Zahlen zu einer entwicklungsangemessenen Förderung der Kinder schon im Kindergarten.

Kinder sollen nach Satz 2 **Zeiträume erfahren, Gewichte wiegen, Längen messen, Rauminhalte vergleichen**. Hierzu gehört, dass Kinder lernen, was Zeitangaben wie gestern, heute und morgen bedeuten. Hierbei hilft das Erleben eines strukturierten Tagesablaufs in der Kindertageseinrichtung und zu Hause, mit festen, **wiederkehrenden Ritualen, die den Tag verlässlich gliedern**. Kinder sollen ferner ein Gefühl für die Zeit bekommen. Hierfür muss ihnen das kontinuierliche Vergehen der Zeit bewusst werden (z. B. durch die Betrachtung von Sonnenuhren oder von Sanduhren), insbesondere aber auch während alltäglicher Verrichtungen. So können Kinder z. B. ermuntert werden zu beobachten, wie viel Sand in einer Sanduhr durchrieselt, während sie einen bestimmten Weg zurücklegen, oder sie können angehalten werden, solange Zähne zu putzen, bis sie sehen, dass der Sand einer Sanduhr vollständig durchgerieselt ist (vgl. BayBEP 2019, S. 248). Die einzelnen Messvorgänge in Satz 2 sollten mit den Kindern möglichst anschaulich durchgeführt werden, also z. B. unter Verwendung einer Balkenwaage statt einer elektronischen Waage. Kinder sollen auch dazu angeregt werden, sich selbst Messinstrumente zu schaffen, also etwa selbst einen Ast als Längenmaßstab bestimmen. 329

Das Ziel sowohl der Lernprozesse nach Satz 1 als auch der Messvorgänge nach Satz 2 ist es vor allem, mathematische Methoden und Begriffe zur **Lösung von Aufgaben im Alltag** anwenden und sich entsprechend **sprach-**

lich ausdrücken zu können (z. B. Hilfe beim Einkaufen, Tischdecken, Sortieren, Beschreiben)

> **Praxisbeispiel:**
>
> Im Bildungs- und Erziehungsplan ist hierfür ein Praxisbeispiel nach *van Oers* angeführt (2019, S. 250 f.). Ein Junge möchte herausfinden, wie viele Fahrten er mit einem Spielzeuglastwagen benötigt, um die Murmeln, die sich in einer Schachtel befinden, von einer Seite des Raumes zur anderen zu transportieren. Hier kann die Erzieherin das Interesse des Jungen aufgreifen und im Austausch mit ihm darauf hinwirken, dass er selbst einen Lösungsweg findet. Möchte er so wenige Fahrten wie möglich planen, würde der Lösungsweg darin bestehen, dass zuerst die Zahl der Murmeln herausgefunden werden muss, die der Laster gleichzeitig transportieren kann. Danach müssten die Murmeln abgezählt und in entsprechende Teilmengen aufgeteilt werden, die nacheinander abtransportiert werden. Schon an der Zahl der Teilmengen kann der Junge erkennen, wie oft er fahren muss, um alle Murmeln auf die gegenüberliegende Seite zu bringen. Methodisch-didaktisch entscheidend ist, dass die Erzieherin die Neugier des Kindes nutzt, und ihm nur soweit Hilfestellung gibt, wie es diese benötigt, um selbst den jeweils nächsten Schritt herauszufinden.

330 Nach Satz 2 sollen Kinder ferner den **Umgang mit Geld lernen und Einblicke in wirtschaftliche Zusammenhänge** erhalten. Damit hat der Verordnungsgeber zwei besonders praxisrelevante, ineinander übergreifende Lebensbereiche herausgegriffen, in denen mathematisches Grundverständnis gefragt ist. Beide Bildungs- und Erziehungsbereiche sind irrelevant für ganz kleine Kinder. Aber schon Kinder im Kindergartenalter sollen verstehen lernen, dass viele Gegenstände gekauft werden müssen und nicht unbegrenzt Geld vorhanden ist, um alles kaufen zu können. Kinder lernen nur dann mit Geld verantwortlich umzugehen, wenn man ihnen frühzeitig kleine Geldbeträge überlässt, für die sie sich – nach Absprache mit den Eltern – entsprechend ihren Wünschen etwas kaufen können. Wichtig ist auch, dass sie erfahren, dass man sich sein Geld einteilen muss, weil man sich sonst eine gewisse Zeit keine Wünsche mehr erfüllen kann. Dies sind Lebenserfahrungen, die die Kinder primär in ihrer Familie machen werden. Die Kindertageseinrichtungen können hier z. B. mit Rollenspielen begleitend unterstützen (beispielsweise Spiele mit dem Kaufmannsladen). Mit den „erste[n] Einblicke[n] in wirtschaftliche Zusammenhänge“ sind selbstverständlich keine volkswirtschaftlichen Kenntnisse gemeint, sondern die Bewusstmachung von Erfahrungen aus dem Alltagsleben der Kinder (etwa dass für die Fahrt mit öffentlichen Verkehrsmitteln eine Fahrkarte erworben werden muss, diese zu bezahlen ist und das Geld hierfür i. d. R. durch Arbeit verdient wird).

4. Umsetzung in die pädagogische Praxis

Bei **Kindergartenkindern** gilt es vor allem, Freude an mathematischen Fragestellungen zu wecken, ihnen mit spielerischen und ganzheitlichen Aufgabenstellungen die **Welt der Zahlen näher zu bringen.** Beispiele hierfür sind: die Zahl 4 erkannt an einem Schmetterling beim Zählen seiner Flügelteile; die Einrichtung eines „Zuhause“ für Zahlen (vgl. hierzu näher das „Zahlenhaus“ und verwandte Spielangebote, BayBEP 2019, S. 255 ff.). Wesentlich ist, dass den Kindern mathematische Denkweisen vor allem in alltäglichen Situationen bewusstgemacht werden (z. B. werden beim gemeinsamen Backen die Mengen der benötigten Zutaten gemeinsam errechnet, benannt und abgewogen). Daneben können Lernarrangements den Kindern helfen, sich den Zahlenraum zu erschließen. 331

Beispiel (vgl. BayBEP 2019, S. 256, 258):

Im Außengelände kann ein sog. Zahlenweg angelegt werden. Hierzu können Teppichfliesen mit den Zahlen 1–10 aufsteigend durchnummeriert angeordnet werden. Die Kinder können die Teppichfliesen selbstständig in der richtigen Reihenfolge auslegen und diesen Weg zählend vor- und rückwärts abschreiten. So wird die richtige Reihenfolge der Zahlen – durch die Bewegung unterstützt – verinnerlicht.

Für **Schulkinder** wird die mathematische Bildung insbesondere im Rahmen der Hausaufgabenbetreuung ihren Platz finden. Aber auch in freizeitpädagogische Aktivitäten lassen sich immer wieder mathematische Problemstellungen integrieren. Wenn im Rahmen eines Theaterprojektes das Bühnenbild gestaltet wird, sind Pläne beispielsweise für die Hintergrundgestaltung anzufertigen, sind genaues Abmessen und Zusägen von Holzfassadenteilen u. Ä. zu leisten.

Weitere Tipps zur pädagogischen Umsetzung sind im Bildungs- und Erziehungsplan 2019, S. 247 ff. zu finden.

§ 7
Naturwissenschaftliche und technische Bildung

[1]Kinder sollen lernen, naturwissenschaftliche Zusammenhänge in der belebten und unbelebten Natur zu verstehen und selbst Experimente durchzuführen. [2]Sie sollen lernen, lebensweltbezogene Aufgaben zu bewältigen, die naturwissenschaftliche oder technische Grundkenntnisse erfordern.

Inhaltsübersicht **Rn.**

1. Bedeutung naturwissenschaftlicher Bildung im Vorschulalter 332
2. Einblick in naturwissenschaftliche Zusammenhänge 333

3. Lösung lebensweltbezogener Aufgaben 334
4. Hinweise für die pädagogische Umsetzung 335

Anmerkungen

1. Bedeutung naturwissenschaftlicher Bildung im Vorschulalter

332 Lange Zeit galt es in vorschulischen Bildungseinrichtungen geradezu als unvorstellbar, die Bereiche Naturwissenschaft und Technik in die pädagogische Arbeit einzubeziehen. Erst in den letzten Jahren setzte ein Umdenken beim pädagogischen Fachpersonal ein, nachdem psychologische Forschungsergebnisse deutlich gezeigt haben, dass sich bereits bei drei- bis fünfjährigen Kindern Denkstrukturen entwickelt haben, die es ermöglichen, naturwissenschaftliche Zusammenhänge zu verstehen. Sicherlich hat auch *Donata Elschenbroichs* „Weltwissen der Siebenjährigen – Wie Kinder die Welt entdecken können" (2001) wesentlich dazu beigetragen, dass die naturwissenschaftliche Bildung verstärkt Einzug in die Elementarpädagogik gehalten hat. „Kinder forschen ohne jede Vorinformation (...), gehen ohne jede Vorinformation auf das Material los", (a. a. O., S. 86), erkannte *Elschenbroich* und veränderte damit den Blick der Erzieherinnen auf die Interessen der Kinder. Spiel „zur Aneignung von Welt" (12. Kinder- und Jugendhilfebericht, S. 149 ff.) wird vor diesem Hintergrund verstanden als Erkundungsreise durch die Welt, als ein Hineintasten in die Welt des Fragens, Staunens und des Erforschens. Spiel wird zur Antwortfindung auf das Warum und das Wieso. Das „Alter der Warum-Frage" nannte die Chemikerin und Expertin für naturwissenschaftliche Experimente für Kinder im Alter von drei Jahren bis zur Einschulung, *Gisela Lück*, diese Zeit (zitiert nach *Elschenbroich*, 2001, S. 99).

Die ausdrückliche Normierung der naturwissenschaftlichen Bildung soll alle Erzieherinnen auf diesen bedeutsamen Bildungsbereich aufmerksam machen und die Umsetzung im pädagogischen Alltag vorantreiben.

2. Einblick in naturwissenschaftliche Zusammenhänge

333 Den Kindern sollen nach Satz 1 naturwissenschaftliche Zusammenhänge nahegebracht werden. Unter naturwissenschaftlichen Zusammenhängen versteht man das auf einem Naturgesetz beruhende Verhältnis von Ursache und Wirkung. Hierzu zählt vor allem die Schwerkraft. Diese kann den Kindern z. B. an der Funktionsweise eines Seilzuges oder an der Flugfähigkeit von verschiedenen Papierfliegern verstehbar gemacht werden. Um Vorgänge im Bereich der belebten und unbelebten Natur entwicklungsangemessen ver-

ständlich und nachvollziehbar zu machen, werden die pädagogischen Kräfte insbesondere auf den **lebensweltlichen Bezug** der ausgewählten Beispiele achten (Satz 2). Sie werden die Kinder auf naturwissenschaftliche Phänomene aufmerksam machen und sie auf dem Weg des Experimentierens und Erforschens der Zusammenhänge bis zur Erkenntnis unterstützend begleiten.

3. Lösung lebensweltbezogener Aufgaben

Ziel ist es, dass Kinder **lebenstüchtig** werden, d. h. dass sie sich in einer 334 digitalen, technologisch und naturwissenschaftlich geprägten Welt zurechtfinden und Kompetenzen für lösungsorientierte Aufgabenbewältigung entwickeln. Der Erwerb naturwissenschaftlicher Grundkenntnisse setzt im Elementarbereich vor allem an praktischen Erfahrungen im Alltag an. So können Kinder z. B. durch die Betätigung von Schaltern erfahren, dass unterschiedliche Folgen bewirkt werden – etwa, dass das Licht angeht oder das Radio zu spielen beginnt. Aufgabe der Erzieherin ist es nun, diese „Entdeckung" der Kinder aufzugreifen und sich gemeinsam mit ihnen auf den Weg zu machen, um Funktion und Wirkzusammenhang zu erforschen.

4. Hinweise für die pädagogische Umsetzung

Naheliegend ist es, dass die Erzieherin funktionale Zusammenhänge in der 335 Kindertageseinrichtung dazu nutzt, dass Kinder **technische Grundkenntnisse** erwerben können. Schalter, Klingeln, Radios, Schlösser, Hähne und sonstige Mechanismen finden sich in jeder Einrichtung. Sie können zum Anlass werden, mit den Kindern Funktionsweisen und Wirkmechanismen zu erforschen. Selbstständiges Experimentieren ist für Kinder die natürlichste Methode im Rahmen naturwissenschaftlicher Bildung. Jede Kindertageseinrichtung sollte deshalb ein Materialangebot bereitstellen, das zum Experimentieren und Konstruieren anregt. Lupen, Mikroskope, Batterien, Geräte zum Auseinandernehmen usw. sollten hierzu in einem Experimentierbereich angeboten werden.

Zur Erforschung komplexer Zusammenhänge wird die Erzieherin aufeinander aufbauende Versuchsreihen planen. Die Kinder werden umso größere Freude am Experimentieren finden, je überraschender der Verlauf ist.

Bei der Durchführung von Experimenten sind folgende Gesichtspunkte zu beachten (vgl. BayBEP 2019, S. 270 f.):

– Experimente sollten **spannend und voller Überraschung** sein; dabei ist sowohl eine Unterforderung der Kinder zu vermeiden, da ihr Interesse ansonsten der Langeweile weicht, als auch ihre Überforderung. Das bedeutet, dass Kinder zwar keine naturwissenschaftlich exakte Erklärung für das Geschehen erwerben müssen, aber doch eine der kindlichen Vorstellungskraft angepasste Erklärung gefunden werden soll.

- Versuche können auch isoliert durchgeführt werden. **Weitreichendere Lernergebnisse** werden aber erzielt, wenn die Experimente in einen größeren Zusammenhang oder optimalerweise in Projekte eingegliedert werden (z. B. Projekt: „Alle brauchen Wasser“. Geschichten und Fotos von der Wüste und dem harten Leben der Menschen dort, Experimente zum Verdampfen von Wasser und Wiederkondensieren, der Wasserkreislauf der Erde, der Wasserkreislauf in der Kindertageseinrichtung, Diskussion über die Reduzierung des Wasserverbrauchs in der Einrichtung).
- Die Kinder sollen **Experimente selbst durchführen** können – sie dürfen also nicht zu gefährlich sein. Bei der Durchführung leitet die Erzieherin die Kinder an, selbst Hypothesen für den Ausgang eines Experiments aufzustellen, diese durch die Versuchsdurchführung auf ihre Richtigkeit hin zu überprüfen und aus dem Versuch weitere Fragen abzuleiten, für die es dann gilt, einen passenden Versuch zum Testen zu erfinden und durchzuführen. Die Experimente sind vor allem auch sprachlich zu begleiten, d. h. die Kinder sollen angeregt werden, ihre Fragen, Beobachtungen und Wertungen möglichst genau zu artikulieren und mit anderen Kindern zu diskutieren.
- Als Materialien sollten **überwiegend alltägliche Gegenstände** herangezogen werden – zum einen lassen sich so ohne großen finanziellen Aufwand viele Experimente durchführen und zum anderen wird den Kindern klar, dass sich alle möglichen Gegenstände zum selbst Experimentieren eignen.
- Experimente dürfen nicht zu lange dauern, ansonsten wird die **Konzentrationsfähigkeit der Kinder überfordert**. Allgemein gültige Zeitangaben für die optimale Dauer lassen sich kaum treffen. Umso spannender ein Experiment ist, desto länger bleiben die Kinder bei der Sache. Vor allem wenn die Kinder zunehmend darin geübt sind, naturwissenschaftliche Versuche durchzuführen, können sie sich länger intensiv damit beschäftigen. **Jede Erzieherin muss daher selbst erkennen**, wie lange ein Experiment von und mit ihren Kindern durchgeführt werden kann.

§ 8
Umweltbildung und -erziehung

Kinder sollen lernen, ökologische Zusammenhänge zu erkennen und mitzugestalten, ein Bewusstsein für eine gesunde Umwelt und für die Bedeutung umweltbezogenen Handelns zu entwickeln und so zunehmend Verantwortung für die Welt, in der sie leben, zu übernehmen.

Inhaltsübersicht **Rn.**

1. Zweck der Umweltbildung und -erziehung 336
2. Umweltbewusstsein 337
3. Umweltbewusstes Handeln 338

Anmerkungen

1. Zweck der Umweltbildung und -erziehung

Auch wenn die Vorschrift des § 8 „Umweltbildung und -erziehung" nur einen Satz umfasst, so ist ihr Inhalt hoch aktuell und von zentraler Bedeutung. Denn es geht um nichts anderes, als dass die Kinder lernen, im Sinne einer Bildung für nachhaltige Entwicklung **verantwortungsvoll mit der Umwelt und den natürlichen Ressourcen umzugehen und sich an umweltgerechtem Alltagshandeln zu beteiligen**. Dazu ist es notwendig, Kinder über einen ganzheitlichen Ansatz der Naturbegegnung für die Schönheit, aber auch Verletzbarkeit der Umwelt zu sensibilisieren. Von hier aus entwickeln sich Achtung und Wertschätzung vor der Umwelt. Diese Werte sind grundlegend für die Entwicklung von Kompetenzen, die dazu beitragen, in Zusammenarbeit mit anderen die natürlichen Lebensgrundlagen für alle zu sichern. **336**

2. Umweltbewusstsein

Nach § 8 sollen die Kinder lernen, ökologische Zusammenhänge zu erkennen, um mit Rückbezug auf dieses Wissen verantwortlich handeln zu können. Voraussetzung für die Wirksamkeit pädagogischer Interventionen ist, dass die Erzieherin selbst eine Haltung hat, die von **Respekt und Achtung gegenüber der Umwelt** getragen ist. Diese ist die Basis, von der aus sie gemeinsam mit den Kindern die Entwicklung von Verständnis für das komplexe Zusammenspiel von Handlungen und Folgen voranbringen kann. Um ökologisch bewusst handeln zu lernen, benötigen Kinder Grundwissen über ökologische Zusammenhänge, **Wissen über die Wechselwirkungen von Mensch und Natur**, aber auch Wissen über die Entstehung von Umweltkatastrophen. Zum Grundwissen, das die Kinder haben sollten, zählt z. B. Wissen über die Naturressourcen Boden und Wasser und deren lebenswichtige Funktionen (z. B. Lebensraum zahlreicher Lebewesen, Trinkwasserversorgung, Nahrungsmittelproduktion, Bau- und Rohstofflager). Ausgehend von der **Naturbegegnung**, d. h. der Wahrnehmung der Vielfalt von Pflanzen, der Spuren und Stimmen der Tiere, von klarem, reinen Wasser, von reiner, frischer Luft etc. werden die Kinder angeregt, mit Naturmateria- **337** lien Gestaltungsideen umzusetzen. Dieser sinnliche, „ahnende Zugang“ zur Natur und die Bereitstellung von Raum und Zeit, um die Vielzahl der Eindrücke gestalterisch ausdrücken zu können, ist die Basis für den Aufbau von Wissen über Naturzusammenhänge, über die Wechselwirkungen von Mensch und Natur und für die Entwicklung von **Verantwortungsübernahme**. Angesichts der auch auf Kinder einstürmenden Bilder von **Naturkatastrophen**, wie z. B. zerstörerische Lawinen, Tsunamis, Wirbelstürme und Ölkatastrophen durch havarierte Tanker, zählt es zu den Aufgaben der Erzieherin, Kinder über die Ursachen und Auswirkungen **aufzuklären** und ihnen auch eine realistische Einschätzung zu vermitteln, inwieweit sie persönlich betroffen sind.

3. Umweltbewusstes Handeln

338 Nicht Passivität der Umwelt gegenüber, sondern aktives umweltbezogenes Handeln, nicht Zerstörung, sondern Schutz, nicht Gleichgültigkeit, sondern Engagement sind gefragt. Umweltbezogenes Handeln heißt konkret z. B., den Lebensraum der Tiere zu achten, ihn nicht zu beschneiden, sondern wo nötig auch auszuweiten (z. B. durch den Bau eines „Insektenhotels“ im Garten der Kindertageseinrichtung). Das bedeutet die Ressource „Boden“ z. B. als Lebensraum von Bodentieren und Pflanzenstandort zu schützen, vorgegebene Wanderwege in der Natur zu respektieren, gemeinsam mit den Eltern in der Kindertageseinrichtung Maßnahmen der Abfallvermeidung, Mülltrennung und Kompostierung umzusetzen.

Beispiele für Aktivitäten und Umweltprojekte im pädagogischen Alltag sind zu finden in der vom StMAS und StMUV herausgegebenen Broschüre: Umweltbildung und -erziehung in Kindertageseinrichtungen. Ausgewählte Themen und Projekte zur Bildung für nachhaltige Entwicklung (Download unter: *https://www.stmas.bayern.de/broschueren/index.php*) und im BayBEP 2019, S. 287 ff.

§ 9
Informationstechnische Bildung, Medienbildung und -erziehung

Kinder sollen die Bedeutung und Verwendungsmöglichkeiten von alltäglichen informationstechnischen Geräten und von Medien in ihrer Lebenswelt kennen lernen.

Inhaltsübersicht **Rn.**

1. Grundlagen zum digitalen Medieneinsatz in Kitas – Intelligentes Risikomanagement 339

2. Stärkung des Pädagogischen Personals in seiner medienpädagogischen Kompetenz 340
3. Stärkung der Medienkompetenz der Kinder............. 340a
4. Bildungspartnerschaft mit Eltern 341

Anmerkungen

1. Grundlagen zum digitalen Medieneinsatz in Kitas – Intelligentes Risikomanagement

Der Stellenwert der Digitalisierung hat in der Coronapandemie erheblich **339**
zugenommen. Gerade in dieser Zeit wurde deutlich, welche enorme Bedeutung mediale Möglichkeiten schon in Kindertageseinrichtungen haben. Die Digitalisierung hat sich dabei als große Hilfestellung heraus gestellt, beispielsweise durch die Bereitstellung digitaler Angebote für Kinder oder digitaler Möglichkeiten zum Austausch mit Eltern und Kindern oder der Kinder untereinander, die aufgrund der Betretungsverbote die Kindertageseinrichtung nicht besuchen durften.

Andererseits hat die Nutzung digitaler Medien und der digitale Konsum bei Kindern und Jugendlichen in der Coronapandemie erheblich zugenommen.

Schon beim Eintritt in die Kindertageseinrichtung verfügen viele Kinder bereits über Erfahrungen mit digitalen Medien. Dies war schon vor Corona so, hat einen enormen Anstieg durch Corona erfahren und wird sich vermutlich in den nächsten Jahren zunehmend steigern.

Medien bilden einen Teil der Lebenswelt der meisten Kinder. Unabhängig, wie man dies bewerten möchte, es ist ein Faktum, dass Kinder heute in einer digitalen Welt heran wachsen. Schon kleine Kinder reagieren mit großer Neugier und Interesse auf Medien und machen häufig sehr früh vielfältige mediale Erfahrungen.

Es ist daher eine wichtige Aufgabe von Kindertageseinrichtungen, Kinder schon sehr früh und entwicklungsangemessen beim kreativen Umgang mit digitalen Medien zu begleiten und sie dabei zu unterstützen, sich in einer komplexen Medienwelt zurechtzufinden. Kinder können in den Kindertageseinrichtungen das kreative Potential digitaler Medien, die neue Ausdrucks- und Gestaltungsmöglichkeiten bieten, in einem risikofreien Rahmen kennen lernen.

Dieser zunehmend bedeutenden Aufgabe von Kindertageseinrichtungen trägt § 9 Rechnung.

Grundlage für die Mediennutzung in Kindertageseinrichtungen stellt ein Intelligentes Risikomanagement dar.

Diesem kommt auch eine ganz wesentliche *schützende* Funktion zu, sowohl in Bezug auf die Berücksichtigung bestimmter Grundvoraussetzungen als auch des präventiven Aspekts der Medienbildung. Die Bedürfnisse der Kinder haben stets Vorrang und die Fachkraft ist sich ihrer eigenen Vorbildwirkung bei der Mediennutzung in der Einrichtung bewusst. Es gilt zudem, kindgerecht und risikofrei zu handeln und entsprechende Schutzvorkehrungen zu treffen, wie beispielsweise entsprechende Sicherheitseinstellungen am Tablet sowie ausschließliche Nutzung von qualitativ hochwertigen Apps. Datenschutz und Datensicherheit sind in der Einrichtung zu gewährleisten. Kinder sind in ihrer Mediennutzung stets zu begleiten und Medien sind in den Dienst der Pädagogik zu stellen, zur Umsetzung der pädagogischen Ziele und der Kompetenzstärkung im Sinne des BayBEP. Digitale Medien in Kitas verstehen sich als ergänzendes Werkzeug zu analogen Angeboten, das nicht ersetzt oder verdrängt, sondern eine Bereicherung fürs Lernen darstellt. Eltern sind stets zu informieren und einzubeziehen, ihre Fragen und Anregungen zu Medienbildung sind willkommen.

Medienbildung hat zudem einen präventiven Aspekt, in dem er Kinder in ihrem reflektierten, kritischen und letztlich kompetenten Umgang mit Medien stärkt und nachhaltig für die Risiken sensibilisiert. Medienkompetente Kinder sind am besten vor Medienrisiken geschützt.

2. Stärkung des Pädagogischen Personals in seiner medienpädagogischen Kompetenz

340 Kinder in ihrer Medienkompetenz zu stärken ist eine zentrale Aufgabe von Kindertageseinrichtungen, die zunehmend an Bedeutung gewinnt. Basierend auf dem gesetzlichen Bildungsauftrag zur Medienbildung erfolgt die konkrete Ausdifferenzierung in der Praxis durch Erarbeitung eines Medienkonzeptes, welches klare Vorstellungen darüber enthält, wie der sinnvolle und sichere Medieneinsatz im Rahmen der verschiedenen Kitaaufgaben für die eigene Einrichtung aussehen soll und welche Ausstattung und Fortbildungsmaßnahmen es optimalerweise dafür geben soll (vgl. Reichert-Garschhammer, E. & Lehmann, J., 2019, Medienkonzepte an bayerischen Kitas). Die Umsetzung des Medienkonzeptes in der Praxis ist als Prozess zu verstehen, bei dem die Einrichtung bestmöglich von gezielt dafür qualifizierten Personen begleitet wird.

Im Zuge der Digitalisierungsstrategie für Kindertageseinrichtungen in Bayern erfolgt ab September 2021 eine bayernweite Qualifizierungskampagne „Startchance Kita“, bei welcher Kindertageseinrichtungen von Digitalisierungscoaches ein Jahr lang begleitet und in ihrer Medienkompetenz gestärkt werden. Basierend auf den Ergebnissen des Modellversuchs „Medienkompetenz in der Frühpädagogik“ setzt die Kampagne den Schwerpunkt auf die digitale Bildung mit Kindern mit Fokus Medienbildung unter Einbeziehung der Eltern und besteht aus Fortbildungen, einrichtungsspezifischer Beratung und regionalen Vernetzungsangeboten. Begleitend wird für jeden Kampagnenkurs ein digitaler Kursraum auf der Online Plattform „ZMF Learning Hub“ eingerichtet.

3. Stärkung der Medienkompetenz der Kinder

Der BayBEP fokussiert in seinen Bildungs- und Erziehungszielen digitale **340a** Medien sowohl als Gegenstand als auch Mittel des Lernens und betont die sinnvolle und vielfältige Möglichkeit der Verknüpfung mit anderen Bildungsbereichen. Daraus resultiert die Unterscheidung Bildung über die digitale Welt und Bildung mit digitalen Medien.

Die Medienkompetenz der Kinder gilt es derart zu stärken, dass sie sich in einer digitalen Welt zurechtfinden und digitale Medien kreativ, kritisch, sicher und verantwortungsvoll nutzen können. Dies lernen Kinder am besten durch eigenaktive Erfahrungen in einem risikofreien Rahmen und in Begleitung der Fachkraft und in Gesprächen mit anderen.

Zudem wird darauf hingewiesen, den Kindern die vielfältigen Verwendungsmöglichkeiten von Medien deutlich zu machen. Gerade auch für Kinder mit Behinderung können Medien neue Kommunikationsmöglichkeiten und Handlungsräume erschließen und ihre Teilhabechance in Familie, Kita und Gesellschaft erhöhen.

Im Vordergrund steht hier das aktive und kreative Gestalten mit Medien und der reflektierte Austausch darüber. Vielfältige und gut begleitete Medienerfahrungen, die Kinder machen, eröffnen pädagogische Chancen, indem Medien bewusst in den Dienst der Pädagogik gestellt werden. Digitale Werkzeuge sind dabei ausdrücklich als ein weiteres Werkzeug und eine weitere Möglichkeit, sich auszudrücken, zu sehen. Digitale und analoge Erfahrungen ergänzen sich gegenseitig, anstatt sich zu ersetzen. So können Medienerfahrungen beispielsweise neue Sprechanlässe für die Kinder bieten oder sie zu einem gemeinschaftlichen kreativen Prozess einladen – wie z. B. das gemeinsame Erschaffen eines Films, bei dem weitere Lernerfahrungen einbezogen werden, wie beispielsweise gemeinsame Entwicklung des „Drehbuchs“, Malen eines Hintergrundbildes oder eigenständiges Vertonen mit Liedern und Text.

Der Nutzen von Medien kann für die Kinder auch darin liegen, eine vielfältige und komplexe **Umwelt verstehbar** zu machen. Medien als Hilfsmittel, Zusammenhänge **anschaulich** und erklärbar zu machen, ist ein weiterer Aspekt der Medienbildung in Kindertageseinrichtungen.

Dazu zählt im Weiteren der **Informations- und Wissenszuwachs** über eigene und fremde Kulturen, Völker, Lebensformen, Tier- und Pflanzenwelt. Den Kindern können die verschiedenen Wege der Informationsbeschaffung – Büchereien, Lexika, Literaturrecherchen, das gezielte Befragen von Experten – vor Augen geführt werden.

In diesem Zusammenhang steht auch die behutsame Hinführung der Kinder an den **Gebrauch des Internets**. Hier kommt es darauf an, Kindern die Möglichkeiten, aber vor allem auch die Risiken des Internets näher zu bringen. Dies umfasst, dem Kind in enger Begleitung Strategien näher zu bringen, wie durch gezieltes Suchen mit Kindersuchmaschinen aus der Flut von Informationen das herausgefiltert werden kann, was man konkret wissen möchte. Andererseits aber auch, ein grundlegendes Bewusstsein dafür zu schaffen, dass nicht jeder Nachricht und Information im Internet zu trauen ist und ein absichtliches Beeinflussen durch bestimmte Medienformate gewollt ist.

Die Initiative Medienführerschein Bayern bietet kostenlose Materialien und unterstützt bei der altersgerechten Stärkung von Medienkompetenz: Anschaulich werden wichtige Grundlagen vorgestellt und Anregungen für die eigene medienpädagogische Arbeit mit Drei- bis Sechsjährigen gegeben.

Um dem hohen Unterstützungs- und Qualifizierungsbedarf zu früher digitaler Bildung im Elementarbereich zu entsprechen, hat das Bayerische Staatsministerium für Arbeit und Soziales, Familie und Integration den dreijährigen (Anfang 2018 bis Ende 2020) Modellversuch „Medienkompetenz in der Frühpädagogik stärken“ auf den Weg gebracht und mit dessen Durchführung das Staatsinstitut für Frühpädagogik (IFP) betraut. Die umfangreichen Materialien, Ergebnisse und Erkenntnisse sollen flächendeckend allen Kindertageseinrichtungen in Bayern zur Verfügung gestellt werden.

Medienerziehung und -bildung braucht **Medienausstattung**. Es bleibt der pädagogischen Konzeption jeder Einrichtung überlassen, wie sie Medienerziehung gewichtet. Dabei ist auch der jeweilige weltanschauliche Hintergrund der Kindertageseinrichtung zu respektieren. Ein völliges Absehen von Medien in einer Kindertageseinrichtung führt dagegen zum Wegfall des Anspruchs auf staatliche Förderung, Art. 19 Nr. 3 i. V. m. Art. 13 Abs. 3 BayKiBiG, wie dies generell für die Gewährleistung der Umsetzung aller Bildungs- und Erziehungsziele gilt. Jedes Kind wird über kurz oder lang mit Präsenz, Wirksamkeit, Einfluss und Macht der Medien konfrontiert werden. Selbst ein Waldkindergarten, der eine Stärkung der Kompetenzen der Kinder vor allem in und durch die Natur ins Zentrum des pädagogischen Handelns stellt, kommt ohne Medien nicht aus. So ist das pädagogische Personal mit Handys oder Funkgeräten ausgerüstet. Obschon der Nutzen dieser

Medien den Kindern nahegebracht wird – der pädagogische Schwerpunkt liegt gleichwohl in der unmittelbaren Begegnung mit der Natur. Medien können auch gerade hier in den Nutzen der Umsetzung der Bildungsziele in einem Waldkindergarten gestellt werden, indem beispielsweise Tablets bei der Bestimmung von Pflanzen behilflich sind oder als Navigationsgeräte genutzt werden.

4. Bildungspartnerschaft mit Eltern

Die in der Vorschrift angesprochene „Lebenswelt" der Kinder umfasst dabei natürlich nicht allein die Lebenswelt der Medien in der Kindertageseinrichtung. Noch viel bedeutender, einflussreicher und prägender ist die „Lebenswelt" Familie. Kinder spiegeln in ihrem Mediengebrauch nicht selten die Mediengewohnheiten der Eltern wider und Medien sind im Familienalltag der Kinder omnipräsent. Insofern sind Eltern als wichtigster Bildungspartner von Anfang an einzubeziehen, um sie insbesondere für die Bedeutung früher digitaler Bildung als gemeinsame Aufgabe zu sensibilisieren und durch Begleitangebote in ihrer medienerzieherischen Kompetenz zu stärken (z. B. Elternabende, Eltern-Kind-Nachmittage, Elternmaterialien, Vermittlung externer Angebote wie Elterntalk, Vermittlung medienpädagogischer Referentinnen und Referenten). **341**

Ohne ein intensives Zusammenwirken der Lebenswelten Familie und Kindertageseinrichtung im Bereich Medienpädagogik dürfte die Hinführung der Kinder zu sinnvoller und verantwortungsbewusster Medienerziehung scheitern. Elternabende, die Raum und Zeit zum Austausch geben und bei denen praktische Hilfe in der Medienerziehung der Kinder reflektiert werden oder im Rahmen von gemeinsamen Eltern-Kind-Nachmittagen, bei denen Medien gemeinsam ausprobiert werden können, sind hier sehr hilfreich und wirksam.

Wertvolle Hinweise und Beispiele für pädagogische Arbeit mit Medien in Kindertageseinrichtungen bietet der Bildungs- und Erziehungsplan sowie die Initiative Medienführerschein Bayern *(www.medienfuehrerschein.bayern.de)*.

Die Stärkung der Bildungspartnerschaft mit Eltern und weiteren Partnern war eines der Ziele des Modellversuchs „Medienkompetenz in der Frühpädagogik stärken", im Zuge dessen eine Reihe von Materialien und Praxishilfen auch für Eltern erarbeitet wurden.

Im Rahmen der Digitalisierungsstrategie nimmt die Bildungspartnerschaft mit Eltern ebenso einen großen Stellenwert ein. Fachkräfte werden gezielt darin gestärkt, Eltern beim Thema Medienbildung in der Kita zu beteiligen und gute Wege der Elterninformation und Elternbeteiligung zu finden.

§ 10
Ästhetische, bildnerische und kulturelle Bildung und Erziehung

Kinder sollen lernen, ihre Umwelt in ihren Formen, Farben und Bewegungen sowie in ihrer Ästhetik wahrzunehmen und das Wahrgenommene schöpferisch und kreativ gestalterisch umzusetzen.

Inhaltsübersicht **Rn.**

1. Ästhetische Bildung und Erziehung als Schlüssel zur Welt 342
2. Sinnesbildung und Kreativitätsförderung 343
3. Beispiele für die pädagogische Umsetzung 344

Anmerkungen

1. Ästhetische Bildung und Erziehung als Schlüssel zur Welt

342 Die Fähigkeit, über sinnliche Wahrnehmung zu lernen, ist in der frühen Kindheit besonders ausgeprägt. Zuallererst über die Sinne, über das Sehen, Hören, Schmecken, Tasten und Riechen erfahren und erkunden Kinder die sie umgebende Welt. So eignen sie sich die Welt an. Die Sinne werden zum Schlüssel zur Erschließung der Welt. Ästhetische Erfahrung steht in unmittelbarem Zusammenhang mit der sinnlichen Wahrnehmung, geht jedoch über die Erfahrung der dinglichen Umwelt hinaus. Über die Sinne begegnen die Kinder der Kunst und Kultur ihrer Umwelt, die sich in einer unüberblickbaren Vielfalt der Ausdrucksweisen – Farben, Formen und Bewegungen zeigt. Die Kinder nehmen die künstlerisch-ästhetischen Eindrücke mit allen Sinnen auf und schärfen ihre Wahrnehmungsfähigkeiten durch vielfältige Angebote. Die Erfahrungen, die Kinder dabei machen, sind nicht nur bestimmend für ihre **Haltung und Einstellung** gegenüber ihrer Umwelt und ihren Mitmenschen, sondern auch für die **Entwicklung** ihrer **Ausdrucksmöglichkeiten, d. h. ihres kreativen und künstlerischen Potenzials.** Aus der Verarbeitung ihrer sinnlichen Erlebnisse entwickelt sich nicht nur Verständnis für bereits geschaffene Kunst und Kultur, sondern eigene gestalterische Möglichkeiten werden gestärkt. Ihr Ausdruck kreativen Wirkens ist immer auch eine Botschaft an die soziale Umwelt.

2. Sinnesbildung und Kreativitätsförderung

343 § 10 AVBayKiBiG ist insoweit eine für die kognitive, emotionale und auch soziale Entwicklung der Kinder außerordentlich wichtige Vorschrift. Sie verpflichtet das pädagogische Personal, den **sinnlichen Erschließungsprozess** der Welt zu unterstützen. Sie fordert die Erzieherin auf, für die Kinder vielfältige Möglichkeiten zu schaffen, damit sie ihre Umwelt sehend, hörend, riechend, schmeckend und tastend erfahren und kennenlernen können. Die Kinder sollen „ihre Umwelt in ihren Formen, Farben und Bewegungen sowie in ihrer Ästhetik wahrnehmen und das Wahrgenommene schöpferisch und kreativ gestalterisch umsetzen". Das bedeutet, dass die Erzieherin im Alltag genügend Zeit, Raum und Anreize bieten soll, damit Kinder ihre Sinne gebrauchen und sie verfeinern können. Das bedeutet auch, dass die Erzieherin die Kinder auf Entdeckungsreisen in das Reich der Sinne führt. Es wäre allerdings zu wenig, würde die Erzieherin die Kinder allein zum aufnehmenden Wahrnehmen und nicht gleichzeitig zu kreativem Gestalten anregen. Die Erzieherin steht hier vor der Aufgabe, das enorme Kreativitätspotenzial der Kinder zum Erblühen zu bringen. Sie unterstützt die Kinder darin, spielerisch-kreativ mit ihrer Phantasie umzugehen und sie im eigenen schöpferischen Tun umzusetzen (vgl. BayBEP 2019, S. 298). Kinder werden zu Künstlern, wenn sie ihre Empfindungen in ihren „Werken" frei ausdrücken und das pädagogische Personal zu Erweckern des in den Kindern liegenden schöpferischen Potenzials. Es ist unbestritten, dass Erfahrungen der Neugier, Lust und Freude am eigenen schöpferischen Tun Motor der Persönlichkeits- und Intelligenzentwicklung der Kinder sind (vgl. ebd.). Ebenso sind sie Grundstein für **lebenslanges Lernen**. Ohne die Fähigkeit zur und ohne die Aufgeschlossenheit gegenüber neuen, sinnlichen Wahrnehmungen fehlt dem erwachsenem Menschen der Anstoß, sich mit Neuem auseinanderzusetzen. § 10 beschränkt sich nicht darauf, dass die Kinder zum Beispiel einzelne Farben und Formen wahrnehmen, sondern dass Kinder einen **Gesamteindruck von ihrer Sinneswahrnehmung** mit eigenem ästhetischem Maßstab entwickeln.

3. Beispiele für die pädagogische Umsetzung

Ein weites Feld sinnlicher Anregung bietet dabei die Kindertageseinrichtung selbst. Ihre Architektur, Materialien, Farben, Räume, Einrichtungsgegenstände, Geräusche und Gerüche sind eine nahezu unerschöpfliche Erfahrungswelt für die Sinne. Die Erzieherin kann Kreativbereiche in der Kindertageseinrichtung einrichten, die Kinder zum gemeinsamen schöpferischen Tun einladen, Begegnungen mit Künstlern organisieren, gemeinsame Projekte initiieren, mit Kindern Museen und Ausstellungen besuchen etc. Der Phantasie sind hier keine Grenzen gesetzt. Weitergehende Anregungen sind im BayBEP 2019, S. 299 ff. zu finden. **344**

§ 11
Musikalische Bildung und Erziehung

[1]Kinder sollen ermutigt werden, gemeinsam zu singen. [2]Sie sollen lernen, Musik konzentriert und differenziert wahrzunehmen und Gelegenheit erhalten, verschiedene Musikinstrumente und die musikalische Tradition ihres Kulturkreises sowie fremder Kulturkreise kennen zu lernen.

Inhaltsübersicht **Rn.**

1. Musikalische Bildung zur Formung von Geist und Seele 345
2. Gemeinsames Singen 346
3. Differenziertes und konzentriertes Wahrnehmen von Musik 347

Anmerkungen

1. Musikalische Bildung zur Formung von Geist und Seele

345 In ihrem „Weltwissen der Siebenjährigen“ beschwört und belegt *Donata Elschenbroich* die „Geheimnisvollen Kräfte der Musik (…): Sie bildet Geist und Seele des Kindes weit über das Musikalische hinaus. Sie erfasst das ganze Kind, fördert Intelligenz, innere Ausgeglichenheit, Denken, Fühlen, Handeln gleichermaßen“ (2001, S. 212). Es ließen sich noch viele Beispiele für solch eindringliche Plädoyers für die Musik anführen. Der Bildungs- und Erziehungsplan (2019) beschreibt „Musik [als] ein ideales Medium für Kinder, sich mitzuteilen, Gefühle und Gedanken zu äußern, aber auch emotionale Belastungen abzureagieren.“ (S. 323 ff.). Von daher gewinnt § 11, der die musikalische Bildung und Erziehung in Kindertageseinrichtungen zum Inhalt hat, besonderes Gewicht.

2. Gemeinsames Singen

346 Die Vorschrift nimmt die Ergebnisse neuerer Untersuchungen zur musikalischen Bildung auf, die Musik als unverzichtbaren Beitrag zur ganzheitlichen Bildung herausstellen. In Satz 1 wird insbesondere das gemeinsame Singen der Kinder betont,
- weil alle Sinne miteinander kommunizieren,
- die Konzentrationsfähigkeit gesteigert und zudem noch
- das Selbstbewusstsein und soziales Verhalten gefördert wird.

Hierbei fällt vor allem die Formulierung auf, dass die Kinder zum gemeinsamen Singen „ermutigt“ werden sollen. Der Gesetzgeber geht offenbar davon aus, dass das gemeinsame Singen selten geworden ist. Gemeinsames Singen soll in der Kindertageseinrichtung gepflegt werden, vor allem, weil es eine einzigartige Form der Beziehungsgestaltung ist. Es kann Erfahrungen von gelingender Gemeinschaft vermitteln, das Gefühl für soziale Geborgenheit in der Gemeinschaft schenken. Gemeinsames Singen unterstützt die Entwicklung sozialer Fähigkeiten und ist auch Mittel zum Selbstausdruck. Lebensfreude kann über das Liedgut ebenso Ausdruck finden wie Unsicherheit und Angst. Im BayBEP heißt es: „Musikalische Interaktionen, ganz gleich ob mit der Stimme, auf Instrumenten oder in der Bewegung, sind individueller Ausdruck, Kontaktangebot und wechselseitiger Austausch zugleich“ (BayBEP 2019, S. 324). Neben der Entwicklung **sozial-emotionaler Kompetenz** kann das gemeinsame Singen – wie grundsätzlich alles gemeinsame Musizieren – auch das **kognitive Lernen** der Kinder unterstützen. Das Musizieren, das unter anderem das Transferieren von Noten in koordinierte Griffe und Töne beinhaltet, fördert das analytische Denken.

3. Differenziertes und konzentriertes Wahrnehmen von Musik

Satz 2 fordert das pädagogische Personal zunächst auf, Kindern Gelegenheiten zu konzentriertem und differenziertem **Musikhören** zu bieten. Diese Aufgabe verfolgt zwei Ziele: Zum einen das Hören von Musik **aus dem eigenen Kulturkreis** in ihren vielfältigen Formen, Klängen und Weisen. Zum anderen die Begegnung mit Musik **anderer Kulturkreise**. Das Hören von Musik des eigenen Kulturkreises stärkt die Verbundenheit zur eigenen Tradition. Das Hören von Musik anderer Kulturkreise unterstützt das Verständnis für fremde, ungewohnte Ausdrucksweisen. Musik fremder Kulturen, wie z. B. türkische, indische und chinesische Kompositionen fasziniert Kinder. Begeistert greifen sie fremde Klänge ungewohnter Musikinstrumente auf, die sie zu unterschiedlichen Ausdrucksweisen stimulieren. Insofern trägt Musikhören zu kultureller Verständigung bei und ist auch ein hervorragendes Mittel zur Integration. 347

Das sinnliche Erlebnis des eigenen Musizierens oder des Kennenlernens fremder Musik kann den Kindern auf mannigfache Weise ermöglicht werden. Es gibt kaum eine Kindertageseinrichtung, in der nicht auch Kinder aus fremden Kulturkreisen sind. Sie können ihre Instrumente aus ihrer Familie zum Klingen bringen. Im Jahreslauf einer Kindertageseinrichtung gibt es viele Gelegenheiten, kleine Konzerte mit eigenen und fremden Instrumenten zu organisieren, ein wunderbarer Weg **kulturverbindender Pädagogik**.

§ 12
Bewegungserziehung und -förderung, Sport

Kinder sollen ausgiebig ihre motorischen Fähigkeiten erproben und ihre Geschicklichkeit im Rahmen eines ausreichenden und zweckmäßigen Bewegungsfreiraums entwickeln können.

Inhaltsübersicht **Rn.**

1. Bedeutung der Bewegungserziehung und -förderung 348
2. Erprobung motorischer Fähigkeiten 349
3. Entwicklung von Geschicklichkeit 350
4. Ausreichender und zweckmäßiger Bewegungsfreiraum 351

Anmerkungen

1. Bedeutung der Bewegungserziehung und -förderung

348 Bewegungserziehung und -förderung in Kindertageseinrichtungen ist im Hinblick auf den heute vielfach konstatierten **Bewegungsmangel der Kinder** unabdingbar. Bewegung hat auf die körperliche Gesundheit eines Kindes, aber auch auf seine kognitive und soziale Entwicklung großen Einfluss: „Durch Bewegung lernen die Kinder eine Menge über ihre Umwelt, über sich selbst, über andere; sie lernen ihre Fähigkeiten und Möglichkeiten kennen und Risiken realistisch einschätzen, sie steigern ihre Unabhängigkeit, gewinnen Selbstvertrauen und lernen, mit anderen zu kommunizieren" (BayBEP 2019, S. 343).

Dass § 12 neben die Bewegungserziehung auch die Bewegungsförderung setzt, macht darauf aufmerksam, dass die Erzieherin Bewegung fördern muss, indem sie im Alltag der Kindertageseinrichtung möglichst viele Freiräume schafft, wo Kinder ihre natürlichen Bewegungsbedürfnisse befriedigen können. Bewegungserziehung und Bewegungsförderung sind unverzichtbar für eine **positive Gesamtentwicklung der Kinder** und somit wesentlicher Teil der pädagogischen Arbeit in Kindertageseinrichtungen.

2. Erprobung motorischer Fähigkeiten

349 § 12 macht deshalb Bewegungserziehung zur Pflicht in den Einrichtungen und bestimmt, dass die Kinder „ausgiebig (...) ihre motorischen Fähigkeiten erproben (...) können." Zunächst überrascht hier der in diesem Zusammenhang ungewöhnliche Begriff **„ausgiebig"**. Er bedeutet, dass den Kindern

mehr als nur **ausreichend** Gelegenheit gegeben wird, Bewegungserfahrungen zu machen. Danach sollen Kinder möglichst zeitlich nicht eingegrenzt ihre natürliche motorische Fähigkeit erproben können, um Lust und Freude an der Bewegung zu schöpfen. Kinder sollen über ein breites Bewegungsangebot (von offenen Bewegungsangeboten bis zu spezifischen Angeboten wie angeleiteten Bewegungsstunden, Tanz und Rhythmik) ihre Bewegungserfahrungen optimieren und erkunden, welche Bewegungsformen ihnen besonderen Spaß machen. Auch im Bereich der Bewegungserziehung und -förderung ist die **Beobachtung und Dokumentation** durch das pädagogische Personal wichtig. Die Beobachtung wird allem voran der Sicherheit der Kinder gelten, auch wenn das Risiko einer Verletzung niemals völlig ausgeschlossen werden kann. Bedeutsam ist gerade auch der Blick auf die Körperkoordination der Kinder, auf ihre körperliche Belastungsfähigkeit und ihre Ausdauer. Gerade für Kinder, die Bewegungsanforderungen meiden, sollten die pädagogischen Kräfte Herausforderungen bereithalten, die ihr positives Körperbewusstsein stärken. Auch ist es wichtig, darauf zu achten, wie Kinder ihre **körperlichen, emotionalen und sozialen Befindlichkeiten ausdrücken**. So wird die Erzieherin erkennen, ob das Kind beispielsweise aggressive, gegen andere oder auch sich selbst gerichtete Bewegungsäußerungen zeigt, oder ob es einfach nur kindlich wild seinen Bewegungsdrang austobt. Unterstützen und Gegenwirken hat gerade im Bereich der Bewegung und des körperlichen, mitunter ungestümen Einsatzes der Kinder grundsätzliche Bedeutung. Der Bewegungsförderung der Vorschul- und Schulkinder dient auch der **sportliche Wettbewerb**, also z. B. Wettläufe, Fangen, Ballspiele.

3. Entwicklung von Geschicklichkeit

Unmittelbar an die Erfahrung motorischer Fähigkeiten geknüpft ist die Entwicklung von „Geschicklichkeit". **350** Geschicklichkeit in diesem Zusammenhang meint, mit Bewegung spielerisch umgehen zu können, **Vertrauen** in die eigenen Bewegungsmöglichkeiten zu haben, mit Bewegung **Freude** und **Leichtigkeit** zu verbinden. Diese Fähigkeiten stärken das Selbstvertrauen und die Selbstwirksamkeit des Kindes und sollen deshalb von den pädagogischen Kräften wo immer möglich bewusst gestärkt werden. Geschicklichkeit und koordinative Fähigkeiten sind nicht nur für die körperliche, sondern auch für die kognitive Entwicklung des Kindes maßgeblich. Wissenschaftliche Untersuchungen bestätigen eine stärkere Entwicklung der Vernetzung innerhalb bestimmter Gehirnregionen, die sowohl für kognitive als auch für motorische Prozesse zuständig sind, wenn körperliche Geschicklichkeit angeregt wird.

4. Ausreichender und zweckmäßiger Bewegungsfreiraum

351 Um Geschicklichkeit und Koordination entwickeln zu können, brauchen Kinder den in der Vorschrift angesprochenen „ausreichenden und zweckmäßigen Bewegungsfreiraum“. Damit wird gleichzeitig eine **Raumgröße gefordert**, die über dem Mindestmaß des nach § 45 SGB VIII unbedingt Notwendigen liegt. Die Möglichkeit, Geschicklichkeit zu entwickeln, setzt freilich voraus, dass den Kindern in der Einrichtung ein vielfältiges Angebot zur Bewegungsförderung zur Verfügung steht. Dies umfasst ferner eine bewegungsförderliche Gestaltung der Innenräume, aber auch des Außenraums. So können beispielsweise im Außenbereich Geschicklichkeitsparcours gestaltet werden oder im Inneren durch bewegliche Möbelteile „Klettersteige“ konstruiert werden. Allein auf die Bewegungsmöglichkeiten in der Umgebung der Kindertageseinrichtung zu setzen, verkennt, dass Bewegung selbstverständlicher, auch von den Kindern selbst initiierter und stetiger Teil des pädagogischen Alltags sein soll. **„Ausreichend“** heißt „nicht einschränkend“, sondern **immer mehr als das Minimum**; „zweckmäßig“ meint, der Bewegungsförderung dienlich.

§ 13
Gesundheitsbildung und Kinderschutz

(1) [1]Kinder sollen lernen, auf eine gesunde und ausgewogene Ernährung, ausreichend Bewegung und ausreichend Ruhe und Stille zu achten. [2]Sie sollen Hygiene- und Körperpflegemaßnahmen einüben sowie sich Verhaltensweisen zur Verhütung von Krankheiten aneignen, unbelastet mit ihrer Sexualität umgehen und sich mit Gefahren im Alltag, insbesondere im Straßenverkehr, verständig auseinandersetzen. [3]Richtiges Verhalten bei Bränden und Unfällen ist mit ihnen zu üben.

(2) [1]Das pädagogische Personal klärt die Kinder über die Gefahren des Rauchens und über sonstige Suchtgefahren auf und trägt dafür Sorge, dass die Kinder in der Kindertageseinrichtung positive Vorbilder erleben. [2]Der Träger stellt die Einhaltung des Rauchverbots in den Innenräumen und auf dem Gelände der Einrichtung nach Art. 3 Abs. 1 und 7 Satz 1 Nr. 2 des Gesundheitsschutzgesetzes sicher.

Inhaltsübersicht **Rn.**

1. Bedeutung der Gesundheitsbildung 352
2. Der Begriff der Gesundheit 353
3. Gesunde und ausgewogene Ernährung 354
4. Rhythmus von Bewegung und Stille und Ruhe 355
5. Hygiene- und Körperpflegemaßnahmen, Verhütung von Krankheiten 356

6. Unbelasteter Umgang mit der Sexualität 357
7. Gefahrenvorbeugung 358
8. Suchtprävention 359
a) Stärkung von Schutzfaktoren und Aufklärung über die Gefahren von Suchtmitteln, insbesondere das Rauchen 360
b) Vorbildfunktion und Rauchverbot 361

Anmerkungen

1. Bedeutung der Gesundheitsbildung

Dass sich an die Norm zur Bewegungserziehung und -förderung unmittelbar die Vorschrift zur Gesundheitserziehung anschließt, zeigt nicht nur deren inneren Zusammenhang; die Vorschrift zeigt auch, für wie wichtig der Verordnungsgeber das Aufgabenfeld Gesundheitserziehung und -förderung in Kindertageseinrichtungen für das pädagogische Personal ansieht. Sie hat eine individuelle und eine soziale Komponente: Der Gesundheitserziehung kommt die Aufgabe zu, Kinder in der Entwicklung der **Selbstverantwortung** zu unterstützen und ihnen damit zu Wohlbefinden und Selbstachtung zu verhelfen. Es geht aber auch darum, die sozialen Ressourcen des Kindes zu stärken, d. h. dessen Fähigkeiten, einfühlsam mit anderen Menschen umzugehen. **352**

2. Der Begriff der Gesundheit

Der Bildungs- und Erziehungsplan zitiert die Definition der Weltgesundheitsorganisation (WHO), wonach die Gesundheit „ein Zustand von körperlichem, seelischem, geistigem und sozialem Wohlbefinden" (BayBEP 2019, S. 360) ist, und entwickelt aus dieser Definition die Bildungs- und Erziehungsziele für das pädagogische Personal in Kindertageseinrichtungen (BayBEP 2019, S. 360 ff.). § 13 verpflichtet dementsprechend die Erzieherinnen, die Kinder bei der Entwicklung einer Grundhaltung zu unterstützen, die ihrer Gesundheit, d. h. ihrem körperlichen, seelischen, geistigen und sozialen Wohlbefinden dienlich ist. **353**

3. Gesunde und ausgewogene Ernährung

Gesundheitsbildung zielt zunächst auf die Entwicklung von Bewusstsein für gesunde und ausgewogene Ernährung. Allem voran sollte das pädagogische Personal ein Vorbild für gesunde Lebensführung sein. Eine gesunde **354**

Zubereitung der Verpflegung in der Kindertageseinrichtung muss ihr wichtig sein. Es achtet auf ein ausgewogenes Essensangebot, d. h. auf abwechslungsreiches, ballaststoffreiches und möglichst frisch zubereitetes Essen. Wann immer es möglich ist, sollen sie mit den Kindern gemeinsam das Essen einnehmen. Dabei achten sie auf Ess- und Tischkultur und eine Atmosphäre, die gemeinsame Mahlzeiten zu einem angenehmen Gemeinschaftserlebnis werden lassen. Auch der achtsame Umgang mit Lebensmitteln sollte ein zentrales Ziel der Gesundheitsbildung sein.

4. Rhythmus von Bewegung und Stille und Ruhe

355 Das Bildungspersonal wird mit den Kindern die Bedeutung von Bewegung und Entspannung, von Ruhe und Erholung, von Lebensrhythmen und deren Bedeutung für das Wohlbefinden erforschen. Gerade heute, in einer oft lauten, ja lärmenden Umgebung, müssen Kinder erst ein **Gefühl für die Stille** bekommen, müssen sie lernen, Stille zu genießen, auch auszuhalten. Auch das Kennenlernen von Entspannungstechniken und Strategien zum Umgang mit Stress hat hier seinen Platz.

5. Hygiene- und Körperpflegemaßnahmen, Verhütung von Krankheiten

356 Die Kinder sollen ein Grundverständnis dafür entwickeln, dass Hygiene- und Körperpflege bedeutsam sind für ihr Wohlbefinden und zur Vermeidung von Krankheiten. Insbesondere die Mund- und Zahnpflege kann in der Kindertageseinrichtung kontinuierlich eingeübt werden. Zur Stärkung der Abwehrkräfte wird die Erzieherin bei jedem Wetter die Bewegung im Freien ermöglichen und dabei auf eine angemessene Kleidung achten.

Die Kinder sollen Verantwortung für ihren Körper und ihre Gesundheit entwickeln. Sie sollen erfahren, was es heißt, Gutes für seinen Körper zu tun, sich in seinem Körper wohl zu fühlen. Vorzubeugen ist einem übertriebenen Körperkult, d. h. dem Nacheifern eines von der Werbung vermittelten Schönheitsideals.

6. Unbelasteter Umgang mit der Sexualität

357 Gesundheitserziehung setzt sich fort in der Aufgabe, Kinder darin zu unterstützen, dass sie einen unbefangenen Umgang mit dem eigenen Körper entwickeln. Differenziert und sehr feinfühlig wird die Erzieherin auf Fragen der Kinder eingehen und ihnen helfen, unbelastet mit ihrer Sexualität umzugehen. Konkret hat die Vorschrift zum Ziel, den Kindern dabei zu helfen,

dass sie sich als Mädchen oder als Jungen in ihrem Körper wohlfühlen, eine positive Geschlechtsidentität entwickeln. „Unbelastet“ mit der Sexualität umgehen heißt, dass Kinder Sexualität als ein sehr persönliches, intimes und natürliches und deshalb schützens- und bewahrenswertes Gut wahrnehmen. Wichtig ist vor allem auch, dass Kinder angenehme und unangenehme Gefühle unterscheiden lernen und sie darin gestärkt werden, „Nein“ zu sagen. Gerade im Bereich der Sexualerziehung ist es unabdingbar, dass die Erzieherin immer den **Austausch mit den Eltern** sucht und mit ihnen ihr Konzept zur Sexualerziehung klärt. Der **Elternwille** ist dabei unbedingt zu respektieren.

7. Gefahrenvorbeugung

Die in der Vorschrift geforderte Gefahrenprävention ist eine Grundaufgabe **358** jeder Kindertageseinrichtung. Je jünger Kinder sind, umso wichtiger sind eine verantwortungsvolle Aufsicht und eine sichere Umgebung. Entwicklungsangemessen weitet das pädagogische Personal die Sicherheitserziehung aus und greift situationsorientiert Gelegenheiten auf, damit Kinder Gefahrenquellen im Alltag erkennen und einschätzen lernen. Sie bestärkt die Kinder zu verantwortlichem, vorsichtigem und umsichtigem Handeln. Besonders wichtig ist es, dass Kinder Grundkenntnisse zu sicherem Verhalten im Straßenverkehr erwerben. Praktisch eingeübt werden kann richtiges Verhalten im Straßenverkehr z. B. bei Stadtrundgängen. Es empfiehlt sich, auf das Aufklärungsangebot eigens geschulter Fachkräfte, insbesondere der Polizei, zurückzugreifen. Auf diese **Aufklärung durch Fachleute** sollte auch beim Üben von richtigem Verhalten bei Bränden und Unfällen zurückgegriffen werden, z. B. vom Roten Kreuz, dem Arbeiter-Samariter-Bund, der Freiwilligen Feuerwehr. Kinder mit guten motorischen Fähigkeiten sind weniger unfallgefährdet. Deshalb geht die Gefahrenprävention Hand in Hand mit vielfältigen Angeboten im Rahmen der Bewegungserziehung.

8. Suchtprävention

Abs. 2 beschreibt das Bildungs- und Erziehungsziel, die Kinder stark für ein **359** Leben ohne Suchtmittel zu machen. Hierzu enthält Abs. 2 drei Ansätze:

- Stärkung der Schutzfaktoren und Aufklärung über die Gefahren von Suchtmitteln, insbesondere über das Rauchen,
- Lernen durch Vorbild (Vorbildfunktion der pädagogischen Kräfte),
- ein vom Träger zu setzendes Rauchverbot.

a) Stärkung von Schutzfaktoren und Aufklärung über die Gefahren von Suchtmitteln, insbesondere das Rauchen

360 Suchtprävention im Kindesalter ist zunächst sucht(mittel)unspezifisch. Im Zentrum der pädagogischen Bemühungen steht die **Stärkung der Schutzfaktoren**. Die pädagogischen Kräfte haben dafür Sorge zu tragen, dass Kinder Basiskompetenzen entwickeln und dabei Sicherheit, Anerkennung, Gestaltungsfreiheit und Lebensfreude erfahren. Wohlbefinden und seelische Gesundheit machen die Kinder stark für ein gelingendes Leben ohne Suchtmittel (vgl. BayBEP 2019, S. 365). Entwicklungsangemessen haben die pädagogischen Kräfte die Kinder über die Gefahren von Suchtmitteln aufzuklären. Dabei ist insbesondere auf eine kindgerechte Darstellung zu achten. Dies beginnt schon bei der **Auswahl der konkreten Beispiele für Suchtmittel**. Welche Drogen im weitesten Sinne einbezogen werden, ist vom Alter der Kinder und ihrer Erfahrungswelt abhängig. So ist es leider zunehmend auch schon bei Grundschülern wichtig, sie über die Existenz und das Suchtpotenzial von Drogen, wie etwa Cannabisprodukte, aufzuklären und eindringlich davor zu warnen, von Unbekannten irgendwelche dubiose Stoffe anzunehmen. Bei Kindergartenkindern sollte der Schwerpunkt der Präventionsarbeit auf Suchtmittel gelegt werden, die Kinder schon im Vorschulalter bedrohen. Dies trifft vor allem auf **Süchte im weiteren Sinne** zu, wie Computerspielsucht, übermäßiger TV-Konsum, unmäßiges Naschen, etc. Thematisiert werden sollten aber auch Drogen, die von den Kindern in ihrem Umfeld wahrgenommen werden, wie Tabak, Alkohol und Medikamente.

Ziel der Aufklärungsarbeit ist es insbesondere,

- den Kindern eine **Vorstellung von der Vielfalt der Suchtmittel** zu geben; ihnen bewusst zu machen, dass auch alltägliche, eigentlich ungefährliche Vorlieben bei krankhaft gesteigertem Konsum süchtig machen können;
- Kindern ein **gesundes Körpergefühl** zu vermitteln (wann bin ich satt?, wann kann ich das Fernsehprogramm gar nicht mehr richtig wahrnehmen und sollte daher aufhören?);
- den Kindern zu verdeutlichen, dass **Rauchen und Alkohol** nicht gesund sind, für Kinder (und Jugendliche bis zu einem bestimmten Alter) verboten, für Erwachsene hingegen erlaubt sind, sowie, dass starker und regelmäßiger Konsum von Zigaretten oder Alkohol zu ernsthaften Erkrankungen führen;
- den Kindern bewusst zu machen, dass sie es durch gesundheitsbewusstes und **eigenverantwortliches Handeln** selbst in der Hand haben, nicht süchtig zu werden.

Im Rahmen der Suchtprävention sind die **Eltern intensiv mit einzubeziehen**, damit sie die pädagogische Arbeit der Kindertageseinrichtung zu Hause fortsetzen und unterstützen (z. B. durch bewusstes und bewusst begrenztes gemeinsames Fernsehen).

Sind einzelne Kinder **in ihrer Familie mit Suchtproblemen konfrontiert**, so erfordert dies eine besonders einfühlsame Herangehensweise der pädagogischen Teams, um die Familie und auch das Kind selbst nicht zu stigmatisieren. Wichtig ist es – gerade auch in für das Kind erfahrbarer Weise –, zu versuchen, den Eltern konkrete, professionelle Hilfe zu vermitteln.

b) Vorbildfunktion und Rauchverbot

Alle Aufklärungsarbeit über die Gefahren des Rauchens geht fehl, wenn die **361**
Worte der Erzieherin durch das Handeln des pädagogischen Teams oder der Eltern konterkariert werden. Auch unter diesem Gesichtspunkt ist daher eine enge Abstimmung **der pädagogischen Kräfte** mit den Eltern erforderlich. Die **Vorbildfunktion der pädagogischen Kräfte bzw. Tagespflegeperson** erfordert es, dass diese möglichst nicht rauchen. Abs. 2 Satz 2 normiert nicht selbst ein Rauchverbot, sondern verpflichtet den Träger der Kindertageseinrichtung, gegenüber dem pädagogischen Personal im Arbeitsvertrag oder in der Betriebsordnung und gegenüber den Eltern und sonstigen Besuchern der Kindertageseinrichtung durch die Hausordnung ein Rauchverbot aufzustellen. Diese Pflicht ist allerdings durch das **Bayerische Gesundheitsschutzgesetz** (GSG) seit dem 1.1.2008 überholt, da seitdem **kraft Gesetzes – ohne dass der Träger tätig werden muss** – ein absolutes Rauchverbot in allen Räumen der Kindertageseinrichtung und der Tagespflege sowie für die Außenflächen gilt (s. Art. 3 Abs. 1 und 7 Satz 1 Nr. 2 GSG). Nach Art. 6 GSG ist es auch nicht möglich, einen Raucherraum einzurichten. An dieser Rechtslage änderte sich auch durch die Reformierung des GSG zum 1.8.2009 nichts.

§ 14
Aufgaben des pädagogischen Personals und des Trägers

(1) [1]Das pädagogische Personal hat die Aufgabe, dafür zu sorgen, dass die Kinder die Bildungs- und Erziehungsziele vor allem durch begleitete Bildungsaktivitäten erreichen. [2]Hierzu gehören insbesondere das freie Spiel in Alltagssituationen, bei dem die Kinder im Blick des pädagogischen Personals bleiben, die Anregung der sinnlichen Wahrnehmung und Raum für Bewegung, Begegnungen mit der Buch-, Erzähl- und Schriftkultur, der darstellenden Kunst und der Musik, Experimente und der Vergleich und die Zählung von Objekten, umweltbezogenes Handeln und die Heranführung an unterschiedliche Materialien und Werkzeuge für die gestalterische Formgebung.

(2) [1]Der Träger hat dafür zu sorgen, dass das pädagogische Personal sich zur Erfüllung der Bildungs- und Erziehungsaufgaben an den Inhalten des bayerischen Bildungs- und Erziehungsplans, der Handreichung Bildung, Erziehung und Betreuung von Kindern in den ersten drei Lebensjahren und der Bayerischen Leitlinien für die Bildung und Erziehung von Kindern bis zum Ende der Grundschulzeit orientiert. [2]Auf der Grundlage der Bayerischen Leitlinien ist der Bayerische Bildungs- und Erziehungsplan auch eine Orientierung für die pädagogische Arbeit in Horten.

(3) Die Leiterin oder der Leiter der Kindertageseinrichtung

1. **übernimmt die Verantwortung für die Gestaltung und Fortentwicklung der pädagogischen Arbeit in der Kindertageseinrichtung,**
2. **nimmt die fachliche Unterstützung, Anleitung und Aufsicht für das pädagogische Personal wahr,**
3. **fördert die Erziehungspartnerschaft zwischen den Eltern und dem pädagogischen Personal und**
4. **unterstützt die Zusammenarbeit mit anderen Einrichtungen, Diensten und Ämtern gem. Art. 15 BayKiBiG.**

Inhaltsübersicht **Rn.**

1. Vorgaben für die methodische Umsetzung der Bildungs- und Erziehungsziele 362
2. Begleitete Bildungsaktivitäten (Abs. 1 Satz 1) 363
3. Formen geplanter und moderierter Bildungsaktivitäten (Abs. 1 Satz 2) 364
4. Bildungs- und Erziehungsplan, Handreichung Bildung, Erziehung und Betreuung von Kindern in den ersten drei Lebensjahren sowie die Bayerischen Leitlinien für die Bildung und Erziehung von Kindern bis zum Ende der Grundschulzeit als Orientierungsmaßstab (Abs. 2) 365
5. Abgrenzung der Leitungsaufgaben von Trägeraufgaben (§ 14 Abs. 2 und Abs. 3) 366

Anmerkungen

1. Vorgaben für die methodische Umsetzung der Bildungs- und Erziehungsziele

362 BayKiBiG, AVBayKiBiG, der BayBEP, Handreichung Bildung, Erziehung und Betreuung von Kindern in den ersten drei Lebensjahren und die Bayerischen Leitlinien für die Bildung und Erziehung von Kindern bis zum

Ende der Grundschulzeit (BayBL) basieren auf einem Bild vom Kind als aktivem, kompetentem Kind von Anfang an, das sich im Austausch mit seiner Umwelt entwickelt. **Offen bleiben die Vorgaben für pädagogische Ansätze.** Ob ein Kindergarten z. B. nach den Grundsätzen von Maria Montessori, nach dem Reggio-Ansatz, dem (recht verstandenen) Situationsansatz oder nach der Waldpädagogik arbeitet, ob die Kindertageseinrichtung konfessionell gebunden oder ungebunden ist: Der Staat hat sich hier jeder Bewertung zu enthalten, solange die verbindlichen Bildungs- und Erziehungsziele auf der Grundlage eines christlichen Menschenbildes umgesetzt werden. Selbst Schwerpunktsetzungen im Sinne der Bildungsphilosophie des Bildungs- und Erziehungsplans sind möglich, da dies der Profilschärfung einer Kindertageseinrichtung dienen kann. Wichtig ist, dass kein Bildungs- und Erziehungsbereich völlig ausgespart wird.

Von diesem Ausgangspunkt her ergibt sich zwingend, dass in § 14 nur wenige, grundlegende Vorgaben zur methodischen Umsetzung der Bildungs- und Erziehungsziele gemacht werden. Während die §§ 1 bis 13 also die Ziele der pädagogischen Arbeit normieren, betrifft § 14 die **Art und Weise der pädagogischen Arbeit.**

Auch § 1 Abs. 2 regelt die methodische Umsetzung. Die ganzheitliche, individuelle und auf gezielten Beobachtungen gegründete pädagogische Förderung wurde lediglich wegen ihrer fundamentalen Bedeutung für die Frühpädagogik in die Anfangsnorm mit einbezogen.

2. Begleitete Bildungsaktivitäten (Abs. 1 Satz 1)

Spielen ist Lernen. Es besteht kein grundsätzlicher Unterschied zwischen einem Kind, das immer und immer wieder Klötze aufeinandertürmt, bis es begreift, welche Anordnungen zu einem stabilen Turm führen, und einem Atomphysiker, der beharrlich Kernteilchen in Teilchenbeschleunigern aufeinander schießt, um den Aufbau der Atomkerne zu entschlüsseln. Zu den begleiteten Bildungsaktivitäten gehört das „freie" Spiel in Alltagssituationen ebenso wie geplante Angebote (Abs. 1 Satz 2). **363**

Beides fordert von der Erzieherin **„reflektierte Unterstützung"**. Dazu gehört die Bereitstellung von gezielt ausgewählten Materialien („vorbereitete Umgebung") ebenso wie die Moderation von Lernprozessen. Dabei greift die Erzieherin Fragestellungen der Kinder auf und unterstützt sie, im Austausch mit anderen Ideen zu entwickeln, Antworten auf Fragestellungen zu suchen, unterschiedliche Lösungsvorschläge einzubeziehen und Einigungen auszuhandeln. Die Erzieherin begleitet den Lösungsweg der Kinder, gibt Impulse, nimmt sich wieder zurück und gibt der Gruppe Zeit und Raum. Dabei wird sie darauf achten, welche Kinder ihrer Unterstützung bedürfen, um in das Gruppengeschehen eingebunden zu sein und wann die Kinder insgesamt ihrer Hilfe benötigen. Vor dem Hintergrund des methodisch-didaktischen Ansatzes der Ko-Konstruktion heißt **Anleitung** also insbesondere, die Kinder dazu anzuregen, sich zur Erreichung von Zielen mit den anderen Kindern und den Erwachsenen zielorientiert auszutauschen. Das ist der Weg, auf dem Kindern **Lernprozesse** bewusst werden. Kinder lernen selbstverständlich auch in Spielphasen, die von Erwachsenen nicht moderiert werden. Auch im „freien" Spiel mit anderen Kindern finden sie ihre eigene Rolle in der Gruppe, sie testen aus, wie sie sich einbringen können, welche Strategien erfolgreich sind, um sich auch einmal durchzusetzen. Sie lernen zu akzeptieren, dass nicht immer alles nach ihrem Willen geht und dass Kompromisse oft weiterführend sind. Für das pädagogische Personal bieten diese Phasen hervorragende Möglichkeiten zu beobachten, wo die Stärken und Schwächen der einzelnen Kinder liegen, wo sie Anregungen oder Hilfe benötigen. Gerade die Zeiten des „freien" Spiels werden die Erzieherinnen zur gezielten, intensiven, dokumentierten Beobachtung nutzen.

3. Formen geplanter und moderierter Bildungsaktivitäten (Abs. 1 Satz 2)

364 In Abs. 1 Satz 2 werden beispielhaft Aktivitäten aufgeführt, die zu den geplanten und moderierten Bildungsaktivitäten gehören; er stellt keine abschließende Aufzählung dar. Die Anregung der sinnlichen Wahrnehmung, der Raum für Bewegung, die Begegnung mit der Buch-, Erzähl- und Schriftkultur, usw. sind sowohl Formen im Rahmen von geplanten Angeboten wie auch des freien Spiels. Die meisten Beispiele sind primär einem bestimmten Bildungs- und Erziehungsbereich zuzuordnen: So ist etwa die Begegnung mit der Buch-, Erzähl- und Schriftkultur vor allem eine Methode für die sprachliche Bildung und Erziehung. Es handelt sich hier aber nicht um ausschließliche Zuordnungen: So können über Bilderbuchbetrachtungen z. B. auch naturwissenschaftliche Zusammenhänge erklärt oder über Erzählungen aus der Bibel religiöse Bildung und Erziehung umgesetzt werden.

Die Anregungen der sinnlichen Wahrnehmung, also die Möglichkeit für die Kinder, ihre Umwelt durch Anschauen, Befühlen, Erlauschen, Eriechen und Erschmecken zu erfahren, betreffen die allgemeinen Zugangswege eines jeden Menschen zur Welt der Dinge. Während der Erwachsene seine Informationen vor allem über die Augen und Ohren aufnimmt, kommt bei kleinen Kindern dem Tastsinn eine gesteigerte Bedeutung zu. Gute pädagogische Arbeit zeichnet sich dadurch aus, dass den Kindern vielfältige, alle Sinne ansprechende Eindrücke ermöglicht werden, auch überraschende und verblüffende. Ganz besondere Bedeutung erlangen sinnliche Anregungen im Rahmen von ästhetischer Bildung und Erziehung.

Die Bedeutung der **Bewegung** wird dadurch hervorgehoben, dass ihr nicht nur mit § 12 ein eigener Erziehungsbereich zugeordnet wird, sondern sie zugleich als Spiel- und Angebotsform herausgestellt wird. Die Bewegung unterstützt Lernprozesse der Kinder in praktisch allen Bildungsbereichen: Nicht nur, weil die Bewegung gesundheits- und somit allgemein leistungsfördernd ist, sondern auch, weil die Verknüpfung von Wissenserwerb mit Tanz oder sonstiger rhythmischer Bewegung den Kindern Freude macht und die Erinnerungsfähigkeit unterstützt.

Die geforderte **Begegnung mit der Buch-, Erzähl- und Schriftkultur** ist die deutsche Umschreibung für die sog. **Literacy-Erziehung**. Sie geht weit über die allgemein übliche Bilderbuchbetrachtung hinaus. Nicht erst mit der Einschulung, sondern ab dem Zeitpunkt, ab dem sich das jeweilige Kind für den Sinn und die Bedeutung von Buchstaben interessiert, sollten die pädagogischen Kräfte darauf eingehen. Buchstaben, überhaupt Zeichen und Symbole sollten ihren natürlichen Platz in jeder Kindertageseinrichtung finden. Kinder lieben Rätsel und Geheimnisse. Und genau das stellt zunächst die Welt der Buchstaben dar. Sie zu enträtseln, zu verstehen, dass dies von Menschen erfundene Zeichen für Laute sind, zu entdecken, dass es verschiedene Schriften gibt, weckt die Begeisterung in Kindern, selbst lesen und schreiben zu lernen. Ob sie dann damit schon im Kindergartenalter oder erst in der Schule anfangen, ist zweitrangig. Die ausdrückliche Aufnahme der Erzählkultur ruft im Zeitalter der Mediengesellschaft in Erinnerung, dass die älteste und eine der schönsten Formen der Wissensweitergabe das Erzählen von Geschichten darstellt. Erzählungen zuhören, sie selbst wiedergeben, sie weiterspinnen ist eine elementare Kulturtechnik, die Kinder erfahren sollen.

Musikalische Bildung und Erziehung ist ebenso wie die ästhetische Bildung nicht denkbar ohne die **Begegnung mit Musik und Kunst**. Die Auflistung der **Experimente**, des **Vergleichens und Zählens** verdeutlicht, dass es sich auch bei diesen Aktivitäten, die im Bereich der mathematischen und naturwissenschaftlichen Bildung ihre primäre Bedeutung entfalten, um Formen des Spiels handelt. Umweltbildung und -erziehung setzt zwar Wissen voraus, drückt sich aber vor allem durch **umweltbezogenes Handeln** aus. Kreatives Gestalten im Sinne des § 10 setzt eine **gewisse Vielfalt der Materialien und Werkzeuge** voraus.

4. Bildungs- und Erziehungsplan, Handreichung Bildung, Erziehung und Betreuung von Kindern in den ersten drei Lebensjahren sowie die Bayerischen Leitlinien für die Bildung und Erziehung von Kindern bis zum Ende der Grundschulzeit als Orientierungsmaßstab (Abs. 2)

365 Dem Erlass der AVBayKiBiG ging ein Modellversuch zur praktischen Erprobung des Bildungs- und Erziehungsplans in einer Entwurfsfassung voraus. Der daraufhin überarbeitete Bildungs- und Erziehungsplan **konnte nicht** – wie teilweise gefordert – **in Gänze für verbindlich erklärt werden**. Zum einen wäre dies bei fast 500 Seiten ein Übermaß an Regulierung gewesen und zum anderen enthält der Bildungs- und Erziehungsplan erläuternde Passagen sowie eine Fülle von Beispielen, deren Sinn gerade nicht darin bestehen kann, jeder Kindertageseinrichtung, die diese Beispiele nicht Buchstabe für Buchstabe umsetzt, mit dem Entzug der Förderung zu bestrafen. Der Bildungs- und Erziehungsplan wurde jedoch als **Vorbild für die Erarbeitung der §§ 1 bis 13 der AVBayKiBiG** genutzt: Das Bild vom Kind, die allgemeinen Grundsätze für die individuelle Bildungsbegleitung von Kindern, die Basiskompetenzen, die Erziehungspartnerschaft und Teilhabe und schließlich die einzelnen Bildungs- und Erziehungsbereiche sind dem Bildungs- und Erziehungsplan entnommen. Ergänzend zum Bildungs- und Erziehungsplan wird mit der Änderung der AVBayKiBiG vom 30.9.2013 zusätzlich auf die Handreichung Bildung, Erziehung und Betreuung von Kindern in den ersten drei Lebensjahren (2010) sowie die Bayerischen Leitlinien für die Bildung und Erziehung von Kindern bis zum Ende der Grundschulzeit (2012) Bezug genommen. Diese können daher **als Interpretationshilfe für die AVBayKiBiG** verwendet werden, also als Nachschlagewerk, wenn einzelne Begrifflichkeiten der Verordnung unklar sein sollten. Das pädagogische Personal kann zudem auch Hinweise und Beispiele für die praktische Umsetzung der Bildungs- und Erziehungsziele dem Bildungs- und Erziehungsplan entnehmen.

Wenn Abs. 2 die pädagogischen Kräfte auffordert, sich zur Erfüllung der Bildungs- und Erziehungsaufgabe an den Inhalten des Bayerischen Bildungs- und Erziehungsplans, der Handreichung Bildung, Erziehung und Betreuung von Kindern in den ersten drei Lebensjahren, sowie der Bayerischen Leitlinien für die Bildung und Erziehung von Kindern bis zum Ende der Grundschulzeit zu orientieren, so bedeutet dies also nicht, dass diese insgesamt verbindlich würden, sehr wohl aber, dass sie **verbindliche Interpretationsquellen** sind.

Im Titel zielt der Bildungs- und Erziehungsplan nur auf Kinder bis zur Einschulung. Die §§ 1 bis 14 richten sich aber an die Bildung und Erziehung aller Kinder einschließlich der **Schulkinder**. Die Inhalte des Plans können deshalb entsprechend für die Betreuung von Schulkindern herangezogen werden. Die Bildungsleitlinien sind ausdrücklich auf die Betreuung von Schulkindern bis 14 Jahren ausgelegt.

Hinweis:

Zur kollegialen Unterstützung bei der Umsetzung des Bayerischen Bildungs- und Erziehungsplans hat das Staatsinstitut für Frühpädagogik bayernweit ein Netz an Konsultationseinrichtungen (Ko-Kitas) aufgebaut. Es handelt sich hier um Einrichtungen, die die Grundprinzipien des BayBEP bereits ganzheitlich umsetzen und anderen Einrichtungen bei der Implementierung des Plans in die pädagogische Praxis beratend zur Verfügung stehen. Diese in einem eigenen Bewerbungsverfahren ausgesuchten Kindertageseinrichtungen wurden von Mai 2009 bis Dezember 2012 für die Wahrnehmung ihrer Zusatzaufgabe vom Bayerischen Staatsministerium für Familie, Arbeit und Soziales zusätzlich gefördert (s. Newsletter Nr. 67).

5. Abgrenzung der Leitungsaufgaben von Trägeraufgaben (§ 14 Abs. 2 und Abs. 3)

Die Leitung von Kindertageseinrichtungen muss durch pädagogische Fach- **366**
kräfte erfolgen (§ 17 Abs. 3). **Während § 14 Abs. 2 auf die Funktion der Träger abstellt**, werden in § 14 Abs. 3 die wesentlichen Aufgaben der pädagogischen Leitung in einer Kindertageseinrichtung aufgezählt. Zentrale Aufgabe der Träger ist es, die Ressourcen für eine gelingende pädagogische Arbeit in den Einrichtungen bereitzustellen. Das IFP hat sich im Rahmen der Nationalen Qualitätsuntersuchung mit dem Thema „Trägerqualität" auseinandergesetzt und dabei folgende Tätigkeitsbereiche für die Träger beschrieben:

- Organisations- und Dienstleistungsentwicklung
- Konzeption und Konzeptionsentwicklung
- Qualitätsmanagement
- Personalmanagement
- Finanzmanagement
- Familienorientierung und Elternbeteiligung
- Gemeinwesensorientierte Vernetzung und Kooperation
- Bedarfsermittlung und Angebotsplanung
- Öffentlichkeitsarbeit
- Bau- und Sachausstattung

(vgl. Träger zeigen Profil – Qualitätshandbuch für Träger von Kindertageseinrichtungen von *Wassilios Fthenakis, Kirsten Hanssen, Pamela Oberhuemer, Inge Schreyer*).

So hat der Träger sicherzustellen, dass die Einrichtungsleitung durch ein auf die spezifischen Verhältnisse der jeweiligen Einrichtung abgestimmtes Tätigkeitsprofil in die Lage versetzt wird, den in Abs. 3 genannten Aufgaben gerecht werden zu können. Mit einem vernünftigen Qualitäts- und Finanzmanagement stellt der Träger sicher, dass ausreichend finanzielle Mittel für die Umsetzung eines vom pädagogischen Personal erarbeiteten pädagogischen Konzepts zur Verfügung stehen. Das Personal erhält ausreichend Zeit zur Vorbereitung für Teambesprechungen, für Beobachtung und Dokumentation und hat die Möglichkeit, regelmäßig an Fortbildungen teilzunehmen.

Erfahrungen aus der Praxis haben gezeigt, dass nicht alle Träger in der Vergangenheit ihre Aufgaben hinreichend wahrgenommen haben und in diesen Fällen regelmäßig eine Aufgabenübertragung auf die Einrichtungsleitungen erfolgte. Dabei besteht die Gefahr einer Überforderung bzw. Überbelastung der Leitungskräfte, die, sofern dieser Zustand auf Dauer angelegt ist, zu einer Überlastungsdepression (Burn-out) führen kann.

Der Verordnungsgeber versuchte dieser Tendenz dahingehend entgegenzuwirken, als in Abs. 2 und 3 jeweils die Tätigkeitsbereiche von Träger und Einrichtungsleitung getrennt voneinander beschrieben werden. Der Verordnungsgeber verzichtet allerdings auf weitere Regelungen zur Abgrenzung von Träger- und Leitungsaufgaben. Es obliegt somit den Trägern im Rahmen ihrer Trägerautonomie, die Tätigkeitsbereiche insbesondere von Träger und Einrichtungsleitung klar voneinander abzugrenzen. Dabei spielen die spezifischen Verhältnisse der jeweiligen Einrichtung wie Öffnungszeiten, Größe, Altersgruppen der Kinder, Personalstruktur etc. eine wesentliche Rolle.

Sofern Leitungskräfte mit Trägeraufgaben betraut werden, darf die hierfür erforderliche Arbeitszeit nicht im Anstellungsschlüssel und der Fachkraftquote berücksichtigt werden.

Beispiel:

Der Träger delegiert die Kontrolle des Zahlungseingangs der Elternbeiträge an die Einrichtungsleitung und überträgt ihr auch das Erinnerungs- und Mahnverfahren bei Zahlungsverzug.

Es liegt keine Tätigkeit vor, die von § 14 Abs. 3 erfasst ist und damit keine Leitungsaufgabe, so dass die für die Erledigung der Aufgabe benötigte Arbeitszeit nicht im Anstellungsschlüssel berücksichtigt wird.

Die Abgrenzung von Träger- und Leitungsaufgaben erweist sich mitunter als schwierig. So kann es durchaus angebracht sein, die Einrichtungsleitung im Sinne eines effizienten Verwaltungsvollzugs mit bürokratischen Aufgaben zu betrauen. Hierzu zählt beispielsweise die Aktualisierung der förderrelevanten Daten in KiBiG.web, da die Leitung häufig erster Ansprechpartner/in bei Änderungen sein wird und es durchaus Sinn macht, wenn die Leitung Änderungen selbst in KiBiG.web erfasst.

> **Beispiel:**
>
> Eltern bringen morgens ihr Kind in die Einrichtung und teilen der Leitung mit, dass die Familie umziehen wird und ihren Wohnort künftig in der Nachbargemeinde hat. Das Kind wird weiter in der Einrichtung betreut. Die Leitung aktualisiert daraufhin die Daten in KiBiG.web entsprechend und informiert den Träger über die Änderung. Dieser informiert die neue Aufenthaltsgemeinde, dass das Kind weiter in der Einrichtung betreut wird und somit fortan ein Gastkindverhältnis besteht.

Kann die Aktualisierung der förderrelevanten Daten in KiBiG.web durch die Leitung erfolgen, so ist die Durchführung der Antragsprozesse für die kindbezogene Förderung, für die Abschläge und die Endabrechnung dem Trägerbereich zuzuordnen. Dies wird durch das Rollenkonzept in KiBiG.web entsprechend unterstützt, in dem die Freigabe von Anträgen durch die Leitung gesperrt ist und somit zwingend durch die Trägerrolle zu erfolgen hat.

> **Beispiel:**
>
> Die Leitung pflegt die förderrelevanten Daten in KiBiG.web während des Bewilligungsjahres. Nach Ablauf des Bewilligungsjahres informiert die Leitung den Träger, dass die Ist-Monatsdaten Kinder und Personal vollständig erfasst sind und die Endabrechnung gestartet werden kann. Der Träger prüft die Stammdaten und startet die Endabrechnung und gibt den Antrag in KiBiG.web frei (vgl. Anm. zu § 19).

Das Familienministerium setzt mit der Richtlinie zur Gewährung eines Leitungs- und Verwaltungsbonus zur Stärkung von Kindertageseinrichtungen vom 27.2.2020, geändert mit Bekanntmachung vom 20.4.2021 zum 1.5.2021 in Umsetzung eines Beschlusses im Koalitionsvertrag, die Bundesmittel aus dem KiQuTG (Gutes-Kita-Gesetz), das am 1.1.2019 in Kraft getreten ist, teilweise für eine Entlastung für die Kita-Leitungen ein. Über den Leitungs- und Verwaltungsbonus erhalten die Träger für folgende Maßnahmen, die zur Entlastung der Kita-Leitung führen, zusätzliche Mittel:
- Anstellung oder Aufstockung von zusätzlichem Personal (neben pädagogischem Personal auch Verwaltungskräfte und hauswirtschaftliches Personal)
- Entlastung bei der Praktikantenanleitung
- Anschaffung von Sachmitteln

Der Leitungs- und Verwaltungsbonus kann zur Finanzierung der entstehenden Mehrkosten genutzt werden.

2. Abschnitt
Personelle Mindestanforderungen

367 **Vorbemerkung:**
Die §§ 15 bis 17 bestimmen die personellen Mindestanforderungen für Kindertageseinrichtungen im Sinne des BayKiBiG.

§ 15
Fachkräftegebot

In jeder Kindertageseinrichtung muss die Bildung, Erziehung und Betreuung der Kinder durch pädagogische Fachkräfte im Sinn des § 16 Abs. 2 sichergestellt sein.

Anmerkungen

368 Das Fachkräftegebot in § 15 betont die Bedeutung der pädagogischen Fachkräfte für die Erfüllung der Aufgabentrias Bildung, Erziehung und Betreuung. § 15 konkretisiert § 45 SGB VIII. Denn, wenn Kinder über einen erheblichen Teil nicht angemessen gefördert werden, stellt auch dies eine Kindeswohlgefährdung dar. Seine Rechtsgrundlage ist in Art. 30 Nr. 2 BayKiBiG zu sehen, da auch er bestimmt, in welcher Zahl und mit welcher Qualifikation pädagogisches Personal erforderlich ist. Lediglich um seine Bedeutung herauszustellen, wurde er nicht als Absatz in § 17 eingefügt, sondern als eigenständiger Paragraf vorangestellt.

In Zeiten, in denen keine pädagogischen Fachkräfte anwesend sind, kann keine Bildungs- und Erziehungsarbeit stattfinden. § 15 ist neben § 17 erforderlich, da Letzterer nur den notwendigen Umfang des Einsatzes von pädagogischen Kräften regelt, aber nicht die genaue zeitliche Lage ihres Einsatzes bezogen auf die Anwesenheitszeiten der Kinder.

> **Beispiel:**
> Ein Kindergarten mit 50 Kindern (ohne Gewichtungsfaktor, Art. 21 Abs. 5 BayKiBiG), die von Montag bis Freitag die Einrichtung täglich vier Stunden besuchen, erfordert nach § 17 wöchentlich insgesamt 80 Arbeitsstunden des pädagogischen Personals, davon mindestens 40 von einer pädagogischen Fachkraft und 40 Stunden von einer Ergänzungskraft. Vom Anstellungsschlüssel her gesehen wäre es rechtmäßig, Montag und Dienstag während der Öffnungszeit zwei Erzieherinnen, mittwochs und donnerstags hingegen zwei Kinderpflegerinnen alleine und nur am Freitag die Kinder von einer Erzieherin und einer Kinderpflegerin betreuen zu lassen. Solch unsinnigem Personalmanagement schiebt § 15 einen Riegel vor.

Die Anforderung des § 15 bedeutet konkret, dass in denjenigen Zeiten, in denen Bildungs- und Erziehungsarbeit erfolgt, stets ausreichend pädagogische Fachkräfte anwesend sein müssen, damit sie die Leitung der pädagogischen Arbeit sicherstellen können. Während des regulären Betriebs einer Kindertageseinrichtung ist die Betreuung von Kindern allein durch pädagogische Ergänzungskräfte daher nur während der Hol- und Bringzeiten, während des Mittagessens oder in Freispielphasen zulässig. In pädagogischen Ausnahmesituationen, also z. B. in Ferienzeiten oder während einer Erkrankung pädagogischer Fachkräfte, kann zeitlich begrenzt eine gelockerte Betrachtung geübt werden.

§ 16
Pädagogisches Personal

(1) [1]Pädagogisches Personal sind pädagogische Fachkräfte und pädagogische Ergänzungskräfte.

[2]Das pädagogische Personal muss bei Aufnahme der Tätigkeit in einer förderfähigen Kindertageseinrichtung über die zur Erfüllung der Bildungs- und Erziehungsziele erforderlichen deutschen Sprachkenntnisse verfügen. [3]Der Nachweis über die erforderlichen deutschen Sprachkenntnisse muss spätestens sechs Monate nach Aufnahme der Tätigkeit vorgelegt werden.

(2) Pädagogische Fachkräfte sind

1. **Personen mit einer umfassenden fachtheoretischen und fachpraktischen sozialpädagogischen Ausbildung, die durch einen in- oder ausländischen Abschluss mindestens auf dem Niveau einer Fachakademie nachgewiesen wird;**
2. **Personen, soweit sie auf Grund des mit Ablauf des 31. Juli 2005 außer Kraft getretenen Bayerischen Kindergartengesetzes vom 25. Juli 1972 (BayRS 2231–1-A) über eine Gleichwertigkeitsanerkennung als pädagogische Fachkraft verfügen;**
3. **Personen, die bei Inkrafttreten dieser Verordnung rechtmäßig als pädagogische Fachkraft in einer Kindertageseinrichtung tätig sind oder einen diesbezüglichen Vertrag abgeschlossen haben. In diesen Fällen beschränkt sich die Fachkraftqualifikation auf das betreffende Arbeitsverhältnis;**
4. **staatlich anerkannte Heilpädagoginnen und Heilpädagogen sowie Heilpädagoginnen und Heilpädagogen B.A., soweit sie nicht bereits von Nr. 1 erfasst sind, die eine einschlägige Berufserfahrung von mindestens einem Jahr in einer Regeleinrichtung nachweisen können;**
5. **in Kindertageseinrichtungen, in denen mindestens ein Kind mit Behinderung oder mindestens ein Kind, das von wesentlicher Behinderung bedroht ist, regelmäßig betreut wird, zusätzlich staatlich anerkannte Heilerziehungspflegerinnen und Heilerziehungspfleger**

(3) Fachkräfte in Leitungsfunktion sollen über ausreichend praktische Erfahrung verfügen und an einer Fortbildung für Leitungskräfte teilgenommen haben.

(4) [1]Pädagogische Ergänzungskräfte für die Betreuung von Kindern aller Altersgruppen sind

1. **Personen mit einer mindestens zweijährigen, überwiegend pädagogisch ausgerichteten, abgeschlossenen Ausbildung; Abs. 2 Nr. 2 und 3 gilt entsprechend;**
2. **Personen, die ein Berufspraktikum im Rahmen der Erzieherausbildung an einer Fachakademie für Sozialpädagogik absolvieren.**

(5) [1]Qualifizierte Tagespflegepersonen können in Kindertageseinrichtungen die Betreuung vor 9.00 Uhr und nach 16.00 Uhr übernehmen, wobei eine qualifizierte Tagespflegeperson höchstens fünf gleichzeitig anwesende Kinder und bis zu drei qualifizierte Tagespflegepersonen höchstens zehn gleichzeitig anwesende Kinder betreuen dürfen. [2]Qualifizierte Tagespflegepersonen sind Tagespflegepersonen mit einer Pflegeerlaubnis nach dem Achten Buch Sozialgesetzbuch (SGB VIII), die über vertiefte Kenntnisse hinsichtlich der Anforderungen der Tagespflege im Umfang von mindestens 160 Qualifizierungsstunden verfügen; Abs. 1 Satz 2 gilt entsprechend.

(6) [1]Die für die Erteilung einer Betriebserlaubnis zuständige Behörde kann im Einzelfall von den Anforderungen nach den Abs. 2 bis 4 abweichen, wenn die Vermittlung der Bildungs- und Erziehungsziele gleichwertig sichergestellt werden kann. [2]Für die Beurteilung einer Person als Fach- oder Ergänzungskraft soll die vom Bayerischen Landesjugendamt veröffentlichte Liste bereits geprüfter Berufe zur Entscheidung herangezogen werden. [3]Von der Erfüllung der Voraussetzungen nach Satz 1 ist nach fünfjähriger nach Satz 1 genehmigter Tätigkeit in der jeweiligen Funktion im Rahmen einer Einrichtung im Sinne von Art. 1 Satz 1 BayKiBiG in der Regel auszugehen.

Regelungsinhalt im Überblick **Rn.**

1. Pädagogisches Personal 369
2. Erforderliche Sprachkenntnisse 370
3. Pädagogische Fachkräfte 371–376
4. Pädagogische Fachkräfte in Leitungsfunktion 387
5. Pädagogische Ergänzungskräfte 378, 379
6. Tagespflegepersonen in Kindertageseinrichtungen 380, 381
7. Ausnahmeregelung 382, 383

Anmerkungen

1. Pädagogisches Personal

§ 16 Abs. 1 Satz 1 definiert zunächst den Begriff des pädagogischen Personals. Dabei wird unterschieden zwischen pädagogischen Fachkräften und pädagogischen Ergänzungskräften. 369

In Abs. 1 Satz 1 wird zunächst festgelegt, dass im Sinne des BayKiBiG und der AVBayKiBiG unter **pädagogischen Kräften** alle in § 16 Abs. 2 bis 6 aufgeführten Personengruppen zu verstehen sind. Dies hat z. B. Bedeutung für die Berechnung des Anstellungsschlüssels, bei dem alle Arbeitsstunden des (gesamten) pädagogischen Personals anzusetzen sind. Eine Ausnahme ist insofern seit dem 1.9.2013 in Abs. 5 geregelt, als zu bestimmten Zeiten der Einsatz von Tagespflegepersonen in Kindertageseinrichtungen ermöglicht wird.

Erforderliche Sprachkenntnisse

Zur Vermittlung der Bildungs- und Erziehungsziele, insbesondere aber für die Sprachförderung im Sinne des § 5 ist es zwingend erforderlich, dass das pädagogische Personal über hinreichende deutsche Sprachkenntnisse verfügt. Gerade vor dem Hintergrund des bedarfsgerechten Ausbaus der Plätze für Kinder unter drei Jahren verbunden mit einem Mehrbedarf an pädagogischem Personal ist, regional unterschiedlich, ein Fachkräftemangel zu verzeichnen, der dazu führt, dass zunehmend auch fremdsprachiges pädagogisches Personal in den Einrichtungen angestellt wird. Mit dem § 16 Abs. 1 Satz 2 wird seit dem 1.9.2013 verbindlich geregelt, dass das pädagogische Personal bei Aufnahme der Tätigkeit in einer Kindertageseinrichtung über die erforderlichen deutschen Sprachkenntnisse verfügen und diese spätestens sechs Monate nach Aufnahme der Tätigkeit nachweisen muss. 370

Eine Ausnahme gilt bei mehrsprachigen Kitas (z. B. deutsch-englisch). Dort sprechen die pädagogischen Kräfte in der Regel ausschließlich in ihrer Muttersprache mit den Kindern. In diesen Fällen müssen die Anforderungen an die deutsche Sprache nicht gleich hoch sein wie in einsprachigen Kindertageseinrichtungen, sofern gewährleistet ist, dass jedenfalls die Hälfte des vorhandenen Personals Deutsch als Erstsprache gelernt hat. Beim fremdsprachigen Personal sind daher Deutschkenntnisse zumindest auf dem Niveau B 1 ausreichend. Das fremdsprachige Personal muss innerhalb von vier Monaten nach Aufnahme der Tätigkeit einen Nachweis des Sprachniveaus A 2 bzw. innerhalb von acht Monaten nach Aufnahme der Tätigkeit einen Nachweis des Sprachniveaus B 1 vorlegen.

In mehrsprachigen Kindertageseinrichtungen ist außerdem zu gewährleisten, dass mindestens die Hälfte des Personals über muttersprachliche Kompetenz in Deutsch verfügt.

Sofern der Anteil des Personals mit muttersprachlicher Kompetenz nicht mindestens 50 v. H. erreicht, können die Arbeitszeitstunden der den Hälfteanteil übersteigenden nicht muttersprachlichen Kräfte nicht im Anstellungsschlüssel bzw. bei der Fachkraftquote berücksichtigt werden bzw. erst dann berücksichtigt werden, wenn der Anteil deutschsprachiger Kräfte entsprechend erhöht wurde.

Ergänzend gilt, dass bei fremdsprachigem Personal, das in der Regel in seiner Erst- oder Herkunftssprache mit den Kindern spricht, geringere Anforderungen an die Deutschkenntnisse gerichtet werden als an fremdsprachige pädagogische Kräfte in deutschsprachigen Kindertageseinrichtungen. Mit AMS II 3 (jetzt V4 AMS) vom 16.4.2014 wurde daher festgelegt, dass der Nachweis der Deutschkenntnisse nicht zwingend bereits zum beabsichtigten Arbeitsbeginn vorliegen muss. Vielmehr genügt es, wenn das fremdsprachige Personal unter der Bedingung, dass es einen Sprachkurs in Deutsch besucht, eingestellt wird und innerhalb von fünf Monaten nach Aufnahme der Tätigkeit einen Nachweis des Sprachniveaus A 2 und innerhalb von zehn Monaten nach Aufnahme der Tätigkeit einen Nachweis des Sprachniveaus B 1 vorlegen kann. Die Behörde, die die Betriebserlaubnis erteilt, entscheidet über die Art des Nachweises.

Die Überprüfung der erforderlichen Sprachkenntnisse, insbesondere bei pädagogischen Kräften mit nichtdeutscher Muttersprache, obliegt den staatlichen Aufsichtsbehörden. Die Träger von Kindertageseinrichtungen sind verpflichtet, das pädagogische Personal der für die Erteilung der Betriebserlaubnis zuständigen Aufsichtsbehörde zu melden. Art und Umfang der Prüfung des Sprachniveaus liegen im Ermessen der Aufsichtsbehörde. Mit AMS vom 28.3.2013 empfiehlt das StMAS Folgendes (vgl. VI 3-AMS 05–2013; VI 3/6513.03–1/97):

Hält die Aufsichtsbehörde einen schriftlichen Nachweis für erforderlich, so kann dieser erbracht werden durch:

- ein Abschlusszeugnis einer öffentlichen bzw. staatlich anerkannten Haupt- oder Mittelschule, einer Realschule oder das Zeugnis der Jahrgangsstufe 10 des Gymnasiums mit mindestens Note 4 „ausreichend“ im Fach Deutsch bzw. Deutsch als Zweitsprache oder
- ein Zertifikat des Niveaus B 2 nach dem Gemeinsamen Europäischen Referenzrahmen für Sprachen.

Der Gemeinsame Europäische Referenzrahmen (GER)
Der GER befasst sich mit der Beurteilung von Fortschritten in den Lernerfolgen bezüglich einer Fremdsprache. Ziel ist, die verschiedenen europäischen Sprachzertifikate untereinander vergleichbar zu machen und einen Maßstab für Spracherwerb zu schaffen.

Die Niveaustufen des GER
Die grundlegenden Level sind:

A: Elementare Sprachverwendung
B: Selbstständige Sprachverwendung
C: Kompetente Sprachverwendung
Diese sind nochmals in insgesamt sechs Niveaustufen unterteilt:

A1 – Anfänger
Kann vertraute, alltägliche Ausdrücke und ganz einfache Sätze verstehen und verwenden, die auf die Befriedigung konkreter Bedürfnisse zielen. Kann sich und andere vorstellen und anderen Leuten Fragen zu ihrer Person stellen – z. B. wo sie wohnen, was für Leute sie kennen oder was für Dinge sie haben – und kann auf Fragen dieser Art Antwort geben. Kann sich auf einfache Art verständigen, wenn die Gesprächspartnerinnen oder Gesprächspartner langsam und deutlich sprechen und bereit sind zu helfen.

A2 – Grundlegende Kenntnisse
Kann Sätze und häufig gebrauchte Ausdrücke verstehen, die mit Bereichen von ganz unmittelbarer Bedeutung zusammenhängen (z. B. Informationen zur Person und zur Familie, Einkaufen, Arbeit, nähere Umgebung). Kann sich in einfachen, routinemäßigen Situationen verständigen, in denen es um einen einfachen und direkten Austausch von Informationen über vertraute und geläufige Dinge geht. Kann mit einfachen Mitteln die eigene Herkunft und Ausbildung, die direkte Umgebung und Dinge im Zusammenhang mit unmittelbaren Bedürfnissen beschreiben.

B1 – Fortgeschrittene Sprachverwendung
Kann die Hauptpunkte verstehen, wenn klare Standardsprache verwendet wird und wenn es um vertraute Dinge aus Arbeit, Schule, Freizeit usw. geht. Kann die meisten Situationen bewältigen, denen man auf Reisen im Sprachgebiet begegnet. Kann sich einfach und zusammenhängend über vertraute Themen und persönliche Interessengebiete äußern. Kann über Erfahrungen und Ereignisse berichten, Träume, Hoffnungen und Ziele beschreiben und zu Plänen und Ansichten kurze Begründungen oder Erklärungen geben.

B2 – Selbstständige Sprachverwendung
Kann die Hauptinhalte komplexer Texte zu konkreten und abstrakten Themen verstehen; versteht im eigenen Spezialgebiet auch Fachdiskussionen. Kann sich so spontan und fließend verständigen, dass ein normales Gespräch mit Muttersprachlern ohne größere Anstrengung auf beiden Seiten gut möglich ist. Kann sich zu einem breiten Themenspektrum klar und detailliert ausdrücken, einen Standpunkt zu einer aktuellen Frage erläutern und die Vor- und Nachteile verschiedener Möglichkeiten angeben.

C1 – Fachkundige Sprachkenntnisse
Kann ein breites Spektrum anspruchsvoller, längerer Texte verstehen und auch implizite Bedeutungen erfassen. Kann sich spontan und fließend ausdrücken, ohne öfter deutlich erkennbar nach Worten suchen zu müssen. Kann die Sprache im gesellschaftlichen und beruflichen Leben oder in Ausbildung und Studium wirksam und flexibel gebrauchen. Kann sich klar, strukturiert und ausführlich zu komplexen Sachverhalten äußern und dabei verschiedene Mittel zur Textverknüpfung angemessen verwenden.

C2 – Annähernd muttersprachliche Kenntnisse
Kann praktisch alles, was er/sie liest oder hört, mühelos verstehen. Kann Informationen aus verschiedenen schriftlichen und mündlichen Quellen zusammenfassen und dabei Begründungen und Erklärungen in einer zusammenhängenden Darstellung wiedergeben. Kann sich spontan, sehr flüssig und genau ausdrücken und auch bei komplexeren Sachverhalten feinere Bedeutungsnuancen deutlich machen. (siehe *http://www.europaeischer-referenzrahmen.de/*)

Kann eine pädagogische Kraft die erforderlichen Sprachkenntnisse nicht binnen sechs Monaten nachweisen, so sind die Voraussetzungen der Qualifikation als pädagogische Fach- oder Ergänzungskraft nicht gegeben. Die Arbeitszeit kann nach Ablauf der Frist von sechs Monaten nicht mehr im Anstellungsschlüssel bzw. der Fachkraftquote berücksichtigt werden.

§ 16 Abs. 1 Satz 2 betrifft alle Beschäftigungsverhältnisse, die ab dem 1.9.2013 begründet wurden, unabhängig davon, ob eine Kraft vorher bereits als pädagogische Kraft bei einem anderen Träger tätig war.

3. Pädagogische Fachkräfte

371 Abs. 2 definiert, wer kraft dieser Verordnung **pädagogische Fachkraft** ist. Diese Personen bedürfen keines gesonderten Verwaltungsaktes, um ihre Eigenschaft als pädagogische Fachkräfte zu begründen. Erklärungen seitens

der Aufsichtsbehörde haben daher rein bestätigenden (deklaratorischen) Charakter.

Die **Nr. 1** erfasst im Ergebnis alle **abgeschlossenen Ausbildungen, die gleichwertig zur Ausbildung einer bayerischen staatlich anerkannten Erzieherin** sind. Voraussetzungen für andere „vergleichbare" Abschlüsse sind, 372

- ob das formale Ausbildungsniveau demjenigen an einer Fachakademie entspricht (oder es sogar noch übertrifft). Kriterien sind dabei zum einen die Art der Ausbildungsstätte und der abzulegenden Abschlussprüfung, zum anderen die Dauer der Ausbildung. Die Ausbildung muss erfolgreich abgeschlossen sein.
- ob die Ausbildung in fachtheoretischer Hinsicht – also hinsichtlich der vermittelten Lehrstoffe – umfassend sozialpädagogisch angelegt ist. Es bedarf daher einer sozialpädagogischen Breitbandausbildung. Grundschullehrkräfte etwa weisen diese nicht auf.
- ob die Ausbildung auch ausreichend fachpraktische Ausbildungsabschnitte enthält.

Nr. 1 enthält viele **Begriffe mit einem Beurteilungsspielraum,** etwa ob eine ausländische Ausbildung im Wesentlichen die Inhalte vermittelt, die zu einer umfassenden sozialpädagogischen Ausbildung auf Fachakademieniveau gehören. Träger einer Kindertageseinrichtung, aber auch die Beschäftigten haben daher ein Interesse an einer **Klärung**. Diese erfolgt **dadurch, dass** der Träger vor **Einstellung einer neuen Kraft** dies unter Nennung der Qualifikation nach § 47 Nr. 1 SGB VIII dem örtlichen Träger der öffentlichen Jugendhilfe **melden muss**. Lehnt dieser die Einordnung der Bewerberin als pädagogische Fachkraft ab, so muss er dies dem Träger mitteilen. Anderenfalls ergeht eine Mitteilung an den Träger und in Abdruck auch an die Bewerberin, dass sie eine pädagogische Fachkraft im Sinne der Nr. 1 ist. Bevor diese Mitteilung erfolgt ist, sollte die Kraft keinesfalls eingestellt werden.

Ob ein bestimmter Abschluss dazu befähigt, als pädagogische Fachkraft im Sinne der Nummer 1 in Kindertageseinrichtungen tätig zu werden, kann eingesehen werden in der sog. KITA-Berufeliste (Datenbank bereits geprüfter Berufe) unter *https://www.egov.bayern.de/kitaberufe/onlinesuche/default.aspx.* Auf dieser Seite stellt das Bayerische Landesjugendamt alle Berufsabschlüsse – insbesondere auch internationale – zusammen, für die bereits entschieden wurde, ob sie die Anforderungen der Nr. 1 erfüllen (vgl. auch Anm. zu § 16 Abs. 6 Satz 2, Rn. 349).

Nr. 2 vermittelt denjenigen Kräften Bestandsschutz, die nach Art. 13 Bayerisches Kindergartengesetz (BayKiG) aufgrund Verwaltungsaktes **als gleichwertig** mit einer staatlich **anerkannten** Erzieherin eingestuft wurden. 373

Aufgrund der Aufhebung des BayKiG kann keine Gleichwertigkeitsanerkennung mehr ausgesprochen werden. Neu sich bewerbende Kräfte werden stattdessen nach der sehr flexiblen, für neue Abschlüsse offenen Regelung der Nr. 1 daraufhin überprüft, ob ihre Ausbildung den dortigen Anforderungen entspricht. Dies läuft im Ergebnis wiederum darauf hinaus, ob die Ausbildung derjenigen einer staatlich anerkannten Erzieherin gleichwertig ist.

374 Wenn das **vor dem Inkrafttreten der Kinderbildungsverordnung vom 8.12.2005 geltende Recht Personen als pädagogische Fachkräfte einordnete**, die die Anforderungen der Nr. 1 nicht erfüllen, so gewährt die **Nr. 3** für diese Personen Rechtssicherheit.

375 Nr. 4 wurde mit der Änderung der Kinderbildungsverordnung zum 1.5.2021 eingeführt. Die Regelung erweitert den Fachkräftebegriff auf staatliche anerkannte Heilpädagoginnen und Heilpädagogen sowie auf Heilpädagoginnen und Heilpädagogen B. A., die keine Ausbildung zur Erzieherin bzw. zum Erzieher abgeschlossen haben. Diese Kräfte können nunmehr auch in Einrichtungen als Fachkräfte eingesetzt werden, in denen keine Kinder mit Behinderung betreut werden. Voraussetzung hierfür ist aber eine mindestens einjährige, einschlägige Berufserfahrung in einer sog. Regeleinrichtung.

376 **Nr. 5 in der ab 1.5.2021 geänderten Fassung beschränkt** den **Kreis der pädagogischen Fachkräfte** auf staatlich anerkannte oder staatlich geprüfte Heilerziehungspflegerinnen und Heilerziehungspfleger nicht mehr nur auf **integrative Kindertageseinrichtungen** im Sinne des Art. 2 Abs. 3 BayKiBiG, sondern erweitert den Einsatzbereich als Fachkraft auf alle Kindertageseinrichtungen, in denen mindestens ein Kind mit Behinderung betreut wird. Demnach können Heilerziehungspflegerinnen und Heilerziehungspfleger auch ohne die nachfolgenden Zusatzqualifikationen dann als Fachkräfte in Kindertageseinrichtungen tätig sein, sofern dort ein Kind mit Behinderung betreut wird. Das Erfordernis der integrativen Einrichtung entfällt.

Das StMAS hat in den Jahren 2012 und 2013 eine Weiterqualifikation für Heilerziehungspfleger/innen angeboten, die in Regeleinrichtungen als pädagogische Ergänzungskräfte tätig waren, mit dem Ziel, diese zur Fachkraft zu qualifizieren. Hierzu wurde vom StMAS der 125. Newsletter veröffentlicht:

„Die Weiterqualifizierung richtet sich an Heilerziehungspfleger/innen, die bereits in Regelkindertageseinrichtungen als Erziehungskraft tätig sind, aber auch an solche, die derzeit Arbeit suchen oder beispielsweise nach einer Familienpause wieder in den Beruf einsteigen möchten. Gerade für diese Kräfte eröffnet die Weiterqualifizierung neue berufsbiografische Perspektiven.

Heilerziehungspfleger/innen mit mindestens dreijähriger Berufserfahrung werden bereits während der Qualifizierungsmaßnahme als pädagogische Fachkraft vergütet. In der Fachkraftquote können sie gemäß § 17 Abs. 2 Satz 1 AVBayKiBiG berücksichtigt werden.

Mit der erfolgreich bestandenen Abschlussprüfung erhalten die Absolventinnen und Absolventen das Zertifikat ‚Heilerziehungspflegerin/Heilerziehungspfleger im Erziehungsdienst'. Dieser Abschluss ist in die KITA-Berufeliste (Datenbank bereits geprüfter Berufe) des Bayerischen Landesjugendamtes (s. auch 343) übernommen und berechtigt zur Tätigkeit als Fachkraft in Kindertageseinrichtungen für Kinder von 0 bis 3 Jahren, von 3 bis 6 Jahren und für Schulkinder.

Voraussetzungen für die Teilnahme:

- staatliche Anerkennung als Heilerziehungspflegerin oder Heilerziehungspfleger sowie
- ein Arbeitsverhältnis in einer Regelkindertageseinrichtung."

„Um die Weiterqualifizierung unabhängig von der Bereitstellung staatlicher Fördermittel nachhaltig zu sichern, wurde gemeinsam mit der Landesarbeitsgemeinschaft der bayerischen Fachschulen für Heilerziehungspflege und Heilerziehungspflegehilfe (LAG HEP) ein *in der Ausbildung verankertes Weiterbildungskonzept* zur Fachkraft in Regeleinrichtungen der Kindertagesbetreuung entwickelt. Dadurch wird der Erwerb des Zertifikats „Heilerziehungspfleger/in im Erziehungsdienst" über die erfolgreiche Teilnahme am neuen Wahlfach „Frühkindliche Bildung" und die Einbringung begleiteter Praxis in einer Kindertageseinrichtung im Anschluss an die Ausbildung zum „Staatlich anerkannten Heilerziehungspfleger" beziehungsweise zur „Staatlich anerkannten Heilerziehungspflegerin" ermöglicht. Diese Weiterqualifizierungsmöglichkeit wurde an staatlich anerkannten Fachschulen für Heilerziehungspflege erstmals im Schuljahr 2014/15 umgesetzt. Nach Abschluss der Ausbildung als Staatlich anerkannte Heilerziehungspflegerin beziehungsweise als Staatlich anerkannter Heilerziehungspfleger ist eine sechsmonatige begleitete Praxisphase in einer Kindertageseinrichtung zu absolvieren. Die Anstellung erfolgt für die Dauer der Weiterbildung als Ergänzungskraft. Der Mindestumfang der Arbeitszeit beträgt 50 %. Die Tätigkeit der Heilerziehungspflegerin beziehungsweise des Heilerziehungspflegers darf sich nicht auf Kinder mit Behinderung beschränken".

Pädagogische Fachkräfte in Leitungsfunktion

Für pädagogische Fachkräfte mit Leitungsfunktion – gemeint sind die **Einrichtungsleitungen** nach § 14 Abs. 3 und § 17 Abs. 3 – werden in **Abs. 3** als Soll-Vorschrift **ausreichend praktische Erfahrung und die Teilnahme an** 377

einer Fortbildungsmaßnahme für Leitungskräfte vorgesehen. Eine Soll-Vorschrift an Privatpersonen – hier an den Träger von Kindertageseinrichtungen und sein pädagogisches Personal – ist als bloßer Appell zu verstehen; nur an die öffentliche Hand gerichtete Soll-Vorschriften sind bis auf ungewöhnliche Ausnahmefälle wie ein „Müssen" zu lesen. Vor einem leichtfertigen Ignorieren der Soll-Vorschrift des Abs. 3 ist allerdings zu warnen: Ohne erfahrene und für die Einrichtungsführung qualifizierte Leitung gerät die Kindertageseinrichtung nur allzu leicht in Turbulenzen (vgl. Anm. zu § 14 Abs. 3).

Pädagogische Ergänzungskräfte

378 **Abs. 4** regelt, wer **pädagogische Ergänzungskraft** sein kann. Mit Wirkung zum 1.5.2021 sind nun zwei Voraussetzungen geregelt.

Nr. 1 setzt unverändert wie bisher eine mindestens zweijährige, erfolgreich abgeschlossene Ausbildung voraus. Mangels abgeschlossener Ausbildung sind **Erzieherpraktikanten** (vormals Vorpraktikanten) keine pädagogischen Ergänzungskräfte. Sie können daher nur zusätzlich zu dem aufgrund des Anstellungsschlüssels erforderlichen pädagogischen Personal beschäftigt werden. Anders als bei den pädagogischen Fachkräften muss die Ausbildung der pädagogischen Ergänzungskräfte nur überwiegend pädagogisch ausgerichtet sein. Insbesondere die Kinderpfleger und Kinderpflegerinnen sind pädagogische Ergänzungskräfte, aber auch z. B. Grundschullehrer.

379 Nr. 2 stellt klar, dass die bisher als pädagogische Ergänzungskräfte geltenden Berufspraktikantinnen und -praktikanten weiterhin als solche eingesetzt werden können. Die Klarstellung wurde im Zuge der Modernisierung der Erzieherausbildung erforderlich, da Schülerinnen und Schüler mit mittlerem Schulabschluss aufgrund der verkürzten Vorbildung nicht mehr generell einen Berufsabschluss als staatlich anerkannte Kinderpflegerinnen und Kinderpfleger vorweisen können. Aufgrund des fortgeschrittenen Ausbildungsstadiums ist es aus fachlicher Erwägung heraus vertretbar, den Berufspraktikantinnen und -praktikanten weiterhin den Einsatz als pädagogische Ergänzungskräfte zu ermöglichen.

Zu weiteren Ausbildungsabschlüssen, die zu einer Tätigkeit als pädagogische Ergänzungskraft berechtigen, s. die entsprechende, fortlaufend aktualisierte KITA-Berufeliste (Datenbank bereits geprüfter Berufe) des Bayerischen Landesjugendamtes *https://www.egov.bayern.de/kitaberufe/onlinesuche/default.aspx*. Auch für nach altem Recht als pädagogische Ergänzungskraft eingestufte Ausbildungen gelten die Bestandsschutzregeln des Abs. 1 Nr. 2 und 3 für bereits in Kindertageseinrichtungen Arbeitende, so Abs. 4 Satz 2.

Tagespflegepersonen in Kindertageseinrichtungen

Abs. 5 ermöglicht Trägern von Kindertageseinrichtungen seit dem 1.9.2013 den Einsatz von qualifizierten Tagespflegepersonen zur Bildung, Erziehung und Betreuung von Kindern in Kindertageseinrichtungen. In Zeiten vor 9 Uhr und nach 16 Uhr können Tagespflegepersonen im Sinne des § 43 SGB VIII unter bestimmten Voraussetzungen in einer Einrichtung tätig werden. Nach dem Wortlaut des Abs. 5 darf eine Tagespflegeperson in Anlehnung an § 43 SGB VIII bis zu maximal fünf gleichzeitig anwesende Kinder betreuen bzw. höchstens drei Tagespflegepersonen maximal zehn gleichzeitig anwesende Kinder betreuen. Mit der Zeitschiene ist weder eine Bewertung hinsichtlich der pädagogischen Relevanz noch eine Definition als Randzeit verbunden. Die Randzeiten ergeben sich aus den Verhältnissen der jeweiligen Einrichtung, insbesondere den Öffnungszeiten. **380**

Abs. 5 regelt für den Einsatz in Kindertageseinrichtungen folgende persönlichen Voraussetzungen für die Tagespflegepersonen:

- Pflegeerlaubnis nach § 43 SGB VIII
- Keine Leistungen nach § 23 SGB VIII
- Vertiefte Kenntnisse hinsichtlich der Anforderungen der Tagespflege im Umfang von 160 Qualifizierungsstunden
- Ausschließlich in Zeiten vor 9 Uhr und nach 16 Uhr
- Eine Tagespflegeperson betreut maximal bis zu fünf gleichzeitig anwesende Kinder
- Bis zu drei Tagespflegepersonen betreuen maximal bis zu zehn gleichzeitig anwesende Kinder
- Erforderliche Sprachkenntnisse (B2, vgl. Rn. 341).

Der Einsatz von Tagespflegepersonen über ein Anstellungsverhältnis im Sinne des Abs. 5 stellt an sich keine Tagespflege im Sinne des § 43 SGB VIII dar. Insofern entsteht für die Tagespflegeperson kein Anspruch auf Leistungen nach § 23 Abs. 3 SGB VIII (Tagespflegeentgelt etc.) und für den Träger der öffentlichen Jugendhilfe kein Anspruch auf Refinanzierung über Art. 20 BayKiBiG. Eine Anrechnung auf die Zahl der maximal zulässigen Betreuungsverhältnisse im Sinne des Art. 9 BayKiBiG findet nicht statt, so dass eine Tagespflegeperson neben der Tätigkeit bei einem Träger in einer Einrichtung noch zusätzlich als Tagespflegeperson tätig sein kann.

Aus Mitteln des sog. Gute-Kita-Gesetzes finanziert der Freistaat Bayern eine Zuwendung zur Festanstellung von Tagespflegepersonen entweder als Tagespflegeperson beim Träger der öffentlichen Jugendhilfe oder als Assistenzkraft bei einem Träger einer Kindertageseinrichtung. Die Zuwendung hierfür erfolgt unter den Voraussetzungen, die in der Richtlinie zur Förderung der Festanstellung von Tagespflegepersonen beschrieben sind (vgl. Anhang 1).

Assistenzkräfte in Kitas

381 Zur Entlastung der Teams von Kindertageseinrichtungen gibt es die Möglichkeit, zusätzlich zum Personalschlüssel qualifizierte Tagespflegepersonen als Assistenzkräfte einzustellen. Die Voraussetzung dafür ist, das zusätzlich zu der für die Pflegeerlaubnis erforderlichen Qualifizierung die Assistenzkraft eine zertifizierte Qualifizierung im Umfang von mindestens 40 Stunden absolvieren muss. Zur Refinanzierung der Personalkosten der Assistenzkräfte stellt der Freistaat Bayern neben dem Leitungs- und Verwaltungsbonus die Bundesmittel im Zuge des sog. Gute-Kita-Gesetzes zur Verfügung, die auf der Grundlage der Richtlinie zur Förderung der Festanstellung von Tagespflegepersonen (siehe Anhang Nr. 7) als freiwillige staatliche Zuwendung ausgereicht wird.

Tagespflegepersonen, die als Assistenzkräfte eingestellt werden, unterstützen die Fach- und Ergänzungskräfte im Regelbetrieb bei der pädagogischen Arbeit und werden nicht auf den Anstellungsschlüssel angerechnet. Sie unterstützen das pädagogische Team der Einrichtung:
- zu allen Zeiten im Tagesablauf (Ankommen der Kinder, Übergänge im Tagesablauf, Essen und Schlafen der Kinder)
- bei der pädagogischen Arbeit mit den Kindern (z. B. im Freispiel, Garten, bei Ausflügen, bei Projekten, Vorlesen etc.)
- bei der Organisation des Kita-Alltags (Vorbereitung der Mahlzeiten, Gestaltung der Lernumgebung, Aufräumen und hauswirtschaftliche Tätigkeiten, Führen von Tür- und Angelgesprächen mit Eltern)

Sie übernehmen keine Tätigkeiten, für die eine vertiefte pädagogische Ausbildung notwendig ist (Leitung einer Gruppe, Entwicklungsgespräche, Projektarbeit, Beobachtung & Dokumentation, konzeptionelle Arbeit) und sie sind immer zusammen mit einer pädagogischen Fachkraft oder Ergänzungskraft tätig.

Ausnahmeregelung

382 **Abs. 6** Satz 1 ermöglicht es den Aufsichtsbehörden, im **Einzelfall** Kräfte sowohl als pädagogische Fachkraft als auch als pädagogische Ergänzungskraft zuzulassen, obwohl die jeweiligen Qualifikationskriterien der Nrn. 1 bis 4 nicht erfüllt sind. Einziger Maßstab ist, dass die Bildungs- und Erziehungsarbeit gleichwertig gesichert werden kann. Nach dieser Vorschrift ist es zum Beispiel möglich, dass ein Grundschullehrer beschränkt auf die Arbeit in einem Hort als pädagogische Fachkraft zugelassen wird, wenn an seiner Seite sozialpädagogisch ausgebildete Fachkräfte (nach Nr. 1) eine umfassende Umsetzung der Bildungs- und Erziehungsarbeit gewährleisten.

Sofern ein Träger beabsichtigt, eine Kraft als pädagogische Fach- oder Ergänzungskraft einzustellen, die nicht über die Qualifikation einer solchen pädagogischen Kraft verfügt, muss er sich vorab an die staatliche Aufsichtsbehörde wenden. Die Aufsichtsbehörde entscheidet über den Antrag des Trägers – nicht der betroffenen Kraft, die eingestellt werden soll. Die Entscheidung der Aufsichtsbehörde ergeht per Verwaltungsakt und bezieht sich immer nur auf das konkrete Arbeitsverhältnis zwischen dem Träger und der betroffenen Person. Wird das betreffende Arbeitsverhältnis beendet, hat die Kraft keinen Anspruch auf Anerkennung oder auf Weiterbeschäftigung als pädagogische Kraft. Für das neue Arbeitsverhältnis wäre ggf. wiederum eine Einzelfallentscheidung nach Abs. 6 zu treffen.

§ 16 Abs. 6 Satz 2 stellt den Bezug zur sog. KITA-Berufeliste (Datenbank **383**
bereits geprüfter Berufe) her, die vom Bayerischen Landesjugendamt geführt und aktualisiert wird. In die Datenbank werden Berufe bzw. Berufsabschlüsse aufgenommen, die seitens der Aufsichtsbehörden auf ihre Vergleichbarkeit im Sinne des § 16 Abs. 2 Nr. 1–4 als pädagogische Fach- oder Ergänzungskraft geprüft wurden. Die Datenbank dient den Aufsichtsbehörden als Auslegungs- und Entscheidungshilfe. Für die Träger kann sie als Orientierung für die Auswahl bei Personalentscheidungen dienen. Sie stellt jedoch keine Grundlage dar für einen subjektiven Rechtsanspruch eines Bewerbers zur Anerkennung als pädagogische Fach- oder Ergänzungskraft. Abrufbar ist die Datenbank unter:

https://www.blja.bayern.de/unterstuetzung/kindertagesbetreuung/paedagogisches-personal/index.php

Hinweis:

Die Träger sollten, sofern die Einstellung eines Bewerbers mit einem ausländischen Berufsabschluss als pädagogische Fach- oder Ergänzungskraft beabsichtigt ist, vorab in jedem Fall das Einvernehmen mit der Aufsichtsbehörde einholen und sich dies schriftlich bestätigen lassen.

Im Rahmen der **Initiative „Ergänzungskräfte zu Fachkräften"** hat das StMAS von 2012 bis 2016 Weiterbildungsmaßnahmen gefördert, über die sich berufserfahrene Kinderpflegerinnen und Kinderpfleger sowie Quereinsteiger über berufsbegleitende Zertifikatskurse bzw. Vorbereitungslehrgänge auf die Externenprüfung an Fachakademien für Sozialpädagogik zu pädagogischen Fachkräften qualifizieren konnten. Die Zertifikatskurse werden seitdem ohne staatliche Förderung angeboten. Auch Grundschullehrkräfte und sonstige Quereinsteiger mit einschlägig akademischem Abschluss können die Weiterbildung zur pädagogischen Fachkraft in Kindertageseinrichtungen im Rahmen dieser Kurse absolvieren. Die Konzeption der Kurse sieht für alle Teilnehmer eine neunmonatige berufsbegleitende Theoriephase in Modulen und eine anschließende sechsmonatige begleitete Praxisphase vor. Die Zugangsvoraussetzungen sind je nach Vorbildung unterschiedlich (s. unter *https://www.stmas.bayern.de/fachkraefte/kindertageseinrichtungen/fortbildung.php*).

Die Kurse werden von bereits bewährten, vom StMAS zertifizierten Weiterbildungsanbietern der Initiative „Ergänzungskräfte zu Fachkräften" durchgeführt (https://www.stmas.bayern.de/fachkraefte/kindertageseinrichtungen/fortbildung.php).

Rechtsstellung der Zertifikatskräfte

Die Kinderbildungsverordnung unterscheidet Fach- und Ergänzungskräfte und stellt dabei auf einen regulären, formalen Abschluss ab, der in zwei oder drei Jahren erworben wird (vgl. Anm. zu § 16 Abs. 2 und 4).

Nach diesen Definitionen ist das Zertifikat „pädagogische Fachkraft in Kitas" mit der neunmonatigen berufsbegleitenden Weiterbildung in Modulen mit der anschließenden sechsmonatigen begleiteten Praxisphase keine Qualifikation, die per se die Voraussetzungen nach § 16 Abs. 2 Nr. 1 aufweist. Die Fachkrafteigenschaft ist damit dem Gesetz nicht unmittelbar zu entnehmen. Damit die Tätigkeit als Fachkraft dennoch ermöglicht wird, bedarf es daher einer Genehmigung im Zuge der Anwendung von § 16 Abs. 6. Zuständig hierfür sind die für die Erteilung der Betriebserlaubnis zuständigen staatlichen Bewilligungsstellen.

Damit dies ein rein formaler, völlig unbürokratischer Akt ist, wurde die Qualifikation „pädagogische Fachkraft in Kitas" vorweg geprüft und in die **KITA-Berufeliste** eingetragen. Für die Bekanntgabe der Entscheidung existieren keine Formvorschriften. Daher ist eine Bekanntgabe auch in Textform, d. h. einfache E-Mail genügt, möglich.

Der neu aufgenommene Satz 3 dient der Vereinfachung. Nach fünf Jahren Einsatz in der Funktion als pädagogische Fach- oder Ergänzungskraft gilt nun die Regelvermutung, dass die Kräfte in der Lage sind, die Bildungs- und Erziehungsziele gleichermaßen umzusetzen und daher eine Beschäftigung als pädagogische Fach- oder Ergänzungskraft ermöglicht wird. Die Auslegung der KITA-Berufeliste wird damit vereinfacht und den betroffenen Kräften wird insbesondere bei einem Wechsel der Einrichtung mehr Planungssicherheit verschafft.

Anerkennung eines Berufsabschlusses nach dem Bayerischen Berufsqualifikationsfeststellungsgesetz (BayBQFG):

Zum 1.8.2013 ist das Bayerische Berufsqualifikationsfeststellungsgesetz (BayBQFG) in Kraft getreten. Hiernach haben Bewerber/-innen künftig einen Anspruch auf Anerkennung ihres ausländischen Abschlusses mit einem gleichwertigen inländischen Referenzberuf. Das BayBQFG gilt ausschließlich für die landesgesetzlich geregelten Berufe, dazu gehören bspw. die Erzieher/-innen, Kinderpfleger/-innen, Heilerziehungspfleger/-innen.

Zusätzlich zum BayBQFG trat zum 1.8.2013 das Bayerische Sozial- und Kindheitspädagogengesetz (BaySozKiPädG) in Kraft. Das BaySozKiPädG regelt ergänzend zum BayBQFG die staatliche Anerkennung von Sozialpädagogen/-innen und Kindheitspädagogen/-innen mit einem inländischen Bachelorabschluss sowie für Bewerber/-innen mit einem ausländischen gleichwertigen Bachelorabschluss.

Im AMS vom 19.8.2013 (vgl. AMS 02–2013, Az. 6511–1/214) hat sich das StMAS wie folgt geäußert:
„Die Anerkennung nach dem BayBQFG hat den Vorteil, dass verbindlich durch Bescheid festgestellt wird, dass der ausländische Berufsabschluss mit einem deutschen Beruf (z. B. Erzieher) gleichwertig ist. Dieser Bescheid gilt fortlaufend und für das gesamte Bundesgebiet, so dass nicht bei jedem Wechsel der Einrichtung erneut geprüft werden muss. Nach dem BayBQFG sind auch sogenannte Teilanerkennungen möglich, d. h. dass der/die Bewerber/-in möglicherweise nur in Teilen die Voraussetzungen für die Gleichwertigkeit erfüllt. Die zuständige Anerkennungsstelle stellt dann im Bescheid fest, welche Qualifikationsmerkmale fehlen und durch welche Maßnahmen sie ausgeglichen werden können (bspw. bei fehlender Praxiserfahrung kann diese durch ein Praktikum nachgewiesen werden; bei mangelnden Rechtskenntnissen kann dies durch einen Lehrgang an einer Hochschule oder einer Fortbildungsakademie nachgewiesen werden etc.).

Für Anträge auf Anerkennung eines beruflichen Ausbildungsabschlusses im sozialpädagogischen Bereich (Erzieher/-innen, Kinderpfleger/-innen) ist die Regierung von Niederbayern zuständig (Regierungsplatz 540, 84028 Landshut, Tel: 0871/808–01, E-Mail: *poststelle@reg-nb.bayern.de*).

Bewerber/-in mit einem inländischen Bachelorabschluss:
Wer an einer staatlichen oder staatlich anerkannten Hochschule im Freistaat Bayern einen Bachelor-Studiengang ‚Frühe Kindheit' (oder einen vergleichbaren Studiengang – Bezeichnung nicht einheitlich), erfolgreich abgeschlossen hat, der die Voraussetzungen nach Art. 1 BaySozKiPädG erfüllt, und nicht rechtskräftig wegen einer Straftat i. S. d. § 72a SGB VIII verurteilt worden ist, darf nach Art. 2 BaySozKiPädG die Berufsbezeichnung „Staatlich anerkannte Kindheitspädagogin" bzw. „Staatlich anerkannter Kindheitspädagoge" führen und ist für die Tätigkeit in einer Kindertageseinrichtung

nach § 45 SGB VIII geeignet. Ein Antrag des/der Bewerber/-in ist hier nicht erforderlich. Ob ein Studiengang die Voraussetzungen nach Art. 1 BaySozKiPädG erfüllt, wird auf Antrag der Hochschule vom StMAS geprüft.

Bewerber/-innen aus anderen Bundesländern, die nach den jeweiligen landesgesetzlichen Regelungen zum Führen der Berufsbezeichnung „Staatlich anerkannte Kindheitspädagogin" bzw. „Staatlich anerkannter Kindheitspädagoge" berechtigt sind, dürfen ebenfalls in den bayerischen Kindertageseinrichtungen tätig werden.

Bewerber/-innen mit einem ausländischen Bachelorabschluss haben künftig nach Art. 3 BaySozKiPädG i. V. m. dem BayBQFG einen Anspruch auf staatliche Anerkennung als Kindheitspädagoge/-pädagogin. Im Rahmen der Anerkennung wird geprüft, ob der/die Bewerber/-in einen gleichwertigen Bachelorstudiengang erfolgreich absolviert hat und ob er/sie über die zur Berufsausübung erforderlichen Kenntnisse der deutschen Sprache und über die einschlägigen deutschen Rechtskenntnisse (SGB VIII, BayKiBiG, AVBayKiBiG) verfügt. Kann er/sie eine der Voraussetzungen nicht erfüllen, so können die Kenntnisse durch Ausgleichsmaßnahmen (Lehrgänge, Sprachkurse, Praktika etc.) nachgeholt werden. Zuständig für die Anträge nach Art. 3 BaySozKiPädG ist das Zentrum Bayern Soziales und Familie (ZBFS), Region Unterfranken, Georg-Eydel-Straße 13, 97082 Würzburg, Tel: 0931/4107–500, E-Mail: *poststelle.ufr@zbfs.bayern.de*."

§ 17
Anstellungsschlüssel

(1) [1]Zur Absicherung des Einsatzes ausreichenden pädagogischen Personals ist für je 11,0 Buchungszeitstunden der angemeldeten Kinder jeweils mindestens eine Arbeitsstunde des pädagogischen Personals anzusetzen (Anstellungsschlüssel von 1 : 11,0). [2]Buchungszeiten von Kindern mit Gewichtungsfaktor sind entsprechend vervielfacht einzurechnen. [3]Die in den Anstellungsschlüssel eingerechnete Arbeitszeit des pädagogischen Personals verteilt sich auf unmittelbare und mittelbare Tätigkeiten. [4]Unmittelbare Tätigkeit ist die pädagogische Arbeit mit den Kindern. [5]Mittelbare Tätigkeit ist der Teil der pädagogischen Arbeit der Leiterin oder des Leiters und der pädagogischen Fach- und Ergänzungskräfte, der neben der Betreuungszeiten der Kinder in Umsetzung von Gesetzen, Verordnungen, den Bayerischen Bildungsleitlinien und dem Bayerischen Bildungs- und Erziehungsplan erbracht wird.

(2) [1]Mindestens 50 v. H. der nach Abs. 1 erforderlichen Arbeitszeit des pädagogischen Personals ist von pädagogischen Fachkräften zu leisten. [2]Der Gewichtungsfaktor für behinderte oder von wesentlicher Behinde-

rung bedrohte Kinder ist für die Fachkraftquote nach Satz 1 nicht einzurechnen.

(3) Die Leitung von Kindertageseinrichtungen muss durch pädagogische Fachkräfte erfolgen.

(4) [1]Der Anstellungsschlüssel und die Fachkraftquote werden monatlich berechnet. [2]Soweit pädagogisches Personal über einen Zeitraum von 42 Kalendertagen aufeinanderfolgend keine Arbeitsleistung mehr erbringt, bleibt die bisherige arbeitsvertragliche Arbeitszeit ab Beginn des nächstfolgenden Kalendermonats unberücksichtigt. [3]Satz 2 gilt nicht, wenn im laufenden oder im nächstfolgenden Kalendermonat die Arbeit im Umfang von mindestens der Hälfte der im Kalendermonat arbeitsvertraglich vereinbarten Arbeitstage wieder aufgenommen oder Personal im erforderlichen Umfang neu eingestellt wird. [4]Gefördert werden im Bewilligungszeitraum nur Kalendermonate, die im Jahresdurchschnitt den förderrelevanten Anstellungsschlüssel und die Fachkraftquote einhalten. [5]Bei der Berechnung der Jahresdurchschnittswerte wird eine Überschreitung des Anstellungsschlüssels oder eine Unterschreitung der Fachkraftquote nicht berücksichtigt, wenn

1. **die Aufnahme von Kindern auf Veranlassung des Jugendamts zur Vermeidung einer Kindeswohlgefährdung erfolgt, für einen Zeitraum von längstens drei Kalendermonaten,**
2. **die Über- oder Unterschreitung auf höherer Gewalt beruht und das Staatsministerium für Familie, Arbeit und Soziales (Staatsministerium) zustimmt, für den Zeitraum, in dem die höhere Gewalt andauert.**

[6]Für das Fachkrafterfordernis nach Art. 9 Abs. 2 Satz 2 BayKiBiG gelten die Sätze 2 und 3 entsprechend. [7] § 45 SGB VIII bleibt unberührt.

Inhaltsübersicht **Rn.**

1. Regelungsinhalt im Überblick 384
2. Zweck 385
3. Anstellungsschlüssel 386
   a) Arbeitszeit des pädagogischen Personals 387
   b) Buchungszeiten der Kinder 388
   c) Anstellungsschlüssel bei Landkindergartenregelung 389
   d) Förderrelevanter Mindestanstellungsschlüssel 390
   e) Angemessener Anteil von unmittelbarer und mittelbarer Arbeit 391
   f) Rechtsfolge bei Nichteinhaltung 392
4. Qualifikationsschlüssel bzw. Fachkraftquote 393
5. Anforderungen an die Einrichtungsleitung 394

6. Auswirkungen eines zu geringen Personaleinsatzes 395, 396
   a) Rechtsfolge zu geringen Personaleinsatzes 397
   b) Vollzug des § 17 Abs. 4 im Einzelnen 398–400
   c) Empfehlung für die praktische Umsetzung.......... 401
   d) Berücksichtigung von Schließtagen................ 402
   e) Teilzeitkräfte.................................. 403
   f) Förderkürzung, § 17 Abs. 4 Satz 4................ 404
   g) Zuweisung von Kindern durch Jugendamt, § 17 Abs. 4 Satz 5 405
   h) Hinweis auf § 45 SGB VIII, § 17 Abs. 4 Satz 6 406

Anmerkungen

1. Regelungsinhalt im Überblick

384 § 17 regelt, wie viele Stunden ein Träger einer Kindertageseinrichtung mindestens pädagogisches Personal beschäftigen muss (sog. **verbindlicher Anstellungsschlüssel**) und wie viele Stunden davon mindestens auf pädagogische Fachkräfte entfallen müssen (sog. **Qualifikationsschlüssel bzw. Fachkraftquote**). Bei diesen Vorgaben handelt es sich um rechtliche Mindestvorgaben zum Personaleinsatz. Für eine qualitativ gute Bildungs-, Betreuungs- und Erziehungsarbeit wird ein höherer Personaleinsatz erforderlich sein. Die Personalplanung darf sich von daher nicht ausschließlich an den rechtlichen Mindestvorgaben ausrichten. Vielmehr ist die Personalplanung an pädagogische Konzepte, die sich an den Verhältnissen der jeweiligen Einrichtung orientieren, anzupassen. Hierbei spielen die Öffnungszeiten, die pädagogische Ausrichtung und die in der Einrichtung betreuten Altersgruppen von Kindern eine wesentliche Rolle. Es ist dabei Aufgabe der Träger, zwischen dem pädagogisch Notwendigen und dem finanziell Machbaren eine hohe Qualität der Einrichtung zu gewährleisten.

2. Zweck

385 Ausreichend und ausreichend qualifiziertes Personal ist erforderlich, um eine **Gefährdung des Kindeswohls zu vermeiden und um Bildungs- und Erziehungsarbeit** leisten zu können, wie sie dem Auftrag einer Kindertageseinrichtung entspricht.

Bis zum 31.8.2008 (Kindergartenjahr 2007/08) galt ein verbindlicher Anstellungsschlüssel von 1 : 12,5. Dies entspricht einer Personalausstattung, bei der zwei pädagogische Kräfte während der gesamten Öffnungszeit 25 Kinder betreuen, ohne auch nur eine Minute Vor- oder Nachbereitungszeit zur Verfügung zu haben. Damit liegt sicherlich eine Personalausstattung vor, die – bei vernünftiger Dienstplangestaltung – ausreicht, um eine Kindeswohlgefährdung zu vermeiden. Ein Anstellungsschlüssel von 1 : 12,5 ist daher weiterhin in der Betriebserlaubnis als verbindliche Vorgabe für jede Kindertageseinrichtung zur Absicherung des Kindeswohls sinnvoll. Als Fördervoraussetzung ist jedoch eine bessere Personalausstattung erforderlich, um Bildungs- und Erziehungsarbeit im Sinne des Bildungs- und Erziehungsplans zu gewährleisten.

Das Bayerische Staatsministerium für Familie, Arbeit und Soziales hat auf Beschluss des Bayerischen Landtags vom 17.7.2008 (Landtagsdrucksache 15/11247) hin als einen ersten Schritt mit Wirkung zum 1.9.2008 den förderrelevanten Mindestanstellungsschlüssel auf 1 : 11,5 verbessert. Diese Anhebung, die mit Zustimmung der kommunalen Spitzenverbände erfolgen konnte, stellt eine deutliche Qualitätsverbesserung der pädagogischen Rahmenbedingungen dar. Mit einem weiteren Schritt wurde mit der zweiten Verordnung zur Änderung der Verordnung zur Ausführung des Bayerischen Kinderbildungs- und -betreuungsgesetzes vom 16.8.2012 (BayGVBl. Nr. 16/2012) der förderrelevante Mindestanstellungsschlüssel zum 1.9.2012 auf 1 : 11,0 verbessert. Für die damit verbundene Qualitätsverbesserung zahlt der Freistaat Bayern einen Ausgleich. Die Auszahlung dieses Ausgleichs erfolgte erstmalig für das Kindergartenjahr 2012/2013 in Form eines freiwilligen staatlichen Zuschusses in Höhe von 11 Mio. Euro. Seit dem 1.9.2013 reicht der Freistaat Bayern die Leistungen zur Qualitätsverbesserung in Form eines Qualitätsbonus als gesetzliche Leistung aus (vgl. Art. 23 Abs. 1 BayKiBiG, § 20 Abs. 2 und 3 AVBayKiBiG).

Um ausreichend Arbeitszeit für die Ausarbeitung, Durchführung und Nachbereitung von Lernarrangements sowie die individuelle Zuwendung an das einzelne Kind zum Aufbau stabiler Vertrauensbeziehungen zur Verfügung zu haben, wäre eine weitere Verbesserung des verbindlichen Anstellungsschlüssels anzustreben. Dem steht allerdings der bestehende Fachkräftemangel entgegen.

Um dem Missverständnis vorzubeugen, der verbindliche Anstellungsschlüssel von 1 : 11,0 wäre für die gelingende Umsetzung der Bildungs- und Erziehungsziele hinreichend und deshalb anzustreben, war in der Kinderbildungsverordnung bis zum 30.4.2021 ein empfohlener Anstellungsschlüssel von 1 : 10 ausgewiesen. In den ersten Jahren nach Einführung der kindbezogenen Förderung war der empfohlene Wert mit 1 : 10 als Orientierung angemessen. Nachdem der tatsächliche Durchschnittswert in den bayerischen Kindertageseinrichtungen seit einigen Jahren konstant bei 1 : 9,3 liegt und gleichzeitig eine Anpassung des empfohlenen Anstellungsschlüssels am Widerspruch der kommunalen Spitzenverbände scheiterte, wurde im Zuge der Änderung der Kinderbildungsverordnung auf eine Empfehlung beim Anstellungsschlüssel verzichtet. Als künftige Orientierung für die Träger wird das Staatsministerium künftig einmal jährlich zum 15.7. den Durchschnittswert des Anstellungsschlüssels getrennt nach den Einrichtungsformen aller bayerischen Kindertageseinrichtungen bekannt geben. Die Bekanntgabe erfolgt per AMS.

Für das Bewilligungsjahr 2020 wurden per AMS 10-2021 vom 15.7.2021 folgende Werte für den Anstellungsschlüssel bekanntgegeben:

Bayernweiter Anstellungsschlüssel für alle Einrichtungen	1 : 9,24
Kinderkrippen	1 : 8,54
Kindergarten	1 : 9,49
Kinderhort	1 : 8,5
Haus für Kinder	1 : 9,24

3. Anstellungsschlüssel

386 Wie viel Personal eine Kindertageseinrichtung benötigt, hängt davon ab, von wie vielen Kindern sie besucht wird, für welche Altersgruppen eine Einrichtung offensteht und wie lange die Kinder in der Einrichtung anwesend sind. Deswegen bestimmt Abs. 1 Satz 1 das erforderliche Personal in Abhängigkeit der gesamten Buchungszeitstunden (also der regelmäßigen Anwesenheitszeit) aller Kinder. In einer Formel ausgedrückt:

Anstellungsschlüssel = Summe der Buchungsstunden (gewichtet) der Kinder : Arbeitszeitstunden des pädagogischen Personals

a) Arbeitszeit des pädagogischen Personals

387 Für die **Arbeitszeit des pädagogischen Personals** sind alle Personen zu berücksichtigen, die der Träger für die betreffende Einrichtung angestellt hat und die die Voraussetzungen des § 16 erfüllen (vgl. Erläuterungen dort) – also vor allem Erzieher/innen und Kinderpfleger/innen.

> **Hinweis:**
>
> Externe Kräfte können nach Auffassung des Bayerischen Staatsministeriums für Familie, Arbeit und Soziales auf den Anstellungsschlüssel angerechnet werden, wenn es sich um pädagogische Fach- oder Ergänzungskräfte im Sinne des § 16 handelt und sie in die Teamarbeit einbezogen sind. Hierzu ist eine Teilnahme an den Teamsitzungen ebenso erforderlich wie, dass die Arbeit der externen Kräfte nicht nur einzelnen Kindern zugutekommt. Bei integrativen Kindertageseinrichtungen können

nach dem 56. Newsletter auch Fachdienststunden angerechnet werden, soweit diese der pädagogischen Arbeit mit den Kindern oder deren Vor- und Nachbereitung dienen.

Die anzusetzende Arbeitszeit ergibt sich aus dem Arbeitsvertrag. Erforderlich ist allerdings, dass die pädagogische Kraft Tätigkeiten zugewiesen bekommt, die entweder zur pädagogischen Arbeit mit den Kindern oder zur mittelbaren Arbeitszeit (Verfügungszeiten) zählen; nur diese beiden Arbeitsfelder können beim Anstellungsschlüssel eingerechnet werden, § 17 Abs. 1 Satz 2. Der Begriff der Verfügungszeit fand in Anlehnung an die alte Personalkostenförderung bis zum 31.8.2013 Anwendung. Mit der Änderung der AVBayKiBiG wurde der missverständliche Begriff der Verfügungszeit durch die Begriffe unmittelbare und mittelbare Arbeit ersetzt. Die beiden Begriffe werden in § 17 Abs. 1 Satz 4 und 5 definiert. Während die unmittelbare Arbeit die Tätigkeit des pädagogischen Personals am Kind beschreibt, handelt es sich bei der mittelbaren Arbeit um Tätigkeiten, die neben der Betreuung am Kind in Umsetzung von Gesetzen, Verordnungen, den Bayerischen Bildungsleitlinien und dem BayBEP erbracht werden. Verwaltungstätigkeiten, die dem Trägerbereich zuzuordnen sind, wie z. B. die Verwaltung und Kontrolle der Elternbeiträge, das Stellen von Förderanträgen oder die Verhandlungsführung mit den Gemeinden über die Bereitstellung zusätzlicher kommunaler Mittel bei der Betriebs- und Investitionskostenförderung. Betraut der Träger einer Kindertageseinrichtung die Einrichtungsleitung mit Tätigkeiten des Trägers, muss der Träger hierzu ein zusätzliches Stundendeputat einräumen, das er nicht beim Anstellungsschlüssel mit ansetzen darf.

Zur mittelbaren Arbeit zählen alle Arbeiten, die der Umsetzung der Bildungs- und Erziehungsziele (§§ 1–13) dienen wie z. B.

- Kindbezogene Beobachtung und Dokumentation, Sprachdokumentation
- Vorbereitung und Dokumentation von Projekten
- Vorbereitung und Leitung von Teamsitzungen
- Kooperation mit Eltern
- Interne/externe Evaluation, Qualitätsentwicklung
- Vertretung von Leitung, Dienstbesprechungen
- Kooperation mit externen Stellen.

Hinzu kommen noch die Aufgaben der Einrichtungsleitung im Sinne des § 14 Abs. 3 (z. B. Personalorganisation, Entwicklung und Fortschreibung der pädagogischen Konzeption sowie die Jahres-, Monats- und Wochenplanung in Zusammenarbeit mit den pädagogischen Kräften). Die Arbeitszeitstunden einer von der Arbeit mit den Kindern freigestellten Einrichtungsleitung können bei der Berechnung des Anstellungsschlüssels berücksichtigt werden, soweit diese mit mittelbaren Aufgaben betraut ist. Anders als die frühere Personalkostenförderung kennt die kindbezogene Förderung keine Verpflichtung der Einrichtungsleitung zum Gruppendienst. Eine formale Freistellung von der unmittelbaren Arbeit insbesondere bei Leitungen ist aus förderrechtlichen Erwägungen deshalb nicht mehr erforderlich. Um eine Abgrenzung von mittelbarer Arbeit im Sinne des § 17 Abs. 1 Satz 5 von den Trägeraufgaben zu gewährleisten, sollten die Träger für die Einrichtungsleitung sowie für die pädagogischen Fach- und Ergänzungskräfte Tätigkeitsprofile erstellen, in denen der Tätigkeitsbereich beschrieben wird. Bei Berufspraktikanten/innen kann die gesamte Arbeitszeit angesetzt werden – auch der Anteil, den die Berufspraktikanten mit der Teilnahme an Seminaren verbringt. Dieser Arbeitszeitanteil wird als mittelbare Arbeit gewertet.

b) Buchungszeiten der Kinder

388 Für die **Buchungszeiten der Kinder** sind alle Kinder zu berücksichtigen, die in der betreffenden Einrichtung angemeldet sind. Für die Zeiten ist immer der obere Grenzwert der Buchungszeitkategorie maßgeblich, weil die Eltern frei sind, die gebuchte Zeit voll auszuschöpfen, so dass der Personaleinsatz sich hieran ausrichten muss. Ist für ein Kind beispielsweise die Buchungszeitkategorie „über drei bis vier Stunden" gebucht, so sind vier Stunden bei der Berechnung des Anstellungsschlüssels anzusetzen. Nachdem die Arbeitszeit des pädagogischen Personals in der Regel als wöchentliche Arbeitszeit bemessen ist, müssen für die Berechnung des Anstellungsschlüssels auch die (gewichteten) Buchungszeiten pro Woche herangezogen werden. Bei einer Öffnungszeit von fünf Tagen pro Woche und einem Buchungszeitfaktor von über drei bis vier Stunden ergibt sich eine wöchentliche Stundenzahl des betreffenden Kindes von fünf × vier = 20 Stunden. Die Bestimmung des konkreten Arbeitseinsatzes des pädagogischen Personals verteilt auf die einzelnen Tage obliegt dann dem Träger als Arbeitgeber bzw. der Einrichtungsleitung im Wege der Erstellung des Dienstplans. Die **Buchungszeitfaktorerhöhung für den Vorkurs** um 0,10 bzw. 0,4 (s. Erl. zu § 24) bleibt bei der Berechnung des Anstellungsschlüssels unberücksichtigt. Analog gilt dies für die Erhöhung des Buchungszeitfaktors für Kinder unter drei Jahren, die mit Gewichtungsfaktor 2,0 gefördert werden.

Gewichtungsfaktoren tragen bei der kindbezogenen Förderung einem erhöhten Bildungs-, Erziehungs- oder Betreuungsaufwand Rechnung. Durch die erhöhte Förderung wird der Träger in die Lage versetzt, mehr Personal zu beschäftigen. Damit die zusätzlichen Fördergelder auch tatsächlich für mehr

Personal eingesetzt werden, werden die Gewichtungsfaktoren auch bei der Berechnung des Anstellungsschlüssels herangezogen, § 17 Abs. 1 Satz 3:

Beispiele:

25 Kinder im Kindergartenalter (Gewichtungsfaktor 1,0) besuchen jeweils vier Stunden pro Tag fünf Tage die Woche (Buchungszeitkategorie über drei bis vier Stunden) die Einrichtung. Eine Erzieherin und eine Kinderpflegerin mit jeweils 25 Stunden/Woche leisten die pädagogische Arbeit. Es ergibt sich ein

Anstellungsschlüssel = 25 × 4 × 5 : 50 h

Anstellungsschlüssel = 1 : 10

Wenn die 25 Kinder im Beispiel hingegen jünger als drei Jahre alt sind (Gewichtungsfaktor 2,0,), so müssen beispielsweise zwei Erzieherinnen und zwei Kinderpflegerinnen mit jeweils 25 Stunden/Woche angestellt werden, um den gleichen Anstellungsschlüssel zu erreichen:

Anstellungsschlüssel = 25 × 4 × 5 GW 2,0 : 100 h

Anstellungsschlüssel = 1 : 10

So ist gewährleistet, dass für die doppelte Förderung auch doppelt so viel Personal angestellt werden muss. Dies gilt für alle Gewichtungsfaktoren entsprechend, so sind etwa die Buchungszeiten von Kindern mit (drohender) Behinderung mit 4,5 zu multiplizieren. Der Faktor × bei behinderten Kindern in integrativen Einrichtungen (vgl. Art. 21 Abs. 5 Satz 3 BayKiBiG) wird nach dem 59. Newsletter des Bayerischen Staatsministeriums für Familie, Arbeit und Soziales hingegen nicht in den Anstellungsschlüssel eingerechnet (so auch ausdrücklich AMS 16/2008 vom 31.10.2008). Damit wird sichergestellt, dass zusätzliches Personal, welches über die Erhöhung des Faktors 4,5 + x refinanziert wird, tatsächlich das Regelpersonal in einer Einrichtung ergänzt und damit dem erhöhten Betreuungsaufwand in einer integrativen Einrichtung Rechnung getragen wird.

c) Anstellungsschlüssel bei Landkindergartenregelung

Wird eine Kindertageseinrichtung nach der sog. Landkindergartenregelung **389**
des Art. 24 BayKiBiG gefördert, so gilt Folgendes:

Die Kindertageseinrichtung wird für 25 Kinder kindbezogen gefördert, obwohl tatsächlich weniger Kinder (z. B. nur 15 Kinder) die Einrichtung besuchen. Bei Anwendung des Art. 24 BayKiBiG werden für die Berechnung des Anstellungsschlüssels immer die tatsächlichen Verhältnisse zugrunde gelegt. Demnach gelten für die betreuten Kinder deren Buchungszeit sowie die jeweiligen Gewichtungsfaktoren (vgl. § 26 Abs. 3).

d) Förderrelevanter Mindestanstellungsschlüssel

390 Der förderrelevante Mindestanstellungsschlüssel beträgt 1 : 11, das heißt, für jeweils 11 Stunden gewichteter Buchungszeit der Kinder bedarf es einer Arbeitszeitstunde des pädagogischen Personals.

Anstellungsschlüssel = Verhältnis der Arbeitszeit des pädagogischen Personals zu den gewichteten Buchungsstunden der Kinder

Der in einer Kindertageseinrichtung maßgebliche Anstellungsschlüssel errechnet sich nach folgender Formel:

Gewichtete Buchungsstunden der Kinder : Summe der Arbeitszeitstunden des päd. Personals.

Zu beachten: Die Buchungsstunden entsprechen den täglichen Buchungsstunden, wohingegen die Arbeitszeit des Personals als wöchentliche Arbeitszeit angegeben wird. Demnach müssen die Buchungsstunden der Kinder mit fünf multipliziert werden.

Wenn man berechnen möchte, wie viel Personalstunden als absolutes Mindestmaß anzusetzen sind, ergibt sich aufgelöst folgende Formel:

Summe der gewichteten Buchungsstunden × 5 : 11

Beispiel:

Der Kindergarten A wird von 25 Kindern im Alter von drei Jahren bis zur Einschulung von 8 Uhr bis 12 Uhr besucht; alle Eltern haben daher die Kategorie „über drei bis vier Stunden" gebucht (vgl. § 25 Abs. 1). Wie viele Arbeitszeitstunden muss der Träger mindestens pädagogisches Personal beschäftigen?

Summe aller Buchungszeitstunden : 11
= (25 Kinder × 5 Tage pro Woche × 4 Stunden × Gewichtungsfaktor 1,0) : 11
= aufgerundet 45,45 Stunden pädagogisches Personal

Bei einer Öffnungszeit von 20 Stunden pro Woche bedeutet dies, dass der Träger einen Anstellungsschlüssel von 1 : 11 einhält, wenn er z. B. zwei pädagogische Kräfte à 23 Stunden einstellt, die damit über die Öffnungszeit hinaus keine zusätzlichen Stunden für die mittelbare Arbeit zur Verfügung haben. Das Beispiel mag verdeutlichen, dass der verbindliche Anstellungsschlüssel von 1 : 11 zwar sicherlich eine Verbesserung, aber freilich noch keine besonders gute Personalausstattung darstellt. Dies gilt umso mehr, wenn überwiegend Kinder unter drei Jahren betreut werden.

Aus der Berechnung des Anstellungsschlüssels ergibt sich, welche **Veränderungen Auswirkungen auf den Anstellungsschlüssel** haben, nämlich solche, die sich auf die Buchungen der Kinder auswirken (z. B. Veränderung der Buchungszeit, Ausscheiden, Neuaufnahme), und solche, die sich auf den Gewichtungsfaktor auswirken (z. B. Einschulung, Bescheiderteilung über eine Behinderung nach § 120 Abs. 2 SGB IX), sowie solche, die sich auf die *vertragliche* Arbeitszeit des pädagogischen Personals auswirken (z. B. Änderung der vertraglichen Arbeitszeit, Einstellung, Ausscheiden von pädagogischem Personal, Elternzeit einer pädagogischen Kraft).

Die kindbezogene Förderung wurde wie auch die Personalkostenförderung nicht als Vollkostenfinanzierung konzipiert. Bei einer Einrichtung, deren Angebot sich überwiegend an Kinder im Alter von drei Jahren bis zur Einschulung richtet, kann im Regelfall davon ausgegangen werden, dass zwischen 65 und 80 % der Betriebskosten über die gesetzliche kindbezogene Förderung (staatlicher + kommunaler Anteil) abgedeckt werden, wobei der Anteil des Freistaats an den Grundkosten einer Einrichtung in den vergangenen Jahren stetig gestiegen ist. Sofern die kindbezogene Förderung zusammen mit den Elternbeiträgen nicht zur Deckung der Betriebskosten ausreichen, sind die freigemeinnützigen und freien Träger zur Absicherung einer adäquaten pädagogischen Arbeit und verlässlicher personeller Rahmenbedingungen auf zusätzliche kommunale Mittel angewiesen, die im Wege einer Kooperationsvereinbarung ausgereicht werden können.

Im Jahr 2006 lag der durchschnittliche Anstellungsschlüssel bei ca. 1 : 11. Durch die Verbesserungen beim förderrelevanten Anstellungsschlüssel hat sich der bayernweit durchschnittliche Anstellungsschlüssel in den letzten Jahren stetig verbessert.

10/11	1 : 10,3
11/12	1 : 9,93
12/13	1 : 9,86
13/14	1 : 9,44
2015	1 : 9,37
2016	1 : 9,34
2017–2019	1 : 9,30
2020	1 : 9,24

e) Angemessener Anteil von unmittelbarer und mittelbarer Arbeit

Die mittelbare Arbeit ist Voraussetzung zur Umsetzung der Aufgaben einer **391**
Kindertageseinrichtung im Sinne des Art. 10, 13, 14 und 15 BayKiBiG. Somit muss der Träger seinem Personal hierfür auch die benötigte Arbeitszeit einräumen. § 17 Abs. 1 Satz 2 zählt deswegen auch die mittelbare Arbeit zur Arbeitszeit des pädagogischen Personals. Weder im BayKiBiG noch in der

AVBayKiBiG wird dem Träger allerdings in einer exakten Stundenzahl vorgeschrieben, wie viel mittelbare Arbeitszeit er dem pädagogischen Personal einräumen muss. Dies ist abstrakt auch nicht möglich und würde möglicherweise einen unzulässigen Eingriff in das Weisungsrecht des Trägers bedeuten.

Wenn etwa ein Kindergarten mit 25 Plätzen während der gesamten Öffnungszeit praktisch voll belegt ist und eine Erzieherin und eine Kinderpflegerin angestellt sind, so kann dieses pädagogische Team nur außerhalb der Öffnungszeiten die Arbeit mit den Kindern vor- und nachbereiten. Der Träger einer solchen Einrichtung kommt daher nicht umhin, die beiden pädagogischen Kräfte über die Öffnungszeit hinaus zu beschäftigen. Sind zeitweise hingegen nur sehr wenige Kinder anwesend, so können die pädagogischen Kräfte einen Teil ihrer mittelbaren Arbeit während der Öffnungszeit erledigen. Eine **direkte Vorgabe über Art und Umfang der mittelbaren Arbeit** ist daher im Hinblick auf die sehr unterschiedlichen Möglichkeiten des Personalmanagements auch **nicht zielführend**.

f) Rechtsfolge bei Nichteinhaltung

392 Der förderrelevante Mindestanstellungsschlüssel ist Fördervoraussetzung. Wird dieser nicht eingehalten, verliert der Träger seinen Förderanspruch. Eine Kindeswohlgefährdung dürfte erst naheliegen, wenn selbst ein Anstellungsschlüssel von 1 : 12,5 nicht eingehalten wird.

Beispiel (Ausweitung der gewichteten Buchungszeitstunden):

Ein Träger hat zu Beginn des Bewilligungsjahres einen Anstellungsschlüssel von 1 : 11. Durch die Aufnahme eines weiteren Kindes zum 15. 1. des Jahres verschlechtert sich der Anstellungsschlüssel auf 1 : 11,6. Durch Erhöhung der Arbeitszeitstunden einiger pädagogischer Kräfte wird ab September ein Anstellungsschlüssel von 1 : 10,6 erreicht.

Folge: Die Nichteinhaltung des förderrelevanten Mindestanstellungsschlüssels ist ein förderwirksames Ereignis im Sinne des § 25 Abs. 1 Satz 1. Maßgeblich für den Erhalt des Förderanspruchs ist der durchschnittliche Jahres-Anstellungsschlüssel. Das bedeutet, dass für den Zeitraum von Januar bis einschließlich September (Monatsprinzip) der Anstellungsschlüssel von 1 : 11 nicht eingehalten wird. Für wie viele Kalendermonate die Förderung gekürzt wird, ergibt sich aus § 17 Abs. 4 Satz 4. Da die Abschlagszahlungen unter dem Vorbehalt der Nachprüfung im Rahmen der Jahresendabrechnung geleistet werden, bedeutet dies grundsätzlich, dass für den Zeitraum der festgestellten Förderkürzung die ausbezahlten Abschläge zurückgefordert werden müssen.

Unliebsame Überraschungen in Bezug auf den Anstellungsschlüssel kann der Träger vermeiden, wenn er von vornherein den Personaleinsatz nicht zu knapp kalkuliert und zudem vor der Neuaufnahme von Kindern oder der Kürzung von Arbeitszeiten des pädagogischen Personals dies nach § 47 Abs. 1 SGB VIII der Aufsichtsbehörde meldet.

Neben einer Ausweitung der gewichteten Buchungszeitstunden (z. B. durch Aufnahme eines Kindes, Verlängerung der Buchungszeit) kann auch die Kürzung der Gesamtarbeitszeit des pädagogischen Personals dazu führen, dass der verbindliche Anstellungsschlüssel nicht eingehalten wird. Fälle für eine solche Verkürzung sind die einvernehmliche Änderung der Arbeitszeit, einvernehmliche Vertragsaufhebung, Änderungskündigung in Bezug auf die Arbeitszeit und die (Beendigungs-)Kündigung).

4. Fachkraftquote

Die sich **nach dem förderrelevanten Mindestanstellungsschlüssel** errechnende Arbeitszeit des pädagogischen Personals erfasst die Arbeitszeit der pädagogischen Fachkräfte und der pädagogischen Ergänzungskräfte. Die Fachkraftquote bestimmt, dass hiervon mindestens die **Hälfte der Stunden** auf pädagogische Fachkräfte entfallen müssen. **393**

Beispiel:

Aufgrund der gewichteten Buchungszeiten seiner Einrichtung errechnet der Träger, dass er nach dem förderrelevanten Mindestanstellungsschlüssel pädagogische Kräfte mindestens im Umfang von 77 Stunden beschäftigen muss. Dann muss der Träger mindestens eine pädagogische Fachkraft in Höhe von 38,5 Stunden einstellen. Beschränkt er sich auf diese Mindestvorgabe, so muss er für die übrigen 38,5 Stunden eine pädagogische Ergänzungskraft beschäftigen. Beschäftigt der Träger insgesamt mehr pädagogisches Personal , kann er frei entscheiden, inwieweit er für diese zusätzlichen Personalstunden pädagogische Fachkräfte oder pädagogische Ergänzungskräfte anstellt. Wenn der Träger also beispielsweise Personal im Umfang von 90 Stunden anstellt, so kann er zu 38,5 Stunden eine pädagogische Fachkraft und zu den übrigen 51,5 Stunden pädagogische Ergänzungskräfte einstellen. Die verbindliche Fachkraftquote errechnet sich immer anhand der nach dem förderrelevanten Mindestanstellungsschlüssel notwendigen Stunden.

Zulässig – und im Hinblick auf die Qualität der Bildungs- und Erziehungsarbeit wünschenswert – ist es natürlich, wenn der Träger zu einem höheren Anteil pädagogische Fachkräfte beschäftigt.

Zu beachten ist, dass die Fachkraftquote nicht die einzige Vorgabe dafür ist, in welchem Umfang der Träger pädagogische Fachkräfte beschäftigen muss: Zum einen ist § 15 zu beachten (vgl. Erläuterungen zu § 15 AVBayKiBiG); zum anderen erfordert der Bildungs- und Erziehungsauftrag der Kindertageseinrichtungen, dass außerhalb der Bring- und Holzeiten stets ausreichend pädagogische Fachkräfte in der Einrichtung die pädagogische Arbeit verantworten (Ausnahme: § 16 Abs. 5). Es kommt daher nicht nur darauf an, insgesamt ausreichend Personal einzustellen, sondern auch, eine **angemessene Dienstplangestaltung** vorzunehmen.

Bei der Fachkraftquote sind alle Gewichtungsfaktoren einzurechnen, nur der **Gewichtungsfaktor für Kinder mit (drohender wesentlicher) Behinderung nicht**, § 17 Abs. 2 Satz 2. Hintergrund dieser Herausnahme ist, dass bei Kindern mit Eingliederungshilfebedarf zwar generalisierend angenommen werden kann, dass für sie ein höherer Personaleinsatz erforderlich ist. Die möglichen Formen der Behinderung sowie der Verhältnisse in der Einrichtung sind aber zu vielgestaltig, als dass man stets sagen könnte, dass für die Integrationsarbeit in einer Kindertageseinrichtung immer zusätzliche Fachkraftstunden erforderlich wären. Welche Kräfte hier erforderlich sind und in welchem Umfang zusätzliche pädagogische Fachkraftstunden erforderlich sind, ist daher im Einzelfall abzuklären.

Hinweis:
Auch die Leistungs- und Entgeltvereinbarung, die der Träger mit dem Bezirk abschließt, um auch vom Bezirk Leistungen für die Eingliederung von Kindern mit Behinderung zu erhalten, sehen Personalstandards vor.

5. Anforderungen an die Einrichtungsleitung

394 Die Einrichtungsleitung muss einer pädagogischen Fachkraft übertragen sein, § 17 Abs. 3. Möglich ist es auch, für mehrere Einrichtungen eine gemeinsame Einrichtungsleitung zu beschäftigen, sofern für mehrere Einrichtungen eine Gesamtbetriebserlaubnis erteilt wurde. Grenze ist, dass die Leitung für jede Einrichtung noch hinreichend Zeit haben muss, um ihre Aufgaben auch verantwortlich wahrzunehmen. Hierzu zählt auch eine ausreichende Präsenz vor Ort. Zur Frage, inwieweit die Arbeitszeit der Einrichtungsleitung beim Anstellungsschlüssel mit eingerechnet werden kann, s. Rn. 383.

6. Auswirkungen eines zu geringen Personaleinsatzes

395 **Vorbemerkungen zu § 17 Abs. 4**

Der Anstellungsschlüssel stellt bei der Arbeitszeit des pädagogischen Personals auf die vertraglich geschuldete Arbeitszeit ab. Fehlt das Personal bei fortbestehendem oder ruhendem Arbeitsverhältnis, so wirkt sich dies nicht auf den rechnerischen Anstellungsschlüssel im Sinne des § 17 Abs. 1 aus. Um eine hinreichende Betreuung der Kinder sicherzustellen, bedarf es daher über den Anstellungsschlüssel hinaus einer Regelung für diese Fehl- bzw. Abwesenheitszeiten. Diese erfolgt in § 17 Abs. 4.

Hinweis:

§ 17 Abs. 4 stellt insoweit eine den § 25 Abs. 1 verdrängende Sonderregelung (lex specialis) dar. Der Tatbestand des Ausscheidens von Personal umfasst auch Änderungskündigungen, über die etwa Veränderungen bei der vertraglichen Arbeitszeit pädagogischer Kräfte vorgenommen werden. Zum Ausscheiden zählt jegliche Beendigung eines Arbeitsvertrags, unabhängig davon, ob die Kündigung seitens des Arbeitgebers oder des Arbeitnehmers ausgesprochen wurde. Der Kündigungsgrund sowie die Art der Kündigung spiele für den Tatbestand des Ausscheidens keine Rolle.

Die AVBayKiBiG vom 5.12.2005 (GVBl. S. 633, BayRS 2231-1-1-A) wurde **396**
durch Verordnung vom 6.12.2016 (GVBl. S. 394) mit Wirkung zum 1.1.2017 geändert. Die Änderung umfasst die Vorschriften des § 17 Abs. 4 und des § 25 Abs. 1, dem ein zusätzlicher Satz 5 hinzugefügt wurde. § 17 Abs. 5 und 6 sowie § 24 wurden aufgehoben.

Mit Wirkung ab dem 1.9.2013 waren die förderrechtlichen Konsequenzen der sog. **5-Tage-Regelung bis zum 31.12.2016 ausgesetzt** (vgl. Rn. 370). Die vom Bayerischen Familienministerium Ende 2014 eingesetzte BayKiBiG-Kommission, in der die kommunalen Spitzenverbände wie auch die Spitzenverbände der freien Wohlfahrtspflege vertreten sind, sollte die Zeit bis zum 31.12.2016 nutzen, um Empfehlungen für eine neue Regelung ab dem 1.1.2017 zu erarbeiten.

Die Fehlzeitenregelung sollte die hinreichende Anwesenheit des pädagogischen Personals sicherstellen. Sie wurde jedoch in der praktischen Umsetzung aufgrund des hohen bürokratischen Aufwands stark kritisiert. Die durchgeführten Personalrochaden trugen im Ergebnis bei Ausfällen des pädagogischen Personals kaum zur Sicherung der Qualität bei, da sie häufig nur für kurze Zeiträume umgesetzt wurden, um eine drohende Förderkürzung zu vermeiden. Die für die Bildungsarbeit erforderlichen **Bindungen konnten nur in seltenen Fällen aufgebaut werden**.

Ziel einer neuen Regelung sollte eine **nachhaltige Verwaltungsvereinfachung** sein, wobei auch die Sicherung der pädagogischen Qualität der Einrichtungen angemessen Berücksichtigung finden sollte. In ihrer 5. Sitzung beschloss die Kommission den Verzicht auf eine Fehlzeitenregelung ab dem 1.1.2017. Gleichzeitig sollte die Planungs- und Finanzierungssicherheit für die Träger dahingehend gestärkt werden, als beim förderrelevanten

Mindestanstellungsschlüssel und der Fachkraftquote ein Jahresmittelwert eingeführt wurde.

Mit der Neufassung der AVBayKiBiG wurde § 17 Abs. 4 entsprechend geändert. Der Ausnahmetatbestand des alten § 17 Abs. 5 Satz 3 wurde in den neuen Absatz 4 integriert. Die bisherige Härtefallregelung konnte aufgrund des Wegfalls der Fehlzeitenregelung entfallen.

Durch den Wegfall der Fehlzeitenregelung galt es, Regelungen zu finden, um einerseits Anstellungsschlüssel und Fachkraftquote möglichst realistisch darzustellen, da beides zentrale Instrumente zur Qualitätssteuerung für die Träger sind. Andererseits sollte die Gefahr von förderrechtlichen Konsequenzen insbesondere beim unverschuldeten Wegfall von Personalstunden minimiert werden. Mit der 42-Tagefrist in Verbindung mit der Einführung eines förderrelevanten Jahresanstellungsschlüssels bzw. der Fachkraftquote bekommen Träger auch in Zeiten eines herrschenden Fachkräftemangels **Steuerungsinstrumente** an die Hand, um förderrechtliche Konsequenzen in Form einer Minderung des Förderanspruchs von vornherein zumindest weitgehend auszuschließen. Mit der Neuregelung wird die Verantwortung für eine gute Qualität in den Einrichtungen primär in die Hände der Träger gelegt, die diese durch eine vorausschauende Personalplanung, in der Ausfallszeiten von vornherein in ausreichendem Maße berücksichtigt werden, sicherstellen. Die Steuerung über das Förderrecht tritt hingegen in den Hintergrund.

a) Rechtsfolge eines zu geringen Personaleinsatzes

397 Zum 1.1.2017 wurde die sog. **42-Tageregelung** eingeführt (§ 17 Abs. 4 Satz 2). Sofern eine pädagogische Kraft nach Ablauf der 42-Tagefrist die Tätigkeit wiederaufnimmt, greift die Regelung des § 17 Abs. 4 Satz 3, wonach die Arbeit an mindestens der Hälfte der Arbeitstage in einem Kalendermonat erbracht werden muss, damit die arbeitsvertragliche wöchentliche Arbeitszeit wieder im Anstellungsschlüssel bzw. der Fachkraftquote berücksichtigt werden kann. Wird eine ausgefallene Kraft in erforderlichem Umfang ersetzt, greift ebenfalls Satz 3. Die Neuregelung hat auf den Vollzug folgende Auswirkungen:

- Der Anstellungsschlüssel und die Fachkraftquote werden unverändert monatlich festgestellt.
- Es werden **keine Abwesenheitszeiten in KiBiG.web** mehr erfasst.
- Bei Ausfallszeiten des Personals, die länger als 42 Tage andauern, wird die arbeitsvertragliche Arbeitszeit der betreffenden Kräfte mit Beginn des folgenden Kalendermonats aus den Ist-Monatsdaten gelöscht.
- Dies gilt in gleicher Weise bei Beendigung eines Arbeitsverhältnisses.

- Förderrelevant ist der **durchschnittliche Jahreswert** von Anstellungsschlüssel und/oder Fachkraftquote im Bewilligungsjahr.
- Kalendermonatliche Abweichungen bleiben unschädlich, solange die Jahresmittelwerte eingehalten sind.
- Bei Nichteinhalten von Anstellungsschlüssel und/oder der Fachkraftquote muss **keine Kausalitätsprüfung** dahin gehend durchgeführt werden, ob dieser Umstand auf eine Erhöhung der Buchungsstunden der Kinder oder eines Wegfalls von Arbeitszeitstunden des Personals zurückzuführen ist. Die geforderte Harmonisierung der Tatbestände des § 17 Abs. 1 und 2 mit Abs. 4 AVBayKiBiG a. F. ist damit umgesetzt.
- Träger und Gemeinden erkennen auf den ersten Blick, wenn ein förderschädlicher Sachverhalt vorliegt.

b) Vollzug des § 17 Abs. 4 im Einzelnen

aa) Verhältnis zu § 25

Beim Eintritt förderrechtlicher Änderungen ist grundsätzlich § 25 anzuwenden (vgl. Anm. zu Rn. 395). Dies gilt dem Grunde nach auch bei Änderungen der wöchentlichen Arbeitszeit des pädagogischen Personals. Nur unter den Voraussetzungen des § 17 Abs. 4 treten abweichende Rechtsfolgen ein. **398**

bb) Auswirkungen nicht erbrachter Arbeitsleistung an mehr als 42 aufeinanderfolgenden Arbeitstagen, § 17 Abs. 4 Satz 2

Die arbeitsvertragliche wöchentliche Arbeitszeit einer pädagogischen Kraft wird im Anstellungsschlüssel bzw. der Fachkraftquote dann nicht mehr berücksichtigt, wenn die Kraft ihre Arbeitsleistung über einen Zeitraum von 42 Kalendertagen aufeinanderfolgend nicht erbringt. Die Änderung erfolgt mit Beginn des nächstfolgenden Kalendermonats nach Ablauf der 42-Tagefrist. **399**

> **Beispiel:**
>
> Kraft F fällt ab 1.4. auf unbestimmte Zeit aus.
>
> Die 42-Tagefrist endet mit Ablauf des 11.5. zum 12.5. Die Arbeitszeit von F bleibt ab Juni unberücksichtigt.

Der Grund der Abwesenheit ist unerheblich. Gründe für eine Abwesenheit können sein:

Krankheit, Erholungsurlaub, Gleittage, Mutterschutz, Beendigung eines Arbeitsverhältnisses infolge von Kündigung, Auflösungsvertrag oder Erreichen der Altersgrenze, Beschäftigungsverbot, Sonderurlaub, Elternzeit etc.

Fortbildungstage sind keine Abwesenheitstage, da Arbeitsleistung erbracht wurde bzw. wird. Die 42-Tagefrist beginnt immer mit dem ersten Arbeitstag der Abwesenheit.

> **Beispiel:**
>
> Eine Kraft hat am Freitag, 28.4. den letzten Arbeitstag. Ab Dienstag, 2.5. tritt sie den Erholungsurlaub an.
>
> Die 42-Tagefrist beginnt mit dem 2.5. zu laufen.

cc) Ausnahmen, § 17 Abs. 4 Satz 3

400 Die Vorschrift regelt Ausnahmen von § 17 Abs. 4 Satz 2, wenn die Arbeit im laufenden oder nächstfolgenden Kalendermonat an **mindestens der Hälfte** der im Kalendermonat arbeitsvertraglich vereinbarten Arbeitstage wiederaufgenommen wird oder Personal in erforderlichem Umfang neu eingestellt wird.

Die Wiederaufnahme der Arbeit kann durch die ausgefallene Kraft **selbst oder temporär durch eine andere Kraft** (z. B. Springer, vorübergehende Aufstockung der Arbeitszeit) erfolgen. Von einer Einstellung in erforderlichem Umfang ist dann auszugehen, wenn die ausgefallene Kraft auf Dauer ersetzt wird. Der erforderliche Umfang ist gegeben, wenn die neue Kraft dieselbe Qualifikation besitzt, der zeitliche Umfang (wöchentliche Arbeitszeit) mindestens der Arbeitszeit der ausgefallenen Kraft entspricht und die Einstellung im Kalendermonat des Ausfalls einer anderen Kraft erfolgt. Es sind folgende Fallgestaltungen zu unterscheiden:

Fallgestaltungen:

I. Kraft F (40 Wochenstunden) fällt von 1.4. bis 25.5. aus.
   Die 42-Tagefrist endet am 12.5. F leistet ab Juni wieder die Hälfte der arbeitsvertraglich geregelten Arbeitstage. F wird durchgehend im Anstellungsschlüssel (AS) und der Fachkraftquote (FKQ) berücksichtigt.

II. Kraft F kommt am 15.6. wieder.
   Sofern im Juni die Hälfte der arbeitsvertraglich geregelten Arbeitstage geleistet wird, erfolgt eine Berücksichtigung von F auch im Juni, ansonsten erst ab Juli.

III. Kraft F wird ab 25.5. vorübergehend durch Springer (S) ersetzt.
   F bleibt auch im Juni im Bestand. Der Einsatz von S (Zeitraum, Wochenstunden) ist entsprechend zu dokumentieren.

IV. F wird ab 15.6. vorübergehend durch Springer (S) ersetzt.
   Sofern im Juni die Hälfte der arbeitsvertraglich geregelten Arbeitstage von F durch S geleistet wird, bleibt F auch im Juni im Bestand, ansonsten erst ab Juli. S wird nicht erfasst. Der Einsatz von S (Zeitraum, Wochenstunden) ist entsprechend zu dokumentieren.

V. F wird ab 25.5. vorübergehend durch Springer (S) ersetzt. S leistet nur 25 Wochenstunden.
F wird ab Juni gelöscht; S wird ab Juni mit 25 Wochenstunden erfasst.

Wird eine Kraft auf Dauer, z. B. durch eine Neueinstellung (N), **vollumfänglich ersetzt**, liegt kein Fall des § 17 Abs. 4 Satz 2 vor. Folglich kommt § 25 Abs. 1 Satz 1 zur Anwendung und somit die Berücksichtigung förderrelevanter Änderungen ab Beginn des Monats, in dem sie eintreten. Als Kriterien für den vollumfänglichen Ersatz gelten

- Ersatz im Kalendermonat des Ausfalls einer Kraft
- Mindestens dieselbe Wochenstundenzahl
- Gleiche oder höhere Qualifikation

Fallgestaltungen:

I Kraft F (40 Wochenstunden) fällt ab 1.4. aus und wird ab 28.4. durch N mit 40 Stunden ersetzt.
Kraft F ist in diesem Fall ab April zu löschen und N ab April zu erfassen.

II. Kraft F (40 Wochenstunden) fällt ab 1.4. aus und wird ab 28.5. durch N mit 40 Stunden ersetzt.
Für F greift die Privilegierung des § 17 Abs. 4 Satz 2. Sie bleibt bis einschließlich April im Bestand. Ab Mai wird F durch N ersetzt.

III. Kraft F (40 Wochenstunden) fällt ab 1.4. aus und wird ab 28.6. durch N mit 40 Stunden ersetzt.
F wird ab Juni durch N ersetzt. Für N gilt § 25.

Wird eine Kraft auf Dauer, z. B. durch eine Neueinstellung (N), ersetzt, allerdings **nicht in vollem Umfang**, liegt ein Fall des § 17 Abs. 4 Satz 2 vor. § 17 Abs. 4 Satz 3 beschreibt die Tatbestände, wann § 17 Abs. 4 Satz 2 (42-Tagefrist) nicht zur Anwendung kommt. Dies ist nach der zweiten Alternative dann der Fall, wenn eine ausgefallene Kraft auf Dauer vollumfänglich ersetzt wird. Erfolgt der Ersatz nicht vollumfänglich, ist in der Konsequenz wieder § 17 Abs. 4 Satz 2 anzuwenden.

Fallgestaltungen:

I Kraft F (40 Wochenstunden) fällt ab 1.4. aus und wird ab 28.4. durch N mit 20 Stunden ersetzt.
Kraft F ist dann ab Juni zu löschen und N ab Juni zu erfassen.

II Kraft F (40 Wochenstunden) fällt ab 1.4. aus und wird ab 28.5. durch N mit 20 Stunden ersetzt.
Hier gilt dasselbe wie in Beispiel i.

III Kraft F (40 Wochenstunden) fällt ab 1.4. aus und wird ab 28.6. durch N mit 20 Stunden ersetzt.
F wird ab Juni gelöscht. Für N gilt § 25 Abs. 1 Satz 1, N ist demnach im Juni zu erfassen.

c) Empfehlungen für die praktische Umsetzung

401 Personelle Rochaden innerhalb der 42-Tagefrist haben keine förderrechtliche Relevanz. Auch wenn personelle Veränderungen aus organisatorischen Gründen umgesetzt werden, bleiben diese bei der Datenerfassung in KiBiG.web unberücksichtigt, wenn sie innerhalb der 42-Tagefrist liegen.

Bei Ausfall einer Kraft über 42 Tage hinaus ist diese ab dem nächstfolgenden Kalendermonat zu löschen, außer sie nimmt ihre Beschäftigung wieder auf **(1/2-Regelung bei Arbeitstagen)** oder wird durch eine Neueinstellung oder durch Stundenaufstockungen ersetzt.

Die Erfassung zusätzlicher personeller Arbeitszeitstunden insbesondere durch Springer oder temporäre Stundenaufstockungen können erst am Jahresende vorgenommen werden, wenn ansonsten eine Förderkürzung angezeigt wird. **Der Personaleinsatz muss entsprechend dokumentiert werden.** Organisatorische Maßnahmen sind nur dann für die Förderung relevant, wenn diese in die Zukunft gerichtet sind. Nachträgliche Änderungen beim Personaleinsatz werden nicht berücksichtigt.

Für die Überprüfung der in KiBiG.web erfassten Arbeitszeiten und der Qualifikation der pädagogischen Kräfte sind wie bisher die entsprechenden Arbeitsverträge zugrunde zu legen.

d) Berücksichtigung von Schließtagen

402 Hat ein Träger in einem Kalendermonat Schließtage festgelegt, **verringert sich die Zahl der Arbeitstage.** Dies hat Auswirkung bei der Zahl der zu erbringenden Arbeitstage im Hinblick auf die Hälfte-Regelung des § 17 Abs. 4 Satz 3.

Beispiel:

Ein Kalendermonat hat 20 Arbeitstage. In den letzten beiden Wochen hat der Träger eine Schließzeit festgelegt.

Eine Kraft F fällt länger als 42 Tage aus und kommt am 10. des betreffenden Kalendermonats wieder.

Aufgrund der festgelegten Schließtage kann die Kraft unter Umständen die Hälfte der Arbeitstage nicht erreichen, so dass sie im betreffenden Kalendermonat nicht berücksichtigt werden kann, sondern erst im nächsten.

e) Teilzeitkräfte

Teilzeitkräfte, die ihre Arbeitszeit nur an bestimmten Wochentagen erbringen, müssen **die Hälfte der Arbeitstage nach dem individuellen Arbeitszeitmodell** erbringen. **403**

Beispiel:

Eine Teilzeitkraft mit 20 Wochenstunden leistet diese immer von Montag bis Mittwoch, montags und dienstags immer jeweils 8 Stunden und am Mittwoch 4 Stunden.

Es werden die im betreffenden Kalendermonat bestehenden Arbeitstage der Kraft ermittelt; davon muss sie an mindestens der Hälfte die Arbeit erbracht haben. Die unterschiedliche Arbeitszeit an den Arbeitstagen spielt für die Ermittlung des Hälfteanteils der Arbeitstage keine Rolle.

f) Förderkürzung, § 17 Abs. 4 Satz 4

Gefördert werden die Kalendermonate, sofern bezogen auf das Bewilligungsjahr der förderrelevante Mindestanstellungsschlüssel nach § 17 Abs. 1 und die für die Fachkraftquote des § 17 Abs. 2 erforderlichen Fachkraftstunden im Jahresdurchschnitt eingehalten sind. Werden die Jahresdurchschnittswerte nicht eingehalten, wird die Förderung für das Bewilligungsjahr **um den Betrag des schlechtesten Kalendermonats** gekürzt. Danach werden die Durchschnittswerte aus den verbleibenden 11 Kalendermonaten ermittelt. **404**

Beispiel zur Berechnung einer möglichen Förderkürzung:

Anstellungsschlüssel	
Von Januar bis Mai	jeweils 1 : 10,5
von Juni bis Oktober	jeweils 1 : 10,7
von November bis Dezember	jeweils 1 : 13,5
1. Schritt	
Ermittlung des Jahresdurchschnitts	1 : 11,8
Folge: Förderkürzung für November	
2. Schritt	
Jahresdurchschnitt für 11 Kalendermonate ohne November	1 : 10,86
Folge: keine Kürzung für Dezember trotz des Anstellungsschlüssels von	1 : 13,5

g) Ausnahmeregelung bei einer Überschreitung des Anstellungsschlüssels bzw. Unterschreiten der Fachkraftquote, § 17 Abs. 4 Satz 5 Nr. 1 und 2

Mit Wirkung ab dem 1.5.2021 wurde neben der durch das Jugendamt veranlassten Aufnahme von Kindern ein weiterer Tatbestand, nämlich der der höheren Gewalt, in die Verordnung aufgenommen.

405 **Nr. 1:**

Nimmt ein Träger eines oder mehrere Kinder auf Initiative des Jugendamts auf und wird dadurch der förderrechtliche jährliche Anstellungsschlüssel und/oder die Fachkraftquote nicht eingehalten, so dass eine Förderkürzung im Raum steht, werden die Kalendermonate, in denen der Anstellungsschlüssel bzw. die Fachkraftquote schlechter als 1 : 11 sind, auf das Verhältnis von 1 : 11 gesetzt, so dass es aufgrund einer Zuweisung durch das Jugendamt **zu keiner Minderung des Förderanspruchs kommen kann**.

Die für die Anwendung der Vorschrift bisher erforderliche Zustimmung des StMAS wurde mit Wirkung ab 1.5.2021 aus Gründen der Verfahrensvereinfachung als nicht mehr erforderlich erachtet und deshalb gestrichen.

406 **Nr. 2**

Mit der Aufnahme des Tatbestands der höheren Gewalt sollen Förderkürzungen aufgrund von Umständen, die der Träger nicht zu verantworten hat, verhindert werden. Auslöser für die Aufnahme der Regelung war primär die Corona-Pandemie. Sofern demnach der Anstellungsschlüssel und/oder die Fachkraftquote nicht eingehalten sind und deshalb eine Förderkürzung droht, bleiben die betroffenen Kalendermonate bei der Jahresdurchschnittsberechnung unberücksichtigt, wenn dem ein Ereignis zugrunde liegt, das auf höhere Gewalt zurückzuführen ist. Nach der Rechtsprechung des BGH (vgl. Urteil vom 16.5.2017 – Az: X ZR 142/15) liegt höhere Gewalt dann vor, wenn es sich um ein von außen kommendes, auch durch die äußerste vernünftigerweise zu erwartende Sorgfalt nicht abwendbares Ereignis handelt, das weder der betrieblichen noch der persönlichen Sphäre des Trägers zuzuordnen ist.

Damit wird die Regelung nur in äußerst seltenen Ausnahmefällen zur Anwendung kommen können. Überdies gilt vor der Anwendung ein Zustimmungserfordernis durch das StMAS.

Beispiel:

Keine höhere Gewalt liegt vor, wenn das Nichteinhalten von Anstellungsschlüssel und/oder Fachkraftquote infolge

- einer Grippewelle beim pädagogischen Personal herrührt oder
- sehr enger zeitlicher Abfolge mehrere Beschäftigungsverbote in Anwendung der Biostoff-Verordnung ausgesprochen werden.

Hingegen kann sich ein Träger dann auf höhere Gewalt berufen, wenn ein hinreichender Personaleinsatz im Zuge der Corona-Pandemie nicht möglich war, sofern ein enger, sachlicher Zusammenhang zwischen dem mangelnden Personaleinsatz und den Auswirkungen der Corona-Pandemie nachweislich besteht.

Damit die Ausnahmeregelung vollumfänglich für die Zeit der Corona-Pandemie im Kalenderjahr 2020 zur Anwendung kommen kann, tritt die Regelung mit Wirkung zum 1.1.2020 in Kraft.

Sollten Träger den Jahresanstellungsschlüssel bzw. die Jahresfachkraftquote für das Bewilligungsjahr 2020 **nicht** eingehalten haben, werden die entsprechenden Monate in der Zeit von März bis Dezember 2020, in denen **coronabedingt** Anstellungsschlüssel und/oder Fachkraftquote nicht eingehalten werden konnten und von höherer Gewalt auszugehen ist, bei der Ermittlung des Jahresdurchschnittswertes nicht eingerechnet. Eine weitergehende Prüfung ist für diesen Zeitraum im Rahmen der Endabrechnung 2020 nicht veranlasst.

Fraglich erscheint, ob die Ausnahmeregelung für die Corona-Pandemie auch für das Kalenderjahr 2021 Anwendung finden kann, da das Tatbestandsmerkmal der vernünftigerweise zu erwartenden Sorgfalt vor allem dann zutreffen dürfte, wenn Ereignisse sehr plötzlich auftreten. Für das Kalenderjahr 2021 ist dies für die Auswirkungen der Corona-Pandemie bei den Kindertageseinrichtungen eher unwahrscheinlich und müsste im Einzelfall bewertet werden.

h) Anwendungsbereich auf Großtagespflegestellen, § 17 Abs. 4 Satz 6

Schließen sich mehrere Tagespflegepersonen zusammen, liegt eine Groß- 407
tagspflegestelle gemäß Art. 20 bzw. Art. 20a BayKiBiG vor. Wenn in der Großtagespflegestelle (GTP) mehr als acht gleichzeitig anwesende Kinder betreut werden, muss mindestens eine der Tagespflegepersonen eine pädagogische Fachkraft im Sinne des § 16 Abs. 2 sein (vgl. Art. 9 Abs. 2 Satz 2 BayKiBiG). Nachdem bisher keine Regelung bestand, wie im Falle eines Ausfalls der pädagogischen Fachkraft umzugehen war, wurde § 17 Abs. 4 Satz 2 und 3 analog angewandt. Mit dem neuen § 17 Abs. 4 Satz 6 wird diese Regelungslücke für den Bereich der GTP nun geschlossen. Damit ist nun klargestellt, dass die 42-Tageregelung des § 17 Abs. 4 Satz 2 und 3 bezüglich des Fachkraftgebots Anwendung findet, obwohl es bei der GTP weder Anstellungsschlüssel noch Fachkraftquote gibt.

Ersatzbetreuung beim Ausfall von TPP
Für Ausfallzeiten der Tagespflegeperson hat der Träger der öffentlichen Jugendhilfe (TröffJH) **rechtzeitig** eine Ersatzbetreuung sicher zu stellen (§ 23 Abs. 4 Satz 2 SGB VIII i. V. m. Art. 20 Satz 2 BayKiBiG, Art. 20a Satz 2 BayKiBiG).

Sofern vom TröffJH **keine** bzw. **nicht umgehend** eine Ersatzbetreuung organisiert und finanziert werden kann, entfällt der Anspruch auf die kindbezogene Förderung mit **Beginn** des Kalendermonats, in dem die Fachkraft oder TPP ausfällt, da die Ersatzbetreuung zwingende Fördervoraussetzung ist (s. Art. 20 Satz 2, Art. 20a Satz 2 BayKiBiG i. V. m. § 25 Abs. 1 Satz 1 AVBayKiBiG n. F.). Die Förderung kann nach Maßgabe des § 25 Abs. 1 Satz 1 AVBayKiBiG erst mit Rückkehr der erforderlichen Fachkraft bzw. TPP oder mit Einsatz durch eine andere geeignete Kraft wiederaufgenommen werden.

Ausfall einer erforderlichen Fachkraft in der GTP
Bei **GTPs**, bei denen die **erforderliche Fachkraft** ausfällt, sollte idealerweise die Ersatzbetreuung bzw. die entsprechenden fachlichen Aufgaben in der GTP von einer anderen Fachkraft wahrgenommen werden. Wenn dies nicht sichergestellt werden kann, greift § 17 Abs. 4 Satz 6 AVBayKiBiG.

Eine Ersatzbetreuungsperson mit mindestens 100 Qualifizierungsstunden in der GTP nach Art. Art. 20 BayKiBiG, bzw. mit mindestens 160 Qualifizierungsstunden in der GTP nach Art. 20a BayKiBiG kann die Betreuung für die notwendige Fachkraft für die Dauer von bis zu 42 aufeinanderfolgenden Kalendertagen förderunschädlich übernehmen (§ 17 Abs. 4 Satz 2 und 3 AVBayKiBiG). Zur Berechnung der 42-Tage-Regelung gelten die Ausführungen zu § 17 Abs. 4 Satz 2 und 3 analog.

Beispiele

1. Der zuständige TröffJH organisiert bei Ausfall der Fachkraft **umgehend** eine andere **Fachkraft** für die GTP.
2. Der zuständige TröffJH kann zwar nicht auf eine Fachkraft zurückgreifen, organisiert aber **umgehend** die Ersatzbetreuung durch eine Ersatzbetreuungsperson mit der erforderlichen Mindestqualifikation gemäß Art. 20 bzw. 20a BayKiBiG. **Anwendungsfall des § 17 Abs. 4 Sätze 2 bis 5 AVBayKiBiG.**

i) Hinweis auf § 45 SGB VIII, § 17 Abs. 4 Satz 7

408 Mit dem Hinweis ist die Klarstellung verbunden, dass die Gewährleistung des Kindeswohls primär in der Verantwortung der Träger liegt. Diese haben insbesondere bei Personalausfällen, auch wenn diese für die Förderung keine

Auswirkung haben sollten, in jedem Falle und zu jeder Zeit das Kindeswohl sicherzustellen. Die staatlichen Aufsichtsbehörden schreiten dann ein, wenn ihnen Umstände bekannt werden, die auf eine mögliche Kindeswohlgefährdung hindeuten könnten. Die Meldepflicht nach § 47 SGB VIII bleibt hiervon unberührt. Der Meldepflicht unterliegen auch personelle Veränderungen.

3. Abschnitt Kindbezogene Förderung

§ 18 Zusätzliche Leistungen für die Tagespflegeperson

[1]Die Tagespflegeperson erhält vom örtlichen Träger der öffentlichen Jugendhilfe einen Qualifizierungszuschlag als zusätzliche Leistung im Sinn von Art. 20 Satz 1 Nr. 4 BayKiBiG. [2]Der Qualifizierungszuschlag ist durch den örtlichen Träger der öffentlichen Jugendhilfe zu differenzieren und beträgt mindestens 10 v. H. des vom örtlichen Träger der öffentlichen Jugendhilfe festgesetzten Tagespflegegeldes nach § 23 Abs. 2 Nr. 2 SGB VIII. [3]Kriterien zur Differenzierung des Qualifizierungszuschlags sind insbesondere die Qualifikation der Tagespflegeperson, das Alter oder der persönliche Betreuungsbedarf der betreuten Kinder. [4]Der Qualifizierungszuschlag ist von der erfolgreichen Teilnahme der Tagespflegeperson an einer Qualifizierungsmaßnahme im Sinn von Art. 20 Satz 1 Nr. 1 BayKiBiG im Umfang von mindestens 160 Stunden und an Fortbildungsmaßnahmen im Umfang von mindestens 15 Stunden jährlich sowie von der Duldung unangemeldeter Kontrollen abhängig. [5]Die Tagespflegeperson muss über die zur individuellen Bildungsbegleitung erforderlichen deutschen Sprachkenntnisse verfügen. [6]Von Satz 5 kann in begründeten Einzelfällen und zeitlich befristet im Einvernehmen mit dem örtlichen Träger der öffentlichen Jugendhilfe abgewichen werden.

Anmerkungen

Eine Tagespflegeperson erhält vom örtlichen Träger der öffentlichen Jugendhilfe pro betreutem Kind in Abhängigkeit von der Länge der Betreuungszeit ein sog. Tagespflegegeld. Die Höhe bestimmt dabei der örtliche Träger der öffentlichen Jugendhilfe (also der Landkreis oder die kreisfreie Stadt vertreten durch das Jugendamt, Art. 42 Abs. 3 AGSG) eigenverantwortlich. Dieses jeweilige örtlich gültige Tagespflegegeld wird durch den sog. Qualifizierungszuschlag für die qualifizierten Tagespflegepersonen im Sinne des Art. 20 BayKiBiG in Verbindung mit §§ 23, 43 SGB VIII angehoben.

§ 18 bestimmt darüber hinaus die Kriterien über die Festlegung des Qualifizierungszuschlags, der gemäß Art. 20 Nr. 4 BayKiBiG zu differenzieren ist. Den Trägern der öffentlichen Jugendhilfe wird mit Einfügung des Wortes „insbesondere" nunmehr die Möglichkeit eröffnet, neben den bereits in § 18 Satz 3 genannten Kriterien der Differenzierung, wie

- der Qualifikation der Tagespflegeperson,
- dem Alter der Kinder und
- deren individueller Betreuungsbedarf.

weitere Kriterien für eine freiwillige weitere Erhöhung des Qualifizierungszuschlags anzufügen und diesen so optional auch als Instrument zur fachlichen Steuerung zu nutzen. Es genügt, wenn die Differenzierung nach einem Kriterium erfolgt.

Der Qualifizierungszuschlag beträgt mindestens 10 v. H. des vom örtlichen Träger der öffentlichen Jugendhilfe festgesetzten Tagespflegeentgelts, wobei nur der Betreuungsanteil des Tagespflegeentgelts berücksichtigt wird. Der Verpflegungsanteil bleibt unberücksichtigt. Es liegt im Ermessen des Trägers der öffentlichen Jugendhilfe, mit welchem prozentualen Anteil der Qualifizierungszuschlag beginnt und entsprechend differenziert wird.

Die Tagespflegeperson muss nach Satz 4 und 5 für den Qualifizierungszuschlag folgende Leistungen erbringen.

§ 18 Satz 4

Der Qualifizierungszuschlag ist von der Teilnahme und dem erfolgreichen Abschluss einer Qualifizierungsmaßnahme im Umfang von mindestens 160 Stunden abhängig. Die Erhöhung des Umfangs der Qualifizierung auf 160 Stunden dient der Steigerung und Weiterentwicklung der Qualität in der Kindertagespflege. Aus Gründen des Bestandsschutzes gilt allerdings eine Übergangsregelung bis zum 31.12.2022 (§ 27 AVBayKiBiG). Die jährlich absolvierten 15 Qualifizierungsstunden können – sofern hier nachweislich Themen vermittelt wurden, welche die TPP in ihrer Aufgabe der „Bildungs- und Erziehungsarbeit" in der Kindertagespflege unterstützen – entsprechend in der Summe anerkannt werden.

Beispiele:

Eine TPP hat im Jahr 2016 eine Qualifizierung im Umfang von 100 Stunden absolviert und ist seitdem als TPP tätig. In den Jahren 2017 bis 2020 hat sie regelmäßig die 15 Stunden jährliche Fortbildung besucht. Sie kann 4 x 15 Stunden zusätzliche Qualifizierung nachweisen und hat die notwendigen 160 Stunden daher bereits erfüllt.

Eine TPP hat im Jahr 2019 eine Qualifizierung im Umfang von 130 Stunden absolviert und ist seitdem als TPP tätig. Im Jahr 2020 hat sie 15 anrechenbare Fort bildungsstunden nachgewiesen. Sie hat daher nachgewiesene 145 Fortbildungsstunden. Die BayKiBiG-Förderung läuft weiter wie bisher. Die TPP muss nach § 27 AVBayKiBiG bis spätestens 31.12.2022 mindestens 160 Stunden Qualifizierung, also 15 zusätzliche Stunden, nachweisen.

Eine TPP hat im März 2021 bereits eine Qualifizierung im Umfang von 120 Stunden absolviert. Nach Erteilung der Pflegeerlaubnis beginnt sie im April als TPP zu arbeiten. Aufgrund der Übergangsregelung kann sie mit Beginn der Tätigkeit im April in die BayKiBiG-Förderung aufgenommen werden. Sie hat bis zum 31.12.2022 Zeit, die zusätzlich notwendigen 40 Stunden Qualifizierung nachzuweisen.

Eine TPP kann zum 30.4.2021 lediglich 60 Qualifizierungsstunden nachweisen. Die Förderung nach dem BayKiBiG ist erst nach Abschluss einer Qualifizierung im Umfang von insgesamt mindestens 160 Stunden möglich. Der Förderanspruch für den TröffJH besteht erst dann, wenn die TPP mindestens 100 Stunden weitere Qualifizierung nachweisen kann.

Für den Qualifizierungszuschlag bedarf es der jährlichen Teilnahme an einer Fortbildungsmaßnahme im Umfang von 15 Stunden und der Duldung, unangemeldete Kontrollen der Aufsichtsbehörde, also des Jugendamtes, zuzulassen.

Verweigert eine Tagespflegeperson die Teilnahme an einer Fortbildungsmaßnahme oder öffnet sie bei einer unangemeldeten Kontrolle des Jugendamtes ihre Räumlichkeiten nicht, so verliert sie noch im gleichen Monat ihren Anspruch auf den Qualifizierungszuschlag und der Träger der öffentlichen Jugendhilfe somit seinen Förderanspruch nach dem BayKiBiG.

§ 18 Satz 5 409

Als weitere Voraussetzung für den Qualifizierungszuschlag müssen Tagespflegepersonen nach Satz 5 über hinreichende Deutschkenntnisse verfügen. Als Maßstab für die erforderlichen Deutschkenntnisse gilt auch wie bei den pädagogischen Kräften im Sinne des § 16 Abs. 1 Satz 2 das Sprachniveau B2 des gemeinsamen europäischen Referenzrahmens (vgl. § 16 Abs. 1 Satz 2, Rn. 370).

Ausnahmen sind zeitlich befristet im Einvernehmen mit dem Träger der öffentlichen Jugendhilfe möglich. Denkbar wäre, wenn für die Betreuung von Asylbewerbern, die kaum über deutsche Sprachkenntnisse verfügen, eine Tagespflegeperson benötigt wird, die sich in der Landessprache der Asylbewerber verständigen kann.

Vorbemerkung zu §§ 19 bis 23

Mit den Vorschriften der §§ 19 bis 23 wurden alle notwendigen Verfahrens- 410
regelungen in die AVBayKiBiG aufgenommen. Es finden sich Vorschriften

– zur Antragstellung und Bewilligung der kindbezogenen Förderung,

- der Feststellung von Basiswert, Qualitätsbonus und Elternbeitragszuschuss,
- den Abschlagszahlungen sowie
- der Durchführung von Belegprüfungen.

§ 19
Antragsverfahren

(1) [1]Den Förderantrag nach Art. 26 Abs. 1 Satz 1 BayKiBiG richtet der Träger unter Verwendung des vom Freistaat Bayern zur Verfügung gestellten Computerprogramms an die Aufenthaltsgemeinde der jeweiligen Kinder (Art. 18 Abs. 1 BayKiBiG). [2]Für die Einhaltung der Frist nach Art. 19 Nr. 6 BayKiBiG gilt § 16 Abs. 2 des Ersten Buches Sozialgesetzbuch (SGB I) entsprechend. [3]Die Sitzgemeinde prüft den Gesamtantrag, gibt ihn bei Vorliegen der Fördervoraussetzungen im vom Freistaat zur Verfügung gestellten Computerprogramm für alle anderen betroffenen Aufenthaltsgemeinden zur weiteren Bearbeitung frei und erlässt bezogen auf ihre Kinder den Förderbescheid. [4]Nach Freigabe des Gesamtantrags durch die Sitzgemeinde verfahren die anderen Aufenthaltsgemeinden für die Gastkinderanträge in entsprechender Weise.

(2) [1]Die Gemeinden beantragen die staatliche Förderung nach Art. 18 Abs. 2 BayKiBiG unter Verwendung des vom Freistaat Bayern zur Verfügung gestellten Computerprogramms bei der Bewilligungsbehörde (Art. 29 BayKiBiG). [2]Für die Einhaltung der Frist nach Art. 18 Abs. 2 BayKiBiG ist die Freigabe des Antrags im vom Freistaat Bayern zur Verfügung gestellten Computerprogramm maßgeblich. [3]Nach Prüfung erlässt die Bewilligungsbehörde einen Bescheid über die Förderung nach Art. 18 Abs. 2, Art. 19 und 21 BayKiBiG.

(3) Zu den aktuellen Daten im Sinn des Art. 19 Nr. 8 BayKiBiG zählen alle Daten, die für die Förderung nach dem Bayerischen Kinderbildungs- und -betreuungsgesetz erforderlich sind, insbesondere die Monatsdaten der betreuten Kinder und die Arbeitszeiten des vorhandenen Personals.

Inhaltsübersicht **Rn.**

1. Antragsverfahren des Trägers gegenüber der Gemeinde 411
2. Vorrang der Sitzgemeinde 412
3. Antragsverfahren der Gemeinde gegenüber dem Freistaat 413
4. Aktualisierung der förderrelevanten Daten.... 414

Anmerkungen

1. Antragsverfahren des Trägers gegenüber der Gemeinde

§ 19 Abs. 1 Satz 1 regelt das Antragsverfahren des Trägers für die kindbezogene Förderung gegenüber der Aufenthaltsgemeinde. Das Antragsverfahren wird seit der Einführung von KiBiG.web mit dem onlinegestützten Verfahren abgewickelt und läuft in zwei Schritten ab. 411

- Freigabe aller Daten in KiBiG.web, die für die Berechnung der kindbezogenen Förderung erforderlich sind (Ist-Monatsdaten Kinder und Personal),
- Freigabe und ggf. Versendung eines vom Träger unterschriebenen Antragsformulars (mit dem Wegfall der Schriftform, vgl. Art. 26 BayKiBiG, entfällt die Verpflichtung, einen Antrag zu unterschreiben und an die Gemeinde zu versenden).

Zur Wahrung der Antragsfrist kommt es gemäß § 130 BGB auf den Zeitpunkt der Freigabe des Antrags für die Aufenthaltsgemeinde in KiBiG.web an. Im Zweifelsfall muss der Träger den Nachweis erbringen, dass der Antrag fristgemäß (vgl. Art. 19 Nr. 6 BayKiBiG) freigegeben wurde. Dies wird in KiBiG.web dokumentiert. Die Träger können davon ausgehen, dass der Antragseingang bei der Gemeinde registriert wurde, wenn der Antrag bei der Gemeinde in KiBiG.web bestätigt wurde (Ampelstellung gelb).

Enthält ein Antrag an eine Gemeinde Kinder, die ihren gewöhnlichen Aufenthalt nicht in der Gemeinde haben, sind die Gemeinden über die Verweisung auf § 16 Abs. 2 SGB I verpflichtet, den Antrag für die betreffenden Kinder an die zuständige Aufenthaltsgemeinde weiterzuleiten. Eine bloße Änderungsbewilligung, dass für ein oder mehrere Kinder wegen des falschen Aufenthaltsorts keine Förderung geleistet wird, ist nicht möglich.

Zur Erleichterung bietet sich für die Fälle von Kindern mit unzutreffender Aufenthaltsgemeinde folgendes Verfahren an:

Die Gemeinde bewilligt den Antrag des Trägers einschließlich der Kinder, die ihren Aufenthaltsort nicht in der Antragsgemeinde haben. Anschließend eruiert die Gemeinde die korrekte Aufenthaltsgemeinde und rechnet mit dieser den kommunalen Förderanteil außerhalb von KiBiG.web ab. Für dieses Verfahren steht in KiBiG.web das Modul „kommunaler Mittelausgleich“ zur Verfügung. Über dieses Modul wird es den Gemeinden ermöglicht, eine Auswahl der Kinder mit falscher Aufenthaltsgemeinde zu tätigen und ein Antragsformular erstellen zu lassen, in dem der kommunale, kindbezogene Förderanteil ausgewiesen wird.

Dieses Verfahren setzt allerdings voraus, dass die Meldung der Gastkindverhältnisse an die Aufenthaltsgemeinde im Sinne des Art. 19 Nr. 7 fristgerecht erfolgt ist, da ansonsten kein Anspruch auf Förderung gegenüber der Aufenthaltsgemeinde besteht bzw. nicht für die komplette Betreuungszeit.

Beispiel:

In einer Einrichtung werden 100 Kinder aus drei Gemeinden betreut, für Gemeinde A 70 Kinder, für Gemeinde B 20 Kinder und für Gemeinde C zehn Kinder. Bei der Prüfung der Anträge durch die Gemeinde C stellt diese fest, dass zwei Kinder den gewöhnlichen Aufenthalt in der Gemeinde B und ein Kind in der Gemeinde D haben.

Gemeinde C bewilligt die kindbezogene Förderung gegenüber dem Träger für zehn Kinder. Anschließend erstellt die Gemeinde C über das Modul „kommunaler Mittelausgleich" jeweils ein Formular zur Beantragung der Erstattung des kommunalen Förderanteils an Gemeinde B und Gemeinde D.

Gemeinde B beantragt die staatliche Refinanzierung für alle zehn Kinder, für die die Gemeinde B gegenüber dem Träger die Bewilligung erlassen hat.

2. Vorrang der Sitzgemeinde

412 § 19 Abs. 1 Satz 3 und 4 regelt das Bewilligungsverfahren, wenn in einer Einrichtung Kinder aus mehreren Gemeinden betreut werden und der Träger für seine Einrichtung dementsprechend Anträge an mehrere Gemeinden gestellt hat. Demnach prüft die Sitzgemeinde das Vorliegen der Fördervoraussetzungen im Sinne des Art. 2 und 19 BayKiBiG für alle anderen Aufenthaltsgemeinden. Der Verordnungsgeber geht davon aus, dass in den Einrichtungen die meisten Kinder ihren gewöhnlichen Aufenthaltsort in der Sitzgemeinde haben. Erst wenn die Sitzgemeinde das Vorliegen der Fördervoraussetzungen geprüft hat, entscheiden die anderen Gemeinden über die Anträge.

Hinweis:

In KiBiG.web wird eine Freigabe bei der Endabrechnung für die sog. Gastgemeinden erst dann ermöglicht, wenn die Sitzgemeinde den Antrag des Trägers freigegeben hat. Solange die Freigabe durch die Sitzgemeinde noch nicht erfolgt ist, wird dies bei den Gastgemeinden durch ein rotes Kreuz markiert und die Freigabe im System deaktiviert.

3. Antragsverfahren der Gemeinde gegenüber dem Freistaat

413 Auch für die Antragstellung der Gemeinde auf die staatliche Förderung kommt es seit dem Wegfall des Schriftformerfordernisses auf den Zeitpunkt der Freigabe des Antrags der Gemeinde an die staatliche Bewilligungsbehörde gem. Art. 28 BayKiBiG an.

Dies gilt im Übrigen auch für die Beantragung der Bundesmittel zur Betriebskostenförderung für Kinder unter drei Jahren.

4. Aktualisierung der förderrelevanten Daten

In § 19 Abs. 3 wird definiert, was konkret unter dem Begriff „förderrelevante Daten" für die Berechnung der kindbezogenen Förderung im Sinne des Art. 19 Nr. 8 BayKiBiG zu verstehen ist. Demnach gehören hierzu die Ist-Monatsdaten Kinder und die Ist-Monatsdaten Personal. 414

§ 20
Basiswert und Qualitätsbonus

(1) Bei der Berechnung des Basiswerts nach Art. 21 Abs. 3 Satz 2 BayKiBiG werden die Entwicklungen der Tarife nach dem Tarifvertrag für den öffentlichen Dienst (TVöD) – Allgemeiner Teil – und dem Besonderen Teil Pflege- und Betreuungseinrichtungen (BT-B) sowie die Entgeltnebenkosten berücksichtigt.

(2) [1]Kindertageseinrichtungen haben einen Anspruch auf ein Zwölftel des als Qualitätsbonus nach Art. 23 Abs. 1 Satz 3 BayKiBiG festgesetzten Betrags für jeden Monat, in dem die Fördervoraussetzungen nach § 17 vorliegen. [2]Der Qualitätsbonus findet keine Anwendung bei der Berechnung der staatlichen kindbezogenen Förderung in Fällen der Erhöhung der Buchungszeitfaktoren nach § 25 Abs. 1 Sätze 2 und 3.

(3) Die Beantragung des Qualitätsbonus erfolgt im Rahmen der kindbezogenen Förderung nach § 19.

Anmerkungen

Gemäß Art. 21 Abs. 3 Satz 2 BayKiBiG wird der Basiswert jährlich vom StMAS unter Berücksichtigung der Personalkosten bekannt gegeben. In § 20 Abs. 1 erfolgt die Klarstellung, dass entsprechend der seit der Einführung der kindbezogenen Förderung zum 1.9.2006 gängigen Praxis des StMAS die Personalkosten anhand der Entwicklung der Tarifverträge des Öffentlichen Dienstes (TVöD) berücksichtigt werden. 415

§ 20 Abs. 2 konkretisiert den Anspruch der Träger auf den Qualitätsbonus. Demnach erhalten die Träger den Qualitätsbonus nur für die Kalendermonate, in denen ein Förderanspruch auf die kindbezogene Förderung besteht. Für Kalendermonate, in denen z. B. wegen des Nichteinhaltens des förderrelevanten Mindestanstellungsschlüssels kein Förderanspruch besteht, hat der betreffende Träger auch keinen Anspruch auf den Qualitätsbonus. 416

Für den Qualitätsbonus ist kein eigenes Antragsverfahren erforderlich. Er wird mit der kindbezogenen Förderung berechnet und festgestellt.

§ 21
Beitragszuschuss

[1]Die Beantragung der Beitragszuschüsse nach Art. 23 Abs. 3 Satz 1 BayKiBiG erfolgt durch den Träger der Kindertageseinrichtung nach § 19 für jedes Kind, für das nach Art. 21 Abs. 1 BayKiBiG die staatliche Förderung gewährt wird. [2]Ist der tatsächlich erhobene Elternbeitrag niedriger als der staatliche Zuschuss, verbleibt der überschießende Betrag beim Träger. [3]Stellen die Eltern einen Antrag zur Schulpflicht des Kindes, haben sie dies dem Träger unverzüglich mitzuteilen. [4] § 25 Abs. 1 Satz 1 gilt entsprechend.

Anmerkungen

Siehe auch Anm. zu Art. 23 Abs. 3 BayKiBiG Rn. 248–257.

417 Der Elternbeitragszuschuss wird mit der kindbezogenen Förderung beantragt und bewilligt.

Sofern der Elternbeitragszuschuss höher ist als die von den Eltern zu bezahlenden Elternbeiträge, verbleibt der Restbetrag beim Träger.

> **Beispiel:**
>
> Eltern buchen für ihr Kind die Zeitkategorie > 5 h bis 6 h. Hierfür wird ein Elternbeitrag von 70 Euro fällig. Der Träger reduziert den Beitrag um 70 Euro; die Eltern werden beitragsfrei gestellt. Der Träger beantragt im Gegenzug den Elternbeitragszuschuss und erhält 100 Euro.

§ 22
Abschlagszahlungen

(1) [1]Die freigemeinnützigen und sonstigen Träger von Kindertageseinrichtungen und Großtagespflege nach Art. 20a BayKiBiG haben im jeweiligen Bewilligungszeitraum gegen die Aufenthaltsgemeinde einen Anspruch auf mindestens vier Abschlagszahlungen in Höhe von insgesamt 96 v. H. der im Bewilligungszeitraum zu erwartenden kindbezogenen Förderung und des Qualitätsbonus. [2]Mit den Abschlagszahlungen werden auch die auf den jeweiligen Abschlagszeitraum entfallenden Beitragszuschüsse nach Art. 23 Abs. 3 BayKiBiG quartalsweise ungekürzt an die Träger ausbezahlt. [3]Der Träger beantragt die Abschlagszahlungen unter Verwendung des bereitgestellten Computerprogramms. [4]Ein Änderungsantrag ist zulässig, wenn sich die Personalstunden im Lauf eines Quartals um mindestens 15 v. H. erhöht haben.

(2) [1]Die Bewilligungsbehörden für die staatliche Betriebskostenförderung (Art. 29 BayKiBiG) leisten Abschlagszahlungen in Höhe von 96 v. H. der im

Bewilligungszeitraum zu erwartenden staatlichen Fördersumme zum 15. Februar, 15. Mai und 15. August jeweils in Höhe von 23 v. H. sowie zum 15. November in Höhe von 31 v. H. an die kreisfreien Städte und kreisangehörigen Gemeinden. [2]Die kreisfreien Städte und die kreisangehörigen Gemeinden müssen den auf die freigemeinnützigen und sonstigen Träger entfallenden Teil der Abschlagszahlungen innerhalb von zwei Wochen nach Eingang der jeweiligen staatlichen Quartalszahlung an die freigemeinnützigen und sonstigen Träger auszahlen, soweit keine andere Abschlagsvereinbarung getroffen wurde. [3]Für die kreisfreien Städte gilt Satz 2 entsprechend mit der Maßgabe, dass die Frist von zwei Wochen für die Abschlagszahlungen an die freigemeinnützigen und sonstigen Träger jeweils mit den in Satz 1 genannten Terminen beginnt. [4]Im Fall des Verzugs sind die Abschlagszahlungen an die freigemeinnützigen und sonstigen Träger ab dem fünften Tag nach Fälligkeit zu verzinsen; § 44 SGB I gilt entsprechend.

(3) Für die kindbezogene Förderung der Tagespflege nach Art. 20 BayKiBiG hat der Träger der öffentlichen Jugendhilfe einen Anspruch auf Abschlagszahlungen gegenüber dem Freistaat Bayern; Abs. 2 gilt entsprechend.

(4) Nimmt der Träger die in Art. 19 Nr. 8 BayKiBiG aufgeführten Maßnahmen nicht rechtzeitig vor, so kann die entsprechende Auszahlung der Abschlagszahlungen ausgesetzt werden.

Anmerkungen

In enger Anlehnung an die jahrelange Praxis regelt § 22 die Modalitäten für 418
das Abschlagsverfahren. Zunächst wird festgehalten, dass freigemeinnützige und freie Träger einen Anspruch auf Abschlagszahlungen in Höhe von bis zu 96 % der zu erwartenden Jahresfördersumme haben. In Einzelfällen kam es in der Vergangenheit vor, dass Gemeinden die Zahlung insbesondere bei Gastkinderfällen verweigert hatten. Wegen des fehlenden Rechtsanspruchs konnten betroffene Träger die Zahlung von Abschlägen nicht einklagen. Dies kann bei Trägern mit überörtlichem Einzugsbereich, die Kinder aus sehr vielen Gemeinden betreuen, zu wirtschaftlichen Problemen führen, da diese Träger dann einen Großteil ihrer Betriebskosten auf eigene Kosten vorfinanzieren müssen.

Die Abschlagszahlungen errechnen sich grundsätzlich anhand der zu Beginn eines Bewilligungsjahres vorhandenen Daten. Dies bedeutet nicht, dass im Antrag auf Abschlag ausschließlich die Kinder aufsummiert werden, die tatsächlich in der Einrichtung aufgenommen wurden. Anhand von Erfahrungswerten können zusätzliche Kinder im Antrag erfasst werden, wenn auch in den Vorjahren eine bestimmte Zahl von Kindern nachträglich während des laufenden Bewilligungsjahres aufgenommen wurden. Auch können Ferien- und Kurzzeitbuchungen durch zusätzliche (fiktive) Kinder im Antrag auf Abschlag berücksichtigt werden. Die Abschlagssumme soll den Betrag von 96 % der zu erwartenden Jahresfördersumme jedoch nicht überschreiten.

Die Elternbeitragszuschüsse werden im Rahmen der Abschlagszahlungen zu 100 % und demnach ohne den Abschlag von 4 % ausbezahlt.

Sofern sich die Personalkosten binnen eines Bewilligungsjahres um mindestens 15 % erhöhen, besteht für die Träger die Möglichkeit eines Folgeantrags zur Anpassung der Höhe der Abschläge. Damit wollte der Verordnungsgeber das Verfahren straffen und verhindern, dass infolge von nur geringfügigen Änderungen eine Vielzahl an Folgeanträgen zu bearbeiten ist.

Verfahren

419 Das Verfahren läuft formlos, eine Schriftform ist nicht geregelt. Es steht den Gemeinden und staatlichen Aufsichtsbehörden frei, eigene Verfahrensregeln zu treffen. Dies scheint aufgrund der Höhe der Zahlungen empfehlenswert.

In Abs. 2 Satz 2 wurde entsprechend der langjährigen Praxis eine quartalsweise Auszahlung der Abschläge an die kreisfreien Städte und kreisangehörigen Gemeinden geregelt. Um die Planungssicherheit der Träger zu erleichtern, sind die Städte und Gemeinden verpflichtet, die Abschläge zeitnah innerhalb von zwei Wochen an die Träger weiterzuleiten.

Rechtsfolgen des Versäumnisses der Meldung im Sinne des Art. 19 Nr. 8 BayKiBiG

Gemäß Art. 19 Nr. 8 BayKiBiG sind die Träger von Kindertageseinrichtungen verpflichtet, die aktuellen Daten für die kindbezogene Förderung unter Verwendung von KiBiG.web quartalsweise zu aktualisieren. § 22 Abs. 4 regelt die Rechtsfolge, wenn die Aktualisierung zu spät oder gar nicht erfolgt. Mit der Änderung zum 1.5.2021 wird den Gemeinden und den Bewilligungsbehörden nunmehr ein Ermessensspielraum eingeräumt. Bei Versäumnis der Frist gemäß Art. 19 Nr. 8 BayKiBiG ist es somit nicht mehr zwingend, die nächste Abschlagszahlung auszusetzen. Dies dürfte vor allem dann zum Tragen kommen, wenn seitens eines Trägers die Frist einmalig aufgrund eines Versehens versäumt wurde. Für den Fall, dass es tatsächlich zu einem Aussetzen der nächsten Abschlagszahlung kommen sollte, ist eine vorherige Abstimmung zwischen staatlicher Bewilligungsbehörde und Gemeinde empfehlenswert.

Beispiel:

Eine Gemeinde stellt fest, dass zwei Einrichtungen in ihrem Gemeindegebiet am 10.1. die Daten nur bis einschließlich September aktualisiert haben. Die vollständige Datenaktualisierung würde am 15.1. alle Daten bis einschließlich Dezember umfassen. Die Gemeinde informiert die beiden Träger und fordert diese auf, die Aktualisierung bis 15.1. vorzunehmen.

Sollte die Datenaktualisierung nicht bis zum 15.1. erfolgt sein, kann die nächste Abschlagszahlung zum 15.2. ausgesetzt werden. Wird die Abschlagszahlung an den Träger ausgesetzt und erfüllt der Träger ansonsten alle weiteren Fördervoraussetzungen, erhält er die Auszahlung der Jahresfördersumme im Rahmen der Endabrechnung ohne Kürzung. Im Wege des pflichtgemäßen Ermessens können ausgesetzte Abschlagszahlungen auch mit einem der nächsten Abschläge des laufenden Bewilligungsjahres nachgezahlt werden, wenn besondere Umstände des Einzelfalls dies rechtfertigen.

Hinweis:

Mit dem Berichtsgenerator in KiBiG.web können die Gemeinden kontinuierlich und ohne großen Aufwand die Aktualität der Daten der Einrichtungen prüfen. Über den Bericht „Fortschritt Monatsdaten" erhalten die Gemeinden einen Überblick über alle Einrichtungen im Gemeindegebiet und den Stand, bis zu welchem Kalendermonat die Daten aktualisiert wurden. So können die Gemeinden ihre Träger ggf. im Vorfeld vor dem jeweiligen 15. eines Aktualisierungszeitpunkts auf die Erforderlichkeit der Aktualisierung hinweisen und somit ein mögliches Aussetzen der nächsten Abschlagszahlung vermeiden.

Die Regelungen zu den Abschlägen gelten für die Tagespflege entsprechend, so dass die örtlichen Träger der öffentlichen Jugendhilfe vierteljährliche Abschlagszahlungen bei den Regierungen beantragen können.

§ 23
Belegprüfungen in Kindertageseinrichtungen und Kindertagespflege; Rücknahme-, Widerrufs- und Vollstreckungsverfahren

(1) [1]Die Bewilligungsbehörden (Art. 29 BayKiBiG) sind verpflichtet zu prüfen, ob der Träger der Kindertageseinrichtungen und die Tagespflegepersonen die tatsächlichen und rechtlichen Voraussetzungen für die kindbezogene Förderung im Prüfungszeitraum erfüllt haben. [2]Die Prüfung umfasst einen Zeitraum von mindestens einem Jahr und erstreckt sich höchstens auf die fünf letzten Jahre. [3]Die Regierungen, Kreisverwaltungsbehörden und Gemeinden (Abs. 6) sollen gemeinsam jährlich Belegprüfungen durchführen, wobei insgesamt mindestens 20 v. H. der erfassten Förderfälle zu prüfen sind.

(2) [1]Die Bewilligungsbehörden sind berechtigt, Bücher, Belege und sonstige erforderliche Geschäftsunterlagen vom Träger und der Gemeinde zum Zweck der Belegprüfung anzufordern sowie die Verwendung der Förderung durch örtliche Erhebungen zu prüfen oder durch Beauftragte prüfen zu lassen. [2]Der Träger der Kindertageseinrichtung und der Großtagespflege sowie die Tagespflegepersonen haben die erforderlichen Unterlagen zur Verfügung zu stellen und die notwendigen Auskünfte zu erteilen; § 66 SGB I gilt entsprechend.

(3) Stellt die Bewilligungsbehörde im Rahmen der Belegprüfung fest, dass die Voraussetzungen für die kindbezogene Förderung nicht erfüllt oder weggefallen sind, ist sie verpflichtet, die Sitzgemeinde, die betroffenen Aufenthaltsgemeinden und andere betroffene Träger der öffentlichen Jugendhilfe unverzüglich darüber zu informieren.

(4) [1]Für die Rücknahme, den Widerruf oder die Erstattung der kindbezogenen Förderung gelten §§ 39 bis 51 des Zehnten Buches Sozialgesetzbuch, für das Vollstreckungsverfahren gelten die Vorschriften des Zweiten Hauptteils des Bayerischen Verwaltungszustellungs- und Vollstreckungsgesetzes. [2]Bei überörtlichen Fällen kann das Staatsministerium das Rücknahme-, Widerrufs-, Erstattungs- und Vollstreckungsverfahren an eine betroffene Bewilligungsbehörde nach Art. 29 BayKiBiG übertragen.

(5) [1]Zur statistischen Erhebung berichten die Bewilligungsbehörden dem Staatsministerium jährlich über die Zahl und Ergebnisse der Belegprüfungen nach Abs. 1 Satz 1. [2]Das Staatsministerium ist darüber hinaus berechtigt, in Einzelfällen Auskünfte über die Belegprüfung von den Bewilligungsbehörden anzufordern.

(6) [1]Die Sitzgemeinden und Aufenthaltsgemeinden können eigene Belegprüfungen bei den Trägern von Kindertageseinrichtungen und Kindertagespflege durchführen. [2]Abs. 1 bis 3 gelten entsprechend.

Inhaltsübersicht **Rn.**

1. Belegprüfung 420
2. Rückforderungsverfahren.......................... 421

Anmerkungen

1. Belegprüfung

420 § 23 regelt die Durchführung von Belegprüfungen der kindbezogenen Förderung. In § 23 werden die Zuständigkeit, das Verfahren insbesondere bei Rückforderungen und die Prüfquote festgelegt.

Zuständig für die Belegprüfungen sind die Bewilligungsbehörden für die staatliche Betriebskostenförderung im Sinne des Art. 29 Satz 1 BayKiBiG. Die Bewilligungsbehörden sollen jährlich 20 % der im KiBiG.web erfassten Kindertageseinrichtungen und Tagespflegepersonen prüfen. Ziel ist es, dass in einem Fünf-Jahres-Turnus alle Einrichtungen und Tagespflegepersonen mindestens einmal geprüft werden. Ein Abweichen von der jährlichen Prüfquote ist insofern unproblematisch, wenn sichergestellt ist, dass innerhalb von fünf Jahren eine vollständige Prüfung aller Fälle erfolgt ist. Die Prüfung erfolgt jeweils mindestens für ein Bewilligungsjahr und kann sich im Einzelfall auf bis zu fünf Bewilligungsjahre erstrecken. Die Entscheidung hierüber liegt im pflichtgemäßen Ermessen der Bewilligungsbehörde. Ein längerer Prüfzeitraum ist dann angezeigt, wenn die Ergebnisse einer Prüfung den Verdacht begründen, dass in den vergangenen Jahren Fördergelder zu Unrecht bewilligt und ausbezahlt wurden.

Bei der Belegprüfung stellen die Bewilligungsbehörden fest, ob die Bewilligung der kindbezogenen Förderung zu Recht erfolgt ist. Die Bewilligungsbehörden können die hierfür erforderlichen Unterlagen vom Träger anfordern. Dies kann im Rahmen einer Belegprüfung vor Ort oder durch Vorlage relevanter Unterlagen bei der Bewilligungsbehörde geschehen. Für die Einsichtnahme von Buchungsbelegen, Beobachtungsbögen oder Arbeitsverträgen empfiehlt sich eine Vor-Ort-Prüfung, da Träger berechtigterweise Originalunterlagen ungern auf dem Postweg versenden.

Bei der Durchführung von Belegprüfungen ist es ratsam, diese zusammen mit der Sitzgemeinde der Einrichtung durchzuführen, da Unrechtmäßigkeiten sowohl den staatlichen wie den kommunalen Förderanteil betreffen und so Synergien genutzt werden können.

Gemäß § 23 Abs. 2 Satz 2 haben Träger und Gemeinden eine Mitwirkungspflicht. Demnach besteht bei fehlender Mitwirkung die Möglichkeit nach § 66 SGB I, die nächste Abschlagszahlung auszusetzen und diese erst nach erfolgter Mitwirkung nachzuholen. Die Entscheidung, ob eine ausgesetzte Abschlagszahlung nach erfolgter Mitwirkung nachbezahlt wird, liegt im Ermessen der Bewilligungsbehörde.

Um einen einheitlichen Vollzug der Belegprüfung zu gewährleisten, hat das StMAS einen Leitfaden zur Belegprüfung an die staatlichen Bewilligungsbehörden herausgegeben. Der Leitfaden einschließlich der Prüfungsprotokolle, die nach jeder durchgeführten Prüfung zu erstellen sind, ist auf den Internetseiten des StMAS unter folgendem Link abrufbar: https://www.stmas.bayern.de/kinderbetreuung/finanzierung/index.php.

Die Bewilligungsbehörden erhalten Hinweise zur Durchführung der Belegprüfung und welche Konsequenzen bei Verstößen zu ziehen sind. Der Leitfaden bildet aber auch eine Orientierung für Träger und Gemeinden über den Ablauf einer Belegprüfung und welche Vorschriften in besonderem Maße Gegenstand der Prüfung sind.

2. Rückforderungsverfahren

421 Stellt sich im Rahmen einer Belegprüfung heraus, dass die kindbezogene Förderung ganz oder teilweise zu Unrecht erbracht wurde, hat die Bewilligungsbehörde die Sitzgemeinde, betroffene Gastgemeinden und ggf. einen anderen betroffenen Träger der öffentlichen Jugendhilfe über diesen Umstand zu informieren.

Für das Rücknahmeverfahren sind die Vorschriften der §§ 39 bis 51 SGB X anzuwenden, wobei bei der Rücknahme von Verwaltungsakten in der Regel die §§ 44 und 45 SGB X einschlägig sein werden, die Rückforderung von zu Unrecht geleisteten Zahlungen erfolgt über § 50 SGB X.

§ 23 Abs. 4 Satz 2 stellt auf die Rückforderung zu viel bezahlter kindbezogener Förderung der Aufenthaltsgemeinden gegenüber einem Träger ab, wenn mehrere Gemeinden betroffen sind. Sofern mehrere Gemeinden betroffen sind, kann die Sitzgemeinde das Anhörungsverfahren nach § 24 SGB X durchführen. Sie informiert die betroffenen Gastgemeinden über die Höhe der zu erstattenden Förderung gegenüber dem Träger. Sofern der Träger Vertrauensschutzgründe geltend macht, unterrichtet die Sitzgemeinde die betroffenen Gastgemeinden vom Ergebnis der Prüfung.

Die betroffenen Gastgemeinden prüfen die Rücknahme ihrer Bewilligungsbescheide gemäß § 45 SGB X mit Wirkung für die Vergangenheit einschließlich etwaiger Vertrauensschutzgründe und erlassen ggf. den entsprechenden Rücknahmebescheid.

Bei überörtlichen Fällen, wenn etwa Gemeinden aus verschiedenen Landkreisen oder kreisfreien Städten betroffen sind, kann das StMAS die Zuständigkeit auf eine Bewilligungsbehörde übertragen.

Beispiel:

In einer Einrichtung werden Kinder aus der Sitzgemeinde A und drei weiteren Gemeinden aus demselben Landkreis betreut. Die Jahresfördersumme ist für zwei Kalendermonate zu kürzen.

Die Zuständigkeit für das Rücknahmeverfahren liegt bei der Sitzgemeinde A. Das zuständige Landratsamt stellt zunächst die Höhe des Erstattungsanspruchs gegenüber den Gemeinden für den staatlichen Förderanteil fest. In einem zweiten Schritt stellt die Gemeinde A den Erstattungsanspruch der betroffenen Gemeinden gegenüber dem Träger fest. Die Gemeinde A erlässt den Rücknahmebescheid gemäß § 45 SGB X für alle betroffenen Gemeinden und leitet die vom Träger erstatteten Rückforderungsbeträge an die beiden anderen Gemeinden weiter.

Beispiel:

Eine Einrichtung liegt in einem Landkreis unmittelbar am Stadtrand einer kreisfreien Stadt. In der Einrichtung werden Kinder aus mehreren kreisangehörigen Gemeinden des Landkreises, der benachbarten kreisfreien Stadt und aus einer kreisangehörigen Gemeinde des Nachbarlandkreises betreut. Bei der Belegprüfung stellt sich heraus, dass die Förderung für zwei Kalendermonate zurückzufordern ist.

Nachdem zwei Landkreise und eine kreisfreie Stadt betroffen sind, bietet sich an, die Zuständigkeit an die betroffene Regierung als Bewilligungsbehörde für die kreisfreie Stadt zu geben. Die Regierung stellt zunächst die Höhe des Erstattungsbetrags für die staatliche Förderung der kreisfreien Stadt gegenüber der Regierung sowie der Landkreisbehörden gegenüber den kreisangehörigen Gemeinden fest. In einem zweiten Schritt stellt die Regierung den Erstattungsanspruch der jeweiligen Gemeinden gegenüber dem Träger fest.

Beispiel:

In einer Einrichtung werden Kinder aus drei Gemeinden betreut. Bei der Belegprüfung stellt sich heraus, dass bei zwei Kindern aus der Gemeinde B der Migrationsfaktor 1,3 zu Unrecht angesetzt wurde.

Betroffen ist nur Gemeinde B. Nachdem das Landratsamt die staatliche Förderung von der Gemeinde B zurückverlangt hat, wird die Gemeinde B eine Rückforderung der zu viel bezahlten Fördermittel an den Träger durchsetzen.

Hinweis:

Die Rücknahme eines rechtswidrigen Verwaltungsakts und die Rückforderung von zu Unrecht ausbezahlten Förderbeträgen an einen Träger wird sich im Verhältnis zwischen Träger und Gemeinde nicht immer verwirklichen lassen, weil sich der Träger auf Vertrauensschutz in den Bestand eines Verwaltungsakts und dessen Rechtmäßigkeit wird berufen können. Zudem wird der Träger die Fördermittel im Zeitpunkt der Rücknahme bereits vollständig verbraucht haben. Kann sich ein Träger rechtmäßig auf Vertrauensschutz berufen und ist daher eine Rückforderung zu Unrecht ausbezahlter kindbezogener Förderung durch die Gemeinde nicht möglich, schlägt dies auch im Verhältnis zwischen Gemeinde und staatlicher Bewilligungsstelle durch, d. h. die Gemeinde muss zu Unrecht ausbezahlte staatliche Fördermittel in diesen Fällen nicht erstatten. Hiervon zu unterscheiden sind die Fälle, in denen eine Rückforderung der Gemeinde gegenüber dem Träger daran scheitert, weil der Träger aus finanziellen Gründen nicht in der Lage ist, die zu Unrecht gewährte Förderung zu erstatten. In diesen Fällen wird die staatliche Förderung durch die staatlichen Bewilligungsbehörden zurückgefordert.

§ 24
Buchungszeitfaktoren

(1) [1]Es gelten folgende Buchungszeitfaktoren:

1. für Kinder unter drei Jahren und Schulkinder:

0,5 für eine Buchungszeit von mehr als einer bis einschließlich zwei Stunden

0,75 für eine Buchungszeit von mehr als zwei bis einschließlich drei Stunden

2. für alle Kinder:

1,00 für eine Buchungszeit von mehr als drei bis einschließlich vier Stunden

1,25 für eine Buchungszeit von mehr als vier bis einschließlich fünf Stunden

1,50 für eine Buchungszeit von mehr als fünf bis einschließlich sechs Stunden

1,75 für eine Buchungszeit von mehr als sechs bis einschließlich sieben Stunden

2,00 für eine Buchungszeit von mehr als sieben bis einschließlich acht Stunden

2,25 für eine Buchungszeit von mehr als acht bis einschließlich neun Stunden

2,50 für eine Buchungszeit von mehr als neun Stunden.

[2]Der Buchungszeitfaktor für die staatliche kindbezogene Förderung in Kindertageseinrichtungen erhöht sich um 0,15 für jedes Kind unter drei Jahren sowie für Kinder im Sinn von Art. 21 Abs. 5 Satz 5 und 6 BayKiBiG. [3]Im Rahmen einer zusätzlichen staatlichen Leistung nach Art. 23 Abs. 2 BayKiBiG erhöht sich der Buchungszeitfaktor für jedes Kind, das einen Vorkurs nach § 5 Abs. 2 besucht, im letzten Jahr vor der Einschulung um 0,1 und für jedes Kind, das einen Vorkurs nach § 5 Abs. 3 besucht, im letzten Jahr vor der Einschulung um 0,4. [4]Die Erhöhungen nach Sätzen 2 und 3 finden keine Berücksichtigung bei der Ermittlung des Anstellungsschlüssels und der Fachkraftquote.

(2) [1]Bei Schulkindern können außerhalb der Schulferien Zeiten zwischen 8.00 Uhr und 11.00 Uhr nicht in die förderfähige Buchungszeit mit einbezogen werden. [2]Bei höheren Buchungen in den Ferienzeiten wird zur Bestimmung des Buchungszeitfaktors ein gesonderter Durchschnitt aller Ferienbuchungen ermittelt; § 25 Abs. 3 gilt entsprechend.

Inhaltsübersicht **Rn.**

1. Buchungszeitfaktoren 422
2. Bestimmung des anzuwendenden Buchungszeitfaktors ... 423
   a) Buchungsvereinbarung 424
   b) Zuordnung zu einer Buchungszeitkategorie und zu einem Buchungszeitfaktor 425
3. Besonderheit bei der Buchung von Schulkindern in den Schulzeiten 426
4. Besonderheit bei Buchungen während der Ferienzeiten ... 427

Anmerkungen

§ 24 enthält ergänzende Bestimmungen zu den Buchungszeitfaktoren nach Art. 21 Abs. 4 und Art. 32 Nr. 4 BayKiBiG.

1. Buchungszeitfaktoren

Nach Art. 21 Abs. 2 BayKiBiG berechnet sich die jährliche Förderung aus dem Produkt von Basiswert, Gewichtungs- und Buchungszeitfaktor. **422**

Die Höhe dieser Buchungszeitfaktoren legt gemäß Art. 32 Nr. 4 BayKiBiG das Bayerische Staatsministerium für Familie, Arbeit und Soziales in § 24 Abs. 1 fest.

Die Buchungszeitfaktoren reichen von 0,5 für mehr als eine bis einschließlich zwei Stunden bis hin zu 2,5 für mehr als neun Stunden. Für jede Stunde mehr gibt es demnach einen um 0,25 erhöhten Buchungszeitfaktor, das heißt eine um 25 Prozent des Basiswertes erhöhte Förderung. Dies beruht darauf, dass der Basiswert auf eine tägliche (über drei) bis zu vierstündige pädagogische Arbeit bezogen ist (s. Art. 21 Abs. 3 Satz 1 BayKiBiG) und daher eine Stunde einem Viertel des Basiswertes entspricht.

Nach Abs. 1 Nr. 1 gelten die **Buchungszeitfaktoren 0,5** (für mehr als eine bis einschließlich zwei Stunden) **und 0,75** (für mehr als zwei bis einschließlich drei Stunden) **nur für Kinder unter drei Jahren und für Schulkinder**, also nicht für Kinder im Alter von drei Jahren bis zur Einschulung. Dies beruht darauf, dass nach Art. 21 Abs. 4 Satz 4 BayKiBiG bei Kindern dieser Altersstufe erst eine pädagogische Förderung von mehr als drei Stunden pro Tag bezuschusst wird – kürzere Zeiten werden dem Bildungsauftrag für diese Altersgruppe nicht gerecht; s. näher Erl. zu Art. 21 BayKiBiG Rn. 219 ff.

Die **Buchungszeitfaktoren ab 1,0** und höher (also für die Zeitkategorien ab über drei bis einschließlich vier Stunden) gelten nach Abs. 1 Nr. 2 **für alle Kinder**, also für Kinder unter drei Jahren, Kinder im Kindergartenalter und für Schulkinder.

2. Bestimmung des anzuwendenden Buchungszeitfaktors

Die Bestimmung des anzuwendenden Buchungszeitfaktors vollzieht sich in drei Schritten: **423**

(1) Ausgangspunkt für die Frage, welcher Buchungszeitfaktor bei einem Kind konkret angewendet wird, ist die vereinbarte Buchung zwischen Träger und Eltern.

(2) Dann wird der Buchung eine bestimmte Buchungszeitkategorie zugeordnet.

(3) Schließlich wird der Buchungszeitfaktor entsprechend § 24 Abs. 1 Satz 1 abgelesen, der der Buchungszeitkategorie entspricht.

Über das Bildungsfinanzierungsgesetz hat der Freistaat Bayern zusätzliche Mittel zur Verbesserung der Personalsituation in Einrichtungen, in denen Kinder unter drei Jahren betreut werden, bereitgestellt. Diese zusätzlichen Mittel werden über eine Erhöhung des Buchungszeitfaktors um 0,15 für Kinder mit Gewichtungsfaktor 2,0 ausgereicht. Die Erhöhung gilt ausschließlich für den staatlichen Förderanteil.

Bei Kindern mit erhöhtem Sprachförderbedarf, die an einem Vorkurs nach § 5 Abs. 2 teilnehmen, wird der ermittelte Buchungszeitfaktor nach § 19 Abs. 1 Satz 2 für die staatliche Förderung, nicht aber für die kommunale Förderung, bei Kindern, die mit dem Migrationsfaktor 1,3 gefördert werden, um 0,10 erhöht, bei den Kindern ohne Migrationsfaktor um 0,4. Die Erhöhung für Kinder ohne Migrationshintergrund wird ebenfalls aus Mitteln, die über das Bildungsfinanzierungsgesetz bewilligt wurden, finanziert. Die Förderung wird für das letzte Kindergartenjahr vor der Einschulung gewährt. Sofern ein Kind vom Schulbesuch zurückgestellt wird, und die Voraussetzungen für die Teilnahme am Vorkurs deutsch weiterhin vorliegen, ist eine Förderung für ein weiteres Kindergartenjahr möglich. In KiBiG.web besteht hierfür bei der Erfassung von Kindern die Möglichkeit, den Vorkurs für das jeweilige Kindergartenjahr zu markieren.

Die förderrechtlichen Voraussetzungen für die Teilnahme am Vorkurs Deutsch sind in § 5 Abs. 2 und 3 geregelt (vgl. Rn. 319 ff.).

Die dadurch bewirkte Fördererhöhung wird allerdings erst bei der Endabrechnung umgesetzt. Die Erhöhung des Buchungszeitfaktors hat keine Auswirkung auf den Anstellungsschlüssel und die Fachkraftquote.

a) Buchungsvereinbarung

424 Auf welche Buchung sich Träger und Eltern einigen, bleibt ihnen überlassen – ob sie sich also z. B. nur darauf einigen, dass das Kind im Schnitt täglich über drei bis vier Stunden den Kindergarten besuchen wird, oder ob sie festlegen, dass das Kind im Schnitt täglich vier Stunden vormittags den Kindergarten besuchen wird, oder ob sie konkret bestimmen, dass das Kind montags und dienstags den Kindergarten von jeweils 8 Uhr bis 16 Uhr und mittwochs bis freitags von 9 Uhr bis 17 Uhr besucht. Maßgeblich ist hier, wie viel Flexibilität der Träger den Eltern einräumen kann und möchte. Grenzen für die freie Vereinbarung ergeben sich lediglich aus den folgenden Vorgaben: Der Träger darf maximal eine Mindestbuchungszeit von 20 Stunden in der Woche bzw. vier Stunden pro Tag fordern und muss des-

wegen über die vier Stunden pro Tag hinaus jede Stundenkategorie zulassen (vgl. Erl. zu Art. 21 BayKiBiG Rn. 223 ff.); zudem muss die vereinbarte Buchungszeit auch regelmäßig genutzt werden.

b) Zuordnung zu einer Buchungszeitkategorie und zu einem Buchungszeitfaktor

Nach Art. 21 Abs. 4 BayKiBiG gibt die Buchungszeit die mit den Eltern vereinbarte, regelmäßige Besuchszeit des Kindes an, und zwar gerechnet als täglicher Durchschnittswert. Die Buchungszeitkategorie ist dabei kein genauer Stundenwert. So ist unerheblich, ob sich das Kind z. B. über einen Zeitraum von etwas mehr als drei Stunden oder von bis zu vier Stunden pro Tag in der Einrichtung aufhält. **425**

Beispiele:

Träger A und Eltern X haben vereinbart, dass das Kind der Eltern X jeden Tag über Vormittag und Mittag sechs Stunden lang die Einrichtung besuchen wird. Dann gilt für dieses Kind die Buchungszeitkategorie „über fünf bis sechs Stunden".

Träger B und Eltern Y haben vereinbart, dass die Eltern Y jeden Tag ihr Kind zwischen 7.30 Uhr und 8.30 Uhr bringen und zwischen 12 Uhr und 12.30 Uhr abholen werden. Hier schwankt täglich die Besuchszeit zwischen maximal fünf Stunden und minimal 3 ½ Stunden. Dies entspricht der Buchungszeitkategorie „über vier bis fünf Stunden". Selbst wenn die Eltern tatsächlich ihr Kind stets erst um ca. 8.30 Uhr bringen würden und schon um 12 Uhr holen würden, wäre die Buchungszeitkategorie „über vier bis fünf Stunden" förderrechtlich nicht zu beanstanden, weil die tatsächliche Nutzungszeit weniger als eine Stunde die gebuchte Zeit unterschreitet.

Träger C und Eltern Z haben vereinbart, dass die Eltern Z ihr Kind montags bis donnerstags von 8 Uhr bis 15 Uhr, am Freitag hingegen nur von 8 Uhr bis 12 Uhr in den Kindergarten bringen. Hier ist das Kind viermal sieben und einmal vier Stunden im Kindergarten. Dies ergibt einen Durchschnitt von täglich $(4 \times 7 + 4) : 5 = 6{,}4$ Stunden, d. h. es gilt die Buchungszeitkategorie über sechs bis sieben Stunden.

Jeder Buchungszeitkategorie entspricht ein Buchungszeitfaktor, der aus Abs. 1 Satz 1 abgelesen werden kann.

Änderung der vereinbarten Buchungszeit siehe Rn. 221.

3. Besonderheit bei der Buchung von Schulkindern in den Schulzeiten

Während der Schulzeit hat jedes Kind mindestens zwischen 8 Uhr und 11 Uhr Unterricht. Wenn der Unterricht ausfällt, hat die Schule bis zum regulären, stundenplanmäßigen Unterrichtsende die Aufsichtspflicht. Des- **426** wegen besteht zwischen 8 Uhr und 11 Uhr kein Bedarf, die Kinder in einem Hort, in einem altersgeöffneten Kindergarten oder in einer anderen Kindertageseinrichtung betreuen zu lassen. Vor diesem Hintergrund nimmt § 19 Abs. 2 Satz 1 die Zeiten zwischen 8 Uhr und 11 Uhr bei Schulkindern während der Schulzeit (also nicht in den Ferien) aus den förderfähigen Buchungszeiten aus.

Beispiel:

Ein Hort hat von 6 Uhr bis 17 Uhr geöffnet. Die Grundschule setzt keine Springerkräfte für erkrankte Lehrer ein, sondern verweist auf den Hort. Wenn der Träger des Hortes vor diesem Hintergrund mit den Eltern E vereinbart, dass diese den Hortplatz für ihr Kind von 6 Uhr bis 15 Uhr buchen, so ist dies zulässig. Bei der Bestimmung der einschlägigen Buchungszeitkategorie ist jedoch zu beachten, dass in der Schulzeit die Zeit zwischen 8 Uhr und 11 Uhr nicht eingerechnet werden darf, in Bezug auf die Förderung daher die Buchungszeitkategorie „über fünf bis sechs Stunden" (Zeit von 6 Uhr bis 8 Uhr und 11 Uhr bis 15 Uhr) anzuwenden ist.

In einem solchen Fall sollte darauf hingewirkt werden, dass die Grundschule selbst die Aufsicht ab morgens 7.30 Uhr bis zum regulären Unterrichtsende sichert.

Die Maßgabe gilt auch in Zeiten von Wechsel- und Distanzunterricht insbesondere während der Corona-Pandemie. Primär ist es Aufgabe der Schule, die Zeiten bis 11:00 Uhr bzw. bis zum regulären stundenplanmäßigen Ende des Unterrichts mittels Notbetreuung abzudecken. Die Horte können, sofern das dafür erforderliche Personal vorhanden ist, ihre Öffnungszeiten dem Bedarf entsprechend auf freiwilliger Basis ausweiten.

4. Besonderheit bei Buchungen während der Ferienzeiten

427 In den Ferien treten in Kindertageseinrichtungen fünf verschiedene Fallgestaltungen auf, die vom Normalbetrieb abweichen (vgl. Rn. 225):

- Manche pädagogischen Kräfte haben Urlaub: Dies ist unproblematisch, solange noch ausreichend pädagogische Kräfte anwesend sind, damit die Aufsicht gewährleistet ist.
- Die Kindertageseinrichtung schließt während der Ferien. Bis zu 30 Schließtage pro Bewilligungsjahr sind förderunschädlich, Art. 21 Abs. 4 Satz 3 BayKiBiG.
- Manche Kinder sind während der Ferien zu Hause oder im Urlaub und fehlen daher. Solche Fehlzeiten der Kinder sind stets und unbegrenzt unbeachtlich, vgl. Art. 21 Abs. 4 Satz 3 BayKiBiG.
- Manche Kinder kommen nur während der Ferien in die Kindertageseinrichtung, weil die Eltern sich zwar nach der Schule stets selbst um das

Kind kümmern können, aber nicht über so viele Urlaubstage verfügen, um alle Ferientage abzudecken. Die Frage, in welchen Fällen für Kinder, die nur kurzzeitig eine Kindertageseinrichtung besuchen, auch eine Förderung gewährt wird, regelt § 25 Abs. 3.

- Schulkinder, die bereits im Anschluss an den Unterricht eine Kindertageseinrichtung besuchen, benötigen häufig in den Ferienzeiten eine längere Betreuung. Diesen Sonderfall während der Ferienzeiten regelt § 25 Abs. 2 Satz 2 im Zusammenspiel mit § 25 Abs. 3.

Nach § 25 Abs. 2 Satz 2 wird zur Bestimmung des Buchungszeitfaktors ein **Durchschnitt aller Ferienbuchungen** ermittelt. Mit diesem erhöhten Buchungszeitfaktor kann dann einheitlich gem. § 25 Abs. 3 ein Kalendermonat abgerechnet werden, wenn mindestens für 15 Betriebstage erhöht gebucht wurde. Entsprechend können bei mindestens 30 Betriebstagen zwei und ab 45 Betriebstagen drei Kalendermonate abgerechnet werden.

Beispiel:

Die Eltern haben für ihr Kind im Hort normalerweise die Buchungszeitkategorie „über drei bis vier Stunden" gewählt und möchten zudem in den Ferien den Hort zu folgenden Zeiten nutzen:

Zeitraum	Dauer der Buchung	Buchungszeitkategorie
Osterferien	8 Betriebstage	über 5 bis 6 Stunden
Pfingstferien	8 Betriebstage	über 5 bis 6 Stunden
Sommerferien	15 Betriebstage	über 7 bis 8 Stunden
Weihnachtsferien bis 31.12.	4 Betriebstage	über 7 bis 8 Stunden

Zur Berechnung des Durchschnitts der Buchungen werden stets die Obergrenzen herangezogen, also hier 19 Betriebstage 8 Stunden und 16 Betriebstage 6 Stunden, ergibt als Durchschnitt mehr als 7 Stunden und damit die Buchungszeitkategorie über 7 bis 8 Stunden. Die Zeiten mit erhöhten Buchungen umspannen insgesamt 35 Tage, so dass zwei Monate mit dem erhöhten Wert abgerechnet werden können.

Die Elternbeiträge sind entsprechend der Buchungszeiten zu staffeln. Wenn daher Horte, aber auch andere Kindertageseinrichtungen von Kindern besucht werden, die während der Ferienzeiten die Einrichtung länger besuchen, müssten die Eltern für diese Zeiten einen erhöhten Elternbeitrag entrichten, was insbesondere im Hinblick auf die Zahlung per Einzugsermächtigung einen zusätzlichen Aufwand verursacht. Um dies zu vermeiden, empfiehlt es sich, die Eltern von Anfang an die erhöhte Ferienbetreuung mitbuchen zu lassen und dann den erhöhten Elternbeitrag einheitlich auf alle Monate umzulegen.

§ 25
Wirksamwerden von Änderungen

(1) [1]Förderrelevante Änderungen werden, soweit in dieser Verordnung keine anderen Regelungen getroffen sind, ab Beginn des Kalendermonats berücksichtigt, in dem sie eintreten. [2]Soweit die tatsächliche Nutzungszeit regelmäßig erheblich von der Buchungszeit im Sinn von § 24 Abs. 1 abweicht, stellt dies eine förderrelevante Änderung dar. [3]Im Fall von Art. 21 Abs. 5 Satz 5 und 6 BayKiBiG werden abweichend von Art. 21 Abs. 4 Satz 4 BayKiBiG auch Buchungszeiten von bis zu drei Stunden täglich bis zum Ende des Betreuungsjahres in die Förderung einbezogen. [4]Schließtage der Einrichtungen über Art. 21 Abs. 4 Satz 3 Halbsatz 2 BayKiBiG hinaus führen für jeden weiteren Schließtag zu einem Abzug in Höhe des 220sten Teils der Förderung der Einrichtung für den Bewilligungszeitraum; davon ausgenommen sind bis zu fünf zusätzliche Schließtage, die der Fortbildung und Konzeptionsentwicklung unter Einsatz einer externen Referentin oder eines externen Referenten zur Umsetzung des Bayerischen Bildungs- und Erziehungsplans und des darauf aufbauenden Orientierungsrahmens zur Konzeptionsentwicklung dienen. [5]Verbleibt ein Kind in der Einrichtung, wird ein Wechsel des gewöhnlichen Aufenthalts nach Beginn des Bewilligungszeitraums mit Wirkung ab dem folgenden Kindergartenjahr wirksam; erfolgt der Wechsel nach Beginn des Kindergartenjahres, wird dieser ab Beginn des folgenden Bewilligungszeitraums wirksam.

(2) Erfolgen Anfang und Ende des Buchungszeitraums binnen weniger als einem Monat, so kann der Förderung ein Kalendermonat zugrunde gelegt werden, wenn die Buchungszeit mindestens 15 Betriebstage umfasst.

(3) [1]Erfolgen mehrere Kurzzeitbuchungen beispielsweise für die Ferienzeiten im Bewilligungszeitraum, die zeitlich nicht zusammenhängende Zeiträume umfassen, so werden die Buchungszeiträume zusammengezählt. [2]Umfassen die zusammengezählten Buchungszeiträume mindestens 15 Betriebstage, können ein Kalendermonat, ab mindestens 30 Betriebstagen zwei Kalendermonate und ab 45 Betriebstagen drei Kalendermonate abgerechnet werden.

(4) Eine neu gegründete Kindertageseinrichtung kann für die ersten drei Monate Betriebszeit die Zahl der Kinder der Förderung zugrunde legen, die sie im dritten Monat nach Betriebsbeginn erreicht.

Inhaltsübersicht **Rn.**

1. Kalendermonatsprinzip 428
2. Von den Eltern nicht ausgenutzte Buchungszeiten 429

3. Buchungszeitfaktor für Kinder ab drei Jahren in der Krippe . . . 430
4. Zusätzliche Schließtage für Fortbildungszwecke . . . 431
5. Zuständigkeitswechsel beim Wechsel des Aufenthaltsorts eines Kindes gemäß § 25 Abs. 1 Satz 5 . . . 432
   a) Wechsel des Aufenthaltsorts zum 1.1. bzw. 1.9. . . . 433
   b) Wechsel des Aufenthaltsorts außerhalb des Geltungsbereichs des BayKiBiG (außerhalb Bayerns) bei Verbleib in der bayerischen Einrichtung . . . 434
6. Kurzzeitbuchungen . . . 435
7. Abrechnung neu gegründeter Kindertageseinrichtungen . . . 436

Anmerkungen

1. Kalendermonatsprinzip

Abs. 1 formuliert als Grundsatz das sog. Kalendermonatsprinzip. Änderungen wirken sich danach grundsätzlich auf den ganzen Kalendermonat aus, in dem die Änderung stattfindet. 428

Im Abs. 1 Satz 1 erfolgte mit der Änderung der AVBayKiBiG zum 1.9.2013 durch die Einfügung „ab Beginn des Kalendermonats" eine Klarstellung, die der Praxis entspricht und verdeutlicht, dass beim Eintritt förderrelevanter Änderungen auf den jeweiligen Kalendermonat abgestellt wird (Kalendermonatsprinzip).

Beispiele:

Kind K wird am 20.2. in den Kindergarten aufgenommen. Folge ist, dass dann für den gesamten Februar das Kind K kindbezogen gefördert wird.

Kind K verlässt am 20.2. den Kindergarten. Folge ist, dass dann für den gesamten Februar keine Förderung gewährt wird.

Dem Kind K wird mit Bescheid vom 20.2. ein Eingliederungshilfeanspruch zuerkannt. Ab dem Monat Februar (einschließlich) wird der kindbezogenen Förderung der Gewichtungsfaktor 4,5 zugrunde gelegt.

Die Eltern haben für ihr Kind K einen Platz der Kategorie „über vier bis fünf Stunden" gebucht. Am 20.2. einigen sie sich mit dem Träger, dass das Kind ab sofort „über fünf bis sechs Stunden" täglich die Einrichtung besuchen wird. Ab Februar (einschließlich) berechnet sich die kindbezogene Förderung anhand des Buchungszeitfaktors für die Stundenkategorie „über fünf bis sechs Stunden", also 1,5.

Eine andere Regelung im Sinne des Abs. 1 ist § 17 Abs. 4, der zwar gleichfalls ein (Kalender-)Monatsprinzip vorsieht, die Wirkung aber auf den nächsten Monat nach Ablauf der 42-Tagefrist verschiebt (s. Rn. 396 ff.).

2. Von den Eltern nicht ausgenutzte Buchungszeiten

429 Die von den Eltern mit dem Träger vereinbarte Buchungszeit gibt den Zeitraum an, für den das Kind regelmäßig die Kindertageseinrichtung täglich (durchschnittlich) besucht. Dies wirft die Frage auf, was passiert, wenn die tatsächliche Nutzung von der gebuchten Zeit abweicht, die Eltern sich also in der künftigen regelmäßigen Inanspruchnahme der Kindertageseinrichtung geirrt haben.

Der Träger richtet nach der gebuchten Zeit seinen Personaleinsatz aus. Wenn die Eltern regelmäßig ihr Kind früher in die Einrichtung geben und/oder ihr Kind später abholen, wird er in eigenem Interesse darauf achten, dass die Eltern sich entweder an die gebuchte Zeit halten oder ihre Buchung nach oben korrigieren.

Das gleiche Interesse haben die nach den Buchungszeiten finanzierenden Gemeinden und der Freistaat, wenn die Eltern mehr Zeit gebucht haben, als sie regelmäßig in Anspruch nehmen. Zwar gelten für die Abrechnung grundsätzlich die zwischen Eltern und Träger vereinbarten Buchungszeiten. Allerdings ist förderrechtlich die Buchungszeit nur die Zeit, die das Kind regelmäßig in der Einrichtung verbringt, Art. 21 Abs. 4 Satz 2 BayKiBiG. In Anknüpfung hieran regelt § 25 Abs. 1 Satz 2, dass regelmäßige und erhebliche Unterschreitungen der gebuchten Zeit eine förderrelevante Änderung darstellen. Was unter einer regelmäßigen und erheblichen Unterschreitung zu verstehen ist, präzisiert die Verordnungsbegründung zu dieser Vorschrift: **Irrelevant sind danach Unterschreitungen**, wenn sie entweder **nicht länger als einen Kalendermonat anhalten** oder wenn sie **maximal 1 Stunde pro Tag** ausmachen.

Beispiel:

Die Eltern haben für den dreijährigen Max einen Platz in einem Kindergarten mit „über fünf bis sechs Stunden" gebucht. Am Anfang ist Max aber überfordert, fünf Stunden im Kindergarten mit seinen vielen Eindrücken zu verbringen. Seine Eltern holen ihn daher die ersten zwei Wochen schon stets nach zwei Stunden, die dritte und vierte Woche nach drei Stunden und danach nach etwas mehr als vier Stunden aus dem Kindergarten. Der Kindergarten erhält von Anfang an eine Förderung für die Stundenkategorie „über fünf bis sechs Stunden", da in den ersten vier Wochen zwar die gebuchte Zeit um mehr als eine Stunde pro Tag unterschritten wurde, diese Abweichung aber nicht länger als einen Monat erfolgte und für die Zeit danach die Abweichung nicht mehr als eine Stunde beträgt.

Im Ergebnis führt dies dazu, dass die Buchungszeiten den Eltern eine tägliche Varianz von einer Stunde ermöglichen und daher ein hohes Maß an

Flexibilität gewährleisten, ohne dass die Planungssicherheit für den Träger gefährdet ist.

Das Kriterium der Regelmäßigkeit ermöglicht Eltern und Träger ein Abweichen von der vereinbarten Buchungszeit (vgl. hierzu Rn 219).

Beispiele:

Eltern holen ihr Kind an einem Tag statt um 17.00 Uhr bereits um 13.00 Uhr ab, weil es zu einem privaten Kindergeburtstag eingeladen ist.

Eltern bringen ihr Kind wegen eines Arztbesuchs statt um 7.30 Uhr erst um 10.30 Uhr.

Die Abholung eines Kindes verzögert sich wegen einer beruflichen Verhinderung der Eltern um anderthalb Stunden.

Es handelt sich um unregelmäßige Abweichungen von der gebuchten Zeit, die keine Auswirkung auf den Umfang des Förderanspruchs haben.

Hinweis:

Auch bei unregelmäßigen Abweichungen von der gebuchten Zeit sollten die Eltern die Einrichtung möglichst zeitnah von diesem Umstand informieren.

Hinweis

Abweichende Auslegung für die Zeit der Corona-Pandemie in den Jahren 2020 und 2021.

Während der Corona-Pandemie haben Eltern aus Sorge vor einer Infizierung ihr Kind entweder vorübergehend gar nicht oder nicht vollumfänglich wie im Betreuungsvertrag vereinbart in die Einrichtung gebracht.

Nach herrschender Auslegung müsste der Buchungsbeleg nach Ablauf eines Kalendermonats mit der tatsächlich geringeren Buchungszeit entsprechend abgeändert werden. Der Träger verliert dadurch Fördermittel.

Die Sorge vor Infizierung mit dem Coronavirus ist ein triftiger Grund. Sofern der Inzidenzwert im betreffenden Landkreis bzw. der kreisfreien Stadt, in den bzw. in der die Einrichtung ihren Sitz hat, den Wert 50 übersteigt, ist keine Anpassung des Buchungsbelegs auf die geringere Betreuungszeit erforderlich. Die Höhe der Elternbeiträge bleibt hiervon unberührt.

Beispiele:

Eltern bringen ihr Kind ab dem 20.11.2020 durchschnittlich bis zu 4 Stunden täglich in die Einrichtung. Die Buchungszeit laut Buchungsvertrag ist auf täglich >7h bis 8h festgelegt. Ab dem 20.5.2021 liegt der maßgebliche Inzidenzwert wieder dauerhaft unter 50.

Die geringere zeitliche Inanspruchnahme bleibt förderrechtlich ohne Relevanz, solange der Inzidenzwert bei >50 liegt. Mit dem Unterschreiten des Inzidenzwerts von 50 liegt eine förderrelevante Änderung vor, die mit Beginn des nächsten Kalendermonats wirkt. Demnach müssten die Eltern ihr Kind im Kalendermonat Juli 2021 wieder entsprechend des im Betreuungsvertrag vereinbarten zeitlichen Rahmens in der Einrichtung betreuen lassen. Andernfalls wäre der Träger verpflichtet, die Buchungszeit anzupassen, um ggf. eine Luftbuchung zu vermeiden.

Aufgrund der Maßgabe im Rahmenhygieneplan, dass die Betreuung der Kinder in festen Gruppen zu organisieren sei, kann eine Einrichtung die bisherigen Öffnungszeiten nicht mehr vollumfänglich anbieten. Die tägliche Öffnungszeit wird um zwei Stunden täglich verkürzt. Zehn Kinder sind mit ihren Buchungszeiten von der Kappung der Öffnungszeit betroffen.

Sofern die Einrichtung die Verkürzung der Öffnungszeiten der zuständigen Kita-Aufsicht gemeldet hat und diese keine Einwände vorgebracht hat, besteht keine Veranlassung für eine Anpassung der Buchungsbelege.

Die Verpflichtung zur Anzeige der Kappung der Öffnungszeiten ergibt sich aus § 47 SGB VIII. Sofern Einrichtungen, insbesondere für die Zeit ab dem 1.9.2020, dieser Verpflichtung zur Meldung nicht nachgekommen sind, besteht für die Aufsichten die Möglichkeit zur nachträglichen Genehmigung.

Die Auslegung gilt analog auch dann, wenn eine Einrichtung aufgrund Personalmangels die Öffnungszeit nicht gänzlich aufrechterhalten konnte.

3. Buchungszeitfaktor für Kinder ab drei Jahren in der Krippe

430 Kinder unter drei Jahren erhalten den Gewichtungsfaktor 2,0 bei der kindbezogenen Förderung (Art. 21 Abs. 5 BayKiBiG). Bei ihnen werden auch die Buchungszeitkategorien „über eine bis zwei Stunden“ und „über zwei bis drei Stunden“ gefördert (vgl. § 24 Abs. 1 Nr. 1).

Kinder ab drei Jahren erhalten in dem Monat, in dem sie drei Jahre alt werden (Abs. 1 Satz 1), nur noch den Gewichtungsfaktor 1,0 und für sie werden auch nur noch Buchungszeiten von mehr als drei Stunden gefördert, Art. 21 Abs. 4 Satz 4 BayKiBiG.

Wird nun aber ein Kind in einer Krippe drei Jahre alt, so erhält es nach Art. 21 Abs. 5 Satz 5 BayKiBiG den Gewichtungsfaktor noch bis einschließlich dem nachfolgenden August. Analog gilt dies für alle anderen Einrichtungen, wenn Art. 21 Abs. 5 Satz 6 BayKiBiG zur Anwendung kommt. Parallel dazu bestimmt § 25 Abs. 1 Satz 3, dass bis einschließlich dem nachfolgenden August auch Zeiten von bis zu drei Stunden täglich gefördert werden.

Beispiel:

Das Kind Florian geht täglich ca. 2 ½ Stunden in eine Einrichtung (Buchungszeitkategorie über zwei bis drei Stunden). Am 8.3. wird Florian drei Jahre alt. Von diesem März bis zum August erhält der Träger für Florian weiterhin die kindbezogene Förderung mit dem Gewichtungsfaktor 2,0 und dem Buchungszeitfaktor 0,75 berechnet. Würde Florian hingegen einen (altersgeöffneten) Kindergarten besuchen, bei dem Art. 21 Abs. 5 Satz 6 BayKiBiG nicht zur Anwendung kommt, hätte der Träger ab einschließlich März Anspruch auf Förderung mit dem Gewichtungsfaktor 1,0. Da Florian aber die Einrichtung allerdings nicht mehr als drei Stunden besucht, besteht ab dem Kalendermonat der Vollendung des 3. Lebensjahres kein Förderanspruch für Florian.

4. Zusätzliche Schließtage für Fortbildungszwecke

Nach Art. 21 Abs. 4 Satz 3 BayKiBiG sind 30 Schließtage förderunschädlich, d. h. es wird keine Förderkürzung vorgenommen. Die 30 Schließtage werden von den meisten Einrichtungen genutzt, um den pädagogischen Kräften Urlaub oder den Abbau von Überstunden gewähren zu können, ohne sich darum bemühen zu müssen, durch versetzte Urlaubszeiten oder Ersatzkräfte die Kindertageseinrichtung offen zu halten. **431**

§ 25 Abs. 1 Satz 4 ermöglicht es den Trägern, an bis zu weiteren fünf Tagen (also insgesamt 35 Tage) die ganze Kindertageseinrichtung ohne Förderkürzung zu schließen, wenn diese bis zu fünf Tage für die Fortbildung des pädagogischen Personals oder zur Konzeptionsentwicklung genutzt werden. Ziel ist es, Teamfortbildungen oder die Konzeptionsentwicklung in den Einrichtungen zu erleichtern, Fortbildungen also, an denen das gesamte pädagogische Personal teilnimmt und die daher zur Schließung der Einrichtungen führen.

Um Rechtsklarheit zu schaffen, ist in der Regelung nun ausgeführt, dass für die Inanspruchnahme der zusätzlichen fünf Schließtage eine Fortbildung sowie die Konzeptionsentwicklung unter Einsatz eines externen Referenten durchgeführt werden müssen.

Eine Teamfortbildung im Sinne des § 25 Abs. 1 Satz 4 setzt neben dem Einsatz eines externen Referenten voraus, dass das Fortbildungsthema eindeutig formuliert ist und die Fortbildung der Umsetzung der Bildungs- und Erziehungsziele dient.

Externe Referenten

Sofern die Pädagogische Qualitätsbegleitung (PQB) oder die Fachberatung eines Trägerverbands als (externe) Referenten insbesondere im Rahmen der Konzeptionsentwicklung eingesetzt werden, steht dies der Anwendung des § 25 Abs. 1 Satz 4 nicht entgegen.

Einsatz der Kita-Leitung als Referent

Sofern eine Kita-Leitung aufgrund zusätzlicher Qualifikationen für ein bestimmtes Thema als Referent/in tätig werden soll, ist dies grundsätzlich möglich, wenn die Tätigkeit auf einer zusätzlichen Vereinbarung zwischen dem Träger als Auftraggeber und der Leitung basiert und es sich bei der Einrichtung nicht um die Einrichtung handelt, in der die Leitung tätig ist. In der Vorschrift wird explizit das Erfodernis eines externen Referenten verwiesen.

Einsatz eines Verantwortlichen des Trägers als Referent

Ein Trägerverantwortlicher kann in der eigenen Einrichtung nicht als (externer) Referent tätig werden, wohl aber in einer anderen Einrichtung.

Aufgrund der besonderen Bedeutung der Konzeptionsentwicklung wurde diese zum 1.5.2021 ebenfalls explizit in die Kinderbildungsverordnung aufgenommen. Für bayerische Kindertageseinrichtungen ist die Vorlage einer Konzeption und deren regelmäßige Fortschreibung Voraussetzung für den Erhalt sowohl einer Betriebserlaubnis als auch einer staatlichen Förderung. Zur Unterstützung bei der Aufgabe der Konzeptionsentwicklung wurde am Staatsinstitut für Frühpädagogik (IFP) der Orientierungsrahmen *„Erfolgreiche Konzeptionsentwicklung leicht gemacht“* erstellt. Die Weiterentwicklung der Konzeption anhand dieses Orientierungsrahmens stellt eine sehr anspruchsvolle Aufgabe für die Kitas dar. Daher können nun auch Konzeptionstage als zusätzliche Schließtage nach § 25 Abs. 1 Satz 4 AVBayKiBiG in Anspruch genommen werden, sofern eine externe Begleitung am Prozess der Konzeptionsentwicklung beteiligt ist. Das IFP weist in diesem Zusammenhang auf den bereits seit 2018 abrufbaren Multiplikatorenpool in allen Regierungsbezirken hin, der auch eine Inhouse-Begleitung von Konzeptionstagen auf der Basis des Orientierungsrahmens sicherstellt. Soweit ein Träger diesen Multiplikatorenpool nutzt, ist ohne weiteren Nachweis sichergestellt, dass die Voraussetzungen für die Inanspruchnahme von Konzeptionstagen vorliegen. Nähere Informationen finden sich auf der IFP-Website unter https://www.ifp.bayern.de/projekte/qualitaet/konzeption.php.

Seit dem 1.9.2013 enthält § 25 Abs. 1 Satz 4 wieder eine Regelung für den Fall des Überschreitens der Höchstzahl an Schließtagen. In diesem Fall ist die kindbezogene Förderung für jeden Tag, an dem die Höchstgrenze an förderunschädlichen Schließtagen überschritten wird, um 1/220tel zu kürzen.

Berechnungsbeispiel:

In einer Einrichtung werden 50 Kinder von drei Jahren bis zur Einschulung mit einer Buchungszeit von >6h bis 7h (entspricht Buchungszeitfaktor 1,75) betreut. Die förderschädlichen Schließtage belaufen sich auf 7.

Basiswert:

1.235,77 Qualitätsbonus: 64,92

Staatlicher Anteil:		
50 Kinder x (1.235,77 + 64,92) x 1,75 x 1,00	=	113.810,37
Kürzung Schließtage		
113.810,37 : 220 x 7	=	3.621,24
Differenz	=	110.189,13
Kommunaler Anteil		
50 Kinder x 1.235,77 x 1,75 x 1,00	=	108.129,87
Kürzung Schließtage		
108.129,87 : 220 x 7	=	3.440,50
Differenz	=	104.689,37
Staatlicher und kommunaler Anteil		
Ohne Kürzung		221.940,44
Kürzung		7.061,74
Förderung		214.878,70

Hinweis:

In KiBiG.web wird der Gesamtbetrag der Kürzung für die Schließtage ohne Aufteilung nach staatlichem und kommunalem Förderanteil ausgewiesen.

5. Zuständigkeitswechsel beim Wechsel des Aufenthaltsorts eines Kindes gemäß § 25 Abs. 1 Satz 5

In den Beratungen der BayKiBiG-Kommission stellten sich die Auswirkungen des zum 1.1.2013 eingeführten Erfordernisses, die Aufnahme von Gastkindern der jeweiligen Aufenthaltsgemeinde innerhalb von drei Kalendermonaten zu melden, als problematisch heraus. Die Trägerverbände beklagten, dass Eltern ihrer Mitteilungspflicht insbesondere bei einem Wechsel des Aufenthaltsorts oftmals nicht nachkämen und die Träger wegen der unterbliebenen Meldung an die Aufenthaltsgemeinde **Förderkürzungen** 432

hinnehmen müssten. Die Gemeinden monierten den hohen Verwaltungsaufwand bei der Feststellung der korrekten Aufenthaltsorte der Kinder.

Mit § 25 Abs. 1 Satz 5 wurde der Zuständigkeitswechsel der Gemeinden bei einem Wechsel des Aufenthaltsorts und gleichzeitigem Verbleib des Kindes in der Einrichtung bis zum Ende des laufenden Kindergarten- bzw. Bewilligungsjahrs verschoben. Die Vorschrift schützt die Träger weitgehend vor Förderkürzungen, da Wechsel des Aufenthaltsorts **faktisch nur noch zum September oder Januar förderrelevant** sind. Für die Gemeinden reduziert sich der Aufwand zur Feststellung des Aufenthaltsorts erheblich, da ein Zuständigkeitswechsel trotz eines Umzugs eines Kindes nur zweimal jährlich erfolgt.

Mit dem Satz 5 wird der Zuständigkeitswechsel **auf den Beginn des nächsten Kindergartenjahres bzw. den Beginn des nächsten Bewilligungsjahres** verlegt. Im Einzelnen gilt Folgendes:

Wechsel des Aufenthaltsorts im	Alte Gemeinde zuständig bis	Neue Gemeinde zuständig ab
Januar	August	folgendem September
Februar	August	folgendem September
September	Dezember	folgendem Januar
Oktober	Dezember	folgendem Januar

Die Verpflichtung zur Meldung des Wechsels des Aufenthaltsorts bleibt unberührt. Wegen der Verschiebung des Wechsels der Zuständigkeit sind mögliche Förderkürzungen aufgrund eines Verstoßes gegen Art. 19 Nr. 7 bis auf wenige Ausnahmefälle jedoch nahezu ausgeschlossen.

a) Wechsel des Aufenthaltsorts zum 1.1. bzw. 1.9.

433 Bei einem Wechsel des Aufenthaltsorts am 1.1. oder 1.9. wird die neue Gemeinde **ab Januar bzw. September** zuständig. In diesen Fällen besteht im Januar bzw. September kein gewöhnlicher Aufenthalt bei der alten Gemeinde. Insofern tritt der Wechsel der Zuständigkeit im Januar bzw. September ein. Den Trägern wäre zu empfehlen, den Aufenthaltsort der Eltern im September und Januar zu prüfen.

Maßgeblich ist der Zeitpunkt des Wechsels des Aufenthaltsorts (=Tag des tatsächlichen Umzugs) und nicht das Datum der Meldung beim Einwohnermeldeamt.

Beispiel

Eine Familie zieht am 10.12. von A-Dorf nach B-Dorf. Auf der Meldebescheinigung wird als Datum des Wohnsitzwechsels der 01.01. eingetragen.

Der Zuständigkeitswechsel nach B-Dorf erfolgt zum 01.01., da der Wechsel des Aufenthaltsorts bereits im Dezember erfolgt ist. Als Nachweis und Dokumentation reicht eine entsprechende Erklärung über den Wechsel des Aufenthaltsorts durch die personensorgeberechtigten Eltern.

b) Wechsel des Aufenthaltsorts außerhalb des Geltungsbereichs des BayKiBiG (außerhalb Bayerns) bei Verbleib in der bayerischen Einrichtung

Infolge des Wechsels des Aufenthaltsorts außerhalb Bayerns entfällt der Anspruch des Trägers auf die kindbezogene Förderung gemäß Art. 18 Abs. 1 BayKiBiG, da das BayKiBiG **für Gemeinden außerhalb Bayerns nicht gilt**. § 25 Abs. 1 Satz 5 kommt daher in diesen Fällen nicht zur Anwendung. **434**

Beispiel:

I Das Kind zieht im März von Bayern nach Thüringen.
Aufgrund der Verlegung des gewöhnlichen Aufenthalts außerhalb Bayerns endet der Anspruch des Trägers gegenüber der bayerischen Gemeinde mit dem Februar.

II Das Kind zieht im März von Baden-Württemberg nach Bayern.
Der Anspruch des bayerischen Trägers beginnt mit dem Umzugsmonat März.

6. Kurzzeitbuchungen

Manche Kinder benötigen nur für kurze Zeit eine Kindertageseinrichtung. **435** Dies trifft etwa für viele Schulkinder zu, deren halbtags beschäftigter Elternteil sich zwar nach Schulende um sie kümmern kann, aber nicht über genügend Urlaub verfügt, um 13 Ferienwochen pro Jahr zu überbrücken. Auch in Kurorten kommt es immer wieder vor, dass die Kurgäste ihre kleinen Kinder mitbringen und dann für die Dauer der Kur einen Platz in einem Kindergarten suchen. Abs. 2 und 3 regeln, in welchen Fällen solche Kurzzeitbuchungen bei der Förderung berücksichtigt werden können.

Dabei wird auch für Kurzzeitbuchungen am sog. **Kalendermonatsprinzip** festgehalten, d. h. je nach Länge der Kurzzeitbuchung bleibt sie entweder bei der Förderung ganz außer Acht (bis einschließlich 14 Betriebstage) oder es kann ein ganzer Kalendermonat abgerechnet werden (ab 15 Betriebstagen). Abs. 2 und 3 sind lex specialis (Sonderregeln) zu Abs. 1 Satz 1, d. h. sie verdrängen diesen.

Beispiel 1: Eine Kurzzeitbuchung während des Bewilligungszeitraums

Mutter M bekommt von ihrer Krankenkasse eine vierwöchige Kur vom 1.2. bis 27.2. bewilligt. Am Kurort besucht ihr Sohn S währenddessen (20 Tage lang) den Kindergarten K. Würde Abs. 1 Satz 1 Anwendung finden, erhielte der Kindergartenträger keine Förderung hierfür: Das förderrelevante Ereignis „Beginn des Buchungszeitraums/Einritt in den Kindergarten" würde zwar zunächst dazu führen, dass der gesamte Monat Februar abgerechnet werden könnte; das gleichfalls förderrelevante Ereignis „Ende des Buchungszeitraums/Austritt aus dem Kindergarten" würde dies aber wieder genau umdrehen und dazu führen, dass der gesamte Monat Februar als nicht gebucht gewertet würde.

Im anderen Extremfall eines Besuchs eines Kindergartens vom 27.2. bis zum 2.3. hingegen würde Abs. 1 Satz 1 dazu führen, dass der ganze Februar abgerechnet werden könnte (Eintritt wirkt sich auf den ganzen Februar aus, der Austritt hingegen einheitlich auf den März).

Für Buchungen, die kürzer sind als ein Monat (d. h. 30 Kalendertage am Stück), regelt Abs. 2 deswegen stattdessen, dass stets dann ein Kalendermonat abgerechnet werden kann, wenn die Kurzzeitbuchung 15 Betriebstage erfasst. Betriebstage sind diejenigen Tage, an denen die Kindertageseinrichtung geöffnet hat. Danach kann bei der Kur vom 1.2. bis 27.2. der Februar abgerechnet werden (der Träger erhält also 1/12 der Jahresförderung), bei einem Besuch vom 27.2. bis zum 2.3. hingegen erhält der Träger keine Förderung.

Beispiel 2: Mehrere Kurzzeitbuchungen im Bewilligungszeitraum

Familie F gibt ihre Tochter T nur während der zweiten Weihnachtsferienwoche, zwei Wochen in den Osterferien und zwei Sommerferienwochen in den Hort. Aufgrund der Feiertage kommen im betreffenden Jahr 22 Betriebstage zusammen. Nach Abs. 2 könnte der Träger keine Förderung bekommen, da keiner der Buchungszeiträume (einzeln betrachtet) 15 Betriebstage umfasst. Abs. 3 bestimmt deswegen, dass solche Kurzzeitbuchungen zusammengerechnet werden können. Für je 15 Betriebstage kann so ein voller Kalendermonat abgerechnet werden – hier also einer.

Abs. 3 findet auf **zwei unterschiedliche Fallkonstellationen** Anwendung:

- Ein Kind besucht **normalerweise keine Kindertageseinrichtung**, sondern **nur für mehrere kurze Zeiträume** (jeweils weniger als einen Monat lang), typischerweise in den Ferien – s. zuvor Beispiel 2.
  In KiBiG.web wird dies als sog. Kurzzeitbuchung bezeichnet.
- Ein Kind besucht normalerweise eine Kindertageseinrichtung **für mehrere kurze Zeiträume** (jeweils weniger als einen Monat lang), jedoch **länger** als üblich (z. B. wird während der Ferien eine Ganztagsbetreuung benötigt, während der Schulzeit genügt reine Nachmittagsbetreuung).

In KiBiG.web wird dies als sog. Ferienbuchung bezeichnet.
Im ersten Fall beantwortet Abs. 3 die Frage, ob die Kurzzeitbuchung überhaupt abgerechnet werden kann, im zweiten Fall, ob sie mit der längeren Buchungszeit, also gem. § 25 Abs. 2 Satz 2 mit einem höheren Buchungszeitfaktor als der übrige Zeitraum, abgerechnet werden kann.

Es kann sein, dass die Eltern für die zusammenzurechnenden Zeiträume **verschiedene Buchungszeiten** gewählt haben. Dann ist nach § 25 Abs. 2 Satz 2 ein **Durchschnittswert** der Buchungszeiten zu bilden, mit dem der gesamte Zeitraum dann einheitlich abgerechnet wird (vgl. Rechenbeispiel in Erl. zu § 25 Rn. 428).

Nach seinem Wortlaut gilt § 25 Abs. 2 Satz 2 direkt nur für den Fall, dass das Kind die Einrichtung besucht, für die Ferienzeiten aber eben länger. § 25 Abs. 2 Satz 2 gilt analog aber auch für alle anderen Fälle (Zusammenrechnung anderer Kurzzeitbuchungen als während der Ferienzeiten oder Zusammenrechnung von Kurzzeitbuchungen von Kindern, die ansonsten die Einrichtung nicht besuchen).

Abs. 3 sieht vor, dass bei 15 bis 29 (zusammengerechneten) Betriebstagen ein Kalendermonat, bei 30 bis 44 Betriebstagen zwei und ab 45 Kalendertagen drei Kalendermonate abgerechnet werden können. Über ein Bewilligungsjahr verteilte Kurzzeitbuchungen, die insgesamt 60 oder mehr Betriebstage erfassen, kommen praktisch nicht vor. Deswegen wurde von einer noch weitergehenden Hochstaffelung in Abs. 3 Satz 2 abgesehen.

7. Abrechnung neu gegründeter Kindertageseinrichtungen

Es ist in der Praxis üblich, bei neu gegründeten Kindertageseinrichtungen **436**
in der Anfangszeit nicht gleich mit der angestrebten Zahl von Kindern, sondern erst mit weniger Kindern anzufangen. So soll dem pädagogischen Personal Gelegenheit gegeben werden, sich im Team einzuspielen. Um bei einer solchen Vorgehensweise (volle Personalstärke bei weniger aufgenommenen Kindern) keine Finanzierungslücke entstehen zu lassen, sieht Abs. 4 vor, dass bei der Abrechnung im ersten Bewilligungsjahr auch für die **ersten drei Monate entsprechend der Kinderzahl im vierten Monat** (das ist der dritte Monat nach Betriebsbeginn) gefördert wird.

Beispiel:

Eine Krippe mit 12 Plätzen eröffnet am 5.9. und nimmt zunächst vier Kinder, ab Oktober und November nochmals je zwei weitere Kinder und im Dezember dann schließlich noch einmal vier weitere Kinder auf.

September	Oktober	November	Dezember
4 Kinder	6 Kinder	8 Kinder	12 Kinder

Betriebsbeginn: 5.9.

Hier kann der Träger bei seinem Förderantrag schon ab September die Förderung für 12 Kinder erhalten.

Vor allem im Zuge des Ausbaus der Plätze für Kinder unter drei Jahren wurden zwar zahlreiche neue Plätze geschaffen. Allerdings entstanden nicht immer neue Einrichtungen. Insbesondere wenn bestehende Einrichtungen um- oder angebaut wurden, stellte sich die Frage, ob eine neue Einrichtung im Sinne des § 25 Abs. 4 vorlag. Das StMAS hat seine Rechtsauffassung mit AMS vom 6.2.2012 (AMS 08/2011 Az: VI 4/6512.01–1/311) folgendermaßen dargelegt:

„Eine neu gegründete Einrichtung liegt vor, wenn eine Betriebserlaubnis nach § 45 SGB VIII erstmalig erteilt wird oder eine Betriebserlaubnis für eine bestehende Einrichtung aufgehoben und aufgrund von Änderungen in der Platzsituation im Sinne einer Erweiterung eine neue Betriebserlaubnis erteilt wird.

Die Zugrundelegung der Belegungszahl des dritten Monats ab Betriebsbeginn setzt voraus, dass der Träger das hierfür erforderliche Personal bereits seit Betriebsbeginn vorhält. Demnach sind bei Anwendung des § 25 Abs. 4 AVBayKiBiG der förderrelevante Anstellungsschlüssel sowie der Qualifikationsschlüssel unter Berücksichtigung der Belegung im vierten Monat bereits bei Betriebsbeginn einzuhalten.“

Die Sonderregelung umfasst nicht den Elternbeitragszuschuss nach Art. 23 Abs. 3. Dieser wird nur für tatsächlich betreute Kinder gewährt.

Beispiel:

Ein dreigruppiger Kindergarten mit 75 Plätzen schließt eine der drei Kindergartengruppen und baut die Räumlichkeiten für eine Krippengruppe mit 12 Plätzen um. Zusätzlich wird über einen Anbau noch eine weitere Krippengruppe mit 12 Plätzen geschaffen. Der Träger hält das für die Betreuung der U3-Kinder benötigte Personal neben dem Personal in den Kindergartengruppen ab Betriebsbeginn am 1.9. vor.

Für die neue erweiterte Einrichtung erhält der Träger eine neue Gesamt-Betriebserlaubnis.

Der Träger kann die Belegung, die in der gesamten Einrichtung im Dezember gegeben ist, ab dem September in KiBiG.web erfassen und bei der Endabrechnung zugrunde legen. Sofern Gastkinder erst in der Zeit von Oktober bis einschließlich Dezember aufgenommen werden, gilt § 25 Abs. 4 in gleicher Weise.

Ein dreigruppiger Kindergarten mit 75 Plätzen schließt eine der drei Kindergartengruppen und baut die Räumlichkeiten für eine Krippengruppe mit 12 Plätzen um. Auf Antrag erhält der Träger eine neue Betriebserlaubnis.

Eine Anwendung von § 25 Abs. 4 ist nicht möglich, da keine neue Betriebserlaubnis im Sinne einer Erweiterung erteilt wurde.

§ 26
Netze für Kinder; Kindertageseinrichtungen im ländlichen Raum

(1) Die Ansprüche nach der Übergangsvorschrift für ein Netz für Kinder des § 3 Abs. 3 Nr. 1 des Gesetzes vom 8. Juli 2005 (GVBl. S. 236) erlöschen, wenn von den Definitionsmerkmalen eines Netzes für Kinder abgewichen wird.

(2) Ein Gemeindeteil gleicht auf Grund seiner Infrastruktur einer selbstständigen Gemeinde im Sinn des Art. 24 Satz 2 BayKiBiG, wenn er vor den Eingemeindungsmaßnahmen im Zuge der oder im Hinblick auf die kommunale Gebietsreform von 1972 eine selbstständige Gemeinde war.

(3) Für die Berechnung des Anstellungsschlüssels ist bei Kindertageseinrichtungen im ländlichen Raum im Sinn des Art. 24 BayKiBiG auf die Zahl, Gewichtungsfaktoren und Buchungszeiten der tatsächlich betreuten Kinder abzustellen.

Inhaltsübersicht **Rn.**

1. Sonderförderung für Netze für Kinder 437, 438
2. Sonderförderung für die Kindergärten im ländlichen Raum 439

Anmerkungen

437 In § 21 sind nähere Bestimmungen zu zwei Sonderfördertatbeständen enthalten, nämlich die Sonderförderung für Netze für Kinder und diejenige für Kindergärten im ländlichen Raum.

1. Sonderförderung für Netze für Kinder

438 In § 3 Abs. 3 Nr. 1 Satz 1 und 2 BayKiBiG und ÄndG wird den zum 31.7.2005 bestehenden Gruppen im Netz für Kinder zunächst bis zum 31.8.2006 ihre

alte Förderung (kombinierte Personal- und Sachkostenförderung) weitergezahlt und ab dem 1.9.2006 eine Sonderförderung entsprechend der Landkindergartenregelung gewährt (näher hierzu s. Erl. zu § 3 BayKiBiG und ÄndG Rn. 292). Voraussetzung für die Sonderförderung ist, dass die Fördervoraussetzungen der Förderrichtlinie für Netze für Kinder weiterhin erfüllt sind.

Auf diese Gesetzeslage aufsetzend verhindert § 27 Abs. 1 nun, dass die bestehenden Netze für Kinder zwischen der normalen kindbezogenen Förderung und der Sonderförderung hin und her wechseln können. **Ein Netz für Kinder, das sich einmal in eine „normale" Kindertageseinrichtung umstrukturiert hat, kann sich nicht wieder in ein Netz für Kinder zurückwandeln.** Grund für diesen Ausschluss ist, dass die Sonderförderung der Netze für Kinder deren Weiterbestehen ermöglichen soll, ohne die üblichen Voraussetzungen der Kindertageseinrichtungen erfüllen zu müssen. Dieses Schutzes bedürfen die Netze für Kinder aber nicht mehr, wenn sie freiwillig den Strukturwandel vollziehen.

Die Netze für Kinder erhalten die Sonderförderung nach der bis zum 31.12.2012 gültigen Fassung des Art. 24 BayKiBiG, also weiterhin mit 22 fiktiven Kindern. Der Qualitätsbonus wird für die Netze für Kinder nicht gewährt, da für die Netze der Anstellungsschlüssel nicht gilt.

Platzsharing
In der Richtlinie Netz für Kinder ist die Platzzahl der Gruppen auf maximal 15 Plätze festgelegt. Netze, bei denen die Plätze auf mehrere Kinder verteilt werden (Platzsharing), betreuen teilweise mehr als 22 Kinder, die folglich relativ kurze Buchungszeiten haben. Diese Netze haben aufgrund der Anwendung des Art. 24 BayKiBiG Einbußen bei der Förderung. Zum Ausgleich darf bei diesen Netzen bei der Berechnung der durchschnittlichen Buchungszeit nicht die tatsächliche Zahl der betreuten Kinder, sondern die Höchstplatzzahl von 15 herangezogen werden.

2. Sonderförderung für die Kindergärten im ländlichen Raum

439 Kindertageseinrichtungen im ländlichen Raum, die die einzige Kindertageseinrichtung in ihrer Gemeinde oder in ihrem Gemeindeteil darstellen, erhalten unter den Voraussetzungen des Art. 24 BayKiBiG eine Sonderförderung. § 27 Abs. 2 regelt nun, bei welchen Gemeindeteilen die Existenz einer weiteren Kindertageseinrichtung in einem anderen Gemeindeteil die Gewährung der Sonderförderung nicht ausschließt.

Nach § 21 Abs. 2 sind solche Teile einer politischen Gemeinde Gemeindeteile, die im Sinne des Art. 24 BayKiBiG aufgrund der Infrastruktur einer selbstständigen Gemeinde gleichen. Nach Abs. 2 sind dies diejenigen Gemeindeteile, die **vor den gesamten Eingemeindungsmaßnahmen im Zuge der großen Gemeindegebietsreform selbstständig waren**.

> **Beispiel:**
> In der Gemeinde A gibt es einen Kindergarten im Hauptort mit 45 Kindern und in einem Ortsteil einen weiteren Kindergarten mit 18 Kindern. Der Ortsteil ist 1972 in die Gemeinde A eingemeindet worden. Gemeinde A kann für den Kindergarten im Ortsteil unter den weiteren Voraussetzungen des Art. 24 BayKiBiG (Altersöffnung, kein Kind abgewiesen) die Sonderförderung beantragen.
>
> Wenn der Kindergarten im Hauptort der Gemeinde A gleichfalls weniger als 22 Kinder hätte, so kann die Gemeinde auch für diesen die Sonderförderung beantragen, denn auch der Hauptort war vor den Eingemeindungsmaßnahmen eine selbstständige Gemeinde.

Es gibt drei Arten von Gemeindeteilen, die für die Sonderförderung nach Art. 24 BayKiBiG wie eine selbstständige Gemeinde gewertet werden:
- Gemeindeteile, die 1972 oder später ihre Selbstständigkeit verloren;
- Gemeindeteile, die sich vor 1972 freiwillig wegen der sonst angekündigten angeordneten Eingemeindung eingemeinden ließen (sog. freiwillige Phase; vgl. § 21 Abs. 2: „oder im Hinblick auf");
- Gemeinden, in die aufgrund solcher Eingliederungsmaßnahmen andere Gemeinden eingemeindet wurden.

§ 26 Abs. 3 stellt klar, dass bei Anwendung der Landkindergartenregelung des Art. 24 BayKiBiG hinsichtlich des förderrelevanten Mindestanstellungsschlüssels bezogen auf die tatsächlich in der Einrichtung betreuten Kinder abgestellt wird.

4. Abschnitt
Übergangs- und Schlussbestimmung

§ 27
Übergangsregelung

Für Tagespflegepersonen, die am 30. April 2021 eine Qualifizierungsmaßnahme im Sinn von Art. 20 Satz 1 Nr. 1 BayKiBiG im Umfang von mindestens 100 Stunden absolviert haben, gilt das Qualifizierungserfordernis im Umfang von mindestens 160 Stunden gemäß § 18 Satz 4 ab dem 1. Januar 2023.

§ 28
Inkrafttreten, Außerkrafttreten

(1) [1]Diese Verordnung tritt am 16. Dezember 2005 in Kraft. [2]Abweichend von Satz 1 tritt der 3. Abschnitt mit Wirkung vom 1. August 2005 in Kraft.

(2) § 27 tritt mit Ablauf des 1. Januar 2023 außer Kraft.

Anhang

Anhang 1	Richtlinie zur Förderung der Betriebskosten von Plätzen für Kinder unter drei Jahren in Kindertageseinrichtungen und in Tagespflege
Anhang 2	Richtlinie zur Gewährung eines Leitungs- und Verwaltungsbonus zur Stärkung der Kita-Leitung
Anhang 3	Richtlinie zur Förderung der Inklusion in der Kindertagespflege und zur Deckung von Finanzierungslücken bei den Betriebskosten integrativer Kindertageseinrichtungen
Anhang 4	Betreuung behinderter Kinder in Kindertageseinrichtungen
Anhang 5	Teilstationäre Angebote zu Tagesbetreuung für behinderte oder von Behinderung bedrohte Kinder
Anhang 6	Musterbetriebserlaubnis
Anhang 7	Richtlinie zur Förderung der Festanstellung von Tagespflegepersonen

Anhang 1

Richtlinie zur Förderung der Betriebskosten von Plätzen für Kinder unter drei Jahren in Kindertageseinrichtungen und in Tagespflege (U3-Bundesmittelrichtlinie)

Bekanntmachung des Bayerischen Staatsministeriums für Arbeit und Sozialordnung, Familie und Frauen vom 28. Oktober 2009 Az.: VI4/7360/368/08, zuletzt geändert durch Bekanntmachung vom 7. Dezember 2021 (BayMBl. Nr. 921)

Der Freistaat Bayern gewährt nach Maßgabe dieser Richtlinie und der allgemeinen haushaltsrechtlichen Bestimmungen (insbesondere der Art. 23, 44 Bayerische Haushaltsordnung und den dazu erlassenen Verwaltungsvorschriften) Zuwendungen zu den Betriebskosten für Plätze in Kindertageseinrichtungen und in der Kindertagespflege für Kinder unter drei Jahren.

Ausgehend von Art. 2 des Gesetzes zur Förderung von Kindern unter drei Jahren in Kindertageseinrichtungen und in Kindertagespflege (Kinderförderungsgesetz – KiföG) vom 10. Dezember 2008 (BGBl. I S. 2403) und Art. 3 des Gesetzes zur zusätzlichen Förderung von Kindern unter drei Jahren in Tageseinrichtungen und in Kindertagespflege vom 15. Februar 2013 (BGBl. I S. 250) erfolgt die Förderung ohne Rechtsanspruch im Umfang der im Staatshaushalt bei Kap. 10 07 Tit. 633 90 veranschlagten Mittel.

Abschnitt I
Allgemeine Beschreibung des Zuwendungsbereichs

1. Zweck der Zuwendung

Mit dieser Richtlinie werden die Modalitäten der Ausreichung der vom Bund im Rahmen des KiföG für den Ausbau der Betreuungsangebote für Kinder unter drei Jahren zur Verfügung gestellten Mittel an die für die Bereitstellung einer bedarfsgerechten Anzahl an Kinderbetreuungsplätzen zuständigen Kommunen geregelt.

2. Gegenstand der Förderung

Gefördert werden die Betriebskosten der Plätze in Kindertageseinrichtungen sowie die Kosten in der Tagespflege für Kinder unter drei Jahren.

3. Zuwendungsempfänger

Zuwendungsempfänger sind die für die Bereitstellung von Betreuungsplätzen für Kinder nach Art. 5 des Bayerischen Kinderbildungs- und -betreuungsgesetzes (BayKiBiG) zuständigen Gemeinden und örtlichen Träger der öffentlichen Jugendhilfe.

4. Zuwendungsvoraussetzungen

[1]Die Zuwendung erfolgt im Rahmen der kindbezogenen Förderung des BayKiBiG und setzt einen Förderanspruch des Zuwendungsempfängers nach Art. 18 Abs. 2 Satz 1 oder Abs. 3 BayKiBiG für Kinder unter drei Jahren voraus. [2]Die Zuwendung erhalten ausschließlich Zuwendungsempfänger, die den vollständigen Förderantrag auf kindbezogene Förderung bis zum 30. Juni nach Ablauf des Bewilligungszeitraums (Nr. 9 dieser Bekanntmachung) gestellt haben.

5. Art und Umfang der Zuwendung

5.1 Art der Zuwendung

[1]Die Zuwendung erfolgt als Festbetragsfinanzierung. [2]Die Zuwendung wird über den Ausbaufaktor (Nr. 5.3.2) ausgereicht.

5.2 Zuwendungsfähige Kosten

Zuwendungsfähig sind die Betriebskosten für den Platz in einer Kindertageseinrichtung und die Kosten für einen Platz in der Kindertagespflege, der zu Beginn der Förderung von einem Kind unter drei Jahren belegt wird.

5.3 Höhe der Förderung

5.3.1 Die Förderung errechnet sich als Produkt aus Basiswert und Buchungszeitfaktor nach Maßgabe des Art. 21 Abs. 2 BayKiBiG sowie dem Ausbaufaktor (Nr. 5.3.2).

5.3.2 [1]Der Ausbaufaktor wird rückwirkend für den jeweiligen Bewilligungszeitraum (Nr. 9) durch das zuständige Staatsministerium mit Beteiligung des für die Finanzen zuständigen Staatsministeriums festgelegt und bekanntgemacht. [2]Die Höhe des Ausbaufaktors errechnet sich durch Division wie folgt:

a) Dividend sind die im jeweiligen Bewilligungszeitraum veranschlagten Haushaltsmittel.
b) Divisor ist der nach BayKiBiG – ohne Berücksichtigung der Gewichtungsfaktoren – ermittelte Förderbetrag der für den Bewilligungs-

zeitraum fristgerecht gestellten Förderanträge (Nr. 4 Satz 2) für Kinder unter drei Jahren (Produkt aus tatsächlicher Zahl der im Bewilligungszeitraum betreuten Kinder unter drei Jahren x Basiswert x durchschnittlicher Buchungszeitfaktor im Bewilligungszeitraum).

5.3.3 [1]Die Zuwendungsempfänger erhalten auf Antrag Abschlagszahlungen, die vierteljährlich mit den Abschlagszahlungen nach § 22 Abs. 2 Satz 1 AVBayKiBiG ausgereicht werden. [2]Für die Auszahlung der Abschlagszahlungen ermittelt das zuständige Staatsministerium einen vorläufigen Ausbaufaktor. [3]Bei der Berechnung des vorläufigen Ausbaufaktors kommt der Rechenweg nach Nr. 5.3.2 mit der Maßgabe zur Anwendung, dass 96 % der zur Verfügung stehenden Haushaltsmittel, der durchschnittliche Buchungszeitfaktor des Vorjahres, die im Bewilligungszeitraum voraussichtliche Zahl der betreuten Kinder unter drei Jahren und der maßgebende Basiswert zugrunde gelegt werden.

5.3.4 [1]Auf die sich nach Nr. 5.3.1 ergebende Förderung je Bewilligungszeitraum wird die Summe der für diesen Bewilligungszeitraum geleisteten Abschlagszahlungen angerechnet. [2]Differenzen sind auszugleichen, d. h. waren die Abschlagszahlungen gegenüber dem Endförderbetrag zu hoch, hat der Empfänger den überzahlten Betrag zu erstatten. [3]Ergibt sich hingegen ein höherer Endförderbetrag als die Summe der Abschlagszahlungen, wird der Mehrbetrag ausgezahlt.

5.3.5 Der Zuwendungsempfänger hat die Abschlagszahlungen zu erstatten, wenn er den Antrag auf Endabrechnung nicht innerhalb der in Nr. 4 Satz 2 festgelegten Frist stellt.

5.3.6 [1]Bei der Berechnung der Förderhöhe gelten die Verfahrensvorschriften des BayKiBiG und der Kinderbildungsverordnung (AVBayKiBiG) in der jeweils geltenden Fassung entsprechend. [2]Bei Kindern, die das dritte Lebensjahr im Laufe eines Kindergartenjahrs gemäß Art. 26 Abs. 1 Satz 4 BayKiBiG vollenden, erfolgt die Förderung bis zum Ausscheiden aus der Kindertageseinrichtung bzw. bis zur Beendigung der Kindertagespflege, längstens bis zum Ablauf des Kindergartenjahrs.

6. Mehrfachförderung

Eine Förderung nach dieser Richtlinie entfällt, wenn für den gleichen Zuwendungszweck über die kindbezogene Förderung des BayKiBiG hinaus andere Mittel des Freistaates Bayern sowie des Bundes oder der EU in Anspruch genommen werden.

Abschnitt II
Verfahren

7. Bewilligungsbehörde

Die Auszahlung der Zuschüsse an die Kommunen erfolgt durch die für die kindbezogene Förderung nach Art. 28 BayKiBiG zuständigen Bewilligungsbehörden.

8. Antragstellung

Der Antrag auf kindbezogene Förderung nach Art. 26 Abs. 1 Satz 2 BayKiBiG bzw. auf Abschlagszahlungen gilt gleichzeitig als Antrag auf die Gewährung des Ausbaufaktors nach dieser Richtlinie.

9. Bewilligungszeitraum

Bewilligungszeitraum ist das jeweilige Kalenderjahr.

10. Nachweis und Prüfung der Verwendung

[1]Der Nachweis für die kindbezogene Förderung von Kindern unter drei Jahren im Rahmen des BayKiBiG gilt gleichzeitig als Nachweis der Mittelverwendung für diese Richtlinie. [2]Die Bewilligungsbehörde prüft den Nachweis in eigener Zuständigkeit und Verantwortung. [3]Sie ist auch zuständig für die Rücknahme und den Widerruf von Zuwendungsbescheiden und die Rückforderung von Zuwendungen.

11. Datenschutz

[1]Bei der Verarbeitung personenbezogener Daten sind die datenschutzrechtlichen Bestimmungen, insbesondere die Verordnung (EU) 2016/679 (EU-Datenschutzgrundverordnung – DSGVO) einzuhalten. [2]Die jeweils zuständige Bewilligungsbehörde ist Verantwortliche im Sinne von Art. 4 Nr. 7 DSGVO. [3]Die Verpflichtungen aus der DSGVO (insbesondere die Betroffenenrechte und die Informationspflichten gemäß Art. 13 f. DSGVO) werden von der jeweils zuständigen Bewilligungsbehörde erfüllt.

Abschnitt III
Inkrafttreten, Außerkrafttreten

12. Inkrafttreten

Diese Richtlinie tritt mit Wirkung vom 1. September 2009 in Kraft.

13. Außerkrafttreten

Diese Richtlinie tritt mit Ablauf des 31. Dezember 2024 außer Kraft.

Anhang 2

Richtlinie zur Gewährung eines Leitungs- und Verwaltungsbonus zur Stärkung von Kindertageseinrichtungen

Bekanntmachung des Bayerischen Staatsministeriums für Familie, Arbeit und Soziales vom 27. Februar 2020, Az. V3/6511-1/520 (BayMBl. Nr. 129) zuletzt geändert durch Bekanntmachung vom 10. Dezember 2021 (BayMBl. Nr. 940)

[1]Der Freistaat Bayern gewährt in Ergänzung zur Förderung nach dem Bayerischen Kinderbildungs- und betreuungsgesetz (BayKiBiG) einen Leitungs- und Verwaltungsbonus zur Stärkung von Kindertageseinrichtungen. [2]Der Leitungs- und Verwaltungsbonus wird auf der Grundlage des mit dem Bund geschlossenen Vertrags zur Umsetzung des Gesetzes zur Weiterentwicklung der Qualität und zur Verbesserung der Teilhabe in Tageseinrichtungen und in der Kindertagespflege nach Maßgabe dieser Richtlinie und der allgemeinen haushaltsrechtlichen Bestimmungen des Freistaats Bayern als freiwillige Leistung ohne Rechtsanspruch im Rahmen der verfügbaren Haushaltsmittel gewährt.

1. Zweck des Leitungs- und Verwaltungsbonus

[1]Angesichts des inzwischen flächendeckenden Fachkräftemangels haben Träger von Kindertageseinrichtungen zunehmend Schwierigkeiten, das pädagogische Konzept umzusetzen und die Öffnungszeiten aufrechtzuerhalten. [2]Es bedarf daher dringend staatlicher Maßnahmen, damit sich insbesondere die Leitung auf ihre pädagogischen Kernaufgaben konzentrieren kann und um eine weitere Qualitätsentwicklung zu ermöglichen. [3]Deshalb unterstützt der Freistaat mit dieser Richtlinie die Gemeinden und Träger von Kindertageseinrichtungen gemäß Art. 2 Abs. 1 Satz 2 Nr. 1, 2 und 4 BayKiBiG bei der Stärkung der Einrichtungsleitung. [4]Ziel des Leitungs- und Verwaltungsbonus ist es, Träger von Kindertageseinrichtungen in die Lage zu versetzen, die Einrichtungsleitung von Aufgaben direkt zu entlasten. [5]Eine Entlastung ist anzunehmen, wenn zusätzlich Personal eingesetzt wird, Tätigkeiten in der Praktikantenausbildung delegiert werden oder insbesondere technische Ausstattung zum Einsatz kommt. [6]Für diese Maßnahmen werden Bonuszahlungen in unterschiedlicher Höhe gewährt. [7]Der Leitungs- und Verwaltungsbonus stellt damit eine wichtige Maßnahme dar, um die Arbeitsbedingungen unmittelbar oder mittelbar für das pädagogische Personal zu verbessern und dadurch die Attraktivität der Tätigkeit zu stei-

gern. [8]Er zählt damit zu den wesentlichen Maßnahmen zur Bekämpfung des Fachkräftemangels.

2. Begünstigte

Begünstigte sind die Träger der Kindertageseinrichtungen.

3. Voraussetzungen

3.1 Allgemeine Voraussetzungen

[1]Die Gewährung des Leitungs- und Verwaltungsbonus setzt voraus, dass der Träger der Kindertageseinrichtung über ein unter Beteiligung der pädagogischen Leitung erarbeitetes schriftliches Leitungskonzept verfügt, in dem

a) das Leitungsprofil (Rolle und Verantwortung der Leitung, Führungsstil) und die Aufgaben der Einrichtungsleitung niedergelegt sind,
b) die nach dieser Richtlinie förderfähigen Maßnahmen, deren Dauer, der damit beabsichtigte Umfang der angestrebten zeitlichen Entlastung der Leitung sowie die Beteiligung der pädagogischen Leitung an der Konzeptentwicklung schriftlich zu dokumentieren sind,
c) für die auf Leitungsaufgaben entfallende Arbeitszeit ein angemessenes Zeitkontingent festgelegt ist und
d) das für die Ausübung der Leitungstätigkeit mindestens erforderliche Qualifizierungsniveau festgelegt und Maßnahmen zur Fort- bzw. Weiterbildung vereinbart sind.

[2]Der Leitungs- und Verwaltungsbonus wird nur für Kindertageseinrichtungen gewährt, die im Bewilligungszeitraum eine Förderung nach Maßgabe des BayKiBiG (5. Teil) erhalten.

3.2 Besondere Voraussetzungen

3.2.1 Zusätzlicher Personaleinsatz

[1]Der Leitungs- und Verwaltungsbonus für zusätzlichen Personaleinsatz wird gewährt, wenn eine Neueinstellung oder Aufstockung eines Teilzeitvertrages im Umfang von mindestens zehn Wochenstunden vorgenommen wird und die Leitung im Umfang von mindestens fünf Wochenstunden für Leitungsaufgaben freigestellt wird. [2]Anerkannt wird die Neueinstellung oder Aufstockung von Teilzeitverträgen bei pädagogischem Personal, hauswirtschaftlichem Personal oder Verwaltungskräften, die nach Inkrafttreten dieser Richtlinie (Nr. 7) vorgenommen wurde und fortbesteht. [3]Die allgemeinen Regelungen zum Wirksamwerden von Änderungen in der Kinderbildungsverordnung (AVBayKiBiG) gelten entsprechend.

3.2.2 Qualifizierte Praxisanleitung

[1]Der Leitungs- und Verwaltungsbonus für die Durchführung einer qualifizierten Praxisanleitung im Rahmen insbesondere der Kinderpflege- und Erzieherausbildung wird gewährt, wenn

a) die Leitung von der Aufgabe der Praxisanleitung befreit ist,
b) mindestens eine Praktikumsstelle ausgewiesen und besetzt ist,
c) eine Praktikumsvergütung entsprechend einer verbindlichen tariflichen Vereinbarung, alternativ mindestens in Höhe von 500 € pro Monat bezahlt wird,
d) die Anleitungsperson bereit ist, Qualifizierungsmaßnahmen der Fachakademien für Sozialpädagogik zur Praxisanleitung wahrzunehmen, und
e) die Anleitungsperson eng mit der Ausbildungsstelle kooperiert.

[2]Die allgemeinen Regelungen zum Wirksamwerden von Änderungen in der AVBayKiBiG gelten entsprechend.

3.2.3 Anschaffung und Einsatz von Sachmitteln

Der Leitungs- und Verwaltungsbonus für die Anschaffung und den Einsatz von Sachmitteln setzt voraus, dass zusätzliche, insbesondere technische Ausstattung, wie Softwarelösungen oder Apps zur Vereinfachung von Verwaltungs- und Organisationsaufgaben oder der internen Kommunikation zwischen Mitarbeiterinnen und Mitarbeitern, für die Einrichtung angeschafft und in dieser mindestens bis Ende des Bewilligungszeitraums eingesetzt werden.

3.3 Sicherstellung der Wahrung der Voraussetzungen

Die Sitzgemeinde der Einrichtung lässt sich vom Träger der Einrichtung bestätigen, dass die Voraussetzungen nach Nr. 3.1 Satz 1 und Nr. 3.2 vorliegen und Änderungen unverzüglich mitgeteilt werden.

4. Höhe des Leitungs- und Verwaltungsbonus

4.1 Berechnung

[1]Der Leitungs- und Verwaltungsbonus errechnet sich als Produkt aus dem Basiswert für die staatliche Förderung (Art. 21 Abs. 3 BayKiBiG), der Summe der Buchungszeitfaktoren der in der Einrichtung geförderten Kinder (Art. 21 Abs. 4 BayKiBiG) und einem Faktor, dessen Höhe sich je nach geförderter Maßnahme aus den Nrn. 4.2 bis 4.4 ergibt. [2]Maßgeblich sind der für die Abschlagszahlungen des Bewilligungszeitraums festgesetzte Basis-

wert für Kindertageseinrichtungen und die Summe der in der AVBayKiBiG festgelegten Buchungszeitfaktoren des dem Bewilligungszeitraum vorausgehenden Kalenderjahres. [3]Liegen für eine Einrichtung aus dem vorausgehenden Kalenderjahr Buchungszeitfaktoren für weniger als drei Monate vor, wird der durchschnittliche Buchungszeitfaktor des vorausgehenden Kalenderjahres aller Einrichtungen derselben Einrichtungsart im Sinne von Art. 2 Abs. 1 Satz 2 BayKiBiG angesetzt.

4.2 Faktor bei zusätzlichem Personaleinsatz

Bei zusätzlichem Personaleinsatz im Sinne von Nr. 3.2.1 hat der Faktor nach Nr. 4.1 Satz 1 einen Wert von 0,16 bezogen auf den Bewilligungszeitraum (Nr. 5.1).

4.3 Faktor bei der Durchführung einer qualifizierten Praxisanleitung

Bei der Durchführung einer qualifizierten Praxisanleitung im Sinne von Nr. 3.2.2 hat der Faktor nach Nr. 4.1 Satz 1 einen Wert von 0,07 bezogen auf den Bewilligungszeitraum (Nr. 5.1).

4.4 Faktor bei Anschaffung und Einsatz von Sachmitteln

Bei Anschaffung und Einsatz von Sachmitteln im Sinne von Nr. 3.2.3 hat der Faktor nach Nr. 4.1 Satz 1 im Jahr der Anschaffung einen Wert von 0,01.

5. Verfahren

5.1 Bewilligungszeitraum

[1]Der Bewilligungszeitraum ist das jeweilige Kalenderjahr. [2]Für Maßnahmen nach den Nrn. 3.2.1 und 3.2.2 ermäßigt sich der Bonus um ein Zwölftel für jeden Kalendermonat, in dem die Fördervoraussetzungen nicht vorliegen. [3]Innerhalb des Bewilligungszeitraums 2021 wird die mögliche Bonuszahlung in der Höhe begrenzt durch das Produkt, das sich aus der Berechnung nach Nr. 4.1 Satz 1 mit dem Faktor 0,24 (Summe der Faktoren nach den Nrn. 4.2 bis 4.4) ergibt. [4]Bonuszahlungen, die nach der bis zum 30. April 2021 geltenden Fassung dieser Richtlinie bewilligt werden, werden in voller Höhe auf den Höchstbetrag nach Satz 3 angerechnet.

5.2 Zuständigkeit

[1]Über die Gewährung des Leitungs- und Verwaltungsbonus entscheiden die nach dem BayKiBiG für die staatliche Betriebskostenförderung zuständigen Bewilligungsbehörden. [2]Die Auszahlung erfolgt zu den in § 22 Abs. 2 Satz 1 AVBayKiBiG genannten Zeitpunkten.

5.3 Antragstellung

[1]Der Leitungs- und Verwaltungsbonus wird auf Antrag der Gemeinde für alle Einrichtungen im Gemeindegebiet gewährt. [2]Die Anträge auf den Leitungs- und Verwaltungsbonus sind innerhalb des jeweiligen Bewilligungszeitraums bis zum 30. September bei der Bewilligungsbehörde unter Verwendung des vom Freistaat Bayern kostenlos zur Verfügung gestellten Abrechnungs- und Bewilligungsprogramms (KiBiG.web) zu stellen. [3]Spätere Anträge werden nicht berücksichtigt. [4]Mit der Antragstellung erklärt die Gemeinde, dass die Voraussetzungen nach Nr. 3 vorliegen. [5]Bei nicht-kommunalen Einrichtungen gibt der Träger diese Erklärung über das System KiBiG.web ab. [6]Der Antrag kann auf einzelne, nach dieser Richtlinie förderfähige Maßnahmen beschränkt werden. [7]Entfallen die Voraussetzungen für den Leitungs- und Verwaltungsbonus, hat die Gemeinde dies der Bewilligungsbehörde spätestens nach Ablauf des Bewilligungsjahres mitzuteilen. [8]Bei nicht-kommunalen Einrichtungen gibt der Träger diese Erklärung über das System KiBiG.web ab.

5.4 Bewilligung

[1]Die Bewilligungsbehörden entscheiden im Einvernehmen mit dem Staatsministerium für Familie, Arbeit und Soziales monatlich über die jeweils bis zum Monatsletzten des Vormonats eingegangenen Anträge, unabhängig davon, ob es sich bei dem Monatsletzten um einen Sonntag, einen gesetzlichen Feiertag oder einen Samstag handelt. [2]Reichen die zur Verfügung stehenden Mittel zur Bewilligung aller bewilligungsfähigen Anträge nicht aus, haben die Anträge für diejenigen Einrichtungen Vorrang, die nach Auswertung des KiBiG.web im letzten abgeschlossenen Abrechnungszeitraum einen höheren durchschnittlichen Buchungszeitfaktor pro Kind hatten.

5.5 Auszahlung

[1]Die Auszahlung erfolgt an die Gemeinden, in deren Gebiet die nach dieser Richtlinie zu fördernde Einrichtung ihren Sitz hat. [2]Die Gemeinden leiten den Bonus an die nicht-kommunalen Träger weiter, sofern sie nicht selbst die Kosten der nach dieser Richtlinie förderfähigen Maßnahmen nach Nr. 3.1 b) tragen. [3]Die Auszahlung erfolgt für Maßnahmen nach den Nrn. 3.2.1 und 3.2.2 quartalsweise zu den in § 22 Abs. 2 Satz 1 AVBayKiBiG genannten Zeitpunkten in Höhe des auf diesen Zeitraum entfallenden Bonus. [4]Die Auszahlung für Maßnahmen nach Nr. 3.2.3 erfolgt zum 15. November.

5.6 Prüfung

[1]Die nach dem BayKiBiG für die staatliche Betriebskostenförderung zuständigen Bewilligungsbehörden überprüfen das Vorliegen der Voraussetzungen nach Nr. 3 im Rahmen der Belegprüfungen nach § 23 AVBayKiBiG und sind für Änderungs- und Rücknahmebescheide zuständig. [2]Dem Bayerischen Obersten Rechnungshof steht das Prüfungsrecht gem. Art. 91 BayHO zu. [3]Der Leitungs- und Verwaltungsbonus für Maßnahmen nach den Nrn. 3.2.1 und 3.2.2 ist für jeden Kalendermonat, in dem die Fördervoraussetzungen nicht vorlagen, um ein Zwölftel zu kürzen. [4]Für die gegebenenfalls erforderliche Aufhebung des Bewilligungsbescheids und die Rückforderung des gewährten Bonus gelten die Art. 48 bis 49a des Bayerischen Verwaltungsverfahrensgesetzes.

6. Datenschutz

[1]Bei der Verarbeitung personenbezogener Daten sind die datenschutzrechtlichen Bestimmungen, insbesondere die Verordnung (EU) 2016/679 (EU-Datenschutzgrundverordnung – DSGVO) einzuhalten. [2]Die jeweils zuständige Bewilligungsbehörde ist Verantwortliche im Sinne von Art. 4 Nr. 7 DSGVO. [3]Die Verpflichtungen aus der DSGVO (insbesondere die Betroffenenrechte und die Informationspflichten gemäß Art. 13 f. DSGVO) werden von der jeweils zuständigen Bewilligungsbehörde erfüllt.

7. Inkrafttreten, Außerkrafttreten

[1]Diese Bekanntmachung tritt mit Wirkung vom 1. März 2020 in Kraft. [2]Sie tritt mit Ablauf des 31. Dezember 2022 außer Kraft. [3]Sie verlängert sich längstens bis zum 31. Dezember 2023, soweit das Handlungskonzept nach dem Vertrag zur Umsetzung des Gesetzes zur Weiterentwicklung der Qualität und zur Verbesserung der Teilhabe in Tageseinrichtungen und in der Kindertagespflege (KiTa-Qualitäts- und -Teilhabeverbesserungsgesetz – KiQuTG) zwischen dem Freistaat Bayern und der Bundesrepublik Deutschland vom 23. September 2019 und den einschlägigen Anlagen im von dieser Richtlinie geregelten Bereich fortgeführt wird.

Anhang 3

Richtlinie zur Förderung der Inklusion in der Kindertagespflege und zur Deckung von Finanzierungslücken bei den Betriebskosten integrativer Kindertageseinrichtungen

Bekanntmachung des Bayerischen Staatsministeriums für Arbeit und Soziales, Familie und Integration vom 14. März 2018, Az. II4/6511-1/203 geändert durch Bekanntmachung vom 8. Dezember 2021 (BayMBl. Nr. 927)

[1]Der Freistaat Bayern gewährt nach Maßgabe dieser Richtlinie Zuwendungen zur Qualitätssicherung und -entwicklung in Kindertageseinrichtungen und zur Umsetzung der Inklusion in der Kindertagespflege. [2]Die Förderung erfolgt ohne Rechtsanspruch im Rahmen der hierfür zweckbestimmt im Einzelplan 10 verfügbaren Haushaltsmittel.

1. Förderung der Inklusion in der Kindertagespflege

1.1 Zweck der Zuwendung

[1]Im Vorgriff auf eine künftige Änderung des Bayerischen Kinderbildungs- und betreuungsgesetzes (BayKiBiG) wird zur Umsetzung der Inklusion in der Kindertagespflege der einheitliche gesetzliche Gewichtungsfaktor 1,3 (Art. 21 Abs. 5 Satz 7 BayKiBiG) auf 4,5 für Kinder mit (drohender) Behinderung in der Kindertagespflege angehoben. [2]Die Förderung soll zur besseren Finanzierung der Ausgaben der Träger der öffentlichen Jugendhilfe zur Umsetzung der Inklusion im Bereich der Kindertagespflege beitragen. [3]Dies betrifft die Qualifizierung, die Fortbildung, die fachliche Begleitung und Beratung der Kindertagespflegepersonen, die Vermittlung der Kinder, die Sicherstellung einer gleichermaßen geeigneten Ersatzbetreuung sowie die Auszahlung einer der Förderung angemessenen Geldleistung im Sinne des § 23 Abs. 2 Nr. 2 des Achten Buches Sozialgesetzbuch (SGB VIII). [4]Die Kindertagespflegepersonen bedürfen zudem eines Ausgleichs bei der Feststellung des Tagespflegeentgelts (§ 23 Abs. 1 SGB VIII), weil sie in aller Regel wegen des höheren erzieherischen und pflegerischen Aufwands für die Betreuung von Kindern mit (drohender) Behinderung insgesamt weniger Kinder aufnehmen können.

1.2 Gegenstand der Förderung

Gegenstand der Förderung ist eine Erhöhung der kindbezogenen Förderung für behinderte oder von wesentlicher Behinderung bedrohte Kinder in der Kindertagespflege im Sinne der Art. 20 und 20a BayKiBiG.

1.3 Zuwendungsempfänger

Zuwendungsempfänger sind die örtlichen Träger der öffentlichen Jugendhilfe (Art. 18 Abs. 3 Satz 1 BayKiBiG) beziehungsweise die Gemeinden (Art. 18 Abs. 2 Satz 1 BayKiBiG).

1.4 Zuwendungsvoraussetzungen

[1]Die Zuwendung erfasst behinderte oder von wesentlicher Behinderung bedrohte Kinder, die zusammen mit Regelkindern in der (Groß-)Tagespflege betreut werden. [2]Die Zuwendung erfolgt im Rahmen der kindbezogenen Förderung des BayKiBiG. [3]Der höhere Gewichtungsfaktor 4,5 wird für jedes Kind mit (drohender) Behinderung in der Kindertagespflege gewährt, wenn

a) die Kindertagespflegeperson weniger als vier Kinder gleichzeitig betreut,
b) die Großtagespflegestelle weniger als acht Kinder gleichzeitig betreut,
c) der Träger der öffentlichen Jugendhilfe für die Betreuung des Kindes beziehungsweise der Kinder mit (drohender) Behinderung ein erhöhtes Tagespflegeentgelt festsetzt, wobei die Erhöhung des Tagespflegeentgelts mindestens der – um den Gewichtungsfaktor 4,5 erhöhten – staatlichen Förderung entsprechen muss.

[4]Zudem müssen die übrigen Voraussetzungen nach Art. 18 Abs. 3 Satz 1, Art. 20 und Art. 25 BayKiBiG beziehungsweise Art. 18 Abs. 2 Satz 1, Art. 20a und Art. 21 BayKiBiG erfüllt sein. [5]Die Kindertagespflegeperson muss über eine Pflegeerlaubnis nach § 43 SGB VIII mit einer Qualifizierung von mindestens 160 Stunden verfügen und nachweisen, dass sie für die Betreuung von Kindern mit (drohender) Behinderung geeignet ist. [6]Bei der Begrenzung der Elternbeteiligung nach Art. 20 Satz 1 Nr. 3 BayKiBiG bleibt die Erhöhung des Gewichtungsfaktors von 1,3 auf 4,5 außer Betracht.

1.5 Art und Umfang der Zuwendung

Die Zuwendung erfolgt als Anteilfinanzierung durch eine Erhöhung des Gewichtungsfaktors von 1,3 auf 4,5 im Rahmen des staatlichen Anteils der kindbezogenen Förderung (Art. 21 BayKiBiG).

2. Deckung von Finanzierungslücken bei den Betriebskosten integrativer Kindertageseinrichtungen

2.1 Zweck der Förderung

[1]Integrative Kindertageseinrichtungen erhalten eine gesetzliche Förderung nach Maßgabe des BayKiBiG. [2]Bei Einrichtungen mit einem hohen Anteil

an behinderten oder von Behinderung bedrohten Kindern und dadurch bedingt höheren Personalausgaben und geringeren Einnahmen aus Elternbeiträgen ergeben sich im Einzelfall für den Träger und die Sitzgemeinde unzumutbare Finanzierungslücken. [3]Die Zuwendung dient dem teilweisen Ausgleich dieser Härtefälle bei Einrichtungen mit überörtlicher Bedeutung.

2.2 Gegenstand der Förderung

Gefördert werden die nicht durch die Förderung nach dem BayKiBiG gedeckten Betriebskosten integrativer Einrichtungen mit überörtlicher Bedeutung.

2.3 Zuwendungsempfänger

Zuwendungsempfänger sind die Gemeinden und Träger von integrativen Kindertageseinrichtungen im Sinne des Art. 2 Abs. 3 BayKiBiG.

2.4 Zuwendungsvoraussetzungen

[1]Ausgleichsfähig sind Betriebskosten, die das 1,5-fache der staatlichen und kommunalen kindbezogenen Förderung nach dem BayKiBiG übersteigen. [2]Die Zuwendung setzt voraus, dass

a) der Zuwendungsempfänger im Bewilligungszeitraum Fördermittel nach Maßgabe des BayKiBiG erhält,
b) sich die betroffenen Gemeinden im Bewilligungszeitraum an dem auszugleichenden Betriebskostendefizit in mindestens gleicher Höhe wie die staatliche Zuwendung nach dieser Richtlinie beteiligen,
c) die integrative Einrichtung einen im Bewilligungszeitraum durchschnittlichen Anstellungsschlüssel von mindestens 1 : 10,0 einhält,
d) an mindestens sechs Monaten im Kindergartenjahr mindestens sieben behinderte oder von wesentlicher Behinderung bedrohte Kinder die Einrichtung gleichzeitig besuchen,
e) die Einrichtung überörtliche Bedeutung hat.

[3]Überörtliche Bedeutung hat die Einrichtung dann, wenn zumindest in einem Zeitraum von sechs Kalendermonaten im Bewilligungszeitraum die behinderten oder von wesentlicher Behinderung bedrohten Kinder gewöhnliche Aufenthaltsorte (§ 30 Abs. 3 Satz 2 des Ersten Buches Sozialgesetzbuch) in mindestens drei verschiedenen Gemeinden haben.

2.5 Art und Umfang der Zuwendung

[1]Die Zuwendung erfolgt als anteilige Fehlbedarfsfinanzierung und wird als Einmalzahlung ausgereicht. [2]Abschlagszahlungen sind nicht möglich. [3]Die Zuwendung soll bis zu 40 % des ausgleichsfähigen Betriebskostendefizits

pro Bewilligungszeitraum und Einrichtung abdecken, darf aber 10 000 Euro nicht überschreiten.

3. Verfahren für alle Förderungen nach dieser Richtlinie

3.1 Bewilligungszeitraum

Der Bewilligungszeitraum ist das jeweilige Kalenderjahr.

3.2 Bewilligungsbehörde

Für die Förderung sind die Bewilligungsbehörden nach Art. 29 Satz 1 BayKiBiG zuständig.

3.3 Antragstellung

3.3.1 Die Anträge nach Nr. 1 werden durch den Zuwendungsempfänger gegenüber der Bewilligungsbehörde im Rahmen der Endabrechnung für die kindbezogene Förderung nach Art. 26 Abs. 1 BayKiBiG gestellt und können bis spätestens 30. Juni des auf den Bewilligungszeitraum folgenden Jahres beantragt werden.

3.3.2 Der Antrag auf Ausgleich des Betriebskostendefizits (Nr. 2) kann innerhalb von sechs Monaten nach Bestandskraft des Bescheids über die kindbezogene Förderung, jedenfalls aber bis spätestens 31. Dezember des auf den Bewilligungszeitraum folgenden Jahres gegenüber der Bewilligungsbehörde nach Art. 29 BayKiBiG gestellt werden.

3.3.3 Für die Berechnung der Fristen gelten die §§ 187 ff. des Bürgerlichen Gesetzbuchs entsprechend.

3.3.4 Im Rahmen von Veröffentlichungen und in öffentlicher Kommunikation im Zusammenhang mit dem Förderprogramm sowie in direkter Kommunikation mit Antragstellern ist ausdrücklich darauf hinzuweisen, dass Zuwendungen aus dem Programm freiwillige Leistungen darstellen und nur insoweit bewilligt werden können, als dafür Haushaltsmittel zur Verfügung stehen, und deshalb ein Zuwendungsantrag unter Umständen wegen Überzeichnung des Förderprogramms nicht bewilligt werden kann.

3.4 Abschlagszahlungen

3.4.1 [1]Für die Förderung nach Nr. 1 erhalten die Zuwendungsempfänger auf Antrag Abschlagszahlungen in Höhe von 96 % der im Bewilligungszeitraum zu erwartenden Fördersumme nach dieser Richtlinie, die vierteljährlich zusammen mit der kindbezogenen Förderung nach § 22 der Kinderbildungsverordnung (AVBayKiBiG) ausgereicht werden. [2]Die Summe der für den Bewilligungszeitraum geleisteten Abschlagszahlungen wird auf die Förderung angerechnet.

3.4.2 [1]Differenzen sind auszugleichen, das heißt waren die Abschlagszahlungen gegenüber dem Endförderbetrag zu hoch, hat der Empfänger den überzahlten Betrag zu erstatten. [2]Ergibt sich hingegen ein höherer Förderbetrag als die Summe der Abschlagszahlungen, wird der Mehrbetrag ausgezahlt. [3]Der Zuwendungsempfänger hat die Abschlagszahlungen zu erstatten, wenn er den Antrag auf Förderung nicht innerhalb der in Nr. 3.3 festgelegten Frist stellt.

3.5 Nachweis und Prüfung der Verwendung

[1]Für die Bewilligung, Auszahlung und Abrechnung der Zuwendungen nach Nr. 1 sowie für deren Nachweis und deren Prüfung gelten Art. 26 BayKiBiG und § 23 AVBayKiBiG entsprechend. [2]Für die Bewilligung, Auszahlung und Abrechnung der Zuwendungen nach Nr. 2 sowie für deren Nachweis und deren Prüfung der Verwendung, die gegebenenfalls erforderliche Aufhebung des Zuwendungsbescheids und die Rückforderung der gewährten Zuwendung gelten die Verwaltungsvorschriften zu Art. 44 der Bayerischen Haushaltsordnung (BayHO) sowie die Art. 48 bis 49a des Bayerischen Verwaltungsverfahrensgesetzes. [3]Im Zuwendungsbescheid ist insbesondere auf die Einhaltung der Bestimmungen der ANBest-P beziehungsweise ANBest-K, die dem Bescheid als Anlage beigefügt werden, hinzuweisen. [4]Das Prüfungsrecht des Bayerischen Obersten Rechnungshofs ergibt sich aus Art. 91 BayHO.

4. Datenschutz

[1]Bei der Verarbeitung personenbezogener Daten sind die datenschutzrechtlichen Bestimmungen, insbesondere die Verordnung (EU) 2016/679 (EU-Datenschutzgrundverordnung – DSGVO) einzuhalten. [2]Die jeweils zuständige Bewilligungsbehörde ist Verantwortliche im Sinne von Art. 4 Nr. 7 DSGVO. [3]Die Verpflichtungen aus der DSGVO (insbesondere die Betroffenenrechte und die Informationspflichten gemäß Art. 13 f. DSGVO) werden von der jeweils zuständigen Bewilligungsbehörde erfüllt.

5. Inkrafttreten, Außerkrafttreten

[1]Diese Bekanntmachung tritt mit Wirkung vom 1. Januar 2018 in Kraft. [2]Sie tritt mit Ablauf des 31. Dezember 2024 außer Kraft.

Anhang 4
Betreuung behinderter Kinder in integrativen Kindertageseinrichtungen

Bayer. Städtetag, Bayer. Gemeindetag, Bayer. Landkreistag, Bayer. Staatsministerium für Arbeit und Sozialordnung, Familie und Frauen und Arbeitsgemeinschaft der Spitzenverbände der freien Wohlfahrtspflege in Bayern Gemeinsame Empfehlung zur Gewährung des Faktors 4,5 + x bei der Betreuung behinderter Kinder in Integrativen Kindertageseinrichtungen

Die Unterzeichner stimmen darin überein, dass sich durch die Umstellung auf das Bayerische Kinderbildungs- und -betreuungsgesetz (BayKiBiG) bei der Finanzierung von Integrativen Kindertageseinrichtungen im Grundsatz keine Änderung beim Umfang der Förderung einer zusätzlichen Kraft ergeben sollte. Vielmehr sollen Staat und Kommunen – wie bisher – die für die Integration zusätzlich notwendigen Personalkosten zu 80 Prozent übernehmen. Mit Einführung des BayKiBiG erfolgt dies durch Erhöhung des Gewichtungsfaktors (= 4,5 + x).

Die Erhöhung dieses Faktors kommt bei Kindern mit körperlicher, geistiger oder seelischer Behinderung/drohender Behinderung in integrativen Krippen, Kindergärten und Horten in Betracht (Integrationskinder). Voraussetzung ist das Vorliegen eines Eingliederungshilfebescheids des zuständigen Sozialhilfeträgers, der auf die Förderung in einer Kindertageseinrichtung lautet. Um zusätzliche Leistungen der Eingliederungshilfe zu erhalten, ist es daneben erforderlich, dass die Kindertageseinrichtungen eine Leistungs- und Entgeltvereinbarung mit dem zuständigen Bezirk abschließen. Grundlage für die einzelne Leistungs- und Entgeltvereinbarung bildet die zwischen den kommunalen Spitzenverbänden und den Einrichtungsträgerverbänden geschlossene Rahmenleistungsvereinbarung zur teilstationären Tagesbetreuung in Kindertageseinrichtungen (T-K-Kita vom 1.9.2007).

Um den Trägern von integrativen Einrichtungen Planungssicherheit für die Finanzierung ab dem Betriebsjahr 2007/2008 zu geben, empfehlen die Unterzeichner, nach dem beigefügten Berechnungsmodell des Bayerischen Sozialministeriums **(Anlage)** vorzugehen. Danach wäre der Gewichtungsfaktor von 4,5 bei integrativen Einrichtungen so weit anzuheben, dass die Zusatzkraft zu 80 Prozent finanziert werden kann. Mit Hilfe des vom Bayerischen Sozialministerium aktualisiert ins Internet eingestellten „Programms zur Berechnung des Gewichtungsfaktors 4,5 + x" (www.stmas.bayern.de/kinderbetreuung/download/berechnung.htm) können die Kindertageseinrichtung und die Kommune relativ einfach die Höhe des x-Faktors errechnen.

Der Zeitaufwand und die Qualifikation der Integrationskraft sind vom behindertenspezifischen Mehraufwand abhängig. Dieser Bedarf ist vom Träger zu begründen. Ohne gesonderte Begründung wird empfohlen, bei einer durchschnittlichen Buchungszeit von in der Regel sechs Stunden täglich für Gruppen mit
– drei behinderten oder von Behinderung bedrohten Kindern 0,6,
– vier behinderten oder von Behinderung bedrohten Kindern 0,8 und
– fünf behinderten oder von Behinderung bedrohten Kindern 1,0

Integrationskräfte einzusetzen.

Der zusätzliche Faktor x wird nicht in den Anstellungsschlüssel eingerechnet. Zum 1. November eines jeden Jahres soll die Einrichtung einen Anstellungsschlüssel von 1 : 11 oder besser aufweisen. Unberührt bleibt der gesetzliche Mindestanstellungsschlüssel von 1 : 12,5. Der zu Beginn des Betreuungsjahres ermittelte Faktor x soll für das gesamte Betreuungsjahr gewährt werden, auch wenn sich die Zahl der Integrationskinder vermindert.

München, 1.9.2007

Anhang 5
Teilstationäre Angebote zu Tagesbetreuung für behinderte oder von Behinderung bedrohte Kinder

Bayerische Rahmenleistungsvereinbarung für den Leistungstyp: Teilstationäre Angebote zur Tagesbetreuung für behinderte oder von Behinderung bedrohte Kinder im Sinne des § 53 SGB XII in Kindertageseinrichtungen im Sinne des Art. 2 Abs. 1 BayKiBiG (T-K-KITA)
Stand 20.6.2007

1. Gegenstand und Grundlage

Diese Vereinbarung regelt diejenigen Leistungen, die die Leistungsträger unter Berücksichtigung des Nachranges der Sozialhilfe sicherzustellen haben. Des Weiteren werden hier die verbindlichen Vorgaben für die von den Kindertageseinrichtungen zu erbringenden Leistungen festgelegt.

Kinder mit Behinderung und solche, die von einer Behinderung bedroht sind, sollen in wohnortnahen Kindertageseinrichtungen entsprechend ihrem individuellen Hilfebedarf nach Möglichkeit gemeinsam mit Kindern ohne Behinderung betreut und gefördert werden, um ihnen eine gleichberechtigte Teilhabe am gesellschaftlichen Leben zu ermöglichen.

Die integrativen Angebote in Kindertageseinrichtungen beinhalten ganzheitliche und begleitende Leistungen in den Bereichen Förderung, Betreuung und ggf. Pflege, Bildung und Erziehung.

Die örtliche Kooperation und die Vernetzung aller beteiligten Stellen ist anzustreben mit dem Ziel, eine differenzierte Bedarfsfeststellung und Angebotsplanung zu entwickeln, um ausreichend und bedarfsorientiert Plätze anzubieten.

Grenzen der Integration werden nicht nur durch Art und Schwere der Behinderung gesetzt, sondern auch durch Rahmenbedingungen, unter denen Integration sich vollzieht. Die Qualität der entsprechenden Rahmenbedingungen zur Integration von behinderten Kindern soll mit dieser Vereinbarung gesichert werden.

Wesentliche rechtliche Grundlagen

Die im Folgenden beschriebenen Leistungen werden auf der Grundlage folgender gesetzlicher Bestimmungen und folgender Vereinbarungen erbracht:
- Sozialgesetzbuch – SGB XII Sozialhilfe (insbesondere §§ 53 ff., 75 ff.)
- Verordnung nach § 60 des SGB XII (Eingliederungshilfe-Verordnung)
- Bayerischer Rahmenvertrag zu § 79 SGB XII
- Sozialgesetzbuch – SGB VIII Kinder- und Jugendhilfe

- Gesetz zur Ausführung der Sozialgesetze (AG SG)
- Sozialgesetzbuch – SGB IX Rehabilitation und Teilhabe behinderter Menschen
- Bayerisches Kinderbildungs- und -betreuungsgesetz (BayKiBiG)
- Verordnung zur Ausführung des Bayerischen Kinderbildungs- und -betreuungsgesetzes (AVBayKiBiG)

2. Zielgruppe

2.1 Personenkreis

Der Personenkreis umfasst Kinder mit teilstationärem Hilfebedarf, die nicht nur vorübergehend körperlich, geistig, seelisch oder mehrfach behindert oder von einer wesentlichen Behinderung bedroht sind im Sinne des § 53 SGB XII und nicht ausschließlich der Leistung einer HPT bedürfen. Seelisch behinderte oder von seelischer Behinderung bedrohte Schulkinder werden von dieser Rahmenleistungsvereinbarung nicht erfasst. Teilstationärer Hilfebedarf bedeutet, dass ein behinderungsbedingter Hilfebedarf über mehrere Stunden täglich an mehreren Tagen in der Woche vorliegt.

Hierbei findet § 13 Abs. 1 Satz 3 SGB XII Beachtung.

2.2 Bildung von Gruppen vergleichbaren Hilfebedarfs

In diesem Leistungstyp findet keine weitere Differenzierung nach Hilfebedarfsgruppen statt.

3. Aufnahme

3.1 Aufnahmeverpflichtung

Die Kindertageseinrichtung verpflichtet sich nach § 5 des Bayerischen Rahmenvertrages gemäß § 79 SGB XII, im Rahmen der vorhandenen Kapazitäten alle behinderten oder von einer wesentlichen Behinderung bedrohten Kinder aufzunehmen, für die sie nach § 4 des Bayerischen Rahmenvertrages gemäß § 79 SGB XII ein Leistungsangebot vorhält.

Die Kindertageseinrichtung kann grundsätzlich nur behinderte oder von einer wesentlichen Behinderung bedrohte Kinder aufnehmen, die unter den gegebenen Bedingungen (z. B. räumliche Gegebenheiten, Gruppenzusammensetzung, Personalausstattung, etc.) entsprechend ihrem individuellen Bedarf betreut und gefördert werden können.

3.2 Aufnahmeverfahren

Die Kindertageseinrichtung weist die gesetzlichen Vertreter darauf hin, dass vor der Aufnahme in den Kindergarten beim zuständigen Leistungsträger ein Antrag auf Kostenübernahme der Eingliederungshilfeleistungen mit ausführlichen Unterlagen (d. h. ärztliche Berichte, Entwicklungsberichte der abgebenden Einrichtung oder sonstigen Stellen etc.) einzureichen ist.

Eine Aufnahmezusage kann in der Regel erst dann erfolgen, wenn das Aufnahmeverfahren abgeschlossen ist und eine Kostenzusicherung des zuständigen Leistungsträgers vorliegt.

Für Kinder, deren Behinderung erst nach Aufnahme eintritt oder festgestellt wird, können auch nach Aufnahme in die Einrichtung Kostenübernahmeanträge unter Berücksichtigung von § 18 Abs. 1 SGB XII gestellt werden.

3.3 Kündigung

Die Kündigung eines Platzes für ein Kind, das teilstationäre Leistungen nach dem SGB XII erhält, wird durch die Einrichtung im Betreuungsvertrag oder in der Satzung geregelt.

Sie hat im Benehmen mit dem Leistungsträger zu erfolgen.

4. Leistung

4.1 Ziele der Leistung

Ziele sind

- entsprechend dem individuellen Bedarf des Kindes eine drohende wesentliche Behinderung oder eine Behinderung oder deren Folgen durch individuelle Förderung, Betreuung einschließlich Pflege, Bildung und Erziehung zu beseitigen oder zu mildern.
- die gleichberechtigte Teilhabe aller Kinder am gesellschaftlichen Leben weitestgehend zu ermöglichen. Es soll erreicht werden, dass Kinder mit Behinderungen nicht wegen Mangel an entsprechend ausgestatteten integrativen Plätzen in Kindertageseinrichtungen auf Sondereinrichtungen nur für Kinder mit Behinderung verwiesen werden müssen.
- die Kinder ohne Behinderung und deren Eltern für die Belange der Kinder mit (drohender) Behinderung bei gleichzeitiger Förderung eines natürlichen und ungezwungenen Umgangs zueinander zu sensibilisieren. Soziale Integrationsprozesse zwischen Kindern mit und ohne (drohende) Behinderung werden gezielt gefördert.

Für die pädagogische Gestaltung der gemeinsamen Angebote für Kinder mit und ohne Behinderung gelten folgende Leitprinzipien:

Die gemeinsame Betreuung, Bildung und Erziehung von Kindern mit und ohne Behinderungen in Kindertageseinrichtungen ist ein ganzheitliches Angebot. Darüber hinaus soll die individuelle Förderung fester Bestandteil der Gesamtkonzeption sein. Dabei ist anzustreben, dass Leistungen anderer

Kostenträger, wie die medizinische und integrative therapeutische Versorgung der Kinder mit Behinderungen, im Rahmen eines ganzheitlichen Ansatzes in das Alltagsgeschehen eingebunden ist.

Förderung sozialer und lebenspraktischer Kompetenzen, Persönlichkeitsentwicklung

Eine dem jeweiligen Entwicklungsstand entsprechende Förderung von Selbstbestimmung und Selbstbehauptung trägt zur positiven Persönlichkeitsbildung bei und unterstützt die Kinder bei der Bewältigung alltäglicher Aufgaben und der Entwicklung größtmöglicher Selbstständigkeit.

Ressourcen- und Prozessorientierung

Ausgangspunkt der pädagogischen Arbeit mit allen Kindern ist die Orientierung an deren jeweiligen Stärken und Fähigkeiten. Den individuellen Lernprozessen der Kinder mit unterschiedlichen Entwicklungsvoraussetzungen wird im Rahmen der gemeinsamen pädagogischen Angebote Rechnung getragen.

Förderung der Eigenbeschäftigung und Freizeitgestaltung

Vielfältige pädagogische Angebote wecken die individuellen Neigungen und Interessen der Kinder und steigern dadurch die Wahrnehmungs- und Erlebnisfähigkeit. Gleichzeitig werden durch Motivation und Aufgreifen der Interessensbereiche die Eigenbeschäftigung und Freizeitgestaltung dahingehend gefördert, diese zunehmend selbstständig in Varianz und Umfang zu intensivieren.

Gemeinsame Bildungs- und Erziehungsprozesse von Kindern mit und ohne Behinderungen nehmen einen zentralen Stellenwert in der Entwicklungsförderung ein und geben den Kindern vielfältige Lernimpulse.

Vorbereitung schulischer Maßnahmen

Die Kindertageseinrichtung hat u. a. die Aufgabe, die Kinder auf den Übergang in die Schule vorzubereiten. Sie unterstützt in Zusammenarbeit mit Fachdiensten und Lehrern die Eltern (ggf. gesetzliche Vertreter) der Kinder bei der Planung der weiteren schulischen Ausbildung. Vorrangiges Ziel ist der Besuch bzw. die Integration in einer Regelschule.

Zusammenarbeit mit Eltern

Eine ausreichende Förderung von Kindern mit Behinderung kann nur in enger Zusammenarbeit zwischen Eltern und der Kindertageseinrichtung erfolgen.

Fachkräfte sind für die Eltern als Berater notwendig und umgekehrt. Es ist Aufgabe der Fachkräfte, über behinderungsspezifische Hilfen zu informieren, die Kontakte unter den Eltern zu fördern und zu stärken, um dem Kind mit Behinderung die notwendigen Förderungen zu ermöglichen.

4.2 Art, Inhalt und Umfang der Leistung

Die von der Kindertageseinrichtung zu erbringenden Leistungen müssen in jedem Einzelfall in Art und Umfang dem Hilfeanspruch nach den §§ 1, 8 und 9 SGB XII entsprechen. Sie müssen gem. § 76 Abs. 1 Satz 3 SGB XII ausreichend, zweckmäßig und wirtschaftlich sein und dürfen das Maß des Notwendigen nicht überschreiten. Die Kindertageseinrichtung leistet die Hilfe entsprechend dem individuellen Bedarf des behinderten oder von einer Behinderung bedrohten Kindes.

Die einzelnen Leistungsbereiche beinhalten:

- Förderung, Betreuung und ggf. Pflege, Erziehung und Bildung
- Organisation und Koordination des Alltags in der Kindertageseinrichtung, Team- und Fallbesprechungen, Fortbildung, Förder- und Hilfeplanung und Dokumentation
- Zusammenarbeit mit Eltern oder gesetzlichen Vertretern und Kooperation mit allen Beteiligten bei der Planung und Durchführung der Angebote gem. Art. 15 Abs. 1 BayKiBiG. Im Rahmen der Erstellung des Gesamtplans ist es notwendig, dass alle Verantwortlichen zusammenwirken und ihre Förder- und Hilfsmaßnahmen aufeinander abstimmen.

5. Qualität der Leistung

Die Qualität der zu erbringenden Leistung gliedert sich in Strukturqualität, Prozessqualität und Ergebnisqualität.

Die Kindertageseinrichtung hat die Qualität der vereinbarten und notwendigen Leistungen sicherzustellen. Der Träger der Kindertageseinrichtung ist verantwortlich, dass Maßnahmen zur internen Sicherung der Struktur-, Prozess- und Ergebnisqualität festgelegt und durchgeführt werden.

5.1 Strukturqualität

Jede Form der Integration setzt voraus, dass pädagogische, personelle und räumliche Bedingungen vorhanden sind, die eine den Bedürfnissen aller Kinder gerecht werdende Betreuung, Bildung und Erziehung garantieren.

5.1.1 Standort und Ausstattung

Die sachliche und räumliche Gestaltung des Angebots soll kindgerechten und behinderungsspezifischen Erfordernissen und Bedürfnissen entsprechen.

5.1.2 Konzeption

Die Kindertageseinrichtung legt die Konzeption auf Anforderung vor. Sie ist nicht Bestandteil der individuellen Leistungsvereinbarung.

5.1.3 Betreuungsdauer

Die wöchentliche Betreuungszeit von Kindern mit Behinderung beträgt in der Kindertageseinrichtung gem. Art. 2 Abs. 2 BayKiBiG i. d. R. mindestens 20 Stunden. Im Übrigen richtet sich die wöchentliche Betreuungszeit nach den Bestimmungen des BayKiBiG. Angestrebt wird dabei eine tägliche Betreuungszeit von mindestens vier Stunden.

5.1.4 Personalausstattung

Die personelle Besetzung richtet sich nach dem BayKiBiG und der Verordnung zur Ausführung des BayKiBiG. Der Mindestanstellungsschlüssel von 1 : 12,5 ist einzuhalten. Die Bezirke finanzieren die Anhebung des Gewichtungsfaktors von 4,5 nach Art. 21 Abs. 5 Satz 2 BayKiBiG für behinderte oder von Behinderung bedrohte Kinder im Sinne des § 53 SGB XII mit teilstationärem Hilfebedarf auf 5,5 (entspricht mindestens zwei Betreuungspersonalstunden je Kind je Woche (vgl. Ziff. 2.1).

Für Personalmehrungen, die aus diesem Vertrag zustande kommen, ist die Regelung des § 17 Abs. 2 der Verordnung zur Ausführung des BayKiBiG (50 % pädagogische Fachkräfte im Sinne des § 16 Abs. 2 AVBayKiBiG) einzuhalten.

Zusätzliche Leistungen der Gemeinden und des Landes nach Art. 21 Abs. 5 Satz 3 BayKiBiG bleiben davon unberührt.

Ein zusätzlich notwendiger Fachdienst wird je Kind mit Behinderung und je Kind, das von Behinderung bedroht ist, in einem Umfang von bis zu 50 Stunden pro Kindergartenjahr finanziert. Davon stehen für die Teilnahme an Teambesprechungen sowie für sonstige Kooperationen bis zu zehn Stunden jährlich je Integrationskind zur Verfügung. Je Fachstundeneinheit müssen i. d. R. mindestens 45 Minuten direkt mit dem Kind gearbeitet werden.

Die im Rahmen der Eingliederungshilfe über die Anhebung des Gewichtungsfaktors finanzierten Betreuungsstunden können durch eigenes Personal oder durch externe Fachdienste sichergestellt werden.

Die Kindertageseinrichtung entscheidet eigenverantwortlich, unter Berücksichtigung des individuellen Bedarfes des Kindes, in welchem Umfange die finanzierten Betreuungsstunden durch Fachdienste sichergestellt werden.

Der Fachdienst für Integration qualifiziert sich durch entsprechende behindertenspezifische Ausbildungen und Erfahrungen in einschlägigen Fachdisziplinen wie z. B. Sozialpädagogik, Heilpädagogik, Sonderpädagogik, Psychologie. Die Vorhaltung des Fachdienstes ist in Form von Festanstellung, bzw. auf Kooperationsbasis (insbesondere durch interdisziplinäre Frühförderstellen) oder Honorarbasis möglich.

Unter Berücksichtigung der Zusammenarbeit mit Eltern, pädagogischem Personal in Kindertageseinrichtungen und Ärzten sind die Aufgaben des Fachdienstes für Integration insbesondere:
- Förderplanung
- Koordination und Durchführung von Förderangeboten
- Koordination und Kooperation mit anderen Institutionen
- Beratung und Information von Eltern, pädagogischem Personal in der Einrichtung u. a.
- Hilfsmittelversorgung.

Zusätzlich notwendige Leistungen im Sinne des § 30 SGB IX bleiben unberührt.

Medizinisch-therapeutische Leistungen, wie z. B. Krankengymnastik, Logopädie, Ergotherapie, sind nicht Bestandteil dieser Vereinbarung und werden mit dem dafür vorrangig zuständigen Kostenträger abgerechnet.

5.1.5 Sachausstattung

Die durch den behinderungsbedingten Mehraufwand erforderliche Sachausstattung (insbesondere Spiel- und Lernmaterial) wird in der individuellen Leistungsvereinbarung geregelt.

5.2 Prozessqualität

Der Prozess der Leistungserbringung richtet sich nach § 8 des Bayerischen Rahmenvertrages gemäß § 79 SGB XII vor allem nach folgenden Grundsätzen:
- Leitbild und Konzeption der Kindertageseinrichtung, deren Übereinstimmung mit den Zielen der Hilfeleistung sowie ihre Anpassung an veränderte fachliche Standards und veränderte Bedarfslagen der Kinder mit Behinderung
- Vernetzung der Angebote innerhalb der Kindertageseinrichtung im Rahmen einer einzelfallbezogenen Betreuungs-, Bildungs-, Erziehungs- und Förderplanung
- Vernetzung mit jenen Einrichtungen, Diensten und Ämtern, deren Tätigkeiten in einem sachlichen Zusammenhang mit den Aufgaben der Kindertageseinrichtung stehen (Art. 15 Abs. 1 Satz 1 BayKiBiG)
- Bedarfsorientierung der Hilfeleistung
- Angebote zur Unterstützung und Förderung der Fähigkeiten zur Selbsthilfe

- Organisation der Integrationsarbeit in einem Team der Fachkräfte einschließlich Fachberatung
- Dokumentation der Leistungen
- Beteiligung und Zusammenarbeit mit den Eltern bzw. gesetzlichen Vertretern bei Planung und Durchführung der Hilfeangebote.

5.2.1 Förderung als ein geplanter Prozess

Der Prozess der Förderung wird unter Berücksichtigung der lebenspraktischen, sozialen, emotionalen, psychomotorischen, kognitiven und sensitiven Kompetenzen des Kindes mit Behinderung geplant, begleitet und angepasst.

5.2.2 Dokumentation

Um die Betreuungsarbeit nachvollziehbar zu machen, wird die Arbeit in allen wesentlichen Punkten regelmäßig dokumentiert.

5.3 Ergebnisqualität

Die Ergebnisqualität ist der Zielerreichungsgrad der gesamten Leistungserbringung.

Anhand der vereinbarten Leistungsziele ist das Ergebnis durch die Kindertageseinrichtung regelmäßig zu überprüfen.

Kriterien für die Feststellung der Ergebnisqualität können sein:
- Soziale Integration
- Entwicklung von Kompetenzen z. B. in den Bereichen soziale, kognitive, emotionale und körperliche Entwicklung (vgl. § 1 Abs. 2 AVBayKiBiG)
- Sichtweise der Kinder bzw. ihrer Eltern oder gesetzlichen Vertreter.

6. Qualitätssicherung

Der Träger der Kindertageseinrichtung ist dafür verantwortlich, dass Maßnahmen zur internen Sicherung der Struktur-, Prozess- und Ergebnisqualität festgelegt und durchgeführt werden.

7. Härteklausel

Soweit durch die Umstellung der Finanzierung durch die Bezirke für die Leistungen der Eingliederungshilfe für behinderte oder von Behinderung bedrohte Kinder Defizite entstehen, kann der Bezirk diese ausgleichen.

8. Salvatorische Klausel

Sollten einzelne Regelungen dieses Vertrages ganz oder teilweise unwirksam sein oder werden, so berührt dies die Gültigkeit der übrigen Regelungen nicht. Die betreffende Regelung wird von den Vertragspartnern entsprechend dem inhaltlich Gewollten und rechtlich Zulässigen angepasst.

9. Revisionsklausel

Die Rahmenleistungsvereinbarung soll im Kindergartenjahr 2008/2009 dahin gehend überprüft werden, ob und inwieweit die zugrunde gelegten Annahmen zutreffend waren. Bei Abweichungen wäre die Rahmenleistungsvereinbarung entsprechend anzupassen.

10. Kündigung

Diese Rahmenleistungsvereinbarung kann mit einer Frist von 6 Monaten zum Schluss eines Kindergartenjahres von jedem Vertragspartner gekündigt werden. Die Kündigung bedarf der Schriftform und ist allen Vertragspartnern zuzustellen.

Die Kündigung gilt nur für den kündigenden Vertragspartner.

11. Inkrafttreten

Diese Vereinbarung tritt am 1.9.2007 in Kraft.

Abgestimmte Protokollnotizen zur Bayerischen Rahmenleistungsvereinbarung für T-K-Kita

1) Die Vereinbarungspartner erklären, dass bezüglich der Ziffer 5.1.3 Betreuungsdauer Konsens besteht, dass mit der jetzigen Formulierung über die wöchentliche Betreuungsdauer auch die Buchungskategorie 3–4 h eingeschlossen ist.
2) Die Vereinbarungspartner erklären, dass bezüglich Ziffer 9 Konsens besteht, dass bei der Revision der Rahmenleistungsvereinbarung T-K-KITA im Kindergartenjahr 2008/2009 die Notwendigkeit der weiteren Aufrechterhaltung der Härteklausel (Ziffer 7) überprüft wird.
3) Die Vereinbarungspartner erklären, dass Konsens besteht, dass über die Flexibilisierung des Gewichtungsfaktors 1 (vgl. Ziffer 5.1.4) als Personalbudget, welches auch für zusätzlichen Fachdienst verwendet werden kann, die vom Bezirk finanzierten, zusätzlich notwendigen Fachdienststunden nicht reduziert werden.
4) Die Bezirke gewährleisten eine Finanzierung des zusätzlichen Gewichtungsfaktors 1 (Ziffer 5.1.4) entsprechend dem jeweiligen kommunalen und staatlichen Basiswert umgerechnet auf 100 % der dem Basiswert zugrunde liegenden Personalkosten (Summe der Basiswerte 80 % * 100 %).

Die Fachdienststunde wird mit 40,00 € vergütet.

Anhang 6
Musterbetriebserlaubnis

Betriebserlaubnis für die Kindertageseinrichtung

Straße ____________ in ____________

Anlagen:
1 Kopie der Betriebserlaubnis
1 Empfangsbestätigung mit Bitte um Rückgabe

____________ (Landratsamt, kreisfreie Stadt, Regierung)
erlässt folgenden

Bescheid:

1. Dem ____________ (Träger) wird

□* **die Erlaubnis zum Betrieb einer/eines**

□* Kinderkrippe mit ...... Plätzen

davon für Kinder unter drei Jahren

maximal ...... Plätze

mindestens ...... Plätze***

□* Kindergartens mit ...... Plätzen

davon für Kinder unter drei Jahren

maximal ...... Plätze

mindestens ...... Plätze***

□* davon für Schulkinder

maximal ...... Plätze

□* Horts mit ...... Plätzen

□* Hauses für Kinder mit ...... Plätzen

davon für Kinder unter drei Jahren

maximal ...... Plätze

mindestens ...... Plätze***

davon für Schulkinder

maximal ...... Plätze

□* Netzes für Kinder mit ...... Plätzen

---

mit Wirkung ab ____________ (Datum) nach ....

□* § 45 SGB VIII bzw.

□* Art. 9 BayKiBiG

aufgrund der Feststellungen der Begehung vom ____________ erteilt.

□* **die <u>vorläufige</u> Erlaubnis zum Betrieb einer/eines ____________**

mit Wirkung ab ____________ (Datum) nach

□* § 45 SGB VIII bzw.

□* Art. 9 BayKiBiG

unter der Bedingung erteilt, dass bis zum ____________ (Datum) folgende Auflagen erfüllt werden:

____

____

____

□* Im Kindergarten belegen Kinder

- □* unter drei Jahren
- □* unter zwei Jahren und ____________ **Monaten jeweils zwei Plätze.

□* In Kinderkrippen können je zwei Kinder von drei Jahren bis zur Einschulung bzw. Schulkinder einen Krippenplatz belegen.

□* In der Kindertageseinrichtung

- □* verringert sich die Platzzahl bei Aufnahme von Kindern mit Behinderung oder von Behinderung bedrohten Kindern um je □ Plätze.
- □* dürfen gleichzeitig maximal □ Kinder mit Behinderung oder von Behinderung bedrohte Kinder anwesend sein.
- □* dürfen gleichzeitig maximal □ Kinder unter drei Jahren anwesend sein.

Die Zahl der Kinder kann

□* innerhalb eines Kindergartenjahres (Art. 26 Abs. 1 Satz 3 BayKiBiG)

□* befristet für maximal ______ Monate

um maximal ______ * gleichzeitig anwesende Kinder

um ______ * Prozent

überschritten werden.

---

2. Bedingungen:

2.1 Die Bildungs- und Erziehungsarbeit der Kindertageseinrichtung ist durch pädagogische Fachkräfte zu sichern, § 15 AVBayKiBiG.

2.2 Mindestens Fachkraft/Fachkräfte im Sinne von §§ 15, 16 Abs. 2 AVBayKiBiG ist/sind zu beschäftigen.

2.3 □* Ein Anstellungsschlüssel im Sinne von § 17 Abs. 1 AVBayKiBiG

von □* 1 : 12,5

von □* ______ **** ist einzuhalten.

2.4. □* Ein Personal-Kind-Schlüssel von ____________ ist einzuhalten.

Begründung:

____

____

2.5 □* Bei Aufnahme von Kindern unter drei Jahren ist (zusätzlich zu 2.3 und mit Ausnahme von Randzeiten, max. 1 h) ein Personal-Kind-Schlüssel von ____________ einzuhalten.

□* Bei Aufnahme von Kindern mit Behinderung oder von Behinderung bedrohten Kindern ist (zusätzlich zu 2.3 und mit Ausnahme von Randzeiten, max. 1 h) ein Personal-Kind-Schlüssel von ____________ einzuhalten.

---

3. Sonstige Nebenbestimmungen:

____

____

4. Meldepflichten/Ordnungswidrigkeit:

____

____

* zutreffendes ankreuzen
** mindestens sechs Monate
*** falls zutreffend, Zahl der nach dem Sonderinvestitionsprogramm des Freistaates Bayern (2008–2013) geförderten Plätze
**** bei Abweichen vom Anstellungsschlüssel 1 : 12,5 individuelle Begründung erforderlich

Gründe:

I.

Die Erlaubnispflicht für den Betrieb einer Kindertageseinrichtung besteht nach § 45 SGB VIII bzw. nach Art. 9 BayKiBiG.

II.

(Landratsamt, kreisfreie Stadt, Regierung) ist gemäß Art. 28 S. 2 BayKiBiG zuständig.

III.

Der Entscheidung liegen folgende Unterlagen zugrunde:
□ Baugenehmigung/Nutzungsänderungsgenehmigung,
□ Finanzierungsplan der Einrichtung
polizeiliches Führungszeugnis des Betreibers
  □ einfaches FZ oder
  □ erweitertes FZ
□ Daten nach § 47 Nr. 1 SGB VIII
□ Planunterlagen – Funktionsbeschreibung
□ Pädagogische Konzeption oder sonstige die Bildungs- und Erziehungsarbeit beschreibende Unterlagen
□ Begehungsprotokoll vom ____________

IV.

Die Festlegungen in Ziff. 1 dienen der Sicherung des Kindeswohls.

Die unter Ziff. 2 genannten Bedingungen haben ihre Grundlage in § 45 Abs. 2 Satz 1 SGB VIII.

Anhaltspunkte, die eine Versagung der Betriebserlaubnis rechtfertigen könnten, sind nicht ersichtlich.

V.

Die unter Ziff. 2 erfassten Auflagen/Bedingungen sind zur Sicherung des Kindeswohls erforderlich, weil

____

____

VI.

Im Falle einer vorläufigen Erlaubnis hier Begründung für die Auflagen (werden die Auflagen binnen der gesetzten Frist erfüllt, wird eine endgültige Betriebserlaubnis erteilt).

____

____

VII.

Die Kostenentscheidung ergibt sich aus § 64 Abs. 1 SGB X.

Hinweise:

Eigenes Hinweisblatt

Rechtsbehelfsbelehrung:

Gegen diesen Bescheid kann innerhalb eines Monats nach seiner Bekanntgabe entweder Widerspruch eingelegt (siehe 1.) oder unmittelbar Klage erhoben (siehe 2.) werden.

1. Wenn Widerspruch eingelegt wird:

Der Widerspruch ist **schriftlich oder zur Niederschrift** bei __________ (Landratsamt, kreisfreie Stadt oder Regierung) einzulegen. Sollte über den Widerspruch ohne zureichenden Grund in angemessener Frist sachlich nicht entschieden werden, so kann Klage bei dem Bayerischen Verwaltungsgericht in __________, schriftlich oder zur Niederschrift des Urkundsbeamten der Geschäftsstelle dieses Gerichts erhoben werden. Die Klage kann nicht vor Ablauf von drei Monaten seit der Einlegung des Widerspruchs erhoben werden, außer wenn wegen besonderer Umstände des Falles eine kürzere Frist geboten ist. Die Klage muss den Kläger, den Beklagten *(Freistaat Bayern)* und den Gegenstand des Klagebegehrens bezeichnen und soll einen bestimmten Antrag enthalten. Die zur Begründung dienenden Tatsachen und Beweismittel sollen angegeben, der angefochtene Bescheid soll in Urschrift oder in Abschrift beigefügt werden. Der Klage und allen Schriftsätzen sollen Abschriften für die übrigen Beteiligten beigefügt werden.

2. Wenn unmittelbar Klage erhoben wird:
Die Klage ist bei dem
– Bayerischen Verwaltungsgericht in ___________,
– Postfachanschrift: Postfach ___________,
– Hausanschrift: ___________,
schriftlich oder zur Niederschrift des Urkundsbeamten der Geschäftsstelle dieses Gerichts zu erheben. **Die Klage muss den Kläger, den Beklagten** *(Freistaat Bayern)* **und den Gegenstand des Klagebegehrens bezeichnen** und soll einen bestimmten Antrag enthalten. Die zur Begründung dienenden Tatsachen und Beweismittel sollen angegeben, der angefochtene Bescheid soll in Urschrift oder in Abschrift beigefügt werden. Der Klage und allen Schriftsätzen sollen Abschriften für die übrigen Beteiligten beigefügt werden.

____
(Unterschrift)

Hinweisblatt

§ 47 des achten Buches Sozialgesetzbuch (SGB VIII)

§ 47
Meldepflichten

Der Träger einer erlaubnispflichtigen Einrichtung hat der zuständigen Behörde
1. die Betriebsaufnahme unter Angabe von Name und Anschrift des Trägers, Art und Standort der Einrichtung, der Zahl der verfügbaren Plätze sowie der Namen und der beruflichen Ausbildung des Leiters und der Betreuungskräfte sowie
2. die bevorstehende Schließung der Einrichtung

unverzüglich anzuzeigen. Änderungen der in Nummer 1 bezeichneten Angaben sowie der Konzeption sind der zuständigen Behörde unverzüglich, die Zahl der belegten Plätze ist jährlich einmal zu melden.

§ 104
Bußgeldvorschriften

(1) Ordnungswidrig handelt, wer
1. ohne Erlaubnis nach § 43 Abs. 1 oder § 44 Abs. 1 Satz 1 ein Kind oder einen Jugendlichen betreut oder ihm Unterkunft gewährt,
2. entgegen § 45 Abs. 1 Satz 1, auch in Verbindung mit § 48a Abs. 1, ohne Erlaubnis eine Einrichtung oder eine sonstige Wohnform betreibt oder

3. entgegen § 47 eine Anzeige nicht, nicht richtig, nicht vollständig oder nicht rechtzeitig erstattet oder eine Meldung nicht, nicht richtig, nicht vollständig oder nicht rechtzeitig macht oder
4. entgegen § 97a Abs. 4 vorsätzlich oder fahrlässig als Arbeitgeber eine Auskunft nicht, nicht richtig oder nicht vollständig erteilt.

(2) Die Ordnungswidrigkeiten nach Absatz 1 Nr. 1, 3 und 4 können mit einer Geldbuße bis zu fünfhundert Euro, die Ordnungswidrigkeit nach Absatz 1 Nr. 2 kann mit einer Geldbuße bis zu fünfzehntausend Euro geahndet werden.

Anhang 7
Richtlinie zur Förderung der Festanstellung von Tagespflegepersonen und zur Förderung von Assistenzkräften in Kindertageseinrichtungen (TP 2.000)

Bekanntmachung des Bayerischen Staatsministeriums für Familie, Arbeit und Soziales vom 2.1.2020, Az. V3/6511–1/521 geändert durch Bekanntmachung vom 29.4.2021 (BayMBl. Nr. 339) 2231-A

[1]Der Freistaat Bayern gewährt nach Maßgabe dieser Richtlinie und der allgemeinen haushaltsrechtlichen Bestimmungen, insbesondere der Verwaltungsvorschriften zu Art. 44 der Bayerischen Haushaltsordnung (VV zu Art. 44 BayHO), in Ergänzung zum Bayerischen Kinderbildungs- und -betreuungsgesetz (BayKiBiG) Zuwendungen zur Förderung der Festanstellung von Tagespflegepersonen und Assistenzkräften. [2]Die Förderung erfolgt ohne Rechtsanspruch im Rahmen der vom Bund zur Verfügung gestellten Haushaltsmittel auf der Grundlage der mit dem Bund geschlossenen Vereinbarung über die Weiterentwicklung der Qualität in der Kindertagesbetreuung.

1. Zweck der Zuwendung

1.1 Anstellung von Assistenzkräften in Kindertageseinrichtungen

[1]Mit der Zuwendung sollen Träger von Kindertageseinrichtungen in die Lage versetzt werden, Assistenzkräfte mit der Qualifikation einer Tagespflegeperson in Kindertageseinrichtungen einzusetzen. [2]Diese Assistenzkräfte sollen die Fach- und Ergänzungskräfte bei der pädagogischen Arbeit unterstützen und entlasten und können auch zur Randzeitenbetreuung eingesetzt werden. [3]§ 16 Abs. 5 Satz 1 der Kinderbildungsverordnung (AVBayKiBiG) ist zu beachten.

1.2 Anstellung von Tagespflegepersonen durch den Träger der öffentlichen Jugendhilfe

Mit der Zuwendung sollen Träger der öffentlichen Jugendhilfe unterstützt werden, Personen mit der Qualifikation einer Tagespflegeperson in der Kindertagespflege oder im Rahmen der Ersatzbetreuung einzusetzen.

2. Gegenstand der Förderung

Die Förderung stellt einen Zuschuss zu den Personalausgaben einer Festanstellung dar.

3. Zuwendungsempfänger

3.1 Anstellung von Assistenzkräften in Kindertageseinrichtungen

[1]Zuwendungsempfänger sind bei der Anstellung von Assistenzkräften die Gemeinden. [2]Die Weiterleitung der Förderung für Assistenzkräfte an freigemeinnützige oder sonstige Träger durch die Gemeinden richtet sich gemäß VV Nr. 14.1 zu Art. 44 BayHO nach VV Nr. 13 zu Art. 44 BayHO.

3.2 Anstellung von Tagespflegepersonen durch den Träger der öffentlichen Jugendhilfe

[1]Zuwendungsempfänger sind bei der Anstellung von Tagespflegepersonen die Träger der öffentlichen Jugendhilfe. [2]Im Fall des Einsatzes in der Kindertagespflege oder im Rahmen der Ersatzbetreuung ist die Weiterleitung der Förderung durch die Träger der öffentlichen Jugendhilfe ausgeschlossen.

4. Zuwendungsvoraussetzungen

[1]Die Zuwendung setzt voraus, dass die Assistenzkraft bzw. Tagespflegeperson von einem Träger einer Kindertageseinrichtung bzw. einem Träger der öffentlichen Jugendhilfe in einem Arbeitsverhältnis beschäftigt wird und von diesem grundsätzlich eine Bruttojahresvergütung (Arbeitnehmerbrutto) mindestens in Höhe der staatlichen Förderung erhält. [2]Das Besserstellungsverbot ist zu beachten.

4.1 Anstellung von Assistenzkräften in Kindertageseinrichtungen

[1]Die Assistenzkraft muss

a) von einem Träger im Sinne des Art. 3 Abs. 1 BayKiBiG in einer nach dem BayKiBiG geförderten Kindertageseinrichtung beschäftigt werden,
b) die Voraussetzungen für die Erteilung der Pflegeerlaubnis nach § 43 Abs. 2 Satz 1, Satz 2 Nr. 1 und Satz 3 SGB VIII erfüllen. [2]Die Entscheidung über die Eignung der Assistenzkraft trifft der für die betreffende Kindertageseinrichtung zuständige Träger der öffentlichen Jugendhilfe,
c) zusätzlich zu der für die Erteilung der Pflegeerlaubnis erforderlichen Qualifizierung eine vom Staatsministerium für Familie, Arbeit und Soziales (StMAS) zertifizierte Qualifizierung mindestens im Umfang von 40 Stunden absolvieren und an Fortbildungsmaßnahmen im Umfang von mindestens 15 Stunden jährlich teilnehmen. [3]Die Qualifizierung kann berufsbegleitend erfolgen und muss innerhalb eines Zeitraums von zwölf Monaten seit Beginn der Festanstellung abgeschlossen werden. [4]Während der berufsbegleitenden Qualifizierungsphase entfällt die Pflicht zur Teilnahme an den jährlichen Fortbildungsmaßnahmen (§ 18 Satz 4 AVBayKiBiG).

4.2 Anstellung von Tagespflegepersonen durch den Träger der öffentlichen Jugendhilfe

[1]Der Träger der öffentlichen Jugendhilfe muss die Tagespflegeperson nach Maßgabe der §§ 22, 23 Abs. 4 Satz 2 und 43 SGB VIII sowie unter Berücksichtigung von Art. 20 Satz 1 Nr. 3 BayKiBiG einsetzen. [2]Die regelmäßige wöchentliche Arbeitszeit der Tagespflegeperson muss mindestens 19,5 Stunden betragen. [3]Die angestellte Tagespflegeperson ist im Umfang von jährlich 15 Stunden fortzubilden.

5. Art und Umfang der Zuwendung

[1]Die Zuwendung erfolgt als Festbetragsfinanzierung. [2]Sie errechnet sich als doppeltes Produkt aus dem fünffachen gemäß Art. 21 Abs. 3 Satz 2 BayKiBiG für die Tagespflege festgelegten Basiswert zur Berechnung der Abschlagszahlungen, dem Gewichtungsfaktor gemäß Art. 21 Abs. 5 Satz 7 BayKiBiG und dem in der AVBayKiBiG festgelegten Buchungszeitfaktor, der der durchschnittlichen regelmäßigen Wochenarbeitszeit der Assistenzkraft bzw. der Tagespflegeperson entspricht. [3]Erfolgt die Förderung nicht für den gesamten Bewilligungszeitraum, reduziert sich die Zuwendung entsprechend anteilig. [4]Die allgemeinen Regelungen zum Wirksamwerden von Änderungen in der AVBayKiBiG gelten entsprechend.

6. Mehrfachförderung

[1]Die Zuwendung ist ausgeschlossen, wenn der Einsatz der Assistenzkraft aufgrund § 16 Abs. 6 AVBayKiBiG erfolgt und erforderlich ist, um die Fördervoraussetzungen nach dem BayKiBiG zu erfüllen. [2]Die laufende Geldleistung nach § 23 SGB VIII wird durch die Bruttojahresvergütung ersetzt. [3]Eine Förderung nach Art. 18 Abs. 3 S. 1 Alt. 1 BayKiBiG schließt eine Förderung nach dieser Richtlinie aus. [4]Die Zuwendung ist ausgeschlossen, soweit die Personalkosten der Festanstellung aus anderen Förderprogrammen gefördert werden. [5]Satz 4 gilt nicht für die Förderung von Zuschüssen zum Arbeitsentgelt nach § 82 Abs. 3 des Dritten Buches Sozialgesetzbuch (SGB III) beziehungsweise § 82 Abs. 2 SGB III in Verbindung mit § 82 Abs. 3 SGB III, sofern hierdurch keine Doppelförderung erreicht wird.

7. Verfahren

7.1 Bewilligungszeitraum

Der Bewilligungszeitraum ist das jeweilige Kalenderjahr.

7.2 Bewilligungsbehörde

Die zuständige Bewilligungsbehörde für die Zuwendung nach dieser Richtlinie bestimmt sich nach Art. 29 Abs. 1 Satz 1 BayKiBiG.

7.3 Antragstellung, Bewilligung

[1]Die Anträge auf die Förderung sind vor Beginn der Maßnahme bei der zuständigen Bewilligungsbehörde unter Verwendung des Systems KiBiG.web zu stellen. [2]Die Zuwendung erhalten ausschließlich Zuwendungsempfänger, die den vollständigen Förderantrag auf kindbezogene Förderung bis zum 30. Juni nach Ablauf des Bewilligungszeitraums gestellt haben. [3]Die Bewilligung erfolgt für ein Kalenderjahr. [4]Wenn die Assistenzkraft oder die Tagespflegeperson über einen Zeitraum von 42 Kalendertagen aufeinanderfolgend keine Arbeitsleistung erbringt, entfällt die Förderung ab Beginn des nächstfolgenden Kalendermonats; es sei denn, im laufenden oder im nächstfolgenden Kalendermonat wird die Arbeit im Umfang von mindestens der Hälfte der im Kalendermonat arbeitsvertraglich vereinbarten Arbeitstage wiederaufgenommen.

7.4 Abschlagszahlungen, Auszahlung

[1]Die Zuwendungsempfänger erhalten zu den in § 22 Abs. 2 Satz 1 AVBayKiBiG genannten Zeitpunkten auf Antrag Abschlagszahlungen in Höhe von 96 % der im Bewilligungszeitraum zu erwartenden staatlichen Zuwendung. [2]Sie beantragen die Abschlagszahlungen unter Verwendung des für die Abrechnung der Betriebskostenförderung nach dem BayKiBiG bereitgestellten Abrechnungssystems KiBiG.web.

7.5 Nachweis und Prüfung der Verwendung

[1]Für die Bewilligung, Auszahlung und Abrechnung der Zuwendungen sowie für deren Nachweis und deren Prüfung der Verwendung, die gegebenenfalls erforderliche Aufhebung des Zuwendungsbescheids und die Rückforderung der gewährten Zuwendung gelten die VV zu Art. 44 BayHO sowie die Art. 48 bis 49a des Bayerischen Verwaltungsverfahrensgesetzes. [2]Die ANBest-K bzw. die ANBest-P sind zum Bestandteil des Bewilligungsbescheids zu machen. [3]Das Prüfungsrecht des Bayerischen Obersten Rechnungshofs ergibt sich aus Art. 91 BayHO.

8. Datenschutz

[1]Bei der Verarbeitung personenbezogener Daten sind die datenschutzrechtlichen Bestimmungen, insbesondere die Verordnung (EU) 2016/679 (EU-

Datenschutzgrundverordnung – DSGVO) einzuhalten. [2]Die jeweils zuständige Bewilligungsbehörde ist Verantwortliche im Sinne von Art. 4 Nr. 7 DSGVO. [3]Die Verpflichtungen aus der DSGVO (insbesondere die Betroffenenrechte und die Informationspflichten gemäß Art. 13 f. DSGVO) werden von der jeweils zuständigen Bewilligungsbehörde erfüllt.

9. Inkrafttreten, Außerkrafttreten

[1]Diese Bekanntmachung tritt am 1. Februar 2020 in Kraft. [2]Sie betrifft den Bewilligungszeitraum bis 31. Dezember 2022 und tritt mit Ablauf des 31. Dezember 2023 außer Kraft.

Dr. Markus Gruber, Ministerialdirektor

Stichwortverzeichnis

Die Zahlen verweisen auf Randnummern.

A

Abschlagsverfahren 418
Abschlagszahlung 201, 218, 273, 392, 410, 417–419
Alkohol 360
Altersöffnung 228
– als Voraussetzung für die Landkindergartenregelung 262
– Platzbelegung 52
Anerkennung
– Gleichwertigkeitsanerkennung nach Art. 13 BayKiG 373
Anstellungsschlüssel 84, 292
– Berechnung 386
– verbindlicher 384, 390
Antragserfordernis 262, 269
Antragsfrist 160, 166, 174, 187–188
Arbeitszeit des pädagogischen Personals 387
Architektur 344
Aufenthaltsgemeinde 48, 160, 162–164, 169, 188–189, 196, 215, 269–270, 366, 411, 417
Aufsichtsbehörde 52, 63, 98, 100, 114, 145, 177, 285, 370–371, 382–383, 392
Aufsichtspflicht 221, 265, 426
Ausschlussfrist 169, 174, 188

B

Bagatellgrenze 160, 171, 280
Basiskompetenzen 133–134, 139, 142, 198, 301, 303–304, 306, 308–311, 360, 365
Basiswert 217, 414, 422
Bayerische Leitlinien für die Bildung und Erziehung von Kindern bis zum Ende der Grundschulzeit 301, 361–362, 364–365
Bedarfsanerkennung 60
Bedarfsfeststellung
– Puffer 71
Bedarfsplanung 29, 31, 37–38, 41, 43–50, 52, 61, 64–65, 73–77, 79, 278, 280
Bedürfnisermittlung 55
Behinderung 231
Belegprüfungen 410, 419–420
Beobachtung 116, 129, 308, 321, 363
– und Bewegungserziehung 349
Beobachtungsbogen 137, 308, 322
Berufeliste 383
Bestandsfeststellung 50
Betreuungsvertrag 220, 224
Betreuungszeiten 22–23, 41, 50, 221, 383
Betriebserlaubnis 13, 53, 81–82, 84, 86, 88–90, 93–94, 96, 107, 113, 145, 174, 176–177, 228, 285, 368, 370, 385, 436
– Platzzahl 52
Betriebserlaubnispflicht 81
Betriebstage 221, 225, 427, 435–436
Bewegung 355
Bewegungserziehung 347–349, 352, 358
Bewegungsfreiraum 351
Bewegungsmangel 348
Bewilligungsbehörde 283
Bewilligungsbescheid 271
Bewilligungszeitraum 18, 188, 225, 268–270, 289, 417, 435–436
Bezirk 16, 231, 393
Bildung, Erziehung und Betreuung 8
Bildungs- und Erziehungsauftrag 28, 70, 86, 121–122, 151, 155, 307, 313, 393
Bildungs- und Erziehungsplan 126, 143, 301, 365

Bildungs- und Erziehungsziele 8, 13, 143, 300
– als Fördervoraussetzung 180
Bildungsauftrag 123
– der Tagespflege 156
Bildungseinrichtung 2, 7, 13, 306
Bildungspartnerschaft 126
Bildungsqualität 126, 300
Bindung 103, 106
Buchung
– bei Schulkindern 425
– in den Ferien 426, 435
Buchungsbeleg 220, 427
Buchungszeit 11–12, 18, 24, 182, 212, 218–226, 238, 242, 247, 259–260, 263, 289, 389–390, 392, 424–425, 429, 435–436, 438
– bis zu drei Stunden 222
– Mindestbuchungszeit 224
Buchungszeitfaktor 182, 212–213, 217–219, 225–226, 247, 263–264, 266, 388, 414, 421–425, 427, 430, 435
– für Krippenkinder 429
Buchungszeitkategorie 10, 182, 221, 223–224, 388, 421, 423–427, 430

C

christlich-abendländische Tradition 315
christliche Nächstenliebe 316
christliches Menschenbild 310

D

Datenschutz 58, 120, 150, 154, 285–286
Defizitvertrag 30
Dialekt 319
Dokumentation 129, 308
Drittelgrenze 16, 237

E

Eigenverantwortlichkeit 139
Eignung
– des freigemeinnützigen Trägers 30
Eingliederungshilfe 16, 231–232, 234–235, 237, 273
– für Schulkinder mit seelischer Behinderung 231
Eingliederungshilfeanspruch 231–233, 237, 428
Einwilligung der Eltern 324
Einzelintegration 16
Elementarpädagogik 332
Elternbefragung 56–58, 63, 71, 73, 179
Elternbeirat 144–149, 313
– Anhörungs- und Informationsrechte 144–146
– Einvernehmen des Elternbeirats 148
– Rechte 146
Elternbeiträge 146
– Beitragsentlastung 186
– Elternbeitragsstaffelung 174, 182–183
– Elternbeitragszuschuss 185–186, 243, 247–248, 250, 274, 288, 410, 417
– Soziale Staffelungen 182
Elternbeitragsstaffelung 182
Elternverantwortung 28
Endabrechnung 273
Entwicklungsstand 303
Erklärungsprinzip 271
Ernährung 354
Ersatzbetreuung 103, 107, 204, 209
Ersatzkraft 209
Erzieherpraktikanten 378
Erziehungsprimat der Eltern 28
Essensgeld 202
Experimente 335, 364

F

Fachdienst 232
Fachkräftegebot 84, 106, 204, 208, 367–368
Fachkraftquote 84, 220, 383, 392–393

Fehlzeiten 212, 221, 395, 427
– tatsächliche 395
Ferienbetreuung 2, 12–13, 81, 94–96, 103, 221, 225, 427
Ferienbuchung 225, 435
Förderanspruch 14, 26, 31, 120, 160–162, 164, 166, 168, 172–173, 176–177, 181, 193–194, 204, 232, 237, 272, 289, 392, 416, 430
– des örtlichen Trägers der öffentlichen Jugendhilfe 172
Förderung der Festanstellung 1
Fördervoraussetzungen 160
Forscher 332
Fortbildung
– für Erzieherinnen und Grundschullehrer 159
Freigemeinnütziger Träger 26
Fremdanbieter 222
Früherkennungsuntersuchung 112, 118, 120–121
Fünfzehn-Stunden-Grenze 20

G

Ganzheitlichkeit 307
Ganzheitlichkeit von Bildung und Erziehung 142
Ganztagsangebote an Schulen 14
– Bestandsfeststellung 52
Gastkinder 246
Gastkindregelung 244, 246
Gefahrenprävention 358
Geld
– Umgang mit Geld 330
Gemeindegebietsreform 439
Gemeindeteil 259, 262, 439
Gemeinschaftsfähigkeit 139
Gesamtverantwortung 45
Geschicklichkeit 350
geschlechtersensible Erziehung 306, 357
Geschlechtsidentität 357
Gesundheit
– Begriff 353
Gesundheitserziehung 351–352, 354, 357
Gewichtungsfaktor 16, 52, 185, 201, 207, 212–213, 217–218, 226–229, 231–233, 235, 237–243, 247, 259, 263, 368, 383, 388–390, 393, 423, 428, 430
– für Kinder mit Behinderung 230
– für Kinder mit Migrationshintergrund 238
– für Kinder unter drei Jahren 227
– für Regelkinder 228
– für Schulkinder 229
– und Anstellungsschlüssel 388
gewöhnlicher Aufenthalt 21, 162, 164
Gleichbehandlungsgrundsatz 68
Gleichwertigkeit der Plätze 41
Großtagespflege 21, 81, 105–107, 204, 270, 282, 417
Großtagespflegestelle 106–107, 160, 172, 204–206, 208–209, 211–212, 265, 270
– einrichtungsähnliche 160, 211, 270
Grundschullehrer 154

H

Haus für Kinder 3, 9, 90–91
heilpädagogische Tagesstätte 2
Heimschule 2
Hol- und Bringzeiten 368
Hygiene 356

I

Individualhelfer 232–233
Inklusion 16, 45, 241–242, 301, 306
Inklusive Pädagogik 301, 305–307
insoweit erfahrene Fachkraft 112–114
Integration 230
– kulturelle Integration 139
– soziale Integration 128
– von Kindern mit Behinderung 136, 309
– von Migrantenkindern 139, 318, 347
Integrationsbegleiter 233

integrative Kindertageseinrichtung 14–16, 64, 376
interkulturelle Bildung 139
Internet 340
Investitionskostenförderung 31, 74, 85, 160, 191, 275–276, 279–280, 387
– Bewilligungsbehörde 282–283

J
Jahresplanung 146
Jugendhilfeplanung 44, 46–47

K
Kann-Kinder 248, 251
Kernzeit 224
kindbezogene Förderung 160, 213
Kinder
– Definition 5
Kinder mit Behinderung 16
Kindergartenjahr 270
Kindergartenpädagogik 158
Kinderschutz 112–113, 119, 351
Kindertageseinrichtung
– Begriff 5
Kindeswohl 88
Kindeswohlgefährdung 86, 89, 94, 98, 113–118, 177, 368, 385, 392
Kindheitspädagoge/pädogin 383
KiQuTG 1, 182, 184, 366
Kirchensprengel 65, 69
kommunale Bedarfsplanung 31–32
kommunale Förderung
– Refinanzierung 216
kommunale Komplementärfinanzierung 193–196, 207, 221
kommunale Zusammenarbeit 42
Kommunaler Finanzausgleich 276
Kooperationsvereinbarung 166
Kostenbeitrag 202
Kreativität 342
kulturverbindende Pädagogik 347
Kunst 342, 364
Kurzzeitbuchung 225, 434–435

L
Landkindergartenregelung 259–260, 262–263, 292, 383, 388–389, 438–439
lebenslanges Lernen 343
Leistungs- und Entgeltvereinbarung 16, 232–233, 237, 393
Leistungsfähigkeit 31, 43, 160, 164–165
Leistungsfähigkeit der Gemeinde 35–36, 64, 97, 160, 277
Leitung der Kindertageseinrichtung 377, 394
Leitungs- und Verwaltungsbonus 1, 366
Lernen des Lernens 311
Lernkompetenz 311
Literacy 137, 316, 325, 364
Literacy-Erziehung 364
Luftbuchungen 182, 429

M
Maria Montessori 362
Medienpädagogik 341
Migranten 321
Migrationshintergrund 52, 137, 240, 243, 246–247, 306, 423
Mindestbesuchszeit 2, 11
Mindestbuchung 23
Mindestbuchungszeit 22–24, 224, 424
Mindestöffnungszeit 181
Minikita 108
Mittagsbetreung im Kindergarten 10
Mittagsbetreuung 2, 14
– Bestandsfeststellung 52
Mittagsverpflegung 10
Mitteilungspflichten 273–274
mittelbare Arbeit 387, 390–391
Modellprojekte 287
Monatsprinzip 428
motorische Fähigkeiten 348
Museen 344
Musik 345, 364
– anderer Kulturkreise 347
Musikalische Früherziehung 344

N

Natur 337
Netze für Kinder 264, 289–292, 436–438
Neugründung 436
NfK-Richtlinie 291–292

O

Öffnungszeiten 146
Ökologie 337
Ordnungswidrigkeit 177, 288
Orientierungskompetenz 311
örtlicher Träger der öffentlichen Jugendhilfe 43, 46, 55, 81, 118, 173, 194, 198–199, 267, 407
Ortsnähe 260

P

pädagogische Ergänzungskraft 378
pädagogische Fachkraft 81, 95–96, 106, 204, 259, 265, 311, 368, 371–372, 376, 382, 393
pädagogische Konzeption 7, 65, 125, 144, 147, 178, 180
– Mitwirkung des Elternbeirats 147
pädagogische Kräfte 369
Partizipation 131
Pendler 69
Personalausstattung 146
personale Kompetenz 311
Pflegeerlaubnis 19–20, 54, 81, 97–101, 197–198, 204, 368, 380
Pflegeverhältnis 103
Platzsharing 81, 90, 182–183, 438
Platzteilung 264
Platzzahl 52–53, 90, 177, 228, 438
Pluralität 66–68
Prävention 124
Prüfquote 420
Puffer 71
– bei der Buchungszeit 221

Q

Qualifikationsschlüssel 366, 370, 376, 383–384, 393, 436
Qualifizierungsmaßnahme
– bei der Tagespflege 197
Qualifizierungszuschlag 193–194, 202–203, 270, 407–409
Qualitätsbonus 213, 217, 243, 245–247, 268, 288, 385, 410, 414, 416–417, 438
Qualitätssicherungsmaßnahmen 174, 177–178

R

Rahmenleistungsvereinbarung 232, 234
Randzeiten 22, 40–41, 70, 105, 380
Rauchen 360
Rauchverbot 360
Räumlichkeiten 85, 351
Rechenschaftsbericht des Elternbeirats 149
Rechtsanspruch
– auf einen Kindergartenplatz 33
Rechtsanspruch auf Ganztagsbetreuung für Schulkinder 1
Rechtsaufsicht 43, 74
Regelmäßigkeit 2, 4, 8–10, 13, 429
Reggio-Pädagogik 362
Resilienz 301, 308, 311
Ruhe 354

S

Sachleistungen
– Anrechenbarkeit 243
Schließtage 14, 221, 270, 427, 430–431, 436
– für Fortbildungen 431
Schließzeiten 146, 221
Schriftform 413, 419
Schülerheim 2

Schulsprengel 65, 69
Schulvorbereitende Einrichtung 2, 14
– Bestandsfeststellung 52
Selbstbildung 303
Selbstwirksamkeit 311
SELDAK 137, 322
Sexualerziehung
– Elternwille 357
Sicherstellungsauftrag 5, 31, 38–39, 41, 62, 64–65, 70, 77
– Ermessensspielraum 64
Sicherstellungsgebot 32, 184
Singen 346
Sinne 364
SISMIK 137, 321
Sittliches Handeln 315
sonstiger Träger 26, 30
soziale Kompetenz 311, 346
Sozialhilfe 16, 29, 46, 231
Sozialkonstruktivismus 303
Spenden 148
Spielgruppe 10
Sport 349
Sprachförderung 135–137, 239, 243, 246, 308, 318, 320, 370
Sprachkenntnisse 247, 368–370, 409
Sprachstandserhebung 316, 319–321, 323–325
staatliches Wächteramt 98
Staatsinstitut für Frühpädagogik 158
Straßenverkehr 358
Subsidiaritätsgrundsatz 26, 29–30, 159
Subsidiaritätsprinzip 31, 74
Sucht 360
Suchtprävention 351, 358, 360
SVE 14

T

Tagesgruppe 2
Tagespflege 1–2, 16–21, 23, 26, 28, 31–32, 34, 36, 38–41, 43–45, 50, 54, 56, 64, 70, 75, 82, 98, 100, 103–104, 106, 112, 155–157, 160, 193–194, 196–199, 201–203, 205, 212, 223, 228, 240–242, 265–268, 270, 300, 312, 361, 368, 380, 417, 419
– ergänzende Tagespflege 70
– Förderanspruch 173
– Private Zuzahlungen 201–202
– Qualifizierungsmaßnahme 197
Tagespflegebüro 198
Tagespflegeentgelt 103, 194, 202, 204, 380
Tagespflegegeld 407
Tagespflegeverein 198
Teamfähigkeit 346
Teilhabe 45, 131–133, 135–136, 301, 308–309, 311, 316, 365
Textform 189
Träger
– freigemeinnützig 26
– kommunal 26
Träger der öffentlichen Jugendhilfe 44
Trägerarten 66–69
Trägeraufgaben 366, 387
Trägerautonomie 224, 366
Transition 152

U

Übergang 152
Übergangsregelungen 289–291
Umweltbildung 336
UN-Behindertenrechtskonvention 45, 48
Unfälle 358

V

Verantwortungsübernahme 316
Vorkurs 138, 243, 247, 316, 319–321, 323–324, 388, 423
Vorpraktikanten 378
vorurteilsfreie Pädagogik 139

W

Waldkindergarten 6, 88
– und Medienerziehung 340

Waldpädagogik 362
Wirtschaft 330
wirtschaftliche Jugendhilfe 41
Wunsch- und Wahlrecht 40–41, 48, 62, 65–67, 244
– Ermessensspielraum 65
– Unverhältnismäßigkeit der Mehrkosten 67

Z

Zahlenhaus 331
Zehn-Stunden-Grenze 17–18, 24
Zeitfaktor 201, 243, 247
zentrales Anmeldeverfahren 59
Zurückstellung vom Schulbesuch 320
Zusammenarbeit
– der Gemeinde und Träger der öffentlichen Jugendhilfe 55
– der Kindertageseinrichtung mit anderen Diensten 150
– der öffentlichen mit der freien Jugendhilfe 29
– von Eltern und pädagogischem Personal 134
– von Kindertageseinrichtung und Grundschule 151
– von Tagespflegeperson und Diensten 157
Zwanzig-Stunden-Grenze 10, 12